ナチ戦争犯罪人を追え

HUNTING EVIL

著◆ガイ・ウォルターズ
訳◆高儀進

白水社

1930年代後半、
親衛隊（SS）伍長として
保安諜報部（SD）に勤めていた
アドルフ・アイヒマン。

約80万人が殺害された、
トレブリンカ殲滅強制収容所
所長フランツ・シュタングル。

ナチ党官房長および
ヒトラーの黒幕、
マルティン・ボルマン。

1944年7月、アウシュヴィッツで同僚のSS将校と寛いでいるヨーゼフ・メンゲレ（左から二人目）。

1941年5月、
ローマで仲間の独裁者
ベニート・ムッソリーニと一緒に
群衆に挨拶する、
戦時のドイツ傀儡政権、
クロアチア独立国の
国家元首アンテ・パヴェリチ。

「リヨンの虐殺者」クラウス・バルビーは、
戦後アメリカの情報機関に――
また、おそらく英国の情報機関にも――雇われた。

ラトヴィアの有名な飛行士ヘルベルツ・ツクルスは、
ゲットー解体の期間中、
「リガの絞首人」という評判をも取った。

国家保安本部長官エルンスト・カルテンブルンナーは、
アメリカの防諜部隊が早い時期に手にした注目すべき「戦利品」だった。

元SS保安課報部将校
ハインツ・フェルフェは、
戦後英国と西ドイツのために
スパイになった。
彼の忠誠心は
ソヴィエトに向けられていたが。

特別行動隊《アインザッツグルッペ》Bの上級将校だった
フリードリヒ・ブヒャルト博士は、
MI6に雇われたナチの中でも
最も狂暴だった。

ホルスト・コプコフは
特殊作戦執行部(SOE)の
多くのメンバーを
処刑したにもかかわらず、
英国は彼を進んで雇い、
彼が死んだ偽装工作さえした。

ラトヴィアの残忍な特務班《ゾンダーコマンド》アラーイスの班長、
ヴィクトルス・アラーイスは、
鉄のカーテンの後ろでスパイすることを
英国から要請されたが、断った。

戦後、ほとんどあらゆる情報機関から利用された、
元保安課報部将校ヴィルヘルム・ヘットルも、
きわめて疑わしい情報を
ジーモン・ヴィーゼンタールに渡した。

ジェノヴァの河岸で、自分の「顧客」数人と一緒にいる
クルノスラフ・ドラガノヴィチ神父。

ローマの墺独神学校の校長としてアロイス・「ルイージ」・フーダル司教は、
多くのナチが南米と中東に逃亡するのを手助けするのに
都合のよい立場にあった。

クラリータ・シュタウファー（坐っている）は、
スペインのファランヘ党の活動的な党員で、
戦後、何百人ものナチ犯罪者が捕虜収容所から
逃亡するのを陰から取り仕切った。
彼女の事務室に掲げられた肖像写真に注目。

SS特殊軍事作戦将校の
オットー・スコルツェニーは、
ナチの逃亡組織網を陰から取り仕切っていたと
長いあいだ言われてきたが、
その証拠はほとんどない。

SS主幹中隊指導者《ハウプトシュトゥルムフューラー》カルロス・フルトナーは、
ヨーロッパでペロンのナチ逃亡組織網を作るのに
あずかって力があった。

何千人ものナチが南米に逃亡することができたのは、
もっぱら、アルゼンチンの独裁者
フアン・ペロンのおかげだった。

駱駝の治療の専門家で、
英国で市会議員に選出された
最初のファシストである
アーノルド・リースは、
ナチの逃亡を助ける組織網を
英国で作ろうとした。

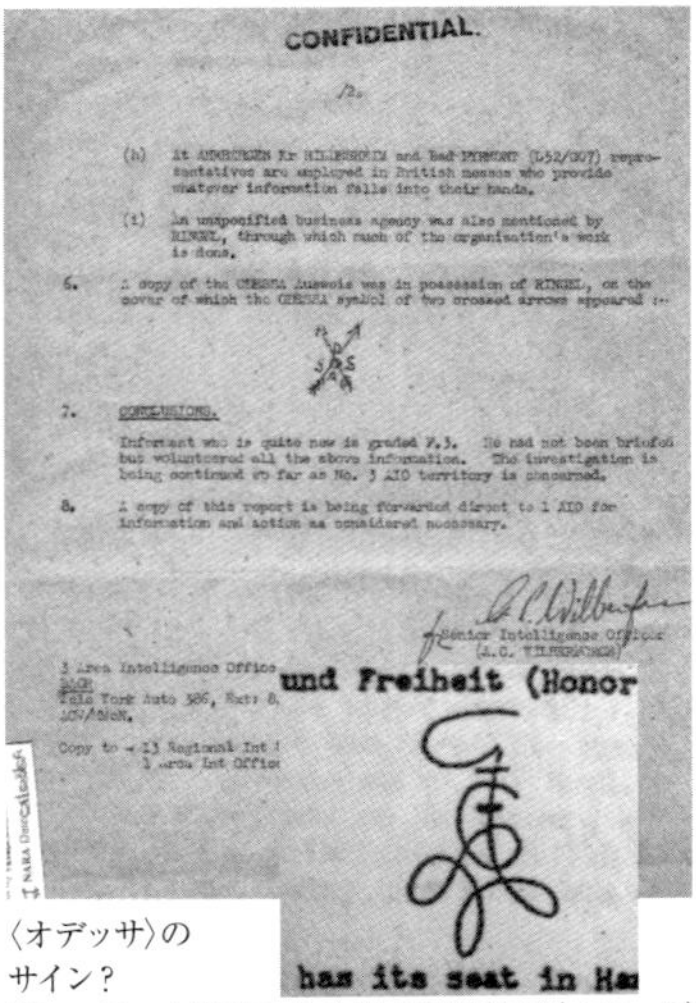

CONFIDENTIAL.

/2.

(h) At [illegible] [illegible] and Bad [illegible] (L52/907) representatives are employed in British messes who provide whatever information falls into their hands.

(i) An unspecified business agency was also mentioned by RINGEL, through which much of the organisation's work is done.

6. A copy of the [illegible] [illegible] was in possession of RINGEL, on the cover of which the [illegible] symbol of two crossed arrows appeared :-

7. CONCLUSIONS.

Informant who is quite new is graded F.3. He had not been briefed but volunteered all the above information. The investigation is being continued so far as No. 3 AIO territory is concerned.

8. A copy of this report is being forwarded direct to 1 AIO for information and action as considered necessary.

Senior Intelligence Officer
(A.C. [illegible])

3 Area Intelligence Office
Tele York Auto 386, Ext: 8,

Copy to :- 13 Regional Int
3 Area Int Office

〈オデッサ〉の
サイン？
噂にのぼった秘密のナチ逃亡援助機関〈オデッサ〉のシンボルと、
別のネオ・ナチの組織網、HIASSを表わすと伝えられた、くねった線。
そうした報告は、もっぱらソヴィエトの流した偽情報にもとづいていた。

1945年の後半、
バート・エーンハウゼンの
士官クラブにいる、
英国戦争犯罪捜査部隊の
隊員。
ブライアン・ボーン大尉は
左端にいる。

1945年のクリスマスの
英国戦争犯罪チーム。
カートメル大尉は
右端に坐っている。
その隣に、
アラン・ナイティンゲール
中佐がいる。

1945年11月、イアン・ニールソン中佐は
英国戦争犯罪チームの指揮官に
任命された。
「すべてあまりに乏しく、
あまりに遅かった」と
彼は回想している。

1947年、リンツの強制追放者に
スピーチをする
ジーモン・ヴィーゼンタール。

サー・ロバート・ヴァンシタット（左）とサイモン子爵。
ナチ狩りを積極的に進めるべしという
二人の要求は満足には叶えられなかった。

英国戦争犯罪調査チームの
ジェラルド・ドレイパー中佐（左）と、
英国戦争犯罪チームの飛行隊長トニー・サマーホフ。

ジョン・ホッジ大尉は1946年5月、
SSの人間を逮捕しようとした際、
ふくらはぎを撃たれた。
ホッジは回復し、容疑者は絞首刑に処された。

ジーモン・ヴィーゼンタールの元の同僚
トゥフィア・フリートマンは、
のちにヴィーゼンタールの「成果」を
ひどく軽蔑するようになった。
しかし両者共に、アドルフ・アイヒマン狩りでの
自分たちの役割を誇張した。

逃亡ルートと隠れ場。
ヨーゼフ・メンゲレとアドルフ・アイヒマンにとっては、
ブンレンナー峠(左)を歩いて越えるのは容易だった。
二人とも国境を越えるのに二時間もかからなかった。

アイヒマンが最初に隠れたのは、
アルトアウスゼーの北三マイルにある、
ブラー＝アルムの猟師小屋だった。
そこでアイヒマンは部下たちに給料を払った。

ローマのジャコモ・ヴェネツィア通り17番地。
アンテ・パヴェリチは、そこの三階に住んでいた。
英米は彼の居場所を知っていたが、
元独裁者を逮捕しようとはしなかった。

アルトアウスゼーのフィッシェルンドルフ8番地。
そこにアイヒマンの家族は、
戦争の終わりから1952年の中頃に
アルゼンチンでアイヒマンに再会するまで住んでいた。

リミニの捕虜収容所。1946年の大晦日、エーリヒ・プリープケはそこから脱走した。

フーダル司教が手に入れた赤十字の旅券に貼った、「オットー・パーペ」の名のプリープケの写真。

1948年10月に逃亡した頃、「パール・アラニョシ」になりすましたアンテ・パヴェリチ。

1950年6月、ブエノスアイレスに向かう汽船ジョヴァンニC号の船上の「リカルド・クレメント」、すなわちアドルフ・アイヒマン。

アイヒマンの赤十字の旅券。彼の職業は「技師」になっていた。

ブエノスアイレスの中心地にある
レストラン〈ABC〉。
メンゲレとアイヒマンは時折そこで会った。

1950年代後半、アイヒマンは
アンゴラ兎を飼育する農場を経営した。
その事業は失敗した。

メンゲレのブラジルの外国人居住許可証は、
14歳若い男の許可証を改竄したものである。

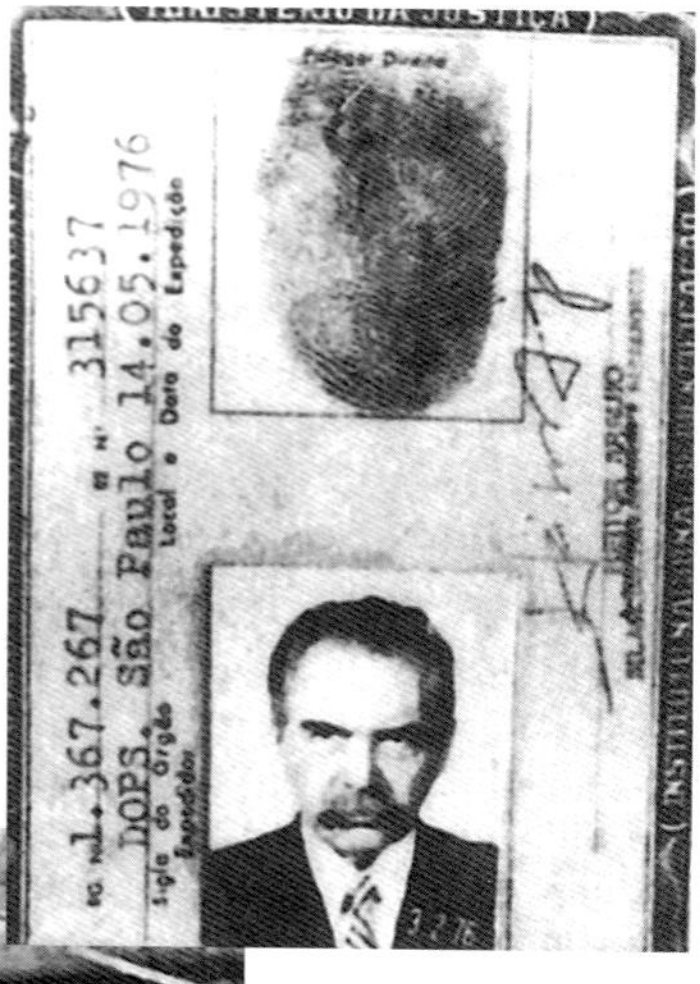

ブエノスアイレスの郊外サンフェルナンドの
ガリバルディ通りにあるアイヒマンの家を撮った、
モサドの監視写真。

ロンドン東部のハックニーの
アフトン・ロード。
そこにアーノルド・リースは
二人のSSの逃亡者を匿った。

メンゲレはブエノスアイレスに着いて間もなく、
アレナレス通り2460番地の親ナチの家に下宿した。

ブエノスアイレスの港。
何百人もの逃亡ナチが、
アルゼンチンで
最初に目にした光景。

1957年、
ブエノスアイレスで
妻と一緒にいるパヴェリチ
——顎鬚を剃り落とし
眼鏡を外している。

1969年12月、
パリのアパートにいる
セルジュ・クラルスフェルトと
妻のベアーテ。

1972年3月、
バルビーがラパスに
いることに抗議している
クラルスフェルトと
イッタ・ハラウンブレンナー。

元アウシュヴィッツの囚人
ヘルマン・ラングバインは、
メンゲレに関する広範囲に及ぶ文書を
集めた。

イスラエルの
ジャーナリスト、
ズヴィ・アルドゥビーは、
ナチ狩りは
儲かる可能性のある
ビジネスだと見た。

アイヒマンの隠れ場を
イスラエルに明かした、
フランクフルトの検事総長
フリッツ・バウアー。

ヘルベルツ・ツクルスの死体。
1965年3月、
ウルグアイの警察によって発見された。

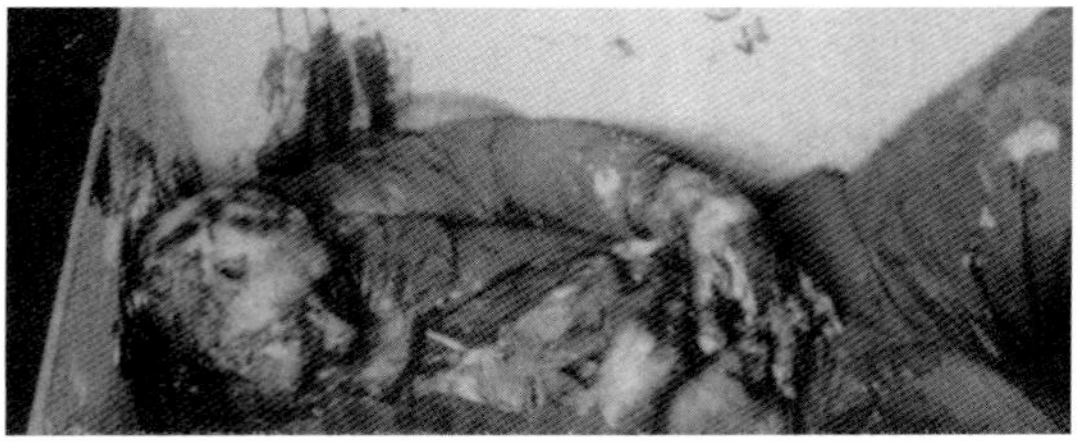

ツクルスを
死に導いた
モサドの諜報員
「アントン・
キュンツレ」。

1979年7月、
爆破されたクラルスフェルトのルノーの残骸。
〈オデッサ〉と名乗るグループが
犯行声明を出した（下）。

自称〈オデッサ〉からクラルスフェルト夫妻に宛てた手紙が入っていた封筒。

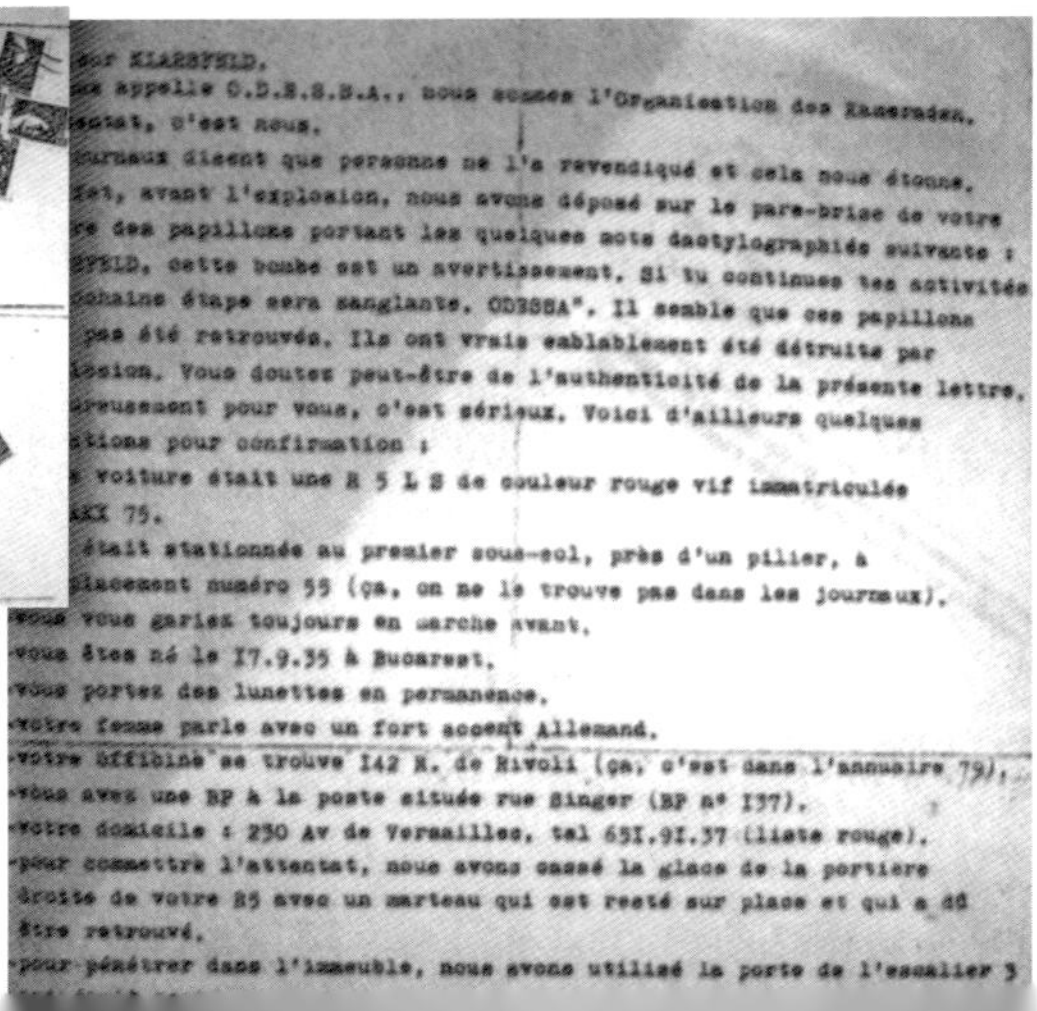
eur KLARSFELD,
us appelle O.D.E.S.S.A., nous sommes l'Organisation des Kameraden.
entat, c'est nous.
ournaux disent que personne ne l'a revendiqué et cela nous étonne.
fet, avant l'explosion, nous avons déposé sur le pare-brise de votre
re des papillons portant les quelques mots dactylographiés suivants :
FELD, cette bombe est un avertissement. Si tu continues tes activités
ochaine étape sera sanglante. ODESSA". Il semble que ces papillons
pas été retrouvés. Ils ont vraisemblablement été détruits par
losion. Vous doutez peut-être de l'authenticité de la présente lettre,
reusement pour vous, c'est sérieux. Voici d'ailleurs quelques
ations pour confirmation :
voiture était une R 5 L S de couleur rouge vif immatriculée
AKX 75.
était stationnée au premier sous-sol, près d'un pilier, à
placement numéro 55 (ça, on ne le trouve pas dans les journaux).
vous vous gariez toujours en marche avant.
-vous êtes né le I7.9.35 à Bucarest.
-vous portez des lunettes en permanence.
-votre femme parle avec un fort accent Allemand.
-votre Officine se trouve I42 R. de Rivoli (ça, c'est dans l'annuaire 79).
-vous avez une BP à la poste située rue Singer (BP n° I37).
-votre domicile : 230 Av de Versailles, tel 65I.9I.37 (liste rouge).
-pour commettre l'attentat, nous avons cassé la glace de la portière
droite de votre R5 avec un marteau qui est resté sur place et qui a dû
être retrouvé.
-pour pénétrer dans l'immeuble, nous avons utilisé la porte de l'escalier 3

ヴィーゼンタールが
マウトハウゼン
強制収容所で見たとされる
光景を描いた一枚の絵は、
戦後、
雑誌『ライフ』に載った、
処刑されたドイツ兵の
写真（下）を
写したものだった。
ヴィーゼンタールは
それが剽窃であるのを
常に否定した。

モサドの指導者で
アイヒマン拉致を取り仕切った
イサル・ハルエルは、
ヴィーゼンタールが
その作戦に関わったことに
疑念を抱いた。

1975年、
ロンドンでの66歳のヴィーゼンタール。
彼は「決して忘れぬ男」として
メディアの寵児になった。

1987年5月、リヨンでのバルビー裁判の初日、バルビーと彼の弁護士ジャック・ヴェルジェ。

マルティン・ボルマンの頭蓋骨。
歯とDNAの決定的な証拠があるにもかかわらず、
陰謀説を唱える者たちは、
ボルマンは戦争を生き延びたと依然として信じている。

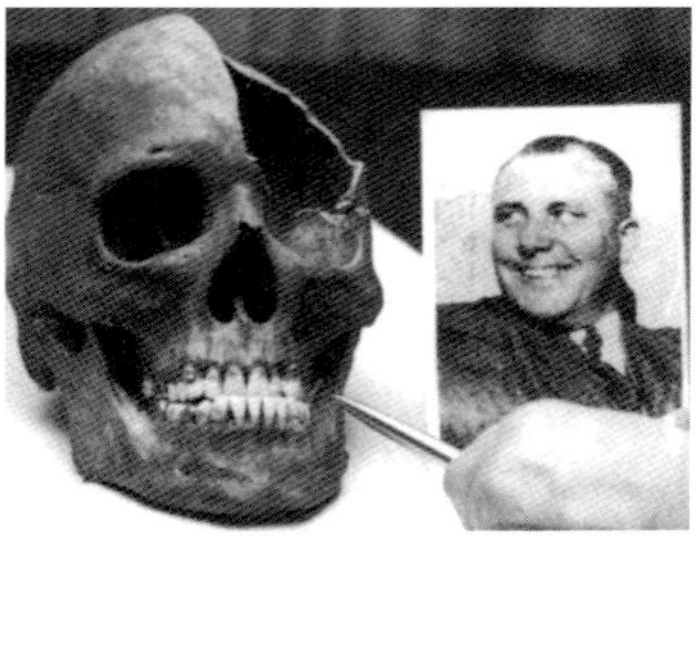

1996年7月、ローマでの裁判における
エーリヒ・プリープケ。

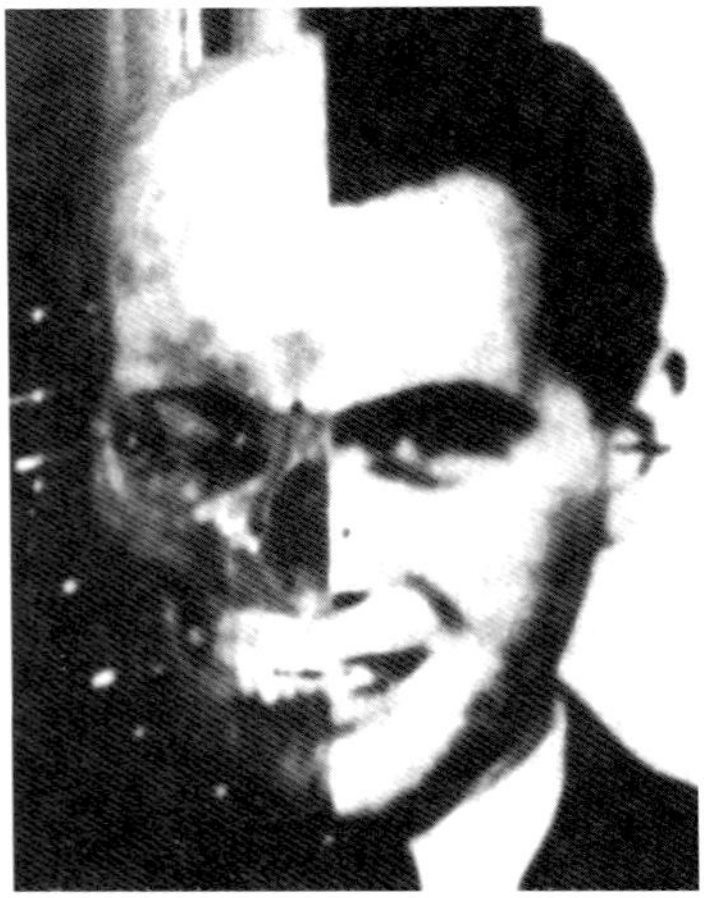

「エレクトロニック・シュープラポジション」という
新しい技術によって、メンゲレの写真と、
1985年6月にエンブで発掘された頭蓋骨を
重ねて撮った写真。

ラーフェンスブリュック
強制収容所と
マイダネク強制収容所のSS看守、
エルナ・ヴァリッシュの写真。
2007年10月、著者が
ウィーンの彼女のアパートで
撮ったもの。

ナチ戦争犯罪人を追え

Cover Photo:Popperfoto/Getty Images

本書を弟ドミニック・ウォルターズに捧げる

ナチ戦争犯罪人を追え◆目次

Mundus vult decipi
世人は欺かるることを欲す——ペトロニウス

序

　もし本というものが、著者の予期した通りのものになるなら、物を書くというのは実に不満足な行為であろう。私が三年前に本書を書き始めた時、本書のテーマについての私の知識はありきたりのものだった——ナチはオデッサと呼ばれる組織網の助けを借りて逃亡し、ラテンアメリカのジャングルの大農場《エスタンシア》で最後は暮らし、ジーモン・ヴィーゼンタールのような恐れを知らぬ大胆不敵なナチ・ハンターによって跡をつけられた。テーマは明らかに魅力的で、私は本書の企画に示された非常な関心の高さゆえに、このテーマは人を動かさずにはおかないと同時に、歴史的に厳密な叙述を必要とするという確信を強めた。だが、綿密な調査を始めた時になって初めて、これまで私が正しいと思ってきたことの非常に多くが、まったくそうではないことが明らかになった。私が学んだ多くの事柄は、私の知っていたことと矛盾するのだが、本書がそのためにかえってよりよくなり、絶えず何かを発見するという過程が、時間的にも地理的にも長かった仕事への熱意を支えてくれたのは間違いない。

　非常によくあることだが、真実というものは、活字によってであれオンラインによってであれ、いかがわしい歴史家が提供するものよりもずっと満足が行くものである。また、真実というものは実にスキャンダラスなもので、私は自分の発見したことに何度となく心《しん》から怒りを覚えた。私は自分の感情が自分の文から滲み出る場合があることに言い訳はしない。なぜなら、英国がSS〔親衛隊〕の特別行動隊《アインザッツグルッペン》の一人の上級将校をMＩ6の一員として雇ったことは、私にとっては確かに新事実だったからだ。また、非常に長いあいだ一種の世俗の聖人扱いにされてきたジーモン・ヴィンゼンタールが、アイヒマン狩りでの自分の役割を捏造しただけではなく、生涯で数え切れないくらいのエピソードを作り上げもしたのを知って心が乱れた。また、ナチの犯罪者の追跡に政府の意志が不足していたことも苛立たしかった。もし政府が、比較的少額の資金でも彼らの追跡のために提供していたなら、彼らの多くは容易に処罰されたであろう。私は怒《いか》っているだけではなく、時折後知恵を披瀝してもいると言う向きもあろうが、そのことについても弁解はしない。私はどんな解釈であれ、その文脈の中で評価するように全力を尽くすが、その解釈が正しくなかったと判断すれば、それを糾弾するのを厭わない。歴史を書く特権の一つは、あるいは目的の一つは、そうした判断を下すことである。もちろん、私が達した結論は疑問と吟味の余地があるが、それは、私が手にした証拠にもとづいた正しいものだと信じている。

本というものはウェブサイトと異なり、無限に近い容量は持っていない。したがって私は、資料を厳しく選択せざるを得なかった。おそらく何万人もの逃亡者がいるので、いかにナチが逃げ、いかに居所を突き止められたか（あるいは突き止められなかったか）について、すべての話を書くのは不可能である。その代わり私は、多くの者を代表する一握りの犯罪者について書いた。そうした人物――ヨーゼフ・メンゲレ、アドルフ・アイヒマン、フランツ・シュタングルを含む――はよく知られているということが、本書の読みやすさを増すことに資することを願っている。ほかの登場人物のグループは、ナチ・ハンターを含んでいる。その人物選定は、ずっと容易だった。ジーモン・ヴィーゼンタールを入れるのは避け難かった。私はもっぱら彼に焦点を絞った。私は過度に彼に厳しく、一群の悪質なネオ・ナチ、修正主義者、ホロコースト否定主義者、反ユダヤ主義者その他のおぞましい奇人たちと一見同盟を結ぶという職業上の危険を冒したと感じる向きもあるかもしれない。私は、自分がそうした卑劣な陣営のまったく外に属しているということ、ヴィーゼンタールに対する批判を彼らの魔手から奪い取るのが私の意図であるのを強調しておきたい。私は、ナチを追う者と追われる者同様、ナチの協力者についても書いている。その中にはファン・ペロンと、アロイス・フーダル、クルノスラフ・ドラガノヴィチのようなカトリック神父が含まれている。何万人もがナチの逃亡の手助けをしたが、この場合も記述をはしょらざるを得なかった。それにもかかわらず、英国のファシストで駱駝を専門とする動物学者アーノルド・リースの滑稽な話をする贅沢を自分に許した。それは確かに、喜劇映画か演劇の題材になるであろう。私の最後の一群の登場人物は、「雇われた」者たちである。ソヴィエト連邦を含め、連合国が諜報員として利用した犯罪者である。ショッキングな話だが、選ぶべき人物は多かった。バルビーの話が際立っているが、利用されたほかの多くの犯罪者を暴露することによって、この面を豊かにするのが重要だと私は考えた。私はそうした犯罪者を利用することについて、ある場合は寛容で、うぶで単純な道徳的判断を避けたが、大量殺人者を雇った者が示すシニカルな態度に対する心底からの苛立ちから、癇癪玉を破裂させないようにするのが難しい時があった。

私がいくつかの事柄を省略したことに失望する向きもあるかもしれない。私よりも法律に関心のある読者は、法の適正手続き、出訴期限法、立法、裁判などの問題に関する説明がもっとあったらいいと思っておられるかもしれないが、それは自分の扱う範囲の外だと思っている。また、ごく最近のケースについても書かなかった。それは重要ではあるものの、アイヒマンのような人物に比べれば、それほどでもないと思われる人物が関与しているからだ。さらに、そうしたケースのあるもの――とりわけジョン・デミャニュクのケース――は進行中であり、まだ解決していない問題について詳述するのは賢明ではないからだ。私はそうした省略を残念に思うが、陰謀説愛好家を失望させるのはその限りではない。この問題についてなんとも途轍もない主張をしている夥しい数の本があるが――とりわけ、〈オデッサ〉に関する主張と、ナチの逃亡にピウス十二世が直接関わっていたという主張――私はそうした主張は考慮しなかった。本書を執筆した際のおおまかな方針は、本書に収めたあらゆる事実は法廷で抗弁しうるものでなければならない、というものだった。その基準は維持するのに苛立たしいほどに高いが、必要なものだった。しかし、陰謀論者はさほど厳密ではなく、その結果、センセーショナルな材料を提出するが、知ったかぶって鼻柱を軽く叩く以外、それを裏付けるものは持っていない。陰謀論者は、自分たちの言い分を証明する文書の欠如に頼っているが、良心的な歴史家の義務は、堅固な証拠にのみもとづくことだと私は思っている。当然ながら、私は自分自身の推測を交えたが、その場合、推測であることを明確にしている。コマーシャリズムのために、真実であると主張したいという大きな誘惑に駆られるが。もっと途轍もない説がなくとも、本書に詳述されている、ナチ狩りの真実と、それに関わる人物の真の性格を知ると、私同様に一般読者も驚くであろう。

第1章 逃亡

一九四五年五月六日、中級のＳＳ将校が二人、アルトアウスゼーのオーストリア・アルプスのリゾート地にある、道路の通っている小さな橋に立っていた。二人の下では、山の澄んだ小川が潺湲《せんかん》として流れ、頭上では、ローザー平原の巨大な淡い灰色の石灰岩が、ぼんやりと大きな姿を現わしていた。付近には数軒の家と山荘が建っていて、その居心地のよい内部は、ハイキングで疲労困憊したあと、あるいは湖の治療効果のある水の中で泳いで爽快になったあと、暖炉の前で夜遅くシュナップスを飲むのにふさわしいように設《しつら》えられていた。しかし、二人の男のどちらも、そんな楽しい遊びのことなど考えてはいなかったろう。二人の男は、アメリカ軍の戦車がわずか数マイル先のところまで迫ってきているので、どうすべきかを話し合っていたのだ。ＳＳ将校だったので、どちらの男も連合国軍の捕虜になるのはご免だったが、二人とも、次の行動については別々の考えを持っていた。

若いほうの男はＳＳ大隊指導者《シュトゥルムバンフューラー》で――ドイツ軍の少佐に相当する――そこにとどまるつもりだった。十六歳からのナチ党員で、今は三十歳のヴィルヘルム・ヘットル博士は、戦争中、ＳＳの情報機関である保安課報部《ジヒャーハイツディーンスト》（ＳＤ）のために働き、ウィーン、ベルリン、ブダペストで勤務した。彼はたちまち昇進したが、彼を誹謗する者がいないわけではなかった。上官の一人は彼のことを「典型的な厄介なウィーン人——嘘つきで、おべっか使いで、紛れもない策士」と評した。そうした資質は諜報活動には役立つと言ってよく、ヘットルはそれを生かそうとした。共産党細胞を相手に秘密戦争をした経験のある彼は、自分はたぶんアメリカ軍にとって有用なので、自分を戦争犯罪人として扱わず、役立つ人物とさえ見なすかもしれないと踏んでいた。

ヘットルの期待は、ひとりよがりなものではまったくなかった。二月以来、彼はCIAの前身であるアメリカの戦略事務所（OSS）と接触していた。母国オーストリアのために個別の和平協定を結ぶための仲介者になろうとしたのである。その協定なるものの暗号名は「公爵《ヘルツォーク》」で、ヘットルの上官SS上級集団指導者《オーバーグルッペンフューラー》（将軍）エルンスト・カルテンブルンナーと、オーストリア人の彼自身と、国家保安本部《ライヒスジヒャーハイツハウプトアムト》（RSHA）の部長の立案だった。ヘットルはベルンのOSSの本部長アレン・ダレスの代理人と話すためにスイスに何度か行った。彼はアメリカ軍に熱心に取り入り、枢軸軍がいわゆる「アルプスの要塞」で最後の必死の抵抗をする準備に関する情報だけではなく、オーストリアの山中深く埋められる予定の金《きん》の輸送に関する情報も提供した。ヘットルにとって運の悪いことに事態が急展開し、ダレスとカルテンブルンナーの会談を手配することができないうちに、四月二十七日、「独立」オーストリアが樹立したことが、ロシア軍に占領されているウィーンで宣言された。ヘットルは五月初めにスイスに行く最後の試みをしたが、フランス軍の部隊がオーストリアとスイスの国境にいたのでリヒテンシュタインまでしか行けず、戻ってアルトアウスゼーに身を潜めようとした。彼は知らなかったが、アメリカ側は彼を利用する計画を立てていた。四月二十一日、ダレスはこう報告した。「ヘットルのSDの一員としての、またカルテンブルンナーの協力者としての記録はもちろんおぞましいが、彼はなんとか助かりたいと願っているので、役に立つのではないだろうか」。もう一人のOSSの将校も同意したが、こう忠告した。「我々がナチの反動主義者と一緒に仕事をしているという非難を避けるために」とエッジワース・マレー・レスリーはダレスに報告した。「我々は彼との接触をできる限り間接的なものにするべきだ」

その日、橋の上に立っていたもう一人の男は、ナチ体制に対するヘットルの融通の利く忠誠心を共有してはいなかった。九歳上で、一階級上のSS上級大隊指導者《オーバーシュトゥルムバンフューラー》（中佐）は、和平協定などにはまったく関心がなく、戦闘を継続することは依然として価値があると信じ込んでいた。彼はヘットルに向かい、自分は信頼できる一団の若いSSの隊員と山に隠れるつもりだ、山ならばアルプスで培《つちか》った自分の技倆で何年も生きながらえるだろう、と言った。ヘットルは、上官が本気であるのを疑わなかっただろう。上官がナチの悪行に深く関わってきたのを目撃しているからだ。事実、前年の三月にドイツ軍がハンガリーを占領したあと、二人の男はハンガリーで一緒に働いたのだ。ヘットルの仕事は保安諜報部の防諜作戦を実行することだった。一方、彼の仲間のオーストリア人の任務は、新たに占領した領土で、国家保安本部の穏やかな響きの第ⅣB4課の役目を果たすことだった。上級大隊指導者は己が仕事を手際よく、非常な熱意を込めてしたのである。なぜなら彼は、一九四四年六月までには約四十万人のユダヤ人を追放し、ビルケナウでガスで殺害したからである。年上の男の名前は、アドルフ・アイヒマンだった。

二人の男が橋に立っていた時、ヘットルは自分たち二人が一九四四年八月末のある朝、ブダペストで会った時のことを思い返していたかもしれない。ヘットルが自宅のアパートで寛いでいると、アイヒマンがひどく不安そうな顔で入ってきた。ルーマニアで、親枢軸国の指導者イオン・アントネスクに対するクーデターがつい最近あったからだ。ルーマニアが間もなく連合国に加わるので、アイヒマンは、いまやロシア軍がハンガリーとオーストリアに侵攻してくるのを止めるものは何もないのを怖れていたのだ。「それからアイヒマンはブランデーを数杯飲んだ」とヘットルは回想している。「次から次に。［……］私は彼が自分で勝手に飲めるよう、アラックの瓶をグラスと一緒に置いた」ヘットルは気づいたのだが、アイヒマンは珍しく戦闘服を着ていて、ブランデーにはほとんど慰められなかった。会話が終わりに近づくと、彼は立ち上がってヘットルに別れを告げたが、こう言い足した。「お互い、おそらく二度と会わないだろう」。なぜかと部下が訊くと、アイヒマンは答えた。連合国は、自分が夥しい数のユダヤ人を追放した責任者なのを知っているし、自分を「最悪の戦争犯罪人」と見なしている。そこでヘットルは、ユダヤ人殲滅《せんめつ》計画の規模について訊いてみた。ヘットルは回想している――

驚いたことに、アイヒマンはその問いに答えた。［……］殺害したユダヤ人の数は帝国の重大な秘密だと彼は言った……アイヒマン自らが得た情報によると、約六百万のユダヤ人がそれまでに死んだ。四百万人は殲滅収容所で死に、残りの二百万人は作戦部隊によって銃殺されるか、病気のようなほかの原因で死んだかだ。

そしてアイヒマンによれば、ヒムラーはその数字をもっと高いはずだと思っているが、自分は合計六百万人というのが正しいと確信しているという。アイヒマンの足元はしっかりしていたが、アルコールをたらふく飲んだあとでは車を運転しないほうがよいとヘットルは上官に忠告した。その警告が無視されたのは疑いない。多くの者が言うところによると、アイヒマンはブランデーの瓶に馴染んでいたからだ。

そして今、それからわずか八ヵ月後、アイヒマンは以前より少し険悪な気分のように見えた。彼はヘットルに向かい、自分は抵抗するつもりだと言ったが、長年ストレスを受け、強い酒を飲んだあとでは、力強いナチの精神が蘇ったような人物にはとても見えなかった。背は五フィート半〔一フィートは約三十センチ〕ちょうどで、頭が禿げかけているアイヒマンは、非常にほっそりもしていた。顔は骨張っていて、頬はこけていた。顔は神経性痙攣に見舞われ、不愉快で大げさな笑い方をした。彼はアルコール依存症だったので、その勇気はおそらく空元気だったろう。彼が山中に行くというのは、よいことだった。なぜなら、仲間のナチたちは彼と関係を持ちたがらなかったからだ。アイヒマンの上官のカルテンブルンナーもアルトアウスゼーに隠れていたが、自分の部下の存在はうとましかった。「アイヒマンはチフスのメリー〔悪疫を撒き散らす人間〕のように、我々のところに突然やってきた」とヘットルは回想している。「彼はいまや、カルテンブルンナーとその同僚の頭を離れないすべての犯罪の化身、彼ら自身の罪の黙示録的形見だった」。ヘットルによると、カルテンブルンナーはアイヒマンに向かい、「さっさとアルトアウスゼーを出て行ってくれ」と言ったという。

　しかしアイヒマンは、そこを去る前にいくつかの個人的な用件を済ます必要があった――道路を数百ヤード〔一ヤードは約九十センチ〕下ったフィッシェルンドルフ八番地にある、おじから借りたシャレーにいる家族に別れを告げねばならなかったのだ。アイヒマンはのちに、妻のヴェーラと三人の息子を抱き締めたと書いている。「一番下の息子はたった三歳だった。わずか三歳――それなのに、彼を見るのはそれが最後だった。ドイツの父親が息子に与え得る最上の贈り物は、紀律という贈り物である。そこで、彼を殴った」。迷彩の軍服を着、機関銃を脇に置いたアイヒマンは、幼いディーターを両膝のあいだに立たせ、片手で、「静かで、よく考えた仕方で」何度となく息子を殴った。この残忍な別れの挨拶の裏にある理由は、湖の畔の近くには行ってはいけないということを少年の肝に銘じさせるというものだった。少年はその湖に落ちたばかりだったのだ。「私の手が上がったり下がったりした時、いかに息子は泣き喚いたことか！　しかしその結果、その後、息子は水に落ちることはなくなった」。夥しい数の人間を死に追いやった男は、家を出る前に、妻子に自殺の手段を与えた。彼は四個の毒入りのカプセルを妻に渡しながら言った。「もしロシア軍が来たら、おまえたちはこれを嚙み潰すのだ。もしアメリカ軍かイギリス軍が来たら、そんな必要はない」。彼は自分用にもカプセルを一個持っていた。ヘットルによると、狂信的なアイヒマンは、もし追い詰められれば決着がつくまで撃ち続けるだろうが。

上級大隊指導者《オーバーシュトルムバンフューラー》アイヒマンは、「信頼できる」ＳＳの部下のグループと合流するために丘の中腹に向かった。彼らは、アルトアウスゼーの北三マイルの隔絶した渓谷に隠れるようにして建っている旅館兼猟小屋、ブラー＝アルムで待っていた。しかしアイヒマンは、いまやアメリカ軍がすぐそこまで来ているので、グループの数を減らすことにし、給料を払ってほとんどの者と別れた。彼は将校から成る小グループと一緒に北西二マイル〔一マイルは約一・六キロ〕にある小村ロッテンバッハ＝アルムに向かった。一行は約千フィート下ったのだが、その村は遥かに隔絶していた。そこに着くと一行は、アルプスの中にいかに深く入ろうと、最悪な「毒」を取り除くほうがずっと安全なのに気づいた——アイヒマン自身を。

皮肉なことに、一行の懸念を口に出したのは、本人の「毒」も強かった人物、ＳＳ上級《オーバー》中隊指導者《シュトウルムフューラー》アントン・ブルガーだった。彼はアウシュヴィッツで働く前、一九四三年から四四年までテレジーエンシュタット強制収容所の所長だった。「我々は目下の状況について話していた」とブルガーは言った。「英米軍に発砲してはいけない。ロシア軍はここには来ない。あんたは戦争犯罪人として追われている。我々じゃない。もし、あんたがここを去って、違った司令官を任命してくれたら、あんたは自分の仲間に非常な功徳を施すことになる」。アイヒマンはそれに同意せざるを得なかった。そして、アイヒマンは別れの印にシュナップスを一同と飲んでから、副官のSS上級中隊指導者《オーバーシュトルムフューラー》ルドルフ・イェーニッシュを伴って北に向かった。

アイヒマンは、一人になっても戦うと偉そうなことをヘットルに言ったものの、彼とイェーニッシュは、SSの軍服を着て山中をうろうろしているのは愚かであることにすぐに気づいたに違いない。その結果二人は、新しい軍服を着たうえに、別人になることにした。SS上級大隊指導者《オーバーシュトウルムフューラー》アドルフ・アイヒマンは、いまやもっと下の階級の、ドイツ空軍兵長《オーバーゲフライター》バルトになった。二人は山中を歩いた。アイヒマンは何年ものちに、獐《のろ》、シャモア、狐、野兎を含め多数の野生の動物を見たことを回想している。

こうした野生の動物は、上オーストリアの山と森で少年時代を過ごしたので、よく知っていた。私が腕のいい狩人だったという意味ではない。私は殺すために銃を撃つことに歓びを見出したことは決してない。ライフル銃の照準を通して鹿の目を見、そして鹿を殺すことができる人間は、体の中に心臓を持たない人間ではないだろうか。戦争において、自分が誰かを殺す実際の道具にされなかったことを、私は神に感謝した。

アイヒマンの自己欺瞞の程度は、それほどにひどいものだった。彼は終生、自分が殺戮の道具としての役割を果たしたことを否定し続けた。しかし当座は、自分自身の命を救わねばならなかった。「ともかく、いまや私は狙われる獲物だった」と彼は認めた。「狩り立てられた動物。〝狩猟シーズン外〟の規則には守られていない動物」

一方、アルトアウスゼーでは、まだ残っていたナチたちが、アメリカ軍の到着にそなえて準備を整えていた。奸智にたけたヘットルのような何人かの者は、そのまま残ることにしたが、アイヒマンのようなほかの者は、山中に姿を消すことを選んだ。その中で最も悪名高かったのは、一九四三年以来国家保安本部長官だったエルンスト・カルテンブルンナーだった。一九三九年にヒムラーによって設立された国家保安本部は、ナチ国家の警察組織の三部門――ゲシュタポと刑事警察と保安課報部――をすべて併せたものだった。ヘットルは保安課報部に勤めていた。国家保安本部の役割は、国家のすべての敵を追跡して逮捕し、強制収容所に引き渡すというものだった。国家の敵にはドイツ国内およびドイツ占領地域に住むユダヤ人も含まれていたので、国家保安本部は「最終的解決」を実行するうえで明確な役割を担っていた。アイヒマンの努力のおかげで、国家保安本部はきわめて機能的でもあった。

ところでカルテンブルンナーは大犯罪者で、アイヒマンの上司として、まず間違いなくアイヒマンを上回る犯罪者だった。背が六フィート七インチもある、がっしりとした四十一歳の男は、痘痕面《あばたづら》で、酷薄な、と通常形容される薄い唇を持ち、左耳から口にかけて傷痕《きずあと》があり、容貌さえ、見るからに犯罪者だった。彼の前にいるだけで、多くの者は落ち着かなくなった。「彼の小さくて、射るような茶色の目は不愉快だった」と、あるナチは書いている。「その目は相手を見据えた。獲物を竦ませようとする毒蛇の目に似ていた……彼は［私が会った］最初の瞬間から、私を嫌な気分にした」。カルテンブルンナーは人を不安にさせる容姿の持ち主だったにもかかわらず、アルトアウスゼーで金髪碧眼の二十四歳の愛人を従えていた。ギーゼラ・フォン・ヴェスタルプ伯爵夫人はウルズラとヴォルフガングという名の彼の双子を、三月十二日に村の牛小屋で出産した。

その年の五月のあいだ、カルテンブルンナーとヴェスタルプには、シャイドラーという夫婦の仲間もいた。夫のアルトゥル・シャイドラーはSS上級大隊指導者《オーバーシュトルムバンフューラー》で、カルテンブルンナーの副官だった。一九一一年に生まれたシャイドラーは実業学校で教育を受け、鉄道貨物運送会社で働いていたが、一九三四年十一月にSSに入った。最初の仕事の一つは、ザクセンブルク強制収容所の看守だったが、間もなく経理の才能が買われ、一九三五年、保安諜報部の会計部門の管理者になり、一九三九年には、カルテンブルンナーの跡を継いで国家保安本部の部長に就任した、悪名高いラインハルト・ハイドリヒの管理補佐になった。良心的で勤勉なシャイドラーは、ナチの機構が必要とした中産階級特有の能力を体現していた。そして、戦闘経験が不足していたにもかかわらず、一九四三年十一月、カルテンブルンナーの直属の部下として働くようになった。シャイドラーの妻イーリスは活潑で魅力的な三十三歳の金髪女だった。ウィーン生まれのイーリスは、シャイドラーと結婚する前は、ルドルフ・プラクスマラー博士と結婚していた。プラクスマラーはカルテンブルンナーの友人で、二人はグラーツの大学で一緒に学んだ。プラクスマラー夫婦は一九四三年七月に協議離婚し、翌月、イーリスはフラウ・シャイドラーになった。イーリスはプラクスマラーとのあいだに二人の子供があったが、六月末には、新しい夫の最初の赤ん坊が生まれることになっていた。彼女は親になると同時に、ナチの公認写真師ハインリヒ・ホフマンのもとで働くことにした。そのため、ナチ・ドイツにおいて上流と目されていた社会に入ることができた。その中には、エーファ・ブラウン、ヒトラー青年《ユーゲント》団の指導者バルドゥル・フォン・シーラッハが含まれていた。要するに、シャイドラー夫妻は有力な縁故に恵まれていて、アルトアウスゼーにおいてカルテンブルンナー一味の中心にいたのである。その一味であることは、イーリスの先夫がSS病院長でアルトアウスゼーの軍司令官だったことで、いっそう居心地のよいものになった。そして、イーリスとヘットルは恋人同士だったので、その仲間たちはいっそう親密になった。シャイドラー夫妻はヴィラ・ホーエンローエンに住んでいた。それは町の中心にある豪壮な家で、今でも、人はイーリス・シャイドラーを覚えている。「あの女は背が高くて、非常な美人だった」と、ある村人は回想している。その村人は、郵便局で彼女の用をするたびに、いささか惚れたことを認めている。

アルトアウスゼーにあるカルテンブルンナーの家はヴィラ・ケリー〔「ケリー」はカルテンブルンナーの前にその家を借りていた女性の名〕で、町外れにあり、湖を見渡していた。カルテンブルンナーは逃亡する前に、三文小説の悪漢のように、宝物を庭に埋めた。ある推定によると、彼はアルトアウスゼーに、五十キロの金の延べ棒、金細工の入った五十個のケース、二百万米ドル、同じ額のスイス・フラン、宝石の入った五個のケース、五百万金《ゴルト》マルクの価値がある切手の蒐集を送った。カルテンブルンナーがどのくらいの略奪品を自分の自由にしたのかは、はっきりとはわからないが、庭の芝の下に埋め切れないほどたくさん持っていたに違いない。その代わり彼は、宝物の多くを山腹に隠し、入口をダイナマイトで塞ぐつもりだった。そうすれば誰もそれを手にできなくなってしまうのに。アルトゥル・シャイドラーは上司の子供じみた真似をやめさせた。

五月七日、カルテンブルンナーはヴィラ・ケリーから逃げ出した。行動を共にしたのは忠実なシャイドラー、二人のSSの隊員、二人の猟師、フリッツ・モーザーとゼバスティアン・ラウダシュルだった。猟師は案内役を務めた。一行の目的地はヴィルデンゼー・アルムの近くの小さな猟小屋で、ローザー高原をたっぷり五時間歩いたところにあった。高原には雪が二十フィートから三十フィート積もっていた。一行はその夜遅く猟小屋に着いたが、シャベルで入口の除雪をしなければならなかった。やがて一行は、よろめくようにして猟小屋に入り、猟師が紅茶を淹れているあいだ、固い藁のマットレスの上に倒れ込んだ。アイヒマン同様、カルテンブルンナーとシャイドラーは名前を変えた。いまやカルテンブルンナーはヨーゼフ・ウンターヴォーゲン博士という上級軍医で、シャイドラーはその同僚ということになった。一行は、アメリカ軍がソヴィエトと戦うことになった場合、自分を雇ってくれるかどうか、自分たちの指導者があれこれ話すのを坐って聞く以外、ほとんど何もできなかった。一同は元気を出そうと、シャンパンを飲み、フランスのボンボンを食べ、アメリカの免税のタバコを吸った。

カルテンブルンナーが自分を雇ってくれるかもしれないと思っていた者たちが、ヨーロッパ戦勝記念日の翌日の五月九日にアルトアウスゼーに到着した。アメリカ軍は圧倒的な勢力で村を確保するなどということはまったくせず、たった五人の兵士、一台の戦車、一台のジープを配置しただけだった。そのすべては、パットンの第三軍の第八〇歩兵師団所属のラルフ・ピアソン少佐の指揮下にあった。彼らから程遠くないところに、米第八〇防諜部隊の二人の隊員がいた。ロバート・E・マティソン大尉と、通訳のシドニー・ブラスキンである。マティソンは政治学の教師で、ハーヴァード大学の修士号を持っていた。彼の仕事はナチの幹部を追跡して逮捕することと、できるだけ多くの情報を纏めて整理することだった。アルトアウスゼーでは、彼は多くの成果を挙げたと言ってよい。彼が逮捕した者の中には、空軍《ルフトヴァッフェ》のエーリヒ・アルト将軍、ペーネミュンデにおけるV2ロケット計画の建造主任ヴァルター・リーデル、駐ギリシャ、ドイツ全権公使ギュンター・アルテンブルク、外務省最高顧問ヴィリアム・クノーテ、ナチが作ったハンガリーの傀儡政権の大臣、バーリント・ホーマン博士がいた。マティソンはヴィラ・ケリーをも訪れ、国家保安本部の東南ヨーロッパ担当の情報課課長ヴィルヘルム・ヴァネック、保安課報部の役人ヴェルナー・ゲッシュ、期するところのある、ヴィルヘルム・ヘットルがいた。全員が逮捕され、尋問所に送られた。

しかしマティソンは、本当に捕らえたかった男を捕らえていなかった——カルテンブルンナーを。次の二日間、彼はカルテンブルンナーの一味を尋問したが、なんの情報も得られなかった。それどころかマティソンは、ギーゼラ・フォン・ヴェスタルプとイーリス・シャイドラーが、自分たちの男たちの身に何が起こったのかをしきりに知りたがっているのに気づいた。ついに五月十一日の朝、マティソンは手掛かりを摑んだ。カルテンブルンナーとその一行は、猟小屋にいるところを、オーストリアのレジスタンス運動のメンバーであったアルトアウスゼーの森林警備員に目撃された。マティソンは急遽、四人のオーストリア人の案内人から成る捜索隊を編成した。彼らは全員、国防軍《ヴェーアマハト》に加わっていた。ところが、神経質なピアソン少佐は、アメリカ軍のGIの分隊を連れて行くように言い張った。マティソンは渋ったが。

「彼らがいると、互角の激戦になるおそれがあった」とマティソンは回想している。「その結果、カルテンブルンナーは死ぬか、逃亡するおそれもあった。私は自説を述べた末、私が適当と思う方法で歩兵分隊を使う権限を有する、ということで、ようやく妥協した」。マティソンは歩兵分隊に、ずっとあとからついて来るように命じた。GIたちは、たった三日前までは敵だった者が先導しているのでひどく落ち着かなかったが。「彼らは案内人たちに対し、たった一度でも妙な真似をすれば御陀仏だということをはっきりとさせたいと思った。戦争を生き抜いたあと、平和と故郷を目前にして殺されたくはなかったのだ」。その夜、一行が出発する前、マティソンはヴェスタルプとシャイドラーを訪れた。イーリスは身重だったにもかかわらず、どうしても同行すると言い張った。もし夫とカルテンブルンナーが、捜索隊に自分がいるのを見れば、撃ち始めることは、まずないと主張した。真夜中に、妊娠三十四週間目の女を雪の積もった山にどうやって登らせるのかについて無知だったらしいマティソンは同意したが、イーリスはすぐに考え直し、同行しないことにした。しかしマティソンは、ヴェスタルプからもっと実際的な協力を得た。それは、愛人に宛てた手紙だった。それには、あなたを見たら即座に殺すであろうロシア軍に捕まるより、マティソンに同行し、アメリカ軍に安全に拘留してもらうようにと書いてあった。

　マティソンの雑多な一団は真夜中に出発した。先導者はレーダーホーゼン〔膝までの革ズボン〕を穿き、アルパイン・ジャケットを羽織り、アルパイン・ハットをかぶり、スパイク付きの靴を履いていた。計画では、一行が早朝に猟小屋に近づくと、丸腰のマティソンが何も知らぬ通行人のふりをする、ということになっていた。カルテンブルンナーのような男の生来の酷薄さを考えると、マティソンの勇気を疑うことはできない。しかし彼は、まず猟小屋に着かねばならなかった。一行の歩みはのろかった。「予期せぬ障碍があった」とマティソンは書いている。「雪崩れで薙ぎ倒された樹木が小径に横たわり、シュテメルン川に架かっていた人道橋は春の氾濫で流失していた」。武器を背負い、スパイク付きの登山靴を履いていなかったＧＩたちは苦労していた。そのうち三人は、くねくねと曲がる狭い踏み分け道を通っていた時に落下して怪我をし、あとに取り残された。それにもかかわらず、まさに夜が明けかけた午前五時には、カルテンブルンナーの隠れ家が見えてきた。猟小屋は尾根の頂のすぐ下の、剝き出しの下り坂の端にあった。マティソンには二つの選択肢があった。自分と一行は突出している岩に隠れながら尾根の端を通るべきか、猟小屋がはっきりと見える坂をただ真っ直ぐ下るべきか。一行は疲れていたので、尾根の端を通るのは重労働だった。部下の体調を気遣ったマティソンは、後者の手段をとることにした。

　一行が近づくと、小屋には誰もいないように見えた。森林警備員の情報は間違いか、古過ぎるかに思われた。一行が小屋から三百ヤード足らずのところに来ると、マティソンは案内人とＧＩを小さな尾根に残し、一人で前進した。「鎧戸が固く閉まっていた」とマティソンは回想している。「煙突からは煙が出ていなかった。雪には新しい足跡が見えなかった」。彼は間もなく入口に着き、ドアをノックした。応えはなかった。ドアを開けようとしたが、掛け金がかかっていた。マティソンが諦めようとした、まさにその時、左の部屋から物音がした。彼はなんらかの反応を得ようと、窓の鎧戸をカタカタと揺すった。やがて窓が開き、目のとろんとした男が訊いた。「なんの用だね?」男はカルテンブルンナーではなかったが、マティソンは、寒いので中に入れてもらえまいかと尋ねた。男は断った。するとマティソンは、ギーゼラ・フォン・ヴェスタルプからの手紙を窓から差し出した。すると男はその手紙を注意深く読んでから、その手紙に書いてある人物はまったく知らない、自分も通りがかりの者だと、マティソンに言った。

ちょうどその時、男はマティソンの肩越しに何かに気づいた。マティソンが振り返ると、四人の案内人がライフルを持って坂を進んで来るのが見えた。彼は再び前を見ると、男はベッドの脇のリボルバーに手を伸ばしていた。「私は身を守ろうと、小屋の西側に退いた」とマティソンは言っている。「すると、彼は鎧戸を閉めた。危険を感じた案内人たちは八人の歩兵を呼び、小屋の前に半円形に並ばせた」。男は小屋の入口のドアを開け、ポーチに歩み出たが、前進して来る歩兵たちを見るや否や中に駆け戻り、ドアに掛け金をかけた。マティソンは、出て来て降伏するように呼びかけた。なんの応えもなかった。「我々は十分ほど何度も呼びかけたが、無駄だった。銃撃を始めたくなかったので、我々はポーチに行き、ドアを蹴破った」

それは所期の効果があった。間もなく四人の男が両手を挙げて小屋から出てきた。カルテンブルンナーの正体はすぐに分かったけれども、彼は否定した。シャイドラーも同様だった。ほかの二人の男はSSの衛兵であるのを認め、カルテンブルンナーとはなんの関係もないと言った。小屋の中でマティソンは、暖炉の灰の中からカルテンブルンナーの認識票を見付けたが、それでも、瘡痕面の大男のオーストリア人は、自分はウンターヴォーゲン医師だと言い張った。その日の午前十一時半には、一行はアルトアウスゼーに戻った。田舎ではニュースはたちまち伝わるが、その年の五月のザルツカマーグートでも例外ではなかった。なぜなら、一行は本通りで大勢の群衆に迎えられたからである。マティソンが捕らえた者を勾引すると、イーリスとギーゼラが群衆の中から飛び出してきて、自分たちの男を抱き締め、キスをした。マティソンは皮肉な調子で書いている。「カルテンブルンナーとシャイドラーは、いまや仮面を脱がざるを得なかった」

その土曜日の午前にヴェーラ・アイヒマンが群衆の中にいたかどうかは、わかっていない。もしいたなら、夫が山から連れて来られる次のナチかもしれないと思ったであろう。

アルトアウスゼーの北西約二百二十マイルにあるバイエルンの小さなアウテンリート村では、ナチ戦争犯罪人のもう一人の妻が、夫の行方について思いを巡らせていた。ほんの数日前の五月三日、イレーネ・メンゲレはラジオを聴いていると、夫がアウシュヴィッツに勤務している時に犯した罪の概略に関する連合国の報告を耳にした。SS主幹中隊指導者《ハウプトシュトゥルムフューラー》（大尉）ヨーゼフ・メンゲレ博士の犯した罪はあまりに恐ろしいものだったので、イレーネは信じるのに苦労したに違いない。多くのドイツ人同様、彼女も、その報告は勝者の宣伝以外の何物でもないと思っただろう。ダッハウのような強制収容所の死体の山の写真を見せられても、多くのドイツ人は、それは連合国に爆撃されたドレスデンの犠牲者の写真だとして一蹴した。しかし、その報告は真実で、メンゲレのもとで生き残った者たちの話にもとづいていた。連合国軍によって集められた数多くの証言は、それまでは無名だった医師が、実は極悪なサディストで、科学の名において極度に残忍な行為に耽ったサディストなのを明かしていた。数年後に書かれたある報告書にはこうある。メンゲレは「有史以来、どこよりも多くの者が殺害された場所であるアウシュヴィッツの悪と同義語になった」。

そうした証言の一つに、アウシュヴィッツとベルゼンの強制収容所で生き延びた二十三歳のチェコスロヴァキアのユダヤ人、カテジナ・ネイゲルの証言がある。彼女は一九四一年十月二十三日、両親と二人の姉妹と一緒に逮捕された。彼女と家族は最初ポーランドのゲットーに送られ、その後、アウシュヴィッツに移送された。イレーネ・メンゲレがラジオを聴いていた、まさにその週、また、ヘットルとアイヒマンがアルトアウスゼーの橋上で不安な気持ちで別れを告げていた、まさにその日、ネイゲルは、軍主任法務官のスタッフとして働いていたP・イングレス・ベル少佐に、自分の経験を話していた。

アウシュヴィッツ強制収容所には、メンゲレという名の医師がいました。私たちの一団が到着すると、私たちは彼の前でパレードをさせられました。彼は健康な者を選別し、その他の全員、老人、病人、妊婦、すべての子供はガス室に送られました。残った者は髪を剃られ、体を洗われ、裸のまま調べられ、ガス室に送るため、さらに選別が行われました。それ以後、似たような検査が数日置きに行われました。疾患、病気その他のなんであれ、目に見える徴候が現われた者は、ただちにガス室に送られました。

ネイゲルの父母と赤ん坊の妹はガス室に送られた者に入っていた。一九四四年八月、彼女と生き残った一人の妹はベルゼンに移送され、発疹チフス、栄養失調、肉体的虐待に耐えて生き残った。しかし、彼女の最初の運命を決めたのはメンゲレで、ネイゲルが目撃したものは、いまやホロコーストの永続的なイメージになっている——白い実験着を羽織り、生かしておく者とガス室に送る者を選別する、浅黒いハンサムな若き医師。別の生存者によれば、メンゲレは落ち着いた態度で己が役割を果たした。「彼の挙措は優しかった」と、ローマから連れて来られたユダヤ人のアルミニオ・ヴァッハスベルガーは回想している。「ほとんどいつも、気取りと非常な魅力の両端のあいだにある、静かな物腰で振る舞った。彼は囚人たちに右あるいは左の合図をしながら、ワーグナーのアリアを口笛で吹いた」。メンゲレは危険なほどに魅惑的な人物だと言った者もいた。ある女囚は、彼には「スターの資質」があり、「きわめてカリスマ的な男」だと思った。ぴっちりと合ったSSの制服を着、メダルを下げ、白手袋を嵌め、磨き上げたブーツを履き、鞭を持った三十三歳の男は、確かに美丈夫《ベラ・フィグーラ》だった。

だがメンゲレは、いつも蛇のように物腰が柔らかかったわけではない。ほんのちょっと挑発されただけで癇癪を起こした。アウシュヴィッツの囚人ルート・グットマンは、メンゲレが激怒するのを目撃した。

……ある時私は、主任医師のメンゲレが木を切っていた老女を捉え、ステッキで殴っているのを見た。理由もわからないし、犠牲者にどんな傷を与えたのかもわからないが、彼はステッキを使って、老女を非常に強く殴った。背中の下の部分から始め、最後に、首筋をとりわけ強く一、二度殴った。それは明らかに、相当な肉体的損傷を与えただろう。

だが、そうした懲罰は、メンゲレが実験室で行ったことに比べれば、比較的穏やかなものだった。メンゲレの博士論文は、四つの人種グループの下顎の構造の違いを調べたものだった。彼はいつも、人種人類学に強い興味を抱いていた。アウシュヴィッツにおいてメンゲレは、患者の健康とか、さらには患者の命などといった微妙な問題に煩わされることなく自分の研究を推し進めることができた。彼は被験者、特に若い双子を、鼠同様に実験の材料にした。手術は麻酔を施さずに行われ、健康な四肢は切断され、病原菌が注入され、傷は悪化させられた。そうした蛮行が持つとされた医学的価値は「民族衛生〔優生学の一種〕」を向上させることで、メンゲレはその材料に事欠かなかった。その結果、彼はただ単に解剖するために被験者を殺すことができた。メンゲレに助手として働くよう強制されたユダヤ人医師、ミクローシ・ニスリは、メンゲレがどんな風に冷然として自分の仕事に取り掛かったかを回想している。

　解剖室の隣の作業室では、十四人のジプシーの双子が号泣しながら待っていた。メンゲレ医師は我々にはひとことも言わず、十ｃｃと五ｃｃの注射器を用意した。そして箱からエヴィパール〔即効性のバルビツール剤〕を取り出し、別の箱から、二十ｃｃのガラスの容器に入っているクロロフォルムを取り出し、それを手術台に置いた。そのあと、最初の双子が連れて来られた……十四歳の少女だ。メンゲレ医師は私に命じて少女の服を脱がせ、少女の頭を手術台の上に置かせた。すると、彼は少女の右腕の静脈にエヴィパールを注射した。少女が眠り込むと、彼は少女の左心室を探り、十ｃｃのクロロフォルムを注射した。少女は一度少しピクッとして、死んだ。するとメンゲレ医師は少女の死体を死体室に運ばせた。こんな風にして、十四人の双子は夜のうちに全員殺された。

一九四五年五月のその週、この男はどこにいたのか。妻と、一歳の息子のいるこの子供殺しは。彼は、二百五十マイル離れたチェコスロヴァキアのドイツ軍占領地区、ズデーテンラントのザーツという小さな町にいたのである。彼は依然としてヨーゼフ・メンゲレと名乗っていたが、今はＳＳの制服ではなく、陸軍将校の制服を着ていた。彼は一月十七日の夜にアウシュヴィッツから逃亡したが、その際、自分が行った実験に関するノートを持ち出した。自分の非人間的行為が実際に人類の役に立つと信じていたのだろう。多くの者同様、メンゲレは前進して来るロシア軍から西に逃げ、十日のうちにグロース・ローゼン強制収容所に着き、そこに三週間とどまった。だが、ロシア軍は仮借なく迫ってきたので、メンゲレは間もなく、退却中のドイツ軍部隊に加わり、二ヵ月同行した。五月二日、部隊はザーツに到着した。そこでメンゲレは、戦前からの友人で、野戦病院で働いていたオットー＝ハンス・カーラー医師に運よく出合った。

カーラー医師は旧友がひどく落ち込んでいて、自殺を公然と口にしているのに気づいた。その日、ヒトラーの死亡がラジオで発表されたが、カーラーによると、「メンゲレは騒ぎ立て、その発表を信じようとしなかった」。メンゲレはまた、アウシュヴィッツで囚人の選別を行っていたことを認めたが、そのことを明かされてもカーラーは、友人が自分たちと一緒になることを司令官に求め、その許可を貰った。次の数日、不安な気持ちのメンゲレは、その部隊にとどまった。そして、その間にある看護婦と一種の関係を結び、貴重なノートを彼女に預けた。メンゲレは、自分が捕まり、ノートが調べられれば死刑になるのを知っていた。

五月八日、ドイツが降伏した日、メンゲレが入れてもらった部隊は、ザーツの北西約二十マイルのエルツ山地で野営した。ロシア軍にもアメリカ軍にも侵略されなかったその一帯は、誰にも占領されていない無人地帯と思われていた。名目的にはアメリカ軍の支配下にあったけれども。メンゲレは、その「忘却の淵」に閉じ込められた一万五千の部隊の一人だった。そして、どさくさで、庇護者であるカーラー医師と離ればなれになってしまった。メンゲレは、いまや新しい戦友たちが自分の正体に疑念を抱いているのに気づいた。彼らの疑念は、落ち着かぬメンゲレには目立たずにいる才能がほとんどないという事実によって強まった。毎日の点呼の際、彼は違った名前を使った。「どうやら彼は前日に使った名前を覚えていなかったらしい」とフリッツ・ウルマン大佐は回想している。「だから彼は、四つか五つの名前を使ったに違いない。彼は秘密を持っているような男で、ＳＳに違いないと私は思っていた」

メンゲレがそれほどにそわそわしていたのも驚くに当たらない。逮捕されるのは時間の問題に過ぎないのを知っていたのだ。「食糧がある限り、我々の唯一の心配は、いつこの一帯が敵の手に落ちるかだった」とメンゲレは回想している。「ついに食糧が次第になくなり、ロシア軍がこの一帯を占領するという噂が広まると、我々は行動を起こす決心をした」。六月中旬、部隊はバイエルンに向かって進むことにした。そこは、アメリカ軍占領地域にあったからだ。「数台の車と衛生部隊は縦隊を組んだ」とメンゲレは言っている。「そして、いくらか騙して、アメリカ軍の中を通るのに成功した。我々はその後の路上の防塞を迂回し、バイエルンに入った」。いまやメンゲレはアメリカ軍占領地域の奥深くに入ったので、間もなくメンゲレと部隊は抑留された。そして、六月十五日かそのあたりに、メンゲレはニュルンベルクの北七十五マイルのシャウエンシュタイン捕虜収容所に連行された。彼はそこで、友人のカーラー医師と再会した。彼を捕らえた者は大物を釣り上げたとは露思っていなかった。なぜなら「大物」は「ヨーゼフ・メムリング」と名乗ったからである。それは、「死の天使」が使った最後の偽名ではなかった。

一方アルトアウスゼーでは、アメリカ軍はアルプスのその小村に隠れた多くのナチを逮捕する仕事を続けていた。逮捕された者の中に、背が高く体格のよい、フランツ・シュタングルという三十七歳のオーストリアの主幹中隊指導者《ハウプトシュトゥルムフューラー》がいた。シュタングルは家族が時折休暇を一緒に過ごした警察官の家に隠れていた。シュタングルは自分がアメリカ軍に見つかった理由がわからなかった。家の主人の警察官が密告したのではないかと、強く疑ったけれども。警察官は、彼が見つけられたのは、部下の過失に違いないと言い張った。シュタングルはバート・イシュルにある刑務所に連行された。そこは、アイヒマンが隠れていた場所を迂回する道路を約十五マイル行ったところだった。物柔らかに話し、礼儀正しかったシュタングルは、尋問されると、自分が事実SS将校であること、また、戦時中、イタリアとユーゴスラヴィアにおいて反パルチザン活動を指揮したことを明かした。彼はまた、アインザッツ・ポルのために特別補給幹部としての役割を担ったことも、アメリカ軍に話したかもしれない。アインザッツ・ポルは、約五十万人の労働者が働いた、イタリアとユーゴスラヴィアとのあいだにあるイストラ半島を要塞化するという、巨大なプロジェクトだった。「私は一切のものを調達する責任者だった」とシュタングルは言った。「靴、衣服、食糧……軍もSSも、誰もが私を助けねばならなかった。私は将軍の署名のある一枚の紙を持ち歩いた。それにはこう書いてあった。『ハウプトシュトゥルムヒューラー・シュタングルは、軍服あるいは平服で行動することを公認されており、同人が命令を履行する際に、すべての機関は同人にあらゆる援助をすることが求められている』」。シュタングルは、闇市で石油、織物のような品を入手するのに使う現金で一杯のトランクを荷車で運ぶだけが仕事の男の部下がいたことを回想している。

礼儀正しいシュタングルが決して話さなかったのは、一九四二年八月から四三年八月まで自分が何をしていたのかということだった。それは驚くには当たらなかった。というのも、自分は八十万人を殺したことに責任があると進んで認める者は、まずいないからだ。だが、それがシュタングルのしたことだったのだ。ワルシャワ北東約六十マイルの、トレブリンカ村の近くの森の空き地で。一九四二年の六月か七月に作られたトレブリンカ強制収容所は、ポーランドの二百二十八万四千人のユダヤ人を虐殺するために、ヒムラーの極秘のラインハルト作戦〔ハイドリヒにちなんで名付けられた〕によって設立された四つの殲滅センターの一つだった。アウシュヴィッツと異なり、ラインハルト作戦の各強制収容所は基本的に労働収容所ではなく、その唯一の目的は、ワルシャワ、ルブリン、クラコフ、リヴォフのような都市のゲットーに押し込められている者を殺戮することだった。ラインハルト作戦が実施されるまでは、ユダヤ人殺害はもっぱら特別行動隊《アインザッツグルッペン》によって行われていた。彼らは酒で景気をつけたSSの移動集団で、見つけ次第ユダヤ人を即座に射殺した。特別行動隊は約五十万人のユダヤ人を殺したが、その方法は非能率的であると同時に、心理的に隊員自身に悪い影響を与えた。トレブリンカのような強制収容所は、「ユダヤ人問題」を能率的に解決する手段だった。彼らは新しい恐るべき殺人方法を導入した――大量殺人という方法を。

　トレブリンカはほかの「工場」同様、工場長、現場監督、労働力を必要とした。本来、そうした場所で進んで働く者を見つけるのは、不可能ではないにしても難しい。しかしナチ・ドイツでは、その前の殺人計画の実施を監督した、有資格者の幹部がすでに存在していた。その計画とは、アクツィオーンT-4、すなわちT-4計画である。ベルリンのティーアガルテン通り四番地にあった建物〔そこに安楽死計画本部があった〕にちなんで名付けられたT-4計画は、ドイツに住む不治の精神障碍者の命を奪うことによって、将来の戦傷者用のベッドを増やすための計画として一九三九年に生まれた。フィリップ・ブーラーとカール・ブラント博士によって実行されたT-4計画は、ヒトラー自身によって承認された。それは、「患者の健康状態に関する最高の人間の判断に従って、不治の患者を慈悲深く死なせる目的のために、任命された医師の権限」の範囲を広げるものだった。次の二年間で、ウィーンの西約百二十マイルにある、リンツの近くのハルトハイム城のような「安楽死」センターで、七万二百七十三人が毒ガスか毒物注射によって殺害された。

　その不気味な城での殺人を監督したのがフランツ・シュタングルだった。彼は一九四〇年十一月に監督に任命された。一九三一年以来、生国のオーストリアで生え抜きの警察官だったシュタングルは、たちまち昇進した。ナチ党がオーストリアでは非合法だった時からすでに忠実なナチ党員で、一九三八年にオーストリアがドイツに併合されるとさらに出世した。シュタングルは刑事捜査官《クリミナルラート》ヴェルナーからT-4計画の仕事の話を持ちかけられた時、いささか不安を覚えたという。「私は言葉を失った」と彼は回想している。「そして、その仕事に自分が適しているとは思えないと、やがて答えた……ヴェルナーは、それが君の最初の反応だということはよくわかる、しかし、その仕事を頼まれたのは、君が特に信用されている証拠だということを忘れないように、と言った」。ヴェルナーはこう説明した。シュタングルは自分では人を殺さない、医師が人を殺すからだ、しかしシュタングルは安全を確保し、殺人が「規則通り」に行われているかを確認する責任を負い、また、ヴェルナーがナチの古典的な婉曲語法を使って言ったように、「患者の選別に関して保護的規則〔実際には殺人上の規則〕が遵守されているかを確認する」ことになるのだった。ヴェルナーは言葉を継ぎ、懸案のシュタングルの以前の過失に対する懲罰的措置は取られない、また、そうした殺人はアメリカとロシアでは、すでに合法的に行われていると言って、シュタングルを安心させた。ヴェルナーは、この計画は「人種的衛生」を増進するばかりではなく、第三帝国の金の節約にもなるので、国民全体にとって最善のものなのだと言い添えた。（計画が終了するまでには、七万二百七十三人の殺人が一九五一年までに幾らの節約になるかを示すグラフが持ち出された——八億八千五百四十三万九千八百ライヒスマルク。）シュタングルは受諾した。その決断は、史上最も悪名高い殺人者の一人になる道を彼に歩ませることになった。シュタングルは仲間のオーストリア人、アドルフ・アイヒマンと異なり、理念的な反ユダヤ主義に衝き動かされたのではなく、命令には従わねばならぬという感覚に衝き動かされたのである。狂信的ではなかったシュタングルは、自分は警察官としての仕事をしただけだと常に主張した。もし、悪の平凡さを体現する者がいるとすれば、それはシュタングルだった。

シュタングルはハルトハイム城での自分の新しい部署について、長いあいだ不安を覚えていて、「最初の二日か三日が過ぎた時、私はそれに耐えられないと全国指導者《ライヒスライター》［友人で同僚］に伝えた」という。「その時までには私は、前任者の警察官が胃が悪くなったと訴えて解任されたことを聞いた。私も食べられなくなった――そう、まったく食べられなくなったのだ」。けれども、シュタングルはいかにも忠実な警察官らしく自分の仕事を続けた。そして、ある女子修道院長と司祭から自信も与えられた。二人は一度、重度の身体障碍者の十六歳の少年が、その計画に入れてもらえなかったことを嘆いた。「あの子をこの恐ろしい人生から解放してやるのを、なんであの人たちは拒むことができたのでしょう?」と尼僧は尋ねた。「今行われていることを、私はなんの権利があって疑うのだろう」とシュタングルは思った。

シュタングルとその他のT－4計画の監督がラインハルト作戦に加わるようになったのは、そうした考え方のゆえだった。トレブリンカでの殺戮のレベルはきわめて高いものだったので、シュタングルが、自分の「工場」で処分した「積荷」を人間とは見なさなくなるのには長い時間がかからなかった。彼によれば、「彼らを個人として見るのは稀だった」という。「常に巨大な塊だった。私は時折塀の上に立って、〝管《くだ》〟の中の彼らを見た……彼らは裸で、鮨詰めにされ、走り、鞭で打たれて歩かされた……」。自分の仕事に対処するシュタングルのほかの方法は、ただ単に酔っ払うことだった。シュタングルの大好きな薬は、寝しなに飲む、大きなグラスに入ったブランデーだった。

いかなる量のアルコールも、トレブリンカの恐怖を忘れさせることはできなかった。囚人にとっては（多くの者は収容所に数分いただけでガスで殺された）、その光景は地獄さながらだった。生存者の一人、ヤンケル・ヴェルニクは書いている。

到着して初めて、恐るべき真実を悟った。収容所の中庭には死体が散乱していた。まだ衣服を着けているのもあれば、裸のもあった。顔は恐怖と畏怖とで歪み、黒ずんでいて腫れ、目は大きく開き、舌は突き出、頭蓋骨は砕かれ、胴は叩き潰されていた。血が至る所に流れていた。我々の子供、我々の兄弟姉妹、我々の父母の血が。

もう一人の目撃者、ポーランドの鉄道員フランチシェク・ザベツキは、残忍さの極致の例を見た。

一人の母親が、枕にくるんだ小さな子供を貨車から投げ、こう叫んだ。「受け取って。その子の世話をするお金が入ってるわ」。すぐさまSSの隊員が駆けつけ、枕を広げて子供の両足を掴み、子供の頭を貨車の車輪に叩きつけて砕いた。それは、母親の目の前で行われたのだ。母親は苦悶しながら泣き喚いた。

シュタングルは、「積荷」が自分たちの運命に気づかぬようにして、事態を「好転」させることにした。程なく犠牲者は、偽の時刻表と花が飾られた紛《まが》いの駅に到着することになった。ユダヤ人は貨車から降ろされると直ちに性別され、貴重品は没収された。それから、女と子供は左に、男は右に行かされ、女はバラックに追い込まれた。中に入ると、裸にならねばならなかった。それから、両側に鉄条網のある小道を歩かされた――それが「管《くだ》」で、その上にシュタングルが立っていた。「その小道は、ガス室のある建物に通じている小さな森を通っていた」と、一九四二年九月にトレブリンカを脱走したアブラハム・ヤクプ・クシェピツは書いている。「わずか数分後、ぞっとするような悲鳴が聞こえたが、何も見えなかった。森の樹木が視界を遮っていたからだ」。男の「積荷」も同じようにして処理された。シュタングルは己が「工場」の能率の高さに、いささかの誇りを覚えた。「これはシステムだ」と彼は考えた。「それはうまくいった。うまくいったので、変更できなかった」

それは、一九四五年五月、シュタングルがバート・イシュルで自分を捕らえた者と分かち合った誇りではなかった。また、それは、アメリカ軍にではなく、同国人に入れられていた刑務所に彼を訪うことのできた、彼の三人の娘と妻のテレーザと分かち合った誇りでもなかった。「私たちはあまり話せませんでした」とテレーザ・シュタングルは回想している。「でも、少なくとも彼は生きていました。彼がいた刑務所はひどいものでした。私は見たわけではありませんが、彼が話してくれたのです——本当の檻でした」。七月にシュタングルはザルツブルクの南五マイルのグラーゼンバッハ捕虜収容所に移された。そこでは彼は、二万人の囚人の一人に過ぎなかった。状況はバート・イシュルとさして変わらず、シュタングルは毛布なしに床に寝なければならなかった。「長いあいだ、かなり辛かった」とシュタングルは言っている。

グラーゼンバッハの囚人の目のよく利く者なら、南方約十マイルの山の尾根に、小さな建物があるのに気づいたことだろう。もしそれを見たならば、多くの者は、それが「鷲の巣」であるのを知っただろう。それは、アドルフ・ヒトラーの五十回目の誕生日の公式の贈り物として、ケールシュタイン山の千八百三十四メートル上に建てられた山荘だった。総統自身は「ケールシュタインハウス」を滅多に訪れず、斜面のずっと下の、有名なベルクホーフの複合建築物にいるほうを好んだ。山荘の建設を命じたのはマルティン・ボルマンだった。彼は戦時中に第三帝国で最も権力を持つ一人になった。

一九〇〇年に生まれたボルマンは、第一次世界大戦中、砲兵として勤務し、ドイツが降伏した時、裏切られたと感じた。ボルマンは前線から戻ると不動産管理人になったが、幻滅した多くの復員兵同様、極右の義勇兵団《フライコルプス》に入った。それは、「ドイツを売国奴から救うのを助ける」ことを約束していた。ボルマンは戦争中、実際の戦闘は見なかったが、自分が活動家であるのを証明しようと決心していて、一九二三年、ドイツの共産主義者で小学校の教師だったヴァルター・カドー殺害に加わった。カドーはルール地方である義勇兵団員の反フランス活動を裏切ったと非難された。カドー殺害の際のボルマンの共犯者はルドルフ・ヘースだった。ヘースはのちにアウシュヴィッツ強制収容所長になり、悪名が高くなる。一九二四年、二人の男は裁判にかけられ有罪になった。ボルマンはライプツィヒで懲役一年という軽い刑を科された。釈放されるとナチ党に入り、官僚的な機構に向いていたので出世し、一九二八年にはテューリンゲンで党の会計責任者になっていた。そして翌年、ゲルダ・ブーフと結婚したが、立会人はヒトラーだった。ヒトラーは二人の最初の子供の名付け親になることにも同意した。

　党内でのボルマンの地位は、ナチが一九三三年一月に権力を握ったあと急速に高くなった。その年の七月、彼は党副総裁ルドルフ・ヘスの幕僚長になり、十月には全国指導者《ライヒスライター》になった。それはきわめて高い地位であり、十一月には議員にもなった。だが、ルドルフ・ヘスが一九四一年五月にスコットランドに不可解な飛行をした時に、ボルマンは大出世をした。ヘスはナチ党副総裁で、ヒトラーの最も古い、熱烈な支持者の一人だったが、戦争が続くにつれ、総統から疎んじられているのに気づいた。主人の愛顧を取り戻そうと必死になったヘスは、ジョージ六世を説き伏せ、英独の平和条約の仲立ちをさせるためにスコットランドに飛んだようだ。ヘスはパラシュートで着地するや否や拘引されたので、ナチにも英国人にも広く狂人の行為と見なされた。ヘスが姿を消してから二日以内に、ヒトラーは副総裁という地位を廃止し、ボルマンをナチ党官房長に任命した。その地位に就いたボルマンは、ヒトラーに直接会えることになっただけではなく、総統に会おうとする大方の者にとっての「門衛」にもなった。ボルマンはヘスのスコットランド行きで非常な恩恵を受けたので、党の中には、ボルマンが唆《そそのか》してヘスに気違いじみた冒険をさせたのではないかと疑う者もいた。真実はなんであれ、「黒幕」は、ナチ党に蔓延《はびこ》る政治的内部抗争、陰謀において見事な手腕を発揮したのである。ヒトラーの健康と現実の把握力が衰えるにつれ、ボルマンの権力は際立って強まったので、しばしばドイツの実際の指導者と目された。

ボルマンの風采は攻撃的だったので、彼のライバルの多くは威圧された。背が低く、がっしりとして、ナチ国家が理想とした、いわゆる典型的なアーリア人の反対だった。「彼は頭をいつも少し突き出し、わずかに横に傾げていた」と、あるナチの幹部は回想している。「そして、相手に迫って行くボクサーのような顔と、盗み見るような目付きをしていた。指は短く、太く、四角張り、黒い毛で覆われていた」。ボルマンはまた、ボクサーのような機敏さをそなえていて、多くの複雑な情報を、ヒトラーが容易に理解できるような形に要約することができた。総統に対するボルマンの報告書は、典型的なマキアヴェリ流の報告書同様、問題に対する解答を暗に含んでいた。ヒトラーはそれを自分の解答にして、ほかに回すことができた。ボルマンの権力はほかの多くのナチを苛立たせたが、それに対してできることは、ほとんどないように思われた。「総統はボルマンとすっかり馴染んでいるので、実際、彼の影響力を減らすのは非常に難しい」とヒムラーは嘆いた。「彼を除けることなく、彼の裏をかけるよう願っている。彼には、総統の誤った決断の多くに責任がある」

だがボルマンは、単なる「黒幕」、ナチの組織を弄んだ無名の官僚以上の存在だった。無名の官僚というイメージは、彼も数百万人の死に責任があるという事実を裏切っている。一九四二年十月九日、ボルマンは、「大ドイツの領土からユダヤ人を永遠に排除することは、もはや移住によってでは達成できず、東部の特別収容所における仮借なき力の行使によってのみ達成できる」という法規命令に署名した。彼はスラヴ人に関してもやはり残忍で、スラヴ人を単なる奴隷労働の資源としか見ていなかった。「彼らは我々が必要としない限り、死んでもよい」とボルマンは一九四二年八月、メモに記した。「スラヴ人の多産は望ましくない」。アルベルト・シュペーアはこう書いている。「非常に多くの無慈悲な人間の中においてさえ、彼の残虐さと粗暴さは際立っていた」。さらにシュペーアは、こう付け加えた。「彼には教養がなかった。教養があれば、少しは抑制されたかもしれない」

ボルマンは教養に欠けていたかもしれないが、それを豊かな経理の才能で補った。ヒトラーが、自分の顔が切手に使われるたびに印税を受け取るようにしたのはボルマンだった。当然ながら、そのため数百万ライヒスマルクが入ってきた。ボルマンはまた、「ドイツ産業アドルフ・ヒトラー寄付財団」を設立した。それは、好景気で儲けた実業界の指導者たちに、総統に対して「自発的」献金を「勧める」ためのものだった。党のほかの指導者たちも同じ考えを持っていたが、ボルマンはそうした活動を自分が独占できる法規命令を通した。彼は不平を和らげるため、献金の一部を大管区指導者《ガウライター》や全国指導者《ライヒスライター》のような高官に与えた。彼らはボルマンの気前のよさに感謝したので、党官房長の権力はいっそう増大した。

ボルマンはまた、ドイツの形勢が不利になると、経理の才能を大いに発揮した。一九四三年の末、彼は〈ハッケ（鶴嘴《つるはし》）〉という名の機関を設立した。それは極秘のものだったので、ヒトラーもヒムラーもそのことを知らなかった。〈ハッケ〉の目的は、ボルマンが予想したドイツの不可避的な敗北にそなえ、将来のナチの復活のために、できるだけ多くの資金を集めることだった。ナチの資金の拠点はどうやら、スペイン、ポルトガル、アルゼンチン、日本、イタリアに置かれたらしい。〈ハッケ〉は一九四四年までには、約五億ドル自由にできると言われていた。その多くは、強制収容所の犠牲者から集めたものだった。ボルマンの計画によると、〈ハッケ〉についてはナチの三十五人の幹部にしか教えなかった。その中には、ゲシュタポ長官ハインリヒ・ミュラー、ダンツィヒの大管区指導者アルベルト・フォルスター、ほぼ間違いなくエルンスト・カルテンブルンナーが入っていた。しかしながら〈ハッケ〉の計画は、ロシアの諜報機関、内部人民委員部《エヌ・カー・ヴェー・デー》がその作戦に感づいたので裏目に出たと言われた。ヴィクトル・アバクーモフ将軍に率いられた囮捜査によって、〈ハッケ〉のメンバーはヒムラーとヒトラーに告発すると脅され、ソヴィエトのために働くよう脅迫された。ボルマン自身、その一人だったかもしれない。ヴァルター・シェレンブルクのような何人かのナチの幹部は、ボルマンは進んでスターリンと協力したかもしれないと信じていた。シェレンブルクは書いている。「一九四五年、自分自身の立場の危うさと、全体的状況について、ごくはっきりとした考えを持っていたボルマンは、東の陣営に移ろうと、真剣に試みた者の一人だった」。諜報機関にいたほかのナチも、ボルマンがソヴィエトのために働いていたと信じていた。戦時中のある時、ラインハルト・ゲーレン少将とヴィルヘルム・カナリス提督は、国家機密に関わる情報がソヴィエトのスパイ網〈赤いオーケストラ〉を経由して洩れていることについて話し合った。二人は、究極の情報源がボルマンに違いないという点で意見が一致した。戦争末期のボルマンの忠誠心について、似たような多くの推測がなされた。その後、ボルマンの二心を証明する数々の「証拠」が現われた。けれども、それを実際に裏付ける証拠は何も存在しないし、秘密の〈ハッケ〉の存在を裏付けるものは多くない。一九六〇年代初めにCIAに送られた、内容不詳の評価報告以外は。その筆者はいまだに公表されていない。

しかし、〈ハッケ〉があったにせよなかったにせよ、ボルマンがほかの多くのナチ同様、戦後の日々のために準備をしていたのは確かである。一九四四年八月十日、ドイツの産業資本家のグループが、敗戦後のドイツの産業の将来について話し合ってくれというボルマンのたっての頼みで、ストラスブールのオテル・メゾン・ルージュで会合を開いた。ボルマンは出席しなかったけれども、クルップ、メッサーシュミット、フォルクスヴァーゲンのような会社の幹部は、ボルマンの代理の一人から、ナチ・ドイツから資本を国外に出すことはいまや許されたということ、また、産業資本家は「できるだけ多くの資本、すなわち金銭、債券、特許、科学者、経営者を国外に出さねばならない」と言われた。日常語で言えば、それは、自分の金をできるだけ多く外に出せ、それも至急、ということを意味した。実業界の指導者たちは、もっと重大な問題についても助言された。ボルマンの代理は一同に次のように言った。「ナチ党はドイツが敗北したのち、有名な最高指導者たちの何人かが戦争犯罪人として有罪判決を受けることを認識している。しかしながらナチ党は産業資本家と協力して、ナチ党のさほど目立たないがきわめて重要なメンバーを様々なドイツの工場に、技術者、研究所および設計事務所の所員として送り込む手配をしている」

産業資本家たちは会合のあと、助言された通りにし、世界中に数百の会社を設立した。ポルトガルに五十八社、トルコに三十五社、アルゼンチンに九十八社、スイスに二百十四社、スペインに百十二社、その他に二百三十三社。けれども、そうした資本の移動は注目を惹かずには済まなかった。一九四五年二月十三日、マドリッド駐在の大使館付き陸軍武官、W・W・T・トー准将は、ヨーロッパ、バルト諸国、スカンディナヴィア、ソ連邦に関する情報を収集しているMI3、すなわち英国陸軍省情報部第三課に手紙を出し、「スペインにおける戦後の活動のためのドイツの準備」について警告した。

敗北が必至であることを悟ったドイツ人が、スペインにおいて、ある偽装機関の準備のために、あらゆる手を尽くすだろうことが次第に明らかになってきている。それは、連合国側が持ち出す講和条件の結果、自分たちの公式に国を代表する会社、有名な営利会社に何が起ころうと、その会社を育成し、各方面との接触を維持し、商業的、軍事的勢力として再び青天白日の身になった日に総体的にそなえ、ある秘密の手段を引き続き保持するためである……私は最高の情報源を通し、まさに前述したような仕事をしている二つのグループの詳細を得ることができた。

四月十七日までには英国は、「最近スペインに移されたドイツの資産は約八億ペセタに達する」と計算した。マルティン・ボルマンがそうした活動すべてに直接関わっていたかどうかははっきりしないが、彼が何をしていたにせよ、ヒムラーには言わなかったのは確かだ。アルトゥル・シャイドラーは捕らわれたのち、尋問者にこう語った。四月末、カルテンブルンナーはヒムラーから次のような文面の電報を受け取った。「貴殿はボルマンから特命を受けた。それは何か」。その「特命」とは、ボルマンが連合軍に対する最後の戦いの資金として五百万ドル相当の古い金貨を持たせて、補佐官のヘルムート・フォン・フンメル博士をザルツブルクに派遣した事実と関連があるのかもしれない。

戦争の最後の日々になっても、ヒトラーの掩蔽壕の中では、お偉方はまだ党利本位に行動していたが、一人の人物がすべてに抜きん出ていた。ボルマンである。彼の地位はヘルマン・ゲーリングとの意地の戦いで劇的にはっきりとした。国家元帥《ライヒスマルシャル》のゲーリングは、いまや掩蔽壕に閉じ込められているヒトラーは総統としての資格を実際上失っているのかどうか尋ねた。もしそうなら、自分をヒトラーの後継者に指名した一九四一年六月二十九日の布告に従い、午後十時に自分が権力の座につくとゲーリングは言った。ボルマンはその電報をヒトラーに見せ、ゲーリングはクーデターを企んでいると忠告したが、ヒトラーは比較的平静のように見えた。そして、勝手な行動を取るなという電報をゲーリングに宛てて打った。ゲーリングからの二通目の電報が六時に届いた。それはヨアヒム・フォン・リッベントロップに直接宛てたもので、午後十時の期限が過ぎたら直ちにベルヒテスガーデンに来るようにと書いてあった。ボルマンはそのメッセージもヒトラーに渡し、それはゲーリングの裏切りの証拠だと主張した。すると、これまでに怒りの発作を頻繁に起こしていたヒトラーは、またも発作を起こし始めた。アルベルト・シュペーアはその場にいて、「ヒトラーはその電報の文面に異常なほど興奮した」と回想している。「そして、ゲーリングをどう思っているのか、ごく簡明に言った。自分はここしばらく、ゲーリングがやり損なったこと、堕落したこと、麻薬常用者であることを知っていたと彼は言った」

ボルマンはその機を捉え、自分と最高の地位のあいだに立ちはだかっている人物を消そうとした。そして、ゲーリングを銃殺すべきだとヒトラーに提言したが、ヒトラーは賛成しなかった。だが、ゲーリングをすべての地位から降ろし、後継者としての権利を剝奪することには賛成した。ボルマンは電文の草稿を書き、ヒトラーがそれを認め、電報が送られた。しかしボルマンは別の電報も打ち、ゲーリングとその助言者たちを大逆罪で逮捕するようSSに命じた。「貴殿は命をもって、これに答えねばならない」と電報に書いた。真夜中を少し過ぎた頃、命令は実行され、翌朝、ゲーリングは健康上の理由で辞職したと発表された。またしてもボルマンは、極め付きの策士であることを証明した。

それにもかかわらず、彼とて機械ではなく、掩蔽壕の中の圧力に参り始めた。ご多聞に洩れず、酒に逃れ、クレープス将軍やブルクドルフ将軍と一緒に掩蔽壕の二階で何度となく飲んだくれて憂さ晴らしをした。彼は数百マイル離れたオーバーザルツブルクにいる妻のゲルダと九人の子供たちが恋しかった。数週間前、ゲルダへの最後の手紙で、「元気で、強く、気丈であるように」と促し、彼女は「子供たちのために望みうる最高の母親」だと書いた。そうした感傷的な文句を気にしてか、ボルマンはワーグナー調の挑戦的な調子でも書いた。「もし私らが昔のニーベルングのようにアッティラ王の広間で滅びる運命にあるなら、私らは誇らかに、頭を高く上げて死に向かうであろう！」

四月三十日に毒を呷り拳銃で自殺したヒトラーや、五月一日の晩に自殺したゲッベルスと違い、ボルマンは死ぬ意思などは毛頭なかった。彼はヒトラーの死体が汚らしい石油の炎に飲み込まれるのを見、ヒトラーの遺書の証人にさえなったが、自分ではそんな運命は望まなかった。ヒトラーの死んだあとでさえ依然として策を巡らし、新しいナチ・ドイツ総統カール・デーニッツ海軍総司令官〔彼は一九四五年五月の七日間だけナチ・ドイツの総統だった〕に、ヒトラーが死んだことを自ら告げるため、北ドイツにあるプレーンになんとかして行こうとした。プレーンまで二百マイルの旅をするのは容易ではなかったが、ボルマンは新しい権力の中枢にいなければならぬと決心していた。総統掩蔽壕《フューラーブンカー》は、怯えた秘書と間もなく自殺をする飲んだくれの集まりになりつつあった。ボルマン自身は事態の難しさを十分認識していた。そして、妻に次のような電報を打った。「万事窮す。ここからは出ない。子供たちを頼む」

ボルマンは五月一日の夜、掩蔽壕を出る決心をした。彼は名目的には落ちぶれた逃亡者の一行の指揮官だったが、集まった者たちのあいだには紀律というものがほとんどなかった。一行をいくつかのグループに分け、それぞれがフリードリヒ通り駅まで地下鉄の線路を北に向かうという計画が立てられた。そして、その駅に着くと逃亡者たちは地上に出て、ヴィーデンダマー駅でシュプレー川を渡り、ロシアの前線をこっそり抜け、ある種の自由を求めて北西に向かうということになった。SSの将軍の制服を着ていたボルマンは、三番目のグループと一緒に掩蔽壕を出た。そのグループには、名ばかりになった宣伝省の新しい大臣ヴェルナー・ナウマン、ヒトラーのパイロット、ハンス・バウアーがいた。暗い地下鉄《ウーバーン》の光景は黙示録的だった。死者と負傷者が、弾薬箱、制服、防毒マスクのような戦争のガラクタの山に囲まれてあちこちに横たわっていた。それは陰惨で悪臭を放つカオスだった。そのカオスに対しては、暴力的でギャングめいた組織の指導者の一人だったボルマンにも責任があった。

地下は混乱していたので、グループは別れ別れになってしまった。逃亡者はもっぱら一人一人で闇の中を進んで行った。彼らがフリードリヒ通り駅の上の廃墟に出ると、銃火とロシア軍の砲弾の危険に晒された。ボルマンはヴィーデンダマー橋に向かってフリードリヒ通りを北に数百フィート全速力で走って行くと、対戦車妨害物で行く手が塞がれていた。彼は橋の南端近くのアドミラルスパラスト劇場に退いた。そこで、新しいグループがすぐに結成された。そのグループは、ボルマン自身、ナウマン、ヒトラーの主治医ルートヴィヒ・シュトゥンプフェガー、ヒトラーユーゲントの指導者アルツゥル・アクスマン、ヒトラーのお抱え運転手エーリヒ・ケンプカ、およびその他の数人から成っていた。それは五月二日の午前三時頃で、そのグループは身動きができなかった。しかし、間もなく救いの手が伸べられた。六台ほどの戦車が来たのだ。そのうちのいくつかは装甲車で、障碍物を取り除き、ナチが逃げられるようにする命令を受けていた。ナウマンは一台の戦車の上に乗った。ボルマンとシュトゥンプフェガーは、すぐに彼の後ろに乗った。戦車はなんとか障碍物を乗り越え、橋の北のツィーゲル通りとの交叉点に着いた。しかし、そこでボルマンの運は尽き始めた。バズーカ砲の一発が戦車に当たり、戦車を破壊した。「私は短い稲妻の閃光を見た」とエーリヒ・ケンプカは回想している。「そして地面に投げ出され、意識を失って横たわっていた。私が最後に見たのは、ナウマン博士、ボルマン、シュトゥンプフェガーが一緒に倒れ、横になっている姿だった」

三人は奇蹟的にも重傷を負わずに済んだようだった。彼らは意識を取り戻すと、シュプレー川の北の堤に退いた。そこから、彼らとその他の数人は、地上の線路に沿ってレーアター駅に向かって北西に急いだ。約四分の三マイルの距離だった。そこに着くと、シュトゥンプフェガーとボルマンはグループと別れることにし、インヴァリーデン通りに沿って東に行った。グループの残りの者は西に向かうことにし、多くの者は逃げおおせた。だが、アルトゥル・アクスマンはロシア軍の斥候に出くわし、踵《きびす》を返してボルマンとシュトゥンプフェガーのあとを追った。数分でアクスマンは二人に追いついたが、二人は生きてはいなかった。二人の死体は、月光を浴びながら鉄橋の後ろに横たわっていた。そして、アクスマンによると、目に見えるような傷はなかった。ロシア軍が砲撃してくるので、隻腕のアクスマンは死体を調べる余裕がなかったが、二人は背中を撃たれたものと思った。

アクスマンはその後の七ヵ月、十二月に捕まるまで、「エリック・ジーヴェルト」と名乗って身を隠した。その期間に彼が『ニューヨーク・タイムズ』を読んだとは考えられないが、もし、逃亡してから二日後に同紙を広げたなら、死んで横たわっているのを見た男が、今、プラハにいるという記事を見て驚いただろう。ちょうどひと月後の六月十一日、アクスマンは、ボルマンが今捕らわれ、裁判にかけられるというプラハのラジオ放送を聞いたかもしれない。彼はそれも信じなかったろうし、同日の晩、ソヴィエト管理下のベルリンのラジオ放送の同じようなニュースも信じなかったろう。彼はまた、自分はその月の初めにリューネブルクからフレンスブルクまでの各駅停車の列車でボルマンと同じコンパートメントにいたという、反ナチのジャーナリスト、ハインリヒ・リーナウの話にも眉を上げただろう。八月二日、アメリカの戦争犯罪捜査官は、ボルマンが実は生きていて、ロシア側に捕らわれていると思われる証拠があると発表した。英国も同じことを考えていて、外務省の役人が作成した、ソヴィエトに捕らえられていると思われる戦争犯罪人のリストにボルマンの名前が載った。八月末、ロシアは英米をボルマンを保護しているとして非難した。英国はそれを強く否定した。九月初旬、ボルマンは実は五月に、まさしくヒトラーと一緒に、ハンブルクの近くのグリュックシュタートから全長九十フィートの「マホガニー製の豪華ヨット」で逃げたという噂が流れた。アクスマンが捕らわれるまでには、ボルマンの姿は数度見かけられた。最後は——少なくともその年としては——大晦日に見かけられた。ボルマンは英軍によって捕らえられたとチェコが報じたのである。英国は、ボルマンに似たノイミュンスターの農夫マリウスを逮捕したと発表して、それに応えた。おそらく、それが混乱を招いたのだろう。けれども、不運なマリウスはボルマンではなかったが、フレンブルク行きの各駅停車の列車に乗っていた男同様、次の五十年、世界の各地で見かけられることになる数多くの「マルティン・ボルマン」の一人であろう。

ボルマンは、行方が絶えず推測されるナチの唯一の上級党員ではなかった。そうした最重要人物の一人は、一九三九年以来ゲシュタポ長官だったSS集団指導者《グルッペンフューラー》のハインリヒ・ミュラーだった。五月一日にヒトラーの掩蔽壕で姿が見かけられたのが最後だった四十四歳のミュラーは、ボルマン同様、シェレンベルクのようなナチから、忠誠心の対象を変えたのではないかと疑われた。シェレンベルクは回顧録の中で、一九四三年の春に会議が開かれたあと、一度ミュラーと一緒に夜遅くまで酒を飲んだ時のことを書いている。その際ミュラーは、ソヴィエトに対する賞讃の念をおおっぴらに表明した。「国家社会主義〔ナチズム〕などは、この精神的砂漠の糞みたいなものだ」とミュラーは彼に話した。「それに比べロシアでは、統一され、真に非妥協的な精神的、生物学的力が強まっている」。そうした話はシェレンベルクにとっては驚くべきものだった。なぜなら、それまでミュラーはソヴィエトに対して精力的に戦い、〈赤いオーケストラ〉に偽情報を送らせることに成功していたからだ。しかしシェレンベルクは、本人が言うには、ミュラーの「公然の敵の立場」にあった。そして、シェレンベルクが回顧録を、かつてのライバルの顔に泥を塗るのに使ったというのは、考えられないことではない。カルテンブルンナーや、ミュラーの部下のハインツ・パンヴィッツのようなナチは、ミュラーがソヴィエトの手先だったという考えを「まったくの馬鹿げた話」と見なしていた。

　ミュラーの忠誠心の対象がなんであれ、彼は一九四五年五月に、それを明かさずに墓場に行ったということはありうる。だが、彼がどうやって死んだのかは、はっきりしていない。彼の死体を見た三人の者は、それぞれ三つの違う場所で見たからである。その一人、ベルリンの死体置場の役人フリッツ・レーオポルトは、ゲシュタポ長官の死体は国家保安本部で発見され、ベルリンの西部地区の墓地に運ばれたと明言した。それが公式の話と見なされ、ミュラーの遺族はその場所に墓石を置いた。二つ目は、ロシア軍に捕らわれた、ミュラーの部下ハインツ・パンヴィッツの証言である。彼は尋問を受けている時、「おまえの長官は死んだ」と教えられた。ミュラーの死体は首相官邸近くの地下鉄の中で頭を銃弾で撃ち抜かれた状態で発見されたと、ソヴィエトの尋問者は言った。三つ目は、一九四五年の夏、埋葬班の一人だったヴァルター・リューデルスの証言である。リューデルスによると、彼の班は首相官邸の庭でＳＳ集団指導者《グルッペンフューラー》の制服を着た一つの死体を発見した。死体には背中に傷があり、リューデルスはその制服のポケットの中に、ミュラーの身分証明書を見つけた。死体はベルリンのソヴィエト占領地区にあるユダヤ人墓地の共同墓地に埋葬された。この三つの証言のうち、最も信憑性の高いのはリューデルスの話である。数人の目撃者の証言によると、ミュラーは首相官邸にとどまる決心をし、ボルマンのグループに加わって逃亡するのを頑として拒否した。「我々はロシア人のやり方を正確に知っている」とミュラーはヒトラーのお抱えパイロットのハンス・バウアーに言った。「ロシア軍の捕虜になる意思は毛頭ない」。別の目撃者によると、ミュラーは彼に、「この体制は滅びた……私も滅びる」と話した。「目立たない小男」にしては、ミュラーは次の数十年、驚くほど何度も見かけられることになる。彼は多才な人間になる――ブラジルでは旅行案内人、同国の金物屋の主人、パナマ人、ソヴィエトの諜報員、チェコの諜報員、アルバニアの警察官。

ミュラーが牛を馬に乗り換えなかったにせよ、そうしたゲシュタポの将校は、ごまんといた。その中で最も悪名高いのは、一九四四年四月六日の夜八時十分に、リヨンから、ＲＳＨＡ、すなわちユダヤ問題局のⅣＢ部パリ支部に宛てた次のような電報を打った男である。

リヨン、No.5, 269 4/6/44 8:10pm-FI
宛先　BdS—ⅣＢ部—パリ
用件——アン県、イジューのユダヤ人孤児院
前のものとの関連——なし
今朝、アン県イジューにあるユダヤ人の児童のための孤児院「コロニー・アンファン」は片付いた。三歳より十三歳までの合計四十一人の児童は逮捕された。それに加え、五人の女を含む十人のユダヤ人職員全員が連行された。現金その他の貴重品は確保できなかった。４４／７／４４にドランシーに移送。
リヨン、Sipo〔公安警察〕-SD〔保安諜報部〕司令官
ⅣＢ部Ｂ61／43

その夜、子供たち——実際には四十四人いた——は、リヨンのモンリュック要塞に拘禁され、尋問を受けた。翌日、聖金曜日だったが、子供たちは手錠を嵌められ、通常の旅客列車でパリ近郊のドランシー一時滞在収容所に送られた。そこに到着すると、子供たちはほかの数百人のフランスのユダヤ人と一緒になった。全員が次にどこに送られるのか、不安な気持ちで待っていた。子供たちの大半

は長く待つ必要はなかった。なぜなら一週間後、そのうちの三十四人が東に向かう列車に乗せられたからだ。四月十五日の夕方、列車は目的地に着いた。アウシュヴィッツに。その夜、全員がガスで殺された。残った十人の子供は、あとの列車で運ばれた。彼らも全員、ガスで殺された。

電報に署名したのはSS上級中隊指導者《オーバーシュトゥルムフューラー》（中尉）クラウス・バルビーだった。彼は一九四二年十一月十一日以来、リヨンのゲシュタポ将校だった。フランス第三の規模の都市にいたあいだ、バルビーはレジスタンスに対する戦いで極端に残忍だという評判を取った。彼の犠牲者の一人はモーリス・ボンデだった。彼は一九四三年七月に逮捕された。「バルビーはためらわずに私を殴った」とボンデは回想している。「そして、ほかの者にも同じようにするようけしかけた。私が失神すると、彼は凍るように冷たい風呂に私を入れた。そして、再び私を棍棒で打った。そして、膀胱に酸を注射した。彼は他人が苦しむのを心《しん》から楽しんだ……」。レジスタンスの別のメンバー、マリオ・ブランドンもバルビーに拷問された。「彼が私にした最悪のことは、三インチの針を肋骨のあいだから肺まで突き刺したことだった」とブランドンは回想した。「私は何度もくずおれたが、彼はそのたびに、回復するまで私を廊下に放り出した。私は失神したふりをしたが、彼がさらにひどい拷問をほかの者に加えるのを見た」。ブランドンは、女たちが裸にされ、打たれるのを目撃した。その一人は三歳の子供をしっかり抱いていた。もう一人はバルビーの牧羊犬に「服従させられた」。ブランドンはバルビーが人を殺すのも見た。一人の囚人の後頭部をピストルで撃った時、彼が笑ったのも覚えていた。囚人の頭は割れ、体は「兎そっくりに」階段の下に跳ねるように落ちた。

バルビーは子供を拷問するのも厭わなかった。シモーヌ・ラグランジュはユダヤ人であるという「罪」で一九四四年六月六日に両親と一緒に逮捕された時、十三歳だった。自宅アパートの管理人の義理の娘に密告されたラグランジュ一家は、バルビーに尋問された。バルビーは猫を撫でていた。

「私は無邪気にも、この人は残酷なことはできない、と思いました」とシモーヌは述懐した。「彼はかなり……優しい笑みを浮かべていました。彼は尋問をやめ、父を上から下までじろじろと見ました。そして母を眺め、綺麗だと言いました。次に母に向かって問いました。『あんたの娘さんは可愛い！一人っ子かね？』母は答えました。『いいえ、下に、もう二人います』」。するとバルビーは、どこにいるのか尋ねたが、マダム・ラグランジュは本当に知らなかった。というのも、リヨンが頻繁に爆撃されるので、二人の子供は田舎に疎開していたからだ。当然ながらバルビーは彼女の言うことを信じなかった。そこで、もう一度、幼いシモーヌに注意を向けた。彼女も下の二人の所在を知らなかった。「彼はたちどころに〝優しいお巡りさん〟のふりはやめました」とシモーヌは回想している。「彼は猫を下に置き、私のところに戻ってきて、ヘアネットを毟り取り、私の髪を自分の手に巻いて強く引っ張りました。父が前に飛び出しました。するとSSの護衛がピストルを父の腹に突きつけ、父を戻しました」。バルビーはその質問を繰り返し、シモーヌが答えないとそのたびに彼女を殴り倒してから、髪を摑んで起き上がらせた。「自分が悲鳴を上げたかどうか、覚えていません」とシモーヌは述懐した。「強く殴られたことを覚えているだけ。このかなり物静かな男が、なんの理由もなく不意に叫び始めたのは覚えています。怖かった」

シモーヌがそう感じたのも、もっともだった。バルビーは一家をアウシュヴィッツに送った。シモーヌの母はそこでガスで殺された。彼女と父は収容所を生き延び、戦争の末期にシモーヌは、前進してくるロシア軍から逃れるための囚人の強制的な行進に加わった。途中で彼女は一年ぶりに父を見つけた。そして、面会を護衛に求めると、許可されたが、二人が抱き合う寸前にムッシュー・ラグランジュを跪かせ、頭部を撃った。「私たちの頭に弾丸を撃ち込んだのはバルビーではありませんが」とシモーヌは言った。「私たちを地獄に追いやったのは彼だったのです」

バルビーは大量殺人も手掛けた。一九四四年八月二十日、百二十人の囚人はモンリュック要塞の中庭に集められた。それから縛られ、二台のバスに放り込まれた。バスは南に六マイル走り、サン＝ジュニ＝ラヴァルの町を見渡す、無人の建物に着いた。囚人たちは建物の二階に連れて行かれ、一人一人、項《うなじ》を撃たれた。マックス・パイヨというフランス人の占領軍協力者は、大量殺戮を目撃した。「その時点で囚人たちは、仲間の夥しい数の死体で出来た山の天辺に登らされた」と彼は回想している。「血の雨が天井を通して、ざっと流れ落ちてきた。犠牲者が処刑されて倒れる音が、はっきりと聞こえてきた」。死体の山が高くなるにつれ、刑の執行者たちは撃ち損じた者の息の根を止めるために、その山を登らねばならなかった。ドイツ兵はそれを終えると、死体に火をつけた。炎が昇っているあいだ、死刑執行者たちは偶然生き残った一人の女を発見した。「女は窓のところに立ち、慈悲を乞うた」とパイヨは言った。「彼らはそれに対し、女に弾丸を雨霰と浴びせた……顔は見るも無残だった。火の温度が上がると、顔は蠟のように溶けた」。殺戮が終わるとゲシュタポは、シャンパンで自分たちの成功を祝ってから、建物をダイナマイトで爆破した。爆発でサン＝ジュニ＝ラヴァルの庭に人骨が散乱した。レジスタンスはその虐殺を知るや、自分たちが捕らえていた約八十人のドイツ兵を射殺した。

バルビーがレジスタンスを相手に収めた最大の成功は、〈秘密軍隊《アルメ・スクレート》〉の古参の一人、ジャン・ムーランを捕らえたことだった。ユール＝エ＝ロワール県の前知事だったムーランは、左翼の町長を追放するのを拒否したので、ヴィシー政権に罷免された。一九四一年にレジスタンスに加わり、間もなく指導的人物の一人になり、〈コンバ〉、〈リベラシヨン〉、〈義勇兵《フラン・ティルール》〉のような別々のグループを一つに纏めるようにドゴール将軍から命じられた。一九四三年六月二十一日、ムーランは、〈アルメ・スクレート〉の指導者、シャルル・ドゥレストラン将軍がパリで最近逮捕された件を話し合うため、九人のレジスタンスの指導者を集めて会合を開いた。グループはリヨン北部の郊外カリュイールの中心にあるフレデリック・デュグージョン医師の家の三階に集まった。会は午後二時に始まることになっていた。しかし、ムーランは午後二時四十五分まで来なかった。デュグージョンの医院の受付はムーランを患者だと思い込み、一階の待合室で坐って待つようにと言った。数分後、上にいたレジスタンスの一人、アンリ・オーブリーが窓の向こうに何か不穏なものを見た。「不意に庭の門の蝶番が軋った」とオーブリーは回想している。「すると、大勢の革ジャケットを羽織った男たちが門からどっと入って来た。私は立ち上がってこう言う暇しかなかった。『駄目だ……あいつらだ……ゲシュタポだ！』」。数秒のうちに、バルビーに率いられ、自動拳銃を持ったドイツ人が部屋に雪崩れ込んだ。「彼は私に飛びかかった」とオーブリーは言った。「あっと言う間に私は横っ面を張られ、頭を壁にぶつけられ、両手首は背中に回され手錠を嵌められた」

レジスタンスのグループが押されながら階下に降りると、ムーランも拘束されていた。だがムーランは自分は無関係だと抗議し、「ジャン・マルテル」という患者に過ぎないと言った。しかしバルビーは、エコール・ド・サンテで尋問するために、ほかの者と一緒にムーランを連行した。そこでムーランは、バルビーからほぼ連日暴力をたっぷりと振るわれることになった。ある囚人はムーランが間もなく陥った状態にショックを受けた。クリスティアン・ピノーによれば、「彼は意識を失った」という。「目は頭の中に埋まったかのように窪んでいた。顳顬《こめかみ》には醜い青痣が出来て、低い呻き声が腫れた唇から洩れた」。デュグージョン医師は歩けないムーランを護衛が引きずって行くのを見た。だが、ムーランは気力を保ち、ある時、レジスタンスの組織網の図を描いてみろとバルビーに言われると、その代わりにバルビーのグロテスクな戯画を描いた。それにもかかわらず、ムーランか彼の仲間の一人が口を割った。そしてバルビーは釣った魚の大きさを知ると、釣果をパリに持って行った。パリに着くと、バルビーはほとんど昏睡状態のムーランを、フランスにおけるゲシュタポの責任者、カール・ベーメルブルクの前に連れて行った。ベーメルブルクは囚人の様子を見て喜ぶどころではなかった。囚人は情報を提供するどころか、話すこともできなかった。「奴が回復することを願うね」とベーメルブルクは部下に言った。ムーランはその後十四日間生きていた。彼は担架に乗せられドイツに列車で運ばれた。だが七月八日、メッツの付近のどこかで、四十四歳のムーランは帰らぬ人となった。自殺をしたのか、傷がもとで死んだのかは今もってはっきりしていないが、多くのフランス人は、いまや遺灰がパンテオンに埋葬されている英雄の命を奪ったのは、究極的にはバルビーの責任であると感じている。

　バルビーは一九四四年八月末にリヨンを去った。アメリカ軍がリヨンに近づいてきたからである。バルビーはディジョンを目指して北に向かったが、数日後、あとに残した「厄介なものを片付ける」ためにリヨンに戻った——それは、彼の犯罪を証言できる占領軍協力者を意味した。二十人ほどが殺され、そのうちの幾人かはバルビーが自ら手を下した。バルビーはその間に足を撃たれ、アメリカ軍が九月三日に到着する前に、足を引きずりながらなんとかリヨンを脱出したけれども。翌月バルビーは、「犯罪の追及と、パルチザンの組織を潰滅させる絶えざる仕事」の功績を買われ、主幹中隊指導者《ハウプトシュトゥルムフューラー》（大尉）に昇進することになった。彼は病院で治療を受けている時に、昇進決定の知らせを貰い、一九四五年二月に退院した。

　ドイツの敗戦を悟るほどに抜け目のなかったバルビーは、闘う気分ではなかった。彼はベルリンに着くと、デュッセルドルフで保安諜報部に入るように命じられた。デュッセルドルフに行くと、保安諜報部がエッセンに移ったのを知り、エッセンに着くと、そこの保安諜報部がなくなっていた。四月一日、バルビーは自ら正規軍に入ったが、彼も部隊もヴッパータールの状況が絶望的なのに間もなく気づいた。血の最後の一滴、とりわけ自分の血の最後の一滴まで闘うというSSの隊員のタイプでは全然なかったバルビーは、自己防衛が最上の策だと思った。「そこで私は銃を埋めた」とバルビーは回想している。「一緒にいた四人の若者と私は服を替え、警察の本署で偽の書類を貰い、森と牧場を抜けてザウアーラントに向かった。非常に辛く、一夜にして乞食になった」。バルビーは盗んだ自転車に乗り、アメリカ軍の注意から最初のうちは逃れた。だが、運は間もなく尽きた。五月八日にドイツが降伏した頃には、バルビーはドルトムントの南数マイルのホーエンリムブルク近くで逮捕された。何かの犯罪の廉で逮捕されたのではなく、ただ単に、当然軍隊に入っている齢だったからである。バルビーはいまや尋問される側になった。ゲシュタポでの経験が役に立ち、尋問者――以前、強制収容所に入れられていた者――に、自分は家に帰る途中の普通の兵士だということを信じさせることができた。なぜなら、アイヒマン、メンゲレ、シュタングル、ボルマン、その他の大勢のナチの犯罪者同様、バルビーは所帯持ちだったからだ。彼はSS将校になってから五日後の一九四〇年四月二十五日に、レギーネ・ヴィルムスと結婚した。そして、翌年の六月末に娘のウーテが生まれた。

バルビーの仲間の犯罪者の場合同様、戦争が彼の内なる飽くことを知らぬサディズムを解き放ったのである。それは、加わるべきゲシュタポも、闘うべきレジスタンスも存在しなかったなら、彼の中に隠れていたままだったかもしれない。ヨーゼフ・メンゲレは、戦争がなければ、こぢんまりとした大学の教授にまで出世したかもしれない。そして、ある程度革新的だが、結局は欠陥のある遺伝学の研究で人の記憶に残ったかもしれない。フランツ・シュタングルは、戦争がなければ、オーストリアの警察にそのまま勤務していたかもしれない。トップにはなれなかったとしても、かなり出世したであろう。アドルフ・アイヒマンは、戦争がなければ、有能なセールスマンか、会社の真面目な管理職の人間になっていたかもしれない。バルビーについて言えば、戦争がなければ、彼は聖職者になっていたかもしれないと言われている。彼はナチズムに対してと同じように神に対して熱心に身を捧げたらば、魅力もリーダーとしての資質も持っていたので、よい聖職者になったかもしれない。レジスタンスのリーダー、レイモン・オーブラックは、自分を拷問したバルビーについてこう評した。「彼は普通の人間に見えた」。そうした「普通の人間」たちの共通点は、「倍加《ダブリング》」と名付けられている過程を経たということである。その過程において人格は悪の環境に適応し、悪が自己の一部となるのを許す。そうした人間は単なる道徳上の卑怯者に過ぎないとも言えるが、彼らの残忍さの程度は、卑怯さよりずっと大きい欠陥を示唆している。理由はなんであれ、そうした議論は一九四五年五月には盛んに行われてはいなかった。精神分析は、彼らが逮捕されたあとまで待つことができたが、それ以前は、彼らを追い詰めるという問題があったのである。

これからわかるように、バルビー、メンゲレ、シュタングル、アイヒマンの身の上に戦後に起こったことは、戦時に起こったことに劣らず驚くべきことだった。

第2章 「地の果てまで」

戦争犯罪人をどう扱うかという問題は、戦争が最も熾烈だった時にさえ論議された。一九四三年十月末、英米軍が粘り強く戦いながらイタリア南部を北上していた時、また、ロシア軍がウクライナの中央をゆっくりと前進していた時、合衆国、グレート・ブリテン、ソヴィエト連邦はモスクワ宣言に署名した。その全文は十一月初めに公表され、ナチが法に照らして処断される日を待ち望んでいた誰もが、その内容に喜んだことだろう。連合国は「彼ら［戦争犯罪人］を地の果てまで追い詰め、裁いて罰すべく糾弾者に引き渡すであろう」。文言は立派だが、その宣言には実際的なことはほとんど含まれていず、連合国軍が戦争を遂行することのできる道徳上の有利な立場を確立するだけのように思われた。どうやって戦争犯罪人を追い詰めるのか、具体的にどうやって彼らを裁くのかについての言及――あるいは一致した考えさえ――なかった。一致した考えがなかったことは、十一月末近くのテヘラン会議のディナーの席で暴露された。その席でスターリンは半ば冗談に、少なくとも五万人のドイツの指揮官が「肉体的に消されねばならない」と言った。ルーズヴェルトは同意するふりをしてスターリンのご機嫌を取り、その数字は四万九千くらいでなければならないと冗談を言った。チャーチルはこのやり取りに腹を立て、「自国のために戦った兵士を冷血に処刑すること」に異議を唱えた。そして、戦争犯罪人はその犯罪が行われた場所で裁かれねばならず、政治的目的で処刑するのは好ましくないと付け加えた。チャーチルが怒鳴っているあいだスターリンは、彼はドイツ人を密かに好いているのに違いないと言って、英国の首相をいっそう怒らせた。

　戦争犯罪人を裁判にかけたいというチャーチルに、反対する者がいなくはなかった。一人は、彼の内閣の外務大臣アントニー・イーデンだった。イーデンはモスクワ宣言に署名するのは気が進まなかった。「私はこの戦争犯罪という事柄すべてに喜んでいるどころではなかった」と、署名する三週間前に部下の役人に宛てて書いた。「概して私は、戦争犯罪人に脅し文句をがなり立て、当然の処罰を約束し、それから一年か二年後、何もしない口実を必要とする立場に、あまり立ちたくはない」。イーデンが気乗り薄だったのは、第一次世界大戦後の司法の運営がお粗末だったことから生まれたのかもしれない。戦後ドイツは、連合国が要求した約九百人の戦争犯罪人を引き渡すのを拒否した。戦勝国は猿芝居風の妥協をするほかはなかった。その結果、ドイツの裁判所はドイツの戦争犯罪人に対して訴訟を起こすことが許された。訴訟事件は一九二一年から二二年にかけてライプツィヒで審理され、驚くには当たらないが、一握りの者しか有罪にならなかった。連合国がさらに馬鹿にされたことには、彼らの大半が数ヵ月のうちに刑務所から「逃亡」した。

　それにもかかわらず、ナチを裁くシステムの確立を決心をしていた者がいた。その中に、英国の大法官、サイモン子爵がいた。彼は一九四二年八月に、戦争犯罪人を裁く合法的手続きを決める「戦争犯罪に関する連合国委員会《ユナイテッド・ネーションズ・コミッション》」の設立を提案した。もちろん、その名前は国連《ユナイテッド・ネーションズ》とはなんの関係もなかった。国連は一九四五年十月になって初めて作られたのだから。しかし、それは一九四二年一月にルーズヴェルトが「連合国共同宣言《デクラレーション・オヴ・ザ・ユナイテッド・ネーションズ》」の中で作った言葉「ユナイテッド・ネーションズ」を指していたのである。その宣言の中で、二十六ヵ国の代表は枢軸国に対する戦いを続行することを誓った。サイモンは同委員会が捜査をする権限を持ち、手配中の人物を名指しできるようにと熱心に運動した。「私たちはみな、正しい裁判についての細かい点を世の終わりまで議論ができるが」と彼は上院で演説した。「刑事裁判所がその二つの条件を満たしていなければ、権限を行使できない」。提案された機関を作ることに対するアメリカの反応は生ぬるく、国務省はサイモンに返答するのに数週間かかった。アメリカはいまや「連合国戦争犯罪委員会」と呼ばれるようになったものを設立するのに同意したが、ルーズヴェルトは、「何千人もの組織的殺害に責任のある首謀者」のみが罰せられるというように声明の本文を修正した。サイモンの書いた声明には「犯人」という言葉が含まれていたが、ルーズヴェルトは、何万人もの戦争犯罪人を探し出す際の実際問題を怖れたようだった。

アメリカは連合国戦争犯罪委員会に生ぬるい態度をとったが、ソヴィエトははっきりと敵対的な態度をとった。ソヴィエトの態度は、ロンドンのソヴィエト大使館が、同委員会を設立するという知らせを、正式な声明が一九四二年十月七日に出るわずか四日前に受け取ったことで、さらに敵対的になった。その結果『プラウダ』は、英国はドイツと講和をしたがっており、すでにナチの「悪漢」（ルドルフ・ヘスのことを意味した）を匿っていると怒って弾劾した。次の十二ヵ月間、英国はロシアを連合国戦争犯罪委員会に加えようと盛んに圧力をかけたが、スターリンは折れるように見えるや否や、交渉が行き詰るような別の障碍を意図的に見つけた。スターリンはバルト諸国を含めたがった。スターリンは拘禁されているルドルフ・ヘスを直ちに裁判にかけたがった——等々。連合国戦争犯罪委員会が一九四三年——設立声明が出されてから一年後——に最初の会合を開いた時までには、ソヴィエトは同委員会に、我が国は国内の機関に十分満足しており、同機関は「ソヴィエト連邦において市民に対して行われた戦争犯罪の証拠をすでに集めている」と告げた。ロシアは連合国戦争犯罪委員会に入らないことになったが、その結果、同委員会はひどく弱体化した。

同委員会のその他の主な欠陥の一つは、それが法律家と官僚のためのお喋りの場に、たちまちなってしまったことである。同委員会の議事録を読むのは意味がない。迫力に欠けているのは、あまりにも歴然としている。おそらく、最も優れた人物は、もっと緊急の問題に取り組んでいたからだろう。この点は、ロンドンのアメリカ大使館からワシントンに送られた報告書の中に、外交的な言葉で表現されている。「戦争犯罪問題は、戦争遂行に直接に関連した問題ではほとんどないと外務省は信じている」と、一九四三年三月四日にフリーマン・マシューズは書いた。「時間と思考をその研究に充てる者は、まさしく、戦争遂行に十分努力していない者であろう」。小委員会が作られ、戦争犯罪問題から生まれる法的、官僚的手続きに関して果てしない論議が交わされた。会議では、とりわけチェコの代表、大佐で博士のボフスラフ・エチェルが、お役所仕事に対する苛立ちをぶつけた。彼にとっては、戦争犯罪問題は漠然とした法律用語問題などではなく、毎日、同国人に関わる、生きるか死ぬかの問題だった。一九四四年二月十五日、連合国戦争犯罪委員会の九回目の会合で、エチェルは同委員会に、「一九一九年の大きな過ちを繰り返さない」よう求めた。その年連合国は、「戦争犯罪人を逮捕し裁くための、自分たちの司法および執行機構を設立する」のに失敗したのだ。エチェルの率直な物言いは、多くの友人を作らなかった。連合国戦争犯罪委員会の一人のアメリカ人のメンバーは、彼を「粗暴で、精神の平衡を欠き、無思慮」と評した。エチェルは、進行が遅いと感じていた唯一のメンバーではなかった。一九四四年三月二十一日に開かれた連合国戦争犯罪委員会の十三回目の会合で、フランスの代表は容赦しなかった。「五ヵ月かけたにもかかわらず、六十足らずのケースが処理されただけである」とアンドレ・グロー教授は言った。「その大半は処理が不完全で、Cクラス［軽微な犯罪の範疇」に入れられた。この数字は、ヨーロッパにおけるドイツ人の残虐行為の真の事実に恐ろしいほど釣り合っていない……休戦になり、政府が我々のリストを要求した時、我々の失敗は歴然とするであろう」。グロー教授の言葉は予言的なものになる。ノルウェー代表のエリック・コールバーンの言葉を使えば、連合国戦争犯罪委員会は一種の「法学部」になり、必要とされるきわめて緊急で実際的な仕事から逸脱してしまった。

さらに悪いことには、委員会の権限は、最大の犯罪、ホロコーストには及ばなかった。一九四四年七月、世界ユダヤ人会議の英国代表は連合軍戦争犯罪委員会の委員長、サー・セシル・ハーストに、委員会が「ドイツとその同盟国と衛星国がヨーロッパのユダヤ人社会に対して行った戦争犯罪を包括的に調査し、報告する」ように求めた。世界ユダヤ人会議は、個々の政府によって提出された証拠は、犯罪者を裁くのに十分ではあるが、連合国戦争犯罪委員会のような団体による報告を通してのみ、「そうした犯罪の重大さ……についての十分な知識」が明らかになると主張した。当時は、そうした犯罪の規模がよくわかっていなかったのは確かだった。委員会の面々はその考えに冷淡だった。そうした報告は「大仕事で、おそらく多額の費用がかかるだろう」と思われたのだ。その代わり、「この問題については継続審議とする」という「決議」が採択され、「提案は小委員会で検討される」ことになった——それはすべて、明白な官僚的誤魔化しの典型的な例だった。ついに、ハーストが世界ユダヤ人会議と、もう一度会うということが取り決められた。ハーストは八月八日、自分は世界ユダヤ人会議に対して、「委員会が同会議に与えられる援助は、委員会の主な役目の範囲内でなしうることに限られている、それは、戦争犯罪の個々のケースを調査することであって、枢軸国の領土で行われた、ユダヤ人に対する犯罪は含まない」と告げたと報告した。彼は世界ユダヤ人会議に対し、犯罪の証拠を連合国戦争犯罪委員会の各国の事務局に渡すように助言した。そうすれば各国の事務局は、適宜にその材料を使うだろう、という訳だった。世界ユダヤ人会議のアレグザンダー・イースタマンは、自分たちは一纏めにしてのみ連合国戦争犯罪委員会に役立つ「相当量の材料」を集めたとハーストに言った。しかしハーストは、委員会がその材料を使えるとは約束しなかった。「しかし、それが可能で望ましい手段があるかもしれない」と言った。要するに、世界ユダヤ人会議は手ぶらで帰り、連合国戦争犯罪委員会はホロコーストを、犯罪として十分に調査しなかったのである。

委員会の無為無策が新聞に注目され始めた。委員会から情報が洩れることに絶えず苦情を言っていたハーストは、ひどく苛立った。それは、「委員会はどんなことでも意見が一致しない無能な集団で、メンバーは次第に不満を募らせていると考えざるを得ない」と彼は言った。一九四四年八月二十二日、オランダの代表J・M・デ・モーア博士は、「ヒトラーその他の大犯罪人に対する書類を用意する」ように委員会に要請した。「なぜなら、各国の事務局はそうする用意がないようなので」。ハーストは同意し、十一月十日までに、戦争犯罪人の最初の完全なリストを公表することを決めた。ついに何かがなされたように見えたが、連合国戦争犯罪委員会は、八月三十日に世界中の笑いものになった。その日はパリが解放されてからわずか五日目で、ハーストが委員会の最初の記者会見の議長を務めた。ハーストは、ヒトラーが連合国戦争犯罪委員会の名簿に載っているかと尋ねられた。ハーストはすっかり参ってしまった。「完全なリスト」の締め切りをもっと早くしておけばよかったと思ったに違いない。あれこれ言い逃れをしたあと、ヒトラーがリストに載っていないことを、ついに認めた。事態はさらに悪くなった。ハーストは次に、リストの規模について訊かれた。ハーストは、「あまり長くはない」こと、実際には「短い」ことを認めた。翌日、連合国戦争犯罪委員会は新聞で揶揄された。もし記者が、そのリストには百八十四の名前しかなく、そのうちの十四人は彫像を破壊したという「戦争犯罪」に問われていることを知ったなら、いっそう痛烈に嘲笑されたであろう。

それにもかかわらず、記者会見が散々な結末になったので、連合国戦争犯罪委員会は奮起した。また、ユダヤ人に対する犯罪を調査していないと非難した九月の記事に動揺し、そのメンバーの一人が、ユダヤ人に対する犯罪は戦争犯罪と見なすべきで、したがって、それを調査するのは連合軍戦争犯罪委員会の権限内にあるのではないかと言った。ついに十一月七日に決議が採択され、D・W・ブローガン教授がユダヤ人に対する犯罪の報告書を作ることに同意した——ところが彼は十一月二十二日に病気になり、医者の忠告で、報告書を作ることをやめた。けれども、リスト自体はやや充実し、十一月二十二日、連合国戦争犯罪委員会の第一小委員会は、リストを連合国戦争犯罪委員会に提出した。それは、翌月公表された。だが、公表されたリストは、ほとんど影響力を持たなかった。新聞は、いわば牙《きば》もなければ鉤爪もない、官僚の作った生き物と見なしたものに、依然として敵意を抱いていた。新聞が「誤伝」した原因は、「連合国戦争犯罪委員会がその仕事を極端に秘密にしていたこと」だとエチェルは論じた。それは幾分正しかった。連合国戦争犯罪委員会の十月に開かれた第三十七回の会合で、同委員会は雑誌『ピクチャー・ポスト』に委員会室を撮影する許可を出すべきか否かが盛んに論じられた。「その要求は認められないのが望ましい旨を、大法官に告げるべきであるということで意見が一致した」と、議事録に記された。その前日、ビルケナウで毒ガスで殺害された千六百八十九人のユダヤ人の親戚がその会合を見ることができたなら、彼らは、連合国戦争犯罪委員会は極めつけのブラック・ジョークだと思ったに違いない。

ホワイトホールとワシントンの役人も、その委員会を冗談のようなものと見なしたのも驚くには当たらなかった。外務省はその委員会を廃止したかった。それは「非常に退屈な存在で、おそらく大いなる過ち」だったろうと記している。連合軍戦争犯罪委員会は実際に片隅に追いやられ、連合軍の戦争犯罪政策の無力さを毎週思い出させる厄介なものになった。そのメンバーは話し合いを続けたが、その話し合いの多くは、手続きについて、あるいは、さらに悪いことには、二年ほど前に吟味すべきであった事柄についての話し合いだった。一九四五年二月七日、委員会は正体を偽っている戦争犯罪人の疑いがある者、およびそれについての対処について論議した。例によって、なんの決定もなされなかった。「問題全体は次の水曜日まで延期すべきであると決められた」と議事録に記された。「そして、草案起草委員が任命された」

皮肉なことに同日、正体を偽っている戦争犯罪人という当の問題が、政府の主任外交顧問で、前外務省事務官、ヴァンシタート卿によって上院の議場で出された。ヴァンシタートはこう明言して上院議員たちを驚かせた。「私自身、最近、偽の旅券を使って出国しているきわめて邪悪なドイツ人の名前を何人か知っているし、また、それらの旅券に書かれた名前だけではなく、それらが隠している正体も知っている」。ヴァンシタートはまた、「ノルウェーにいる、相当数のゲシュタポの最悪の虐殺者と拷問者」の名前も知っていると言った。そして、すぐになんらかの行動を起こさねば、「彼らは国境を密かに越えスウェーデンに入り、我々の関知しないところに行ってしまう」と上院に警告した。ヴァンシタートの言葉は、戦争犯罪人の処分を約束した者にとっては苦々しかった。二日後、法務官のサイモン伯爵は外務省に手紙を書き、情報を分け合うのがヴァンシタートの義務だと伝えた。サイモンは旧友の演説に苛立った。そして、ヴァンシタートは「大勢の注意を惹く……演説をした。そして、当然ながら、罪人を追い詰めようという彼の熱意は、政府機関の無関心さと対照を成す傾きがある」と言った。しかし、ヴァンシタートは熱意を示していた。彼は二月十七日に外務省に返事を出し、「雨の日にそなえ（いまや雨が降っている）身を隠している」数名の者の名前のリストを書いた。彼が挙げたゲシュタポの手先の名前は、フェーリス、フェーマー、ヘーラー、ベルンハルト、リピキだった。それに加え、彼は二人のドイツ陸軍将校の名前をリストに載せた――ハンス・シュトイマン少将、ヴァルター・オスターカンプ。二人とも偽名を使ってアルゼンチンに逃げたと彼は言った。ヴァンシタートの手紙はサイモンに渡された。それには、副大臣リチャード・ローの辛辣な言葉が添えてあった。「この情報は、ヴァンシタートが演説でした申し立ての根拠になるには、かなり薄弱なように思える」

翌月までには、シュトイトマンとオスターカンプに関する情報は正しくないことがわかったが、その全部が不正確なものではなかった。例えば「フェーリス」はSS上級指導者《オーバーフューラー》（上級大佐）ハインリヒ・フェーリスにほかならなかった。彼はノルウェーのゲシュタポ長官だった。ヴァンシタートが演説してから二ヵ月以内に、フェーリスは実際に新しい名を名乗り――「ゲルストハウアー」というドイツ・アルプス軍団中尉――七十人の部下と一緒に、オスロの南約百キロのポルスグルン近くの軍事基地の中にバリケードを築いて立て籠もった。彼は降伏するのを拒否し、ヨーロッパで戦争が終わってちょうど三日目に、自分では知らずにヒトラーを真似、毒を呷ってから拳銃で自殺した。

戦争犯罪人が国境を越えて逃亡するおそれがあるのを警告したのは、ヴァンシタートだけではなかった。一九四四年八月、Dデーのちょうど一ヵ月後、連合国派遣軍最高司令部の情報幕僚H・G・シーンは、ナチが飛行機でスイス、スウェーデン、スペイン、ポルトガル、トルコ、アルゼンチンのような国に逃亡するおそれがあると上官に警告した。シーンはそうした試みを阻止するため、空中哨戒をすることを勧めた。「ドイツが降伏する前に、可能な場所で実行すべきである」。シーンはまた、バルチック海で海上哨戒をすべきであると進言した。逃亡者が小船でバルト海を渡ってスウェーデンに行く「可能性が高い」からだ。シーンの提案は「十分に考慮される」と言われたが、敵の降伏後でなければバルト海を哨戒するのは不可能だとも告げられた。シーンは翌年の三月に自説を繰り返し、そうした逃亡を防ぐためにドイツを「封じ込める」必要があると主張した。残念ながら、飛行を厳しく取り締まる試みがなされたけれども、それを実行する責任者がいないことが多かった。一九四五年一月一日から同年の三月十八日まで、「北西ヨーロッパと英国のあいだだけでも、変則的で無許可の飛行」のケースが三十五件発見された。その多くは、地上要員と飛行機の乗組員の「不注意」の結果だった。ナチが連合国軍の飛行機に乗って英国に逃れたことを暗に示すようなことはなかったけれども、安全対策に対するこのやや粗雑な態度は、そのことに対するいい加減な態度が蔓延していたことを示唆している。

ヴァンシタートは情報源を明かしたがらなかったけれども、彼と外務省の両方に数万の名前を渡すことができたであろう団体が作られつつあった。一九四五年三月にパリで正式に開かれた戦争犯罪・治安犯罪容疑者中央登録所（Central Registry of War Criminals and Security Suspects、略称CROWCAS）は、英国のウィリアム・ポールフリーという大佐によって取り仕切られたが、前年の秋にアメリカによって計画されたものだった。戦争犯罪人のデータベースとして最大のものを目指したクロウカスは、ホレリス・システムにもとづくパンチカード索引を採用した。それは、情報を分類し、利用しやすくする過程を能率的なものにするということになっていた。原資料は、世界各国から送られてくる、逃亡した戦争犯罪人の「所在」、および収容所から送られてくる、拘置報告、戦争捕虜報告から成ることになっていた。これをもとにクロウカスは、所在リストと拘置リストを作り、個人についての問い合わせに答えることができるはずだった。ポールフリー大佐はそのシステムを運用するために四百人のフランスの女性チームを与えられた。理論上は万事順調だった。

しかし、大規模で技術的に革新的な企てがすべてそうであるように、そのシステムはあまりに野心的だったので躓いてしまった。それを実施するのは平和時でさえ難しかっただろうが、一九四五年の春には、戦争はいまだ熾烈だった。問題は無数にあった。ポールフリーが、パリの八区のマチュラン街にある、アメリカ軍が接収した建物の三つの階を借りるのに三ヵ月もかかったのも、よくなかった。その建物が前年の十一月八日以来、空いていたことを知って、ポールフリーの気分はよくはならなかったろう。大佐の次の頭痛の種は、ホレリスの機械だった。それは、取り付けるのに長い時間を必要とした特殊なケーブルが二万ドルしたということだった。機械は組み立てが終わると、今度はなだめすかすようにして動かさねばならなかった。そして、頻繁に故障した。そのうえ、クロウカスのリスト作成に大量の紙を確保するという問題があった。紙がなければクロウカスは機能しなかったろう。また、たとえ十分な紙があり、機械がちゃんと動いたとしても、拘置報告が届き始めるのは夏の終わりだったろう。拘置報告を提供すべき収容所の建設は遅れていて、また、収容所には顔写真を作る撮影設備がひどく不足していた。そうした厄介な問題に加えクロウカスは、フランスから常に脅威に晒されていた。フランスはクロウカスが占めている建物の二階と三階を接収したがっていた。もし彼らが成功したなら、クロウカスはまったく機能しなくなっただろう。なぜなら、三つの階はどうしようもないほどに混んでいて、機械が働いている時には、職員の何人かは外に立っていなければならなかったのだから。

それにもかかわらず、クロウカスは五月に最初のリストを作ることができた。それは、連合国戦争犯罪委員会と、独自のブラックリストを作成した連合国派遣軍最高司令部の集めた名前から取り出したものを合わせたリストだった。それは公表される頃には、すでに古いものになっていて、「誤解を招く、信頼できないもの」と見なされていた。ポールフリーは六月に二番目のリストを出そうとしたが、パリには適当な印刷業者がいなかったので出せなかった。リストはロンドンに送らねばならなかったが、九月までに返却されるという約束はしてもらえなかった。返却されてきた時、ポールフリーはそれを無用のものと見なした。予想されたことだが、その数万の名前に関する情報は、まったく不正確だった。また、そのリストを占領地域の全部に配るのに数週間かかった。そして、それは様々な拘置所または捕虜収容所に届く頃には、無用のものになりつつあった。さらに、それが届いた時には、クロウカスが正確になんなのかを知っている者は、ほとんどいなかったろう。連合国戦争犯罪委員会の積極的なメンバーであるエチェル博士でさえ、クロウカスについて聞いたことがなかった。

毎月約三万ドル使っても、連合国は金に見合う成果を挙げなかったし、多くの戦争犯罪人を捕らえることもできなかった。一九四五年十月頃には、クロウカスは毎日三万枚のカードを処理しなければならなかったが、実際には、五千枚から七千枚しか処理できなかった。英国陸軍省のK・E・サヴィルが翌年の五月に准将リチャード・ウィルバフォースに手紙で書いたように、クロウカスは「長い時間をかけ、比較的多額の費用を使って、かなり貧弱な結果しか出さない」のだった。クロウカスから得られる情報は「ぽつりぽつり」で、サヴィルはその成果が「費用を納税者に対して正当化することができるかどうか」確信がなかった。ポールフリーにとっては、クロウカスが役に立っていないということは大きな打撃だった。一九四五年七月、彼は連合国戦争犯罪委員会のメンバーに向かい、戦争犯罪人が見つけられないのなら、「戦争は無益に遂行されたと見なす」と語った。彼の見解では、戦争犯罪人を捕らえるというのは、「戦争に勝つという仕事と同じくらい大きな仕事」だった。大佐の見解が少数意見であったのは明らかだ。勝者には、ナチを捕らえることのほかに、強制追放者の面倒を見、法と秩序を維持し、六年にわたる戦争で破壊された基幹施設を再建するといった、ほかの緊急の仕事があった。

一九四五年の末には、ポールフリーは軍の政治の犠牲者になっていた。無能と見なされた彼は、アメリカ人の部下の中傷運動の対象になった。どんなに優秀な管理者でもクロウカスをうまく運営することはできなかったろうが、ポールフリーは便利なスケープゴートになり、間もなく解任された。七月に連合国派遣軍最高司令部に取って代わった「米軍欧州戦域」の本部は、クロウカスを金のかかる重荷だと見た。その資金はもっぱらアメリカが出し、設備はアメリカが提供していたのである。

一九四六年五月十五日、パリにあるクロウカスは閉鎖され、六月二十五日にベルリンに移った。ベルリンはいまや連合国共同管理委員会の保護下にあった。クロウカスはベルリンに移動しても能率はほとんど上がらず、事態は徐々に悪くなった。七月二十日、クロウカスの所長代行R・F・「フレディー」・ラック大佐はアーサー・ハリス大佐に手紙を書き、三ヵ月から四ヵ月分の仕事が溜まっていると苦情を言った。スタッフが不足していたラックは郵便係としても働き、「書類の山」の仕分けをした。当時クロウカスは、一人のパートタイムの所長代行(ラック)、パートタイムの主事、一人の少佐、一人の大尉、三人の運転手、一人の倉庫係から成っていた。その八人の男が、連合軍の戦争犯罪捜査の全中枢だったのである。「我々が遅れた仕事を取り戻すかどうかは、神のみぞ知る」とラックは書いた。「気が滅入るような手紙を書いて申し訳ないが、僕は実際、そうしたすべてのことに気が滅入らされているのだ」。三日後、ラックは再びハリスに宛てて手紙を書いたが、今度はSOSだった。一人の重要な将校が去ったので、ラックはクロウカスを維持していけるかどうか、ひどく心配していた。「どうやら僕はお手上げのようだ」と彼は書いた。「BAOR[英国陸軍ライン軍団]プラス米軍欧州戦域が何人か将校を今寄越してくれなければ、クロウカスがまた働き始めるのはクリスマスだろう」。やがてラックの希望は叶えられたが、助っ人となる数人の下士官兵がばらばらに到着しただけだった。また、慎重に身元を調べた二百人のドイツ人がクロウカスのために働くことが同意されたが、彼らがやってくるのには長い時間がかかった。ハリス大佐は言った。「連合国共同管理委員会はクロウカスをすっかり混乱させてしまったようだ」。その混乱状態は数ヵ月も続いた。一九四七年一月一日、クロウカスは約八万人の名前の載った「統合指名手配リスト」を、予定の三月に発表できないことに気づいた。ルイスという将校がロンドンの陸軍省に電報を打ち、その理由をこう説明した――クロウカスはタイプライターのリボンの不足に悩んでいる。「十二ミリの黒リボン二十五本、緊急に必要。できれば大至急送られたし」

クロウカスも連合国戦争犯罪委員会も管理上の欠陥があったとは言え、どちらも、連合国がドイツに入った際に直面した犯罪の規模の恐るべき大きさに対する心構えは出来ていなかったろう。戦争犯罪調査官の一人は書いている。「圧倒的な大津波が……私たちの事務所に流れ込んできて、私たちを呑み込もうとした」。その津波は「人間がまだ経験したことのない最も凶悪な犯罪の証拠に次ぐ証拠だった……それは昼も……夜も私たちの上にのしかかった」。英国人にとっては、最も凶悪な犯罪はベルゼン強制収容所で見出されたものだった。彼らは一九四五年四月十五日にそこに入った。これまでの戦闘で滅多なことでは驚かなくなっていた兵士たちも、そこで目にしたものに衝撃を受けた。収容所には何万もの死体が散乱していて、その死体のあいだに生きた骸骨がいた。「囚人たちは自尊心をすべて失っていた」と、ある軍の報告書に記されている。「道徳的には野獣のレベルまで下がっていた。衣服は襤褸になっていて、虱で一杯で、小屋の中も外も、死体と人糞と襤褸と汚穢の、ほとんど切れ目のない絨毯だった」。英国のジャーナリスト、トム・ポコックは、ベルゼンが「死で重くなっていた」こと、「靴と髪の山と骨の粉と断片の吹き溜まりの脇を歩いた」ことを回想している。もう一人のジャーナリスト、アラン・ムーアヘッドは、ブルドーザーが死体を埋葬用の穴に押して行くのを見守った。「積み上げられた死体は、奇妙な真珠色をしていた」と彼は書いている。「そして、それらの死体は子供の死体のように小さかった」。英国はベルゼンに相当の医療援助をしたが、毎日、約三百人の元囚人が亡くなり、合計、約五万人が収容所で命を落とした。

英国が連合国戦争犯罪委員会もクロウカスも戦争犯罪人を裁けないのを悟ったのは、そうした衝撃的な光景を見たからである。ベルゼンの実態がわかってから九日後、二つの「戦争犯罪調査チーム」の設立が認められた。それは、「いまや明らかになった戦争犯罪人の数ゆえに」必要になったのだ。そのチームの仕事は、軍主任法務官にとって必要な証拠を引き出して記録し、軍主任法務官は被告を告発することだった。各チームは「捜査あるいは調査班」として行動する六人の将校から成り、二人の特務曹長と三人の運転手を使った。各チームは四人乗りの車一台、十五ハンドレッドウェイト〔一ハンドレッドウェイトは約五十キロ〕のトラック一台と、必要な写真機材を与えられた。それに加え、「戦争犯罪調査チーム専門要員班」も作ることになった。それは、一人の病理学者と二人のカメラマンと二人の下士官から成ることになった。

しかし、ナチ狩りのすべての最初の試み同様、戦争犯罪調査チームの設立は遅きに失し、あまりに規模が小さかった。第一戦争犯罪調査チームを指揮した将校、英国砲兵隊中佐L・J・ジェンは、五月十八日までベルゼンに到着できなかった。到着すると「寄せ集めのチーム」が捜査をしていた。ジェンは一人で収容所に行ったが、自分の実際のチームがいつ援助に来るのか、よくわからなかった。三日後、彼は軍副主任法務官、H・スコット＝バレット准将に手紙を書き、苛立った気持ちを表明した。

二一A・G〔英国第二一軍集団《アーミー・グループ》〕からのあなた方の協力で、必要な援助を多少は得られましたが、相応の時間を使って尽力くださるよう、さらなる援助を期待しております。しかし私は、すでに申し上げた通り、人員と仕事の面で完全からはひどくかけ離れた状態なのです。仕事はいずれにしろ、今までのやや遅々とした速度より、ほんのわずか速く進んでいるだけで、スモールウッドが引き抜かれると、ほとんど加速しないでありましょう。もちろん、私は全力を尽くしますが、正しい答えを出す自信をまったく抱いていないと言うのが正直なところで……なぜなら、馬〔戦争犯罪人〕の多くがいなくなっただけではなく、残っている馬のいる馬小屋の戸を閉める力が自分にあるかどうかも怪しいからです。

ジェンはその手紙の写しを第二一軍集団の後方本部にいるハリス少佐に送った。彼はジェンの抱えている問題に十分な理解を示したが、自分も問題を抱えているし、「特に、予告なしに十七人のフランス人がやってきたからだ」だと言った。それは、ベルゼンでのジェンの仕事の性質には比べようもなかった。ルート・グットマンと同じように、ベルゼンとアウシュヴィッツで生き残り、メンゲレのような男の所業を目撃した女たちに会って話を聞くという、心を苛む仕事をしたのは、結局ジェンだった。ハリスは、ジェンのところにペサレン伍長が行ったことを望むと書いて手紙を結んだ。「彼を君のところに送るのは、一つの軍隊を移動させるより難しかった！」と彼は書いた。もし、一人の下士官を移動させるのが一つの軍隊を移動させるより難しかったのなら、戦争犯罪調査チームを集めるのは、さらに難事業だった。六月三日までに、二つのチームには将校の定員の半分しか集まっていなかった。「専門要員班」は病理学者一人だった。二つの調査チームは、ほかの部隊から通訳と速記者を借りねばならなかった。そして、ザントボステルで調査をしていた第二戦争犯罪調査チームは、「急場の間に合わせ」として数人のフランス人調査員を雇った。事態はいまやきわめて危うくなったので、一人の英国の大佐は、「我々は戦争犯罪捜査に対する責任を負うことができないだろう」と警告した。

そうした事態は、英国だけのものではなかった。フランスの戦争犯罪チームも同様に、ばらばらだった。特に、六つの個々の機関すべてが独自の班を持っていたからだ。「それらの班を調整する最高責任者はいないようだ」と、第二陸軍特殊空挺連隊の司令官、ブライアン・フランクス中佐は指摘した。「各班は互いにまったく協力していない」。フランクスはまた、フランスは英国に協力しないが、それは狂信的愛国主義のゆえではなく、単に「組織」に欠けているゆえである、と見なした。また、フランス側の調査方法には繊細さが欠けてもいて、フランス人将校は囚人から情報を引き出すのに時には暴力を用いた。ハンブルク郊外のホッホカンプにある第二フランス戦争犯罪調査チームは、野蛮な行為に頼るとしばしば非難された。ある場合、囚人はシェパードとボクサーに襲われ、咬みつかれた。それから犬は、囚人が自分の知らないフランス語で書かれた供述書に強制的に署名させられているあいだ、囚人の近くにいた。そのような尋問をしたフランス人将校はシュネデール中尉だった。彼は数々の残酷なことをした。そうした尋問中、ある囚人はこっぴどく殴られてから、両手を上げて壁を背に立たされた。そして、何個かの空き缶が頭に投げつけられた。彼は両手を上げていられなくなると、両腕と両手が棒で叩かれた。それから、シュネデールと二人の海軍中尉による尋問が行われ、その間、囚人は何度も顔を殴られた。彼は「自白」に署名するよう求められて拒否すると、さらに殴られた。

しかし、シュネデールの何人かの犠牲者に比べれば、その男は軽い罰で済んだ。別の「尋問」の際、シュネデールとその部下は囚人の腹をひどく殴った。囚人はくずおれ、犬が囚人にけしかけられ、「自白」に署名するよう命じられた。囚人は拒んだ。すると、ドアの縁に数回頭を叩きつけられた。当然ながら、囚人は諦め、目の前に突きつけられた紙片に署名した。

フランスには少なくとも一つの戦争犯罪調査チームがあったが、英軍占領地帯にいるポーランド人には、そうしたものはまるでなかった。一九四五年の秋には、英軍占領地帯には約五万人のポーランド人の強制追放者と、かつての捕虜がいたのである。その多くはナチの戦争犯罪を目撃したのだが、献身的なポーランド人の戦争犯罪調査チームがなければ、彼らからなんらかの証言を得る機会はなかった。ポーランド戦争犯罪連絡事務所のタデウシ・カチョロフスキ少佐が先頭に立ち、ポーランド戦争犯罪調査チームを結成しようということになった。一九四五年八月、彼はそうした班を作っていいかどうか上官の将校に訊いたが、拒否された。「英軍占領地帯に戦争犯罪を調査するチームを作る理由がわからない」と、ポーランドの参謀のクルプスキ大佐は書いた。「よって、そのような調査機関を設立する行為を禁ずる……そのような行為は貴殿に与えられた権限を超えているからである」。平時では判事だったカチョロフスキは英国陸軍省に訴え、陸軍省はクルプスキに考えを変えさせた。

けれども、英国の援助のレベルはあまり高くはなかった。カチョロフスキは英国に、元捕虜から選んだポーランド人弁護士から成るチームを作るのに力添えを要請した。英国は乗り気ではなかった。そして、一九四五年十月末には、約十人の弁護士と、支援する下士官から成る非公式の班をカチョロフスキが作るのに譲歩しただけだった。制服も給料も支給しないという前提で。そして、カチョロフスキのチームが「戦争犯罪調査チーム」と名乗らないこと、また、公的な班と称してはいけないということを強調した。このようになんの地位もなかったことが、カチョロフスキのグループの活動を非常に妨げた。そのメンバーは、ハノーヴァー、ブルンスヴィック、パーデルボルン、リューベックに分かれた。そして、いかに小さいものであれ、すべての装備を乞わねばならなかった。中古品のタイプライターを手に入れるのでさえ、英軍の准将の許可が必要だった。しかし、カチョロフスキにとっての最大の問題は、移動手段がないことだった。最初は約四台の車が支給される約束だったが、一台も貰えず、ポーランドの調査員は歩くほかはなかった。「彼らは時には相当の距離を歩かねばならない」とカチョロフスキは一九四六年一月に書いた。「それは多くの時間がかかり、しばしば食事ができないことがある」。ポーランド人調査員がどんな食事をしたにせよ、英軍から支給されたのではないのは確かだった。前年の十月、酒保のパスを貰おうとして断られたからだ。何人かの英国人将校はそうした状況に耐えられず、一九四六年二月、G・S・ハットン准将は、数ヵ月前に自分が貰えることになっていた、鹵獲《ろかく》した四台の乗り物をポーランドのグループに与えるように要求した。ハットンはまた、ワルシャワのポーランド政府はその問題を少なくとも二ヵ月放置し、ほとんど助けにならないと言った。

ポーランド人調査員は、戦後の物資不足に悩んでいるのは戦争犯罪調査チームだけではないことを聞いても、ほとんど慰めにはならなかったろう。一九四五年十一月六日、第一カナダ戦争犯罪調査チームは、ロンドンの王立カナダ空軍に、二つの重要なものを送ってくれるように頼んだ。

A26 部外秘。『カッセル独英辞典』第五版(四五年二月英国で印刷)を二冊、至急船便にて送られたし[……]

二日後に返事が来た。

A26 『カッセル独英辞典』手に入らず。同辞書は再版中。一九四六年初頭に発売予定。

カナダ班は十一月十六日になって返事をした。その苛立ちは電文からはっきりと読み取れる。

『カッセル独英辞典』は、ロンドン、チャリング・クロス・ロードのフォイルズ書店で多分購入可能。当たってみてもらいたし。なければ、書店が勧める代わりの最良のものを至急送られたし。

十一月十九日、ロンドンから、カナダ戦争犯罪調査班に次のような朗報が届いた。

古本の『カッセル独英辞典』一部、今日航空便にて発送。同書を二冊または代わりのものが入手できなかったのは残念。

不足していたのは辞書だけではなく、ほかのもっと大事な備品も不足していた。一九四五年六月の末近く、英国戦争犯罪調査チーム専門家要員班に配属されていた病理学者、ウィリアム・デイヴィッドソン少佐は、自分には写真機材、タイプライター、文房具、地図がないと報告した。彼はまた、犠牲者の死体を掘り起こすのに必要な人手にも不足していた。「人手を確保するのに、丸一日かかることがよくある」と彼は九月二十日に報告した。「そして、彼らが仕事を始めても非能率的なので、午後になる前に実際に調査できないことが一再ならずあり、仕事にかかる時には、日が翳って撮影不能になるまで、あまりにわずかな時間しかない」

デイヴィッドソンは何百もの死体を発掘しただろうが、調査チームは彼にとっての「原料」である何万もの男女を見つけなければならなかった。一握りの将校が直面していた仕事は無数にあった。とりわけ、たった一人の戦争犯罪人の居場所を突き止めるのに数週間かかったので。一九四五年十一月二十三日、英国の第一戦争犯罪調査チームのH・H・アレグザンダー大尉は、ベルゼンを去って、モーゼルの大管区指導者《ガウライター》グスタフ・ジーモンの居所を突き止めて逮捕するよう命じられた。彼はルクセンブルクの民政の責任者でもあった。悪天候のせいで、アレグザンダーはほぼ一週間後まで出発できなかった。そして十二月一日に、コブレンツのジーモンの家にやっと着いた。すると地元の警察は、ジーモンはアメリカ軍によって逮捕されたと『フランクフルター・ツァイトゥング』紙が報じていると、アレグザンダーに話した。アレグザンダーはそれが誤報であることをすぐに確かめた。だが警察は、ジーモンの先妻の両親についての詳細をアレグザンダーに話した。アレグザンダーはコブレンツの南西約百キロのヘルメスカイルに彼らを訪ねた。アレグザンダーはついてなかった。というのも、夫婦はこの数年、以前の義理の息子からなんの連絡もなければ、五月以来、娘からもなんの連絡もないと話したからである。彼らはしかし、ジーモンの両親がフリーデヴァルトに住んでいることを明かした。十二月四日、アレグザンダーは両親を尋問するために、フランクフルトを経由して北東に二百マイル車を走らせた。またもやアレグザンダーは、何も知らないと両親に言われた。しかしジーモンは一九四五年三月二十七日にフリーデヴァルトを去ったと話してくれた一人の男を、近くの村でついに見つけた。男はジーモンがどこに向かったのかは知らなかったが、ジーモンの二人の姪とジーモンの息子がマールブルクに住んでいることをアレグザンダーに教えた。

　アレグザンダーはまたもや旅に出、マールブルクに向かって西に六十マイル車を走らせた。マールブルクに着くと、姪の一人に尋問した。姪はジーモンの息子が約百マイル北のダッセルに住んでいると言った。ダッセルに着くとアレグザンダーは、地元の町長《ビュルガーマイスター》と話した。町長は、近くの森の中でジーモンの息子のものである書類が見つかり、たぶん息子は村のルートヴィヒ夫婦と一緒に住んでいたようだと言った。アレグザンダーは、ヴィルヘルム通り八九番地に住む、その夫婦を訪ねた。夫婦はその若者の世話をしたことを認めたが、その若者は避難者だと思っていたという。そして、彼の家族については何も知らないと言った。アレグザンダーは疑念を抱き、ルートヴィヒ夫妻の娘を尋問した。娘はその「避難者」が誰なのかよくわかっていたことを認めた。なぜなら、彼女の姉が実はグスタフ・ジーモンの家政婦だったからだ。アレグザンダーは姪たちが謎を解く鍵を持っていることをいまや確信し、マールブルクに戻って、二人を逮捕した。二人は刑務所内で尋問されると、ジーモンの息子が、実はマールブルクの北西七十マイルのところにあるプレッテンベルクの親戚の家に住んでいることを明かした。アレグザンダーは翌日、そこに車で行き、家を捜索した。ついに親戚は、息子が実は近くに住んでいることを白状した。アレグザンダーはそこを訪れ、ジーモンの息子を見つけて逮捕した。

息子は父の所在について言おうとしなかったが、親戚の者はそうではなかった。彼らはアレグザンダーに、ジーモンが数回プレッテンベルクを訪れ、「フォルター」か「ヘーフラー」かどちらかの名前を使い、英軍占領地帯で養樹係として働いていると話した。アレグザンダーは二軒の地元のホテルの宿泊者名簿を調べた。すると、「ハインリヒ・ヴォフラー」と「ハンス・ヴォフラー」という男が、それまでの三ヵ月、宿泊していたことがわかった。「ハンス・ヴォフラー」と名乗る男は、ダッセルの真北のアインベックにあるシュスター通り一番地という住所を書いていた。十二月九日、アレグザンダーは息子を尋問した。息子はやがて、父が実際に庭師であることを認めた。今度はアレグザンダーはアインベックに車で行き、「ヴォフラー」について警察署で調べたが、なんの記録もなかった。ところが、シュスター通りの家でアレグザンダーは、「ハンス・ヴォフラー」と名乗る男が、そこに住んでいた者たちのリストに載っているのを発見した。アレグザンダーはジーモンの写真を家の持ち主に見せた。すると彼は、その写真は「ヴォフラー」で、その男はパダーボルンの近くの養樹場で働いていると言った。十二月十日、アレグザンダーは西に六十マイル車を走らせてパダーボルンに行った。そして町長《ビュルガーマイスター》の事務室で「ヴォルフラー」の住所を見つけた。その夜、彼はウプシュプルンゲ村までちょうど八マイル車を走らせ、ベルホルスト夫人という女の家に泊まっているジーモンを発見した。アレグザンダーはジーモンを逮捕し、地元の刑務所に拘置し、前大管区指導者《ガウライター》を自分以外の誰にも引き渡しはならないと命じた。翌朝、アレグザンダーは百二十マイル車を走らせてベルゼンに戻った。彼は疲労困憊していたろう。戦争で破壊され、なおざりになっている冬の危険な道路を、合計約二千五百マイル走ったのだ。彼はジーモンの件に三週間かけ、少なくとも一ダースの人間、数多くの警察官、官吏に尋問した。忘れてはならないのだが、ジーモンはたった一つの案件なのであり、その複雑さは典型的なものだった。残念ながら、そのナチは裁かれることはなかった。一九四五年十二月二十一日、ルクセンブルクに引き渡されることになっていた寸前、縊死したのだ。

英国がナチの戦争犯罪人を発見するのに手間取っていることが、間もなく英国首相の注目するところとなった。一九四五年十一月二十一日、クレメント・アトリーは陸軍大臣ジャック・ローソンに覚書を送り、「こうした事柄に対処する際の遅延」に対する懸念を表明した。アトリーはこう主張した。「戦争犯罪調査に責任のある者は……覇気と気力のある将校であり、また、戦争犯罪調査に大きな優先権が与えられるべきであることを十分に理解する必要がある」。ローソンはアトリーの覚書を高級副官、サー・ロナルド・アダム将軍に見せた。将軍はその内容を、英国陸軍ライン軍団司令官、モントゴメリー陸軍元帥、中央地中海軍司令官、サー・W・D・モーガン中将、ノルウェー司令官、グレアム少将に伝えた。「裁判にとっての障碍はいまや取り除かれた。これ以上の遅れはあってはならない」とアダムは書いた。

アダムは正しかった。遅れはあってはならなかったが、依然として遅れていた。なぜなら、戦争犯罪調査チームはいまだ絶望的なほどに小さく、したがって過労の状態だったからだ。十一月にイアン・ニールソン中佐がチームを運営する係に任ぜられた。彼は自分の指揮下の者がほんの少数なのに驚いた。「その段階ではそれは単なる紙切れだった」と彼は回想している。「仕事をする場所がなく、スタッフもいなかった」。ニールソンは間もなく、乗り物、運転手、病理学者を調達できたが、人手と装備が不足していることを絶えず感じていた。

もし、戦争犯罪調査チームが一九四五年の早春に発足していたなら、我々はもっと多くの戦争犯罪者を捕らえていただろう――そして、目撃者たちの記憶もずっと鮮明だったろう。総じて、一切の事柄は危なっかしく、誰もが痛切にこう感じた。「一体全体、我々はなんでこんなことをやっているのだろう?」すべてあまりに乏しく、あまりに遅かった。

それに加え、クロウカスが作成した容疑者のリストは、英国チームに届いていないようだった。「クロウカスのことなど聞いたこともなかった」とニールソンは言った。「残念な話だ。それは非常に役に立ったかもしれない」

英国陸軍は何もかも不足していたにもかかわらず、その気になれば、大規模なナチ狩りをする能力があったが、のちに見るように、アトリーの要求にもかかわらず、軍をもっと大きなスケールで動かす、より広い政治的意志に欠けていた。だが、それは言語道断だと思っていた将校もいた。その一人、ユアカ・ガリーツィン大尉は、一九四五年十月末に事態を劇的に向上させる提案を起草し、この問題は「一つの作戦」として扱われるべきだと主張した。まず彼は、クロウカスを強化し、その仕事の速度を上げ、人員を増やし、収容施設を直ちに整えるべきだと考えた。第二に、緊急の

「犯人追跡《マンハント》」組織を作ることを提唱した。それは移動手段、武器が十分に与えられ、「大胆で積極的な指揮下にある」百人の調査員から成るものだった。調査員は担当地区ごとのグループに分けられ、互いに、かつロンドンの本部と連絡が取れるようにするのだった。「その班は」とガリーツィンは書いた。「戦争中、優先順位の問題において、特殊作戦執行部と同じ、内閣からの支持を得なければならない」。ガリーツィンはまた、班のメンバーは飛行機での移動と逮捕する十全の権限を必要とするとも提唱した。ガリーツィンの提案は実行されることはなかった。その文書は陸軍省の一人の大佐から、英国陸軍ライン軍団の一人の大佐に渡されたが、それより上の階級の軍人に渡ったことを示唆する証拠はない。

すべての連合国戦争犯罪調査チームの中で、アメリカのチームが最もよく組織されていた。陸軍特殊空挺部隊のブライアン・フランクス中佐はフランスのチームの欠陥を指摘した際、自分が出会ったアメリカのチームは「高度に能率的な組織」だと言った。チャヴィス大佐の率いる同チームは、二人の病理学者、一人の専門尋問官、それぞれ二人の法律家、速記者、写真師から成っていた。フランクスは、このチームがガゲナウで五人の米軍飛行士に対して行われた犯罪だけを調査しているのを知って驚いた。チャヴィスも、一人の英国の将校が二十七のケースを同時に調査しているのを知って驚いた。

アメリカの戦争犯罪調査の多くは、防諜部隊によって行われた。最初は隊員五十人の情報警察部隊として一九一七年八月に設立された防諜部隊は、第一次世界大戦の末期に、北フランスで対諜報作戦を展開した。二つの大戦のあいだに、それは様々に変化し、真珠湾攻撃後は防諜部隊という名に変わり、千二十六人の下士官を擁する権限を与えられた。そして、五百四十三人は将校という条件で、四千四百三十一人に急速に膨れ上がった。防諜部隊に選ばれた者は、いくらかの法律関係の仕事の経験があることが望まれた場合が多かった。しかし戦争が続くにつれ、その条件はなくなり、新兵は十分な教育を受け、「善良な性質」で、愛国心があることだけしか要求されなかった。そのため、すべての社会的階級から応募者があった。その多くは、「防諜」という言葉に惹かれたのである。それは爆弾や銃ではなく、スパイ活動の戦争を思わせたのだ。

しかし防諜部隊は、横着者にとっての避難所ではなかった。その部隊の六つがDデーにノルマンディーに上陸した。また、対諜報活動は危険がなくはなかった。第四三〇防諜部隊のような分遣隊は、「背信、煽動、不満、転覆活動を発見し、スパイ活動と破壊活動を発見し防止する」任務を帯びていた。それは、拘束されないためなら人を殺しもする、死に物狂いの人間を相手にすることを意味した。連合国軍が大陸に侵攻してからは、防諜部隊分遣隊の主な役割は、強制追放者を調べ、敵のスパイなのか、あるいは一般市民のふりをしている戦争犯罪人なのかを決めるというものだった。連合国軍がドイツに入った頃には、防諜部隊の仕事は、ナチをはじめ連合国軍にとって脅威となる、ほかのドイツ人を逮捕することだった。防諜部隊は「通常の」対諜報活動に加え、ナチ党の建物を確保し、中の文書を守らねばならなかった。ヨーロッパ戦勝記念日が近づくと、防諜部隊は戦争犯罪人を見つけることが多くなり、それが分遣隊にとっての事実上の義務になった。その仕事はドイツが降伏してから次第に重要なものになった。

英国はアメリカのナチ狩り部隊が自由に使える資材を羨んだかもしれないが、彼らの手法は少々軽蔑していた。「彼らはひどくがむしゃらだった」と、英国戦争犯罪調査チームの大尉、ジョン・ホッジは回想している。「彼らはみなピストルを携行していて、『さあ、奴をひっ捕らえよう』という調子だった」。ベン・フェレンツはホッジの言葉を裏付けている。伍長のフェレンツは、米第三軍に配属されている軍主任法務官師団の戦争犯罪調査チームの一員で、飛行機が撃ち落されたあと米軍飛行士が射殺されたケースを調べることになっていた。フェレンツはその事件の現場に行き、「町長《ビュルガーマイスター》と最年長の男を拘置し、何人かの目撃者を集めた。私は壁を背に奴らを並ばせ、起こったことを正確に書かなければ撃つと脅した。私は撃つつもりはなかったが、奴らはそれを知らなかった。私は奴らの頭をぶっ飛ばすつもりだということを肝に銘じさせたからだ。いずれにせよ、奴らはすぐに書き始めた！」。フェレンツは次に死体のある場所を突き止め、死体の写真を撮り、犠牲者の家族にその旨を告げた。

ベン・フェレンツはナチ狩りの努力をもっと早く始められただろうことを認めたが、「このちょっとした戦争で手一杯だった」と言った。フェレンツは自分たちがほかの連合国戦争犯罪調査チームより資材に恵まれていることを認めたものの、アメリカのチームの人員はしばしば不足していた。というのも、戦争犯罪調査チームは附属品のようなものともっぱら見られていたからである。「私のところに五人の飲んだくれの大佐が来た」とフェレンツは言った。「ひどいシェルショックで、ほかに行き場がなかったからだ。誰も戦争犯罪調査の仕事に注意を払わなかった。彼らはみな、できるだけ早くそこから抜け出したがっていた」。アメリカ人が「実際、それほどみなよかったわけではない」とホッジは言った。彼はベッカーというアメリカ兵を覚えていた。「彼は相当の齢で、ひたすらアメリカの我が家に帰りたがっていた」。アメリカ人も英国チームにあまり感心はしなかったらしい。英国チームは戦争犯罪調査に「さほど関心がない」と、フェレンツは言った。関心があろうとなかろうと、どのチームも忙しかったのは確かだ。「我々は一生懸命に働いた」と、英国チームのブライアン・ボーン大尉は回想している。「そして、よく遊び、大いに飲んだ」。ボーンと仲間の将校はあまりに忙しかったので、「大魚に気づかなかった――正直に言うと、我々の両手は雑魚で一杯だったのだ」。

皮肉にも、連合国は何匹かの大魚を捕らえたのだが、雑魚だと思って逃がしてしまった。シャウエンシュタイン収容所では、「ヨーゼフ・メムリング」（ヨーゼフ・メンゲレがいまや名乗った名前）は、左の上腕に自分の血液型の刺青《いれずみ》をしなくてよかったと思っていた。というのもそれは大抵のSSが付けていた印で、連合国にとって、ナチのエリート階級に出世した者を識別する便利な手掛かりになっていたからだ。運よくメンゲレは、医学的に不必要だと言って、その入れ墨を拒否したのだ。メンゲレは幸い、正体がばれそうにはなかったが、次第に不安になった。「アメリカ軍は我々を一つの収容所から別の収容所へと移した」と彼は回想している。「収容所ではごくわずかな配給がいっそう少なくなり、我々の絶望感は強まった」。一九四五年七月末、メンゲレと友人のカーラー博士は、ニュルンベルクの北約百マイルのヘルムブレヒツ強制収容所に移された。そこでメンゲレは、またしても幸運に恵まれた――たった一週間後に釈放されたのである。SSの刺青もなく、軍医と名乗っているのも納得できたので、アメリカ側には、その三十四歳の男が故郷に帰りたがっているただのドイツ人将校に過ぎないのを疑う理由がなかった。メンゲレが本名を使ったとしても、彼が釈放された可能性はある。収容所にはクロウカスのリストがなかったので、「メンゲレ」という名前は、「メムリング」同様、なんの意味もなかったろう。そのうえ、メンゲレはヘルムブレヒツから釈放された唯一のドイツ人ではなかった。その年の七月、約二千人の者が収容所から解放された。連合国軍は捕らえた数百万人の者を適宜に扱うことも、飢えから救うこともできず、数十万人を解放せざるを得なかったのだ。

もしクロウカスがもっと機能的に組織されていれば、メンゲレは釈放されなかっただろう。彼の名前は七月のリストには確かに載っていたが、それはまだ英国の印刷所にあった。メンゲレの名前は、五月に公表された連合国戦争犯罪委員会のリストでは二百四十番だったが、そのリストはほとんど回されなかった。メンゲレはアイヒマンとミュラーと一緒に、MI14が作ったドイツの警察官とSSのブラックリストにも載ったが、そのリストは公表されなかった。しかし、「メンゲレ」は実際に彼の本名なのかどうかという疑念さえあった。六月に、連合国軍戦争犯罪委員会の調査部は、メンゲレは実は「マーグデ」ではないかと当て推量で言ったが、英国は彼の本名を「ペーター・メンデライ」ではないかと推測した。英国は一九四五年十二月になってさえも、メンゲレは四十代半ばで、おそらく東フリジア出身ではないかと推測していた。それは、英国が年齢を十年間違え、出生地を約五百マイル間違っていたことを意味した。翌年の五月には、メンゲレの「正しい」名前は「レナウ」になり、一九四七年五月には、「スカペジウス」ではないかと推測した。

メンゲレは釈放されたあと、生まれ故郷のバイエルンの町、ギュンツベルク近くのドナウヴェルトに向かった。軍服の内ポケットに二組の除隊書類を忍ばせていた。一つはフリッツ・ホールマン名義のもので、もう一つは本名のものだった。前者はフリッツ・ウルマン大佐の書類に手を加えたものだった。ウルマンは収容所の管理の仕事をしていて、メンゲレは彼に事情を打ち明けた。メンゲレはドナウヴェルトに行く途中、二台の自転車を押しながら歩いている一人の農夫に会った。二人とも同じ方向に向かっていたので、互いの便利のために、二人はドナウヴェルトまで一緒に自転車で向かった。メンゲレは二組の書類を持っているので、途中でアメリカ軍のパトロールに止められるのを怖れた。そこで、メンゲレ名義の書類を自転車のハンドルの内側に隠した。自転車を農夫に返した際、その書類を取り出すのを忘れてしまったので、「ホールマン」として生きるほかはなくなった。

メンゲレはドナウヴェルトに着くと、昔の学校友達、アルベルト・ミラー博士の家を訪れた。妻のオッティーリエが玄関に出てきた。「二人の兵士が私の前に立っていました」と彼女は回想している。「彼は言いました、『こんにちは、私の名前はメンゲレです』。あとで夫が帰ってきて、一緒に食事をしました。私は彼がこう言ったのを覚えています。『私について言われていることは、なんであれ信じないで下さい。本当ではないのです』」。メンゲレが自分について言われていることをどうやって知ったのかを確かめるのは難しい。もしラジオが手に入ったのなら、自分の名前が放送されるのを聞いたかもしれないが、ラジオは——新聞同様——収容所では不足していた。メンゲレは自分の所業が他人の目には間違ったことに見えるのを知っていただろう。そして、連合国のプロパガンダはゲッベルス風の嘘だと、早くも旧友に信じ込ませようとしていた。納得したかしなかったはわからないが、ミラー夫婦はメンゲレの家族に、メンゲレの無事を知らせることを約束した。けれども、理由ははっきりしないが、メンゲレは旧友の家に滞在しなかった。ミラー自身、ナチ党で戦時中に果たした役割ゆえにアメリカ軍に拘置された。メンゲレは未刊の自伝の中で、ミラーが逮捕されたのは、自分がミラーの家の奥の部屋に隠れていた時だと言っている。そして、アメリカ軍が去ったあと、自分は夜の闇の中に逃亡したとメンゲレは書いている。ミラーが逮捕されたのは確かだが、メンゲレの話はでっち上げのようだ。なぜなら、部隊は何かの証拠を発見しようと家の中を捜索しただろうから。

一九四五年の夏のあいだにメンゲレの身に何が起こったのかは、はっきりしていない。本人の話によると、彼は看護婦に預けた研究ノートを取り戻すためにロシア軍占領地帯に行った。それが彼の意図だとミラー夫妻に話したけれども、その旅はきわめて危険なものだったろう。「警護されている境界線を越えるのは気違いじみた行為だった」とメンゲレは書いている。「それは信じられないような旅だった」。もっと信憑性のある話によると、メンゲレは生まれた町のギュンツブルクの外れの森の中で辛い暮らしをし、家族がそこに食べ物を運んだ。真実はなんであれ、九月末にはメンゲレはミュンヘンの薬剤師の友人の家に姿を現わした。その友人はひと月近く彼を匿った。その際も「死の天使」は自分の戦時中の行動を弁護した。「私は隠すべき何物も持っていない」と彼は友人に言った。

「恐ろしいことがアウシュヴィッツで起こった。私はそれを救うのに最善を尽くした。人は何もかもできる訳ではない。そこでは恐るべき悲惨な出来事があった。私は非常に多くの者を救うことができただけだった。私は誰も殺さなかったし、傷つけもしなかった」。自分はどんな死にも責任がないという真っ赤な嘘にもかかわらず、メンゲレの陳述は、それが正しく伝えられているなら、自分の道徳心の及ぶ範囲が危険なほど狭くなってしまった男の最高の例である。囚人の選別における自分の役割は人の命を奪うことではなく、救うことだとメンゲレは感じていた。メンゲレの精神には忌まわしい論理があったのだ。しかし、そうした論法は、道徳的に堕落したシステムの中でしか通用しない。考えてみれば、メンゲレはそのシステムに加わるのを拒否することもできただろう。アウシュヴィッツで働くよう、誰も彼を強制しはしなかった。逆に、彼は積極的に加わった。そして、いったんそうすると、彼は自分の道徳観を、その環境の文脈の中においてのみ定義することしかできなかった。メンゲレとアイヒマンのような人間にとっては、そのシステムがすべてだったのだ。したがって、メンゲレが実際に、自分はよい医者としての義務を果たしたと思っていたのも不思議ではない。ナチズムの崩壊後、そうした男たちは自分の行為が犯罪であったことを認めるか、あるいは、そのシステムがまだ存在しているかのように振る舞い、無実を主張するかの選択しかなかった。「私は非難に対して無実を証明することができる」とメンゲレはミュンヘンの友人に言った。「私は自分の弁護のために事実を集めている。私は出頭し、裁判で身の潔白を証明したい」

友人の薬剤師はそれはよくない考えだと思った。「君は公正な裁判を受けられはしない」と彼はメンゲレに言った。「君は出頭すればその場で銃殺されるか、裁判を受けてから絞首されるかだ」。薬剤師はメンゲレに、「ヴィーラント」という男に連絡させた。その男はメンゲレに、ミュンヘンの南東約四十五マイルのマンゴルディング村で、農場労働者の口を見つけてやった。農場の持ち主はゲオルク・フィッシャーと妻のマリーアだった。新しい雇い人の「ヘル・ホールマン」は、ソヴィエト軍占領地帯に妻を捜しに行ったが、空しく戻ってきたところだと二人は聞かされた。フィッシャー夫妻は彼の正体について疑念を抱いたが、黙っていた。「彼は戦後、隠れ場所を探していただけだ」と、ゲオルク・フィッシャーの弟アロイスは回想している。「彼はナチであり、高級幹部だったに違いないと私たちは思った」。「ホールマン」は週給十マルクで一生懸命に働き、あまり口を利かなかったものの、人当たりがよく、聖ニコラスの日にはサンタクロースの扮装をした。メンゲレにとっては、農場の仕事は肉体的に辛く、無意味に思われた。また、彼はジャガイモを科学的な厳密さで育てようとした。「様々なサイズの頻度は、ガウス図表によると、二項分布に従う」と彼はのちに書き、フィッシャーのジャガイモの収穫量を増したと自慢した。

農場での仕事は、逃亡中のアドルフ・アイヒマンの生活の大きな部分にもなるが、しかし一九四五年五月には、空軍《ルフトヴァッフェ》の「上等兵《オーバーゲフライテ》バルト」の唯一の仕事は、逮捕されるのを避けることだった。ブラ゠アルム山を出たあとアイヒマンとイェニッシュは北西に進んでドイツに入り、野外か納屋で寝た。「逮捕される危険は迫っていた」とアイヒマンは回想している。「連合国軍のパトロールが至る所にいたからだ」。数日後、二人の男は実際に逮捕されたのだが、アイヒマンによると、「逃げるのは玄関から出て行くようなものだった」。そしてアイヒマンは、十年前に蜜月を過ごした場所、ザルツブルクに向かった。その都市のロマンティックな雰囲気に浸ったアイヒマンは思いに沈み、丘の頂上の城の脇に坐り、戦争中の己が行動について思いを巡らせた。メンゲレ同様、アイヒマンの道徳観も、ナチズムという体制に依然として捉われていた。その体制は客観的にはもはや存在しないが、狂信的なナチズムの信者の心の中には確かに存在していたのである。

私は非情な人間、邪悪な人間、殺人者になったのだろうか？　私はこうした問いを自分の良心に投げかけた。私は戦争で、自分の義務と任務を果たすこと以外のことをしただろうか？　誓約に忠実で、命令に忠実である以外のことをしただろうか？　私の良心は、安心させるように答えた。いや、それ以外何もしていない。私は無防備の人間を殺しただろうか、あるいは、殺せと命令しただろうか？　いや、いや、いや。一体、彼らは私に何を求めたのだろうか。私は命令を受け、自分の義務を果たしたのだ。

アイヒマンの言葉は、メンゲレよりも単純な考え方を示している。メンゲレは自分の行為を「命令に従った」という理由で言い訳をすることは滅多になかった。アイヒマンの弁解は陳腐で、数百万人を死に追いやった者にしては、あまりに平凡である。

アイヒマンはザルツブルクで——メンゲレ同様——看護婦に助けてもらったと言っている。アメリカ軍が道路を次々に封鎖したので、市内は逃亡者にとっての隠れ場所というよりは、たちまち監獄のようになってしまった。「狐の狡猾さ」を持たねばならないと決心したアイヒマンは、赤十字の看護婦の制服を着た魅力的な若い女に近づいた。「私はSSの上級大隊指導者《オーバーシュトゥルムバンフューラー》だが」と彼女に言った。「この町から出るのを手伝ってもらえまいか？」。看護婦は喜んで同意し、アイヒマンを連れ——彼はわざと足を引きずった——アメリカ軍の補給地点《コントロール・ポイント》を通り抜けた。アイヒマンの次の目的はバイエルンに入ることだった。そして、国境で偽の葬列に加わった。それは変装した元SSたちだと彼は思った。だが、アイヒマンの運はついに尽きた。ドイツに入って間もなく、彼はアメリカ軍のパトロールに捕まった。

「上等兵《オーバーゲフライト》バルト」は、アメリカ軍に捕まると長続きはしなかった。なぜなら、空軍上等兵の左腕の腋下《えきか》の近くに、Aという刺青があったからである。アイヒマンはSSの血液型の印を煙草で焼いて消そうとしたが、痛い思いをしただけで失敗した。アイヒマンは自分がSSの一人であるのを否定することはできなかったが、正体を明かさなかったのは確かだ。彼はいまや第二二武装SS騎兵師団、SS下級中隊指導者《ウンターシュトゥルムフューラー》（少尉）オットー・エックマンになった。姓は、自分の姓に似ているので選んだのだ。誰かが彼に気づいて「アイヒマン」と呼びかけたなら、不審に思った米兵に聞き間違えだと言えばいい。アイヒマンが捕らわれた際、米兵は彼の万年筆と腕時計を取り上げ、二つの広口瓶に入ったビールと二ダースの卵と交換し、彼と三人の米兵は一緒にアメリカ軍の戦車の陰でビールを飲み、卵を生で食べた。そうしたのどかな時間は稀で、アイヒマンは仮設の収容所に拘禁されているあいだ、気分が次第に暗くなった。「ドイツは破壊された、ドイツは破壊された」と彼は何度も繰り返した。「おお、神よ、帝国を見捨てないで下さい。私を死なせても構いませんが、帝国は助けて下さい」。ナチ体制が永遠に続くことをアイヒマンが願ったのは、忠誠心からではなく、第三帝国が存続してのみ自分の人生が意味があるのを知っていたからだ。すべての狂信的なナチ同様、その気持ちは、ナチ体制が優れているという信念からよりも、自分の居場所のある組織を復活させたいという潜在意識の願望から生まれたものだった。アイヒマンのような人間には、ナチズム以外にはごくわずかな居場所しかなかった――仮にあったとしても。彼自身、のちにこう認めている。「人は服従と紀律と自発的従属に完全に慣れるようになる。当時の我々ドイツ人は紀律と服従を至高の美徳にしたので、命令されないと、途方に暮れ、不安だった」

「オットー・エックマン」は、ニュルンベルクの東六十マイルのヴァイデン収容所に間もなく移された。彼はそこに一九四五年八月まで拘禁された。それから、ニュルンベルクの西三十マイルのオーバーダッハシュテッテンの、もっと大きな収容所に移された。アイヒマンはアメリカ軍に「非常に適正に」取り扱われたことを思い出している。囚人は煙草さえ配給された。だがアイヒマンは、いつまでも正体を隠していることができないのを知っていた。また、自分の作り話が、繰り返し尋問を受けるうちにばれることも知っていた。第二二武装SS騎兵師団はハンガリーで結成され、そこで活動したので、アイヒマンは偽りの身分を、人を納得させるようにいくらか潤色することができただろうが、「遅かれ早かれ真相が明るみに出る」のを認めていた。また、ユダヤ人委員会《ユーデン・コミシオーネン》の一人に見つけられるのを怖れていた。ユダヤ人委員会はユダヤ人収容所の生存者が結成したもので、収容所から収容所を訪ね、戦争犯罪人を探した。アイヒマンは毒を呷るのが逃亡の究極的手段だと思ったが、カプセルを失くしていたし、収容所の薬剤師も手を貸してはくれなかった。

　アイヒマンは、自分の収容所からちょうど三十マイル離れた裁判所で起こったことによって、ついに行動を起こさねばならなくなった。一九四五年十二月十四日の昼休みの直前、アメリカの検事、ウィリアム・ウォルシュ少佐が、ニュルンベルクの国際軍事裁判の法廷で話をしていた。ウォルシュは「ナチ党とナチ支配の国家の最終目的」について説明していた――ユダヤ人殲滅について。彼は法廷で、四百万人のユダヤ人が強制収容所で殺されたこと、さらに二百万人が特別行動隊《アインザッツグルッペン》によって殺されたことを話した。彼が持っていた証拠は、十一月二十六日にヴィルヘルム・ヘットルが署名した宣誓供述書だった。ヘットルは自分の知っているすべてのことを話して、防諜部隊に取り入ろうとしていた。ウォルシュによると、ヘットルは情報をアドルフ・アイヒマンから得た。その情報は一九四四年の夏、ヘットルがブダペストの自宅アパートで会ったアイヒマンから聞いたものだった。その法廷では、アイヒマンの名前も重要性も、ほとんどなんの反応も呼び起こさなかったが、翌月には大反響を呼び起こしたのだった。

一九四六年一月三日、もう一人の元ナチが、アイヒマンの犯罪を洗いざらい、世界に対して語った。証言者はディーター・ヴィズリツェニーだった。彼はSS主幹中隊指導者《ハウプトシュトゥルムフューラー》で、アイヒマンと一緒に「最終的解決」を実行した。ヴィズリツェニーはスミス・ブルックハート中佐に質問されると、一九四二年の夏にベルリンでアイヒマンに会った時のことを思い出した。ヴィズリツェニーは、「労働者」としてポーランドに送られた五万二千人のスロヴァキアのユダヤ人の運命についてアイヒマンに尋ねた。ヴィズリツェニーは、その時点では彼らの本当の運命についてまったく知らなかったと言った。そして、彼らの同胞について調べるために、スロヴァキアから代表団を派遣する許可をアイヒマンに依頼した。するとアイヒマンは、問題の大方のユダヤ人はもはや生きていないという単純な理由から、許可を出す訳にはいかないと答えた。ヴィズリツェニーは、誰がそんな命令を出したのかとアイヒマンに尋ねた。するとアイヒマンは金庫からファイルを取り出し、赤で縁取った文書を抜き出した。赤の縁取りは、その文書が直ちに行動を起こすためのものであるのを意味した。ヒムラーの署名のあるその文書には、ヒトラーが「ユダヤ人問題の最終的解決」を命じたと書かれていた。次にブルックハート中佐は、「最終的解決」とはどういう意味かと訊いた。ヴィズリツェニーの答えは明快だった。「東欧にいるユダヤ人種の計画的な生物学的殲滅は、〝最終的解決〟という概念と言葉で偽装されていると「アイヒマンは」言いました……その命令が数百万人の死を意味するということは自明のことでした」

ヴィズリツェニーは裁判所に提出した宣誓供述書の中で、ヒムラーからの命令は、「数百万人を殺害する権限をアイヒマンに与えた」と言っている。それは、当然ながらアイヒマンが従った命令だった。そしてヴィズリツェニーは、一九四五年二月にアイヒマンに最後に会った時のことを語っている。その時、アイヒマンは自分が成し遂げたことに、おぞましい誇りを抱いていることを露《あらわ》にした。

「私は墓に飛び込む時には笑うね」とアイヒマンは言った。「自分は五百万のユダヤ人を殺したと思ってね。それは私に大きな満足感と達成感を与えてくれる」

数日のうちにアイヒマンは、捕虜の噂話からヴィズリツェニーの証言について聞いた。彼は収容所にいる数人の元SS将校のところに行き、自分の正体を明かした。同僚たちは彼が途轍もない罪を犯したにもかかわらず、助けることにした。そして間もなく、アイヒマンは偽造書類と私服を入手した。逃亡を助けるある種の組織網があったのは確かだが、その後アイヒマンは、自分を助けてくれたのは看護婦だと言い張ることになる。「私の会った看護婦は美しく、目が茶色で、金の心を持っていた」と彼は回想している。看護婦は収容所の有刺鉄線越しに、狩猟帽から山羊ひげに至るまで、彼が必要とする一切のものを渡した。アイヒマンによれば、「私たちは有刺鉄線のところで何時間もひそひそ話をした」という。「しかし、甘い言葉は囁かなかった。その愛国的なドイツの天使は、地勢、距離、逃亡の際に出遭う困難について話してくれた」

アイヒマンとメンゲレを助けたことになっている看護婦はフィクションで、実際に助けてくれた者の正体を隠すためにでっちあげられたのかもしれないが、女たちがナチの逃亡を助けたのは事実である。戦争の末期、ある防諜部隊は、何人かのドイツの女がナチが占領軍当局から隠れるのを助ける連絡網を作ったこと、また、彼らにメッセージを届け、食料を調達し、さらには武器さえ運んだことを報告している。その報告には、アメリカ軍兵士が「多くの女に対して騎士的で形式張った態度をとったこと」が、そうした連絡網がはびこるのを許したとある。ある米情報機関の報告書によると、暖かい気候の到来に伴う、「ドイツ女性の色彩豊かな春の衣裳」のせいで、この態度はいっそう強まったかもしれない。その報告書は続けて、慎重に選んだ言葉で、こう想定している。「内密の活動に長いあいだ慣れていたドイツ人が、多くのいいなりになる兵士を見つけたことは間違いない」。そうした報告書は実際に正しかった。ナチ逃亡援助組織網の中心には女がいたろうから。

アイヒマンは一九四六年二月五日の夜に逃亡した。有刺鉄線を抜けて外に出、バイエルンのプリーン出身の「オットー・ヘニンガー」になった。「しばらく私は外に立ち、小さな子供のように無力に感じた」と彼は回想している。「私は独りだった。なんの命令も受けていなかった。だが、歩かねばならなかった。急いで歩いた」。アイヒマンの最初の目的地は、二百マイル南の彼の新しい「生まれた町」だった。そこで彼は、オーバーダッハシュテッテンの収容所にいたSS軍曹の妹、ネリー・クラヴィーツに会った。その家に約六週間滞在した。五マイルも離れていないマンゴールディングに、「フリッツ・ホールマン」がフィッシャー夫妻の農園で働いているのも知らずに。三月中頃には、アイヒマンはアメリカ軍のパトロールが増えたので次第に用心深くなった。アイヒマンとクラヴィーツはハンブルクまでずっと旅をし、そこで二人は別れた。それからアイヒマンはエファーゼンを目指して南西に二十マイル歩いた。そこで、オーバーダッハシュテッテンで拘禁されていた仲間のSS将校の兄に、森林労働者として雇ってもらった。メンゲレとは違い、アイヒマンはこの新しい役割に一種の男らしい誇りを覚えた。「いつもペンを使っていた手は、自分が伐り倒している樹木の樹皮のように、間もなく粗く、硬く肥厚した」と彼は書いた。「私の体は引き締まり、丈夫になった……そして、自然と素朴に交わっているうちに、静かで幸福な観想を見出した。私の魂と良心は浄化された」。次の三年間、この幸福な魂は森林労働者としての時間を楽しんだかに思われるが、彼はこう言っている。「私はそれでもモグラのままだった。地下に棲み、正体を偽っていたのだ」

アイヒマンが木を伐っているあいだに、世界は彼についてもっと詳しいことを聞き始めた。一九四六年四月十五日、エルンスト・カルテンブルンナーが「最終的解決」に関わっていなかったことを証明するために、元アウシュヴィッツの所長ルドルフ・ヘースが、ニュルンベルクで証人として喚問された。カルテンブルンナーの弁護人、クルト・カウフマンに質問されたヘースは、数百万人のユダヤ人をガス室に追い立てた責任者はアイヒマンであるのを認めた。ヘースはまた、一九四一年にヒムラーに会い、アウシュヴィッツでの大量虐殺命令を受け取ったことも覚えていたが、ヒムラーの命令の大執行官はアイヒマンだった。「彼は与えられた命令執行の詳細を私と話し合うためにアウシュヴィッツに来ました」とヘースは言った。「全国指導者《ライヒスフューラー》［ヒムラー］は話し合いのあいだに言ったのですが、自分はアイヒマンに、命令を実行するに当たり私と相談するように指示したと言いました。また、私はアイヒマンから今後すべての指示を受けるようにとも言いました」。ヘースはアイヒマンが何度もアウシュヴィッツを訪れたこと、「収容所で行われていることを熟知していた」ことを証言した。事実、ヘースがガス室を設置するのを手伝ったのもアイヒマンだったし、すぐに手に入る適切なガスを見つけるのを約束したのもアイヒマンだった。また、ストラスブール大学の解剖学研究所長アウグスト・ヒルト博士のために、頭蓋骨のコレクションに協力したのも、いまや「浄化された良心」の持ち主のアイヒマンだった。一九四三年の夏、百九人のユダヤ人、二人のポーランド人、四人の「アジア人」がアウシュヴィッツからナッツヴァイラーの強制収容所に移される際に、輸送手段の手配をしたのもアイヒマンだった。頭蓋骨のコレクションはストラスブールに送られ、そこで研究され、肉を削がれた。連合国軍がストラスブールに近づいてくると、頭蓋骨は酸で溶かされた。ヒルトの助手の一人によると、それが「状況から判断して最上の措置」だった。

連合国はアイヒマンが大物の戦争犯罪人であるのを徐々に悟ると、彼の捜索に乗り出した。一九四六年十月二十一日、防諜部隊は元ヒトラーユーゲントの指導者バルドゥル・フォン・シーラッハの妻を介して、アイヒマンはバイエルンのオーバーバイエルン地区に住んでいる、という重要な手掛かりを得た。彼女はまた、アイヒマンの妻、ヴェーラの居所も明かした。十一月二十六日、防諜部隊の一人は、アルトアウスゼーのフィッシェルンドルフ八番地に住むヴェーラを尋問した。今は旧姓のリーブルという名で暮らしていたフラウ・アイヒマンは、夫とは一九四五年以来離婚していると言った。それは嘘だった。彼女によれば、夫はプラハに戻ると言ったという。それも嘘だった。しかしヴェーラ・アイヒマンは、もう一つ嘘をついた。夫は一九四五年にチェコ人に撃たれたと彼女は言った。そのことはアイヒマンの妹から聞いたのだが、残念なことに、その妹が今どこに住んでいるのか知らない。だが防諜部隊は、フラウ・アイヒマンの話とは違う情報を得ていた。その情報提供者はアメリカ軍にこう語った。アイヒマンは十一月まで山の中にいて、その時、ユダヤ人になりすます決心をし、様々なユダヤ人収容所に身を隠したのち、パレスチナに移住した。そして同地で、悪名高い親ナチでエルサレムの大ムフティー〔イスラム法学の最高権威〕、ハジ・ムハメド・アミン・アル＝フセイニと接触したという噂があった。その情報提供者によると、アイヒマンは今、ファルーク王の庇護のもとにエジプトに住んでいる。アイヒマンは中東に隠れているかもしれないという考えは、さほど馬鹿げてはいなかった。一九四四年六月、アイヒマンはルドルフ・カツトナーというシオニストに向かい、大ムフティーは自分の「親友」だと話した。ディーター・ヴィズリツェニーは同じ頃、カツトナーに向かい、大ムフティーはドイツがユダヤ人を殲滅する決心をするうえで「決定的な役割」を果たしたと話した。アイヒマンと大ムフティーには多くの共通点があったのだ。カツトナーはそうした会話を一九四六年一月にアメリカ軍に報告した。したがって、アイヒマンがエジプトあるいはパレスチナにいるということを聞いた時、防諜部隊はあり得ないこととは思わなかったろう。

それにもかかわらず防諜部隊は諦めず、一九四七年一月、アイヒマンの両親と弟のフリードリヒを尋問した。フリードリヒによれば、アイヒマンは銃で自殺をしたのではないか、ドイツが戦争に負けたらそうすると約束していたから、と答えた。両親は何も知らないと言い張った。それは、たぶん本当だったろう。だが防諜部隊には、別の考えを持っている情報提供者がいた。ヴィルヘルム・ヘットルである。ヘットルは一九四五年十一月、国際軍事法廷に対して宣誓供述書を提出したその日に、アイヒマンの愛人に関する手掛かりもアメリカ軍に提供した。その女はリンツの近くに小さな製造工場を持っていたが、一九四二年から四四年のある時点で、国に売却した。ヘットルは、リンツの商工会議所の記録を調べれば、女の名前が簡単にわかるはずだと防諜部隊に進言した。アイヒマンは「なんら親密な関係を持っていなかった」妻のところではなく、愛人のところに泊まるのではないかと、ヘットルは直感的に思ったのだ。防諜部隊は一九四七年一月にヘットルからの情報を再考したらしいが、それをどの程度裏付けようとしたのかは、はっきりしない。仮にそうしたとしても、成果はなかっただろう。アイヒマンはリンツの北数百マイルのところで木を伐っていたからである。

二月になる頃には、アイヒマンは実は死んでいると、多くの者が信じていた。彼の名前は、その月に公表された、連合国戦争犯罪委員会が捜している、ナチの重要人物の第七リストに載っていたが、その脇に次のような注が記されていた。「自殺した可能性あり。米防諜部隊の情報」。英国もおそらくアメリカ側から受け取った情報にもとづいて、同じように考えていたのだろう。二月六日、英国戦争犯罪調査団のデニス・コンパー少佐は、同調査団の法律部門の将校に手紙を送り、アイヒマンの「徹底的な捜索」が行われた結果、唯一の手掛かりは、「彼は自殺したのかもしれない」というものだったと告げた。「それ以外」とコンパーは書いた。「この男の行方は杳として知れない……この件は、捜査続行の指示がなければ、当調査団は終了したものと見なす」。英国がアイヒマンを追ったことを示す証拠が現存していないので、コンパーの言う「徹底的な捜査」とは、防諜部隊によって行われたものを指すのに違いない。しばらくのあいだ、アイヒマンは逃亡に成功した。

第3章「決して忘れぬ男」

アイヒマンを追っていたのはアメリカだけではなかった。アイヒマンが大ムフィティーと一緒だったということを防諜部隊に話したのは、マウトハウゼン強制収容所から解放されたばかりの、三十七歳のガリシア系ユダヤ人だった。その男の名前はジーモン・ヴィーゼンタールで、一九六〇年代初頭から、その名前はナチ狩りの代名詞になった。ノーベル平和賞の候補者に四回なり、英国の勲爵士になり、アメリカの自由勲章、フランスのレジオン・ドヌール勲章を授けられ、少なくともその他五十三の栄誉に浴したヴィーゼンタールは、世俗の聖人の地位にある。約千百人の元ナチを捕えたとも言われるヴィーゼンタールは、とりわけアイヒマンの所在を突き止める努力をしたことで、人々に記憶されている。彼は最も優秀なナチ・ハンターで、ヴィーゼンタールという名はほかのすべてのナチ・ハンターたちの上に屹立《きつりつ》している。

だが、ヴィーゼンタールの名声は砂の上に築かれているのである。彼は嘘つきで、しかもひどい嘘つきだった。戦争の終わりから、二〇〇五年の自分の人生の終わりまで、彼は本人が言うところのアイヒマン狩りと、その他のナチ狩りの功績について繰り返し嘘をついた。ヴィーゼンタールはまた、戦争中の自分の暮らしについて途方もない話をでっち上げ、自分の学歴について虚偽の主張をした。事実、彼の三つの回顧録のあいだと、それらの回顧録と同時代の文書のあいだに非常に数多くの矛盾点があるので、回顧録のみから信頼できる話を纏めることはできない。回顧録には数多くの不正確な記述があり、それから現われる信用できない人物と、優れた探偵とを結びつけるのは難しい。それに加え、ヴィーゼンタールが真実を軽んじているせいで、彼の著述や発言のすべてを疑うことが可能なのだ。それにもかかわらず、彼は複雑で重要な人物なので、ナチ狩りを適切に語るうえで、彼の人生を徹底的に調べ、きわめて多くの嘘をついた動機も確かめる必要がある。彼の欺瞞に動機があったとすれば、それは善意に根差していたということも十分にありうる。

　ヴィーゼンタールはマウトハウゼンを去ってから数週間のうちにアイヒマン狩りを始めたと言っている。戦時中は、アイヒマンの名前は彼にとってまったく意味を持っていなかったが、間もなく、それは非常に多くのことを意味するようになったという。最初の出来事は一九四五年六月に起こった。チョーター＝イシャイ大尉と名乗る男がリンツの戦略事務局に彼を訪ねて来た。英国陸軍のユダヤ人旅団に勤務していた大尉は、同じユダヤ人のヴィーゼンタールに向かい、アイヒマンがパレスチナに生まれたこと、彼の名前を調べる必要性を話した。「私はリストを調べ、アイヒマンという名前を見つけた」と、のちにヴィーゼンタールは言っている。「彼はオーストリア、チェコスロヴァキア、フランス、ギリシャ、ハンガリーで活動したという」。翌月、ヴィーゼンタールはパレスチナ・ユダヤ機関の事務所を訪ねた際、ウィーンでさらに詳しいことを教えられた。彼はその事務所で、アイヒマンが「パレスチナにおけるドイツ神殿騎士団の居留地」サロナの生まれで、ドイツ語、ヘブライ語、イディッシュを話せる、と記されたファイルを見つけた。それには、彼はSS上級大隊指導者《オーバーシュトゥルムバンフューラー》で、「ゲシュタポ本部のユダヤ人問題局の高官」だと書いてあった。その情報の一部は正確ではなかった。

アイヒマンはイディッシュの知識はいくらか持っていたが、ヘブライ語はほとんど知らなかった。また、パレスチナ生まれでもなく、ラインラントのデュッセルドルフの北二十マイルのゾーリンゲンの生まれだった。

ヴィーゼンタールはリンツにいた時、彼の下宿の女主人フラウ・シュトゥルムでさえ、驚くべき情報を加えてくれたと回想している。彼女は彼のファイルにアイヒマンの名前があるのを見た。「アイヒマン！」と彼女は叫んだ。「この男はユダヤ人にあれこれ命令したSS将官、アイヒマンに違いないわ。この男の両親が私たちの通りの三十二番地に住んでいるのをご存じ？　たった二軒向こう」。ヴィーゼンタールによると、戦略事務局の二人の男が翌日アイヒマンの両親に質問をした。両親によれば、息子はプラハにいるという。それ以外何も知らないと両親が言い張ったので、ヴィーゼンタールは、ユダヤ機関のファイルにある「アイヒマン」が、リンツに住んでいたとされる男と同一人物なのかどうか疑わしくなった。

ヴィーゼンタールは一九四五年八月一日、彼のボランティアの協力者「マックス」から、アイヒマンがアルトアウスゼーのフィッシェルンドルフ八番地に隠れていると通報してきた、と言っている。「厳密に言えば」と彼は一九八九年に書いた。「一台のジープと二人の兵士だけでアイヒマンは逮捕できたであろう」。彼が四十年後にそんなことを書いているのは不可解である。とりわけ、一九六七年に出版された『我らのあいだの殺人者』の中で、アイヒマンは一九四五年八月にはアルトアウスゼーの近くのどこにもいなかったとヴィーゼンタールは正しく書いているのだから。そのうえ、アイヒマンがアルトアウスゼーにいると彼が本当に信じたのなら、なんで「一台のジープと二人の兵士」で手柄を立て、栄光に包まれなかったのか？　ヴィーゼンタールはそうはせず、バート・アウスゼーの防諜部隊に連絡し、防諜部隊はオーストリア警察に指示し、アイヒマンを逮捕させようとしたと書いている。それもまた、驚くべきことに思われる。戦争が終わってからわずか三ヵ月の当時、防諜部隊はアイヒマンのような重要戦争犯罪人の逮捕をオーストリアに委ねる気はなかった。オーストリア警察は間違った住所に行ったらしい――フィッシャルンドルフ八番地ではなくフィッシャルンドルフ三八番地に。彼らは運よく、アイヒマンのかつての逃亡仲間、SS上級中隊指導者《オーバーシュトゥルムフューラー》アントン・ブルガーを見つけ、逮捕した。ヴィーゼンタールは防諜部隊に、彼らが間違った家を襲ったと告げた。防諜部隊の一員がすぐに八番地に向かい、アイヒマンの妻を見つけた。妻はそのアメリカ兵に対し、自分はアイヒマンと離婚し、一九四五年三月にプラハを去って以来、元夫に会っていないと話した。疑念を抱いたヴィーゼンタールはアルトアウスゼーに行き、パルクホテルの持ち主フラウ・マリーア・プッヒャーに質問した。彼女が言うには、アイヒマンは五月初めに妻と一緒にそこに滞在し、夫のスーツを一着盗んだと言った。しかし、一九六七年に自ら認めているように、ヴィーゼンタールは「当時は捜査があまり得意ではなかった」。そして奇妙なことに、彼自身はアウスゼーにいたあいだ、フラウ・プッヒャーの証言についてアイヒマンの妻と話していない。その代わり、それは防諜部隊に任せた。防諜部隊が行くと、フラウ・アイヒマンが自分のした話を変えなかった。しかし、一九八九年には、当時八十歳だったヴィーゼンタールは、自分が実際に防諜部隊と一緒にフラウ・アイヒマンを訪れたかのような印象を与えた。「私たちはその証言の記録をフラウ・アイヒマン＝リーブルに突きつけた」と彼は書いている。「しかし彼女は、プラハで離婚して以来、元夫を見ていないという話を変えなかった」。だが、防諜部隊がヴィーゼンタールを連れて行ったというのはあり得ない。彼は当時、防諜部隊のために働いていなかったのだから。

　しかし、ヴィーゼンタールの話には、もっと大きな問題がある。わかっているように、アメリカの防諜部隊は一九四五年八月にはアイヒマンの妻を訪ねなかった。それどころか、オーバーエースターライヒの防諜部隊は、一九四六年十月までアイヒマンの捜査を始めなかったのである。彼らがフィッシェルンドルフ八番地の家に注目するようになったのは、同月、フラウ・フォン・シーラッハの仲介者を通してだった。そして、その仲介者がヴィーゼンタールであったはずはない。なぜならヴィーゼンタールは、一九四五年八月一日に「マックス」からその情報を得て、直ちに防諜部隊に伝えたと、きわめて具体的に言っているからである。ヴィーゼンタールの主張のもう一つも、やはり不正確である。アントン・ブルガーは確かにオーストリアの警察に逮捕されたが、それは防諜部隊の指示によるものではないし、ヴィーゼンタールによるアイヒマン捜索（とされるもの）に関係のあるものでもない。ブルガーは小屋の近くで箱を持って怪しい振る舞いをしていたのを地元の猟師に見つけられたので逮捕されたのに過ぎない。だが、ヴィーゼンタールの話に致命的な打撃を与えたのは、彼がリンツで一緒に働いていた同僚のナチ・ハンター、トゥフィア・フリートマンである。フリートマンは一九四五年、二人とも「アイヒマン」という名前を聞いたこともなかったし、「彼が〝ヨーロッパにおけるユダヤ人問題の最終的解決〟で演じた決定的な役割についても知らなかった」と言った。事実、ヴィーゼンタールのその同僚は、一九四六年になって初めてアイヒマンについて聞いたと明言している。もしそうなら、一九四五年と四六年初めのアイヒマン狩りについてのヴィーゼンタールの主張の何もかもが嘘なのである。

防諜部隊の文書にある、この証言と日付と情報のすべてが不正確ではないのなら、最も親切な解釈は、ヴィーゼンタールの記憶力が年と共に衰えたというものである。ところが、彼の生涯を通して誰もが認めている彼の一つの資質は、驚くべき記憶力である。「［彼は］普通、写真的記憶力と言われるものを持っていた」と、数十年来の友人は書いている。「彼は決して忘れることのできない男である」。

一九六一年、イスラエルのジャーナリスト、ハイム・マースがヤド・ヴァシェム〔ホロコースト記念館〕文書館のために、戦時中のことについてヴィーゼンタールをインタヴューした際、ヴィーゼンタールは「名前と状況と、さらには日付に対して驚異的な記憶力を持っている」と記した。ヴィーゼンタールの記憶力が損なわれていなかったのなら、なんで彼は非常の多くの間違いをしたのか。理由は一つしかない。彼は自分が常にアイヒマンを追っていたという虚偽の事実を作ろうとしていたのである。戦争直後からアイヒマンのことを知っていたと言い張ることによって、他人の活動をも自分の手柄にできたのである。そして、そうすることによって、アイヒマンを巡る話の中心人物になることができたのである。だがヴィーゼンタールは、アイヒマン狩りだけではなく、メンゲレ狩りに関しても、さらに多くの話をでっちあげることになる。ヴィーゼンタールはまた、マウトハウゼンから解放される前の自分の人生のエピソードも作り上げたように思われる。

ジーモン・ヴィーゼンタールは一九〇八年十二月三十一日に、ガリツィアのブチャチにある両親の家の寝室で生まれたということがわかっている。現在はウクライナにありブチャチと呼ばれているその町は、当時はオーストリア・ハンガリー帝国の一部だった。ヴィーゼンタール一家はユダヤ人だった。ジーモンの父のアシェルは、一九〇五年にロシアにおけるユダヤ人虐殺から逃れてきた。ブチャチは住むにはよい場所だった。一万人の住民のうち六千人がユダヤ人だったからである。残りはポーランド人とウクナイナ人だった。ユダヤ人は多数派だったにもかかわらず、政治的、財政的安定に欠けていた。ゲットーには住んでいなかったが、町の中心に集められていた。一方、裕福なポーランド人とウクライナ人は町の周辺に住んでいた。アシェル・ヴィーゼンタールは砂糖等を商い、一家はかなり裕福な生活を享受していた。二年後にもう一人の男児、ヒレルが生まれ、ヴィーゼンタールは年上の男児特有の嫉妬心を示した。「母はもっぱら小さな弟ばかりを可愛がっているように感じた」と彼は回想している。だが数年後、一家は何百万人もの人間と同じように引き裂かれた――アシェル・

ヴィーゼンタールは一九一五年、東部戦線に勤務しているあいだに戦死した。

一家は襲ってくるコサックから逃げるためにウィーンに移り、ユダヤ人地区のボイアーレガッセに居を定めた。一家は二年後にブチャチに戻り、しばらくは安全だった。休戦後、ブチャチの支配者は何度も変わったが、ヴィーゼンタールのような子供には、町が新しい体制のもとにあるという唯一の印は、教卓の後ろの肖像が変わるということだった。だが一九二〇年、十一歳のヴィーゼンタールはユダヤ人に対する最初の迫害を経験した。ポーランド軍とウクライナ軍がソヴィエト軍を東に追いやったキエフ作戦のあいだ、町が短期間占領されていた時、ウクライナの指導者シモン・ペトリューラに忠実な軍隊は、厖大な量の酒を用意するよう、ブチャチのユダヤ人に命じた。「私はそのことを、きのう起こったかのように今でも鮮明に覚えている」とヴィーゼンタールは後年、一人の伝記作者に語っている。「ある日彼らは、百リットルのシュナップスを夜になる前に持ってくるよう命じた」。ユダヤ人が応じなければ、町は焼かれると言われた。ユダヤ人はなんとか工面したが、酔っ払ったウクライナ兵が自分たちの通りを歩き回るのを我慢しなければならなかった。「私たちは自宅に監禁されている囚人同然だった」とヴィーゼンタールは言っている。食べ物を買いに外に出られなかったので、ヴィーゼンタールの母は、通りの向こうの近所の者から、パンを焼くためのイーストを貰うことにした。母は自分で外に出るのが怖いので、子供なら道路を渡っても安全だろうと思った。ヴィーゼンタールは駆け出して、イーストを貰った。しかし帰り際、馬に乗った一人のウクライナ人が現われた。彼はサーベルを抜くと、少年めがけて突進してきて、ヴィーゼンタールの右腿を骨に達するまで突き刺した。兵士は通りで血を流している十一歳の少年を置き去りにしたまま、馬に乗って行ってしまった。周囲で人々が悲鳴を上げた。ヴィーゼンタールはすぐに家に運び込まれ、医者が呼ばれた。医者はウクライナ兵たちに見つかるのを恐れ、地下室と庭を這うようにして通り、患者のところに来た。傷口は縫合され包帯を巻かれたが、ヴィーゼンタールによると、傷痕はずっと残った。「私が大きくなるにつれ、傷痕も大きくなった」と彼は、一人の伝記作者に語っている。その傷跡は、「自分をある目的のために生かしておくことを望んだ、目に見えない力によって横死」から自分が守られている、一連の長い証拠の一部だと彼は考えていた。

三年後の一九二三年、ヴィーゼンタールはブチャチの文科系ギムナジウムに入り、そこで将来の妻、ツィラ・ミュラーに出会った。彼女はジークムント・フロイトの遠縁だった。その年、ヴィーゼンタールの人生に悲劇が起こった。弟のヒレルが転倒して背骨を折ったのだ。弟はその年のうちに亡くなった。一九二六年、ヴィーゼンタールの母が再婚し、新しい夫と一緒にカルパチア山脈の麓のドーリーナに移った。だがヴィーゼンタールは、ずっとギムナジウムにいることに決め、休暇に母を訪れた。一九二七年、ヴィーゼンタールはマトゥーラ〔高校卒業資格試験〕に落ちてしまった。それは、学校を卒業することができないことを意味した。ツィラによると、ヴィーゼンタールが落ちたのは、学業ができなかったからというよりは、素描に集中するために無断欠席をしたからだった。ヴィーゼンタールは翌年、十九歳の時、マトゥーラに合格した。その結果、大学に進めることになった。素描がうまかったので、当然ながら建築を学ぶことにした。ヴィーゼンタールが最初に選んだ大学は、わずか八十マイルしか離れていない、リヴィウ工科大学だった。ところが、ポーランドの法令の支配下にあった同大学は、ユダヤ人の学生数が限られていて、ヴィーゼンタールは入学できなかった。

そこでヴィーゼンタールは一九二八年、プラハにあるチェコ工科大学に登録した。「それは私にとって新しい世界だった」とヴィーゼンタールは回想している。「三万人以上の外国人学生がいた」。比較的辺鄙なところから来た若いユダヤ人にとっては、プラハは開放感を与えてくれる都市だった。彼は自分が話し上手であるのに気づき、独演コメディアンとして舞台に立ちさえした。その後の生涯を通して、ヴィーゼンタールのストーリーテラーとしての才能は役に立った。実際、彼の経歴は、野心のある作り話好きにとっては打ってつけのものだった。多くのガリツィア生まれの者同様、ヴィーゼンタールもポーランドの「貴族の閑談《ガヴェンダ・シラヘツカ》」という文学ジャンルに子供時代から馴染んでいたことだろう。食卓で大袈裟なほら話が交わされたのである。多くの商売や専門職の道が閉ざされていたユダヤ人は、実際以上に成功していると見せかけるために、自分の経験を誇張する傾きがあった。さらにヴィーゼンタールは、東欧に生まれて盛んになった神秘的な敬虔主義《ハシディズム》めいた話の超俗的な性格にも影響を受けただろう。したがって一九二〇年代のブチャチのような場所では、真実は比較的弾力性のあるものだった。ヴィーゼンタールが後年、自分の挙げた成果についてした話は、この態度の産物でもあったと考えられる。

舞台で成功したにもかかわらず――あるいは、そのために――ヴィーゼンタールの勉学は芳しくなかった。ヴィーゼンタールは一九二九年二月二十一日に入学はしたものの、建築の学位取得のための勉学は修了しなかった。一九三二年二月十五日に最初の国家試験に合格してから、同年、同地を去った。大抵の伝記は――ジーモン・ヴィーゼンタール・センターのウェブサイトも含め――ヴィーゼンタールはチェコ工科大学を卒業したと書いている。この時点で、ヴィーゼンタールの教育のその後の性格が、きわめて曖昧になる。いくつかの伝記によると――そのすべてはヴィーゼンタールの生前に書かれたものだが――ヴィーゼンタールは一九三四年か三五年に、ついにリヴィウ工科大学に入ることを許され、プラハを去ってから七年後の一九三九年に、建築技師のポーランドの免許証を取得したことになっている。だが、リヴィウ国立公文書館には、ジーモン・ヴィーゼンタールがリヴィウ工科大学で学んだという記録はない。公文書館にはほかの学生の記録はあるのだが、ヴィーゼンタールの記録はないのである。それにもかかわらず、ヴィーゼンタールは生涯、免許証を取得したと嘘をついた――彼の手紙のレターヘッドには、誇らかにそのことが記してある。しかし当然ながら、それに疑念を抱いた者もいた。トゥフィア・フリートマンはヴィーゼンタールに初めて会った時、「自分は公認技師だが、その免許証は強制収容所で失くしてしまった」と彼が言ったのを思い起こしている。ヴィーゼンタールは同僚のフリートマンに、自分はプラハで学んだと言ったが、フリートマンは、「彼がプラハから卒業証書の写しをなぜ貰うことができないのかわからなかった」。そして、仮にプラハに関するフリートマンの記憶が間違っていたとしても、なぜヴィーゼンタールがリヴィウから免許証の写しを貰うことができなかったのか理解に苦しむ。奇妙なことに、彼の回顧録『我らのあいだの殺人者』の中には、リヴィウで教育機関に通ったという記述がない。彼がその都市の工科大学で学んだということは、のちの話に出てくるだけである。

もしジーモン・ヴィーゼンタールが一九三〇年代中頃にリヴィウで勉強していなかったとすれば、戦争まで何をしていたのだろう？　免許証がなければ建築家として仕事をすることはできなかっただろう。その事実は、戦前のポーランドの『建築家、建築業者便覧』に彼の名前が出ていないことで裏付けられている。戦後に書かれたヴィーゼンタールの履歴書には、彼が一九三九年十二月まで、八百ズウォティの賃金でリヴィウのテーブル工場で監督として働いていたと記してある。一九三六年九月九日に、彼はリヴィウのラビの家でツィラと結婚した。三年後の一九三九年九月二十二日に、リヴィウはロシアに降伏した。ヴィーゼンタールによると、彼と家族は内務人民委員部《エヌ・カー・ヴェー・デー》の長官に賄賂を贈り、ユダヤ人に発行される、いわゆる第二項旅券ではなく、正規の旅券を取得して、ソヴィエトの反ユダヤ政策から辛うじて逃げた。そのおかげで、彼は一九四一年にナチが侵攻してくるまでリヴィウにいることができた。ベッドの発条《ばね》を作る工場の機械工として働く身分に成り下がったが。しかし、ヴィーゼンタールに関するイスラエルの情報機関の報告では話が違っている。ヴィーゼンタールは強制労働収容所に送られ、その後「オデッサのペン工場で技師として働かされた」と、その報告書には書いてある。ヴィーゼンタールは一九九〇年代初めに彼の伝記作者のヘラ・ピックにその点を訊かれると、それは「まったくの作り事」だと言った。彼とオデッサとの唯一の繋がりは、新しい工場の設計図を作成する手助けをするために、リヴィウの上司からそこに数回派遣されたというものだった。ところが履歴書には、ヴィーゼンタールは一九三九年十二月から四〇年四月まで、まさしくオデッサにいて、そこで、千五百ルーブルの賃金で「建築家」としてソヴィエトのために働いたと明記してある。その後、彼はリヴィウに戻り、ナチが侵攻してきた一九四一年六月の末まで、同じ給金で似たような仕事を続けたらしい。ヴィーゼンタールは一九四八年五月、防諜部隊に対し、一九三九年から四一年までオデッサとリヴィウで、ソヴィエトの上級技師として働いたことを明かした。ヴィーゼンタールはピックに、防諜部隊の尋問で話したことの記録は、「事実がほとんどそれとわからぬくらい歪曲されている」と語った。もしそれが事実なら、なぜ履歴書に尋問記録と同じようなことを書いたのだろう? ヴィーゼンタールは別の伝記作者には、自分は実際にオデッサにいたことがあり、そこで「建築技師」として見習いの仕事を二十一ヵ月していたが、それは一九三四年から三五年までのことだったと認めている。それは、少なくとも二人の伝記作者と防諜部隊に話したことだけにではなく、履歴書に書いたことにも明白に矛盾する。ヴィーゼンタールが二枚舌を使ったということは、一九六一年の回顧録『私はアイヒマンを追った』の中の彼自身の言葉で裏付けられている。その中で彼は、自分が一九四〇年と四一年にオデッサにいたことを、はっきりと書いている。おそらく、その矛盾に気づいていたらしい彼は、一九六七年の回顧録『我らのあいだの殺人者』の中では、自分は「戦争前」にそこにいたと書いているだけである。したがって、ヴィーゼンタールはソヴィエトの侵攻の犠牲者などではまったくなく、実はそれから恩恵を蒙ったということに、ほぼ疑問の余地がない。彼の給料は二倍近くになり、職業的地位は上がった。のちにヴィーゼンタールは強い「共産主義に対する嫌悪感」を表明するが、一九三九年から四一年までは、ソヴィエトから金を貰うために、喜んでその嫌悪感を隠していたのである。

ヴィーゼンタールの言うところでは、リヴィウがナチの手に落ちると、一九四一年七月六日、日曜日午後四時に、彼とグロースというユダヤ人の友人が、ウクライナ人の補助警官に逮捕された。ヴィーゼンタールは自伝の少なくとも三つの中で、その時間と日付については実に具体的だ――事実、彼の絶えず変わる自分の人生についての話の中で、常に変わらぬ少数のものの一つである。後ろ手に縛り上げられてブリギトキ刑務所に連行されたヴィーゼンタールは、ほかの約四十人のユダヤ人と一緒に中庭に一列に並ばされた。するとウクライナ人の補助警官たちは一人一人の首を撃ち始め、列の端のほうから、ヴィーゼンタールのいるほうに次第に近づいてきた。しかしヴィーゼンタールは、鐘の音に文字通り救われたのである――それは夕べのミサの始りを告げる教会の鐘の音だった。信じられないことだが、補助警官たちは礼拝に行くために処刑を中止した。ヴィーゼンタールはほかの約二十人の生き残りと一緒に独房に連行され、そこで眠ったと彼は言っている。数時間後、今では補助警官をしているボドナルという、ウクライナ人の元の仕事仲間に起こされた。ボドナルは再開される虐殺からヴィーゼンタールとグロースを助けようと決心し、二人は実は「ロシアのスパイ」だと同僚たちに言った。それは二人が尋問されねばならないことを意味した。二人は手荒く扱われるだろうが、生き残る望みはずっとあるわけだった。驚くには当たらないが、ヴィーゼンタールと友人は同意した。そして、ボドナルが予想したように、二人は実際、ひどく殴られ、ヴィーゼンタールは前歯を二本失った。ボドナルは仲間のウクライナ人が二人を殺すのをなんとかやめさせ、早朝、二人をウクライナの政治委員《コミサール》の執務室に連れて行った。コミサールはまだ仕事を始めていなかったので、ヴィーゼンタールとグロースは彼の執務室の掃除をすることにした。やって来たコミサールは喜び、二人に家に帰るように言った。ヴィーゼンタールが一九八九年に出した回顧録『復讐ではなく正義』によると、ボドナルはヴィーゼンタールしか助けず、ヴィーゼンタールをコミサールの執務室に連れては行かず、そのまま家に帰らせた。

そのほうが本当のように思えるが、どちらの形の話も、スパイ容疑者がそれほど簡単に釈放されることがあるのかという問題を提起する。確かに、ウクライナ人は一九四一年七月初旬、一連の残忍なユダヤ人虐殺を行い、ヴィーゼンタールがそのような凶行の犠牲者になるところだったというのは、あり得ないことではない。だが、ヴィーゼンタールが日付と時間について具体的に書いているというのは注目すべきである。なぜなら、ヴィーゼンタールが非常に具体的に書く時は、大抵、嘘をついているからである。事実、彼が戦後、アメリカ戦争犯罪調査支部にした彼自身の証言によると、彼は実際には一九四一年七月十三日に逮捕され、「賄賂を使って」逃げることができた。同情したウクライナ人に助けられたとか、ロシアのスパイのふりをしたとかは、まったく言及されていない。ヴィーゼンタールが日付を前に持ってきて七月六日としたのも重要である。その月の中旬、リヴィウのユダヤ人虐殺はひとまずやみ、七月二十五日まで再開しなかったからだ。彼が逮捕された日を一九四一年七月の初めにすると、彼の話はウクライナ人によるユダヤ人虐殺の期間と合う。予想もしないような形で逃亡した話――ジーモン・ヴィーゼンタールの戦時の最も有名な話の一つで、彼が神の使命を帯びていたという見方を定着させるのにあずかって力があった――は、ほぼ間違いなく作り話である。

ヴィーゼンタールは一九四一年六月から十一月まで「仕事がなかった」と、彼の履歴書には書いてある。その期間、彼と妻のツィラは、二人のアパートにポーランド人の娼婦を住まわせようとしたSS将校にアパートから追い出され、リヴィウのゲットーに移された。ゲットーは不潔ではあったものの、限られた自由があった。だが、夫婦がリヴィウの少し外れの強制収容所、ヤノフスカに送られた時に、その自由は失われた。ヴィーゼンタールは東部鉄道修理工場でソヴィエトの機関車の記章を鉤十字と新しい名前で塗り潰す仕事に就いた。ツィラは真鍮とニッケルを磨く仕事に就き、しばらくのあいだ状況は我慢できるものだった。ヴィーゼンタールは間もなく製図工に昇進したが、自分とツィラの将来の運命を心配していた。ツィラはユダヤ人だったが金髪で、もし逃亡して非ユダヤ系ポーランド人のふりをすれば生き残るチャンスがあるのではないかとヴィーゼンタールは思った。ヴィーゼンタールは東部鉄道修理工場のポーランド人の地下細胞に近づき、妻に偽の身分の書類をくれるなら、その代わり、リヴィウ鉄道の連絡駅に関する詳しい情報を提供すると持ちかけた。ツィラは最初は苦労したが、ついにワルシャワに到達し、ラジオ工場で働き、戦争を生き延びた。

ヴィーゼンタールが自分の命の恩人と呼んだ人物に会ったのは、東部鉄道修理工場においてだった。アドルフ・コールラウツは工場の上級監督だった。ヴィーゼンタールは彼がドイツ人だったにもかかわらず、密かな反ナチなのを発見した。ヴィーゼンタールによると、コールラウツとすっかり意気投合したので、彼はポーランドの地下組織から入手した二挺のピストルを持つことを許された。一九四三年四月二十日、コールラウツとヴィーゼンタールの友情は、そのまさに限界まで試された。またしてもヴィーゼンタールは大量処刑の対象に選ばれたようなのだ。大量虐殺の命令は、ヒトラーの五十四回目の誕生日の陰惨な祝いだった。そして、ヤノフスカのSSは生贄として何人かのユダヤ人のインテリゲンチャを選んだ。SSは収容所にいる数千人のユダヤ人から十分な数のインテリゲンチャを見つけられなかったらしく、ヴィーゼンタールの回想によれば、彼とほかの二人の者が東部鉄道修理工場から連行された。コールラウツがその三人は必要なのだと抗議したにもかかわらず。彼ヴィーゼンタールは収容所までトラックで二マイル運ばれ、仲間のユダヤ人たちと一緒になった。

らは深さ六フィート、長さ千五百フィートの巨大な砂の穴に向かって黙って歩いた。いくつかの死体が穴の中に見えた。ユダヤ人たちは服を脱がされ、穴の縁に向かって、「ホース」として知られた有刺鉄線で囲われた通路を一列になって歩いて行った。カウツァーというSSがユダヤ人を一人一人射殺し始め、死体は砂の穴に落ちた。ヴィーゼンタールは死の瀬戸際に立っていた。だが、ホイッスルが銃声を中断した。それと一緒に、「ヴィーゼンタール！」という叫び声がした。コラーというSSが駆けてきて、自分についてくるようと言った。「私は酔っ払いのようによろめいた」とヴィーゼンタールは言っている。後ろでは銃声が続いていたが、私が収容所に着くずっと前にやんでいた」。ヴィーゼンタールは東部鉄道修理工場に戻された。すると、コールラウツが満面に笑みを湛えていた。ヴィーゼンタールを生かしておくのが大事だと、コールラウツが収容所長に訴えたのだ。鉤十字と「我々は我らが総統に感謝する」という言葉をあしらったポスターを描くのにヴィーゼンタールが必要だということを、収容所長に納得させたのだ。「手遅れにならなかったので嬉しい」とコールラウツは言った。「考えてみたまえ、今日は総統だけの誕生日じゃない。君の誕生日でもある」

またもや、ヴィーゼンタールは奇蹟的にも、死を欺いたようなのだ。この話を裏付けるのは、彼の言葉しかない。というのも、ヴィーゼンタールによると、コールラウツは一九四五年四月十九日のベルリンの戦いで死んだからだ（コールラウツは一九四四年にロシア戦線で死んだとヴィーゼンタールは伝記作者には言っている）。ヴィーゼンタールは戦時中に受けた迫害に関して一九五四年八月に作った宣誓供述書に、この話を入れるのを怠っている。重大な迫害と見なせるのは確かなのに。ところが、とりわけ、ベルリン近郊のエーベルスヴァルデの「ゲオルク・グロース」という男に数回殴られたという、比較的些細な事件については言及している。（この男は一九四一年七月に一緒に逮捕されたとヴィーゼンタールが時折言う「グロース」とは違う「グロース」だと推定できるのみである。）ヴィーゼンタールはその宣誓供述書の中でコールラウツに言及しているが、彼が命を助けてくれたとは記していない。また、彼が一九四五年五月にアメリカ軍に対してした証言にもコールラウツの行為に言及していず、コールラウツは「役に立つ情報源」であると言っているのみである。コールラウツとヴェルナー・シュミットという男が「多くの残酷な行為をやめさせるのに大きな力があった」ことは認めているが。少なくとも、その二つの文書においてヴィーゼンタールは、自分の命を救ってくれたコールラウツに対して恩義を感じていない。もちろんその事件も、単にもう一つの作り話だという可能性はある。

一九四三年十月二日、ヴィーゼンタールは収容所から脱走した。コールラウツは収容所とその囚人が間もなく消されるということをヴィーゼンタールに警告し、ヴィーゼンタールとその友人、元サーカスの団長アルツゥル・シャイマンにパスを出し、町の文房具屋を訪れるように言った。ヴィーゼンタールによると、「馬鹿面」をした一人のウクライナ人の看守に伴われた二人は、看守が外で待っているあいだに、店の裏からそっと逃げ出した。その時から一九四四年の半ばまでにヴィーゼンタールの身に何が起こったかについては非常に多くの違った話があるので、様々な事件がどのような順序で起こったのかは、よくわからない。一九五四年八月の宣誓供述書によると、ヴィーゼンタールはリヴィウ郊外の友人の家の納屋に隠れていたが、一九四四年一月にゲシュタポに逮捕され、リヴィウに連れ戻された。そこで拷問を受け、ついに彼は自分の両手首を切った。そして、「やや異例のことだが」刑務所の病院に入れられ、三月にそこを出され、名目上は更生を目的としているリヴィウ強制労働収容所に収容された。ヴィーゼンタールは七月に収容所のほかの囚人たちと一緒に移送された。その話は、ヴィーゼンタールが賠償を求めて出した申請書とも符合する。

ところが、『我らのあいだの殺人者』の中でヴィーゼンタールは、自分は一九四四年六月十三日まで逮捕されなかったと言っている――宣誓供述書にある日付の約半年後である。彼と友人は、友人の一階のアパートの床板の下に潜んでいた二人のポーランド人警官と一人のSSに発見された。SSは彼らの身体検査をし、ヴィーゼンタールの日記と、ヴィーゼンタールがヤノフスカ収容所にいたあいだに作っていたSSの看守リストを見つけた。奇蹟的にも、ヴィーゼンタールのピストルは見つけられなかった。のちに警察署で、ポーランドの刑事によって見つけられたが。またもや運がよかった――刑事はそれを取って置いて闇市で売ることにした。ヴィーゼンタールはSSの隊員にとって不利になるリストを所持していたにもかかわらずゲシュタポのところには連行されず、ヤノフスカ強制収容所に移送された。ほかのすべての話によると、それは一九四三年になくなったのだが、彼は再建されたと主張している。一九八九年に出版された『復讐ではなく正義』でも、話は似ている。もっとも、彼が逮捕されたのは一九四四年四月であって六月ではないが。その二つの話において、ヴィーゼンタールは二日後になってやっとやって来たゲシュタポにゲシュタポ本部に移されることになったので、小さな剃刀で両手首を切り、二千グラムも出血して失神した。またしても奇蹟が起こった。ヴィーゼンタールはスパイとして放って置かれて死ぬ代わりに、ゲシュタポの刑務所病院に入れられ、尋問が受けられるよう看病されて健康になった。しかし、そのどちらの話でも、ヴィーゼンタールは尋問されていない。そして翌月、彼は中庭に連れて行かれ、「国外追放」される一群のユダヤ人と一緒になった。「私は飛行機の中で他の乗客を眺めるような具合に彼らを眺めた」とヴィーゼンタールは言っている。「もし墜落すれば、こういう連中が自分の死の道連れなのだ」。しかし、またしても奇蹟が起こった。今度は、近くのサピェハ通りでの爆発という形で。一機の飛行機がそこに撃ち落されたのである。煙がゲシュタポ本部に満ち、ヴィーゼンタールと仲間のユダヤ人は、急いでヤノフスカ強制収容所に移された。

『復讐ではなく正義』にも『我らのあいだの殺人者』にも書かれていないのは、ヴィーゼンタールがパルチザンの将校だった話である。彼は一九四三年十月にヤノフスカから逃げたあとパルチザンに加わったと、戦後の宣誓供述書に書いた。一九四八年五月の防諜部隊での尋問の際には、ヴィーゼンタールは尋問者に向かい、自分はリヴィウの東のタルノポル地区で活動していたパルチザンのグループに加わったと言った。そのグループは親ソヴィエトのポーランド人のパルチザン、アルミヤ・ルドヴァ〔人民軍〕に属していて、ヴィーゼンタールによると、彼は「自分の知能のおかげで」直ちに中尉になった。彼はすぐに大尉に昇進し、「掩蔽壕と要塞線の構築」に協力した。「私たちは素晴らしい掩蔽壕を作った」と防諜部隊に語った。「私の地位は戦術専門家というより技術専門家だった」。二月にはヴィーゼンタールとそのグループは包囲されたので、彼はアルミヤ・ルドヴァの制服からポーランド人の私服に着替え、姿を晦ました。防諜部隊に尋問された際ヴィーゼンタールは、自分はやがて六月に捕らえられたと言った。のちに、彼はSSの看守に関する文書を持っていただけではなく、ロシア軍を助けるために作成した、パルチザンの居場所の地図も持っていたと言った。「私は役に立つことをしなければならなかったのだ」と彼は言った。ヴィーゼンタールがドイツ軍に捕まるのを恐れ、そうした文書を破棄しようとしなかったのは驚くべきことに思われる。文書は自分にしかわからない暗号で書かれていたと言っているが。おそらくそれらの文書は、それが何かがドイツ軍にはわからないほどには暗号化されてはいなかったのだろう。なぜなら、ヴィーゼンタール自身こう認めているからだ。「私が直ちに殺されなかったのは、特にそうした事情による……というのも、それらの記録は非常に価値のあるパルチザンの文書に見えたからだ」

パルチザン時代についてのヴィーゼンタールの話は、さらに多くの疑問を呼び起こす。アルミヤ・

ルドヴァは反ユダヤ人的グループではなかったものの、ユダヤ人を喜んで将校にしたというのは、なんとも驚くべきことである。ヴィーゼンタールはユダヤ人ではあったが、どんなパルチザン運動であれ赤の他人をすぐさま受け入れ、おまけに将校にするというのは、あり得ない。また、ヴィーゼンタールが一九四三年秋にヤノフスカから逃亡したあと、アルミヤ・ルドヴァに加わることができたというのも奇妙である。アルミヤ・ルドヴァは一九四四年一月までは結成されなかったのだから。ヴィーゼンタールは一九四二年に結成されたアルミヤ・クラヨヴァに加わったのかもしれないが、彼は防諜部隊に尋問された際、アルミヤ・ルドヴァに加わったと明言している。また、彼がアルミヤ・ルドヴァの前身であるグヴァルディア・ルドヴァに加わったことも考えられるが、一九四三年秋までには、リヴィウ周辺のパルチザンの活動は、ソヴィエトのパルチザンによって行われていた。ヴィーゼンタールがパルチザンの制服を着たと言っているのも疑わしい。パルチザンのグループは制服を着用しなかったからだ。さらに、ヴィーゼンタールが仮にあるパルチザン・グループに属していたにせよ、そのグループがヴィーゼンタールの専門技術を必要とするような一連の「素晴らしい掩蔽壕」を持っていたというのも、あり得ない。パルチザンはドイツ軍に捕まらないよう常に移動していたし、彼らが作ったどんな要塞も、塹壕とほとんど変わらなかった。ヴィーゼンタールが作成したパルチザンの居場所の地図も、また問題である。アルミヤ・ルドヴァにはロシア軍との連絡係が大勢いて、ヴィーゼンタールがそうしたスケッチを描く必要などはなかった。また、彼の仲間のパルチザンが、自分たちにとって危険なそうしたものを彼が作るのを許したというのも考えられない。その場合、ヴィーゼンタールはそれを密かに作らざるを得なかったろう。それは考えられないばかりではなく、ヴィーゼンタールにとってもきわめて危険だったろう。彼はもし仲間のパルチザンに捕まったなら、スパイと思われただろう。仮にヴィーゼンタールが実際にパルチザンに加わり、実際にそうしたスケッチをしたのなら、彼は誰のためにスケッチをしたのだろう？

彼はヤド・ヴァシェム文書館のために語った、戦時中の歳月の説明の中で、別の話をしている。その話では、ヴィーゼンタールはアルミヤ・ルドヴァに加わったとは言わず、雑多なメンバーのグループに属していたと言っている。ある伝記作者によると、そのグループには「数人のユダヤ人、一人のポーランド人の神父、数人のほかのポーランド人、脱走した幾人かのフランス人とベルギー人の捕虜、少数のロシア人とウクライナ人」から成っていた。そんなグループが「素晴らしい掩蔽壕」を作ることができたとはとても思えないし、ヴィーゼンタールが少尉から大尉に昇進できるような、正式の昇進制度を持っていたとも思えない。その話の中でヴィーゼンタールが言及している唯一の正式なパルチザンはアルミヤ・クラヨヴァで、彼は自分がユダヤ人であるにもかかわらず、そのグループが自分を匿ってくれたと言っている。

一九四三年十月から四四年の中頃までのヴィーゼンタールの活動に関して、四つの大きく食い違う話があるが、深刻な疑問が生じる。元オーストリア首相のブルーノ・クライスキーをはじめ何人かは、一九七〇年代と八〇年代に何度もヴィーゼンタールをゲシュタポの協力者だったと非難した。クライスキーの主張を支えたのは、ポーランドとソヴィエト政府が提出した、裏付けのない証拠だった。そして、ヴィーゼンタールはクライスキーを訴え、裁判に勝った。元ドイツ軍の軍人たちが作った宣誓供述書にも、ヴィーゼンタールはドイツの協力者だったと書いてある。しかし、そうした主張は注意して扱う必要がある。ヴィーゼンタールを中傷することは、反ユダヤ主義者、ホロコースト否定論者、いわゆる「修正主義者」その他の変人に人気のある暇潰しになった。しかし、ヴィーゼンタールの話に多数の矛盾点があるということは、私心のない研究者がそのような問題に対して疑念を呈すべきなのだ。

真実がなんであれ、ヴィーゼンタールは一九四四年の中頃にリヴィウに戻ったようだ。ヤノフスカ強制収容所の所長は、SS主幹中隊指導者《ハウプトシュトゥルムフューラー》フリードリヒ・ヴァルツォックだった。彼はヴィーゼンタールを、「行方不明だった息子が戻ってきた」として歓迎したらしい。ヴァルツォックはヴィーゼンタールを銃殺させる代わりに、収容所に残っていた三十三人のほかのユダヤ人と一緒に命を助けることにした。ヴィーゼンタールによると、ヴァルツォックは自分の仕事がなくならないようにするために、彼らを生かしておいたのだ。維持すべき収容所がなくなってしまえば、ヴァルツォックは前線に送られてしまっただろう。一九四四年七月十九日、ヴァルツォックは防御用の楯であるユダヤ人を連行して鉄道駅に行った。そこで彼らは西に向かう列車に乗せられた。一行はちょうど六十マイル旅をしたあとプチェミシルで降りた。ヴァルツォックは、トート機関〔工兵隊〕で働くために来た「非ドイツ人強制労働者」のふりをするように一行に言った。そして、実は一行はスロヴァキアに向かい、戦争が終わるまで森に隠れることになったと明かした。続いてユダヤ人に向かい、黄色い星のバッジを取り、ヤノフスカで起こったことを口外しないようにと命じた。「我々三十四人のユダヤ人は約二百名のSSの生命保険になった」とヴィーゼンタールは回想している。「我々はみな、幸福な家族になるはずだった」。その信じ難い波瀾万丈の旅は九月初めに終わった。ヴァルツォックの上官が事態に感づいたのだ。ヴァルツォックの一行のユダヤ人の大半が処刑されたが、またしてもヴィーゼンタールは奇蹟的に生き残り、間もなくプワシュフ強制収容所に送られた。そこで彼は、共同墓地から死体を掘り起こして焼却する仕事をさせられた。おそらく、それがヴィーゼンタールの仕事で最も陰惨なものに違いないが、『我らのあいだの殺人者』にも『復讐ではなく正義』にも、それについての記述はない。それは、一九九三年の映画『シンドラーのリスト』の最も記憶に残る場面である。ヴィーゼンタールがその映画が公開されたあとになって、自分が死体を掘り起こして焼いたということを明かしたのは、たぶん偶然に過ぎないのだろう。

　ヴィーゼンタールは十一月に、二百マイル北西にあるヴロツワフ近郊のグロース＝ローゼンに移送された。そこで彼はジャガイモの皮剝きという楽な仕事に就いた。アルミヤ・クラヨヴァが解放を企てたワルシャワ蜂起で、妻がほぼ間違いなく死んだということをヴィーゼンタールが聞いたのは、グロース＝ローゼンにおいてだった。妻が住んでいた通りはドイツ軍によって破壊され、ヴィーゼンタールに情報をもたらした者によるとは、「トピェル通りは一つの巨大な共同墓地になった」という。心を引き裂くような知らせがあったにもかかわらず、またも奇蹟がヴィーゼンタールの身に起こった。彼はあるSSにちゃんと挨拶しなかったので、石切り場で裸足で働かされたが、分遣隊に回された百人の囚人のチームが、毎日一人ずつ少なくなるのを知った。数日後、自分の番がまさに来るのは確実だと感じた。「私の処刑人が後ろにいた」と彼は回想している。「石で私の頭を潰そうとしていたのだ。私は振り返った。すると、驚いた男は石を落とし、私の足の親指を潰した。私は悲鳴を上げた」。ヴィーゼンタールの素早い反応と悲鳴が、どうやら彼の命を救ったらしい。というのも、その日グロース＝ローゼンでは、ある種の産業視察があったからだ。ヴィーゼンタールは赤十字によるものと思ったという。そういう訳で、彼は救急処置所に担架で運ばれた。医者だった囚人の仲間の一人が、親指は切断する必要があると診断した。そこで、彼が動かないように二人の男が彼を押さえているあいだに、麻酔なしに親指は切断された。翌日、熱が出て苦しんだと、ヴィーゼンタールは言っている。「医者が戻ってきた」と彼は回想している。「そして、私の足の裏に化膿した水疱が出来ているのを見た。そこで皆はそこを切開すると、壊疽の膿が部屋中に飛び散った」。またも、ヴィーゼンタールの「奇蹟」は疑わしい。第一に、その劇的な話は、ほかのどんな回顧録にも発言にも出てこない。第二に、もし赤十字が本当にその日にグロース＝ローゼンを視察していたのなら、SSは処刑をいったん中止していたろう。ところが実際には、カルテンブルンナーは一九四五年三月に、赤十字がある特定の収容所に行くことを認めただけで、ヴィーゼンタールはその年の一月か二月にグロース＝ローゼンを離れることになっていた。仮に「視察」がほかの団体によって行われていたなら、SSがヴィーゼンタールを始末するのを、どんな団体がとめたのかを知るのは難しい。第三に、足の怪我はまったくあり得ないように思われる。

足の指が九本であろうと十本であろうと、ヴィーゼンタールはグロース＝ローゼンから全員が移動した時、ケムニッツに向かって西に百七十マイル歩くことができた。「毎日、私たちは約二十マイル歩いた」と彼は回想している。「雪の中で眠り、四日から五日続いた行進のあいだ、私たちが口にしたのは一人一キロのパンだった」。ヴィーゼンタールの数字は間違っていると思われるが、指を切断したばかりの、壊疽の出来た足で歩くのは地獄の苦しみであったろう。ヴィーゼンタールは靴は履かず、古いコートの袖を針金で足に巻きつけただけだった。杖の代わりに、箒の柄を持っていた。行進させられた六千人の囚人のうち、四千八百人しかケムニッツに到着しなかった。足に壊疽の出来たヴィーゼンタールは、到着した者の一人だった。囚人たちはケムニッツに着くと列車に乗せられ、ブーヘンヴァルト収容所に短期間連行されてから、オーストリアのリンツの南東約十三マイルのマウトハウゼン強制収容所に列車で送られた。

ヴィーゼンタールは一九四五年二月七日の凍るように寒い夜、その収容所に着いた。『我らのあいだの殺人者』の中で彼は、自分と仲間の囚人ラジヴィウ公が互いに腕を組み、収容所を目指して丘を四マイル登って行ったことを書いている。だが、二人は疲労困憊し、雪の中にくずおれてしまった。一人のSSが二人のあいだに弾丸を一発撃ち込んだが、二人とも立ち上がらなかったので死んだものと思われ、そのまま放って置かれた。ヴィーゼンタールが言うには、その時点で二人は零下の気温の中で気を失った。収容所当局は夜明け寸前にトラックを出し、行進中に命を落とした者の死体を集めた。ヴィーゼンタールとラジヴィウの体はすっかり凍っていたので、死んだものと思われた。死体の山に投げ込まれた二人は火葬場に運ばれたが、分遣隊に配属されていた囚人たちが、ヴィーゼンタールもラジヴィウも死んでいないのに気づいた。そして、二人に冷たいシャワーを浴びせて「解凍」し、ヴィーゼンタールは六号棟に連行された――「死の棟」に。ヴィーゼンタールがヤド・ヴァシェムに語ったところによると、足の傷はいまや青緑に変わり、その色は膝にまで達したという。

ヴィーゼンタールは戦争が終わるまで六号棟に三ヵ月いた。ベッドから出られないほど衰弱していた彼は、信じられないことだが、一日二百カロリーで生き延びたと言っている。ヴィーゼンタールがポズナニで知っていた、エドゥアルト・スタニシェフスキという親切なポーランド人が、時折そっと一片のパンとソーセージを持ってきてくれたのだ。スタニシェフスキはまた、ヴィーゼンタールに鉛筆と紙を持ってきた。「建築家」は、スタニシェフスキが戦後に開く予定の素晴らしい喫茶店の設計図を描いた。別の話では、スタニシェフスキが本当はカポ――看守の代行をする囚人――だったとヴィーゼンタールは回想している。ヴィーゼンタールは余分に食べ物を貰おうと、カポたちのために誕生日の絵を描いた。その話の中には、ヴィーゼンタールがマウトハウゼンの恐怖を表わす絵を描きコラージュを作ったことも出てくる。体が衰弱し脚が感染症でやられていたのに、どうして収容所内を歩き回って、そうした恐ろしい光景を見ることができたのかははっきりしないが。その絵の多くは『マウトハウゼン強制収容所――絵と文章』という本に纏められ、一九四六年に出版した。絵はもっぱらヴィーゼンタールの活潑な想像力から生まれたのではないかと言う者もいる。絵の一枚が剽窃であるのは確かである。一九四五年の日付のあるヴィーゼンタールの素描は、マウトハウゼンで行われた銃殺執行隊による処刑を描いたものである。三本の杭に銃殺されたばかりの三人の囚人の死体が縛り付けられている。その後ろに農場のフェンスがある。その向こうに地獄の火のようなものが燃え盛っている。ところが三人の人物は、『ライフ』誌の一九四五年六月号に載った写真の人物と瓜二つなのだ。同誌の写真には、バルジの戦いの最中にアメリカ軍の銃殺執行隊が銃殺した三人のドイツ兵が写っている。ヴィーゼンタールがそのドイツ兵の写真を模写し、それがマウトハウゼンで起こったことの絵だとしたのは疑いようがない。ヴィーゼンタールは何年ものちに、それが彼の仕業だと言われると、伝記作者に向かい、それはすべて「アメリカのある方面から自分に対して行われている人身攻撃の一部」だと言った。その同じ伝記作者によると、マウトハウゼンの絵は、「事実上、彼が素描の才能を行使した最後のもの」だった。彼女はそれを、彼が建築に戻るのを拒否した時に見せたのと同じ、一種の禁欲に帰している。今ではわかっているのだが、ヴィーゼンタールが建築の分野に「戻る」ことができなかったのは、建築士の資格がなかったからである。彼が素描を描くのをやめたのも、彼が実際には製図工ではなく、それらの素描は彼の描いたものでさえないという可能性をも示唆している。絵を描く才能のある者は、滅多には絵を描くことを諦めない。

マウトハウゼンは一九四五年五月五日に解放された。ヴィーゼンタールは体重が百ポンドしかなかったにもかかわらず、なんとか外に出て、アメリカ軍の戦車に挨拶した。「私はどうやって起き上がって歩いたのか、わからない」と彼は回想している。ヴィーゼンタールの歩行能力は実際驚くべきもので、ひどく感染症に罹った脚が、それ以前の三ヵ月に治癒したと考えねばならない。もしそうだとしたら、それは切断手術もしくは抗生物質によって治ったとしなければならないだろう。前者が行われなかったことはわかっているし、後者もナチの強制収容所において普通の治療法ではなかった。またしても、もう一つの奇蹟が起こったかのようである。「私はどうやって自分の部屋から中庭に出たのか覚えていない」とヴィーゼンタールは『我らのあいだの殺人者』に書いている。「私はほとんど歩けなかった。私は黄色と赤の二重三角形の中に黄色いJがある、色褪せた、縞模様の囚人服を着ていた」。(ヴィーゼンタールのバッジは彼がユダヤ人の政治犯の囚人だったのを示している。彼がユダヤ人であるということに加え、どんな政治的犯罪で投獄されたのかはわかっていない。)ヴィーゼンタールは戦車に辿り着く前にくずおれてしまった。一人のアメリカ兵が彼を持ち上げ、寝棚まで連れて行った。彼はそこで介抱され、健康を取り戻した。

数日後ヴィーゼンタールは、ポーランド人の元囚人に襲われた。「私が足を引きずりながら暗い廊下を通って行くと」とヴィーゼンタールは回想している。「一人の男が私に飛びかかってきて、私を殴り倒した」。ヴィーゼンタールは殴られて意識を失い、気づいた時、彼を襲ったのはポーランド人の「模範囚」だと二人の友人は言った。そして、そのポーランド人はヴィーゼンタールがまだ生きているのに腹を立てたので襲ってきたのだろうと、友人は推測した。そのポーランド人は謝罪させられ、ヴィーゼンタールはその事件を済んだことにした。ところが一九八〇年代に、ヴィーゼンタールはその話を劇的に変えた。その模範囚はもはや名無しではなく、いまやカジミェシ・ルシネクと呼ばれていて、パスを出す係だった。新しい話によると、ヴィーゼンタールは解放されてから二日後、数時間収容所を出るためにパスを貰おうとルシネクのところに行った。(ヴィーゼンタールが急速に回復したのは明らかだ。)するとルシネクはパスを渡す代わりに彼を殴り、中庭に放り出した。ヴィーゼンタールを「忌々しい回教徒《ムーゼルマン》」と呼びながら。それは、ひどく衰弱していて間もなく殺される囚人に対して使われた言葉だった。最初の話のように、ルシネクは謝り、ヴィーゼンタールはそれを受け入れた。ルシネクはのちにポーランドの共産主義体制下で文化・芸術省の副大臣になるが、一九七〇年代末に、ヴィーゼンタールを利敵協力者として非難した者の一人になった。ヴィーゼンタールが汚名を着せるために、一九八四年に死んだルシネクを襲撃者だと言ったのは偶然ではない。それにもかかわらず、ヴィーゼンタールの話はきわめて説得力に欠ける。なぜポーランド人が——いかに反ユダヤ的であろうと——ムーゼルマンだという理由だけでユダヤ人を殴るのか？　ヴィーゼンタールは利敵協力者だと疑われたので殴られたと考えたほうが自然である。

ヴィーゼンタールの回復ぶりが驚くほど速いので、ヴィーゼンタールが自分で言っていたほどに病んでいたのかどうか疑わしい。解放されてからちょうど二十日目に、彼はアメリカ軍の収容所長に手紙を書き、「戦争犯罪調査をしている米当局」に協力できないかどうか尋ねた。ヴィーゼンタールは十三の強制収容所にいたと言って——実際には六つだけ——「計り知れない苦しみ」を囚人に与えたと思う九十一人の名前のリストを提供した。その中には、ヴァルツォック、ガリツィア強制労働収容所長のSS集団指導者《グルッペンフューラー》フリッツ・カッツマン、プラシュフ強制収容所長アモン・ゲート、その他大勢のSS看守とゲシュタポのメンバーが含まれていた。多くの話によると、ヴィーゼンタールはアメリカの戦争犯罪調査員に加わることはできないかと尋ねた。アメリカ軍は彼がまだ完治していないという理由で断った。彼はいくらか体重が増えてからまた戻ってきて、今度はタラクーシオ大尉のもとに配属された。ヴィーゼンタールは自分の最初の「戦利品」、すすり泣くSSの看守シュミットをタラクーシオと一緒に捕らえたと言っている。ヴィーゼンタールはのちに書いた。「遠くまで行く必要はなかった。彼らに躓いてしまうほどだった」

ヴィーゼンタールが戦後に書いた履歴書には、アメリカ軍のために働いたということは記していない。その代わり、リンツに本拠を置く、アメリカ軍占領地区のユダヤ人中央委員会の副議長としての仕事のみ記載している。彼の収入は千シリングだった。委員会の仕事は収容所の生存者リストを作ることだった。ほかの生存者は、そのリストを参考に親族の所在を探すことができるわけだった。必死になって親族を探していた生存者は、そのリストを奪い合った。ヴィーゼンタールは仕事の多くをリンツの少し外れのビンダーミヒェル強制追放者収容所でした。そして、戦後少なくとも一年のあいだ、ヴィーゼンタールのほかの仕事は、仲間のユダヤ人のために熱心にロビー活動をすることだった。彼はパリに本拠を置く国際強制収容所機関の会長にさえなった。さらに、ユダヤ人の地下組織ブリハーと接触した。同組織はユダヤ人をヨーロッパからパレスチナに密かに逃した。一九四六年にアイヒマンがウィーンを訪れた際のファイルをヴィーゼンタールに提供したのは、ユダヤ人のブリハー機関の一員アシェル・ベン゠ナタンだった。

ヴィーゼンタールは一九四七年二月になって初めて、彼を有名にすることになる組織を設立した——リンツのユダヤ歴史・文書センターである。リンツのゲーテ通り六三番地に本拠を置く同センターは、ジュネーヴで実業家になった元ポーランドの議員、アヴラハム・シルベルシェインの資金で作られた。同センターの目的は、戦争犯罪人を確実に起訴できるようにするため、「最終的解決」に関する情報をできるだけ多く集めることだった。ヴィーゼンタールがその団体を作ろうと思ったきっかけは、あるアメリカ軍将校の反ユダヤ的な言葉だったとしている。その言葉を聞いたヴィーゼンタールは、連合国軍はナチを探し出す努力を決して十分にはしないと悟った。残念ながら、ヴィーゼンタールの考えは正しかった。「我々自身でその仕事を続けるのが、我々生き残った者の義務である」と彼は言った。ユダヤ歴史・文書センターがアマチュアによって運営されていて、資金も捜査の専門知識にも欠けていることを最初に認めたのはヴィーゼンタールである。だが、それが間違いなく持っていたのは熱意で、ヴィーゼンタールと三十人のボランティアの一団は各地の強制追放者の収容所を訪ね、元強制収容所の囚人から、残虐行為に関する証拠を集めた。ヴィーゼンタールのチームは合計三千二百八十九枚のアンケートを集めた。それは連合国が成し遂げたいかなることよりも、遥かに見事な成果である。

ヴィーゼンタールがアイヒマン捜索に関わったのは、その時が初めてだった。もっとも、それについての彼の説明には、慎重に対さねばならないが。ヴィーゼンタールは『復讐ではなく正義』と『我らのあいだの殺人者』の両方で、アイヒマンの行方を知るうえでの重要な手掛かりの一つ――写真――を得た功績の多くを自らに帰している。しかし事実は、アイヒマンの写真を入手するという考えは、ディーター・ヴィズリツェニーを刑務所に訪ねたアシェル・ベン゠ナタンの考えだった。アイヒマンの部下の中尉は、自分はかつての上官の居所は知らないが、ウィーンの刑務所にいるアイヒマンの運転手がアイヒマンの愛人の住所を知っているということはベン゠ナタンに言えると語った。ベン゠ナタンは運転手を尋問し、アイヒマンの愛人がマリーア・ミステルバッハという名で、リンツのウルファー地区に住んでいることを突き止めた。ベン゠ナタンは、彼の「フィールド・ワーカー」の一人、マーヌス・ディアマントに、フラウ・ミステルバッハがアイヒマンの写真を持っているかもしれないので、彼女と親しくなるよう指示した。元オランダのSSのふりをしてディアマントはミステルバッハに近づき、二人は間もなく恋人同士になった。「難しい仕事だった」とディアマントは回想している。「私は写真が趣味で、いつもカメラを持ち歩いた」。その策略はうまくいったが、ミステルバッハがやがて恋人に自分の写真アルバムを見せるまで、半年かかった。二人がアルバムの頁を繰っていると、ミステルバッハは一葉の写真を指差し、「これがあたしのアドルフ」と言った。ディアマントはミステルバッハに知られぬようにしてその写真のコピーを作り、それをベン゠ナタンはさらに焼き増しして、ヴィーゼンタールのグループを含む様々なグループに回した。しかし、『我らのあいだの殺人者』の中でヴィーゼンタールはこう書いている。ディアマントは「意気揚々とそれ［写真］を私のところに持ってきた。彼の仕事は終わり、彼は普通の生活に戻った」。それは、ディアマントがともかくもヴィーゼンタールのところに報告に来たことを仄めかしているが、それは事実ではなかった。「ヴィーゼンタールは写真の発見にはなんの関係もなかった」とディアマントは、のちに断言している。

ヴィーゼンタールは一九四七年の後半に、アイヒマン捜索において自ら最大の貢献と見なしたことをした。ヴィーゼンタールはアメリカ人の連絡員を通し、アイヒマンの妻が離婚した夫の死亡証明書をバート・イシュルの地方裁判所に申請したことを聞いたのだ。「私はあまりの衝撃で話ができないほどだった」とヴィーゼンタールは言った。「アドルフ・アイヒマンが死亡したと公式に発表されれば、彼の名前はすべての指名手配リストから自動的に消えてしまうだろう」。判事が連絡員に伝えたところによれば、一九四五年四月三十日、カール・ルーカスという男によってアイヒマンの死はプラハで目撃されたという。ヴィーゼンタールはルーカスがアイヒマンの妻の妹と結婚しているのを発見した。ヴィーゼンタールはそのことを連絡員に話した。すると判事は、正しくもその申請を却下した。ヴィーゼンタールが介入したおかげで、アイヒマンは公式に生存していることになった。もっとも、もちろんアメリカと英国はその年の前半にアイヒマン捜索をやめていたが。『我らのあいだの殺人者』の中でヴィーゼンタールは、それが彼の「アイヒマン捜索における最も重要な貢献」だと書いている。残念ながら、のちに見るように、そのいわゆる貢献はジーモン・ヴィーゼンタールの数多い嘘の一つに過ぎないのである。

ヴィーゼンタールや連合国軍よりも、もっと効果的な方法でナチ狩りをしていた、ほかのユダヤ人たちがいた。その中に、一九四六年にウィーンでのユダヤ歴史・文書センター設立に協力したトゥフィア・フリートマンがいた。ポーランドのラドムにあるゲットーの生き残りだったフリートマンは、一九四四年七月に囚人たちがアウシュヴィッツに送られる前にシコルナ街収容所から脱走した。彼と友人は最初のロシアの部隊がポーランドに入ってくるまで森の中に隠れ、生のジャガイモを食べて飢えを凌いだ。その時、フリートマンはドイツ軍に捕まったが、眠っている衛兵を殺して逃亡した。「私は兵士のベルトに差してあった短剣を摑んだ」と彼は書いている。「そして、そっと鞘から短剣を抜き出した。恐怖で気分が悪くなりながら短剣を振り上げ、相手の首に突き刺した。肉が切断される感覚に吐き気を催した」。ソヴィエト軍が到着すると、二十二歳のフリートマンはラドムでポーランドの民兵グループに加わった。民兵の任務は、秩序を回復し、パルチザン・グループの過激な活動を抑制することだったが、ポーランド人に対して戦争犯罪を行ったドイツ人、ポーランド人、ウクライナ人を捜索する仕事もしなくてはならなかった。「私は燃えるような熱意をもって、この最後の仕事に取り掛かった」とフリートマンは書いている。数週間、彼は何十人もの戦争犯罪人を捕らえるのに協力した。間もなく、ダンツィヒに行かされ、そこでナチ狩りを続けた。彼とそのチームは何百人もの戦争犯罪容疑者を尋問した。家族のほとんどをトレブリンカで殺害されたフリートマンは、真実を引き出すためには暴力を振るうのもためらわなかった。一人の中年のドイツ人は自分は学校教師だったと誓ったが実は強制収容所の残忍な看守だったため、フリートマンの逆鱗に触れた。「彼の答えが私を激怒させた。私は相手が血を流すまで激しく殴った」とフリートマンは書いている。感情を抑えるようにと警告されていたにもかかわらず、フリートマンは自分を抑制できなかった。「私はドイツ人の囚人を扱ううえで、次第に残酷になった」と彼は認めている。それにもかかわらず、彼は己が行為を正当化できた。なぜなら、殴ることによって早く結果が得られたからである。フリートマンの冷酷な仕事のやり方は、彼が将校になったであろうことを意味したが、共産党に取り入るということは彼の性に合わなかった。彼はほかの多くのユダヤ人同様、パレスチナで新しい人生を始めようと決心していた。

フリートマンは一九四六年四月四日にウィーンに到着した。すると、アシェル・ベン＝ナタンから連絡があり、ウィーンにユダヤ歴史・文書センターを設立するので、移住を延期するよう説得された。フリートマンとそのスタッフは月に二百ドル貰い、ナチを捜索するだけでなく、パレスチナへの集団大移動を援助していた秘密の準軍事的組織、ハガナーのためにも働いた。二年間で自分のチームは約二百人のナチを発見し、そのほとんどを逮捕したとフリートマンは言っている。ヴィーゼンタール同様、フリートマンも当時、もっぱらアイヒマンのことばかり考えていたと、のちに言っている。しかしフリートマンが、法の適正手続きと正義が行われる緩慢さに苛立っていたのは明らかである。彼は革新的で暴力的な解決法を思いついた。「もし、ナチの最高幹部が拘置されている数十の収容所の一つがオーストリアにあるのがわかれば」と彼は回想している。「我々はごく特殊な有志のグループを結成し、その収容所を爆破しようと考えた」。フリートマンの大量殺人計画は実行されなかった。それは道徳的呵責のゆえではなく、連合国軍の兵士と市民の有志にとって危険であるばかりではなく、ユダヤ国家樹立のための交渉も影響を受けるからだった。

だが、かつて自分たちを虐待した者を実際に殺害したユダヤ人もいた。その多くは、一九四四年に英国陸軍の一部として結成されたユダヤ人旅団に属していた者だった。約五千人の「旅団兵」は、一九四五年四月のイタリア作戦の最終段階で戦闘に参加した。戦後彼らは、オーストリア、ユーゴスラヴィア、イタリアの国境が出合う近くにあるタルヴィシオに駐屯した。旅団の仕事は国境を守ることだった。それは容易な任務ではなかった。「私たちは大いに楽しんだものだ」と旅団の兵卒だったアルフレッド・レヴィーは回想している。「ユーゴスラヴィア人は真夜中に国境の目印の柱を動かしたり、オーストリアで、とりわけクラーゲンフルトで略奪をしたりしたものだ。一列車の貨物分を奪った」

レヴィーのような者が国境を警護しているあいだに、ドイツ人に恨みを晴らしている者もいた。「四人のうち三人がナチ狩りをしているという噂が旅団にあった」と信号手のモリス・ハリスは言った。「それはいい考えだと思った。将校は見て見ないふりをしていたと思う。戦勝記念日の前でも後でも、ナチを見つけて殺すのは大いに愉快だった。その気持ちは非常に個人的理由にもとづいていた。復讐しようとしていた者の何人かの家族は収容所で死んだのだから」と、兵卒のギディオン・フィージェルは言った。「我々はかなり非情な連中だった。犠牲者のうちの何人かは自業自得で、ほかの者はそうではないという見方もあったかもしれないが、我々はまず間違いなくそれほど同情的ではなかった」

フィージェルによると、殺害は「非常に能率的に行われた」。一つには、復讐者はドイツ語が喋れるので容易に歩き回ることができたからだ。また彼らは餌食《えじき》を探し出す際、ほかの才能にも頼った。馬で行く旅団の二十六歳の伝令、シリル・パンディックはタルヴィシオ付近の山で狩人をしていた。パンディックは次のように回想している。

私はボビー・アカーフィールドという男と一緒に行動したものだ。彼はボクサーだった。もう一人の男はハンス・ヴァールトと言った。だが、ナチを探しに行ったのではない。ナチの居場所を知っていたからだ。このボビー・アカーフィールドはナチの居場所を女たちから聞き出した。どういう手段を使ったのかは知らないが、彼は驚くほどの美男子で、イタリア語をかなり上手に話した。

ヴァールトもアカーフィールドも収容所で家族を失った。彼らはドイツ人を見つけると家から引きずり出し、十五分足らず尋問した。「アカーフィールドは彼らがナチかどうかたちまち見破った」とパンディックは言っている。パンディックは尋問が行われているあいだドイツ人の家の前に立ち、イタリア人の女友達が干渉してこないようにした。もしドイツ人が正規軍の兵なら見逃したが、ＳＳの隊員だったら射殺した。それから三人は徒歩で収容所に戻り、自分たちの夜の仕事については黙っていた。「誰も何も知らなかった」とパンディックは言っている。

時には、ナチはさらに速やかに殺された。チームの一つは、夜のナチ狩りに幌を掛けたトラックを使った。床にはマットレスが敷き詰めてあった。「後ろに乗るには」とあるユダヤ人の復讐者は言った。「バンパーに片足を置き、防水シートを開け、まず頭を突っ込まねばならなかった。ドイツ人の頭が中に入ってくるや否や、我々の一人が彼の喉を摑み、ぐいと中に引き入れた。すると彼はマットレスに仰向けに倒れた」。その際、犠牲者は我知らず宙返りをすることになるが、依然として首は摑まれたままなので、首の骨が折れた。折れなければ、男は扼殺された。ある時、犠牲者の妻がトラックのすぐ横に立っているあいだにこの手法が使われた。「もし、その男が何か言ったり叫んだりできたなら」とチームのメンバーは言った。「妻が悲鳴を上げ始め、我々は窮地に立たされたかもしれない」。しかし女は、運転手がクラッチを入れた時にはすでに死んでいるとも知らず、トラックが走り去るのをじっと見ていた。そうやって何人のナチの容疑者が殺されたのかを正確に推定するのは不可能である。シリル・パンディットが言うには、彼はタルヴィシオにいた数ヵ月のあいだに、四回か五回、そうした「外出《そとで》」をした。それは毎晩のことではなかったし、旅団の少数によって行われたものだったので、殺された元ナチは合計五百人以上ではあり得ない。

ヘブライ語で「復讐」を意味するナカムと名乗る、ポーランドのルブリンから来たユダヤ人グループは、もし成功していたなら、ユダヤ人旅団が行ったすべてのこと、また、トゥフィア・フリートマンが企てたことの影を薄くしてしまったであろう計画を立てた。そのグループの標的はニュルンベルクのラングヴァッサーにあるアメリカ軍の捕虜収容所だった。その収容所には三万六千人の元ゲシュタポとSSのメンバーが入っていた。ナカムはその全員を殺そうとした。一九四六年の初め、ナカムのメンバーはその収容所の中で民間の仕事をすることに成功した。そして間もなく、大量殺人を行う最上の方法は、捕虜のパンに毒を入れることだと悟った。四月十三日土曜日の朝、その計画が実行に移された。三人のユダヤ人がニュルンベルクのパン屋の中に隠れ、夜の帷が降りるや否や、パンに砒素を塗り始めた。しかし、外では嵐が吹きすさんでいたため、窓が疾風によって割れる音を聞いた数人の夜警によって活動が妨げられた。それにも関わらず、約二千斤のパンに毒が塗られた。一斤を五人か六人で分け合うので、死者の数は数万にのぼるはずだった。月曜日の朝、パンが配られ、その日ずっと、約千九百人の捕虜が胃に激痛を覚えた。具合が悪くなった者の合計は二千二百三十八人にのぼり、二百人少しが入院したが、誰も死ななかった。ある話によると、捕虜が比較的幸運だったのは、砒素がナカムの一人によって薄められたからだ。その男は、大量殺人に巻き込まれたくなかったパレスチナのユダヤ人指導者たちのために、密かに働いていたのだ。ほかの話では、二百人から千人のあいだの数の死者が出た事実が隠蔽されたということだった。しかし、それは考えにくいことだし、その事実を隠すことは不可能だったろう。最も筋の通った説明は、狙った犠牲者に十分な量の砒素が与えられなかった、というものである。

平均的人間を殺すには、二オンス近くの純粋な砒素が必要である。各一切れのパンの皮に塗られた砒素の量は、それより相当少なかったのに違いない。広範囲にわたる捜査が行われたが、ナカムのメンバーは逃げおおせ、その何人かはやがてパレスチナに移住した。皮肉なことに、彼らは殺害の対象の当の相手が使ったのと似た、逃走ルートを使ったのである。

第4章 鼠を助ける

一九四三年六月四日、アルトゥーロ・ラウソン大佐の率いる陸軍将校団がアルゼンチンでクーデターを起こした。ラウソンは一万人の部隊と一緒にブエノスアイレスに行進してきて、アルゼンチンの第二十五代大統領ラモン・カスティージョを辞任させ、自らアルゼンチンの第二十六代大統領に納まり、まさに三日、その地位にいた。彼の閣僚の選び方が、彼を支持した将校たちを憤激させ、六月七日、ペドロ・パブロ・ラミレスが第二十七代大統領に就任した。ラミレスはなんとかうまくやっていき、一九四四年二月二十五日まで大統領の座にあった。その日、副大統領のエデルミーロ・フリアン・ファレールが彼に取って代わった。ラミレスは八ヵ月しかもたなかったものの、重要な遺産を遺した。彼はアルゼンチンとナチ・ドイツとの繋がりを保ったのである。そうした繋がりは、アイヒマンやメンゲレのような人物にとっては、きわめて重要な意味を持っていた。アルゼンチンは二人のような逃亡者だけではなく、ナチが持ってくる資本と専門知識をも大いに歓迎したのだ。戦時中の二国間の関係は外面的には揺らいだように見えたにせよ、内密にであれ、確固とした友人同士の関係だった。

一九四三年十月十四日、英軍はジブラルタルで、小柄で丸々太った五十二歳のドイツ系アルゼンチン人を逮捕した。彼はナチ・ドイツとアルゼンチンとの関係の性質の一端を明かした。妻と一緒に汽船モンテ・アルベルティア号で、ビルバオからブエノスアイレスまで旅をしていたエルネスト・ホッペは、雇い主であるドイツの情報機関、国防軍諜報部《アプヴェーア》のための秘密任務を帯びていた。十月十日、MI6はホッペの任務が、「ドイツにおいてヒトラー体制が崩壊したのち、アルゼンチン逃亡計画を立案しているナチの上級指導者のアルゼンチンにおける将来を保証する」ことだという情報を得た。ホッペは十日後に英国に到着し、十月二十九日にサリー州のハム・コモンの縁にある、収容所０２０尋問センターに移送された。ホッペは供述を嫌がった。そして、十二月に病院で癌の治療を受けているあいだも、逃げようとさえした。彼の目的は、アルゼンチン大使館と接触することだった。大使館は彼の救出を頑として拒否した。「驚くべき偶然の連鎖で」と、収容所０２０の所長ロビン・「ブリキ眼」・スティーヴンズ大佐は書いている。「無帽で、ホスピタル・ブルー〔戦傷兵が着た青い制服〕を着、長過ぎるズボンを膝までたくし上げ、金もなく、英語はほとんど話せないこのグロテスクな人物は、アルゼンチン大使館に電話をすることができたのだ」。病院から逃げ出したこの男に電話を使うのを許した牧師が通報したので、ホッペは逃げてから二時間半後に逮捕され、収容所０２０に戻された。すると、そこで間もなく話し始めた。二月末頃のカーニヴァルのあいだ、自分の使命はブエノスアイレスの南西百十マイルに上陸するはずのUボートを出迎えるというものだと明かした。潜水艦は約四十の箱を降ろすことになっていて、それぞれA、B、Cと印されている。Aと印されている箱は銀行に運ばれ、Bと印されている箱にも「注意《フォーアジヒト》」という言葉が書いてあり、ブエノスアイレス郊外の二人のナチの兄弟に渡されることになっている。Cと印してある箱には文書が入っていて、それはブエノスアイレスにいるヘル・バウムガルテンという人物に送られることになっている。ホッペの推測では、A

とBの箱には現金のほかに債券、金《きん》、宝石が入っていて、そのすべての価値は一千万ライヒスマルクを下らないだろう。

アルゼンチンはホッペと関係を断つことができたとしても、オスマル・ヘルムートと関係を断つことはできなかった。英国は一九四三年十月三十日に彼を逮捕した。三十四歳のヘルムートはブエノスアイレスからベルリンに向かう途中だった。ベルリンでヒトラー、ヒムラーその他のナチの指導者に会い、仮にアルゼンチンがドイツと外交的繋がりを断つとしても、それはアルゼンチン政府の真の気持ちを反映してはいないということを、彼らに改めて請け合うことになっていた。ヘルムートの使命のもう一つは、ゴテンベルクに繋留されているアルゼンチンのタンカー、ブエノスアイレス号の出航をドイツが認め、それに武器を積み込むことを要求することだった。そうすれば船はアルゼンチンの戦艦として航海し、連合国から捜査されずに済むわけだった。だがアルゼンチンは、その仕事にとって彼ほどふさわしくない者を選ぶことはできなかったろう。連合国は彼がスパイであることを一九四二年以来知っていた。その年、ウーゴ・フェルナンデス・アルトゥシオが書いた『南米の地下のナチ』という本の中で、彼の正体が暴かれたのだ。アルゼンチンはそのことを知っていたに違いないが、ヘルムートに外交官旅券を出せば、煩わされることなく旅ができるのではないかと思ったのだ。英国は彼を逮捕することによって外交上の慣例を破ったことになった。ヘルムートは収容所020で尋問されると、ナチ・ドイツとラミレスとの仲介者としては資格に欠けることを曝け出した。「一九四三年九月まで」とスティーヴン大佐は報告書に書いた。「ヘルムートはブエノスアイレスの無名の保険外交員だった。しかし彼は社会的な成り上がり者で、何年にもわたりナチと密かに通じていた。彼はナチになることに出世のチャンスがあると見ていた」。ヘルムートはホッペの頑固さを欠いていた。一週間も経たないうちに、尋問者にすべて供述した。連合国は彼が自白したので、ドイツとの外交関係を断つようアルゼンチンにさらに圧力をかけ、アルゼンチンは一九四四年一月に断交に踏み切った。

ヘルムートはまた、自分のスパイ技術のいくつかをも明かした。彼は一九四三年九月に大統領官邸、カサ・ロサダで命令を受けた際、署名のあるカードの半分を受け取った。ヘルムートがアルゼンチン大使館の連絡員にそれを出すと、連絡員はもう半分を出すということになっていた。そしてヘルムートは、武器の取引に関する完全な書類一式を託され、ヒムラーが用意した飛行機でベルリンに飛ぶことになっていた。カードを渡してくれた男は、ファン・ドミンゴ・ペロン大佐だとヘルムートは供述した。ヘルムートを取り調べていたMI6は尋問中に、一九四三年十二月二十日付の『タイム』誌の切抜きを彼に見せた。その切抜きの写真には、地味なスーツを身に着けたラミレス大統領が写っていた。爽やかな白の制服を着た逞しいペロンと並んだ大統領は影が薄かった。写真のキャプションによると、ペロンは陸軍次官、労働福祉庁長官で、ラミレスを権力の座につけた「大佐仲間」の中心人物で、「アルゼンチンの実際のボス」だった。ヘルムートは『タイム』誌の記事が正しいかどうか訊かれると、知らないと答えた。

『タイム』誌は正しかった。ペロンは事実、「大統領の黒幕」だった。そして、ナチの逃亡を助けたのは誰よりも彼だった。一八九五年に生まれたペロンは生え抜きの陸軍将校で、一九三九年と四一年のあいだにローマのアルゼンチン大使館の武官として二年、イタリアで過ごした。ペロンはムッソリーニ体制との繋がりを作っただけではなく、ドイツの情報機関とも繋がりを作ったと言われた。ヴァルター・シェレンベルクによると、ペロンはアルゼンチンに戻った時、アルゼンチンの保安諜報部部長だったSS主幹中隊指導者《ハウプトシュトゥルムフューラー》、ジークフリート・ベッカーに会った。「大佐仲間」の内部で激しい内輪揉めがあったあと、ペロンはやがて一九四六年六月四日にアルゼンチンの第二十九代大統領になり、一九五五年九月まで大統領の座にあった。

ペロンは政権を担当していたあいだ、ドイツ人のアルゼンチン移住をおおやけに奨励していた。一九四四年、ペロンは労働福祉庁長官だった時、英国の外交官の一団に向かい、自分は戦後、アルゼンチンの工業化を進めるため、大勢のドイツ人科学者と技術者を受け入れたいと語った。そうした願望は英国をさして驚かさなかったろう。なぜなら英国は、アルゼンチンはナチが身を隠す可能性が最も高い国だと、すでに見なしていたからである。「それは、スパイや警察に追われている好ましからざる外国人が、安全にかつ快適に姿を隠せる唯一の中立国である」とＭＩ５の報告書に記された。「内陸の大農園《エスタンシア》には、人や違法な無線局、金を隠す絶好の場所がある」。ワシントン駐在英国大使ハリファックス卿は、アルゼンチンにいるドイツ人は「例によって太り、傲慢になり」、「浅薄で不甲斐ないアルゼンチン人」は間もなく「ドイツ人に強圧的に服従させられてしまう」のではないかと考えた。ドイツ人は一世紀近く前からラテンアメリカに移住しているので、ハリファックスの言葉は公正ではなかったかもしれない。あらゆる移民のうちで、ドイツ人が最も歓迎された。アルゼンチンのある大統領が一八六〇年に言ったように、それは「彼らの定評のある正直さ、疲れを知らぬ仕事への献身、温和な性格」のゆえだった。入植者の生活は厳しかった。そして、ラテンアメリカの凄まじい天候は、農園をしばしば破綻させた。ドイツ人は多くの移住者の集団同様、大抵は自分たち自身の社会の中で結婚した。しかし、異なる人種との結婚も、非ドイツ人の妻がドイツ流の家庭を営む限り許された。一九三〇年代までには、アルゼンチンにおけるドイツ人社会の人口は約二十五万になった。ブエノスアイレスではドイツ人社会はとりわけ繁栄し、少なくとも百六十の「フェアアイン」があった。それは、ビール飲み、スポーツ、文学鑑賞などのようなレクリエーションや文化的活動をするクラブまたは同好会である。

一九三〇年代に彼らの社会に入ってきた一つの「活動」は、ナチズムだった。それはヨーロッパで訴えかけたのと同じ種類のドイツ人に訴えかけた。すなわち、世界的不況で虐げられた犠牲者に。ブエノスアイレスでは群衆がドイツ福祉協会の事務所の前に連日集まった。群衆には失業したブルーカラーの労働者だけではなく、一時解雇された所帯持ちのホワイトカラーも含まれていた。「失業者の群れは衝撃的なほどに膨れ上がった」とドイツ福祉協会は報じた。「［事務所の中で］泊まる失業者の群れが日毎に増えていった」。ナチ党のアルゼンチン地方支部《ランデスグルッペ》が一九三一年に結成された。当初のメンバーはわずか五十九人だったが、ナチが権力を握る頃には、ブエノスアイレスのテアトロ・コロンで催されたナチ大会には数千人が出席した。フェアアインの多くはナチに引き継がれるか、ナチの枠組みに吸収されるかした。例えば、ドイツ乗馬クラブは騎馬ＳＳの本部になった。しかし、アルゼンチンのすべてのドイツ人がナチになったわけではない。経営者階級の多くの者は事業を守るためにナチに加わっただけだった。そしてナチ・ドイツ同様、アルゼンチンにおけるナチズムの広がりは、ドイツ人社会に疑念の種を植え付けた。祖国に親族のいる者は、「非ドイツ的」と見なされることを特に心配して、ナチに従った。

一九四五年三月にアルゼンチンがドイツに宣戦布告をした時、アルゼンチンがどの国に本当に共感しているのかを世界は知った。アルゼンチン政府は米国国務省に圧力をかけられ、約二百五十のドイツ人所有の会社を没収し、約六十人のドイツ人を「スパイおよび好ましからざる人物」として国外に追放した。だが、そのほとんどは一九四八年までには戻ってきて、会社の多くは所有者に返された。こうして一見アメリカに服従したけれども、ドイツとの密かな繋がりはそれまでになく強く、ナチの資本と人材をアルゼンチンに移す準備は真剣に続けられていた。ある観察者によると、ドイツ人は一九四四年の中頃にブエノスアイレスにやってくるようになったようだ。一九四五年三月、英国当局は、カナダの国外在住者からスコットランドの友人に送った、その年の一月十四日付の手紙を途中で奪った。

　ここにアドルフを待っている豪華な宮殿があるのかと訊くのかい？　もちろんだとも、もし彼が硬貨の積荷と一緒に潜水艦で来るなら！　この半年、新しいタイプのドイツ野郎がB・Aの通りをもったいぶって歩いている。連中は兵卒上がりの将校か、選り抜きの下士官かで、目には権力と弱い者いじめには慣れていることを示す、「支配者民族《ヘレン・フォルク》」特有の光が宿っている。連中は連合国戦争犯罪人リストに名前が載っている、「年金受給者」のゲシュタポ将校だと思う。

　一九四五年三月十日、カルロス・フルトナーという三十四歳の金髪碧眼のSS主幹中隊指導者《ハウプトシュトゥルムフューラー》が、ベルリンからマドリッドに飛んだ。フルトナーは一九一〇年にブエノスアイレスに生まれたが、彼の一家は一九二二年にアルゼンチンを去ってドイツに戻った。若いフルトナーは二重国籍を持ったままだったが。一九三二年、SSに入り、わずか二年後に主幹中隊指導者《ハウプトシュトゥルムフューラー》になった。だがフルトナーは品行方正ではなかった。妊娠した妻を捨てたあと、ミュンヘンの実業家、海運会社、さらにはSSから金を詐取し始めた。一九三五年の秋にはドイツから逃げ、アルゼンチンに向かう決心を固めた。十月十七日、リスボンで汽船アントニオ・デルフィーノ号に乗った。だがSSは彼を諦めてはいなかった。船がブラジルに近づくと、ブレーマーハーフェン行きの一隻のドイツの定期船が横付けになった。フルトナーはドイツに連れ戻された。そしてゲシュタポに逮捕されて投獄され、SSから放り出された。一九三七年、彼は詐欺罪の嫌疑は晴れたが、SSに再び入れるほど潔白ではなかった。その時から一九四五年までのフルトナーの行動は謎だが、彼はスペインで働いたらしい。そしてたぶん、スペインの青師団《デイビシオン・アスル》〔第二次世界大戦中、ドイツ軍に参加して戦った義勇兵の部隊〕に加わってロシア前線で戦ったのだろう。何をしたにせよ、SSを感心させたのは明らかで、その年の三月にマドリッドに着くまでには主幹中隊指導者《ハウプトシュトウルムフューラー》に再任された。

マドリッドでのフルトナーの任務は極秘のものだった。彼は多額の現金と、売りたい美術品のコレクションを持っていた。それはすべて、彼の使命を果たすための資金だった。彼はドイツ大使館で、自分の使命は「戦後、スペインとドイツの関係を保つ」ことだと言った。フルトナーのその後の活動から判断して、彼の「使命宣言」は、ヨーロッパからスペインを経由してアルゼンチンに戦争犯罪人を逃がす逃亡援助組織網の婉曲表現以外の何物でもない。彼はスペインにいたあいだ、その後の何年かにきわめて役に立った連絡網を作った。それにもかかわらず、彼の存在は連合国軍によって気づかれずには済まなかった。連合国は彼を国外追放するよう絶えずスペイン当局に迫った。その結果フルトナーは、一九四七年に「母国」アルゼンチンに逃亡するまで放浪生活を続けた。アルゼンチンに着くと、フルトナーはファン・ペロンに歓迎された。ペロンにとってフルトナーこそ、ドイツ人「技術者」（その多くは戦争犯罪人として手配されていた）を移住させるという、長年の願いを実現するのに必要な人物だった。

ペロンは己が夢を実現するため、南半球で最も好ましからざる人物の一団を周りに集めた。その多くはヨーロッパからの逃亡者だった。ペロンにとってはそんなことはどうでもいいようだった。アルゼンチンは一九四五年九月に、「戦争犯罪人に隠れ家を与えない」ことに同意した事実があるにもかかわらず。そうした戦争犯罪人の中にピエール・デイがいた。デイはベルギーの作家で、戦争が勃発する前は親枢軸国のレックス党〔一九三五年に結成されたベルギーのファシスト党〕の議員グループの指導者だった。贅沢な生活といかがわしい生活の両方が好きだった冒険家の五十五歳のデイは、ヒトラーに少なくとも二回会った。そして、ピウス十二世から祝福を受けさえした。一九四四年三月、戦争が自分の望んでいた方向には進んでいないのを察知したデイはスペインに逃れ、そこで三年間、高級ホテルのバーに入り浸ったり、スペインの難民収容所に入る羽目になった元同僚を助けたりして過ごした。デイは一九四六年十二月、ブリュッセルの裁判所の欠席裁判で死刑を宣告された。そのため、フランコ体制下のスペインにいることが難しくなったので、一九四七年五月、アルゼンチンに飛んだ。ペロンのチームに加わることになる、もう一人の敵国協力者が七月にブエノスアイレスにやって来て歓迎された。戦時中、一九四〇年から四一年までルネ・ラグルーはフランドルのSSだった。そして、アントワープのユダヤ人社会に対する活動を組織した。元弁護士だったラグルーはフランスで連合国軍に捕らえられたが、スペインに逃亡した。アルゼンチンに着くと、「ライナルド・フォン・グレーデ」という名を使い、フルトナーとデイと一緒に、戦争犯罪人に上陸許可証を出すのに非常に重要な役割を果たした。一九四七年十二月初め、ペロンは大統領官邸に自分のチームを集め、二日間会合を開いた。その中に、フルトナー、デイ、ラグルー、ペロンのスパイのトップ、ロドルフォ・フロイデが入っていた。デイはその会合と仲間の参加者に感銘を受けた。参加者の多くはヨーロッパで死刑を宣告された者たちだった。「大統領はそのことを知っていた」とデイは回顧録に書いている。「私は彼の独自の意見と、我々を公邸に迎え入れてくれた勇気を賞讃する」。ペロンの意見は確かに「独自」だった。ペロンはニュルンベルク裁判を「恥辱」、「人類の将来にとって不幸な教訓」と考えていて、「いまや我々は彼ら［連合国］が戦争に負けるべきだったと思っている」と、数年後に述べた。

会合の結果フルトナーは、逃亡援助組織網を本格的に作るために、同月、ヨーロッパに帰された。フルトナーはベルンのマルクトガッセ四九番地の「アルゼンチン移民センター」と、ジェノヴァにある「欧州アルゼンチン移民代理人団」のあいだを往復し、数百人の「技術者」をアルゼンチンに逃す際の首謀者として暗躍した。しかし、その元SS主幹中隊指導者《ハウプトシュトゥルムフューラー》は、数多くの逃亡中のナチが「通過国」として利用するのを進んで許すスイスの援助がなければ、ベルンではなんの仕事もできなかった。フルトナーはまた、スイス警察の協力も得た。長官のハインリヒ・ロートムントは収容所から逃げてくるユダヤ人に対してスイス国境を封鎖した責任者だった。ジェノヴァでもフルトナーは援助を受けた。主に警察からではなかったが。フルトナーが一番世話になったのは、カトリック教会の面々だった。彼に「人間の積荷」を提供したからだ。

一九四八年六月、ハインリヒ・ロートムントはスイスとイタリアの政府間の移民に関する一連の話し合いに参加するためにローマを訪れた。彼は同地にいるあいだに、フルトナーから手紙を受け取った。その手紙の中でペロンの諜報員は、今ローマにいなくて残念だと書いていた。なぜなら、「あなたの祖国と私の故国に関する問題を考えるのは……素晴らしかった」であろうから。だがフルトナーは、戦争犯罪人の主な供給者、クロアチアのクルノスラフ・ドラガノヴィチ神父がロートムントと会う手筈を整えた。ドラガノヴィチは「南米に行くルートを数百人のために確保し、我が国に大きな貢献をした」人物だった。フルトナーはドラガノヴィチの世話になった人間を「難民」と言っているが、彼らの多くはそう呼ばれる資格がないほどに、戦時中、卑劣極まる行いをした。ドラガノヴィチは聖職者のローブを羽織るにふさわしくなかったが、その服装のおかげで罪を隠すことができたのである。フルトナーとペロン同様、四十四歳のドラガノヴィチは戦争犯罪人の逃亡を助けた首謀者の一人なのである。

戦時中、ドラガノヴィチはウスタシャの支持者だった。ウスタシャは、一九四一年四月に枢軸国が侵攻してきたあと、「独立」したクロアチア国を牛耳った国粋主義運動だった。国家指導者《ポグラヴニク》のアンテ・

パヴェリチに率いられたウスタシャのメンバーたちは、戦時中に威力を振るった最も凶悪な体制の一つだった。パヴェリチは権力を握っていた四年間、自分が中心になって集団殺害の政策を実施した。そのやり方は、ナチが統括していた死の収容所で見られたどんなものより遥かに野蛮だった。ユダヤ人、セルビア人、ジプシー、政敵は、ハンマー、ナイフ、銃、鉄棒、鞭、火、ガス、ベルト、斧、手榴弾、鉈で殺害されたり、また、飢餓状態に置かれ、窒息させられ、踏みつけられ、寒中に放置されたりして命を落とした。ザグレブの南東六十マイルのヤセノヴァツ強制収容所では、約八万五千人から十万人がそうした手段で殺害された。子供たちも陰惨な処刑を免れなかった。赤ん坊と幼児は麻袋に詰められ、母親たちの死体で一杯の溝に投げ込まれた。彼らはまた、鉄のハンマーで殺害され、タイル工場の炉の中に投げ込まれた。時には、半分生きたまま溝に埋められ、断末魔の苦しみに襲われてあがくにつれ、土が絶えず上下に動いた。時折、犠牲者の眼球が抉り出され、トロフィーに使われた。戦時中にパヴェリチに会ったイタリアのジャーナリスト、クルツィオ・マラパルテは、パヴェリチの机の上にある籠に目が引き寄せられたと書いている。「蓋を開けると、籠には貽貝《いがい》か殻を剝いた牡蠣のようなものが詰まっているように見えた」とマラパルテは書いている。「アンテ・パヴェリチは籠から蓋をどけた。すると、いくつもの貽貝、ぬるぬるしたゼリーに似た塊が現われた。彼は例の疲れたような、気のよさそうな笑みを浮かべて言った。『私の忠実なウスタシャからの贈り物ですよ。四十ポンドの人間の眼球』」

　これが、ドラガノヴィチの仲間の正体だった。彼自身の手は犯行によって血まみれになることはなかったが、彼は犯罪者を支持し、そうした犯罪がヤセノヴァツで行われたことを十分に知りながら、同地で施設付き司祭の務めを果たしたのである。ドラガノヴィチはセルビア人をカトリック教に無理に改宗させ、彼らの財産を盗んでクロアチア人に与えた「植民地化局」で重要な役割を果たした。あるアメリカ軍の情報将校の言葉を借りれば、「半ば論理的で半ば気違いじみた、極端な国粋主義的組織によって信奉されている理念は、基本的には健全な考えである」とドラガノヴィチは考えていた。一九四三年八月、彼はクロアチア赤十字の代表としてローマに来た。そこで、ユーゴスラヴィア人の被抑留者を助けるために働いた。ある報告によると、ドラガノヴィチはセルビア人を助けるのを拒否し、仲間のクロアチア人のみを助けた。彼はクロアチア公使館の公文書だけではなく、もっとデリケートな任務も負わされた。彼はローマをその年の終わりに去ったが、翌年一月に救援の仕事を続けるために戻ってきた。その期間にドラガノヴィチは、ウスタシャが密かに持ち込んだ貴重品も託された。彼はローマにいるあいだ、ウスタシャのメンバーが逃亡するのを助けるために、ヴァチカンの至る所にコネを作ったという、いくつかの話がある。それはあり得ないことではないが、ドラガノヴィチが自分の計画についてピウス十二世と相談したという推測は根拠がない。

戦時中に法王が演じた役割は、ここで論ずるにはあまりに大きいテーマであるが、ピウス十二世が、教会を破壊することを望んだ体制よりも、教会を維持しようと望んだ体制のほうに好意的だったのは、ほとんど疑いの余地がない。法王は一九四一年五月にパヴェリチを引見した。それは英国の外交官のあいだに非常な悪感情を生んだ。しかし法王はパヴェリチのことを「ひどく中傷されている人物で、殺人の罪はない」と信じた。だが、クロアチアでの迫害と、その報告が広く知られるようになると、その信念を心から抱けなかったろう。それにもかかわらず、一九四二年十月、法王が再びパヴェリチに会うという情報を英国は入手した。それは英国の憎悪を再び掻き立てた。十月三日、ヴァチカン駐在の英国の特命全権大使ダーシー・オズボンが、ヴァチカン市国の次官ジョヴァンニ・モンティーニに会い、パヴェリチは六万人のセルビア人を殺害した責任者なので、法王に再度謁見することは「激しい非難を買うだろう」と伝えた。モンティーニはオズボンに対し、自分はパヴェリチの訪問については何も知らないが、差別をしないのが法王のやり方なので、たぶん法王はパヴェリチに会うだろうと答えた。「両手が何万人もの無辜《むこ》の犠牲者の血を滴らせている男は別にすべきだと応じました」と、オズボンは外務省に書き送った。サー・オーム・サージェントは数日後に返事をした。「貴下の言葉を是とする」。オズボンの言葉は効果があったようだ。なぜなら、ピウス十二世はその年の十月にはパヴェリチには会わなかったからだ。しかし、一九四三年九月二日午後、法王はイタリアに訓練のために来ていたクロアチアの百十人の憲兵と引見した。そのうちの何人かはヤセノヴァッ強制収容所に勤務していたという噂があった。法王は自分の会った者の何人かの凶悪な性格に気づいていなかったかもしれないが、彼がウスタシャのような大きな集団に会ったということは、危険な外交的綱渡りをしていたことを示唆している。憲兵の一人一人が贈り物と法王の祝福を与えられた。それを知ってクロアチアの新聞は喜びを示した。

戦争の末期には、ドラガノヴィチは愛するウスタシャのメンバーを助ける理想的な立場にいた。最初、彼の仕事は北イタリアとオーストリアの収容所を経巡り、捕らえられたウスタシャのメンバーを調べるというものだった。ある時彼は四十五キロの金《きん》を託された。それはもっぱら、クロアチア体制下のユダヤ人とセルビア人の犠牲者から盗んだものだった。だが、一九四六年一月、元クロアチア陸軍の将軍でパヴェリチの義理の息子ヴィルコ・ペスニカルが、銃を突きつけてドラガノヴィチからその宝物を奪った。そして、それを自分の「運輸協会」を作るのに使ったが、すぐに失敗した。ドラガノヴィチは盗難事件にもめげず、「救援事業」を諦めなかった。そして間もなく、ローマのタマチェッリ一三二番地にあるクロアチアの修道院サン・ジロラモは、すべてのウスタシャの隠密裏の活動の中心になった。ドラガノヴィチはそこの中二階に「ローマ、クロアチア難民委員会」を設置した。それは彼の「人間密輪」活動の隠れ蓑にほかならなかった。修道院はまた、ウスタシャの逃亡者のための避難所でもあったので、警戒は厳しかった。一九四七年の初め、防諜部隊は手配中の男たちがいるかどうか確認するため、諜報員を修道院の内部に入れたが、間もなく諜報員が中にとどまるにはあまりに危険になった。それにもかかわらず諜報員は、ドラガノヴィチの徹底した警戒態勢を明らかにすることができた。

この修道院に入るには、武器の携行と身分証明の文書を調べられ、どこから来たのか、誰なのか、誰を知っているのか、訪問の目的は何か、修道院にクロアチア人がいる事実をどうやって聞いたのかという質問に答えねばならない。各部屋のすべてのドアには鍵がかけられ、鍵がかかっていない部屋の前には武装した護衛が立っていて、部屋から別の部屋に行くには合言葉が必要である。修道院全体は武装したウスタシャの私服の青年に守られていて、ウスタシャ式の敬礼が絶えず交わされる。

諜報員はまた、修道院に住んでいたり、定期的に修道院を訪れている何人かのウスタシャ幹部の名前も報告した。それには、ドラガノヴィチと親しい関係にあったペスニカルだけではなく、元外務副大臣、元大蔵大臣、元文部大臣、元ウスタシャ空軍司令長官も含まれていた。「こうしたクロアチア人は、お抱え運転手が運転する二つのイニシャルCDのプレート、すなわち外交官プレート《コルポ・ディプロマティコ》を付けた車で、週に数回、ヴァチカンから出掛ける」と諜報員は報告した。

防諜部隊の特別諜報員ロバート・クレイトン・マッドは、そうした動きから次のように推測した。ドラガノヴィチの活動は「元ウスタシャの国粋主義者が安全に南米に行ける適切な文書が用意できるまで匿う、というヴァチカンの計画と結びついている」。さらにマッドによれば、ヴァチカンは「共産主義が広がるのをなんとか防ぐため、南米に彼らを潜入させようと」していた。そうしたことにヴァチカンが直接関係していたというマッドの主張は正しかったのだろうか。英国は同意見のようだった。一九四七年十二月、英国のある外交官は外務省のJ・V・ペロウィンに手紙を書いた。ヴァチカンは「ウスタシャを陰に陽に激励することを許していた……反体制のスロヴェニアの神父を匿うのと、パヴェリチのような輩を積極的に助けるのとには天地の差がある」。(防諜部隊同様、英国もサン・ジロラモに潜入したが、ドラガノヴィチとウスタシャのメンバーが、英国の情報将校の対ウスタシャ活動について情報を得ているのを知って慌てた。ドラガノヴィチはフィンドレイという英軍の大佐と親しいとも言われていた。フィンドレイはイタリアにおける占領軍の強制追放者本国送還部の部長だった。助手はシムコック少佐だった。)何年ものち、英国の情報将校によれば、ドラガノヴィチにはヴァチカンの最高位の者たちの後ろ楯があったという。また、こうも述べた。「ピウス十二世はドラガノヴィチ神父の活動について一から十まで知っていた。それでなければその地位にいられなかっただろう」。そうした主張のいずれが正しくとも、ヴァチカン内部の一団がドラガノヴィチを支持していたのは疑いない。いまだにわかっていないのは、そして、将来もわからないであろうのは、法王自身が関与していたかどうかである。この時期のヴァチカンの公文書が公開されていないので、そのことに関しては残念ながら、誰もが推測しているだけで、その推測の多くは裏付けることができない。もし法王が打算的なドラガノヴィチと実際に関係があったのなら、のちに見るように、彼は関係すべきではなかったのに関係した唯一の人間ではないのだ。

ドラガノヴィチが庇護していた一番大切な人物はパヴェリチだった。パヴェリチは一九四五年五月七日にクロアチアから逃亡した。アメリカの情報機関によれば、彼は八千万ドル近くを持って逃げた。その多くは金貨だった。パヴェリチに帯同したのは、トラック三台分の兵士と、トラック一台分の下士官だった。五月六日の午後、一隊はザグレブ近郊のパヴェリチの屋敷から出発し、ロガシカ・スラティナに向かって北に五十マイル旅をした。翌朝パヴェリチはマリボルに向かって北に二十マイル進んだ。マリボルはオーストリア国境の南に約十マイルのところにあった。パヴェリチは名前を「ラミレス」と変え、服も市民服に替えた。それから一隊は北西約九十マイルのユーデンブルクに向かった。だが一隊は数台のロシアの戦車によって行く手を阻まれた。「我々はその音を聞いた時」と、ウスタシャの護衛の一人は回想している。「トラックから飛び降り、近くの丘に向かって駆け出した。総統《ポグラヴニク》も車から出た。彼は我々を止めようとし、一緒にいてくれと懇願した。けれども、我々の大方は戦闘を経験したことがなく、ロシア軍の戦車が怖かったので、そのまま逃げ続けた」。間もなく、パヴェリチと一緒にいたのは、わずか一握りの下士官と幾人かの将校だけになった。次に何が起こったのかは、はっきりしない。彼の娘の話によると、元独裁者は同情したオーストリア人の「農民の屋敷」に匿ってもらった。そこはアメリカ軍占領地帯にあるアルトアウスゼーの北西三十マイルのザンクト・ギルゲンに近い、アルプスにあった。パヴェリチはイタリア人のメイドと一緒の家に住んだ。「父は森で時を過ごした」と彼の娘は回想している。「茸を採ったり魚を釣ったりして。父はそのいくらかを送ってくれさえした。私たちはお返しに配給のパンを少し送った」。もしパヴェリチが実際にアメリカ軍占領地帯に行ったのなら、そこに着くのに英軍占領地帯を通らざるを得なかったろう。

パヴェリチと英国との関係は多くの陰謀説のテーマになっているが、そのうちのいくつかは本当かもしれない。確かにロシアとユーゴスラヴィアとアメリカは、パヴェリチは自分の自由を得るために英国と一種の取引をしたか、英国は密かに彼を捕らえていたかだと信じていた。一九四五年七月、ロンドン駐在のユーゴスラヴィア大使リュボ・レオンティチ博士は外務省に、パヴェリチは「アレグザンダー陸軍元帥の部隊によって投獄され……現在、オーストリアの英軍の管理下にある地区にいる」と伝えた。ユーゴスラヴィアは翌月もその主張を繰り返し、パヴェリチはクラーゲンフルトで英軍によって拘留されていると付け加えた。英国は、パヴェリチを拘留してはいない、彼はザルツブルクのアメリカ軍占領地帯にいるという噂があると主張した。それはパヴェリチの娘がのちに回想していることに符合する。十月、外務省は再びユーゴスラヴィアに手紙を送り、「パヴェリチ博士の現在の居場所を発見するためのあらゆる努力がなされている」ことを強調した。ユーゴスラヴィアは英国の言うことを信じず、一九四五年十二月十四日、次のように公式見解を表明した。英国は「ネディチ［陸軍元帥］とパヴェリチの居所を知らないと言っているが、我々の当局はその戦争犯罪人たちが自由に暮らしている町と通りを正確に知っている」。そしてユーゴスラヴィアは、二人の男を返すという「口約束」を外務省は破ったと付け加えた。それは本当ではあり得なかった。たとえ英国がパヴェリチを拘置していたとしても、そのことをユーゴスラヴィアに言うはずはないだろうから。英国が約束したのは、もしパヴェリチが見つかれば引き渡すということだけだった。二国間でのこの外交的テニスは翌年も続いた。チトーは、英国はユーゴスラヴィアの新しい共産主義体制を転覆させるためにパヴェリチを使おうと匿っているのではないかと疑った。一方英国は、バルカン諸国の裁判方法の欠陥に留意し、容疑者が明白にユーゴスラヴィアにとって有害な人間でない限り、引き渡すのを拒否した。スターリンでさえ介入してきて、一九四六年三月初めのチャーチルによる有名な「鉄のカーテン」演説のあと、チャーチルはパヴェリチをユーゴスラヴィアに戻して復権させたがっている、と非難した。「こうしたファシスト一味は完全な民主主義を確立し、それを保証すると、チャーチルは我々に請け合おうとしている」とソヴィエトの指導者は言った。一方、英国はユーゴスラヴィアに教えられた場所をすべて捜したが、成果はなかったと主張した。

アメリカも英国がパヴェリチを匿っていると確信していた。一九四六年十月、防諜部隊は報告書に、「英国がアンテ・パヴェリチの逃亡を助けたことには、もはやなんの疑問もない」と自信をもって記した。その報告書には次のようなことも記されていた。一九四五年春、英国はパヴェリチと約千五百人のウスタシャのメンバーをチトーに引き渡そうとしたが、間際になって、総統《ポグラヴニク》は夜、英軍のジープで連れ去られた。「その行動の理由はわかっていないが、パヴェリチは英国人によって連れ去られたのは疑いの余地がない」。残念ながらその報告書には、その大胆な主張を裏付ける証拠は記されていない。また、ドラガノヴィチを「マリャノヴィチ」としているので、その信憑性は問うべきである。しかし、アメリカが作成したほかの報告書もある。そのすべては、パヴェリチは英国人に賄賂を贈って自由の身になり、一九四五年の夏のあいだクラーゲンフルトで英国情報機関に匿われていたことを示唆している。その頃、英国のジョンソン中佐という男が、数人の神父を伴ってトラック二台分のウスタシャの貴重品を持って逃亡し、イタリアのいまだ不明の場所に向かったという情報があった。別のアメリカの報告書には、英軍はウスタシャが所有していた一億五千万スイスフランをオーストリアとスイスの国境で押収し、残りの約二千万スイスフランをヴァチカンに運ぶことを認めたと記してある。

すべてのそうした報告書は注意して扱う必要がある。戦争直後のオーストリアとイタリアにはスパイが群れていた。その多くはきわめて怪しげな情報を売り歩いていた。防諜部隊の諜報員自身、自分たちの「製品」を集める際、驚くほどプロらしくなかった。一九四九年にトリエステで英国情報部隊の一員だったリチャード・ウェストは、上司に働きぶりが知られたら解任されていたであろう、防諜部隊の一員に会ったことを回想している。「彼はアルバニアの新聞を手に入れ、あるアルバニア人に訳させた。彼はそのまったくの戯言《たわごと》をすべて訳し、あたかもティラナ〔アルバニアの首都〕に連絡員がいるかのように装った。それを見て私は、大方の情報部がいかに滑稽かを知った」。もちろん、すべてのそうした情報が無価値であるわけではまったくないが、パヴェリチに関する英国情報機関のファイルが公開されるまでは（それはあり得ないが）、確定的なことは言えないし、また、事実がわからぬままに知ったかぶった皮肉な態度をとるのも間違いである。しかしのちにわかるように、英国はアメリカ同様、共産主義に対する初期の戦いにおいて戦争犯罪人を使うのだが、そうした諜報員は元元首のような大物でもなく、パヴェリチほどに手を血で汚した者でもない。それにもかかわらず、パヴェリチは情報部にとって驚くべき財産になったろうし、英国がパヴェリチの知っていることと引き換えに自由を与えるという取引をしたのかもしれない。また、これものちにわかることだが、英国は同盟国に（さらには自国の政治家と外交官に）、戦争犯罪人を雇うことに関して平然と嘘をついたので、外務省のような組織がそういうことを否定しても、信用することはできない。

パヴェリチが英軍占領地帯にいて見つからずに済んだということは眉唾だが、彼の娘によると、彼は無事にアメリカ軍占領地帯にも住んだらしい。事実、アメリカ軍はパヴェリチの娘の居場所を知っていた。娘と家族はアメリカ軍に居場所を定期的に報告しなければならなかったのだから。もしアメリカがパヴェリチの居所を見つけたかったのなら、ザンクト・ギルゲンの森にいる父に足繁く会いに行く彼の娘のあとをつけるだけでよかったろう。アメリカ軍がそれをしなかったということは、すでに彼の居場所を知っていて、彼を放って置いたことを示唆している。アメリカがパヴェリチに関わっていたのではないかという疑念は広く浸透した。一九四九年、リチャード・ウェストはトリエステで、ユーゴスラヴィアの諜報員ではないかと思われる男に出会った。「その男は私のところにやって来て、非常に興味深い情報を持っていると言った」とウェストは語った。「そして、アンテ・パヴェリチのローマの住所を教えてくれた。私はひどく興奮し、部長のところに飛んで行った。すると部長は私のメモ用紙を引き裂いて言った。『パヴェリチを捕まえようとしても無駄だ。ヤンキーどもが後ろ楯になってるんだ』」

また、パヴェリチが連合国と繋がりがあると思われているのは、ロシアとユーゴスラヴィアの偽情報、プロパガンダ以外の何物でもないということも考えうる。両国は西欧の民主主義に泥を塗り、それによって共産主義の株を上げるために、英米はファシストと共謀していると、しばしば非難した。もしユーゴスラヴィアが一九四五年十二月に主張したようにパヴェリチの居場所を確実に知っていたのなら、なぜ彼を暗殺しなかったのか。彼らが暗殺を厭わなかったのは確かである。一九四五年十一月十日、三人のユーゴスラヴィアの諜報員がユーデンブルクにある強制追放者の収容所に入り込み、セクラ・ドルリェヴィチ博士とその妻の喉を切った。ドルリェヴィチは親枢軸国のモンテネグロ傀儡国家の表看板で、パヴェリチの友人だった。ユーゴスラヴィアはもっと公然とパヴェリチを捜索することができただろう。なぜなら一九四六年五月、国務省はユーゴスラヴィア人がオーストリアのアメリカ軍占領地帯でパヴェリチを捜すのに異議を唱えなかったからだ。ユーゴスラヴィアは英軍占領地帯でも戦争犯罪人を捜した。そして、非ユーゴスラヴィア人のみを捜索することを認められていたが、英国には何も言わずにパヴェリチを捜すことはできたであろう。

一九四六年の春、パヴェリチはカトリック神父に変装し、「ドン・ペドロ・ゴネル」と名乗ってローマに行った。元独裁者がどこに住んでいたかは、正確にはわからない。パヴェリチが法王の夏の居宅であるカステル・ガンドルフォにいたという報告もあるが、それはあり得ないようだ。ある時点で、パヴェリチはサン・ジロラモでドラガノヴィチに匿われていたが、サンタ・サビーナ修道院、ヴィア・ジャコモ・ベッリにあるカトリック神学校、さらにはヴァチカン自体を含む数多くのカトリックの施設に隠れたという報告もあった。この最後の場所には、アメリカ国務省の高官は眉を吊り上げた。「私はいささかでも改悛の情を示した犯罪者に対するヴァチカンの人間的な態度を知っているし、それを評価するが」と高官はローマにいるアメリカの外交官に書き送った。「パヴェリチのとりわけおぞましい経歴は、教会が彼を保護するのを難しくしているようだ」。外交官たちもその疑念を共有していた。「パヴェリチはキルロイ〔第二次世界大戦で、米兵は各地に「キルロイ参上」という落書きをした〕のように、どこにでもいるように思える」と彼らは報告した。「または何十人もの捜査員の報告はそう示唆している」。それにもかかわらず捜査員たちは、パヴェリチは法王に祝福されてローマにいるのだと頑なに思っていた。一九四七年八月、防諜部隊の諜報員ウィリアム・ガウエンは、パヴェリチはヴァチカンの保護を受けていると報告した。パヴェリチを引き渡すのは、「教会に対抗している無神論と共産主義と戦う力を弱める」ことにしかならないとヴァチカンは考えているとガウエンは言って、自説の正しさを強調した。パヴェリチは怪物かもしれないが、最大の怪物スターリンが後ろ楯になっているチトーほどの怪物ではないと、彼は考えた。

　アメリカの外交官たちが無視したのは、ヴァチカンがウスタシャに共鳴しているという、よく知られた事実だった。一九四五年八月、法王庁は六百人のウスタシャをユーゴスラヴィアに引き渡さないように英国に要請した。英国はそれに返事をしなかった。ヴァチカンはその要請を繰り返した。今度は法王自身の名で。英国は、戦争犯罪人を庇護するつもりはないと言って、またもや拒否した。別の例では、ユーゴスラヴィアは連合国に、ヴァチカンの東洋学院に隠れている五人のウスタシャを引き渡すように頼んだ。英国はヴァチカンに対し、逃亡者は「トマス・ア・ベケット」ではないということ、彼らを匿うことによってヴァチカンは、引き渡しを要求された戦争犯罪人は犯罪を実行した国に送還すべしという国連の命令に背くことになると言った。驚くには当たらないが、ヴァチカンは返事をしなかった。一九四七年四月、ヴァチカンは連合国に対し、十五人のナチ協力者を釈放するように求めた。彼らは「人道主義者」だという理由で。外務省はヴァチカンの言い分に嫌悪感を覚え、法王庁に次のように答えるよう、ダーシー・オズボンに一連の「厳しい指示」を与えた。それらの「人道主義者」は、「人道主義の原則を愚弄し、人類の歴史上類を見ない残虐行為を大目に見た「ウスタシャ」体制を支持し、容認した」。

一九四七年の夏には、英国もアメリカもパヴェリチの居住地を正確に知っていた。トラステヴェーレ地区のその建物に施されている防護処置についてさえ知っていた。

パヴェリチはヴァチカンの保護のもとに、ヴィア・ジャコマ・ヴェネツィア一七番地Cの二階に住んでいた。建物に入ると、長い暗い廊下を通る。廊下の突き当りには二つの階段があり、一つは左に、一つは右に通じている。右の階段を登ると、右側にある部屋には1、2、3等と番号が振ってある。3号室のドアを一回か二回ノックすると、別にどうということのない人間が出てくる。しかし、3号室のドアを三回ノックすると、2号室のドアが開く。そのドアはパヴェリチとブルガリアの有名なテロリスト、ヴァンツィア・ミコイロフとほかの二人の人物が一緒に住んでいる部屋に通じている。ほかには約十二人の男がその建物に住んでいる。彼らはすべてウスタシャで、パヴェリチのボディーガードだ。パヴェリチは外出する時はヴァチカンのナンバープレート（SCV）の付いた車を使う。

パヴェリチを逮捕する計画がすぐに立てられたが、彼がどうやらヴァチカンに保護されているようだったので、そうした行動はパヴェリチがヴァチカンの外に出た時にのみ可能だった。それは「極度に危険な作戦」だろうと、一人のアメリカの将軍は警告した。「それは米、英、伊当局が入念に連携を保ち、極秘に行う必要がある」。それにもかかわらず、一九四七年七月七日、防諜部隊のローマの作戦部長は、地中海戦域のアメリカ軍の参謀長補からの命令を伝えた。「見つけ次第、当人［パヴェリチ］を勾引することを望む」。その命令はパニックを引き起こしたに違いない。なぜなら、七日後、文書の一番下に手書きのメモが加えられたからである。「新たな指令――『中止』」。その結果、パヴェリチが逮捕されることはなかった。

新たな命令は、ヒトラーに劣らぬ忌まわしい集団殺戮を犯した過去を持つ人物を連合国が匿っていた証拠のように思われる。パヴェリチ自身が諜報員として使われたということは考えにくいが、彼は依然としてウスタシャの残党の影響力のある表看板で、ウスタシャの何人かはチトーに対する情報戦争において英米に雇われていたのだ。もしパヴェリチがチトーに引き渡されれば、それらのウスタシャの諜報員たちは、自分たちの新しい主人に喜んで仕える気がしなくなっただろう。このことは一九四七年八月十一日、米陸軍情報部のジョージ・F・ブランダ中尉と二人のMI6の将校がローマの英国大使館で会った際、両連合国によって議論された。元『スペクテイター』の文芸担当編集長でMI6の将校の一人、ヴァースコイル空軍中佐は、アメリカは英国を巻き込まずにパヴェリチを逮捕すべきだとブランダに言った。ブランダは断り、パヴェリチを逮捕するのは「我々の利益にならない。何人ものクロアチア人が密告者として使われてきているので……そして彼らが、パヴェリチの反共産主義活動と狂信的カトリック信仰に忠実であることは事実だ」。その結果、連合国は責任をイタリアに転嫁した。イタリアは英国とアメリカに監視してもらいながらパヴェリチを逮捕することに決めた。しかし、彼を逮捕することはできなかった。ヴァースコイルの言うところでは、パヴェリチをヴァチカンの外にうまく連れ出すことができなかったからである。もう一つの考えられる理由は、パヴェリチが九月に、命に関わるような大手術をしたというものである。それに加え、パヴェリチを逮捕したなら、ヴァチカンの高官が共謀して彼を隠していたことが暴露してしまっただろう。諜報員のガウエンは書いている。「パヴェリチの連絡相手は身分が非常に高く、彼の現在の立場はヴァチカンの名誉を非常に傷つけるものなので、パヴェリチを引き渡すのは、ローマ・カトリック教会にとって大打撃だろう」

パヴェリチは眠っている犬ではなかったかもしれないが、横たわっているのを許されていたのは確かだ。翌年、彼はヴァチカンという犬小屋を出ることさえできた。一九四八年十月十一日、もじゃもじゃの頬ひげを生やし、眼鏡をかけた「パール・アラニョシ」という鰥夫《やもめ》が、ジェノヴァでイタリアの汽船、セストリエーレ号に乗船した。男は、74369番の赤十字旅券を持っていた。彼は十一月六日にブエノスアイレスに着き、ペロンの手先によってボートで運び去られた。しかしパヴェリチは、クルノスラフ・ドラガノヴィチの助けなしに南半球に辿り着いた少数の者の一人だった。パヴェリチは正しくも、ドラガノヴィチ神父は英国とアメリカにあまりに近しいと感じていた。総統《ポグラヴニク》がどうやって逃亡したのかは今に至るまで謎めいているが、彼は別のカトリックの神父に助けられたのではないかとか、自分で万事手配したのではないかとか言われている。しかしパヴェリチは、おそらく、あとで触れる別の組織網に助けられたのだろう。

戦争犯罪人を密かに逃亡させたローマの神父はドラガノヴィチだけではない。彼に劣らず重要な人物は、アロイス・「ルイージ」・フーダル司教である。フーダルは、ナヴォーナ広場から二街区離れたヴィア・デッラ・パーチェにある墺独教会兼神学校のサンタ・マリア・デッラニマの主任司祭だった。時折ドラガノヴィチと一緒に仕事をしたフーダルは、大勢のナチの戦争犯罪人の逃亡を助けた。その中に、最も悪名高い二人――フランツ・シュタングルとアドルフ・アイヒマン――が含まれている。フーダルはのちに、神父としての自分の使命は、ナチであれ共産主義者であれユダヤ人であれ、自分のところに助けを求めてくる者に力を貸すことだと言うのだが、実のところ彼の慈悲心はほとんどナチに向けられていた。事実、フーダルは長年ヒトラー体制に共感していて、一九三六年、『国家社会主義の基盤』という本を書きさえし、その中でキリスト教とナチズムの橋渡しをしようとした。フーダルはその一冊をヒトラーに送り、「ドイツの偉大さを築く者に」という献辞を書いた。その本はナチズムに対するまったくの擁護ではなく、その結びでフーダルはこう論じている。「国家社会主義がドグマのレベルまで高められた新しい生命哲学と一致する時……沈黙したままでいるとか、待つというのは信念の肯定であると同時に否定である」。フーダルにとっては、真に人を指導するのは教会のみだった。彼は同書の末尾の一節で、ナチズムは教会には決して十分には受け入れられないと宣言した。「使徒の言葉が勝つのである――『人は人間によりも神に服従すべし』」。また、何世紀にもわたって数多くの異端に対して何度も発せられた、ローマにおけるあの文句、『Non possumus!〔我々は能はず！〕』が」。そのような立場ゆえに、同書はドイツにおいて、また併合《アンシュルッ》後はオーストリアにおいて発禁になった。

　フーダルはナチズムに対してはっきりとした懸念を抱いていたにもかかわらず、最後にはヨーロッパと南北アメリカの極右の指導的人物の何人かと付き合った。戦時中、彼は車に大ドイツ帝国旗〔ハーケンクロイツの旗〕をつけてローマ中を走り回ったとか、金のナチ党バッジを持っていたとさえ言われた。フーダルに会った者は、彼が「小男で自慢屋だった」のを覚えていた。別の者は、彼の「生き生きとした黒っぽい目が、もじゃもじゃの眉毛の下で善良そうに見え、やや突き出た唇が率直さと正直さを楽天的に表わしていた」のを覚えていた。一八八五年に生まれたオーストリア人のフーダルは一九〇八年に聖職位を授かり、一九一一年にサンタ・マリア・デッラニマに入った。第一次世界大戦中はドイツ軍の従軍司祭になり、教授になるために生まれ故郷のグラーツに戻った。一九二三年、サンタ・マリア・デッラニマの主任司祭になり、終生ローマにとどまることになった。一九三二年、フーダルはウィーンの大司教になれなかったので失望した。ある主任司祭によると、フーダルはあまりに「国家主義的」だったので、オーストリア政府から敬遠されたのである。それにもかかわらずフーダルは翌年、一九三九年にピウス十二世になるサンタ・マリア・デッラニマの保護枢機卿〔法王から、ある教会、修道会などに対する保護権を与えられている枢機卿〕エウジェニオ・パツェッリによって名義司教に任ぜられた時は満足したであろう。

　一九四三年の春、フーダルはSS上級大隊指導者《オーバーシュトゥルムバンフューラー》ヴァルター・ラウフに会ったと言われている。ラウフは引き金を引く者の「相当の負担」を軽くするために、銃殺する代わりにユダヤ人をガスで殺す「ガス殺トラック」を考案した。元ヒトラーユーゲントの指導者アルフレート・ヤーシェルによると、ラウフは将来の逃亡援助組織網を作るためにローマとヴァチカンで感触を探っていた。だが、ヤーシェルの話は甚だ怪しい。というのも、それは彼がヴェルナー・ブロックドルフという名で一九六九年に出版した『ニュルンベルクを逃れる』に出てくるからである。同書は正確な歴史とまったくの虚構の奇妙な組み合わせで、前者が後者に信憑性を与えているに過ぎない。ジーモン・ヴィーゼンタールの馬鹿げた主張の多くと同様に、ヤーシェルの本は逃亡したナチに関する厖大な数の神話の元になっている。ラウフがイタリアに派遣された時にフーダルと会ったということは理屈の上では可能だし、二人の男が逃亡ルートについて話したかもしれないが、証拠はまったくない。

　それにもかかわらず、戦時中ずっとフーダルには、親ナチではないとしても、少なくとも人を当惑させるほどにナチに同情的だという評判があった。一九三九年に戦争が勃発すると、ピウス十二世はサンタ・マリア・デッラニマを庇護するのをやめた。法王に宛てたフーダルのクリスマスの挨拶への返事の宛名は、「サンタ・マリア・デッラニマ」にではなく、皮肉だが、「アーリア神学校」になっていた。フーダルはまた、ドイツ人とオーストリア人の巡礼者の一行を先導して、いつもならば彼のような高位の神父には開放されているヴァチカンの一部に入ろうとした際、行く手がスイスの衛兵によって阻まれた。フーダルの政治的見解は非常によく知られていたので、一九四四年六月に連合国軍がローマに入った時、サンタ・マリア・デッラニマの家宅捜索が行われた。当時の戦略事務局の報告書にはこう書いてある。フーダルは「言葉の真の意味において変節者で、政治にちょっかいを出す神父の最悪の範疇に入り、破廉恥で無節操である」。

もしピウス十二世がフーダルについて懸念を抱いていたとしたら、その懸念はローマが解放されたあと薄らいだように思われる。フーダルは「オーストリア援助《アシステンツァ・アウストリアカ》」の責任者になってくれと頼まれたのである。それは、難民を助けるために法王が作った「援助司教委員会」の一部だった。フーダルには、仕事がしやすくなるようにと、「カトリックの被抑留者に通常の宗教的援助」を与えるために収容所を巡回するのに必要な通行証が発行された。フーダルにとっては、それは文字通り天の賜物だった。それを利用して逃亡援助組織網を作ることができるからである。「刑務所と強制収容所にいる多くの犠牲者を訪れ慰藉することを可能にしてくれた神に感謝する」と、彼は何年かのちに書いた。「そして、偽の身分証明書を使って彼らが逃亡するのを助けることを可能にしてくれた神に」。フーダルの動機は、戦争というものは、「民主主義、人種、宗教的自由、キリスト教といったスローガン」で飾られて大衆に売られる「経済複合体の競争」にしか過ぎないという信念だった。そのためにフーダルは、「一九四五年以後、自分のすべての慈善行為を、主に元ナチとファシスト、とりわけいわゆる〝戦争犯罪人〟に向ける義務がある」と感じたという。もちろんその当時は、フーダルはそれほど図々しくはなかったろう。したがって、連合国のご機嫌を取るようにし、自分を忠実なカトリック神父に見せた。戦略事務局のある報告書にはこう書かれていた。そうしたオーストリアの集団は「連合国を喜ばせるためには、哀れなくらいなんでもしようとしている……彼らは、連合国が自分たちに関心を抱いている兆しがあれば、なんであれそれに飛びつく。その関心を抱いている者がいかに下の者であろうと」。そうした卑屈さゆえに、戦略事務局は彼らを「低能の小集団」と見なしたが、もし彼らがドイツ軍の元メンバーと結びついたなら脅威になると警告した。

　フーダルは低能などではなく、実際にドイツ軍と接触した。「難民」事業における彼の主な助手はラインハルト・コップス大尉だった。コップスは国防軍諜報部《アプヴェーア》に勤務し、ハンブルクで英軍によって拘禁された。一九四七年、捕らわれてから一年後に脱走し、「ハンス・マーラー」という偽名でローマに逃げた。多くの難民同様コップスは、困窮している者すべてに開放されている法王庁の食堂で食事をして暮らした。そこでコップスは、同じような境遇にある多くのドイツ人を見つけて喜んだ。彼らの全員が「最上流の家庭」の出だった。彼は間もなくフーダルと知り合った。フーダルはサン・ピエトロ広場近くのサルヴァトーレ修道会の図書館の仕事を世話してやった。その年のクリスマス、フーダルはコップスと約二百人の「難民」を集めてクリスマスを祝い、彼らに向かって話した。「警察が君たちをここで見つけることはないので安心してよい。人がローマのカタコンベに住んだのは、これが最初ではない」。コップスは実は、フーダルの活動と、ジェノヴァにある「ヨーロッパにおけるアルゼンチン人移民の代理人団」（ＤＡＩＥ）の仲介人だった。代理人団にいたコップスの連絡員は、元イタリア人将校のフランツ・ルフィネンゴで、彼もドラガノヴィチが元ナチをアルゼンチンに逃がすのに手を貸していた。「私はローマで、ジェノヴァからフランツが差し伸べてくれた手を掴んだ」と、コップスはのちに書いている。ある時点で、コップスはジェノヴァに住みさえし、ドラガノヴィチの諜報員の一人に匿われていた、数人のクロアチア人とドイツ人と一緒のアパートに住んだ。

逃亡ルートを維持する仕方をコップスに教えたのはルフィネンゴだった。「難民」は「アシステンツァ・アウストリアカ」――それは一種の擬似領事館の役割を果たした――から、フーダルが署名した身分証明書を貰ったあと、赤十字に旅券を申請した。旅券はあまり多くの質問をされずに発行してもらえた。赤十字はひどく忙しく、職員が申請者の身元確認などできなかったうえに、司教の署名が物を言った。また、フーダルについての疑念が情報機関のあいだで広まってはいたものの、「町の噂」にはなっていなかった。赤十字から旅券を貰った逃亡者はジェノヴァに向かい、同地で、コップス、ルフィネンコ、ドラガノヴィチの諜報員、DAIE、「アルゼンチン移住全国委員会」の事務所に助けられた。同委員会はもう一人の高位のカトリックの聖職者、ジュゼッペ・シーリ大司教に支援されていた。適切な文書が揃うと、逃亡者のほとんどはブエノスアイレス行きの船に乗せられた。時折、フーダルはドラガノヴィチの労力に対して金を払った。なぜなら、防諜部隊の報告によると、ドラガノヴィチは「ウスタシャとナチに関しない仕事にはまったく関心がなく、その仕事は特に財政上の恩恵を彼に与えなかった」からである。そのクロアチアの神父はフーダルから「多額の補償」を受け取ったと言われた。

フーダルがすべての資金をどこから入手したのかは、いまだにはっきりしない。アシステンツァ・アウストリアカはヴァチカンからある程度の金を受け取ったが、フーダルが南米に送りたいと思っていた数万人の船賃を払うには不足だったろう。資金はアメリカの「戦争救援事業――全国カトリック福祉会議」からも送られてきた。その機関はローマ銀行に三万リラ弱の額の小切手を振り出した。だが、ブエノスアイレスまで行くには約十万リラかかったので、そうした献金は無意味だった。多くの逃亡者は自分で金を工面しなければならなかったが、コップスの言葉を使えば、彼らのうちの何人かは「最上流の家庭」の出なので、それは大した問題ではなかったろう。フーダルは活動資金が潤沢ではなかった。また、ヴァチカンがフーダルのアシステンツァ・アウストリアカに対し、援助司教委員会のほかの二十の地方事務所に対するより多くの資金を与えたという証拠はない。フーダルは己が壮大な計画を実現するために、「鼠の抜け道《ラットライン》〔元ナチ、ファシストの南米への逃亡ルート〕」の向こうの端にいる男、ファン・ペロンに頼ることにした。一九四八年八月、司教はややへつらった調子で大統領に手紙を書いた。

「私はこの三年、オーストリアおよびドナウ王国〔オーストリア＝ハンガリー帝国の別称〕からの難民援助部」の部長として、これら犠牲者の移住が不可能であることに深く失望しておりましたので、司教として、愛国者として、閣下の並外れた善意にお縋りし、今回のみ、三等の乗船賃を含め、特別に五千通の旅券を、戦後にとりわけひどく苦しみ、自国の司祭に勧められてやって来たオーストリアとドイツの難民のためにお送り下さるよう、切にお願い申し上げます。それは、ドイツ人とオーストリア人のあいだで、三千と二千に分けることができるでしょう。

我々は、あらゆる面に適切な資格を有した、一流で勤勉な人物を有しておりますが、残念ながら、IRO〔国際難民機関《インターナショナル・レフュジー・オーガニゼーション》〕の規則によって、いかなるオーストリア人もドイツ人も、もし、最下級の兵士としてであれ軍隊に入ったことがあれば、受け入れられないのです。いつ人類の歴史において、兵役に就くことが道徳的犯罪になり、平和で正直に将来を送る道が閉ざされることになったでしょうか。

しばしば怪しげな文書を持った多くの者が、IROの費用でヨーロッパを絶えず離れているのに、我々の気の毒な将校と兵士は、彼らの犠牲なくしては今日我々の見るヨーロッパはすでにボリシェヴィキになっていて、西欧再建についてのあらゆる会議や議論は無用になるという疑いようのない事実にもかかわらず、拒まれているのです。

私はアルゼンチンの寛大さと先見の明のある政策について、とりわけ閣下の高貴なお気持ちについての新聞の記事を実に何度も読みました――その事実は、アルゼンチンと閣下の名前をキリスト教と人類の不滅の頁に記しております。

このことはまた、閣下の立派な性格に訴えかける勇気を私に与えてくれます。それは、戦後のこの貧しさに絶えず身をもって接した結果生まれた、私の貧しい同胞に対する慈悲心の結果の訴えかけであります。

従って、私の心からのお願いを善意をもってご考慮して下さることをお願い申し上げます。私の願いが聞き届けられれば、それはこの暗い、不安定な時代にあって、ドイツとオーストリアの多くの家族に本当の光と希望を与えることでしょう。

フーダルは「怪しげな文書」に関する偽善的言葉（それは誰にも劣らない）にもかかわらず、常にわずかな数の逃亡者を大幅に増やしたいと切望していた。フーダルはその手紙をブエノスアイレスにいる友人のヴァルター・シリング博士を経由して送った。シリングはそれを新聞『イスパノ＝アメリカ』の通信員ビセンテ・サントスに渡した。フーダルの手紙が迂回してペロンに届いたということは、ある者たちが言うほど、フーダルの活動が効果的ではなかったことを示唆している。大統領は十一月十一日まで返事をしなかった。そして、返事をした時も、フーダルにあまり希望は与えなかった。返事はエバ・ペロンの弟で、ペロンの個人秘書だったフアン・ドゥアルテから来た。手紙は「考慮してもらえるように」移民省の大臣に渡したと、彼は司祭に告げただけだった。だが、フーダルの要求は無視されたようである。ペロンは前年、五千通の旅券をイタリアからの難民に送ったので、さらに五千通の旅券を送れば、米英から望ましくない注意を惹くかもしれなかった。

実際、その年の九月、カルロス・フルトナーはブエノスアイレスに帰った。それは、ペロンが作戦全体をやめるということを示していた。ラインハルト・コップスもその月にブエノスアイレスに到着したが、彼も十分な資金と書類を集めるのが難しいのを悟った。それは、ペロンが作戦を徐々に終わりにしている、もう一つの現われだった。最初コップスは（いまや「ファン・マレール」と名乗っていた）、アルゼンチンが期待していたような「乳と蜜の流れる地」ではないのに気づいた。彼は金属細工工場に雇われ、一時間に一ペソつまり六十セント稼ぎ、月八十ペソで部屋を借りた。しかし間もなく、雑誌『デア・ヴェーク』（『道』）で働くことになった。それは、ナチズムが禁句ではない読者向けの、露骨に極右の雑誌だった。コップスは定期的にフーダルと文通し、一九四九年四月二十二日、「地元の移民関係の当局は完全に混乱している」と、かつての庇護者に告げた。「ヴァチカンが」と彼はフーダルに尋ねた。「この耐え難い状況をなんとかできないだろうか？」当局者の半分は閉めたドアの向こうに坐っていて、「まともな」難民は自分たちの言い分を聞いてもらう機会がないのに、「世渡り上手」はまたも「新しいチャンネル」を見つけたとコップスは言った。しばらくのあいだ「ローマの道」の栄光は過ぎ去ったように見えたが、のちに見るように、フーダルは最悪の戦争犯罪人の何人かを逃亡させ、地球の向こう側で新しい人生を歩ませたのである。ベルンのマルクトガッセにあったフルトナーのアルゼンチン移民センターは、一九四九年の春に閉鎖された。その結果、ブエノスアイレスの混乱が増したのは疑いない。しかし、フーダルとドラガノヴィチの活動は終わったどころではなかった。

第5章　オデッサ神話

逃亡中のナチとその協力者のために便宜を図った国は、イタリアとヴァチカンだけではなかった。スペインでは、ドラガノヴィチとフーダルが手配したのと同じくらい――それ以上ではないにせよ――役立った組織網が、一九四四年以降、何万という戦争犯罪人の逃亡に力を貸した。またもや、その組織網の首謀者はホセ・ラ・ボースというカトリック神父だった。彼はフランコのスペインに金を蓄えているドイツの無数の財政家とだけではなく、ジェノヴァにいたラインハルト・コップスとも繋がりがあった。ボースの組織網はイタリアのそれほど悪名高くはないが、それは一つには、その逃亡者がローマを経由した逃亡者ほど「花形」ではなかったからであり、さらに、ヴァチカンから間接的に祝福されなかったからである。それにもかかわらず、「イベリア・ルート」は非常に重要である。なぜなら、その策謀が〈オデッサ〉組織網の話を生んだからである。それが本当に存在したかどうかについては、数十年も論議されている。スペインの組織網も際立ったものである。なぜならそれを動かしていた人物の正体は、影の薄い元SS大佐などではなく、スペインに帰化した四十代半ばの体格がかなりよい独身女、クラリータ・シュタウファーだったからである。

一九四八年二月下旬、『デイリー・エクスプレス』のヨーロッパ駐在主任記者のセフトン・デルマーは、ガリレオ街一四番地にあるスペインのファランヘ党〔フランコ政権下で唯一の公認政党〕の「社会福祉機関」のマドリッドの事務所を訪れた。ドイツで教育を受けたデルマーは、戦時中、英国政略戦執行部に勤務していて、ドイツに対して士気低下を狙ったプロパガンダを放送する仕事をしていた。一九四四年末から四五年初めにかけてのデルマーの偽ドイツ放送局は、多くのナチ高官がすでにアルゼンチンに逃亡したと「暴露」し始めた。そうした話は、指導者が国民を見捨てつつあるということをドイツ国民に教えるためのものだったが、デルマーの放送はあまりに真に迫っていたので、ソヴィエトとアメリカも騙されることになった。ソヴィエトはその話に尾鰭さえつけ、間もなく、共産主義国の新聞に載った記事は英米の新聞にも載り、逃亡中のナチとアルゼンチンにおける「第四帝国」に関する偽情報が広がった。一九四五年三月にロシアの新聞『赤い艦隊』に載った話は、二万人の元ゲシュタポがすでにスペインに逃亡しているという内容のものだった。それは途方もない誇張だった。しばらくのあいだ、アメリカの国務省はその話を信じていた。「その問題について非常にたくさんの煙が出ていたので、火があるに違いないと思う」と、一九四四年十二月、国務長官エドワード・ステティニアスはモンテビデオの米国大使館に手紙に書いた。「我々の得たすべての情報は、ナチが選り抜きの人物、資金、製法《フォーミュラ》等を、アルゼンチンを含む数ヵ国にドイツから密かに出していることを示している」。けれどもアメリカは、その話のどれをも確認することができなかった。そして数ヵ月調査をしたあと、その情報の出所はロンドン近郊の「ラジオ・アトランティック」であるのを発見した。一九四五年四月、ロンドンのアメリカ大使館は、その放送についての情報を外務省に問い合わせた。英国はずっと偽情報を流していたことを認めざるを得なかった。しかしデルマーの放送は、偽ではあったものの、予言的なものであったのがのちに証明された。なぜなら、ガリレオ街一四番地のドアの後ろでは、逃亡援助組織網の首領が住み、仕事をしていたからである。その組織網は彼が三年前に予言したものに似ていた。

ドイツ人のふりをしたデルマーは、金髪のドイツ人青年に建物の中に請じ入れられた。青年はデルマーに、この家《や》の女主人は病気なので、おそらく会うことはできないだろうと警告した。その代わりデルマーは、彼女の秘書の事務室に案内された。その事務室には、ピレネー山脈を越えてスペインに逃れた者のリストが貼ってあった。「フロインライン・シュタウファーは病気なのです」と、ヘル・フォストという名の年配の男の秘書は言った。「ひどい過労のせいなんです。働きづめなんです。旅をし、人に会い、スペインの刑務所と収容所から男たちを出し、彼らに仕事を与え、国外に出すのです」。フォストはデルマーに、自分たちの機関は目下、八百人以上の男たちの面倒を見ていると言った。その時点でデルマーは、自分が記者であることを明かした。それは当然ながらフォストに「わずかなショック」を与えた。だがフォストは、結局、デルマーに女主人に会うことを許した。デルマーは「ドイツ風」の食堂を通って寝室に導かれた。寝室には黒いオークのキリスト磔刑像が懸かっていた。その下に、病めるクラリータ・シュタウファーが横になっていた。

「狂信的な青い目、真ん中で分けた鳶色の髪、やや角張った、精力的な顎の顔は、年齢を推測するのが難しい類いの顔だ」とデルマーは書いた。四十四歳のシュタウファーは、胸膜炎に罹っていると説明したが、彼女の病気にはお構いなく、ベッドの隣の電話はひっきりなしに鳴った。デルマーが彼女の顎を精力的だと言ったのは正しかった。シュタウファーは水泳とピアノが巧みだったばかりではなく、チャンピオン・スキーヤーでもあった。一九三八年二月、サンモリッツの「キロメートル・ランセ」〔一キロメートルの直線距離を滑降し、途中区間の平均時速を競う〕で競技をした最初の女性だった。彼女は三十五度の斜面を毎時六五・五九マイルで滑降した。レースの最後の直前で転倒したけれども。彼女の父のコンラート・

シュタウファーはレーヴェ家の女性と結婚し、一八八九年、マドリッドに移ってマオウ・ビール工場を設立し、経営した。クラリータはドイツで教育を受けたが、一九三六年に内戦が勃発する寸前にスペインに戻った。内戦のあいだ、シュタウファーはファランヘ党の活動的な党員になり、その婦人部《セクシオン・フェメニナ》に加わった。その指導者は、一九三六年十一月に人民戦線政府によって処刑されるまでファランヘ党を率いた、ホセ・アントニオ・プリモ・デ・リベラの妹、ピラル・プリモ・デ・リベラだった。シュタウファーは精力的に活動し、セクシオン・フェメニナの新聞・プロパガンダ部門の責任者になった。また、ナチの冬期貧民救済事業に倣った、アウクシリオ・インビエルノ（冬期救済基金）のための仕事もした。一九四〇年、シュタウファーはセクシオン・フェメニナについての本を出した。同書には、フランコとヒトラーの肖像写真およびピラルとホセ・アントニオ・プリモ・デ・リベラの肖像写真の下で、黒ずくめの服装をして机に向かっている彼女の写真が収められている。同書で彼女は、ロシアで女性が不当に扱われていることについて書いている。また、ロシアで保育園の費用が高いのは、共産主義者のユダヤ人のせいだとしている。一九四三年の夏、シュタウファーはピラル・プリモ・リベラと一緒にドイツに旅行した。そして、ゲッベルス、アルトゥル・アックスマン、バルドゥル・フォン・シーラッハ、一九二〇年代にアルゼンチンの軍事顧問を務め、内戦のあいだフランコを助けてスペインで時を過ごしたヴィルヘルム・フォン・ファウペル将軍のような多くのナチ指導者に会った。ある者はファウペルを「スペインの真の主人」と見なした。一九四三年には、彼はイベリア半島を戦後のナチの隠れ家にするために、スペイン人と接触していた。ファウペルは一九四五年五月に自殺したと広く信じられているが、実際にはスペインに逃げ、そこでドイツの兵士と将校のための仕事を見つけていたという噂があった。ファウペルとシュタウファーは顔を合わせたあと、定期的に接触を保っていたとも言われた。彼女が自分の組織網を動かすうえで役に立つ多くの情報を将軍がシュタウファーに提供したのは疑いない。

シュタウファーはデルマーの前で、自分の活動について腹蔵なく話した。そして、スペイン当局が自分の活動を十分に知っていて、難民の中の共産主義者を始末するのを手伝ってくれさえしたと言った。シュタウファーによると、逃亡者の多くはドイツに戻りたがっていたが、ブエノスアイレスに移住したがっている者もいた。シュタウファーはそうした者のために、かつてスペインに住んでいて、一九四七年以降はブエノスアイレスに居を定めている、シシー・フォン・シラーという寡婦が動かしている組織網と手を組んでいることを明かした。シラーはドイツ空軍中佐エルンスト・アプロ・クライエンシュトゥーバーの伯母だった。クライエンシュトゥーバーは戦時中、マドリッドのドイツ大使館を本拠にし、〈人喰い鬼〉という名のナチ諜報員の組織網を作った。シュタウファーの依頼人は、よくローマから飛行機でやってくるか、船でジェノヴァからバルセロナにやってくるかだった。そのことは、彼女がルフィネンゴとコップスのような、フーダルとドラガノヴィチの使っていたスパイと繋がりがあったことを確かに意味していた。シュタウファーが慎重さに欠けていたことは驚くべきことに思えるかもしれないが、彼女には安心していられる多くの理由があった。彼女がスペイン国籍を持っているということは、連合国が「好ましからざるドイツ人」として彼女の国外追放を要求できないことを意味した。彼女が当局と気安い関係にあっただけではなく、スペインの首都に群がっている裕福な親しかったことも役に立った。彼女の身を守る第四のものは、ピラル・プリモ・デ・リベラとドイツ人と元ナチだった。シュタウファーは自分が愛国的義務と見なしたことを実行するのに、彼らとの繋がりと資本を使った。

シュタウファーが自分は安全だと感じていたのは正しかった。デルマーの記事が載った時、英国の議員トム・ドライバーグは下院でこの問題を取り上げた。外務省の外務次官クリストファー・メイヒューは、最近、デンマークから元ナチが逃亡しようとしたのを阻止したことを話しただけで、その問題を躱した。外務省は、単に「新聞記事」を証拠に他国の政府にこの問題を提起できないと密かに感じていた。マドリッドの英国大使館は、その記事は「おおむね正しい」ことを認めはしたが、それにもとづいて行動は起こせなかった。ある役人は書いている。「我々の立場はドイツ人がスペインに入ることに反対するほど、そう強くはない」

事実、英国はシュタウファーの活動を熟知していたが、それをとめるのに何もできなかった――あるいは、しようとしなかった。一九四七年六月、マドリッドの大使館は、シュタウファーのグループが「広範囲にわたる、十分に保護されたナチによる抵抗運動」になる可能性があると考えた。そして、シュタウファーは「狂信的ナチ」で、「本国に送還されまいと、今、身を隠している悪名高いドイツ人たち」と接触している人物と評した。しかし、その団体の真の指導者は元ナチたち自身で、「その団体は、十分に基盤が出来、大きくなったならばすぐに、教化とプロパガンダの政策を実施するだろう」と情報機関は示唆した。

シュタウファーのグループがそうした「ナチ細胞」の唯一のものではなかった。大使館の報告書には、〈死かスペインか〉という、やや散文的な名前のグループが記載されている。それはドイツからスペインに入ってきた狂信的な若いナチの移住者を狙ったものだった。もう一つの団体は〈８８〉という名の団体で、二つの数字はアルファベットの八番目のHを表わしていた。二つのHは、「ハイル・ヒトラー」を意味していて、バルセロナに本拠を置くそのグループは、スペインと、ヨーロッパ中の様々なネオ・ナチのグループとを結んでいた。〈８８〉は、スペインの新聞に秘密のメッセージを載せる〈エーデルヴァイス-８８〉と同じグループであろう。一九四六年四月四日、ビルバオで、一人のアメリカの諜報員が『ガセタ・デル・ノルテ』紙の告知頁に次のようなメッセージを見つけた。

「エーデルヴァイス－88、ONEペセタ。そのような大きな文字に、一ペセタは十分ではない。私に長い手紙を送る必要はない。私にはそれを読む時間がない」。〈エーデルヴァイス－88〉は〈死かスペインか〉と同じように大きな規模のものにはならず、その凶悪な連中の内部抗争によって弱体化した。一九四六年五月、そのメンバーの三人（一人は神父）が同僚の一人を拉致した。現金を密かに溜め込んでいたと疑ったのだ。彼は痛めつけられ、サンタンデル〔スペイン北部の都市〕にある一軒の家に連れ込まれた。そこで、一種の電気装置が彼を待っていた。彼が電気で処刑されなかったのは、一人の女のメンバーが割って入ったおかげだった。彼はやがて釈放されたが、それは八千ペセタを渡したあとだった。

　一九四八年二月、アメリカは別の組織網を発見した。名前は付いていなかったが。スペイン南部のカルタヘナに本拠のあるその組織網は、海軍造船所で技師として働いていたハインリヒ・シュトーツェルという男が動かしていた。技師という仕事は彼の本来の仕事の隠れ蓑だった。本来の仕事とは、逃亡者をマジョルカ経由でスペインに密かに入れることだった。同月、「難民のための慈善と援助委員会」は、シュタウファーの団体同様、ナチ逃亡援助組織であることがわかった。その委員長はカトリックの聖職者、セビリヤ出身のファン・ギム神父だった。連合国はそれらの団体について多くのことを知っていたが、解散させようとはしなかった。「これ以上、さらに多くのドイツ人をスペインから追い出すことができるのかどうか、わからないが」と、一九四七年十一月に、外務省のある役人は書いた。「いまや彼らはフランコの援助ですっかり居座っているので、我々にこれ以上できることがあるとは考えられない」

　一九四八年二月のあの日にデルマーがガリレオ街一四番地で見なかったものは――たぶん、シュタウファーが病気だったからだろう――シュタウファーが「顧客」に自由に提供できた装備の数々だった。彼女の甥のエンリケ・マオウは何年かのち、こう回想している。「居間、食堂および家のすべての部屋は、フランスから逃げてきた兵士のための数多くのブーツ、ワイシャツ、上着、ズボン、靴下、手袋で一杯だった」。マオウは伯母が「気前がよく、進んで人を助ける特別な人間」として覚えていた。彼女は実際にそうだった。唯一の問題は、彼女の人柄の恩恵を蒙ったのが逃亡中のナチの戦争犯罪人だということだった。シュタウファーが一番忙しかったのはそれまでの二年間で、そのあいだ彼女は、スペイン北西部のビルバオの南五十マイルにあるミランダ・デ・エブロの収容所に収監されているナチを助けた。投獄されていた者の中に、「以前、ドイツの強制収容所で働いていた拷問者にそっくりの顔をしている」と言われた男たちがいた。数名はSSに入っていた者で、何人かはネオ・ナチの部隊を作りたいと思っていた。シュタウファーは彼らの釈放のためにできるだけの努力をした。もっぱら、独西合同の巨大企業である工業金融会社の経営者ヨハネス・ベルンハルトから資金を提供されていたシュタウファーは、アウクシリオ・ソシアル（社会援助会）〔スペイン内戦時代に設立された人道的救援組織〕の公用車を乗り回し、ゲシュタポの元秘書、マリアンネ・ヴィッテという女に手を貸してもらった。シュタウファーは多くの囚人を釈放させた。その際、自分の団体が金を出して彼らの世話をすると当局に言い、元囚人の身元保証人も用意した。それからシュタウファーは、修道会だけではなく、アウクシリオ・ソシアルの施設にも逃亡者たちを泊めた。精力的なシュタウファーはまた、オビエドの近くにも下宿屋を営んでいた。それは、ドイツの外交団とナチ党の女性メンバーのためのものだった。シュタウファーの団体は、他国への移住希望者のために便宜を図ってやった。また、彼女は自分にとって都合のいい省にいたピニーリャという人物と「ごく緊密に協力している」と言われていた。シュタウファーはまた、イタリアからバルセロナに来た者を歓迎し、新来者のために、バルセロナのアルゼンチン領事とのあいだの重要な連絡係の役を果たした。一九四七年末には、シュタウファーは文無しになったというのも驚くには当たらない。元SSでヒムラーの助手だったハンス・ブランダウが招集した逃亡援助組織の集会で、シュタウファーは投票により五千ペセタ弁償してもらうことになった。何人かの「非常に立派な服装をしたドイツ人将校」を含め、出席者の幾人かは、資金のそうした使い方に反対したけれども。

クラリータ・シュタウファーがセフトン・デルマーと会ってから数ヵ月後、彼女の団体は最大の成功を収めたと言われた——アンテ・パヴェリチの逃亡である。その証拠は、一九五二年の五月か六月、母国で「著名な編集者兼ジャーナリスト」であるハンガリー難民によってCIAに提供された。当時CIAはそのハンガリー人の情報の信憑性を評価することはできなかったが、今日ではその情報の大部分が正しかったことがわかっている。そのハンガリー人の報告書はもっぱら、バルカン諸国と近東における情報源としてソヴィエトに使われていた元ナチに関するものだったが、「人、金等」を「輸送」するためにナチによって作られた二つの「輸送グループ」の存在を明かしていた。その一つは〈インサップ〉と呼ばれ、ミュンヘンを本拠にし、パッバラという名のSS少佐によって組織されていた。彼はイスラム教徒の元SS将校がシリアとレバノンに逃亡するのに手を貸した。そのハンガリー人によると、別のグループは〈オデッサ〉と呼ばれ、「クララ・シュタウフラー」という者によって組織されていて、センターがローマとマドリッドにあった。その報告書にはこう書かれていた。「オデッサ・グループはアンテ・パヴェリチ博士をアラニョス、パルという名でイタリアから移送した。旅券番号74369は、一九四八年七月五日にローマの赤十字から発行された。同グループはまた、シリア、エジプト、パキスタン、その他近東諸国に人を移送した」

その報告書に信憑性を与えているのは、パヴェリチが使った偽名も旅券番号も正しいということである。一九五二年には、ＣＩＡがその情報を確認するのは不可能に近かった。というのも、パヴェリチの旅券はブエノスアイレスの国家移民局《ディレクシオン・ナシオナル・デ・ミグラシオネス》のどこかのキャビネットに隠されていただろうから。その旅券が発見されたのは一九九〇年代末なのである。さらに報告書には、ほかのお馴染みの名前もいくつか書かれている。「そのグループの中心的諜報員はドイツのどこかに住んでいる、元ＳＳ中尉アルトゥル・シャイドラーである。彼の妻イーリス・シャイドラーも諜報員で、アルトアウスゼーに住んでいる……マルティン・ボルマン付き副官で最近逮捕されたフォン・ハンメルも同グループの一員である」。シャイドラーはもちろんＳＳ中佐で、ボルマンとフォン・フンメルの名前は綴りが間違っているが、それでもそのハンガリー人の申し立ては真剣に受け取らねばならない。なぜなら、パヴェリチに対する言及は正確だからである。ハメルは約五百万ドル相当の金貨と共にオーストリアのザルツブルクで捕まった。捕まったのは一九四六年で、「最近」ではなかったが。加えてそのハンガリー人は、同グループには「フランツ・レーツェル」という武器商人がいたと言っている。その男は「ハビブ・サイード」という名前を使った。それも、ニュルンベルク裁判の際にジーモン・ヴィーゼンタールに渡されたらしい情報に一致する。ヴィーゼンタールが言うには、元国防軍諜報部《アプヴェーア》の将校から連絡があり、将校は謎のＯＤＥＳＳＡについて、すっかり彼に話した。それは **Organisation der ehemaligen SS-Angehörigen**（元ＳＳ隊員機関）の略で、その重要な諜報員の一人は「ハダッド・サイード」だった。ヴィーゼンタールは、それが「フランツ・レーツェル」というＳＳ将校であることを、のちに発見した。

〈オデッサ〉は実際にあったのだろうか、また実際に、その中にはクラリータ・シュタウファー、シャイドラー夫妻、レーステル、そしてたぶん、フーダルとドラガノヴィチを含むその他の諜報員がいたのだろうか。もちろん、一つにはフレデリック・フォーサイスの著書『オデッサ・ファイル』が、その機関が存在することを自信たっぷりに主張しているためもあり、〈オデッサ〉は歴史的事実と一般には見なされている。フォーサイスの著書は、もっぱらジーモン・ヴィーゼンタールから与えられた資料にもとづいている。ヴィーゼンタールは一九六一年の『私はアイヒマンを追った』と一九六七年の『我らのあいだの殺人者』の二冊の本で、その機関に多くの読者の注意を惹いた。ヴィーゼンタールによると、〈オデッサ〉は元ナチの巨大で邪悪な組織網で、世界各地で極秘のうちに人や武器や宝物を運んだ。のちの別の話によると、〈オデッサ〉はナチを様々な方法で助けた、小さな関連グループを持つ統括組織で、逃亡を助けるのは、そのうちの一つの仕事に過ぎない。〈オデッサ〉の逃亡援助組織網の部門は、時折〈ディー・シュピネ（蜘蛛）〉と呼ばれている。もっとセンセーショナルな話では、〈オデッサ〉は現代のあらゆる悪の中心にあり、第四帝国を密かに西欧社会に浸透させているということになっている。事実、〈オデッサ〉が実在したという考えが非常に広まっているので、一流大学の歴史教授さえ、その存在を信じている。そして、のちに見るように、その言葉があまりに流布しているので、人を殺そうとしているネオ・ナチでさえ、自分は〈オデッサ〉の一員だと名乗る。

　いわば煙に包まれているナチ逃亡援助機関は、実際には校友会組織に似たものである。あるいは今日、アルカイダの名のもとに統一できるテロリスト細胞とグループの、ゆるやかな網に似たものでさえあるのだ。戦後、逃亡するナチを助けた無数の機関が生まれ、そうしたグループのいくつかは名前を持ち――〈執政官《コンズル》〉、〈シャルンホルスト〔一八一三年に没したプロイセンの将軍〕〉、〈第六の天体《ゼックスゲシュティルン》〉、〈護衛《ライブヴァッヘ》〉、〈楽しい兄弟《ルスティヒエ・ブリユーダー》〉――いくつかは名前がなかった。煙の下に一つの大きな火があったわけではなく、多くの小さな火があったのである。有毒物質の無数の放射が組み合わされ、一つの大きな地獄の存在を暗示したのである。ナチの逃亡者に対する援助は臨時に行なわれることもあった。時には組織立ったグループによってではなく、個人あるいは一握りの個人によっても行なわれた。一九四五年五月、英国第二軍は、ある市長《ビュルガーマイスター》が手配中の男たちに千通の偽の軍政旅行許可証を発行したと報告した。七月、SSと市民の被抑留者のために違法に手紙を出してやった廉で三人のカトリック神父が逮捕された。翌月、SS隊員の血液型の刺青を何人かのドイツ人医師が消してやり、彼らが直ちに釈放されるよう、偽の診断書を作成したことが発覚した。もちろん、狡猾な元SS隊員のごく秘密の組織と思われているものが「元SS隊員機関」などと名乗ること自体、疑問の余地がある。もし、今日〈オデッサ〉という言葉を使わねばならないとすれば、それは、逃亡ナチに手を貸したすべての秘密「移送団体」を意味する包括的用語として使われるべきだろう。

　だが、すでに見たように、〈オデッサ〉と呼ばれる何かがあったことが記録からわかる。それは大衆が想像する、地球全体に及ぶ触手を持った怪物などではまったくなく、単なる合言葉のようなものとして始まり、逃亡者をドイツとオーストリアからローマとジェノヴァへ、そこからスペインとアルゼンチンへと連れて行ったグループに漠然と付けられた名称になった。〈オデッサ〉が言及されている最も古い記録の一つは、一九四六年七月三日付の防諜部隊のメモである。その中でアウアーバッハのSS収容所に地下組織があることが判明した。それは〈オデッサ〉とは呼ばれていなかったが、〈オデッサ〉はアウクスブルクの赤十字から「食べ物についての特権と特別の配慮」を得るための暗号名として使われた。その言葉はまた、さらに遠くのケンプテン、ローゼンハイム、マンハイム、ベルヒテスガーデンのような町でも使われ、性懲りもない元SS隊員のいくつかの小さな細胞は、連帯感を得るためにそう名乗った。そうしたグループは機関としての組織にも指導者にも欠けていたので、防諜部隊は表立っては気にしていなかった。だが十一月、チェコは英軍占領地帯で活動している〈オデッサ〉と呼ばれる機関があることに感づいたということ、また、彼らが九月にハンブルクで最初の会合を開いたということをアメリカに通報した。翌年一月、防諜部隊はダッハウの収容所に諜報員を潜入させた。諜報員は、〈オデッサ〉という名で活動している逃亡援助機関が収容所にあり、それを取り仕切っているのが自分自身囚人のSS上級大隊指導者《オーバーシュトゥルムバンフューラー》オットー・スコルツェニーであるということを報告した。「看守はスコルツェニーから逃亡命令を受けた男たちに手を貸している」。諜報員はさらに、それは、ポーランド人看守の協力によって行われている」と諜報員は報告した。「看守はスコルツェニーから逃亡命令を受けた男たちに手を貸している」。諜報員はさらに、その組織が世界的規模のものであること、また、アルゼンチン行きを希望している者にポルトガル発行の旅券を渡していることを明かした。そのグループは、ドイツにとどまることを決心した者には、仕事と必要書類を与えた。だがアメリカも英国も、その情報提供者の言うことを裏付けることができなかった。「中心人物を注意深く監視してきたが」と防諜部隊は報告した。「彼らの活動のいずれも、地元の元SS隊員と接触する以上には出ていない」。防諜部隊はまた、スコルツェニーの名前はただ単に「箔をつけるため」に使われているに過ぎないと感じた。その機関で最重要人物の一人は、SS上級大隊指導者《オーバーシュトゥルムバンフューラー》ルールだった。彼はダッハウから脱走し、仲間の逃亡を助けていただけではなく、資金と武器を調達しようともしていた。一九四七年一月六日、ルールは逮捕され、その結果「同機関は潰滅した」と、防諜部隊はいささか満足げに書いている。

オットー・スコルツェニーの名前は〈オデッサ〉にしばしば結びつけられている。そしてオデッサ同様、多くの神話化と推測の対象である。それは驚くに当たらない。左の頬から顎にかけて、決闘で出来た傷痕のある巨漢のそのオーストリア人は、戦時中、伝説的な名声を享受し、その名声は一九七五年に死ぬまで衰えなかった。スコルツェニーの最大の手柄は、一九四三年七月にムッソリーニを救出したことである。そのため騎士十字章を授与され、「ヒトラーのお気に入りのコマンド」と呼ばれた。その任務は少年の戦争漫画に出てくるようなもので、彼はムッソリーニが幽閉されている山頂のホテルに危険を冒してグライダーで降下してムッソリーニを救出した。そして大男のムッソリーニとスコルツェニーは、小さなフィーゼラー・シュトルヒ〔偵察用の小型機〕に乗って身の毛のよだつような飛行をした。一九四四年十月、スコルツェニーはまたも奇襲の責任者になった。彼はハンガリーの摂政ミクローシ・ホルティ提督の息子を拉致する一隊を率いることになった。ヒトラーは、ホルティがソ連に降伏することを密かに画策していることを知ったのである。そうなると、百万人のドイツ軍が孤立してしまうことになるのだった。スコルツェニーの任務は成功し、ホルティは摂政を辞任せざるを得なくなり、その結果、親ドイツ政権が生まれ、ハンガリーは枢軸国の一員としてとどまった。その年の末、スコルツェニーはバルジの戦いで重要な役割を演ずることになった。その戦いで彼は、アメリカ軍兵士に変装した数個の部隊を敵の戦線の背後に送った。それはアメリカ軍を攪乱し、スコルツェニーがアイゼンハワーを暗殺する計画を立てているという噂を広めるためだった。それはすでに相当に高かったスコルツェニーの悪名をいっそう高めた。そして彼の名声は、彼の写真が載っている「手配」ビラが作られたことで、さらに上がった。スコルツェニーは戦争が終わりに近づいた頃、統制がうまくとれていないゲリラ部隊、ナチの狼人間《ヴェーアヴォルフ》にしぶしぶ手を貸した。それは、連合国の占領地帯で「残留」作戦を展開するために考え出されたものだった。スコルツェニーはヴェーアヴォルフの指導的人物と見なされることが多いが、実のところ彼はそれを自身のSS「奇襲隊」の人材を不足させるものと見ていた。ヒムラーはヴェーアヴォルフの指導者になるようスコルツェニーに勧めたが、彼はそれに割く時間がないと言って断った。戦争末期にスコルツェニーは「アルプス要塞」の準備の手伝いをするためにオーストリア・アルプスに向かったが、結局、一九四五年五月十五日、アルトアウスゼーの南西三十マイルのラートシュタートで米軍に投降した。

　スコルツェニーは英雄的なことをしたにもかかわらず、多くのナチから自己宣伝をする胡散臭い男と見られ、憎まれてさえもいた。ある国防軍諜報部《アプヴェーア》の将校は彼を「誇大妄想狂」と評し、彼はしばしば、実行不可能な「きわめて空想的な計画を立てた」と言った。スコルツェニーはムッソリーニ救出作戦で過大に評価され、その作戦実施の二日後のラジオ放送で自分の果たした役割を誇張したと感じた者もいる。加えて、第三帝国が崩壊しつつある時、スコルツェニーが厖大な量の宝物を自分のために確保したという噂が盛んに立った。スコルツェニーはのちに、戦争が終わりかけた頃、ドイツの銀行家グループから、千四百万ドル相当の金《きん》を飛行機でアルゼンチンに運んでくれと頼まれたという。しかしスコルツェニーは断った。なぜなら、自分の未来はドイツにあり、いつの日か、ドイツの大統領になるのが自分の運命だと感じたからだ。それは、いかにもスコルツェニーらしい自惚れだった。多くの者の話によると、彼は政治的に単純で、あまり知的ではなかった。あるアメリカ人は、「多くの面で子供っぽい」とさえ評している。彼を尋問した防諜部隊の隊員は、「彼は無知と言ってもいいほどに政治的に近視眼的である」と評している。また、スコルツェニーの副官、上級大隊指導者《オーバーシュトゥルムバンフューラー》カール・ラードルによれば、騙されやすく、血の気が多過ぎ、細かい点に気が回らない駄目な指導者だった。

それが、〈オデッサ〉、あるいはその補助的な逃亡援助機関〈ディー・シュピネ〉を率いていたと多くの者が言っている人物なのである。スコルツェニーのような男が、どうしてあれほどに巨大で複雑な秘密組織網を動かすことができたのかは想像し難い。彼はそうした仕事をするには絶望的なほどに不向きだったろう。彼に関するＣＩＡのファイルは、彼自身の回顧録や、彼にへつらった数多くの伝記とは非常に違った人物像を明かしている。そのファイルからは、戦時中の栄光に満ちた数年のあとに、一つの役割を見つけようと必死になっている人物が浮かび上がってくる。汎欧州軍を組織するというような遠大な計画は、立てられるや否や潰れた。彼は世界各地の情報機関に十代の少年のようなぎごちない熱心さで取り入った。スコルツェニーは一九四七年九月に米軍事法廷で無罪判決を勝ち取り、一九四八年に釈放を待たずに捕虜収容所から脱走したあと、マドリッドに行った。そこで彼は莫大な富を手に入れ、〈オデッサ〉組織網あるいは〈ディー・シュピネ〉の中心にいたという噂が立った。当時の彼を知る者は、そうした噂に疑念を抱いている。マドリッドのアメリカ大使館員の事務所に配属されていた、若い大尉ジーア・ホイッティングトンは、「噂は事実無根だ」と言った。一九五一年の初め、ホイッティングトンはスコルツェニーとその愛人のイルゼと親しくなった。イルゼは元第三帝国の経済相ヤルマル・シャハトの姪だった。ホイッティングトンはよく夫婦を自宅のアパートに招き、CIAから貰ったウイスキーでもてなした。「二人は質素に暮らしていて」とホイッティングトンは回想している。「私のもてなしのお返しができないのに、ばつの悪い思いをしていた」。夫婦はひどく窮乏していたので、クリスマスツリーを見つけるのを手伝ってくれないかと、ホイッティングトンに頼んだ。「私はマドリッドで唯一のステーションワゴンを持っていた」とホイッティングトンは書いている。「するとスコルツェニーは、自分と友人を町の外の森に車で連れて行ってほしいと頼んだ。彼の友人というのは、元アルゼンチン駐在のドイツ大使だということがわかった。私たちは一緒に三本の木を伐り倒した」。これまでいつも、スコルツェニーが裕福だということが、彼が〈オデッサ〉に関わってきた重要な証拠だと考えられてきたが、ホイッティングトンの証言は、スコルツェニーは金持ちどころではなかったことを示唆している。当然ながら、スコルツェニーが貧乏のふりをしていたこともありうるが、そういう狭さは彼には似合わない。スコルツェニーは後年財を成した時、そのことを隠さなかったのは確かである。

　だが、スコルツェニーが〈ディー・シュピネ〉に関わっていたという噂は消えなかった。一九五〇年十月、英国の日曜新聞『レナルズ・ニュース』の記事は、スコルツェニーは〈ディー・シュピネ〉

のヨーロッパの責任者で、元南ハノーヴァー＝ブリュンスヴィックの大管区長官《ガウライター》でありヒトラーユーゲントの元幹部であり、ハルトマン・ラウターバッヒャーに力を貸してもらっていると報じた。その記事によると、〈ディー・シュピネ〉は指名手配中のナチをローマ経由で、ブエノスアイレスのラプラタ川の近くの「さほど秘密ではない本部」に密かに送っていた。そして記事は、いまやアルゼンチンに姿を現わした者の何人かをリストにしていた。その中に、フォッケ＝ヴルフ190戦闘機の設計者、クルト・タンクが入っていた。事実タンクはアルゼンチンにいたが、後述するように、彼の逃亡はスコルツェニーにもディー・シュピネにも関係がなかった。記事の正確さは、秘密基地ということになっている場所でポーズをとっている、「八人の元空軍《ルフトヴァッヘ》パイロット」の写真によって、さらに損なわれていた。その写真には長い一列のジェット戦闘機も写っていて、「それに乗って彼らは航空機の発展に遅れないように訓練されている」という文句が添えてあった。その写真と、「陰惨な名称のもとで、ナチは新しい戦争機械を製造している」という見出しは、〈ディー・シュピネ〉が南米でネオ・ナチと兵器を集めているという印象を与えた。ところが、写真の八人のパイロットは、実際には全員アルゼンチン人だった。そして戦闘機は英国のグロスター・ミーティアだった。アルゼンチン人はその写真が撮られた場所についてなんの隠し立てもしなかった。そこはブエノスアイレスの南西四百マイルのコマンダンテ・エスポラ海軍航空基地だった。スコルツェニーとローマとの繋がりもその年の初め、ドイツ語の『キリスト教通信』紙に報じられた。記事には、彼とラウトバッヒャーはフーダルの世話でサンタ・マリア・デッラニマに住んでいると書いてあった。司教はそれを強く否定し、自分はそのどちらの男とも接触したことはないと言った。フーダルが二人と接触しなかったのは、ほぼ確実だった。なぜなら、その年の十月十六日――『レナルズ・ニュース』に例の記事が載った翌日――スコルツェニーはフーダルに手紙を書き、十月二十一日にフーダルを訪ねることになっているレオ・シュルツという友人に一通の手紙を渡してくれと頼んでいるからである。スコルツェニーは手紙の冒頭で、「未知の者として」お手数をおかけして申し訳ないと書いている。そして、「ロルフ」とだけ署名をして、自分の正体を隠している。それは、彼の偽名ロルフ・O・S・シュタインバウアーの一部だった。（彼が自分の本当のイニシャルを偽名の真ん中で使ったというのは、スコルツェニーのエゴと、秘密を厳守できないことの証明である。）もしスコルツェニーが〈ディー・シュピネ〉の中心人物だったのなら、彼は確実にフーダルに知られていただろう。スコルツェニーにとって不運なことに、フーダルは手紙をシュルツに渡さなかった。今日、それはサンタ・マリア・デッラニマの文書館に残っている。その手紙の中でスコルツェニーは、「飛行機でローマに行くのはいまだ相当費用がかかるので」ローマに行けないことを残念がっている。それは、スコルツェニーが金持ちではなく、元ナチの広大で強力な組織網（仮にそうした組織網が存在していたとして）の中心人物ではあり得ないことの、もう一つの証しである。その手紙はスコルツェニーがドイツとの繋がりを持っていたことを示している。なぜなら、手紙の末尾にこう書いているからである。「ハンブルクでの仕事が特にうまくいったということをアルフレートから聞いた。君は相当の役割を果たしたものと思う。そのことに心から感謝する……」

〈ディー・シュピネ〉の馬鹿らしさは、元英国特殊作戦執行部の諜報員が、一九五一年六月二十八日付の英国の雑誌『リスナー』に書いた記事に見事に捉えられている。一九四四年四月、パトリック・リー・ファーマーと一緒にクレタ島から一人のドイツ軍将校を拉致したスタンリー・モスは、自分は「敗北した敵の事例史《ケース・ヒストリー》を探求しないという、広く認められている英国の弱点」を思い知らされたと告白した。そのためモスは、ムッソリーニが権力の座から引きずりおろされ処刑されるまでの「百日」の経緯を調べることにした。当然ながら、彼がスコルツェニーに救出された話が中心になった。そこで、「ヒトラーのお気に入りのコマンド」が、一九五〇年二月十三日午後、シャンゼリゼーでペルノを楽しんでいる姿が目撃されると、モスは彼に話を聞くため、直ちにパリに発った。マイケル・リューク大尉という友人を伴ったモスはパリに着くと、新聞が彼の「頬傷狩り」に気づいているのを知った。そのことが報じられると、ジャック・カミンスキ大尉と名乗る「小柄な黒髪の男」がモスたちに近づいてきた。カミンスキは、自分はイタリアで〈ディー・シュピネ〉のために働いていたが、金のことでその機関と仲違いをしたと言った。また、スコルツェニーが〈ディー・シュピネ〉のヨーロッパでの首謀者であるだけではなく、マルティン・ボルマンもアルゼンチンからその全地球的規模の機関を動かしている、とカミンスキは言った。ボルマンの名が出てくると、どんな情報を貰っても、それは非常に怪しいということを通常意味した。その時も例外ではなかった。カミンスキは二人の英国人に骨折り損をさせることになったのである。その後間もなく、カミンスキはもう一人の〈ディー・シュピネ〉の一員という男に二人を紹介した。その男はたまたまアルゼンチンからパリに来ていた。暗号名「アルフレド」というその男は、午前十一時にカフェで二人に会った。男は安っぽいスリラー小説から抜け出たような人物だった——容貌はラテン系で、「白い縞模様の黒っぽいスーツを粋に着こなし、パナマ帽をかぶり、それに合った靴を履いていた」。テーブルの下にボクサー犬が坐り、それでフィルム・ノワールのイメージは完璧になっていた。アルフレドは自分も金のことで〈ディー・シュピネ〉と仲違いしたが、スコルツェニーとボルマンが共に指導者で、その逃亡援助組織は「南米輸出入会社」という名に隠れて活動していると言った。〈ディー・シュピネ〉は最近、二人の空軍《ルフトヴァッヘ》の撃墜王と、フォッケ＝ヴルフが製造される際に働いた一人の「有名な科学者」を飛行機で運ぶ手筈を最近整えた。モスは『リスナー』の記事において、その会社と三人の人物について必要以上に気を遣っている。彼らの名前は新聞に載り始めていて、アルフレドが「暴露」した時には、クルト・タンクと二人の撃墜王、ハンス＝ウルリヒ・ルーデルとアドルフ・ガラントが南半球にいるということを、多くの者は知っていた。「アルフレド」が言及した会社はCAPRIであろう。それは、彼の「人間積荷」が働くことができるようにと、カルロス・フルトナーがブエノスアイレスに設立した会社だった。それもよく知られていて、アルゼンチンのドイツ人社会は、冗談に、それをCompañia Alemana Para Recién Immigrados（新規移民のためのドイツ会社）と呼んだ。したがって、謎の「アルフレド」がモスとリュークに話したことは、彼が内部情報を入手したという証拠ではとてもなかったし、それどころか、〈ディー・シュピネ〉が存在する証拠でさえもなかった。モスとリュークはアルフレドがくれた、期待できそうな手掛かりをチューリヒで追うことを約束したが、二人はチューリヒに行く前に、今ではパリで英国情報機関のために働いている元同僚に相談した。二人の友人は、カミンスキが実はソヴィエトのスパイであること、仮に彼が〈ディー・シュピネ〉に潜入したとしても、彼の話したことはモスクワが考えたことを、そのまま繰り返しているに過ぎないと言った。モスとリュークはその後も何度かカミンスキに会ったが、カミンスキは偽情報を切り売りしていること、スコルツェニーを本人となんら関わりのないことに巻き込んでいることが明白になった。「スコルツェニー自身同様」とモスは書いた。「我々は共産主義者の手先として利用されているのに気づいた」。そうした偽情報によって、歴史はひどく歪められてしまう。情報機関の報告を、真実を伝えるものとして信頼するのは危険である。

〈ディー・シュピネ〉の存在と、スコルツェニーのそれとの関わりは、少なくともソヴィエトが誇張したものだということは——さらにはほぼ間違いなく、虚構であるということは——一九六六年に東ドイツが発行したプロパガンダの出版物、『褐色の本——戦争と西ドイツにいる戦争犯罪人』〔褐色はナチの制服の色〕を吟味してみることで、いっそう強まる。その中に、スコルツェニーがスペイン南部のコスタ・ブランカにあるデニアの自宅から〈ディー・シュピネ〉を動かしていると書いてある。「ナチの秘密機関〝蜘蛛《ディー・シュピネ》〟を作ったのは彼である」と同書は報じている。「同機関はSSが略奪した富の蓄積から相当の資産を自由に使っているのみならず、一流のドイツのトラストから支援されてもいる」。スコルツェニーは事実、デニアに小さなホテルを所有していたが、彼がそこから逃亡援助組織網を動かしていたということを示す証拠は発見されていない。

なぜロシアはスコルツェニーを陥れようとしたのだろうか。答えは簡単である。スコルツェニーは確かにナチを助けていたが、公然とそうしていた。そして、西ドイツ政府に完全に見えるところでそうしていた。ソヴィエトと衛星国はその無干渉主義的態度を、まさしく戦争犯罪人の不当な復権容認と見た。その非難は確かに当たっていた。例えば、『褐色の本』は完全なフィクションではない。社交的で魅力的なスコルツェニーは、戦後の何年か、あらゆる重要なナチと世界のファシズム共鳴者と付き合って悪名を高め、ソヴィエトのプロパガンダと偽情報のいい鴨になった。一九五三年一月十日、「ギュンター・ブーン」と名乗るドイツ人が、マドリッドのアメリカ大使館に現われ、スコルツェニーは「元SS隊員から成るスペインの秘密結社の親ソヴィエト派」の中心人物だと館員に告げた。加えて彼は、スコルツェニーが毎月妻の口座に多額の金を振り込んでいるのは、彼がモスクワから金を貰っている証左だ、と館員に告げた。ブーンはスコルツェニーの事務室に押し入るよう館員に懇願し、「彼の金庫にある書類を解読する暗号システム」を書いたものまで渡した。しかし館員は、ブーンの情報がおおむね戯言《たわごと》で、ブーンが大使館にやって来たことは、ソヴィエトの偽情報作戦の一環であることを、すぐに確認できた。しかしブーンは諦めず、二月二十七日、マルセイユのアメリカ領事館に「クルフ」という名で姿を現わした。今度は格段にもっともらしい話をした。彼はHIASSというネオ・ナチ組織について話した。その組織は親ソヴィエトの元SS将校を「ソヴィエト・ロシアの庇護のもとの〝新生ドイツ〟のために働く」目的で西ドイツに潜入させることを目的にしている、というわけだった。クルフはまた、HIASSのシンボルを描きさえした——それは複雑にのたくった線だった。だが彼は、HIASSが実際になんの略なのか知らなかった。彼は幾分か信憑性を加えるために、自分の空想に本当の情報をいくらか混ぜたが、またもや領事館員は「クルフ」の話に納得しなかった。彼が提供した「情報」は、またもやソヴィエト圏の偽情報を流す試みである可能性がある。もしそうでなかったなら、無一文らしいクルフ/ブーンが南ヨーロッパを動き回る費用をどうやって工面できたのかわからない。

セフトン・デルマーの対独プロパガンダ放送の内容を信じたアメリカ国務省は無駄な努力をした挙げ句、それが英国から放送されたものであるのを知ったが、スコルツェニーと〈ディー・シュピネ〉および〈オデッサ〉との関係の話も似たような経過を辿った。その話には確かに真実がわずかに含まれていたが、その真実は諜報員、ジャーナリスト、信じやすい大衆によって元の面影がないほど歪められ、拡大されてしまっている。確かにスコルツェニーは、何人かのナチが逃亡するのをある時点で助けた、数人の逃亡者とその協力者の連絡係の役を果たしたかもしれないが、スコルツェニーがある秘密結社の領袖だという考えは空想じみている。とりわけ、彼のほぼすべての動きはアメリカによって、そしてまず確実に、ほかの数ヵ国によって監視されていたからである。ブーンの情報がいともも簡単に嘘としてしりぞけられたのは、監視の厳しさゆえである。スコルツェニーのような男は、そうした監視を受けているとは知らずに活動したのだ。例えば、ブーンがアメリカ大使館員にスコルツェニーの金庫について話した時、大使館の空軍武官は金庫についての詳細をCIAに提供することができた。要するに、もしスコルツェニーが逃亡援助組織網を動かしていたのなら、アメリカはそのことを知っていたであろう。

一九四〇年代中頃、連合国の情報機関は〈オデッサ〉についてさらにいくつかの報告を受けたが、それによると、〈オデッサ〉とは、戦いを続けたい元ナチによって使われた便宜的な言葉に過ぎないものであるのを示唆していた。そのうえ〈オデッサ〉の性格は、尋問を受ける人間次第で変わった。一九四七年十二月、ドナウヴェルトの防諜部隊は、賄賂を贈ろうとして逮捕されたロベルト・マルクヴォルトという元ＳＳ将校を尋問した。マルクヴォルトは、自分は〈オデッサ〉のために秘密の任務を果たしていたところで、それはロシアの軍事政権に潜入することであって、逃亡とは関係がない、と言い張った。その年のもっと早い時期に、ある情報提供者がアメリカ当局にこういう情報をもたらした。オデッサに接触するには、幹線鉄道のある特定の駅の群衆に紛れ込み、「誰かに〝オデッサ〟という言葉で呼びかけられるまで」待つだけでいい。アメリカ当局も知らない、自らの意思で情報を提供したその男は、ハノーヴァーで運を試してみた、と言った。彼はハノーヴァーで「ヘルベルト・リンゲル」という人物に会った。その人物によれば〈オデッサ〉の目的は「将来の革命の計画を立てること」だった。グループ内での情報は連絡網で伝えられた。連絡網の鎖の輪の誰も、隣の人間の名前を知らなかった。仲間の確認方法は、「右手の親指と人差し指の付け根に三角の形に付いている三つの小さな点」の存在を見ることだった。また「リンゲル」は情報提供者に〈オデッサ〉の身分証明書《アウスヴァイス》を見せた。その表紙に〈オデッサ〉のシンボルと思われているもの――「オデッサ」という文字の上に書かれた二本の交差する矢――が書かれていた。アメリカ当局は、その情報提供者を「Ｆ３」の等級に入れた。それは、彼が信頼できない人物であるかどうかは判断できないということ、彼の情報は正しいかもしれないということを意味していた。事実は、彼の報告したことはまたしても偽情報である可能性が高かった。おまけに、素人臭い試みであるかもしれなかった。〈オデッサ〉がそのメンバーに身分証明書を出すというのは馬鹿げていたし、三つの小さな点もそうだった。さらに、〈オデッサ〉のメンバーがそんな秘密をハノーヴァーの駅で赤の他人に洩らすというのも考えられなかった。同年、〈オデッサ〉と名乗る別の組織が防諜部隊によってローゼンハイムで発見された。それは、わずか十数人から成る組織らしく、そのうちの何人かは窃盗と武器所持の廉で以前、投獄されたことがあった。そのグループに潜入した防諜部隊の報告によると、「オデッサ」という言葉が一種の暗号として使われていた。グループのリーダー、ハンス・シュッケルトは「狂信的なＳＳ兵士で、いつも友人に『ハイル、オデッサ』と挨拶する」。ローゼンハイムの少し外れのツィーゲルベルクのガストハウス・プレストケラーでのダンスで、シュッケルトはＳＳ隊員のためにいくつかの曲をリクエストした。「さあ、オデッサのダンスが始まるぞ」と彼は言った。「それはＳＳのための、という意味だ」。客の何人かは驚いたが——警察官も何人かいた——誰も文句を言わなかった。

一九五〇年代の初め頃には、〈オデッサ〉と〈ディー・シュピネ〉についての報告はもたらされなくなり、もしそうした機関が存在していたとしても、ほかのすべての壮大な理念を持ったネオ・ナチ細胞同様、尻すぼみに終わっていた。スコルツェニーを含む多くのナチは、Bruderschaft〔同胞愛〕、ＨＩＡＧ（元武装《ヴァッヘン》ＳＳ隊員相互扶助協会）——その完全なドイツ語名はHilfsgemeinschaft auf Gegenseitigkeit der Angehörigen der ehemaligen Waffen-SSで、〈オデッサ〉のフルネームに似ている——のような機関に自分たちの時間と金を与えて公然と手を貸した。そうした機関は西ドイツと連合国によって大目に見られていたが、元ナチを中心にしたすべてのグループ同様、情報機関に完全に潜入されていた。そして、あるグループがあまりに野心的になり、ドイツ連邦共和国の芽生えかけた民主主義を脅かしそうになると、そのグループは解散させられた。その最もセンセーショナルな例は、一九五三年一月十四日から十五日にかけて英軍に逮捕された〈ナウマン仲間《クライス》〉だった。元第三帝国宣伝相で、マルティン・ボルマンと一緒に総統掩蔽壕《フューラーブンカー》から脱出したヴェルナー・ナウマンに率いられたそのグループは、まさしくナチ国家再建を目指していた。ナウマンは「数百人の陰謀団を作ろう」と、一九五二年十一月二日、デュッセルドルフで演説した。「我々はまず舞台裏で、そしていつの日か晴れの舞台でその理念を実現する勢力になろう」。ナウマンの文書は、スコルツェニー、ルーデル、アックスマン、ラウターバッヒャーのようなナチと、サー・オズワルド・モーズリーとその妻ダイアナ、ブエノスアイレスの『デア・ヴェーク』の出版人エーベルハルト・フリッチュ（フーダルの協力者ラインハルト・コップスは彼のために働いた）を含む、広大な組織網の中心にいるのを明かしていた。それに加えナウマンは、ＳＳの諜報員から成る組織網を作り、自分に報告させたらしい。どんな形であれ、もし〈オデッサ〉が存在していたとすれば、ナウマンとその仲間――一人残らずナチ「貴族」だった――が、それを運営していたのだろう。しかし、ナウマンのところから押収されたトラック六台分の秘密書類の中には、どんな逃亡援助組織網も、あるいは〈オデッサ〉も〈ディー・シュピネ〉も言及されていない。

　面白いことに、ナウマンの日記の一九五〇年八月二十一日の項には、元ヒトラーユーゲントの指導者で、やはり総統掩蔽壕《フューラーブンカー》から逃げ出して助かったアルトゥル・アクスマンとの出会いについて書いてある。午後のコーヒーを飲みながらのナウマンとの会話でアクスマンは、自分は「スコルツェニーの計画に惹かれ」ていて、「彼を助け」たいと言った。表面上は、それはまるで〈オデッサ〉のような何かを思わせるが、ソヴィエトとの戦争になった場合、スペインに派遣できる二十万人の幹部を集めるという、スコルツェニーの計画を指していると考えたほうがよい。同月、スコルツェニーはドイツにいて、もう一つのあからさまに野心的な計画に対する支持を得ようとしていた。一九五二年の春には、その計画は、保安諜報部と国防軍諜報部の隊員、「奇襲の経験を積んだ」元ＳＳ将校をスイス経由でスペインに密かに送ろうというものに変わったようだった。その年の春が過ぎてからＣＩＡは、ある「信頼できる空軍《ルフトヴァッヘ》の古参兵」から、スコルツェニーがナウマンと共謀し、「ドイツが西側の列強と組むのを阻止し、独裁主義のドイツ国家を再建するという究極的な目的を持った、親ナチの人間から成る地下組織」を作ろうとしているという情報を得た。〈ナウマン仲間《クライス》〉が逮捕されたということはスコルツェニーの計画にとって打撃だったのは明らかだ。そして、スコルツェニーが自分の夢を幾分でも実現したという証拠はない。スコルツェニーは一九七五年に死ぬまであらゆる事件と関わったと言われているが——エジプトの大統領ガマル・アブデル・ナセルに武器を供給したということから、エビタ・ペロンの恋人だったということに至るまで——そのいくつかは本当であろう。

だが、クラリータ・シュタウファーとシャイドラー夫妻が〈オデッサ〉のために働いているという、一九五二年の中頃にハンガリーからの難民がCIAにもたらした報告はどうなのだろうか？　シュタウファーが元ナチの逃亡を助けたのは確かだが、またしても、彼女の機関がそうした名前や〈ディー・シュピネ〉という名前で活動したという記録はない。だがシャイドラー夫妻の場合は、もっとずっと灰色である。アルトゥル・シャイドラーが一九四五年にマティソン大尉に逮捕されたあと拘禁され、惨めな思いをしていたあいだ、性的に気前のいいイーリスは、一人のアメリカ人の大佐と関係を結び始めた。一九四七年、恋に溺れた将校は、離婚の許可を貰うためにイーリスが夫を訪ねるのを許した。夫婦が離婚について話している際、アルトゥル・シャイドラーは自分とカルテンブルンナーが隠した金《きん》の一部がなくなったと妻に話した。刑務所の中にいてどうしてそれが彼にわかったのかははっきりしないが、その後はイーリスはもはや夫と別れようとはしなかった。夫の莫大な富を手にすることができると考えて、夫への魅力を再び覚えたのだろう。シャイドラー夫妻が隠された財宝を持っているという噂がザルツカマーグト一帯に広まった。そして一九四七年の中頃、イーリスはバート・アウスゼーの警察から事情聴取された。彼女は略奪品の在《あ》り処《か》についてはまったく知らないと供述したが、「隠された金《きん》と外貨を見つけるのに協力する」のには同意した。イーリスはまた、マウトハウゼンの補助収容所であるエーベンゼー強制収容所の門の前に貴重品が埋められているという噂と、「相当量の金《きん》」がアルトアウスゼーの北十五マイルのアルトミュンスターの一軒家の地下室で発見され、その家にはフラウ・コプリンが住んでいるというニュースを伝えた。イーリスはもし金《きん》を手に入れたなら、それを用心深く隠しておいたのだろう。なぜなら、彼女が裕福だったということを示唆する証拠は何もないからである。ゴシップは田園地帯ではたちまち広がる。そして、淫婦としてのイーリスの評判が、屋根裏に金《きん》が詰まっているという、やはり興味津々たる話で容易に高まったのは疑いない。イーリスが飲み屋で一同に酒をおごると、それは隠してある略奪した財産で払ったものだと、地元の人間はひそひそ話した。だがイーリスには金《きん》やオデッサに関係のない秘密があった。彼女は防諜部隊のための密告者だったのである。イーリスは一九四〇年代末にアルトアウスゼーを去るまで、様々な元ナチに関する情報をアメリカ側に提供していた。その間彼女は、ヴィルヘルム・ヘットルと、彼が一九四七年十二月にクレスハイムから釈放されたあと、ある種の関係を持ち続けたとも言われた。二人がまた恋人同士になったかどうかははっきりしないが、イーリスは確かに、ヘットルがアメリカ軍から取り仕切るように頼まれていた組織網の一部になった。しかし、二人の友情は薄れ、一九五二年のある報告書によると、「二つの家族は二年ほど〝疎遠〟であった」。

一九四〇年代末、イーリスはザルツブルクに移り、OHホテルの中に衣服の売場を開いたが、防諜部隊に情報を提供し続けた。アルトゥルが依然として拘禁されていたので、イーリスは間もなくハインツ・グリムスというホテルの従業員の愛人になった。彼女の新しい男友達の弟は、ヴィリー・グリムスという共産主義者のジャーナリストで、その政治的傾向にもかかわらず、イーリスを通して情報を防諜部隊に渡した。彼女とハインツの関係は、ハインツが闇市の仕事をした廉で投獄された時に終わった。イーリスは夫が一九四八年に釈放された時、話に「グリムス」という名前が出るたびに「不安げ」に見えた。彼女は一九五〇年に「ヴィーナー・モデレ」というブティックを、ザルツブルクのフランツ・ヨーゼフ・カイ通り九番地に開いた。その同じ番地で、アルトゥルは工具および自動車部品のセールスマンとして働いた。それにもかかわらず、イーリスは情報提供の仕事を続けた。見たところ、アメリカのためだけではなく。一九五一年末、防諜部隊はイーリスの店が、残忍なことで有名なハンガリーの秘密警察、AVH《アーヴォ》（Államvédelmi Hatóság《アーラムヴェーデルミ・ハトーシャーグ》〔国家保衛局〕）の諜報員ではないかと疑われている様々な人物の集会所に使われているという情報を得た。イーリスが付き合っていたハンガリー人の一人は、イシュトヴァーン・シェレーニだと言われていた。彼はジャーナリストで、共産主義者によって投獄されたあと、オーストリアでスパイとして働くために釈放された。だがシェレーニは東に背を向け、その代わり、ハンガリーのファシストの矢十字党の元の党員から成る秘密グループに参加した。一九五一年十二月から五二年一月まで防諜部隊はシャイドラー夫妻の電話を盗聴し、郵便物を開けたが、イーリスがシェレーニと繋がりがあるという証拠は発見できなかった。彼らが確認できたのは、彼女が実際に衣服を売っていたということ、アルトゥルが自動車部品の売買に関わっていたということだけだった。一九五二年中頃に〈オデッサ〉について防諜部隊に情報を提供したハンガリー人のジャーナリストは、イシュトヴァーン・シェレーニだった可能性がある。仮に防諜部隊が途中で奪った郵便物がシャイドラー夫妻とハンガリーとの繋がりを明かさなかったとしても、ザルツブルクのような小さい都市では、様々な情報が飛び交っていただろう。シェレーニのような人物は情報網から、シュナイドラー夫妻について何か聞いたかもしれない。そうした情報網は、編み物仲間のお喋り同様、情報源としては信頼できない。〈オデッサ〉という言葉が、噂に上る他の秘密結社同様、盛んに囁かれたであろう。しかし、そのハンガリー人のジャーナリストは、シェレーニであろうとなかろうと、信頼できようとできまいと、一九五二年にはヨーロッパでごくわずかな者しか知らなかっただろう何かを知っていた――アンテ・パヴェリチの偽名が「パル・アラニョス」で、赤十字の旅券番号が74369であることを。

シャイドラー夫妻に関心を抱いていたもう一人の人物は、ジーモン・ヴィーゼンタールだった。一九五二年四月三日、ヴィーゼンタールはナチの金《きん》に関し、また、どのようにカルテンブルンナーの富がナチの逃亡ルートの資金に使われたのかについて、ジャーナリストのオットマー・カッツに長い手紙を書いた。その手紙の中でヴィーゼンタールは（その手紙の貧弱な写しがワシントンDCの国立公文書館に収められている）、アルトゥル・シャイドラーが略奪品の輸送で重要な役割を果たしたことを証明しているようである。ヴィーゼンタールはまた、〈シャーンホルスト〉、〈ゼックスゲシュティルン〉、〈エーデルヴァイス〉、〈ディー・シュピネ〉、PAXのような様々なナチの秘密結社についてカッツに語った。ヴィーゼンタールはまた〈オデッサ〉についても書いていて、それは逃亡者をローマのフーダル司教のところに送り、そこから彼らをマドリッドと南米に行かせる逃亡援助組織網だとカッツに告げている。興味深いことにヴィーゼンタールは、一九六七年の回顧録『我らのあいだの殺人者』では〈オデッサ〉について詳しく書いているのに、その手紙では、〈オデッサ〉についてそれ以上何も書いていない。ヴィーゼンタールは『我らのあいだの殺人者』では、ニュルンベルク裁判の際、「ハンス」と名乗る元国防軍諜報部《アプヴェーア》の上級将校から、〈オデッサ〉について聞いたと書いている。謎の「ハンス」はオデッサの活動について詳細に話し、マルティン・ボルマンとアドルフ・アイヒマンを含む、逃亡した元ナチの幾人かの名前、逃亡先、ルート、正体を明かしている。したがって、ヴィーゼンタールが一九四六年に得たと言っているオデッサについての情報は、六年後にオットマー・カッツに宛てた手紙にあるもとのは非常に違っていて、それよりずっと詳しい。それは、なぜか？　ヴィーゼンタールが情報をカッツから隠していたという可能性もあるが、それは考えにくい。というのも、その手紙は長く、ほかに発見したことについての情報に満ちているからである。その食い違いの理由は、ヴィーゼンタールが、存在すると思われていた〈オデッサ〉について一九五〇年代初めに実際に知っていたのはカッツに話したことだけだったのだが、一九六〇年代になるとヴィーゼンタールは、自分は当時からほかの者より詳しいことを知っていたふりをしたかった、というものだろう。さらにヴィーゼンタールは、「〈オデッサ〉の活動についてもっと知るにつれ、なぜ連合国の情報機関がそれについて何も知らないのかを悟った」とも書いている。我々がすでに見たように、連合国の情報機関は〈オデッサ〉について多くのことを知っていたのである。したがって、そうした文句は、いかにもヴィーゼンタールらしい自己誇大化だった。

「ハンス」は偽名ではなかった――彼は完全な架空の人物だった。〈オデッサ〉に関するヴィーゼンタールの情報源は、友好的な国防軍諜報部《アプヴーア》将校ではなく、一九四九年九月に馘《くび》になるまでアメリカのために働いた、きわめて疑わしい組織網を取り仕切っていた元保安諜報部のドイツ人だった。彼が集めた情報は信頼できないものとされ、防諜部は彼を不正直な男と見なした。さらにその男は、金が鉄のカーテンのどっちの側から来ようと、情報を一番高く買ってくれる者に売っているのではないかという疑いが常にあった。一九五〇年一月十六日、上オーストリア州の防諜部隊は、「上オーストリア州のユダヤ人強制追放者の公認指導者」および「イスラエル情報部の主任諜報員」と同部隊が書いているヴィーゼンタールが、ヴィルヘルム・ヘットルを諜報員にしたことを知った。防諜部隊でさえも、ヘットルが危険な戦争犯罪人であるのを認めていた。彼はニュルンベルク裁判で検察側の証人になっただけのことで釈放されたのである。防諜部隊の情報提供者によると、ヘットルは、……これまで、少なくとも一つの長い（百頁）報告書を書いた。それについて情報提供者は知っている。報告書は元ナチ党幹部のオーストリアにおける所在と現在の活動と、ＶｄＵと〈蜘蛛《ディー・シュピネ》〉の組織に関してヘットルが知っているすべての詳細を扱っている。情報提供者は、同報告書の内容は過度に誇張されていると評価している。

防諜部隊はその情報を、「たぶん正しい」と判断した。なぜなら、「この数週間、似たようなデータがリンツのユダヤ人社会に出回っているからである。もっとも、常に噂のカテゴリーのものではあるが」。だがその情報は、現地事務所の情報提供者によって確認された。その情報提供者は「かなり信頼できる」と言われていた。その情報は正しかった。なぜなら、一九五九年九月、ヴィーゼンタールはアドルフ・アイヒマンに関してイスラエル大使館に手紙を書いた際、ヘットルを情報提供者としているからである。二〇〇八年、ヘットルの娘は、「父はＳＳの男をいつも自分の情報提供者として使っていた、と私に言った」と語った。そのことは、ヴィーゼンタールがヘットルのような男を使ったと言うことが十分にありうることを示している。

さらに、〈ディー・シュピネ〉は逃亡援助組織網などではまったくなく、実はＶｄＵ（Verband der Unabhängigen「独立派連盟」）という地下組織の名称だった。それはオーストリアの右翼政党で、一九五六年に自由党に吸収された。〈ディー・シュピネ〉の目的は、ドイツとの併合《アンシュルス》を再び行い、ナチが失ったものを取り戻すことだった。当然のことながら、その秘密機関を取り仕切っていたのはヘットル自身だった。元保安諜報部のこの男は、自分自身の組織網に関する情報をヴィーゼンタールに提供することにさえ喜びを覚えていたように思える。彼が提供した情報の多くは、ほとんど、あるいはまったく価値のないものだったろうと考えるのが安全であるが。

ヴィーゼンタールが手紙の中でカッツに書いたことの多くも、やはりヘットルが提供した戯言《たわごと》だったということには、ほとんど疑いの余地がない。カッツ宛の手紙が、最後には米国国立公文書館にあるヘットルのファイルに収まったというのは教訓的である。その結果、騙されやすいヴィーゼンタールが〈オデッサ〉とナチ逃亡に関してのちに世に発表したことのいずれをも信用するのは、極度に難しい。一九八七年に率直な回顧録を書いたラインホルト・コップスのようなナチでさえ、「いわゆるオデッサ組織」の存在を否定した。ナチの逃亡――マルティン・ボルマンの「高飛び」も含め――に関する法外な話に満ちている、空想じみた『ニュルンベルクを逃れて』を書いたアルフレート・ヤルシェルは「オデッサ」の話については痛烈で、それはヴィーゼンタールがジャーナリストに売り歩く類いのものでしかないと断じた。ヴィーゼンタールがその話をした相手の一人は、ロンドンの『サンデー・タイムズ』のアントニー・テリーだった。彼は一九六七年七月、〈オデッサ〉の活躍ぶりについての記事を書き、その最大の成功は、マルティン・ボルマンを救出したことだと言った。もしテリーの編集者が、その記事の大部分の出所《でどころ》は二枚舌の元保安諜報部の男だったということを知っていれば、彼はその記事をボツにしたかもしれない。あるいはたぶん、そうしなかったかもしれない。結局のところ、それは素晴らしい話だったのだ。〈オデッサ〉に関するそれ以外のことは、フレデリック・フォーサイスの作った完全なフィクションだった。

第6章
「特殊な旅の手配」

マルティン・ボルマンの遺体がベルリンの瓦礫が散乱する通りの下で腐っていくあいだ、国際軍事法廷は、彼を欠席裁判にかけた。ボルマンは訴因の三と四——戦争犯罪および人道に対する罪——について有罪と認められ、一九四六年十月、死刑が宣告された。判決が発表されたあとの夜中、オーストリアのシュタイアーマルク地方の何人かはラジオで、ある男が自分は「国家社会主義の守り手、ボルマン」だと言ってから、蜂起を呼びかける指示があるまで静かに待つようにと大衆に呼びかけたのを聞いた。その男はスピーチを、「ハイル、ドイチュラント！」と叫んで結んだ。死体が見つからなかったので、ボルマンはまんまと逃げおおせたという噂が、その後数十年、消えることはなかった。ボルマンは性格上、陰謀論の格好の対象になった——考えてみれば、彼は秘密めいていて強大な力を持ち、戦後も広大で秘密の組織網を影で動かしたというのが、彼のイメージにふさわしかった。マルティン・ボルマンの姿が至る所で見かけられたというのは、数十年後のエルヴィス・プレスリーと同じだった。ある場合には、同じように滑稽でもあった。ボルマンはローマで修道士だった。ボルマンはカッセル地方の林業者だった。ボルマンはテルツァー山で「エーデルヴァイス海賊団」〔ヒトラーユーゲントに対抗して作られた青少年の組織〕を率いていた。ボルマンは潜水艦でアルゼンチンに上陸した。ボルマンはスペインのサラマンカの小さな村に住んでいた。ボルマンはエジプトにいた。ボルマンはチロルで「カルロ」という猟師だった。ボルマンはソヴィエトのために働いていた。ボルマンはアルゼンチン中部のコルドバのホテルで胃炎に苦しんでいた。ボルマンはサンパウロでバスに乗っている姿が見かけられた。ボルマンはヨーゼフ・メンゲレと一緒にパラグアイのアスンシオンのナイトクラブ〈アリババ〉に足繁く通った。ボルマンはブラジルで神父だった。『ニュース・オヴ・ザ・ワールド』は、ボルマンが実はサリー州のライギットで、ピーター・ブロデリック＝ハートリーとして一生を送ったということを独占的に暴露した。あとになってみると、そうやってボルマンの姿を見かけたという話は馬鹿にしたくなるけれども、彼の死体がなかったので、それもやむを得なかったのである。見かけた頻度が高かったということは、がっしりしていて、禿げていている中年の白人が世界には多いという事実のためでもある。

それならば、ボルマンはどうやって逃亡したと考えられたのだろうか。数多くのバリエーションがあるが、そのいずれも似通っている。ジーモン・ヴィーゼンタールの一九六七年の回顧録『我らのあいだの殺人者』によると、一九四五年の秋、ボルマンと姓名不詳の一人の女が、オーストリア赤十字に勤める一人の男によって、ドイツとデンマークの国境近くのフレンスブルクから、ナウダースのアルプスの村に密かに案内された。そこは、オーストリア、イタリア、スイスの国境が出合うところからちょうど二マイルの場所にあった。赤十字の職員は二人の正体を知らなかったが、宝石でたっぷり礼を貰った。そして、イタリア側のチロルにある僧院までボルマンに付き添って行った。修道院の門まで来ると、ボルマンは案内人を振り返り、自分が誰であるかを告げ、こう言い添えた。「君は凄いことをしたんだ。このことを誰にも喋らなければ、君が生きている限り、毎月、いくらか金を送る」。

ヴィーゼンタールはほかのいくつもの話はくさしたものの、その話には「多くの信用できる点がある」と書いている。そうであったかもしれないが、確かにヴィーゼンタールは、間接的な話であるのを認めながら、その話を疑うこともなく受け入れている。また、ドイツにいるあいだずっと自分の正体をうまく隠していたボルマンが、ろくに知らない相手に本名を教えるなどという危険を冒すのは、まったく馬鹿げている。

一九六八年、イスラエルのジャーナリスト、ミハエル・バル＝ゾハルは『復讐者』という自著で、ボルマンの旅について書いている。それによると、ボルマンはフレンスブルクから南に行き、ブレンナー峠を越えてイタリアに入った。たぶん、ルドルフ・ブラスという、ナウダースを本拠にする案内人の助けを借りて。ブラスには、ハインリヒ・「ゲシュタポ」・ミュラーも助けたという評判があった。ボルマンを逃亡させたのは〈ディー・シュロイゼ（閘門《こうもん》）〉という機関と思われていた。その機関はボルマンをイタリア側のチロルに隠した。メラーノに住んでいる、癌に冒された妻のそばに彼がいられるように。だが、ある日ボルマンは、彼の家族が一九三〇年代に雇っていたユダヤ人医師の寡婦に姿を見られてしまい、ガルダ湖の近くの修道院に隠れざるを得なかった。そこからボルマンはローマに行き、ジェノヴァからスペインまで沿岸航路船に乗り、スペインに一九四七年の末までとどまった。それから、「普通の乗客」のようにツーリスト・クラスの切符を持って船でブエノスアイレスに行った。ヴィーゼンタール同様、バル＝ゾハルはその話の中で、ボルマンの逃亡に関するほかの話を一蹴しているが、同時に、自分の話が正しいという証拠をなんら提出していない。ヴィーゼンタールの話と似ているもう一つの点は、もっともらしく見えるように細部に気を配っていることだが——例えば、ブラスというのはナウダースの墓地ではよく見かける名前である——その話も裏付けがまったくないので信憑性に欠ける。

ボルマンの「逃亡」の最もセンセーショナルな話は、ラディスラス・ファラーゴーが一九七四年に発表した『戦争直後』に出てくる。一九七三年にアンデスの修道院で、病床のボルマンに実際に会ったと主張しているファラーゴーは、その前の二つの話の骨にたくさんの肉を付けた。山案内人は今度は「ハンノ・ベルンハルト」という男で、ボルマンはレージア峠でアルプスを越えた。病める妻のそばにいるためにメラーノの近くに下りる前に、修道院に隠れはしたが。ゲルダ・ボルマンが一九四六年三月二十二日に亡くなったあと、夫のボルマンは「ルイジ・ボリオーロ」という名の神父になり、医師の妻に見つけられるまでボルツァーノに二年間住んだ。次にボルマンの身に何が起こったのかよくわからないとファラーゴーは認めてはいるものの、ボルマンはローマに行き、フーダルの組織網に加わったのではないかと書いている。だがファラーゴーは、ボルマンがジョヴァンニC号でジェノヴァを出て、一九四八年五月十七日にブエノスアイレスに着いたのはわかっている、と自信をもっている。ブエノスアイレスに着くと、ボルマンはペロンの警備主任、ルートヴィヒ・フロイデが出迎えにきていたという。ボルマンは「フアン・ゴメス」というイエズス会士に成り済ました。その後間もなく、驚いたことに「エリエーゼル・ゴルトシュタイン」〔ユダヤ系の名前〕という変名を選び、その名前でブエノスアイレスの十二使徒法王使節団から、番号０７３９０９の身分証明書を貰った。その結果、彼は警察身分証明書（番号１３６１６４２）を貰うことができ、一九四八年十月十二日、「セニョル・ボルマン」は、なくてはならぬ「青色スタンプ」をそれに捺してもらった。それでアルゼンチンに永住できることになった。「私はこの事実を記した文書を持っている」とファラーゴーは書いている。「その本物の文書の写しはまだ移民局のファイルにある。オリジナルの複写は文書課で見ることができる」。残念ながらファラーゴーは騙されたのである。彼が持っていた文書は実際には偽造で、堕落したアルゼンチンのスパイと警察官によって売りつけられたものだった。情報を買うということには、そういう危険があるのだ。

もちろん、一九四〇年代末には、連合国はボルマンの生死に確信がなく、したがって、ほかのナチの戦争犯罪人同様、彼の捜索が行われた。当然ながら、防諜部隊のような部隊には、噂とボルマンの部下の証言以外の手掛かりがなかった。そして、部下の多くは自分たちの元上官の運命について、わずかなことしか知らなかった。一九四五年四月、アメリカの軍事情報部センターの二人の将校が、ボルマンが妻と一緒にイタリアにいることを示す手掛かりを追って北イタリアに車で行った。やがて、フラウ・ボルマンが住んでいたかもしれない家を見つけたが、空家だった。地元の住民によれば、「どんな怪しいドイツ人もボルマンの家を訪れなかった」という。一九四六年初め、アメリカは〈ベイカー作戦〉を開始した。ボルマンを見つけるために諜報員をカッセル地方に送ったのである。諜報員はフランクフルト近辺でレジスタンスの組織網を作りたいと思っている元ナチのふりをした。したがって当然ながら、ボルマンと連絡を取りたがっているわけだった。防諜部隊は、ボルマンのお抱え運転手、SS上級分隊指導者《オーバーシャルフフューラー》アルフレート・ライプラントがかつての上官と接触しているのではないかと疑った。そして、ボルマンは林業者ケスターの家に住んで森林労働者のふりをしているのではないか、また、ケスターの家には金銭、宝石、糧食が詰まっているのではないかとも疑った。その任務は失敗したが、米軍欧州戦域情報部の将校たちは、ボルマンに関する情報をできる限り集め続けた。非常に重要なことだが、彼らはボルマンの歯医者、SS上級指導者《オバーフューラー》フーゴ・ブラシュケと話した。ブラシュケはかつての患者の歯を詳細に覚えていた。最後に患者の歯を治療したのは一九四五年三月だったからだ。ブラシュケの作った報告書は数十年後、きわめて重要な――そして、論議を呼ぶ――ものになる。

アメリカはボルマンに関する多くの手掛かりを追った。そして成功はしなかったものの、英国には同意しなかった。英国はボルマンは死んだと考えていたのである。一九四六年二月、MI5のヒュー・トレヴァー＝ローパー少佐は、ボルマンの死を裏付ける報告書を作成した。トレヴァー＝ローパーはヒトラーの最期の日々を調査したことで有名だが、最初の報告書を作ったあと、ボルマンの生死に確信が持てなくなった。「ボルマンの運命についての証拠が得られたが」とトレヴァー＝ローパーは書いた。「その証拠は公式の発表を正当化するのに十分に一致しているようにも、決定的なもののようにも見えなかった」。だがトレヴァー＝ローパーは間もなく、ボルマンが死んで横たわっている姿を目にした、もう一人の目撃者を見つけた。そして、その証言は彼のほかの情報提供者の証言と一致したので、彼はそれは正しいと信じた。アメリカは納得しなかった。「米軍欧州戦域情報部はボルマンの死に関するトレヴァー＝ローパー少佐の言明を発表することに反対する」と、ある覚書には書いてある。「彼らは、もしボルマンが生きていることがわかれば、ボルマンは死んだという我々の説明だけではなく、ヒトラーは死んだという我々の説明も信用されなくなるだろう」。それはもっともな反対意見だった。なぜなら当時、ヒトラーが死んだということは、常識的な多くの人々には自明のことだったが、ロシアは、ヒトラーは生きていて西欧に保護されていると主張していた。総統が生きているという話には不足しなかった。一九四五年七月、モスクワの新聞に、ヒトラーとエーファ・ブラウンはアルゼンチンにいるという記事が載った。十月、コペンハーゲンの英国公使館は、ヒトラーがスペインのアルヘシラスの修道院で修道士になっているという夢を友人が見たという電話を、デンマークの女から受けた。その夢は真面目に受け取られ、ロンドンの外務省に伝えられた。二ヵ月後、アメリカ戦略情報部はマドリッドで、ヒトラーは実はバレアレス諸島に逃亡したという情報を得た。ヒトラーの死体はボルマンの死体ほど地球の各所を歩きはしなかったが、かなり歩き回ったのは確かである。

すべてのボルマン捜索の中で、当時、いくらかの成功の見込みがありそうだったのは、一九四八年七月と八月に、FBIの特別諜報員フランシス・E・クロスビーによって行われたものだった。クロスビーはトルーマン大統領の直接の命令で、J・エドガー・フーヴァーによって派遣された。トルーマンは「アドルフ・ヒトラーの副総裁、マルティン・ボルマンがラテンアメリカのラプラタ川流域にいるという、ジョン・グリフィスなる人物からの報告の予備調査」をするよう求められた。グリフィスはモンテビデオを本拠とする実業家であり、ブエノスアイレスのアメリカ大使館の文化部でも働いていた。一九四八年五月、彼は自費でワシントンに行った。それは、ロバート・H・ジャクソン判事——ニュルンベルク裁判のアメリカ側の主任検事——に、ブエノスアイレスの港湾当局の従業員、フアン・セリノという男から聞いた、「ドン・マルティン」というドイツ人がパラグアイの大農園《エスタンシア》に住んでいるという話を伝えるためだった。どうやら、謎の「ドン・マルティン」は、「ドイツにおけるナチの指導者たちの最も重要な一人」らしかった。そして一九四七年七月、セリノはそうした情報を持ってグリフィスに会った際、ボルマンの写真を見せられた。すると即座に、それが「ドン・マルティン」なのがわかった。ジャクソンはグリフィスの話を聞くと、真っ直ぐにトルーマンのところに行ったが、トルーマンはわずかな関心を示したに過ぎず、FBIが捜査するのを認可しなかった。それにもめげずにジャクソンはねばり、一九四八年六月十六日、大統領に覚書を送り、その手掛かりを追って捜査をしないのは危険だと論じた。「第一に、ボルマンがそこにいる可能性があります」とジャクソンは書いた。「第二に、仮にいなくとも、この情報は合衆国の役人に伝えられたが我が国は何もしなかったという事実が広く知れ渡り、したがって、ボルマンを保護しているのと同じだと非難されるでしょう」。さらにジャクソンは、そうした主張はロシアにとって宣伝価値を持つだろうと警告した。トルーマンは捜査を正式に許可した。

クロスビーは経験豊富な諜報員だったが、そうした仕事をするには不向きだった。スペイン語がまったくと言っていいほど話せず、アルゼンチンとウルグアイにおけるドイツ人社会の仕組みについても、ほとんど知らなかった。だが、そうした弱点はあまり問題ではなかった。なぜなら、七月初めに現地に着くと、グリフィスとセリノから聞いたことに疑念を覚えたからである。グリフィスは「極端な探偵コンプレックスを持っているようである。自分が受け取り、今度は自分が伝えたすべての主張と報告の中で、個々に確認できるただの一つの具体的事実もないということに、グリフィスは思い至っていないようである」とクロスビーは報告した。クロスビーはボルマン捜索を始める前に、セリノとグリフィスの仲介役である、フリオ・ヘノベス・ガルシアというジャーナリストに相談した。ガルシアは「ドン・マルティン」について独自の情報を持っていると言われていた。またもや、クロスビーは納得しなかった。「この人物は……どうやら過激な反ペロン主義者らしく、グリフィスにすっかり信頼されている」と彼は報告書に書いた。この一件はペロンの名誉を傷つけようという偽情報の企みにほかならないと、クロスビーは結論付けた。彼は八月末にワシントンに戻った。九月八日、フーヴァーはジャクソンに宛て、「さらに調査を進める基盤となりうるどんな事実も提供されなかったようである」と書いた。

ボルマンが生き返った唯一の場所は、映画館の中だった。一九四八年十二月、『悪党連隊』が上映された。主演は、スティーヴン・マクナリーの演ずる「マルティン・ブルーナー」を追う任務を担う情報将校ホイット・コーベットに扮した、ディック・パウエルだった。映画の冒頭で、アメリカは「この男を世界の隅々まで捜したが、これまでのところ成功していない」というナレーションが流れる。コーベットは彼を追ってサイゴンに行く。サイゴンでブルーナーはフランスの外人部隊に潜り込む。何度か危険を冒したあと、コーベットと正義が卑劣なブルーナーに勝つ。最後のショットで、絞首刑用のロープが元ナチの上にぐっと垂れてくる。脚本を書いたのはジャーナリストのロバート・バックナーで、彼は調査に数ヵ月使った。バックナーは映画の一般公開に先立って論争を巻き起こす目的のインタヴューで、ボルマンの妻子は、ボルマンがベルリンでは死ななかったこと、また、ボルマンだけがヒトラーの生死について知っているということを主張した。そうした主張を信じる者もいたが、バックナーの映画に納得した者はほとんどいなかった。「信憑性を一度ならず無視するとしても」と、ある批評家は書いた。「この映画は軽快なテンポと善意をもって作られている」。別の批評家は、それは「混乱した映画」だと評したが、それはベルリンがいまだに陥っている窮境の「狂気」以上に混乱しているわけではない、と的を射たことを言った。それにもかかわらず、匿われている元ナチに関する『悪党連隊』のような映画は、それ自体一つのジャンルになった。そのジャンルは一九七〇年代に、『ブラジルから来た少年』や『マラソン・マン』のような映画で頂点に達した。

映画ファンといくつかの連合国部隊が、存在しない元ナチにかかずらっている間、本物の元ナチは逃亡していた。その一人はトレブリンカの元所長フランツ・シュタングルである。彼は一九四五年七月以来、グラーゼンバッハ収容所に拘禁されていた。最初シュタングルは、寝棚も毛布もないという不便な暮らしをしていたが、二万人の囚人の生活状態は次第に改善した。一九四六年五月、囚人は自分たちの間に合わせのベッドを作ることを許された。そして冬になると、「我々は木製の収納箱のようなものを作り、その中で寝た」とシュタングルは回想している。一九四七年の春には、シュタングルと仲間の囚人たちはストーブを作ることを許された。そして、しかるべき寝棚と毛布を支給され、家からの小包が届いたので、生活は十分に耐え得るものになった。シュタングルの妻テレーザは毎週夫に食べ物の小包を届けた。面会することは許されなかったけれども。この期間にグラーゼンバッハを訪れたジーモン・ヴィーゼンタールは、そこは贅沢と言ってもいい場所だと思った。「囚人たちは十分な食べ物を支給され、日に焼けている」と彼は書いた。「そして、みな快適な生活を送っている。収容所の別の場所から楽しい仲間が来た。そこには、ナチの高官の妻たちと女性強制収容所の看守が拘禁されていた」。一九四七年の晩夏、シュタングルの牧歌的生活は終わりを告げた。ハルトハイム城での安楽死計画について調査していたオーストリアが、裁判にかけるためにシュタングルを引き渡すよう、要請したのである。その結果、彼はリンツにある普通の刑務所に移された。

シュタングルは裁判を待っているあいだ、開放型刑務所に移された。オーストリアは彼が何千人ではなくとも何百人もの人間を殺害した施設の警視だったのを知っていたにもかかわらず、逃亡するようなタイプの人間ではないと思っていた。オーストリアは、トレブリンカで百万人近い人間を殲滅する際に彼が演じた役割を知っていたなら、もっと警備を厳しくしただろうが、彼は驚くほどの自由を享受し、妻でさえ面会を許された。「その刑務所では多くの囚人が……独房に入っていて、私たちは好きなだけ長い時間、二人だけになるのを許されました」と彼女は追想している。「それは実際に〝開放〟されていて、私たちは散歩も何もかもできました。夫は好きな時にいつでも外に歩いて出ることができました」。だが数ヵ月は、シュタングルは外に出ようとはしなかった。テレーザ・シュタングルによると、夫はそこにいて裁きを受けねばならないと感じていた。その決断は道徳観よりは義務感に根差していた。妻は彼にそこを出るように懇願した。とりわけ、ハルトハイム城の運転手が四年の刑を言い渡されたのを知ったからである。「私がパウルのところに行ったのは、その時でした」と彼女は、夫をミドルネームで呼びながら言った。「そして、いつまでもこんな風には続かないと彼に言いました。『運転手の刑が四年なら、あなたはあそこで警視をしていたのだから、何年の刑になるのかしら?』」

シュタングルは間もなく妻の忠告を聞き入れ、逃亡の準備を始めた。シュタングルは仲間の囚人のハンス・シュタイナーと一緒に、基本的な逃亡用キットを集めた。それは食べ物の缶詰の詰まったリュックサックに過ぎなかった。テレーザは約五百オーストリア・シリングと、時計、指環、ネックレスを彼に渡した。彼はまた、戦争が終結した時にすべてのオーストリア人に渡された、四ヵ国語の身分証明書も用意した。囚人であるシュタングルは自分のものは持っていなかったが、戦後に逮捕された仲間の囚人から貰ったのだ。シュタングルはその男の写真を自分の写真と替えただけだった。そして一九四八年五月三十日、シュタングルとシュタイナーはそのまま外に歩み出た。

二人の旅の第一段階は、グラーツに向け南に百三十マイル行くことだったが、金を節約するため、二人は列車に乗らずに歩くことにした。グラーツに着くと、シュタングルは宝石を売った。また、運のよいことに、ラインハルト作戦時代のかつての同僚に遭遇した。ある日、彼とシュタイナーが建築現場の横を歩いていると、一人の男が走り出してきて叫んだ。「ヘル・主幹中隊指導者《ハウプトシュトゥルムフューラー》！」。男は元ソビボル収容所副所長グスタフ・ヴァーグナーだった。彼は約二万人の人間の死に責任があったが、シュタングルに比べれば小物だった。ヴァーグナーは、自分は一文無しだと二人に言って、どこに行くのかと尋ねた。シュタングルが行き先を告げると、一緒に連れて行ってくれと頼んだ。シュタングルは承諾した。

シュタングルはどこに行くべきか正確に知っていた――サンタ・マリア・デッラニマ。「最初、私たちは、私の妻のかつての雇い主、コルシーニ公爵に助けを求めることにした。しかし、SS将校を助けているという、ローマのヴァチカンにいるフルダ司教のことを聞いた」。もちろんシュタングルは、「フーダル」のことを言っているのである。そして、約二十年後の名前のこの間違い〔『あの闇の中へ』の著者ギッタ・セレニーにシュタングルが話した際の間違い〕にもかかわらず、司教とその「救援事業」がドイツの捕虜仲間のあいだでよく知られていたのは疑いない。いまや三人は、イタリア側のチロルにあるメラーノに向かって約二百五十マイル進んだ。そこは逃亡するナチに人気のある「寄航地」であると同時に、テレーザ・シュタングルのいとこの生まれた町でもあった。そこに行くにはアルプスを越えねばならなかった。その際、シュタングルの登山家としての経験が非常に役に立った。「それは二人には大変難しかったが」とテレーザ・シュタングルは言った。「彼は二人を助けて越えさせた」。やがて三人の男はメラーノに着いた。そこでシュタイナーとヴァーグナーは森に隠れた。その間にシュタングルは町の中央に行き、妻のいとこを探した。シュタングルにとって不幸なことに、いとこの居所はわからなかった。彼は教会で一休みしたあと、憲兵《カラビニエーレ》に逮捕されてしまった。「通りを歩いていたせいだけだと思う」とシュタングルは回想している。「そして、私は外国人に見えたのだろう」。数百マイル歩いてアルプスを越えたので、彼はひどい格好だったろう。メラーノは瀟洒な観光都市で、シュタングルの乱れた服装は、彼の墺独風な風貌以上に彼を際立たせただろう。だがシュタングルは、自分は放浪者などではないと憲兵に納得させた。そして、自分は妻子を養わなくてはならないとすすり泣くと、寛大な憲兵は元トレブリンカ収容所長を釈放した。

一九四八年の夏のあいだに、シュタングルとヴァーグナーはローマに着いた。その途中、シュタイナーはアメリカ軍に出頭するためにオーストリアに戻った。それは、百万人以上の人間の血で手を汚した、ほかの二人の旅の連れにはできないことだった。二人の男はローマでどうやってフーダルに連絡したらいいのかわからなかった。シュタングルにとって幸いなことに、彼はテヴェレ川の橋の上でかつての同僚に出会った。同僚は彼に尋ねた。「フーダルに会いに行くのかい?」そうなのだが、彼の居場所がわからないとシュタングルが言うと、同僚は彼の居場所を教え、あす訪ねたほうがよいと言った。シュタングルはその助言を無視し、ヴァーグナーと一緒に三十分以内にサンタ・マリア・デッラニマに着いた。二人はじきにフーダルに会った。「司祭は私が待っていた部屋に入ってきた」と彼は回想している。「そして、両手を差し伸べて言った。『あなたはフランツ・シュタングルに違いない。お待ちしてましたよ』」。フーダルがシュタングルの来訪をどうやら予期していたらしいことが、これまで重視されてきていて、それは〈オデッサ〉が関係している証拠だと示唆されてきた。けれども、ほかの二つの可能性のほうが当たっていよう。第一は、シュタングルの同僚が彼の行くことをすでにフーダルに話したか、あるいは第二に、フーダルはイタリアのほかのどこかにいる神父から、シュタングルとヴァーグナーがそっちに向かっていると教えられたと考えられる。間もなく我々が見るように、フーダルに逃亡者たちを向けたカトリック神父は何人かいた。

二人の客が到着したあと、フーダルは彼らに短い履歴書を書かせた。それは、サンタ・マリア・デッラニマのフーダル司祭の保管文書の中に今でもある。一九四八年八月二十日付のその文書は、大量殺人者の手書きで、本名で署名してある。シュタングルとヴァーグナーは司祭をすっかり信用していたので、自分の生年月日と出生地さえ書いている。もしフーダルが、その二人の「客」の犯罪を調べたかったのなら、簡単に調べられたであろう。それにもかかわらず、シュタングルは短い履歴書の中で、アクツィオーンT‐4とラインハルト作戦での自分の役割は省いている。その二つの事実は、フーダルの慈善心の限界点を超えてしまうことになると考えたのだろう。その代わりシュタングルは、生え抜きの警察官の、当たり障りのない履歴書を書いた。その中では、彼は保安警察《シュッツポリツァイ》の警部だった。もっとも、自分のもう一つの地位、SS主幹中隊指導者《ハウプトシュトゥルムフューラー》のせいでアメリカ軍に拘禁されることになったということは認めているが。ヴァーグナーの履歴書もやはり無難なもので、彼も自分を通常の警察官にしている。ソビボルについては言及されていず、実際、ドイツ以外でのどんな仕事も言及されていない。

フーダルは二人に泊まる場所と、いくらかの金を与えた。そして、必要な書類が整うまで待つようにと伝えた。シュタングルはフーダルに助けてもらったにもかかわらず、気分が沈んだ。「ローマからのパウルの手紙は、ひどく意気消沈したものでした」とテレーザは回想している。憲兵の注意を惹かぬよう毎日を送る以外、二人にはすることがほとんどなかった。だが、シュタングルは尼僧のために石積みの仕事を買って出た。それで余分な食べ物が貰えた。しかし、長くは待たなかった。なぜなら、二週間も経たないうちにフーダルは、二人に二通の赤十字の旅券を渡したからである。「私の名前が間違ってひっくり返っていた」とシュタングルは言っている。「パウル・F・シュタングルになっていた。私はそのことを司祭に指摘し、こう言った。『間違ってますよ、不正確です。私の名前はフランツ・D・パウル・シュタングルです』」。フーダルはシュタングルの肩を軽く叩き、「眠っている犬はそのままにしておきましょう――気にしないように」と言っただけだった。フーダルはさらに、シリア行きの出国ビザと船賃をもシュタングルに渡した。そして、繊維工場での仕事さえ手配した。それは、とりわけフーダルの心遣いを示していた。シュタングルは履歴書に、自分は警察官になる前に繊維の仕事をしていたと書いたからである。ヴァーグナーも中東で新しい生活が送れるようにしてもらった。

シュタングルは九月にダマスカスに向けて発った。彼の場合、フーダルに助けてもらったほかの戦争犯罪人に比べ、非常に速く事が運んだ。それは、フーダルがシュタングルの戦時中の本当の活動について知っていたこと、また、彼をできるだけ早くイタリアから出したいと強く思っていたことを示唆している。だが、もしフーダルが、シュタングルとトレブリンカのことを実際に知っていたのなら、偽名の旅券を彼に渡した率のほうが高い。加えて、シュタングルがローマに着いた頃、フーダルは自分のところに逃げてきた者たちを南米に送ることで問題を抱えていた。したがって、彼をシリアに送ったほうが、もっと実際的だったというだけのことかもしれない。シュタングルはなんの問題もなくシリアに着いたようだ。そして、すぐに落ち着き、仲間の逃亡者と親しくなった。家族を呼び寄せるために節約していたので暮らしは質素だったが、オーストリアにいるテレーザに宛てた手紙によると、彼は「寛いでいて、落ち着いた気分で、のびのびしていた」。

一九四九年五月、シュタングルは妻にダマスカス行きの切符を送った。妻は家族のために出国ビザを申請した。そして、ほとんど問題なくそれを手に入れた。最初オーストリア当局は、子供たちが奴隷に売られるのではないかと心配したが、ダマスカスにいるシュタングルからの手紙を見せると、安心した。「私たちの出発にはなんの秘密もなかった」とフラウ・シュタングルは言った。「私たちがダマスカスにいるパウルと一緒になりに行くことは誰もが知っていた」。シュタングルの名前と住所が荷箱にさえ書かれ、故郷のヴェルスを離れる理由を警察官に訊かれると、「逃げた夫と一緒になる」ためだと言った。テレーザが図々しくそう認めたことは、公式文書にも記載されている。それには、「Mann geflüchtet」(「夫逃亡」)と書いてある。妻子はつつがなく旅をして、その月の末頃ダマスカスに着いた。夫であり父である男は、前よりずっと気楽そうに見えた――「一切の恐ろしいことが起こる何年も前のように幸せで、優しい男」。当座は、シュタングル一家の将来は薔薇色に見えた。だが、その薔薇色は長続きしなかった。

シュタングルの逃亡で際立つのは、それが比較的容易だったということである。一九七〇年代初めにジャーナリスト、ギッタ・セレニーよって、その時の様子が詳しく明かされた。その結果、シュタングルと妻が、インタヴュアーに完全に本当のことを語っているのか疑念が生じた。「彼女はあなたを意のままに扱ったのではないかと思う」とジーモン・ヴィーゼンタールはセレニーに言った。彼はシュタングルがただ歩いて外に行き、自由の身になったという話を鼻であしらった。「なんたる馬鹿げたことだろう」とヴィーゼンタールは評した。「彼は必要な書類も旅券もなしに、どうしてそんなことができたろう？――国境はどうなる？　すべて嘘だ。彼は明らかに〈オデッサ〉に必要書類を整えてもらったのだ」。ヴィーゼンタールはシュタングルが〈オデッサ〉の助けを借りて逃亡したということを、一九六七年の回顧録『我らのあいだの殺人者』の中で主張しているが、なんの証拠も提出していない。彼はまた、フラウ・シュタングルが一九四九年五月六日に「未知の目的地」に向かってオーストリアを発ち、スイスに行き、そこでシリアのビザを受給したと述べている。それも馬鹿げている。というのも、フラウ・シュタングルは自分の行き先をまったく隠していず、まだオーストリアにいるうちにビザを受け取っているからである。もしヴィーゼンタールが地元の警察署で書類を調べてみさえすれば、彼女の行き先も誰に会おうとしていたのかも知ったことだろう。ひょっとしたら、そうしたのかもしれないが、例によってヴィーゼンタールは、自分だけが解ける、作り上げた謎を読者に呈示し、それによって、自分をナチ狩りの中心に置こうとしたのだ。彼の一九八九年の回顧録『復讐ではなく正義』の中で、セレニーの発見したことのいずれも頑なに言及していない。その発見は一九七四年になされたのだけれども〔その年セレニーは、シュタングルについての著書『あの闇の中へ』を上梓した〕。その代わり彼は、シュタングルは「〈オデッサ〉の助けを借りて」逃亡したという偽りの情報を繰り返すのみである。フーダルの保管文書には、シュタングルとの関連で、あるいはほかの誰かとの関連で、〈オデッサ〉またはそのような組織は一度も言及されていない。当然ながら保管文書は一部を切り取られたかもしれないが、それも考えられない。というのも、それなら、シュタングルとヴァーグナーの履歴書も削除されたであろうから。

その記録に出てくるナチは、彼らだけではなかった。一九四八年二月十五日、メラーノの北東三十マイルのヴィピテーノ村のカトリック神父、ヨハン・コッラディーニはフーダル司祭に手紙を書き、パーペ一家を助けてもらいたいと頼んだ。コッラディーニはフーダルにこう話した。自分はパーペ一家を「非常によく」知っていて、一家は自分の教区に三年住んでいる。アリーセ・パーペと彼女の二人の息子、ゲオルクとインゴはカトリック教徒である。しかし、父のオットー・パーペについてはいささか問題がある。彼はローマ・カトリック教徒ではないのだ。コッラディーニはフーダルに、ヘル・パーペは改宗すると約束してくれたが、これまでのところ、そうする機会がなかった。なぜパーペがカトリック教徒にならなかったかの一つの理由は、「オットー・パーペ」が本名ではなかったからだ。本名は、エーリヒ・プリープケだった。

プリープケはシュタングルのような重要戦争犯罪人ではなかったものの、その犯罪は悪質なものだった。三十歳でローマのゲシュタポの主幹中隊指導者《ハウプトシュツウルムフューラー》になったプリープケは、一九四四年三月二十四日、アルデアティーネ洞窟における悪名高い大虐殺に加わった。それは、その前日、ラッセラ通りでパルチザンの爆弾によって三十三人のドイツ人警察官が殺害されたことに対する報復だった。市民三百三十五人が捕らえられて虐殺された。パルチザンの襲撃は非常に衝撃的だったので、ヒトラーはそのことを東プロイセンの総統大本営「狼の巣《ヴォルフスシャンツェ》」で聞くと、ドイツ側の報復は「世界を震撼する」ものでなければならないと命じた。最初ヒトラーは、ローマ人口の四分の一の命を奪おうとしたが、ドイツ人が一人殺されるたびに三十人のイタリア人を殺すことにした。その命令が南に伝わるまでには、比率は一対十に変えられた。報復の責任者はローマの保安課報部《エス・デー》部長、SS上級大隊指導者《オーバーシュトゥルムバンフューラー》ヘルベルト・カプラーだった。犠牲者はすでに死刑を宣告されている囚人にすることにしたが、ローマ全市でその範疇に入るのは三人しかいなかった。その結果、「死に値する」者を含むよう、網はさらに広げられた。「その夜ずっと、我々は記録を調べた」とプリープケは回想している。「だが、処刑に必要な数の人間を見つけられなかった」。さらに調査が行われたが、今度はドイツ軍に対する「非道な」行為、火器や爆発物の所持、「地下運動の指導者」を含めることになった。やがて数が揃い、翌朝の十時、カプラーは将校を呼び集めた。

「彼は」部下を殺された警察連隊の司令官が処刑の執行を拒否したこと、タッソ通りの本部の兵士が執行者になったということを我々に告げた。彼はまた、処刑の執行は恐ろしいことで、将校が後ろ楯になっていることを兵士たちに示すために、すべての将校が最初一発撃ち、さらに最後に一発撃つことになったと言った。

SS隊員が恐ろしい任務を果たすため正午に出発し、広い洞窟に到着した。すると、虐殺の用意が整っていた。みな、後ろ手に縛られていた。犠牲者をそこに連れてきた男はプリープケだった。銃殺が行われているあいだ、犠牲者をリストから消していったのもプリープケだった。それは、通常の点呼の陰惨な裏返しだった。囚人たちは五人一組で洞窟に入った。そして、同じ数のSS隊員によって後頭部を撃たれた。銃がしばしば至近距離から発射されたので、犠牲者の頭蓋が破裂した。死体が堆《うずたか》くなるにつれ、あとの犠牲者は血を流している死体の山を登り、自分たちもそれに加えられた。プリープケはリストのチェックをするだけではなく、もっと直接的な役目も果たした。彼は洞窟に入った第二か第三の組の一人の男を射殺しただけではなく、その日の終わり頃、またもう一人射殺した。すべてのSSが意気込んでいたわけではない。ヘルベルト・カプラーは回想しているが、部下の一人の将校、SS主幹中隊指導者《ハウプトシュトゥルムフューラー》ヴェッツェンは一発も撃たなかった。「私は彼に打ち解けた調子で話しかけ」とカプラーは言った。「一緒に洞窟に入り、彼の横にいて、彼と同時に撃った」。それにもかかわらず、殺戮に加わるのは強制的ではなかったようである。三十七歳のSS下級中隊指導者《ウンターシュトゥルムフューラー》（少尉）ギュンター・アモンの番になると、彼はどうしても撃てなかった。彼は回想している。

私は軽機関銃を構えたが、怖くて発射できなかった。ほかの四人のドイツ兵は、四人の囚人の項《うなじ》に一発ずつ撃った。囚人たちは前に倒れた。私の状態を見た一人のドイツ兵が私を押しのけ、私が撃つよう命令されていた囚人を撃った。

重要なことだが、アモンは銃殺を拒否したことで罰せられなかったようである。それは、プリープケのような人間は、やむを得なかったという申し訳はできないことを意味する。アモンは自分が虐殺に加わらなかったと嘘をついたということもあり得るが、しかしカプラーのリストには、加わった者の一人に入っていない。その日の終わりに、洞窟はダイナマイトで爆破され、SSはヴィラ・マッシーノの食堂に戻った。「報復は行われた」とカプラーは告げた。「それは君たちの何人かの者にとっては非常に辛かったのはわかるが、こういう場合には、戦争というレンズを通して物を見なければならない。君たちにとって最上のことは、酔っ払うことだ」

プリープケは一九四五年五月十三日、ボルツァーノでアメリカ軍によって逮捕された。彼は回想している。

妻が私と一緒にいた時、ドアをノックする音がした。一人のアメリカ兵が命じた。「スーツケース一個と毛布一枚を持って、あと三十分で降りて来い」。彼らは妻と子供たちはそのままにしたが、私は大きなトラックに乗せられて連行された。何人かのイタリア人が私たちに向かって

「独逸人《テデスキ》！」と叫び、喉を切る身振りをした。

プリープケは次の二十ヵ月、様々な捕虜収容所で過ごした。その中にナポリ郊外のアフラゴーラ捕虜収容所が含まれていた。プリープケは一九四六年八月二十八日に、ついに大虐殺について尋問された。彼は自分が行った二人の殺害さえ含め、自分の果たした役割をすっかり認めた。「私は尋問で否定するようなものは何も持っていなかった」と彼は回想している。「誰も後ろめたさを覚えなかった。なぜならその時は、報復はすべての軍隊に許されていたのだから」。英国がプリープケを尋問するまで非常に長い時間がかかったというのは奇妙である。犠牲者の一人の寡婦が一九四六年一月、連合国戦争犯罪委員会に手紙を書き、裁きが下されることを求めた。その年、しばらくしてプリープケはリミニの近くの捕虜収容所に移された。仲間の一人はSS上級大隊指導者《オーバーシュトゥルムバンフューラー》ヴァルター・ラウフだった。彼はガス殺トラックの発明者で、フーダルの協力者とされていた。ラウフはワイヤーカッターを密かに捕虜収容所に持ち込んでいた。それを必要としなかったけれども。「クリスマスイヴに収容所に一台のワゴンが来て、カラー映画を上映した」とプリープケは回想している。「映画は真夜中の少し前に終わった。一人の将校がワイヤーカッターを持ってきて、言った。『大佐からよろしくとのことです』。小柄だった大佐は有蓋トラックの下に隠れて出て行ったのだ！」

一週間後の大晦日に、プリープケの番になった。元ゲシュタポ将校は入念に計画を練り、収容所から逃げる最上の場所は敷地内のコサックのいる区画の便所だということを突き止めた。大晦日の祝いのあいだに、プリープケとほかの者はコサックたちに一瓶のワインを買ってやった。かつての同盟国の人間と一緒に新年を迎えるだけで、何も怪しいことをしているのではないという印象を与えるためだ。だが、プリープケは逃亡用衣服を身につけていた。それは、アフラゴーラ収容所でウスタシャたちから貰ったつなぎ、英軍将校のオーバーから成っていた――「それは非常によかった」。彼はまた、手袋を嵌め、「必需品《ネセセール》」――洗面用具入れの袋――を携行していた。

午前二時、ロシア人たちはもう帰ってくれと言った。彼らの小便所《ピソワール》は道路の近くの外にあった。大きなサーチライトが道路を照らしていた。我々は見張りのすぐそばの鉄条網を切らねばならなかった。ひどく寒く、地面に何か置かなくてはならなかった。すると、すでに三度逃亡を試みた部下の一人の下士官《ウンターオフィツィーア》が言った。「大尉殿、鉄条網の切り方を心得ているのは私です！」。彼はすぐさま戻ってきたので、私が先導した。暗かった。見張り所に近づくと、足音がした。見張りの交替なのだ。私は歩き続けた。鉄条網のところに着くと、猫か何かなら通れるだけの大きさの穴しか明いていなかった。私は通れない！　そこで、素敵なオーバーは捨てざるを得なかった。防護用に「ネセセール」を頭に当て、道路を這って渡った。もちろん、見張りはいつでも私に発砲できた。きわめて危険だった。ついに道路の向こう側に着いた。道路の近くに少し水があった。私はその中に横たわり、糞をした。それも素早く！　すると、ほかの男たちがやってきた。私たちは歩いて一時間ほど先のリミニに行った。

当然のことながら、逃亡者たちが最初に向かったのは、リミニの司祭、ルイージ・サンタの邸宅だった。プリープケの一行にとって不運なことに、司祭は外出していた。一行は修道院に行くように言われた。「彼らはドアを開けてくれ、一室に入れてくれた。食べるものは何もなかったが、やがて何か持ってきてくれた。量も多くなく、味もあまりよくなかった」。翌日、逃亡者たちはそれぞれ別れることにした。プリープケは列車に乗るだけの金を仲間から貰い、家族のいるヴィピテーノを目指して北に向かった。ボローニャで乗り換え、ヴィピテーノの一駅前まで行き、そこで降りた。最終目的地まで行くと、誰かが待ち構えているのを怖れたのだ。プリープケは妻の家に向かわず、地元の司祭の家に行った。一人の家政婦がいて、彼を見て喜んだ。司祭は彼を二週間泊め、プリープケの妻アリーセが彼に会いに来るのを許した。二週間後、プリープケは家族に再会した。二人の息子には、自分は実は二人の「カール伯父さん」だと言ったが。上の息子のゲオルクは六歳半で、その嘘を見抜いた。

プリープケとその家族は、一九四八年十月までヴィピテーノに滞在した。その期間に、アルデアティーネ大虐殺を行った彼の仲間の多くは裁判にかけられ、有罪になった。ヘルベルト・カプラーは終身刑に処せられた。彼の部下の将校たちはもっと軽い刑で済んだが。連合国はすべての殺人者が裁きを受けていないことに不満だった。一九四七年九月二十六日、南欧と東欧の英国戦争犯罪調査グループは、その事件に関連して指名手配されている六人のSS将校のリストを配布した。そのうち三人は捕まらなかったが、プリープケを含むその他の者は、捕まってから逃亡した。奇妙なことに、プリープケは一九四六年八月に逃亡したと英国は考えていたが、プリープケはその年の終わりにリミニ収容所から逃げたと頑として言い張った。英国は運がよかった。なぜなら、十月二十一日、オーストリアのアメリカ戦争犯罪調査支部の部長が、プリープケがヴィピテーノに住んでいると通報したからである。英国がその情報を受け取った時、それにはこういう注が付されていた。「可能性あり。業務記録簿では四七年十月三十一日に逮捕の予定」。プリープケの運はついに尽きようとしているかに見えた。

だが、プリープケは英国の行動を嗅ぎつけた。「ある日、イギリス人がすべてのドイツ人を探し出す大作戦を展開しているという噂が流れた」と彼は回想している。「そこで私は、山の高いところにある小さな村にとどまり、四ヵ月そこで過ごした」。彼を助けたのは、またもや教会だった。そして、その後もそういうことになった。というのも、コッラディーニ神父がフーダルに手紙を書いたのは、翌年の二月だったからである。フーダルが神父の要求に応じたかどうかははっきりしないが、もう一人の神父が間もなく彼らに助けの手を伸べた。その頃、アリーセはボルツァーノのフランシスコ会の修道院にいるポビッツァー神父に助けを求めた。ポビッツァーは、一家にとって一番いいのは、ある種の英国の身分証明書を貰うか、赤十字の旅券を出してもらうかだと言った。ポビッツァーは赤十字のローマ本部に連絡して一家を助けてやろうとアリーセに言って、安心させた。ポビッツァーがすぐにフーダルに手紙を書いたのは、ほぼ間違いない。なぜなら、サンタ・マリア・デッラニマの保管文書には、プリープケとその家族について簡略に書いたものが入っていて、それはポビッツァー神父を通して彼らに連絡できることを示しているからである。だが、コッラディーニから送られた手紙同様、「パーペ」という姓が使われている。その名前は自分が選んだものではないとプリープケは言っている。誰が選んだにせよ、それはやや不器用な――あるいは皮肉な――方法でプリープケをカトリック信者に見せようとしたのであろう〔「パーパ」は法王の意〕。家族の出自も、アリーセとゲオルクとインゴが全員リガで生まれたと偽っているので曖昧になっている。

　プリープケはまた、一九四五年四月にブレシアで会ったアルフレド・ベッケリーニというファシストの助けをも借りた。ベッケリーニはアルゼンチンに逃げていて、ヴィピテーノにいるプリープケに、一家の必要なビザを手に入れることができるという手紙を書いた。「私は妻、子供、私の生年月日、出生地のすべてを教えた」とプリープケは言っている。「彼はこれでよいと言った。ついにアルゼンチンに入国できる書類が届いた。ひどく驚いたことに、名前は〝プリープケ〟ではなく〝パーペ〟になっていた。そして、家族全員、リガで生まれたことになっていた」。そこでプリープケはポピッツァー神父のところに行き、名前が変わっていることについて懸念していることを話した。ポピッツァーは、心配することはない、それは逃亡者を助けていることを宣伝したくないアルゼンチン側の配慮だろうと言った。もしプリープケが旅券を変更したいのなら、三、四ヵ月かかるだろう。番号211712/48の書類の名前は「パーペ」のままにした。

九月初めまでには、一家は南半球に行く準備がほぼ整っていた。だがプリープケには、ヴィピテーノですべき、もう一つの重要なことがあった。ローマ・カトリック教徒にならねばならなかったのである。一九四八年九月十三日、彼はコッラディーニ神父に洗礼を施された。改宗したプリープケは新しい身分を手に入れるためにローマに行った。まさにどこに行くべきかを彼に教えたのはプロビッツァー神父だった。「私はフーダル司祭に会いに行った」とプリープケと回想している。「彼は非常に優しい男だった。自分が何者かを告げると、彼は答えた。『あなたを助けるのは、私にとって特別嬉しいことですよ。昔、私の敵だった者を助けるのが嬉しいのです』」。フーダルはプリープケに赤十字の白紙の旅券を渡した。「フーダルは書いたものは何もくれなかった」と彼はのちに言った。二人が会った時間は短かった。プリープケは妻子を連れてくるためにヴィピテーノに戻った。十月の半ばに、「パーペ」一家はローマに向かった。ローマでアリーセと少年たちのための赤十字の旅券が出された。次に一家はジェノヴァに行き、そこでブエノスアイレス行きの船に乗った。再び、プリープケに運が向いてきた。

ジェノヴァであわや災難に見舞われるところだった。プリープケが書類をアルゼンチンの役人に提出すると、ちょうど二日前にアルゼンチン政府は鉄のカーテンの後ろで生まれた難民は受け入れないことにした、と告げられた。妻子の出生地をリガにしたことが祟ったのだ。だが、「ディディ」という人物が助けてくれた。彼は海運会社イタリア・マリッティマの取締役としてジェノヴァでたまたま働いていた、プリープケの友人だった。必要な口を利いてくれたのは「ディディ」だったが、不運なことに、「パーペ」一家は最初寝台が取れなかった。その問題は、港でドラガノヴィチの手先として活動していた、カルロ・ペトラノヴィチ神父によって解決された。ペトラノヴィチはサン・ジョルジョ号の三等船室にクロアチア人たちのために十人分の席を予約してあり、その四つをプリープケに船賃に加え一万リラで提供した。プリープケはその金を払うと文無しになったが、ほかにどうしようもなかった。船は十月二十三日にジェノヴァを出航した。プリープケは次のように回想している。

乗組員が纜《ともづな》を解くと、友人たちの姿がごく小さくなり、心に強い感情が湧き起こった。一九二〇年代にリグリアの沿岸で勤務していた時、ラパッロの上の丘陵に住み、野菜をあるレストランに運んでいた一人の農場経営者に会ったことがある。彼は数日のうちに自分がバルパライソに移住するのを祝うパーティーをするつもりだと言った。「どこなんだい?」と私は訊いた。「チリの太平洋側」。人が数日後に世界の向こう側に永遠に行ってしまうと考えると、私はぞっとした。今日、そのことが私の身に起こったのだ。

プリープケがアルデアティーネ洞窟で射殺した者たちとは異なり、彼には少なくとも未来があった。

「オットー・パーペ」に発行されたアルゼンチンの入国書類の番号は、211712／48だった。それに続く211713／48という番号の書類は「ヘルムート・グレゴール」という名前の男のためのものだった。それは、バイエルンで品種改良のためにジャガイモを交配して日々を送っていた男の偽名だった。ヨーゼフ・メンゲレは一九四五年から四八年までマンゴルディングの農場で働き、そこから遠くには滅多に出なかった。週一回の気晴らしはリーデリングという小さな町に行き、彼に仕事を手配してくれた「ヴィーラント」という仲間の医者に会うことだった。メンゲレはその仲間を訪れると元気になり、ヴィーラントの妻に野花を贈りさえした。いまもって正体不明の謎のヴィーラントは、その時期のメンゲレの人生において重要な役割を演じた。というのも、ギュンツベルクにいるメンゲレの家族を訪ね、ヨーゼフが生きていることを教えたのはヴィーラントだったからだ。メンゲレはナチの逃亡者の多くの者と異なり、農機具を売って財を成した裕福な家の出だった。メンゲレは一九四六年の初め、農場から約六マイル離れたアウトバーンの隣に住む弟のカールに会った。ハンス・ゼドルマイヤーが付き添っていた。彼はヨーゼフの子供の頃からの友人であるばかりではなく、メンゲレ一族の会社の販売部長で、一族の信頼された召使でもあった。その後の何年か、ゼドルマイヤーの忠誠心は厳しく試されたが、揺らぐことはなかった。

カールとゼドルマイヤーが跡をつけられた様子がなかったので、メンゲレ一家はイレーネ・メンゲレが夫に会いに行っても大丈夫だと判断した。その年の夏、彼女は息子のロルフをメンゲレの両親に預け、マンゴルディングから一マイルも離れていないジムゼー湖の畔でメンゲレに会った。その年の夏、その一帯は行楽客でごった返していたので、二人はイレーネが跡をつけられていないことを確かめてから、群衆に紛れ込むことができた。メンゲレは自分に危険が及んでいないことに次第に自信を持つようになるにつれ、妻と息子に会うため、アウテンリートまで八十マイルの旅をするほどに大胆になった。

メンゲレはその比較的長く危険な旅をした際、「フリッツ・ホルマン」という身分証明書を使った。そのため、ヴィーラントと言い争いになった。その身分証明書を使うとフリッツ・ウルマン大佐を無用の危険に晒すとヴィーラントは主張した。メンゲレはウルマンから身分証明書を貰い、それに手を加えたのだ。叱責されたメンゲレは腹を立て、ヴィーラントの目の前で身分証明書を引き裂き、「さあ、これで満足したかね？」と怒鳴った。メンゲレはその衝動的な行動を悔やんだに違いない。彼は身分証明書がなくなったことでいっそう孤立し、事実上、妻を訪れることができなくなった。おそらく、それでよかったのかもしれない。というのも、自分たちの結婚生活は終わったということが、夫にも妻にもはっきりとしてきたからだ。二人が会うと夫婦喧嘩になることが多くなり、嫉妬心の強いメンゲレは、いかに罪のない場合であれ、イレーネが男たちと付き合うのを禁じた。「父は気違いじみて嫉妬深かった」と、メンゲレの息子のロルフは回想している。「二人が森で会った短い時間に、父は悶着を起こし、母の感情を害した」。メンゲレはこの時期に書いた自伝風の文章の中で自分を第三人称で呼び、こう断言した。「第三帝国が滅びると、彼の結婚生活も終わった——ほかの非常に多くの結婚生活同様、まったく存在しなくなってしまったのである……すっかり片をつけて、出直さねばならなかった」

メンゲレは結婚生活が破綻し、農場の仕事は退屈で、ヴィーラントとの関係が悪化したことが重なったので、自分の立場が危うくなったのを悟った。彼の憂鬱な気分は、アウシュヴィッツの元収容所長ルドルフ・ヘスが、一九四六年四月のニュルンベルク裁判でメンゲレの名前を出したことをローゼンハイムの新聞から知り、いっそう暗くなった。メンゲレは「自伝」の中で、自分の行動を正当化するのに多くの頁を割いたが、連合国による裁判でそうするのは、絞首台への道を辿る危険を冒すことになるのを、いまや悟った。一つの選択肢しか残されていなかった。それは、アルゼンチンに移住することだった。

一九四八年の春、メンゲレは準備を始めた。証拠はないが、ヴィーラント、自分の家族、ゼドルマイヤーの件が重なって、彼はカルロス・フルトナーの逃亡援助組織網の一団に接触する気になったらしい。四月に、ボルツァーノ市の真南にあるテルメーノ市が、「ヘルムート・グレゴール」に番号114の身分証明書《カルタ・ディデンティタ》を発行した。メンゲレは必要な書類が整ったということを聞くや否や、一九四八年八月、別れの挨拶をせずにフィッシャー家とその農場をあとにした。「彼はただ身を隠したいだけだと、私たちはいつも思っていた」とアロイス・フィッシャーは回想している。「そして、いつの日か姿を消すと。すると、そのことが起こった――彼は忽然と姿を消した」。メンゲレはスーツと金を持って、生家の近くにいようと、ギュンツブルクに向かった。生家の者が彼の身分証明書の代金を払ったのは疑いない。次の八ヵ月から九ヵ月、メンゲレが正確にどこで暮らしていたのかははっきりしないが、町の外の森で暮らしていたという話もある。そのあいだに、彼は復縁を試み、自分が落ち着いたらロルフと一緒にアルゼンチンに来るようイレーネを説得しようとした。イレーネは断った。二番目の夫になる男とすでに会っていたからである。

「ヘルムート・グレゴール」は自分をドイツに繋ぎ止めるものがほとんどなかったので、一九四九年四月中旬に出発した。まず、汽車でインスブルックに行った。その間に二人のオーストリア人の税関吏に尋問された。メンゲレはインスブルックからシュタイナッハ・アム・ブレンナー村に向かって南に歩いた。その村はオーストリアとイタリアを結ぶブレンナー峠の北端にある。彼は復活祭日の四月十七日に到着し、旅館で一夜を過ごした。翌朝メンゲレは、峠越えに手を貸してくれる案内人に会うため、早く起きた。ところが案内人は越境許可証を失くしてしまったので、メンゲレをブレンナーのイタリア側の町に連れて行くことができなかった。そこでメンゲレは一人で行かなくてはならなかった。それは思ったほど大変なことではなかった。シュタイナッハからブレンナーまで歩いて二時間もかからず、急な箇所もあったが、それは、四年間農場で働いてきた三十八歳の健康な男にとってはなんの問題でもなかった。メンゲレは「自伝」の中で、たった一時間歩いただけだったと回想している。そのことは、彼のとったルートが難しいものではなかったのを意味している。メンゲレは満月のうちに峠を越えたので、エーデルワイスと峠の一番下を見ることができた。彼の唯一の伴侶はアルプスの牛で、夜が明けるにつれ、そのベルが優しく鳴った。

メンゲレは午前五時四十五分にヴィピテーノ行きの始発列車に乗った。そしてヴィピテーノの旅館「金の十字」にひと月泊まった。滞在中、少なくとも三人の人物に助けられた。彼らはメンゲレに書類を渡し、旅の情報を与えた。三人の人物のうちの一人は「エルヴィン」という名だった。アウシュヴィッツで集めたメンゲレの試料が入っていたと言われているスーツケースをメンゲレに渡したのはエルヴィンだった。また、エルヴィンはメンゲレに金を渡し故郷からの便りを伝えたので、実はメンゲレ家に命じられたことを忠実に履行したハンス・ゼドルマイヤーだったということはありうる。エルヴィンは、メンゲレがこれからとるルートは、ボルツァーノ経由でミラノに行き、それからジェノヴァに行くというものだとメンゲレに告げた。メンゲレは言われた通りにし、一九四九年五月二十日にジェノヴァに着き、「クルト」に出迎えられた。クルトはあと五日で出航する「北の王」号の切符を「ヘルムート・グレゴール」のために買った。クルトの連絡相手は非常に有能だった。クルトはメンゲレをジェノヴァの様々な事務所にてきぱきと連れて行った。「彼の行動と態度は、その小柄で丸っこい体に合っていた」とメンゲレは書いている。「その話しぶりと歩き方には熱心さが感じられた」。クルトはメンゲレのために赤十字の旅券と診断書とアルゼンチンの入国ビザを手に入れてやった。

ところが、メンゲレにとって危うく大変なことになるところだったのは、イタリアの出国ビザの問題だった。二万リラ札を書類のあいだに挟むようにとクルトに教えられたメンゲレは、その賄賂のせいで監獄に入れられたのには驚いた。運悪く、いつもの役人は休暇で、代わりの役人は堕落していなかったのである。メンゲレは不安な気持ちで監房の中で過ごした。一緒にいたのは不具の辻音楽師とモルヒネ中毒の医師で、メンゲレはアウシュヴィッツで「劣等な」人間に示した軽蔑の念をもって眺めた。

だが、運命は「死の天使」に好意的だった。メンゲレは間もなく釈放されたのである。クルトは彼を助けにやってこなければならなかった。休暇から戻ってきたイタリアのいつもの役人も。「不意に彼らは自分たちの過ちに気づいた」とメンゲレは第三人称の自伝に書いている。「警官は異例なほど好意的で、アンドレアス「メンゲレ」に、あんたはユダヤ人かとか、ほかのいくつかの質問をした」。詫びの印として「北の王」号の切符の等級が上がり、五月二十五日、メンゲレは甲板に立ち、ジェノヴァの海岸線が遠のいて行くのをじっと見ていた。「波、また波だ」と彼は思った。船がイタリアの領海を出ると、彼は下の船室に降りて行って眠った。

フランツ・シュタングル同様、エーリヒ・プリープケもヨーゼフ・メンゲレも、〈オデッサ〉と呼ばれる機関の助けを借りて逃亡したのではなかった。その機関は神話だとプリープケは断言した。そして、「オデッサは英国人が作り出したものだと、私はいつも言っている」と、フレデリック・フォーサイスを念頭に置いて言っている。プリープケはその組織が存在しない証拠として、財政的援助をしてくれなかったことを挙げている。彼が一番世話になった機関はカトリック教会だった。「私はプロテスタントとして生まれたが、カトリックに改宗した。カトリック信徒は妻と私のために尽力してくれたからである」と彼は認めている。メンゲレの逃亡の手配があまりにうまくいったように見えるので、〈オデッサ〉しかできなかったのではないかと思える時があるが、メンゲレ家は十分に資力を持っていたので、貧しいナチとは異なるレベルの援助を得られたと考えたほうが理に適っている。それにもかかわらず、プリープケとメンゲレのアルゼンチン行きは、ある種の組織網があったことを示している。それは俄仕立《にわかじた》てで、しくじることが多かったけれども。それに関わった者たちの動機は様々だった。二つの最も大きな動機は、誤ったキリスト教徒の慈善心と金銭欲だったが。ナチズムに対する共感は彼らに共通していたが、最悪のダフ屋に過ぎなかった「クルト」のような人物にとっては、金が何よりも重要だった。フーダルのような人物にとっては、仲間のカトリック教徒を助けることと――また、もっとよいのは、プロテスタント教徒を改宗させること――が主要な関心事だったろう。

ジーモン・ヴィーゼンタールは、証拠に欠けていたにもかかわらず、メンゲレは事実〈オデッサ〉の保護のもとで逃亡したと言い張った。しかし、メンゲレの逃亡についてのヴィーゼンタールの説明はあまりに不正確なので、〈オデッサ〉は存在していたという彼の主張を受け入れるのは軽率であろう。ヴィーゼンタールは『我らのあいだの殺人者』の中で、自分は「メンゲレの逃亡経路を正確に辿ることができる」と頑なに主張した。ヴィーゼンタールの自信は間違ったものだった。彼の話のほとんどすべてが不正確だからだ。彼の話によると、元アウシュヴィッツの「医師」はギュンツブルクで、「多くの者が、ああした収容所の一つで彼が働いていたことを知っていた」にもかかわらず、「誰にも煩わされず」に「快適な五年間」を嫌な目に遭わずに過ごした。さらにヴィーゼンタールは、メンゲレの名前が裁判で出るようになったのは一九五〇年になってからだと主張し、メンゲレは一九五一年、「オデッサ組織の強力な友人たち」の援助で逃亡し、レッシェン峠を経由してイタリアに入ったと自信たっぷりに言った。そこからメンゲレはスペインに行き、一九五二年にブエノスアイレスに、ついに到着したと、ヴィーゼンタールは言った。そうしたことはすべて不正確である。それは一九六七年では許されたであろうが、ヴィーゼンタールは一九八九年、『復讐ではなく正義』の中で、そのことを繰り返すことになる。その時までには、彼の主張とまったく矛盾する、厖大な量の信頼できる材料が明るみに出ていたのだ。

ヴィーゼンタールはまた、アドルフ・アイヒマンの逃亡の経緯についても一部誤っている。彼は二つの回顧録の中で、アイヒマンはカムの収容所に拘置されたと書いているが、実際にはオーバーダッハシュテッテンの西約百二十マイルのところにいた。アイヒマンはそこから北ドイツに逃げた。その点ではヴィーゼンタールは正しいが、次にアイヒマンがケルンの北のゾーリンゲンの伯父のところに行ったというのは正しくない。「やがて事態はアイヒマンにとっていたたまれないものになり」、大量殺人者はアウスゼー地方を目指し南に行ったとヴィーゼンタールは書いている。「そこで彼は、ほかのどこよりも安全に感じた」。それも正しくはなく、そのうえ根拠がない。ヴィーゼンタールの記述の正確さが増すのは、一九五〇年夏のアイヒマンの行動に関するところになった時でしかない。その時アイヒマンはローマを経由してジェノヴァに逃げた。〈オデッサ〉の助けを借りてではないが。ヴィーゼンタールの話で際立っているのは、新しい信頼できる証拠が出てきても、話を訂正するなんの試みもしなかったことである。彼はオデッサ伝説にあまりに長く、あまりに自信をもって固執したので、信用を失わずには自説を変えることができなかったのだ。本来、得る資格のない信用を。

アイヒマンはゾーリンゲンにいると思われていたあいだ、実際にはハンブルクの近くのエファーゼンで依然として森林管理人として働いていた。「オットー・ヘニンガー」はその仕事を楽しんではいたが、自分が影めいた存在であることが苦になっていた。「私はいまだにモグラだった」と彼は回想している。「地下に住んでいて、自分ではない誰かのふりをしていたのだ。私が一緒に暮らしていた素朴な人々に疑われるといけないので、子供用の物語以外のものは何も読めなかった」。一九四八年、雇い主が破産したので、アイヒマンは職を失った。彼を救ったのは、〈ナチ農場経営者機関〉によって出版された『健康な鶏とあなた』という題の古い小冊子だった。アイヒマンはハインリヒ・ヒムラー同様、自分の将来は養鶏にあると思い立った。そこで、女家主から地所をほんの少し借り、保安林から材木を買って鶏舎を作った。「私はこの小さなナチの本の指示に注意深く従った結果、養鶏業者として成功した」とアイヒマンは書いている。「それが成功の秘訣なのだ。人は指示に従わなければならない——忠実に」。当人の話では、仕事は順調にいき、採れた卵を英軍の兵士に売りさえした。「最初は彼らに会うのが不安だったが、物静かで小柄な養鶏農夫を誰も疑わなかった」

しばらくのあいだ、すべて順調のように見えたが、アイヒマンはまだアルトアウスゼーに住んでいた妻と家族に会いたくて仕方がなかった。「オットー・ヘニンガー」として生きていけると思いはしたが、自分自身の最終的解決を見つけたかった。比較的牧歌的な生活も、連合国軍が迫ってくるのではないかという、絶え間のない（そして根拠のない）懸念で曇らされた。彼は異常なほどに大量の卵を買うようになった一人の客に特に用心するようになった。その男はスパイではないかと疑ったのだ。一九五〇年の初め、アイヒマンは行動を起こすことにし、「特殊な旅の手配」ができないかどうか慎重に調べた。間もなく、ハンブルクから元SS将校が訪ねてきた。彼は三百マルク貰うと、南米までの「潜水艦ルート」を辿る旅についての正確な指示をアイヒマンに与えた。「彼はあらゆる詳細、立ち寄り先、連絡先を私に話した」とアイヒマンは回想している。「私は自分の必要としているものを得た。私に対する命令」。残念ながら、そのSS将校の名前はわかっていないが、一九五〇年十月にアイヒマンがレオ・シュルツに宛てて書いた手紙で言及している「アルフレート」・オットー・スコルツェニーだったのではないかと推測したい気持ちに駆られる。「ハンブルクでの仕事」が非常にうまくいっていたアルフレートである。アルフレートはエーリヒ・プリープケに協力した謎のアルゼンチン人「アルフレド・ベッケリーニ」か、あるいは、スタンリー・モスが、徒労ではあったがパリにわざわざ出掛けて会った、アルゼンチンから来たばかりの伊達男「アルフレド」ということもあり得た。しかし、もっと証拠が出てくるまでは、そうした関連は単なる推測に終わらざるを得ない。はっきりしているのは、その情報を得るためにアイヒマンが大金を払ったということである。一九五〇年には、三百マルクは約千二百六十ドルの価値があった。本書を執筆している時点では、三百マルクは約一万五千ドルか一万ドルに等しい。アイヒマンは鶏卵を売って二千五百マルク貯めたと言っている。一介の養鶏業者が二年足らずのあいだに貯めたにしては、かなりの額である。アイヒマンはよほどたくさんの卵を売ったか、ほかの財源があったかに違いない。もちろん、アイヒマンが金額を間違って覚えていたのかもしれない。数十年違い、通貨が違えば購買力の評価に多くのばらつきが出るが、逃亡者のアイヒマンが最低生活をしていたのではないのは明らかである。

　アイヒマンはシュタングルやプリープケやメンゲレ同様、南に向かった。一九五〇年四月下旬、アイヒマンはカラーを付けネクタイを締めた「紳士旅行者」の格好をしてエファーゼンを発った。依然として「オットー・ヘニンガー」という偽名を使っていた。その途中、様々な修道院と僧院に匿ってもらった。その中にバイエルンの聖ラファエル会〔ユダヤ人のカトリック信徒の亡命を支援する団体〕も入っていた。それはとりわけ皮肉な選択だった。ナチの時代、保安諜報部のアイヒマンの部門は、聖ラファエル会がカトリックに改宗したユダヤ人を助けるのを監視していた。かつてアイヒマンが迫害した者たちが、いまや彼を助けたのである。それは、ある聖職者が慈善の手を差し伸べる際に目隠しをしていた証拠であろう。アイヒマンの最初の試煉は、オーストリアからドイツに入る国境を越えることだった。だが、バイエルンの市の立つ町で最初の災難に遭った。彼を案内して国境を越えることになっていた森林管理人が脚を折ってしまったので、アイヒマンは代わりの者が見つかるまで、国境の村の旅館で一週間待たざるを得なかった。「私は自分が非常に目立つと感じた」と彼は回想している。「まだ五月初旬で、紛れ込むことのできる観光客は多くなかったからだ」。アイヒマンは緑の制服を着た国境警備員がやたらにいるのに慌てた。国境警備員は旅館を頻繁に訪れた。アイヒマンはチロルの服装をし、山羊ひげを生やしていたにもかかわらず、化けの皮が剝がれるのではないかという気持ちが強くなった。

一週間後、五十マルクでアイヒマンを案内して国境を越えさせる狩人が見つかった。二人は国境を越える夜を山小屋で過ごした。二人が目を覚ますと、案内人は国境警備員が近づいてくるのに気づいた。「警備員がやってくる」と狩人はアイヒマンに警告した。「奴はコーヒーが欲しいだけさ。奴が行ってしまうまで、戸棚の棚に横になってるんだ」。アイヒマンは言われた通りにし、数時間にも思えたあいだ、咳がしたくなるのをぐっとこらえて、狭い場所に潜んでいた。警備員はその日の朝の国境パトロールのルートをうっかり洩らしてから立ち去った。そのおかげでアイヒマンと狩人は、なんの問題もなくオーストリアのクフシュタインに降りることができた。アイヒマンは一杯のシュナップスで祝ってから、インスブルックの南西五十マイルのところまでタクシーで行った。そこはオーストリアのフランス軍占領地帯にあり、彼は二人の連絡員のどちらかに接触することになっていた。最初の男は修理店を営んでいた元ＳＳ下級中隊指導者《ウンターシュトゥルムフューラー》（少尉）で、アイヒマンに反感を抱いた。「連中はごろつきばかり送ってくる」と彼は怒鳴るように言った。「勝手にどこにでも行け。あそこにフランス人の中尉がいるだろう？　すぐに行かなけりゃ、逮捕させてやる」。アイヒマンは慌てて逃げ出した。そして、二番目の連絡員は「フラウ・フーバー」で、彼女は醸造所に住んでいた。運の悪いことに、その建物もフランス秘密警察の本部になっていた。アイヒマンはフラウ・フーバーが住んでいるところではなく、建物の本部の一角に入って行った。すると、一人のフランス人将校と顔と顔を付き合わせた。アイヒマンは後ろめたさから、言う必要のないことをべらべら喋ってしまった。自分はリンツから来たのだが、フラウ・フーバーを探している。彼女は伯父の親戚で、自分は今夜泊めてもらおうと思っている。それにもかかわらず、フランス人将校は疑いもせず、アイヒマンを隣に案内しただけだった。やっとフラウ・フーバーに会うと、彼女はシュナップスを彼に出し、「ブレンナー峠の近くの山の旅館」へと送り出した。それがシュタイナッハ・アム・ブレンナーにあったのは、ほぼ確かである。「潜水艦ルートは計画通り正確に機能していた」とアイヒマンはのちに書いている。それはおそらく、気前のいい評価だろう。もしアイヒマンがパレスチナに逃亡しようとしているユダヤ人だったなら、もっと楽だったかもしれない。とりわけ、フランス人が逃亡するユダヤ人に「あらゆる援助」をし、国境を越えてイタリアに入るための通行許可証《ラッシアパッサーレ》さえ与えたインスブルックにおいては。

アイヒマンは旅館の主人の手引きでブレンナー峠を越えた。スーツケースは「ペダルを踏むごく親切な聖職者」が自転車で運んでくれた。アイヒマンは峠を下り切ると、南チロルの赤ワインで祝盃を上げてからタクシーでメラーノに向かった。彼が「リカルド・クレメント」という名前の身分証明書を受け取ったのは、そこでであった。彼はその偽名を何年も使うことになる。メンゲレの場合と同様、131番の身分証明書は一九四八年中頃にテルメーノ市で発行されたものだった。それはアイヒマンがその頃ヨーロッパを発ちたいと思っていることを証明するものだと言う者もいるが、それはアイヒマン自身の証言と食い違う。その証言は、彼の偽名と逃走方法に関してかなり率直である。さらに、アイヒマンが「ヘニンガー」という別名を捨て、その代わり「クレメント」の身分証明書を使ったという理由はないであろう。「クレメント」の出生地のボルツァーノはドイツでは異例に見えただろうし、そんな身分証明書を使えば不必要な危険を招いただろう。そのうえ、アイヒマンはクレメントという名前の書類をいつ受け取ったかについて嘘をつく理由などなかったし、養鶏場をあとにする決心をした時点について作り話をする必要もなかったろう。テルメーノで発行された身分証明書は「出来合い」のもので、「注文」で作られたという印象を与えるためには、写真を貼り生年月日を書き入れさえすればよかったということは考えられる。アイヒマンはまた、メラーノで231489／48番のアルゼンチンの上陸許可証を貰ったとも言っている。

　アイヒマンは回顧録によると、ヨーロッパにいた最後の場所はジェノヴァだった。アイヒマンはローマを経由して旅をしたとジーモン・ヴィーゼンタールは言っている。それは不合理な推測ではないものの、実際的な行程としてはほとんど意味を成さない。アイヒマンとフーダルが会ったという話は謎めいて魅力的だが、二人が会ったという証拠は何もない。アイヒマンは必要とした援助をローマの外で得ていたのであって、イタリアの首都に見せかけの旅をするというのは面白いかもしれないが、いっそうの危険を冒すことになっただろう。一九五〇年六月一日、アイヒマンはジェノヴァで赤十字の旅券を受け取った。それには彼の職業は「技師《テクニコ》」と書いてあった。事実、彼は陰惨な技師だったのである。写真には、丸い眼鏡を掛け、地味な蝶ネクタイを締め、無地の白いワイシャツを着、スポーツジャケットを羽織った、口を真一文字に結んだ禿頭の「クレメント」が写っている。やや軽蔑されていて忘れられやすい副校長に非常によく似ている。その旅券に署名したのは、もう一人の協力者、フランシスコ派の神父、エドアルド・デメテルだった。彼はかつて、旅行書類をフーダルに直接手渡した。アイヒマンは船がブエノスアレスに向けて出航するまで二週間待っているあいだ、「フランシスクス神父」という老修道士に、「穿鑿好きな目から安全に匿われていた」。その男はデメテルだったろう。「私たちは親友になり」とアイヒマンは書いている。「チェスを頻繁にし、キアンティを盛んに飲んだ」。デメテルは船が出航する前日の六月十六日に、アイヒマンをミサに招いた。アイヒマンは一九三七年に正式に教会を離れたにもかかわらず。「それは別に悪いことではない」とデメテルは言った。アイヒマンは神父の背中をポンと叩き、「老偽善者め」と言った。彼はミサに出席し、デメテルから祝福された。

アイヒマンに関する限り、それしかできることはなかった。「逃亡中、初めから最後までカトリック神父に助けられたのは奇妙だった」と彼は、のちに書いた。「彼らは何も訊かずにそうしてくれた。彼らの目から見ると、私は放浪中のもう一人の人間に過ぎなかったのだ」

翌日、アイヒマンはジョヴァンニC号でヨーロッパを離れた。航海中アイヒマンは二人の船客に挟まれて甲板で写真を撮られた。彼は旅券の写真と同じ服を着ていた。違っているのは帽子をかぶっていることと、かすかに微笑を浮かべていることだった。「私はとうとう追っ手を撒いた、狩り立てられた動物のような気がした」と彼は回想している。「解放感が波のように押し寄せてきた。しかし、悲しみも覚えた。そしてポケットには、山々を越えた際に掬い取った祖国ドイツの一握りの土が入っていた。それは悲しみを忘れないようにするためだった」

ナチがヨーロッパから逃亡したルートは、いわゆる「ヴァチカン」ルートと「イベリア」ルートだけではなかった。一九四六年の中頃、スウェーデンとデンマークの当局は、指名手配されている者をデンマークからスウェーデンに移送し、そこからアルゼンチンに行かせる逃亡援助組織網があるのに気づくようになった。その逃亡援助組織網の資金を出したのはフリードリヒ・シュロトマンというドイツ人実業家と、二十代初めのカルロス・ヴェルナー・エドゥアルド・シュルツという、ドイツ系アルゼンチン人だった。その逃亡援助組織網が出来た初めの頃は、シュルツはアルゼンチンのラプラタで福音主義教会の代表を装っていた。そして、独房で何もせずに日を送っているナチをアルゼンチンに移住させるようノルウェー人を説得した。ストックホルムのアルゼンチン領事は若いシュルツに喜んで協力し、独房にいるナチがアルゼンチンに入国するために必要な書類を提供した。シュルツは偽の赤十字の旅券を用意したが、それは甚だ素人っぽいもので、旅券の所有者の写真さえ貼ってない場合が多かった。

一九四七年、アルゼンチンはこの新しい北欧ルートが非常に有望なのに気づき、指名手配されているナチと科学者と技術者を、デンマークを経由してドイツからスウェーデンに密かに移送するため、ギュンター・テプケという、デンマークの元ＳＳ将校に協力を依頼した。数ヵ月間、〈ディーンストグルッペ・デネマルク〉（サーヴィス・グループ・デンマーク）は順調に活動し、ペロンに渡すための数多くの「戦利品」をシュルツに与えた。その一人に、フォッケヴルフ１９０の設計者クルト・タンクがいた。彼は一九四七年の後半に逃亡した。タンクと一緒に旅をしたのは、オーストリアの怪しげな核物理学者、ロナルト・リヒターだった。のちに見るように、リヒターはペロンのために核エネルギー計画を立てて失敗した。ほかの注目すべき人物には、戦時中、スペインと南米でナチのスパイ活動をした著名なＳＳ主幹中隊指導者《ハウプトシュトルムフューラー》、クルト・グロースがいた。また、同性愛の「治療法」を発見したと言い張ったデンマークのＳＳ医師、カール・ヴェルネットがいた。しばしば「デンマークのメンゲレ」と呼ばれたヴェルネットは、人間モルモットを去勢し、人工性器をつけるという実験をした。

スウェーデンは最初の数ヵ月、次第に多くのナチが自国から船で離れ、それからスイス行きの旅客機に乗り、最後にはブエノスアイレスに着くのを黙認したように見えた。しかし四月か五月に、スウェーデンは逃亡援助組織網の二人のメンバーを逮捕した。元ドイツ空軍のパイロット、リヒャルト・クリューガーと、スウェーデンの学生、シクステン・ハーゲである。スウェーデンは二人を逮捕したことを秘密にしておこうとしたが、間もなく広く知られるようになり、逃亡援助組織網の幾人かのメンバーは地下に潜った。「スウェーデンがこれまで夢にも思わなかったほどの数のナチを助けている、強力で国際的なナチ地下同盟を目下追跡している」ことを警察は認めた。六月に二人の男は裁判にかけられ有罪になった。二人の刑の内容は限られた者にしか知らされなかったけれども。当然ながら、そうした秘密主義のせいで、記者団はあれこれ盛んに推測した。ある新聞は、その同盟の一人はほかならぬマルティン・ボルマンであるのを仄めかした。同グループは間もなくばらばらになり始めた。シュルツは一九四七年十一月十七日にストックホルムで逮捕され、アルゼンチン領事館の館員と共謀したことを裁判で認めた。その後間もなく、問題の二人の男と領事はスウェーデンを出国するよう丁重に言われ、シュルツは国外退去させられた。シュルツは逮捕されても怯まず、その後数年間、スペインを根城にしてカルロス・フルトナーの逃亡援助組織網に力を貸したと言われている。一九五〇年代初めに、彼はアルゼンチン・ドイツ合弁会社カプリの社長としてブエノスアイレスに現われることになる。

一九四八年二月、コペンハーゲンの英国大使館は、ギュンター・テプケの逃亡援助組織網が「かなり粗雑に実行された策謀」であったことを外務省に報告した。テプケの活動は粗雑であったかもしれないが、一九四六年後半に引退した英国の七十歳の獣医の活動に比べれば、非常に手の込んだものである。その年の六月、二人のオランダ人の元SS隊員が、ロンドンの中心から南西十五マイルのサリー州のケンプトン・パーク競馬場に建てられた捕虜収容所から逃亡した。ヘルマン・マイヤーとヘンドリヒ・ティーケンは前年の八月からその収容所に収監されていた。翌年の春には、二人はもう我慢できなかった。英国陸軍の戦闘服を着た二人は、六月十二日の真夜中の直前、収容所の境の鉄条網を切断して抜け出し、ウォウキングに向かって南西に約十三マイル歩いた。そこから二人はギルドフォードに向かって南に六マイル、バスに乗った。正午頃、二人はピューリー・ヒル二〇番地の家のドアをノックした。すると、口ひげを生やし顎に窪みのある逞しい男がドアを開けた。「リースさんにお会いしたいのですが？」とマイヤーが言った。男は二人を上から下までしげしげと見た。「私がたまたまリースさんさ」と彼は答えた。するとマイヤーは、自分とティーケンは中に入ってもいいかと尋ねた。リースは二人を客間に招じ入れた。

二人のオランダ人が、自分たちの政治理念を共有している——あるいは二人以上にその理念に傾倒している——男を選んだのは確かだった。一八七八年にイングランド北部のランカシャーに生まれたリースは、駱駝の治療の専門家で、駱駝の寄生虫——リース眼虫——が彼の功績を讃えて名付けられたという稀な名誉を担っていた。リースは第一次世界大戦中、英国陸軍獣医隊に勤務したあとイギリスに戻り、獣医科医院を開業して成功し、一九二八年、独創的な『健康と病気の際の一瘤駱駝に関する論文』を発表した。リースは偶蹄動物のほかにユダヤ人にも取り憑かれていた。彼は激越な反ユダヤ主義者だったので、第一次世界大戦後、ファシズムに心酔するようになった。一九二四年、リースはスタンフォードの市議会で議席を獲得し、イギリスで立憲的に選ばれた最初のファシストだという、いかがわしい栄誉を自慢した。けれども、過激なリースは間もなく、英国ファシスト党の仲間はあまりに「微温的」だと思うようになった。そして一九二八年、帝国ファシスト連盟を設立し、一九三二年から四〇年まで連盟を率いた。一九三六年九月、リースはユダヤ人が儀式殺人をしたという記事を載せた新聞を発行し、「公的不法妨害」をした廉で六ヵ月の禁固刑を言い渡された。リースはその刑を受けても極端な理念を弱めず、ミュンヘン危機の際の一九三八年九月、アドルフ・ヒトラーに手紙を書き、奉仕を申し出た。「この事件で戦争が起こるとは、ほとんど考えられません」とリースは書いた。「世界はまだ十分に出来上がっていません。ユダヤ人は精神を制御することができず、ユダヤ人とその追従者以外、チェコ人に誰も関心を抱いていません」。戦時中のほとんどの期間、リースは防衛規則18Bによって拘禁された。一九四三年に病気が理由で釈放されたが。病気になっても彼の反ユダヤ主義は衰えず、『ユダヤ人の生存戦争』なる本を書いた。それは、あるMI5の将校によると、「我々の手にした最も有害な反ユダヤ・プロパガンダのいくつか」を含んでいた。例えば次のような見解である。

もし、我々のうちの優れた知能と性格を持っている者が、その両方を使い、ディズレーリが書いているように、人種こそ最も重要ということを悟り、我々の文明と文化から、西欧の相似た人種と精神のあいだに大きな忌まわしい亀裂を生じさせたユダヤ人の影響を除去しようとしなければ、次回はユダヤ人が勝つであろう。

同書には、一九三二年に誘拐されたチャールズ・リンドバーグの息子は、その年のプリム祭の饗宴の日のためにユダヤ人が行った儀式殺人の犠牲者だということを仄めかした箇所もあった。リースがそうした見解を公表したために、国家保安機関はリースの活動を厳しく監視し、彼の郵便物を途中で押収し、時には彼の電話を盗聴したのである。

したがってマイヤーとティーケンは、逃亡の援助をしてもらうには少々ふさわしくない人物を選んでしまったのである。それにもかかわらず、リースは懸命に助けようとした。そのことを妻や家政婦に知られたくはなかったが。彼は逃亡者をひと晩泊め、翌朝、二人に朝食を持ってきてやったあと、ロンドンのアルゼンチン大使館についての詳細を教えた。彼はまた、もっと適切な隠れ場所になる、ロンドンのイーストエンドのダルストン・ジャンクションにある新世紀家庭用製品会社の住所も教えた。そこに着いたなら、アルフレッド・クーパー氏に会うように、もし彼がいなかったら、フェローズ通り五七番地に行ってマッカーシー氏に会うように、とリースは二人に言った。どちらの場合も合言葉を使うようにとリースは言った。「ここに来るよう、猫の大好きな人に言われました」。（リースは実際に猫が好きだった。とりわけ自分の猫、ナンディーが。彼はナンディーが第六感を持っていると思っていた。一九四〇年、自分が逮捕され抑留される二日前に、ナンディーが特に懐っこくなったのにリースは気づいた。飼い主にはわからなかったが、ナンディーがもう一度「レーダー的な」特性を発揮するのは、そう先のことではなかった。）リースはまた、逃亡者に五ポンド与えた。そして六月十五日、二人の男はギルドフォードからグリーン・ライン・バスに乗り、マーブル・アーチに向かった。マイヤーとティーケンは新世紀家庭用製品会社には行かずに、フェローズ通りまで歩いて行った。すると、一人の女がドアを開けてくれた。その女がマッカーシー夫人なのを、二人はあとで知った。マイヤーが猫好きの新しい友人からここに来るように言われたと話すと、女は目に見えて当惑した表情を浮べ、ドアをぴしゃりと閉めた。新世紀家庭用製品会社では二人はついていて、すぐにレイ・アルフォードという人物の庇護を受けることになった。アルフォードはハクニーのアフトン・ロード六二番地の自宅に二人を匿った。

　その家は見知らぬ客を泊めるのに慣れていた。アルフォードが言うには、戦時中は脱走兵に隠れ家としてこの家を使わせた。自分もアルフレッド・クーパーも脱走兵だとアルフォードは言った。マイヤーとティーケンは九月初旬までアフトン・ロードに滞在した。二人は読書に時間を費やした。二人の滞在中に起こった唯一の重要なことは、六月末のある日の午後、マイヤーがベルグレイヴ広場にあるアルゼンチン大使の家を訪れたことだった。マイヤーにとって不運なことに、大使は留守か、会おうとしなかったかだった。しかしマイヤーは、翌朝九時半に、ウィルトン・クレセントにある大使館で大使に会えるだろうと言われた。マイヤーは約束を取り付けた。彼が「カウンセラー」と呼んだ男に面会しただけだったが。「面会室に着くと、私は名刺を机の上に置いた」とマイヤーは回想している。「そして、ティーケンと自分のことを何もかも話した［……］私はアルゼンチンに行く自分たちの計画を話し、その目的のための必要書類を作ってくれないかと頼んだ」。その外交官は好意的ではあったが、協力することを断り、英国当局には何も言わないことを約束した。気落ちしたマイヤーはイーストエンドに戻り、その悪い知らせを仲間に伝えた。

九月七日の真夜中頃、六二番地の家のドアをノックする音がした。レイ・アルフォードの父が出た。レイは二人の逃亡者と一緒に待っていた。数秒のうちに父は戻ってきて、「逃げろ！　警察だ！」と鋭く囁いた。三人の男は裏口から飛び出し、庭の隅に向かって駆け、低い塀に攀じ登って作業場の屋根に乗った。警察が家と庭を捜索しているあいだ、三人はしばらく屋根に腹ばいになっていた。それから飛び降り、垣根を飛び越え、隣の通りに出た。そして急いでフェローズ通り五七番地に向かい、マッカーシー一家に匿ってもらった。三日後リースは、知り合いの一人のアントニー・ギテンズから来た手紙で、彼らが間一髪で危機を脱したことを知った。MI5が途中で押収したその手紙は、簡単に解読できる暗号で書かれていた。国家保安機関の暗号解読係には、ほとんどなんの問題もなかった。

昨夕、ボジャー＆ボジャーのところに、パーシーという名の四人の興味深い訪問者が来た。彼らはみなが寝てしまった、少し遅い時間に来たので、ちょっと具合が悪かった。けれども老父のロフタス・ボジャーは降りてきて、彼らをいつものように親切にもてなしたが、育ちの悪い者の例に洩れず、彼らはそのままずっといたいように見えた［……］。人がいるといつも恥ずかしがる若いボジャーとその従兄弟たちは散歩に行き、犬に月光のもとで街灯柱に小便をさせることにした。犬は数マイル四方のスレートとゴミ箱の蓋を外し、忌々しい近所の者たちの目を覚まさせたあと、街灯柱に堪能した。パーシー一家が家の紅茶をまだがぶ飲みしているのではないかと恐れ、その夜はオカーシー家で過ごすことにした。

マイヤーとティーケンは十月半ばまで五七番地に滞在した。その間にリースは、政治理念を同じくする仲間から寄付を募り始めた。そして九月十八日に女の友人に手紙を書き、「アルゼンチンの仕事と同じ事業」を助けてくれないか、費用が「嵩み続けているので」と言った。寄付者の一人はナチの「同調者」として有名だったベドフォード公爵だった。リースは用心して、金が何に使われているのかは公爵に言わなかったが。もう一人の寄付者は、公爵とユニティー・ミトフォードの友人の老レディー・クレア・アンズリーだった。リースが画策しているあいだ、MI5は電話を盗聴していた。九月末、彼らはリースの出来かけの逃亡援助組織網と、二人の捕虜について知った。リースは電話の会話の中で、自分が二人の男を早くイギリスから出したい唯一の理由は、「ユダヤ人の報復」を怖れていることだと言った。さらに、逃亡援助ルートはまだ「幼児期」にあり、自分は「遙かに大きな計画」を持っているとも言った。リースの計画は確かに大きかった。十月にMI5は、彼の長期計画の目標が、「ドイツから逃亡したナチを、この国を経由してスペインと南米に送り、海外で作られつつあるらしいナチの核と結びつけること」であるのを知った。リースの逸《はや》り立つ野心は空回りに終わった。彼の〈オデッサ〉は、イーストエンドの家に隠れた二人の失意のオランダ人と、資金の極度の不足と、「客」に早く帰ってもらいたがっている、不安な思いのマッカーシー一家に過ぎなかった。リースの行状をすべてMI5が知っていたということは、彼の計画が水泡に帰する運命にあることを語っていた。

十月十五日、マイヤーとティーケンはマッカーシーに連れられて、サセックス州の海岸にある、ロンドンから南五十マイルのワージングに行く列車に乗せられた。目的地に着くと、リトルハンプトン・ロード一〇七番地の家のロフトに連れて行かれた。二人を泊めたエドマンズ夫妻はそこで有料犬舎を経営していた。夫妻は自分のところに来た新しい「ペット」がすぐに好きになってしまった。十月二十五日、夫妻は、まさにこの英国の〈オデッサ〉が愛用する、きわめて解読の容易な暗号でリースに手紙を書いた。「従兄弟たちは大変元気です」とグウィン・エドマンズは書いた。「生き生きとしています。私たちは二人がとても好きになりました」。二人のオランダ人が新しい住まいに慣れてゆくあいだに、リースは彼らがイギリスから出るルートの手配をするのに忙しかった。十一月の後半、彼はエドマンズ夫妻に手紙を書き、ハンプシャー州のハンブルにいるバット船長が二人の逃亡者を助けてくれるかもしれないと言った。リースによると、パレスチナで勤務したバットは「ユダヤ人問題に精通していた」。フレデリック・エドマンズはマイヤーズをハンブルに連れて行き、二人はバット船長に会った。バット船長は、友人が間もなくモーター付きトロール船でペルーに行くのでマイヤーを司厨長として連れて行ってもよいと言った。マイヤーはティーケンのための場所が保証されなかったので断った。するとバットは、自分の船がまた出帆できる準備が整ったなら、四月に二人をアイルランドに連れて行くことができると言った。マイヤーはその申し出について考えてみることにした。十二月初め、リースは一〇七番地の家を訪ね、エドマンズ、マイヤー、ティーケンと一緒に、どうやって逃亡援助組織網を作るかについて一日話し合った。「その話は一般的なものだった」とマイヤーは語っている。「どんな具体的な計画も立てられなかった」

そのグループはどんな計画を立てたにせよ、それを実行に移すチャンスはなかったろう。その時までには、MI5は電話をたっぷり盗聴していたからである。十二月十五日午前八時、二人の私服警官がロフトに入り、着替えをしているマイヤーとティーケンを逮捕した。エドマンズ夫妻、マッカーシー夫妻、アルフォード夫妻、アントニー・ギテンズ、そしてアーノルド・リース自身も逮捕された。そのうち七人が裁判にかけられ、陪審員は彼らを有罪にするのに、ほとんど苦労しなかった。リースは判決が下される二日前に、飼い猫のナンディーが、一九四〇年に彼が拘留される際に示した異常なまでの愛情を、またしても示したことを回想している。「彼は家の中や庭でどこまでも私のあとを追ってきた」とリースは書いている。「それがあまりに目に付いたので［……］私は長期の禁固刑になると妻は確信した」。ナンディーは正しかった。被告はそれぞれ十二ヵ月投獄されることになった。リースはペントンヴィル刑務所に送られた。彼は以前そこで刑期を務めたことがあったので、「老前科者」として扱われた。一九四七年十一月十七日、彼は「健康状態が優れない」と申し立てて釈放された。それはたぶん本当だったろう。それにもかかわらずリースは、それから九年生きた。その間、ユダヤ人攻撃を緩めることはなかった。そして一九五六年に死んだ際、ロンドン西部にあるホランド・パークの家を英国のナチ、コリン・ジョーダンに遺贈した。ジョーダンはその家をアーノルド・リース館と名付け、白人防衛連盟〔英国の極右団体〕の本部として使った。リースの死後も彼の仕事は残ったが、英国の〈オデッサ〉を作るというチャンスは、彼と共に消えた。

そうした逃亡援助組織網をもっとうまく使った英国人は、サー・オズワルド・モーズリーだったろう。リース同様、サー・オズワルドと妻のダイアナ、レディー・モーズリーは、戦時中のほとんどの期間拘禁されたが、投獄されたにもかかわらず、また戦後にナチの残虐行為が明るみに出たにもかかわらず、ファシズムに対する献身的信念は薄れることはなかった。モーズリーは一九四七年と四八年に、連合運動《ユニオン・ムーヴメント》（UM）を徐々に結成した。それはファシズムと欧州連合の理念とを結びつけることを目的にした政党だった。多くの集会が意図的に収容所のそばで開かれ、ドイツ人捕虜はUMのメンバーにドイツ語を教えるふりをして出席することができた。囚人たちは「昼間は非ナチ化され、晩にはファシストの集会の話を聞いた」と、ある者は書いている。モーズリーはその時でさえも、極右の連中にとっては影響力のある人物で、録音された彼の声でさえ大騒動を起こした。一九四七年九月二十七日にエセックス州で開かれた、ファシスト英国連盟の園遊会で、モーズリーが一九三四年にアルバート・ホールで行った演説の録音を出席者は聞いた。出席者の中には十二人のドイツ人捕虜がいた。普通の園遊会とは異なり、ナチ党の党歌『ホルスト・ヴェッセル・リート』が歌われ、ドイツ語による演説は「ハイル、ヒトラー！」で終わった。

モーズリーはリースと異なり、法の範囲内で行動するように注意した。一九四六年の末に、ウィルトシャー州のラムズベリーの近くにある彼の家に二人の逃亡中のドイツ人捕虜が立ち寄った時、彼は二人に食事は与えたが、警察を呼んだ。リースはそのことを聞くと激怒し、モーズリーの狂信的な支持者のあいだでのモーズリーの信用を失わせようと、その事実を広く伝えたいと思った。モーズリーとその追随者は政治的に犀利だったので、リースの努力を密かに認めていたとしても、そうした活動が英国のファシスト全体の印象を悪くするのを知っていた——あたかも、ファシストが維持すべき名声を持っているかのように。「こうした類いのことは、我々の運動にとって常に障碍だった」と、モーズリーの党の幹部、チャーリー・ウォッツは言った。「なぜなら、世人はそれを我々に結びつけるからだ。国民の非常に多くの者が同じことをしているので、それも無理はないが」。この言葉は、英国で大勢の者が脱走した捕虜を匿っていたことを示唆しているが、それはたぶん本当だったろう。捕虜の窮状に同情していたのはファシストだけではなかったのだから。一九四七年、サセックス州ビリングズハーストにあった捕虜収容所の近くに住んでいたクエーカー教徒の夫婦、ノーマン・コックスと妻のイーヴリンは逃亡ドイツ兵を二度匿い、サウサンプトンに行くための自転車を貸しさえした。多くの者同様、若者たちは故郷に帰って然るべきだとコックス夫妻は思ったのである。考えてみれば、戦争は二年前に終わったのだ、というのがその理由だった。若い女がドイツ人捕虜の逃亡の手助けをする例もなくはなかった。その理由は明らかである。一九四七年一月、かつてアフリカ軍団に所属していた二十六歳のフランツ・オプルツォンデックは、オウシー・トムソン夫人と交わるという「紀律に反する行為」の廉で告発された。前年の十二月、女はウスタシャー州の自分のキャラヴァンに彼を十七日間匿ったのである。「フランツはナチじゃない」とトムソン夫人は、オプルツォンデックが軍法会議にかけられている収容所の前で言った。「あの人は五年間、捕虜だった――あたしは当然、あの人に同情した」

モーズリー夫妻は法律で認められるようになるや否や、これ見よがしに捕虜を自分の農園に雇った。モーズリーはSSだった男たちと特に気が合った。「彼らは熱烈なヨーロッパ人で、私の先進的なヨーロッパ的理念を支持してくれた」。そうした親密な感情は相互的なもので、一九四七年十月、かつてモーズリーの農園で働いたペーター・ケラーというドイツ人は、モーズリー夫妻が送ってくれた衣服の小包に対してだけではなく、「自分に話した際の率直な話し方」に対しても手紙で感謝した。「故国からの声が私たちに話しかけたように思え……深く感動しました」。モーズリー夫妻は自分の農園で働いているドイツ人捕虜に身体的快適さ――とりわけ煙草――を与えるようにした。煙草はまだ不足していた。グウィン・エドマンズ同様、モーズリー夫妻は雇っている捕虜たちが次第に好きになってきたらしい。一九四七年一月十七日、サー・オズワルドと妻のレディー・ダイアナは電話で次のような会話をした。ダイアナは捕虜たちの仕事ぶりについて訊いたのである。

レディー・モーズリー　すべて前よりずっと片付いたの？
サー・オズワルド　ああ、そうとも。もちろん、驚くべき働き手だ——素晴らしい労働者だ。
レディー・モーズリー　みんな感じがいい？
サー・オズワルド　大変いいとも。
レディー・モーズリー　そうでしょうとも。
サー・オズワルド　チャーミングさ。

ナチ逃亡援助組織網にそっくりの機関を作り上げたのは、レディー・モーズリー自身だった。一九四八年十二月、彼女は〈兄弟の絆〉を作った。それは、UMのメンバーが困窮しているドイツ人に食糧と衣服を送るという援助計画だった。協力を訴えかける文章が党の雑誌『連合』に定期的に載り、多くの方面から、遠く南アフリカからさえ援助の申し出があった。その計画は極右のあいだで盛んに宣伝されたので、ローマのフーダル司教でさえそれについて耳にした。一九四九年一月末、ブエノスアイレスのヴァルター・シリング博士は司祭に手紙を送り、モーズリーに宛て「一筆」書いてくれと頼み、フーダルのことをサー・オズワルドに何度も手紙で話したと言った。シリングがフーダルの仕事について何もかも明かしたかどうかはわかっていないが、レディー・モーズリーが「最近、ドイツのための救援機関の責任者になった」ことをフーダルに話し、フーダルがそれに感謝したのは疑いない。そしてシリングは、モーズリーの連絡先をフーダルに教えた。それは、W14、タルガース・マンションズ31、ミス・E・プライス気付だった。〈兄弟の絆〉は『連合』の頁によれば「かなりの成功」を収め、一九四九年七月、同誌は、「何百人もの我らのドイツの同僚とその家族が英国人の親切さの恩恵に浴した……彼らはレディー・モーズリーが引き受けた仕事のために、みずから進んで大きな犠牲を払った」と書いた。そうした言葉は用心して扱わねばならないが、レディー・モーズリーがドイツ人を助けるのに、あるいは少なくともドイツ人の一部を助けるのに全力を尽くしたのは疑いない。というのも、彼女が最も共鳴したのは、自分の世界観《ヴェルトアンシャウウング》を共有する者たちだったからだ。

一九四〇年代末から五〇年代にかけ、モーズリー夫妻は世界を広く旅行し、UMとヨーロッパ大陸のファシストとの繋がりを強めた。最近公開された、英国国家保安機関のモーズリー夫妻に関するファイルによると、ファシズムに対する二人の愛情は弱まることはなかった。モーズリー夫妻の目的は、世界的規模のファシスト「共同体」を作り上げることで、二人はその計画に厖大な金と時間を費やした。ファシストのスペインは二人の大好きな目的地で、二人は一九四九年七月と五〇年五月に同国を訪れた。その際、一度フランコの外相に会いさえした。一九五〇年十一月、モーズリー夫妻はブエノスアイレスを訪れ、ヨーロッパのファシスト集団の数多くの亡命指導者に会った。その中に、コップスの雇い主で『デア・ヴェーク』を出していたエーベルハルト・フリッチュ、スロヴァキアに置かれた親枢軸国の戦時中の傀儡政権の外相フェルディナント・ジュルチャンスキー、さらにフーダルの友人で連絡員のヴァルター・シリングが入っていた。モーズリーがホテル・ランカスターに泊まったのは偶然ではなかったろう。そのホテルは〈カプリ〉の事務所の斜向かいにあったのだ。一九五一年六月二日、モーズリーはスイスのバーゼルにいた。同地で彼はSSの逃亡援助機関〈兄弟団《ブルーダーシャフト》〉のメンバーだけではなく、ヴェルナー・ナウマンにも会った。モーズリーは彼の地下活動の財政援助をすることに同意したのである。一九五二年十月二十五日、二人の男はパリで再び会って昼食を共にした。ナウマンによると、二人はそこで「冒険的出版」について話し合った。

モーズリー、ナウマン、そしてほかならぬオットー・スコルツェニーのあいだで暗号の手紙が交されるようになったのは、その話し合いのあとだった。そうした手紙は、彼らが「セメント」と名付けた「取引」に関するものだった。十月三十一日、モーズリーはパリのオテル・コンティネンタルからナウマンに宛て手紙を書き、「セメント」に関して手助けをしてくれる親友が自分には一人いると言った。三週間後ナウマンは、マドリッドにいるスコルツェニーから一通の手紙を受け取った。

> イルゼも、君が「セメント」でよい条件の申し出ができると僕に話した。カナリア諸島の可能性が高いのは、はっきりしているようだ。折り返し、手に入る限りのあらゆる相場の詳細を送ってもらいたい。できるなら、「運賃保険料込みのカナリア諸島の値段」を言ってくれると大いに助かる。いずれにしろ、僕が思っているように、君がもしロッテルダムかアントワープの相場が欲しいなら、現在のレートを知るのは興味があるだろう。

十二月十三日、スコルツェニーは再びナウマンに手紙を書き、ナウマンが「事実を正しく認識」してくれたのは嬉しい、また、「カナリア諸島の自分の代理人」によると、ナウマンの申し出は高過ぎるから自分は「競争相手からの申し出」に応じざるを得なかった、と答えた。スコルツェニーは、仮にナウマンの申し出を受け入れても、自分たちは、「ブラジルまでの貨物料金」の費用を心に留めるべきだ、とナウマンに注意した。

モーズリーはクリスマスの贈り物の日《ボクシング・デー》にナウマンに手紙を書き、彼の援助と「友情」に感謝した。それから「R」に言及した。「R」とは多くの勲章を授与されたドイツ空軍のパイロット、ハンス＝ウルリヒ・ルーデルのことだった。のちにモーズリーはルーデルの回顧録を英語で出版した。

今日、Rに関するメッセージを受け取った。現状では、五三年一月二十日まではそこに行けない。またちょうどその頃、私の最初の仕事仲間がアメリカから帰ってくる。それは、きわめて重要だ。君が最近会った、私の二番目の仕事仲間のために、ブラジルにいるフォン・グレーデ博士の住所をRから教えてもらってくれないか。そうすれば、ファンG（「セメント」）に紹介状を書く。

翌月、ナウマンが逮捕されたために、「セメント」についての話し合いは終わりになった。それにもかかわらず、それらの手紙を通し、英国で最も悪名高いファシスト、ドイツの民主主義を解体させようとした元ナチの大臣、数々のネオ・ナチの活動に関わったSSの有名な大佐、フォン・グレーデ博士が関わっていた計画を垣間見ることができる。フォン・グレーデの本名はルネ・ラグルーで、ペロンとフルトナーのナチ逃亡援助組織の重要メンバーで、アルゼンチンの諜報機関のスパイだった。

残念ながら、それ以上の証拠がないので、「セメント」が何を指しているのかを知るのは不可能である。男たちは実際のセメントを指していたということは十分ありうる。考えてみれば、スコルツェニーの旅券には、自分は材料の売買業者だと書いてあるのだから。もしその計画がセメントをカナリア諸島に輸入することに関わっていたなら、それは食い込もうとするには確かにもってこいの商売だった。一九四七年、カナリア諸島は英国から八千三百四十四トンのセメントを輸入した。一九四八年には、その数字は四倍以上の三万六千四百五十九トンになった。しかし、ルネ・ラグルーが関わっていたということは、その計画が建材にはほとんど関係がなかったことを示唆している。別な解釈をすれば、「セメント」はモーズリーが首謀者であった経済的な活動、つまり違法な通貨の移動を指しているのかもしれない。だが、それらの手紙のやりとりでは、「セメント」とはまったく別に、そのような活動がやや公然と言及されている。その言葉が何を指すにせよ、それらの手紙をとりわけ興味のあるものにしているのは、ラグルーが言及されている事実である。モーズリーとナウマンがナチの戦争犯罪人の移送の手配をしていたというのは、まずあり得ないが、彼らが、そうした経験のある一人の男と一緒に、ある計画を練っていたのは確かである。それらの手紙を逃亡援助の準備の手紙と解釈するのは可能だが、文面が曖昧なので、幾通りにも解釈できる。

アイヒマン、メンゲレ、シュタングルのような者が身を潜め、逃亡している間に、彼らを捜し出す任務を負った諸機関は、人員、資料、行政の不決断、政治的意志の欠如に悩んでいた。英軍の戦争犯罪捜査部隊は、この有害なカクテルにひどく影響されていた。一九四六年四月二十四日に、戦争犯罪捜査部隊の部隊長アラン・ナイティンゲール中佐は、「当部隊の将校の不足は部隊結成時よりさらに深刻である」と報告した。ナイティンゲールは軍主任法務官に、自分のチームには二十七人の捜査担当将校がいることになっているが、現在十四人しかいず、来月、そのうちの二人が除隊の予定だと苦情を申し立てた。調査チーム――のちに「ヘイスタック〔干し草の山〕」として知られるようになる――も同様に人手不足で、定員十四人の将校のうち九人しかいず、その三人は六月十六日までに英国に戻ることになっていた。その他の階級では、状況はさらに危なかった。「ヘイスタック」には二十人の軍曹が割り振られていたが、軍曹はわずか五人しかいなかった。ナイティンゲールはその状況を改善するために「できるだけ上の当局」の支援を求めたが、彼の訴えは無視された。

オーストリアでは、連合国委員団《アライド・コミッション》（ＡＣＡ）の英国分隊も似たような問題を抱えていた。ナイティンゲールが手紙を書いてから二日後、ウィンタトン少将はロンドンにある独墺を対象にした統制局に対し、似たような調子の苦情を申し立てた。ウィンタトンは、連合国委員団が一九四六年に負わされた任務である、残虐行為の調査に当たる人的資源に欠けていることを懸念した。「申し立てられた約百件の残虐行為が部分的に調査されたが」とウィンタトンは書いた。「まだ裁判まで至っていない」。ウィンタトンは、連合国委員団がそうした犯罪を調査していることをオーストリア人が知れば、さらに多くの報告が一気にもたらされ、そのすべてを調べなくてはならなくなるだろうと予測した。ウィンタトンは一九四五年四月に起こったアイゼネルツの死の行進の首謀者の例を挙げている。その事件の調査に一人の英国の中佐が三ヵ月かけ、連合国委員団の法律部門と情報部現地派遣班のスタッフが長い時間を費やした。「共同墓地が通り道の至る所に発見された」とウィンタトンは書いている。「その一つ一つがアイゼネルツの場合と同じように調査され裁判にかけられる可能性がある」。ウィンタトンは調査をどのように進めるかを決める立場にはいなかったので、ロンドンの上司に次のような質問をした。「決めるべき問題は、連合国委員団の必要とする追加人員を供給する困難のほうが、法と秩序を維持し、こうした罪を犯した者を裁く義務と、この義務が遂行できないことに対する正当な批判を上回るか否かということである」。ウィンタトンは「負っている責任を果たすことが不可能なので」、できるだけ早急に答えを貫いたいと言った。

その後四年間、その問いに対するはっきりとした答えはなかった。英国戦争犯罪捜査部隊や連合国委員団のような機関の人手不足は、容易に推測できたのだが。実は兵站の難しさが、正義をもたらしたいという願いを上回ったのである。その結果、英国の戦争犯罪捜査担当将校は馬鹿げているほど働き過ぎることになり、予測しうる結果になった。一九四六年五月十四日、ドイツのフランス軍占領地帯にいた、英国戦争犯罪捜査連絡将校、ピーター・デイヴィス少佐は、軍主任法務官の事務所にいる空軍大佐、トニー・サマーホフに次のように報告した。部下の将校の一人、チャールズ・カイザー大尉は三ヵ月で一万一千マイル調査して回ったが、「なすべきことのすべては完全には果たせなかった」。

カイザーは健康を害し、「過労のせいで任務から退いた時、ひどく神経が参っていた」。デイヴィスはさらに、もう一人将校が欠けていたせいで、自分の仕事は「行き詰まった」と付け加えた。アドルフ・アイヒマンのような逃亡者がこうした状況を知っていたなら、アルゼンチンに行く必要はないと決断したかもしれない。

人員を増やすよう何度も懇請されたにもかかわらず、英国陸軍ライン軍団の戦時編制兵力委員会は五月二十九日、英国戦争犯罪捜査部隊の将校十二人と、ほかの階級の者四十八人を削減することにした。ナイティンゲール中佐はそれでも「軽く済んだ」という印象を受けたが、それは侮辱的なことだった。軍主任法務官の事務所にいたJ・レスター＝ウォレン中佐は、それほど人員が削減されることはないと信じていたので憤激し、英国戦争犯罪捜査部隊に再考を求めた。

［……］非常に重要な原則が危機に晒されているように感じられます。戦争犯罪摘発が軍の任務である限り、戦争犯罪摘発に従事している者にできる限りの援助が与えられるのが絶対必要です。そして、人員のこれ以上の削減を中止するのがきわめて重要です。［……］戦争犯罪調査部隊が優先的仕事に従事しているということ、および、同部隊がきわめて特殊な部隊であることが、本部のある部門においては理解されていないようです［……］。したがってこの問題が可能な限り最高のレベルであなた方に取り上げられ、その結果、戦争犯罪摘発がこの戦域では依然として最優先の問題であることが確認され、無責任な者が我々の努力を妨げ、内閣レベルで我々に与えられた目的の達成をきわめて困難にする事態がなくなったという知らせが、当本部に届くことを切望致します。

人員削減は行われた。そして、またもやその結果がどんなものになるかは火を見るより明らかだった。八月にハリー・カートメル少佐は、現在いくつかの事案の調査で、英国戦争犯罪捜査部隊に病理学者が一人しかいず、その仕事量が「耐え難い」ものであるので、二、三ヶ月そのままになっていると報告した。カートメルやレスター＝ウォレンのような者が知るよしもなかったのは、政府の最上層部の人間がナチ狩りに対する意欲をほとんど持っていなかったことである。一九四六年十一月、内閣は戦争犯罪裁判を原則的に中止する決定を下した。それは「過去を清算」したいという一般国民の気分を反映していた。ニュルンベルク裁判で英国側の主席検察官を務めた法務長官サー・ハートリー・ショークロスは、人もあろうにウィンストン・チャーチルが、「連合国軍が犯したかもしれぬ犯罪」を心配していた。枢軸国軍の犯罪者を追及し続けると、追及している者自身の犯した罪に注意を惹くかもしれないと思ったのだ。

それにもかかわらず、各戦争犯罪捜査チームはすぐには解散させられなかったが、その代わり行政上の変化に従わされた。一九四七年一月、英国戦争犯罪捜査部隊はほかの様々な団体と一緒に再編成され、戦争犯罪グループ（北西ヨーロッパ）になった。独立した南東ヨーロッパグループは六月まで作られなかったが。しかし、もっぱらラジエーターの不足のせいで新しいグループの設立は遅れた。一九四七年三月初旬、空軍大佐サマーホフは、バート・エーインハウゼンのルイーゼン通り三番地にある、グループの法律専門部の事務所に適当な暖房器具を入れてくれるよう要請した。「これを最も緊急の事柄として扱ってもらいたい」とサマーホフは懇願した。「戦争犯罪グループ（北西ヨーロッパ）の完全な合併は、この建物が住むにふさわしいものになるまで延期されているので」。月末になってもその建物はまだ住みうるものになっていなかった。「調べてみると、照明が事務の仕事にまったくふさわしくないのがわかった」とサマーホフは報告し、またも、このことを緊急の事柄として扱ってもらいたいと言った。さらに、移動の問題があった。それは、英国陸軍ライン軍団すべてに影響した問題だった。七月にグループは運転手十五人が不足していると報告し、八月に戦争犯罪グループ（南東ヨーロッパ）は乗り物をほとんど持っていないので捜査員と調査員は「無為に過ごしている」と報告した。オーストリアのクラーゲンフルトを根城にした南東ヨーロッパのグループは、通訳と捜査員の不足でさらに活動を妨げられた。軍主任法務官のヘンリー・シャプコット准将は、人員は十分過ぎるくらいだと思っていた。一九四七年十一月、シャプコットはグループの指揮官P・J・ヘイコック中佐に、「未解決だと君がおおまかに説明してくれた仕事に対し、君は多過ぎる人員を抱えている」と言った。グループの返事は歯を喰いしばってなされたものだった。ヘイコックの副官は、自分たちが直面するきわめて大きな実際的困難を、シャプコット准将に礼を失することのないように告げた。

我々の地理的立場が決して満足のいくものではないのを、ご理解頂けると確信しております。犯行現場はどれも我々の南数百マイルの所にあります。一方、犯人は北に数百マイルの所にいます。加えて我々の扱う事案は、ドイツ軍がイタリアで起こした犯罪に関係しています。そのドイツ軍は絶えず移動し、市民とほとんど接触せず、市民と共通の言葉を持っていませんでした。その結果、犯罪者を示す証拠は常にごく少ないのです。現場にいた人々がせいぜい言えることは、犯人はあるドイツ兵だというものです。イタリアには七十五万人のドイツ兵がいたので、個人を追跡するのは常に長い時間がかかる仕事です。

連合国は戦争犯罪人を「地の果てまで」追い詰めるという、一九四三年十月のモスクワ宣言の立派な言葉が、その時ほどひどく空しく思えたことはなかった。

戦争犯罪調査グループの努力は、人員の質によってさらに弱められた。その多くの者は、法律に関する仕事においても、捜査の仕事においても素養に欠けていた。一九四七年九月、北西ヨーロッパの戦争犯罪グループの法律部門の指揮官ジェラルド・ドレイパー中佐は、「捜査の水準が下りつつある」とこぼした。ドレイパーは欠点を全部リストにした。それには、証拠が正確に記録されていないこと、病理学者との調整がとれていないこと、宣誓供述書が「杜撰」であること、証拠品に無用なラベルが付いていること、供述録取書が年月日順になっていないことが含まれていた。そうした問題は、何人かの英国兵士のきわめて違法な振る舞いに比べれば大したことではないように思えた。一九四六年八月、ドレーガーヴェルクの強制収容所の元看守、ヒルデガルト・クネードラーは、ハンブルクの情報部現地派遣班のダウ軍曹から異例の罰を受けることになった。ダウはクネードラーを尋問してから、おまえは非常に困ったことになっているが、刑務所に送る代わりに体罰《ケルパーシュトラーフェ》を与えようと言った。そして彼は彼女を素っ裸にし、自分の膝に横たえ、手と乗馬用鞭で打った。ダウはそうし終わると彼女に服を着せ、翌週も同じ罰を与えるので自分のところに来るようにと言った。クネードラーはやってくると、それはやめてくれと懇願したが、彼はそれから五週間、毎週その罰を続けると言い張った。ダウの上官は間もなく、そのフェティシズム的打擲《ちょうちゃく》について耳にし、ダウを別のポストに移した。ドレイパー中佐は〈ヘイスタック〉の捜査班のブライアン・ボーン大尉が使った方法をも好まなかっただろう。ボーン大尉は撃墜されたハリファックス爆撃機の英国空軍の乗組員を射殺した容疑で町長《ビュルガーマイスター》を逮捕した。

私は尋問を始めたが、この男はごく明白な証拠が揃っているにもかかわらず、手強い相手だということがわかった。彼は最初傲慢で、殺人における自分の役割を否定したが、私がモーゼルを引き抜き、大きな音を立てて打金を起こし、銃口を向けるとくずおれ始めた。おまえが本当のことを言わなければ、おまえを撃つのになんの躊躇もしない、と私は言った。彼は恐怖で震え出したが、すぐに気を取り直し、話そうとしなかった。すると下士官の一人が彼のそばをそっと歩いて通り過ぎた。不意に町長は倒れた椅子の後ろの床に横になっていた。なぜそうなったのか、まったくわからないようだった。私は膝の上の剝ぎ取り式ノートに書いていたので何が起こったのかは見なかった。下士官は私に、この馬鹿者は躓いたのに違いないと答えた！

グループのほかのメンバーも暴力で脅すのはやはり効果的だと思っていた。チャールズ・カイザー大尉は「大きな黒犬」を連れて容疑者のところに行くか、容疑者を部屋の隅に数時間立たせるかした。けれども、「穏やかな」方法も効果的だった。グループの下士官の一人グレヴィル・ジャナー上等砲兵は教えられた逮捕の仕方を回想している。

誰かを逮捕する際、相手にこう言うのは禁物だった。「おまえは邪悪な人殺しだ。年貢の納め時だ。家族には二度と会えないのだから別れを告げろ」。それは駄目なのだ。そう言いたい誘惑に抗わねばならない。そうではなく、にこりとして言うのだ。「君を煩わしてすまないが、僕らは君を近くのある場所に連れて行くよう言われてるんだ。いくつか訊きたいことがあるので。君はたぶん今夜帰ってこられるだろうが、一晩か二晩泊まることになるかもしれないので、少し衣服を鞄に入れたらいい」。そして相手を車に乗せ、改めて詫びながら手錠をかけるのだ。「まことに済まないが、これが決まりなんだ。目的地に着いたら二、三分で外す。僕らは昼食に間に合う時間に着くだろう……」

ジャナーは逮捕に一番いい時間は夜だとも教えられた。夜なら容疑者は眠気が差していて油断しているからだ。しかし、夜の逮捕がいつでもうまくいったわけではない。一九四六年五月十一日、ピーター・デイヴィス少佐、ジョン・ホッジ大尉、ジョン・ロビンズ軍曹はハインリヒ・ホルネッツという元SSを逮捕しに、フランクフルトの北東約六十マイルの彼の自宅に行った。デイヴィスは寝室の窓を叩き壊して家の中に入り、間もなくホルネッツに手錠をかけた。逮捕の最中、ホルネッツの妻が家から走り出て叫んだ。「英国人の下司野郎《エングリッシャー・シュヴァイネフント》！」。するとたちまち、銃を持った五人の男が家を囲んだ。デイヴィスたちは玄関から出ようとしたが、銃撃された。そして、どさくさ紛れにホルネッツは逃げ出した。デイヴィスは走って彼をまた捕まえたが、四人の男が車に向かって走っているあいだに、十九歳のホッジは三ヤード先から脚のふくらはぎを撃たれた。一同が車に辿り着くと、ディストリビューターが破壊され、水がガソリンタンクに注ぎ込まれていた。一行は村の中を走って逃げ、村長の家に行ったが、村長は彼らを中に入れなかった。銃を持った男たちが依然として追ってくるので、彼らは森の中に逃げ込んだが、デイヴィスは、もし近づいたらホルネッツの頭を撃ち抜くと、追っ手に警告した。脅された男たちは尻込みした。やがて一行とホルネッツは五マイル歩いたあと、隣村に着いた。そこでホッジはアメリカ軍に傷の手当をしてもらった。三十七歳のホルネッツは、ノイエ・ブレーメ強制収容所の所員に対して犯した罪で裁判にかけられ、七月三十日に処刑された。

戦争犯罪グループの一人一人は様々な障碍に囲まれてはいたが、最善を尽くした。しかし、何万人もの戦争犯罪人を追い詰め有罪にするのは不可能なことであるのが次第にはっきりとしてきた。一九四七年の春、英国は〈蚤梳き取り作戦《オペレーション・フリーコウム》〉を始めた。それは、裁判を待っている四千二百六十一人の容疑者をふるいにかけ、犯罪の証拠が不十分な者と、犯した罪が比較的軽いと思われる者を釈放するというものだった。「それは、きわめて大規模な〈在庫調べ作戦〉だった」とサマーホフは書いている。「その際、我々は品物を調べ、大量の品物を特価で提供する」。六月末までには、約二千百の「品物」が釈放された。サマーホフはそれを「完全な成功」と見なした。その数は八月までには二千五百二人に徐々に増え、英国は千七百五十九人の容疑者を拘束しているだけになり、そのうちの千百三十三人がほかの連合国に指名手配されていた。一九四七年末までにはさらに多くの者が釈放され、裁判にかけられ、送還された結果、英国はわずか六百十二人の男の戦争犯罪容疑者を拘束しているだけになった。そして半年後にはたった百四十六人になった。同じような「在庫調べ」をしたのは、連合国の中で英国だけではなかった。アメリカ戦争犯罪調査グループの責任者クライオ・E・ストレイト大佐は、『急げ』と本部がいつも私に命令した」ことを回想している。その結果彼は、調査すべき残虐行為の数を三千六百三から七百九十三に減らした。何千人もの容疑者がダッハウの米軍収容所からも釈放された。「事件あるいは人物をドイツ側に引き渡すことについて、なんの基準も論議もなかった。我々はただ彼らを釈放した」。未逮捕の約二千五百人の犯罪者の証拠がストレイトのファイルに含まれていることは、ほとんど問題にならなかった。

一九四八年三月十三日、サマーホフは部下の三人の将校を集め、「グループの将来の縮小」について話し合った。その際ナイティンゲール中佐は、現地捜査部が追跡すべき容疑者はわずか四十人ほどで、それはひどく少ない数だと言った。その後の五ヵ月間のうちにグループは段階的に縮小し、一九四八年八月に解散した。軍曹にまで昇進したグレヴィル・ジャナーのような者にとっては、グループの消滅は衝撃だった。「私は実際、動顚した」と彼は回想している。「我々の名簿にはまだ一万人の名前が載っていた。彼らは犯罪者、殺人者、強制収容所の看守だった——上層部がグループを解散したのは、ロシアに全精力を傾注したかったからだ。嫌らしい政治的工作に過ぎない」

ジャナーは正しかった。ナチ狩りに対する意欲はまったくなくなってしまったのである。ストレイト大佐が言っているように、「何万もの人間を裁くには多額の費用がかかっただろう」し、一九四〇年代末と五〇年代初めには、戦争から離れ、新しい敵と見なされた者、ソヴィエト連邦に立ち向かおうとする、強靭な政治的意志が生まれた。しかし冷戦においては、新しい敵のことを知っていて、すでにその敵と戦った者を必要とした。それは、連合国が追っていた者の何人かが、間もなく新しい協力者になることを意味した。たとえ彼らが最悪のナチ犯罪者であれ。嫌らしい政治的工作が、立派な主義に勝つことになるのである。

第7章　至極扱いにくい人物

「私の旅は終わることがないように思えた。なんの仕事もなかった。そして、絶えず移動していなければならなかった」。クラウス・バルビーは戦争直後の数ヵ月についてそう語っている。バルビーは彼のような境遇にある多くのナチ同様、農業で生計を立てようとしたが、農場の仕事は年中あるわけではなかった。しかも不正な手段で暮らそうとする、移り気の元保安課報部の人間には、まったくふさわしい仕事ではなかった。彼は多くの策士を受け入れた、爆撃で潰滅したハンブルクに惹かれたが、そこに長くはとどまらなかった。一九四五年十月にはブルスフェルデの南二百マイルのところに住む家族のもとに帰り、二人の元SS将校と一緒にカッセルの近くの闇市で働いた。彼の行動は間もなくアメリカ軍の注意を惹き、何の罪かはわからないが、十四日間の禁固刑に処された。バルビーにとって幸いなことに、連合国戦争犯罪委員会の一九四四年のリストには、彼の名前は「バルビーア」として載っていたので、「リヨンの虐殺者」だということがわからなかった。それは、彼を捕らえた者が戦争犯罪人の名簿を持っていなかったせいか、あるいはバルビーが「ベッカー」という偽名を使ったせいか、または最も確率が高いが、その両方のせいかである。バルビーは釈放されたあとも元ナチとの繋がりを保った。一九四五年十月十九日、彼はエーデルハイムでナウマンとクルト・バルクハウゼンという二人の男に会った。三人はできるだけ数多くの「昔の仲間」と接触を保つことで意見が一致した。

その年の終わりまでには、バルビーはブルスフェルデの南西八十マイルのマールブルクに移り、かつてグリム兄弟が住んでいた家で暮らした。バルビーは家族がトリーエに戻った間に、研究者を装った。実際の研究は、自分に金が入るだけではなく、〈ドイツ社会主義機関〉という抵抗運動に資金を提供し、それを拡大するのにも役立つ手立てを考え出すことだった。その指導者はヴィンターという元ドイツ空軍中佐だった。バルビーはそのグループの発起人の一人で、その大きな目的は、ロシアとの戦争が起こった場合に、ドイツにおける真の勢力として連合国に受け入れられることだった。〈ドイツ社会主義機関〉は、〈南ドイツ機関〉という似たようなグループと密接に連携していた。その機関の責任者は、やはり〈ドイツ社会主義機関〉のメンバーだった、クルト・エレルジーク少将だった。一九四六年のうちに、バルビーは保安課報部時代の経験を生かし、〈ドイツ社会主義機関〉をヨーロッパ全土とソヴィエト連邦内に連絡網を持つと自認するほど、恐るべきものにするのに加担した。バルビーとその仲間が知らなかったのは――あるいは知らないふりをしていたのは――そのグループに、エミール・ホフマンという元ドイツ情報将校が潜入していたことだった。ホフマンは英国側に情報を伝えていた。防諜部隊もそのグループに一人の密告者を潜入させていた。その密告者はスイスのナチのふりをしていた。その年が経つにつれ、アメリカ側も英国側もその機関の全貌を摑み始めた。英国はそれを「サッカー試合」という暗号名で呼び、謎の「ベッカー」の正体を突き止めた。

そのグループがとりわけ必要としていたのは資金だった。一九四六年四月、バルビーはカッセル市にあるフリードリーン・ベッカーという男の家でナウマンとバルクハウゼンに会い、自分たちの危うい財政状態について話し合った。バルビーは、危険だが、事態を改善するのは確実な救済策を提案した。彼は闇市で食料を扱った廉で拘留されていたフォン・フォルスター男爵夫人が最近釈放されたことを聞いた。しかし彼女のもっぱらの活動は、平価切下げから身を守るために宝石類を買い漁ることだった。どうやら彼女は財産の「相当の部分」をすでに宝石に換えたようだった。バルビーはフォルスター一家に「祖国に奉仕する機会」を与えるべきだと提案した。ナウマンとバルクハウゼンはそれが何を意味するのかを正確に知っていた。三人は襲撃計画を立て始めた。

四月十九日の晩、十時十五分前、フォン・フォルスター男爵夫人はカッセル市のパルク通りにある自宅で、ノックする音を聞き玄関に出た。すると三人の警官が立っているので驚いた。その一人が、あなたは闇市で宝石の取引をした廉で告発されたと告げた。男爵夫人はそれを否定したが、三人の男はアパートに入り、おざなりに捜索した。階級の上の警官が彼女に宝石を見せるように求めた。彼は宝石の中に紙片に包まれたいくつかの宝石用原石を見つけた。彼はそれを口実に宝石の全コレクションを押収した。そうしてから、警察署へ同行するよう男爵夫人に要請した。警官は階段の一番下に着くと、アパートに戻って自分の身分証明書を取ってくるように男爵夫人に言った。彼女が身分証明書を持ってくると、三人の男の姿は消えていた。階級の上の警官の役を演じたバルビーは、押収したものは五万マルクから十万マルクの価値があると踏んだ。

一九四六年のあいだ、バルビーはナチと詐欺師のいかがわしい世界で活動した。宝石類を売り払う以外のバルビーの収入源は、偽造した食料配給カードと身分証明書と、その他の闇市での重要商品である煙草とコーヒーを扱うことだった。バルビーは〈ドイツ社会主義機関〉のための活動を続け、一九四六年秋、ドルトムントとハンブルクで開かれた上級メンバーの重要な会議に出席した。グループ内でのバルビーの役割は、金と無線装置と印刷機を確保することだったが、ある時点で彼はそれぞれ違う約三百の文書を偽装する方法を習得した。当座は、連合国はグループに対して待機戦術をとっていた。彼らを逮捕する前にさらに多くの情報を集めたかったからである。しかしバルビーは一九四六年八月、マールブルクで危うく逮捕されそうになった。ジープに乗っていた一人のドイツの婦人がアメリカ人運転手に、あれはバルビーだと指差して言ったのだ。ジープはバルビーの横に停まった。彼はジープに乗るように命じられた。「私は刑務所に連れて行かれるのがわかっていた」と彼は回想している。「マールブルクの通りは非常に狭かった。ジープが郵便局の前に来た時、市街電車を通すためにスピードを落とした。そして私は考えた。『やるなら今だ!』」。バルビーはジープから飛び降り、路地に逃げ込んだ。通行人たちは唖然とした。アメリカ人運転手はジープを木にぶつけたが、素早く落ち着きを取り戻し、バルビーに向けて銃を発射した。弾丸はバルビーの指をかすったが、彼は塀を攀じ登り、ある女の家に隠れた。女はのちにアメリカの捜査隊に向かい、男は路地を駆け抜け、生垣を飛び越えたのを見たと証言した。

十一月十二日、バルビーはハンブルクでもっと危ない目を見た。その晩、彼と〈ドイツ社会主義機関〉の仲間の二人は市街電車に乗っていた。すると、英軍警察の印のある一台の車があとをつけているのに気づいた。バルビーと仲間たちは鉄道駅で電車から降り、列車のほうに向かった時、英国戦地保安課のメンバーに捕まえられた。「さあ、私の友人」と英軍の大尉は言った。「我々はアメリカ人じゃない。おまえたちは我々から逃げられない!」。のちにバルビーが言うには、彼は事務所に連行され、したたかに殴られ、その野蛮な行為のせいで終生、反英的になった。バルビーが話したかどうかはわかっていないが、彼に話させる必要はほとんどなかった。というのも、英軍は彼のノートを発見したからである。それには彼の様々な活動が記録してあったが、重要なのは数十人の連絡員の住所氏名が書いてあったことである。元ゲシュタポ将校にしては大失敗だった。男たちは地下石炭貯蔵庫を改造した監房の中で二日間生気をなくしていた。ところが、十四日の晩、バルビーは鉄片を使って監房の錠を壊し、三人の男は看守の横を這って通った。看守は自慰に耽っていたのだ。バルビーはカッセル市に戻り、十二月十一日、そこで二番目の子供、クラウス＝イェルクの誕生に立ち会った。

一九四七年二月初旬、英国とアメリカは〈ドイツ社会主義機関〉だけではなく、過去数ヵ月にわたって監視してきたその他の様々なレジスタンス機関をも潰滅することにした。そうしたレジスタンス機関の中に〈細菌戦争研究機関〉という不吉な名前の機関が含まれていた。その月の二十二日から二十三日にかけての夜、〈選択委員会作戦《オペレーション・セレクション・ボード》〉を実行した。その間、そうしたグループの九十六人のメンバーが逮捕された。最も重要な標的の一つはバルビー本人だった。彼のノートは容疑者たちを追い詰めるのに計り知れない価値のあるものだった。ところが、その夜はバルビーはマールブルクのいつもの住所にはいず、カッセル市の友人、フリードリーン・ベッカーの家にいた。ベッカーも逮捕の対象だったので、防諜部隊は深更に彼の家に行った。バルビーはベッカーの家が急襲された際、浴室に隠れてから、建物の裏窓から飛び降りるだけの時間があった。そして、庭を通って闇の中に逃亡した。またもやバルビーは一人になった。

元「リヨンの虐殺者」は不死身のように思えた。しかし、バルビーが連合国の手中に陥るのを、いつもなんとか逃れたのは、幸運よりは、陰険な手段によるということを示す証拠がある。まず第一に、バルビーが自分を捕らえるであろう者たちと「話をつけ」ていた徴候は、彼とエミール・ホフマンとの関係の性質にある。〈選択委員会作戦〉で逮捕された者から得た情報は、バルビーがホフマンの真の忠誠心の対象を正確に知っていたことを明かしている。その対象は英国だった。「バルビーはそのことを数ヵ月前から疑いもなく知っていた」と、一九四七年のアメリカの極秘情報報告書は述べている。「バルビーはホフマンを利用し、英国側に協力することによって、フランス側に引き渡されることから救われようと願っていた」。同じ月に作成された英国側の報告書は、アメリカ側の見解をほぼ裏付けている。

ホフマンから受け取ったのちの報告から、**バルビー**別名**ベッカー**は、**ホフマン**が我々と接触していることを知っていたのは至って明らかで、また、**バルビー**が**ホフマン**を通し、自分をロシアに対する敵として使うという考えを我々に売り込もうとしていたのも明白だった。さらに**ホフマン**も**バルビー**も〈選択委員会〉による逮捕を免れた理由は……

なんとも苛立たしい話だが、この文書はそこで切られている。二人の男は英国のおかげで逃げられたと感じていたのはあり得ないことではなく、また、その文書がそこでカットされたのは、そのことを裏付けているようだ。

たまたま、バルビーは逃げる必要がなかった。〈選択委員会〉の対象にさえなっていなかったのだから。その文書のまさに次のパラグラフはこういうものである。「さらに、情報部16（ハンブルク）、本部情報課、防諜部隊（本部、アメリカ欧州軍）全体の同意のもとに、〈選択委員会〉の標的名簿からバルビーは外されていた……」。この文章は重要である。バルビーは連合国の少なくとも情報機関に保護されていたことをはっきりと示しているからである。その頃バルビーが何かの資格ですでに英米のために働いていて、彼らはバルビーの極悪非道の犯罪を知っていたにもかかわらず、彼を守るのに熱心だった。一九七四年に書かれたＣＩＡの報告書には、バルビーが一九四六年に「貴重な情報源」として防諜部隊のために確かに働いていたことが記されている。前年の十一月にバルビーがハンブルクで逮捕されたのは、事実、手違いだった。「十一月初旬、**ベッカー**あるいは**バルビー**大佐、**ヴィ**

ルニング博士ともう一人は、間違って逮捕された。彼らは二十四時間以内に逃亡したが、大量の住所と有用な文書は入手した」。三人が逃亡を許されたということは考えうる。それを証明することはできないが。しばらくあとでバルビーはアメリカ人に向かい、自分はハンブルクで逮捕されたので「英国人に対する関心と、彼らの約束に対する信頼の念をすっかり失った」と話した。英国側がバルビーにどんな約束をしたのかは――仮にしたとすれば――英国側が情報と引き換えに彼の自由を保証したことは考えうる。

ところが、〈選択委員会作戦〉が行われてから間もなく、英国側はバルビーを逮捕しようと決断した。残念ながら、その元ゲシュタポがどこに身を隠したのかを知る手掛かりがなかった。その結果、エミール・ホフマンが逮捕され、尋問を受けた。ホフマンは尋問者に、バルビーは五月中旬から下旬にかけてミュンヘンにいるだろうということ、また、十五日から二十一日まで毎日、正午から二時までのあいだ、レストランのフンペルマイヤーかロクシーにいるだろうと話した。ホフマンは英国人に向かい、バルビーは容易なことでは捕まらないと警告した。「Bはパブに入る前に用心する」と彼は五月六日、ネンドルフの英軍刑務所の独房で書いた。「もし警官が彼をパブで見つけたとしても、彼を捕まえられるかどうかは、まったくわからない。いかに準備をしても、彼は捕まることなくするりと逃げる」。ホフマンはまた、バルビーとその妻（ホフマンは彼女を「有能で犀利で適応性があり、彼と百パーセント一緒に活動している」と評した）は、ライヘンハルかベルヒテスガーデンかガルミッシュの山にいるかもしれないとも言った。

しかしバルビーは、そうしたどの場所にもいなかった。仮に英軍がバルビーを逮捕し、自分たちに協力を要請したとしても、米軍が先手を打ったことに気づいただろう。〈選択委員会〉がレジスタンス機関のグループを逮捕してからひと月後の一九四七年三月二十八日、バルビーはメミンゲンの鉄道駅に立っていた。すると、見覚えのある顔に気づいた。それはクルト・メルクだった。メルクはディジョン出身の元国防軍諜報部《アプヴェーア》将校で、戦時中はバルビーに協力し、フランスのレジスタンス網に潜入した。その時メルクはミュンヘン一帯で防諜部隊のために働いていて、防諜部隊将校のロバート・S・テイラーのためにスパイ網を取り仕切っていた。メルクはバルビーが自分の機関にもたらす価値に直ちに気づき、テイラーとその上官のデイル・ガーヴィー中佐の許可を得て、バルビーを雇った。ガーヴィーはバルビーに「違法活動をしている元SS隊員および〈選択委員会〉の者との一切の繋がりを断つ」ことをはっきりとさせた。どうやらバルビーは、新しい雇い主たちを感心させようと務めたらしい。というのも、テイラーは彼を「知的にも人間的にも正直な男で、不安や恐怖をまったく抱いていない」と見なしたからである。バルビーが防諜部隊のために新しい仕事を始めた時でさえも、防諜部隊のほかの隊員は依然として彼を逮捕しようとしていた。四月と五月に、防諜部隊はシュトゥットガルトとマールブルクでバルビーを捜した。五月末になって、同部隊の本部は隊員が事実上身内になった者を捜しているのに気づいた。テイラーは事態を上官に説明し、この新しい情報提供者が「当機関のために働く限り、自由を保持することを許される」のを求めた。そして、バルビーの「情報提供者としての価値は、彼が刑務所にいることによる有用性を遥かに上回る」と付け加えた。防諜部隊の本部からなんの返事もなかったということは事実上の承諾と見なされ、バルビーは間もなく、暗号名「ビューロー・ペーターゼン」として、メルクの機関に不可欠な一員となった。

　テイラーがバルビーのような犯罪者を雇ったということは、防諜部隊のガイドラインに必ずしも背くものではなかった。一九四七年五月、防諜部隊は、合衆国の理念と合致するスパイを使うのが望ましいが、『隣人を刺し殺す』ようなタイプの情報提供者でも、その人物を雇うことで確実に利益が得られるようならば」使って差し支えない、という指令を出した。「十分な情報を得るためには、あらゆるタイプの人間を使わねばならない」。事実、防諜部隊は元ナチを使うことを禁じる方針を決めてはいず、その結果、防諜部隊の目から見れば、テイラーとガーヴィーがバルビーのような人物を雇うのはなんら悪いことではなかった。仮にそのことにある種の道徳的疚しさがあるとしても、共産主義者相手の情報戦争では、正々堂々とした戦いでは勝てないと考えられていた。のちに見るように、アメリカは情報収集の手段としてナチの犯罪者を使った唯一の国ではない。また、そうしなかったなら、彼らは不利な立場に置かれただろう。防諜部隊の考えは、目的は手段を正当化するという結果主義の態度と結びついた、「自分の敵の敵は自分の友人」という伝統的な考えである。ソヴィエトを相手の戦争では、染み一つない経歴の優等生が最高のスパイになるとは限らない。

一九四七年のあいだ、防諜部隊はバルビーの仕事ぶりに大喜びだった。テイラーの後任の特別捜査官カミール・S・ハジュはこう報告した。バルビーは「当機関にきわめて優れた資料を」もたらした。メルクの新しいスパイは高く評価されたので、間もなくメルクの代理になり、ドイツの米仏軍占領地帯でもフランスの情報活動を探る組織網の一部を取り仕切った。そういうわけで、バルビーは再びフランスを敵にして働いていたのである。替わったのは彼の主人だけだった。ハジュは次のように報告した。「当人はこれまできわめて見事な成果を挙げた」

バルビーは「よい仕事」をしたけれども、防諜部隊の中には、バルビーを尋問し、〈ドイツ社会主義機関〉の元SS隊員とその他のメンバーについて情報を聞き出したいと思っている者がいた。十月に防諜部隊本部の作戦将校がガーヴィーに対し、バルビーを逮捕し、「詳細に尋問する」ために、フランクフルト近郊のアメリカ欧州軍の情報センターに連行するよう命じた。ハジュとガーヴィーは抗議した。そうなればメルクのスパイ網がひどく弱体化するからだ。しかし、その抗議は無視された。次第に苛立たしい調子になった覚書が数週間わたって届いたあと、バルビーは十二月十一日に逮捕された。

バルビーを尋問した者たちは、彼の戦時中の活動にはほとんど関心がなかった。質問の焦点は元SSと戦後のナチの組織網との接触に当てられていた。バルビーは五ヵ月拘留された。彼はリヨンにいたことは認めたものの、驚くには当たらないが、同地での活動については語ろうとせず、ゲシュタポの一員だったことを認めなかった。バルビーの尋問者は彼をもっと辛い目に遭わせることもできたであろう——彼はゲシュタポ将校の名簿に載っていたし、クロウカスの名簿の殺人者としてフランスが指名手配していたのだから。しかしアメリカは、そうしたことを知ろうともしなかった。五月には、彼らはバルビーに仕事を続けさせる用意が出来ていた。防諜部隊はバルビーが自動的に逮捕される人物であることを認めていたが、「防諜部隊の任務、その諜報員、資金等に関する彼の知識は非常に豊富」なので、彼を投獄するつもりはなかった。もしバルビーが逃亡すれば、彼は自分の持っているすべての情報を、別の側の諜報機関に渡すことができたであろう。防諜部隊はそんな危険は冒したくはなかった。一九四八年五月十日、バルビーはメミンゲンに戻るよう命じられた。

しかし、そこに行く前に、彼はもう一度尋問を受けねばならなかった——フランス人からの。前年の秋、ドイツで活動していたフランス人諜報員ルイ・ビーブは、バルビーがアメリカのために働いているという噂を耳にした。ビーブは何週間にもわたって防諜部隊と交渉した末に、バルビーに会うことを許された。五月十四日、ビーブはフランクフルト近郊のヘーヒストにある古いオフィス街でバルビーに会った。一人の防諜部隊の将校に伴われてやってきたバルビーは、「痩せていて、極度に神経質な男」という印象を与えた。彼は正体を明かさなかった。「あんたがバルビーだという動かせぬ証拠があるんだ、と私は言った」とビーブは回想している。「しかし、彼は否定し続けた」。その尋問方法は防諜部隊の将校を感心させず、将校は尋問をわずか十分で終わらせた。だがビーブは七月十六日にミュンヘンでバルビーを再び尋問することができた。その際のバルビーはずっと落ち着いていて、自分がバルビーであるのを今度は認めた。「タフな野郎だ」とビーブは防諜部隊の将校に言った。質問はもっぱら、誰がジャン・ムーランをゲシュタポに売ったかの謎に関したものだった。ビーブは裁判にかけることになったルネ・アルディーではないかと疑っていたが、ひどく苛立たしいことに、バルビーは何も話そうとしなかった。「彼らはバルビーを八つ裂きにしそうだった」と、防諜部隊のジョン・ウィルムズは回想している。「あの男はフランス人をからかっていたと思う。彼は我が身はまったく安全だと感じていて、フランス人に生意気な返事をした」。バルビーが自分はフランス側には渡されないという確かな保証を防諜部隊から得ていたのは明らかである。防諜部隊は約束を守らねばならなかった。もし密告者を裏切ったという評判が立てば、そうした情報源は間もなくなってしまうからだ。

六月になって、メルクの組織網にエアハルト・ダブリングハウスという新しい防諜部隊将校がやってきた。彼の一家は父がナチズムに嫌気が差し、一九三〇年にドイツから合衆国に移住したのだ。ダブリングハウスにはバルビーは傲慢で、慇懃無礼だと映った。バルビーのその態度は自分が絶対に安全だという気持ちから生まれたのだ。「すべての状況はひどく素人臭く思われた」とダブリングハウスはのちに書いた。「私は自分がバルビーとその友人たちの使い走りとしてそこにいる、という印象を受けた……どうやら彼が采配を振るっているようだった」。バルビーとメルクは貪欲にもなっていて、毎月約千七百ドル貰っていたにもかかわらず、二千五百ドル必要だと言い張った――二〇〇七年では三万五千ドルである。「ダブリングハウス、君は上司に私がもっと金を必要としていることを強く言うべきだ」とバルビーは彼に言った。「能率的に活動するには、とりわけドルの現生《げんなま》を。私は自分が今貰っている額より価値があると実際思っている。今貰っている金では自分が使っている連中の面倒も見られないくらいだ」。月に千七百ドル払っていてさえ、アメリカ軍はそれに見合う情報を得ていなかった。ダブリングハウスはバルビーが新聞記事を読んで秘書に書き取らせ、それを自分が得た情報としようとしている現場を見た。ダブリングハウスが難詰するとバルビーは、防諜部隊がよい情報を手に入れろと盛んに圧力をかけてくる、と苦情を言った。事実、メルク＝バルビーの組織網は活気を失っていて、密告者とその手先は東欧全体に散在していて、その「成果」も疑わしいものであることが多かった。その組織網は三つの別々の役割を持っていることによって、さらにその活動が妨げられていた。そのグループはソヴィエトの動きをスパイするとともに、対フランスの情報活動やバイエルンにおける共産党の活動も監視しなければならなかった。当時、バルビーの最大の成功とされたのは、チェコによるウラニウム採掘を暴露したことだった。それはソヴィエトの核兵器計画を示していた。ダブリングハウスは喜んだが、のちにわかったように、チェコは戦前からウラニウムを採掘していたのだ。したがってその情報はさほど大したものではなかった。十月までには、防諜部隊本部はその組織網に飽きてきて、手を切ろうとしたが、交渉の結果、三ヵ月延長することになった。バルビーとメルクは防諜部隊に雇われていることを正当化しようと懸命に働いたが、一九四九年四月に〈ビュロー・ペーテルセン〉は解散になった。しかし、その組織網から一人の男が情報提供者として残された。バルビーである。

バルビーがバイエルンの共産主義者の情報を集め続けているあいだ、フランスは「リヨンの虐殺者」を裁くべしという要求を強めた。一九四九年五月十四日、パリの新聞は次のような見出しの記事を載せた。「我らを拷問したバルビーを逮捕せよ！」。その記事はバルビーが「ミュンヘンで温和なビジネスマン」として働いていること、また、フランスの二つのレジスタンス機関がパリ駐在のアメリカ大使に手紙を書き、彼を引き渡すよう求めたことを明かしていた。防諜部隊の本部は、バルビーを使っている者に対し、「行政上」はバルビーと縁を切るが、関係は継続せよと指令を出した。バルビーを使っていたアウグスブルクの防諜部隊のユージーン・コルブ大尉は拒否反応を示し、バルビーは「尋問中に強迫」はしたが、誰も拷問してはいないと言った。コルブはまた、もしフランス当局がバルビーは戦争犯罪人だと心《しん》から信じているのなら、「当人［すなわちバルビー］」はこれまでに引き渡されているであろう」と自信たっぷりに断言した。さらに、コルブはバルビーを、「当本部の得た、最も信頼できる情報提供者」と見なし、彼を引き渡すつもりはまったくなかった。コルブの考えは──もしバルビーの申し立てを本気で信じていたのなら──理由がなくもなかった。フランスはバルビーの引渡しを求めなかったし、見た目は優れた諜報員を、パリの新聞の風聞にもとづいた記事のみを根拠に引き渡すというのは、新しい冷たく汚い戦争における情報機関の運営の仕方ではなかった。コルブは言ってはいないが、もしバルビーをフランスに引き渡せば、彼がアメリカの情報活動について知っていることを洗いざらい話すという危険があった。防諜部隊の本部がコルブの論旨を受け入れたのは明らかである。なぜなら、一九五〇年一月までの半年間、防諜部隊本部とアウグスブルクの防諜部隊のあいだで交された文書のどれにもバルビーの名は出てこないからである。

フランスは一九四九年十一月七日までバルビーの引渡しを正式に求めなかった。その日、ワシントンDCのフランス大使館は、「この戦争犯罪人を逮捕し、フランスで裁判にかける」ことを要請した正式の覚書を国務省に送った。アメリカ側ははぐらかし、フランスはバーデンバーデンのフランス高等弁務官を通して駐独合衆国高等弁務官に申請する必要があると答えた。しかしフランスは諦めるつもりはなかった。とりわけ、ルネ・アルディーの裁判が始まろうとしていたので。その裁判でバルビーが脚光を浴びることが予測されていた。一九五〇年三月二日、フランスは二国の高等弁務団の事務所を通して、もう一度正式に要請した。驚いたことに、駐独合衆国高等弁務官はバルビーのことは聞いたこともなく、「バルビーがアメリカ軍占領地帯で庇護されているという、フランス当局からの数度にわたる文書の推論は不当であり根拠がない」と応じた。たとえ駐独合衆国高等弁務官が本当のことを言っていたにせよ、アメリカ欧州軍とその情報センターに問い合わせることによって、バルビーとの関係を確認するのは簡単だったであろう。駐独合衆国高等弁務官はそうはしないのに、バルビーを追跡する努力は「不成功」だったとフランス側に告げた。どう見ても駐独合衆国高等弁務官は無能だった。最も悪く解釈すれば、駐独合衆国高等弁務官は共謀して事実を隠蔽していたということになるが、それを裏付ける文書はない。最も妥当な解釈は、アメリカは不誠実で時間稼ぎをしていた、というものである。それは、フランスがバルビーに関心を示して以来とってきた戦術だった。

　四月にルネ・アルディーに対する訴訟手続きが開始され、バルビーの名前が裁判中、何度も出た。アルディーの弁護士はバルビーを、「フランスの愛国者を拷問することに喜びを感じた」と評し、裁判官は彼を「邪悪な拷問者で犯罪人」と言った。フランスの上院と新聞はそうした感情を反映し、五月初旬までには、駐独合衆国高等弁務官は、アメリカがバルビーを匿っているというフランス側の主張を否定するのは、「当本部が入手した公式情報に関する限りは正しい」ということを密かに認めた。その言葉は稚拙な詭弁で、多くの非公式情報が手元にある可能性を強調しているだけだった。圧力が増していくにもかかわらず、アメリカは依然としてほとんど何もせず、間もなくパリのアメリカ大使館さえ苦情を言った。「この問題が我々を困惑させ続けていることを、駐独合衆国高等弁務官が理解することを切望する」と、大使館のウッドラフ・ウォールナーは六月、駐独合衆国高等弁務官に宛てた手紙に書いた。「問題はバルビーア《ママ》が過去において我々に雇われていただけではなく、現在も依然として雇われていて、我々が彼の引渡しを妨害しているという、どうやら世間に広まっているらしい考えをどうすべきかである」

一九五〇年が経つにつれ、決断を下すべきことが駐独合衆国高等弁務官とアメリカ欧州軍、防諜部隊には、はっきりとしてきた。バルビーは雇い主たちがあれこれ考えているあいだ、家族と一緒にアウグスブルクの防諜部隊の隠れ家に住み、情報収集の仕事を続けていた。バルビーは防諜部隊から身の安全を保証されていたにもかかわらず、フランスが自分を拉致するのではないかと次第に不安になってきた。それは、まさにありうることだった。防諜部隊でのバルビーの新しい世話係、ハーバート・ベチトールドは、バルビーとその家族が目に見えて変わったのに気づいた。「彼らはまったく我々の言うなりだった」と彼は回想している。「バルビーは自分がおのが運命の主人ではないのを怒っていた。心配し、不安で、気分が沈んでいた。自分にはなんの未来もないと感じていた」

その年の終わりに、バルビーと防諜部隊にとっての打開案が生まれた。十二月にアウグスブルクの防諜部隊のジョン・ホビンズ中尉がザルツブルクの防諜部隊の事務所を訪れた。そこで彼は、同僚たちが一九四七年以来、バルビーとその家族の処遇を解決するかもしれない、ある作戦を取り仕切っているのを知った。「第四三〇防諜部隊分遣隊はこの三年のあいだ、彼らが〝ラットライン〟と名付けた、中米と南米に情報提供者を移送する仕組みを、さしたる反対に遭うこともなく使っていた」とホビンズは報告した。防諜部隊の情報提供者をヨーロッパから移送するために使われたその〈ラットライン〉は、防諜部隊の諜報員、ジョージ・ニーゴイが取り仕切っていた。ニーゴイはホビンズに、アウグスブルクの防諜部隊がバルビーをヨーロッパから出すのに手を貸そうと言った。ホビンズは報告書の中で、〈ラットライン〉の仕組みと費用についても上官に報告した。費用は成人一人につき千ドルだった。千四百ドルで「VIP待遇」が受けられた。ルートはドイツからオーストリアを通りイタリアに入り、ジェノヴァで終わった。ホビンズが聞かされなかった一つのことは、〈ラットライン〉を取り仕切っている男の正体だった。ホビンズはその人物のことを聞かなかったかもしれないが、クラウス・バルビーのようなナチは聞いたかもしれない。というのも、その人物は、ほかならぬクルノスラフ・ドラガノヴィチ神父だったからだ。

〈ラットライン〉と防諜部がドラガノヴィチを使ったことについては、多くのことが書かれている。今日では、「ラットライン」という言葉は、ヨーロッパから脱出するためにナチが使ったすべての逃亡ルートを指す場合が多い。だが、それは誤りである。その言葉はほかのルートを指すのに当時使われなかったし、また、ルートが明確に決まっていたかのように思わせるからである。だが、すでに見たように、それらのルートは明確には決まっていなかった。一九四〇年代と五〇年代では、その言葉は実際は、アメリカが情報提供者を危険から救うために使ったルートすべてを指していた。例えば、防諜部隊の一つはハンガリーからオーストリアに達するラットラインを取り仕切っていたが、それはドラガノヴィチとは関係がなかった。さらに、ザルツブルクの防諜部隊が取り仕切っていた〈ラットライン〉は、アメリカが何十人ものナチを逃がすのに手を貸した手段ではなかった。彼らはアメリカに有益な情報を提供した亡命者や情報提供者を内密の手段で助けた。〈ラットライン〉で逃亡したのはナチの戦争犯罪人ではなく、防諜部隊が、〈ラットライン〉の創設者の一人の言葉を借りれば「奉仕の報酬」を受けるのに真に値すると見なした者だった。アメリカの市民権を与える正式のルートでは、国務省と移民帰化局の役人から数多くの具合の悪い質問をされたであろうが、〈ラットライン〉は、アメリカに協力する者を助ける、内密だが信頼できる手段だった。ドラガノヴィチのような犯罪者を使ったものの、〈ラットライン〉を作った動機は、亡命者と情報提供者にひどい扱いをしたという評判を取りたくないという、至極まっとうな気持ちから生まれたのである。防諜部隊はドラガノヴィチの顧客の一人に過ぎず、当時の防諜部隊の将校にとっては、ドラガノヴィチのような男に金を払うのはきわめて実際的だった。〈ラットライン〉を作ったジム・ミラーノはそうした問題を十分に認識していたと、のちに言った。「我々の助ける者はすべてソヴィエトからの本当の亡命者である」と彼は回想している。「ナチでもSSでも保安課報部の人間でもない。そういったものではまったくない。戦争利得者でも戦争犯罪人でもない。我々がドラガノヴィチのほかの作戦の援助をしているという考えは好かない」。もちろん、ミラーノの言葉を疑うのはたやすいが、ザルツブルクの第四三〇防諜部隊によって作られた〈ラットライン〉がナチを逃がすのに使われたという証拠はない――たった一つの際立った例外を除き。

一九五一年一月二十五日かそのあたり、駐独合衆国高等弁務官はバルビーとその家族が〈ラットライン〉を使ってボリビアに行くことを承認した。その時から三月まで、様々なアメリカの諜報員は「クラウス・アルトマン」という名の新しい人物を作り始めた。その名はドラガノヴィチが考え出したのだろう。防諜部隊は合衆国連合旅行局に「アルトマン」に関する偽情報を提出した。その結果バルビーは、旅券の代わりに、番号0121444の仮旅行書類を受け取った。同局はまた、オーストリアの通過査証とトリエステの軍入国許可証をも発給した。ミュンヘンでは、イタリア領事館は目的地のジェノヴァまでイタリアを通過するための旅行ビザを発給した。二月末には用意万端整い、三月九日、ジョージ・ニーゴイともう一人の防諜部隊の諜報員が「リヨンの虐殺者」とその家族に同伴し、アウグスブルクからザルツブルクに向かった。オーストリアの都市で二晩過ごしたのち、一家は列車でトリエステに発った。オーストリアとイタリアの国境で税関吏がバルビーの書類に何か不備があるのを見つけた。「頼む」とバルビーは懇願した。「子供が二人いるんだ」。税関吏は答えた。「通れ、おまえを二度と見たくない」。バルビーは、自分を見ることは二度とないと請け合った。一家は三月十二日にジェノヴァに着き、ドラガノヴィチの計らいで、ホテル・ナッツィオナーレに泊まることになった。そして神父は必要な書類を手に入れるためにバルビーを連れてジェノヴァの方々を歩いた。その書類には、ボリビアへの移住ビザ、赤十字からの旅行許可証、アルゼンチンの通過査証が含まれていた。バルビーがドラガノヴィチに向かい、なぜ自分を助けてくれるのかと訊くと、クロアチア人は答えた。「情けは人のためならず、ですよ」。十一日後の三月二十三日、クラウス・バルビーとその一家は、ブエノスアイレス行きのイタリアの船、コリエンテス号に乗った。四月三日、アウグスブルクの防諜部隊は「至極扱いにくい人物をやっと始末した」ので、みなで祝った。「この件は片付いたものと見なす」と、報告書にはいささかの安堵感をもって記されている。ちょうど三十二年後に、この件は再び取り上げられ大変な結果になるが、当座は「リヨンの虐殺者」は安全だった。

クラウス・バルビーは、共産主義を相手とする情報戦争においてアメリカに雇われた唯一のナチの戦争犯罪人ではなかった。そして、これから見るように、アメリカはバルビーと同類の人間を使った唯一の国ではなかった。事実、ナチを雇わないというのは原則ではなく例外で、他国がナチを雇っていると非難した国は、ほぼ間違いなく偽善的だった。英国、フランス、ロシアはすべて、本来は拘禁されるべき人物を利用したが、当時の冷戦の緊急事態が、「正義」といった微妙な問題を脇に押しやることを必要としたのである。今日、そうした行為について道徳的立場から云々《うんぬん》するのはたやすいが、それは諜報活動の現実と、連合国が認識していた、ソヴィエトからの脅威を無視することになる。そうした認識が結局は不正確だったかどうかということは、まったく問題にならない。なぜなら帰納的な証拠を、コルブやダブリングハウスのような者は手にしていなかったからである。バルビーのような多くのナチ戦争犯罪人は鉄のカーテンの向こうの情報を手に入れることができたので、民主主義と自由主義のより大きな善のためには汚い取引もしなければならない、という考えは理に適っていた。そうした諜報員から得た情報が結局は無価値だったかどうかということも、どうでもよいのである。なぜなら、彼らを使う前にそうしたことは確かめることができなかったであろうから。

旧式なスパイは冷戦においては無用だと感じていた者が、情報機関の内部にいたのは確かである。その一人は、MI6のウィルフレッド・「ビフィー」・ダンダーデイル司令官だった。彼は一九三九年に、ポーランド人が鹵獲《ろかく》したドイツの「エニグマ」の機械を、厳重に守られた外交用郵袋に入れて無傷でロンドンに持ち帰った。一九四五年八月、ダンダーデイルは戦略事務局とパリで何度か会合を開いた。その際彼は、「スパイを潜入させることによってロシアに関する信頼できる情報を定期的に得ることは不可能」だという自分の信念を披瀝した。成果を挙げる最上の方法はテクノロジーを開発し、応用することであるという考えを持っていたのだ。そして多くの面で彼が正しかったことが証明された。フランスもスパイをほとんど信頼していなかった。そして、ドイツのロシア軍占領地帯や、さらにはドイツのフランス軍占領地帯にいるスパイの九五パーセントは二重スパイだと推定していると戦略事務局に話した。フランスはこの高い率が他国の情報活動にも当て嵌まるのではないかと考えていた。「そのように確信しているので」と、フランスに派遣された戦略事務局のフィリップ・ホートンは報告した。「彼らはロシアに関する情報を、技術的工夫と通信傍受で得ることに、ほとんどすべての望みをかけている」。アメリカの情報機関は人間の知能に関してそれほどシニカルではなかったので、その結果、貴重な情報が得られる機会を求めて、犯罪者であろうとなかろうと、数多くの元ナチを利用せざるを得なかった。連合国派遣軍最高司令部対情報活動作戦室（SCI）のようなグループは、元ナチを使うのに熱心なあまり、間もなく合衆国軍政部のガイドラインと衝突することになった。早くも一九四五年八月、SCIのエリック・W・ティム大尉は、「雇用禁止のリストがいまや厖大なものになったので、ドイツ情報部の者は言うまでもなく、どんな元ナチ党や陸軍将校も雇うことができない」

一九四五年五月に逮捕されたほとんど直後にアメリカが雇った一人のナチは、ヴィルヘルム・ヘットルだった。早くも八月に、「ヘットルを利用」しようという話がSCIの中で持ち上がったが、ヘットルがまったく信用できない男であるという噂が数多く流れていたので、アメリカは彼を使わないことにした。その代わりヘットルは収容所に入れられた。そこで彼は「土着の尋問者」として使われた。それは、彼が仲間の囚人から、SSと保安諜報部の活動について厖大な量の情報を得る機会があることを意味した。彼はその知識を、その後の数年間うまく利用した。一九四七年十月、彼は収容所からザルツブルクに移され、ウィーンのオーストリア人民法廷で裁判にかけられるのを待っていた。しかし、狡猾なヘットルはイーリス・シャイドラーを介して、地元の防諜部隊の隊長に、自分がいささか役に立つということを信じ込ませた。その結果彼は、防諜部隊に自分の行動を常に知らせるという条件で釈放された。ヘットルは自分の情報網を作り始め、一九四八年には、〈マウント・ヴァーノン〉と〈モントゴメリー〉という暗号名の二つの組織網のスポンサーになることを防諜部隊に了承させた。

前者はヘットルの古巣、ハンガリーに潜入することを目指したものであり、後者はオーストリアのソヴィエト軍占領地帯から情報を収集することを目指したものである。ハンガリーで活動したあるオーストリア人の情報将校によれば、ヘットルは表面上、そうした役割にぴったりの人物に見えたが、実際にはそうではなかった。ヘットルが集めた「情報」はきわめて貧弱で、もっぱら彼がでっち上げたものか、新聞記事の焼き直しかだった。それに加え彼は活動用の資金をくすねた。さらに悪いことには、アメリカは彼の忠誠心の対象が別のところにあるのではないかと強く疑った。「調査と監視の結果、ヘットルはソヴィエト情報部と接触していることが確かめられた」と、防諜部隊のある報告書には記してある。「そして、ヘットルがソヴィエトの管理のもとで二重スパイとして働いていたという疑惑が非常に強まった」

一九四九年八月、防諜部隊はヘットルとそのグループを解雇した。彼らには月に二千六百ドル払っていたのである。「**ヘットル**は優れた諜報員だと見なされているが」とジム・ミラーノは書いている、「至極危険な諜報員である」。当然ながらヘットルは、それほど早々《はやばや》と馘《くび》になったことに腹を立てた。「我々が活動した十ヵ月のあいだ、〈モントゴメリー〉から六百十八の報告書、〈マウント・ヴァーノン〉から千六百の報告書を提出しました」と彼はミラーノに告げた。「報告書の質に関してはお認めになると思いますが、元ドイツ情報機関の指導的立場にあった者としての私は、かなり正しい判断を下すことができたと思います」。ヘットルの傲慢さは底知れなかったが、実際は、彼は名うての嘘つきだった。そして当座は、経験不足のアメリカの情報将校に自分の仕事が価値のあるものに思わせることができた。防諜部隊の隊員が定期的に変わるということは、バルビーやヘットルのような者が多くの作り話をしてもばれないことを意味したが、アメリカ側はすぐに真相を知るようになった。しかしジーモン・ヴィーゼンタールは真相を知らず、すでに見たように、ヘットルを情報提供者として雇った。その関係のせいで、戦後のナチの逃亡援助組織網についての我々の知識が、ひどく歪められたのである。二人の男の繋がりは、この物語のもう一つの事柄も歪めてしまう原因になったのである。それについては後述する。

もし防諜部隊が元ナチを雇うことにいささかの疚しさを覚えていたとすれば、ヘットルはなんの疚しさも感じていなかった。〈モントゴメリー〉組織網の重要人物はカーロイ・ネイだった。彼はドイツ系ハンガリー人で、一九四三年までハンガリー軍に勤務した。ヘットルに庇護されていたネイはSSに加わったが、一九四四年十月にSS連隊集団《レジメンツグルッペ》ネイを結成した。その任務は「ハンガリー内のユダヤ人、敗北主義者、破壊活動家その他を殲滅する」ことだった。ネイはまた、ミクローシ・ホルティ提督を辞任させるのに手を貸した。それはネイのもう一人の支持者、オットー・スコルツェニーによってきわめて大胆に行われた。一九四五年三月一日、ネイの連隊は海に落ちた八人の米軍飛行士を捕らえ、三人をドイツ側に渡してから、残りの二人をブダペストの西約五十マイルの町シュール近郊で処刑した。一九四六年、ネイと彼の部隊の五人の隊員は裁判にかけられ、ネイは死刑を宣告された。しかし八月、彼の刑は終身刑に減刑され、翌年、〈東部戦線戦友同盟〉を結成するために釈放された。防諜部隊とヴァチカンとフランコがその後押しをしたと言われた。〈東部戦線戦友同盟〉の目的は、ハンガリーにおける反ソヴィエト地下抵抗組織を作ることだった。ある報告書によると、ネイは「準備作業に対して米情報当局」から二十七万五千オーストリア・シリングを受け取った。ネイはザルツブルクを根城にし、グムンデンの東五十マイルのところに「パルチザン訓練センター」を作った。そこで、彼の仲間は防諜部隊と接触することになっていた。ネイがアメリカの支援を受けていること――あるいは少なくともアメリカが見て見ないふりをしていること――を楽しんでいたのはほぼ確実である。そうした規模の仕事は、アメリカに知られずに行うことはできなかっただろうから。

　一九四八年、ヘットルはネイを雇い、〈モントゴメリー〉組織網の作戦将校にした。ネイは月に七千シリング貰うことになった。それに加えて、防諜部隊はその十人に食料を提供した。それはアメリカがネイのパルチザン・グループを支援し続けていたことを示唆している。だが、ネイとヘットルはうまくいかなかった。ヘットルはネイが指導者《フューラー》コンプレックスを持っていると非難したが、それはたぶん正しいだろう。さらに、ネイはフランスの情報部のために働いているのではないかという強い疑いがあった。その疑いは、ネイがドイツにおけるフランス軍政長官、ピエール・ケーニーグに二度会ったこと、また、ネイがイタリアに入国できるフランスの旅券も持っていたという事実によって、ほぼ裏付けられていた。一九四九年一月、ネイはヘットルに、スペインのフランコを訪れるために二万シリング貰いたいと言ったが、ヘットルは断った。その結果ネイは、「無能」という理由で〈モントゴメリー〉を解雇され、オーストリアのフランス軍占領地帯に移った。それは、彼がフランスに雇われていた、もう一つの証拠である。二人の男は二度と一緒に仕事をしなかったが、ヘットルはネイの行動に絶えず注意を払っていた。一九四九年三月、元ナチたちがアラブ諸国、スペイン、南米に移住した際のナチとヴァチカンの関係を「明確にする」よう、ネイはフランスから命じられたとヘットルは記している。

もしそれが正しいなら、それはフランスがナチの逃亡援助組織網を捜査していただけではなく、クラウス・バルビーのような凶悪なナチの犯罪人を雇ってもいたこともはっきりと明かしている。フランスはこの二重基準について意識していたに違いなく、また、彼らがバルビーの釈放に強い圧力をかけなかったのは、おそらくそのせいだろう。そんなことをすれば、フランスがナチを雇っていたことを暴露するかもしれないのを、彼らは怖れていたのだ。というのも、ネイはフランスが雇った最初のナチではなかったからだ。一九四六年三月、戦略事務局はフランスの情報機関ＢＤＯＣが元ゲシュタポを利用するために釈放していることを報告した。アメリカのこの情報提供者は「経験豊かで、信頼できる……彼にはフランスとドイツに優れた連絡員がいる」と評価された。

バルビー、ヘットル、ネイは、防諜部隊のようなアメリカの機関が戦後雇うことになった、ナチの戦争犯罪人のごく一部だった。ほかにもロベルト・ヤン・フェルベレンがいた。彼は戦時のベルギー保安部隊《ヴェイリフヘイツコルプス》の指導者としてフェルベレンはそうした暗殺のいくつかを自ら実行し、手榴弾でカフェやバーを襲いさえした。その行動でドイツ戦功十字章を授与され、主幹中隊指導者《ハウプトシュトゥルムフューラー》に昇進し、戦後、ベルギーの裁判所で欠席裁判にかけられ死刑を宣告された。それにもかかわらず、一九四六年、フェルベレンはオーストリアの防諜部隊に雇われ、〈ニュートン計画〉を実行するのを手伝った。それはオーストリアの共産党に潜入するという作戦だった。驚くには当たらないが、フェルベレンが使った情報提供者の中に数多くのナチの犯罪人が含まれていた。一九五〇年の終わりまでには、その作戦は中止になったが、フェルベレンは一九五〇年代中頃まで、情報提供者として続けて働いた。フェルベレンは一九五九年、オーストリアの市民権を取得したが、六年後、戦争犯罪で裁判にかけられた。フェルベレンは無罪放免になりセンセーションを巻き起こし、一九九〇年に死ぬまで自由の身だった。

　ナチ戦争犯罪人が罪を免れる手段として連合国のために働くというのは、南米に密かに移住するのと同じくらい効果的だった。ある意味で、そのほうがよかった。というのも、犯罪者は母国に自由の身で残ることが認められ、自分を雇っている情報機関の保護を受けられることが多かったからだ。そうした処遇を受けたナチの一人に、元ゲシュタポの主幹中隊指導者《ハウプトシュトゥルムフューラー》、ホルスト・コプコフがいた。彼は一九四五年五月二十九日、バルト海沿岸の村で英軍に逮捕された。英軍は彼を拘置するや否や大物を捕まえたことを知った。コプコフの戦時中の役割は、敵のスパイと破壊活動家を捕まえることだったからだ。それらの中には、当然ながら、英国の特殊作戦執行部の部員が含まれていた。カルテンブルンナーの国家保安本部第Ⅳ局Ａ２課の責任者としてのコプコフの役目は、捕らえられた諜報員が残忍に尋問され、次にブッヘンバルトやラーヴェンスブリュックのような強制収容所に「消え」るようにすることだった。コプコフは約三百人の連合国の諜報員を殺害したと推定されている。その中には共に女性の有名なヴィオレット・ソボーとヌーア・イナヤット・カーンが含まれている。別のＭＩ５の犠牲者はフランク・シャミア少佐で、彼はドイツにパラシュートで降下したが捕らえられて直ちにザクセンハウゼンとラーヴェンブリュックに送られ、そこで命を落とした。コプコフはそうした処刑を取り仕切っただけではなく、英国とロシアに対する国家保安本部の対情報活動を熟知してもいた。オランダでは、ゲシュタポは〈北極作戦〉で特殊作戦執行部に対して相当の成果を挙げた。その作戦では偽情報を無線でロンドンに送った。それは英国側には甚大な損失をもたらした。五十四人の英国の諜報員が捕らえられ、そのうち四十七人がコプコフの指示で処刑された。ソヴィエトが後ろ楯になっている〈赤いオーケストラ〉のスパイ網に対しても、コプコフは似たような成果を挙げた。コプコフ自身、そのグループの指導的メンバーの多くを逮捕した。その中にドイツ空軍の指導部の中尉、ハッロ・シュルツェ＝ボイゼンがいた。シュルツェ＝ボイゼンのような人々に拷問を加えるのを許可したのはコプコフだった。シュルツェ＝ボイゼンは一九四二年十二月、ベルリンのプレッツェンゼー刑務所で処刑された。

コプコフは抜け目がなかったので、自分を捕らえた者に、彼らの欲しがっているものを与えた。「コプコフは自分の置かれた状況を十分に理解していた」と、彼を尋問した者は報告した。「そして、自分のしたことの多くを隠したり、誤魔化したりするのはまず不可能なのを知っていた。［……］軽い判決が出る唯一のチャンスはできるだけ多くを語ること、というのが彼の態度だった。彼はまた、要求されるどんな忠誠宣言でもする用意が十分にあるとも言っている」。この最後の文は、諜報員になることを申し出たか、諜報員になるようにという話を受諾したかの印象を与える。いずれにせよ、コプコフが喋ったのは確かだ。英国は、彼の元秘書、フロイライン・ベルタ・ローゼを彼のところに連れて行った。そして尋問は伝統的な質疑応答形式ではなく、コプコフがフロイライン・ローゼに口述していることを英軍将校がもっぱら聞くという形になった。「彼はほぼ完全な自由を与えられていた」と、報告書に記されている。「そして、話を中断されることは稀だった」。コプコフはシャミア少佐の話になった時だけ、真実から逸れたようだった。シャミア少佐はベルリン空爆の際死んだとコプコフは言った。情報将校たちはそれを信じたようだった。たぶん、コプコフが提供する情報の豊富さに内心大喜びしていたからだろう。元ゲシュタポは英国に対するロシアの陰謀についてさえ語った。あるコプコフはその「無線の証拠」――無線傍受によって集められた証拠――を持っていると言った。ある時点で、情報はきわめて貴重なものになったので、ある尋問者は、コプコフが「意図的に英露のあいだに疑念を植え付けようとしているのか、本当に真実を語っているのかいぶかった」。

英国の情報将校がコプコフを尋問しているあいだ、英国の戦争犯罪捜査員は彼を捜していた。その一人がヴェラ・アトキンズだった。彼女はコプコフが処刑させた多くの諜報員の訴訟摘要を作っていた。一九四六年を通して軍主任法務官の事務所に配属されていたアトキンズは、「コプコフ」という名前が次第に頻繁に出てくるのに気づいた。夏までには彼女はコプコフの犯罪の規模を確認し、八月にロンドンに戻る前に、北西ヨーロッパの英国戦争犯罪調査団の〈ヘイスタック〉チームに緊急の要請をした。

コプコフはナチの強制収容所、特にナッツヴァイラーとダッハウの強制収容所に入れられた英国の諜報員の死に関連して指名手配されています。捕らわれた諜報員に関するすべての報告と文書はコプコフに送られました。そして彼は彼らを強制収容所に送り殺害することを命じました。もし逮捕されましたら、英国のＶＭＡ［ヴェラ・メイ・アトキンズ］に知らせて下さい。彼が最後にいたのは、国家保安本部第Ⅳ局です。

九月になってアトキンズは、自分が尋問していた戦争犯罪容疑者の一人から、コプコフが英国の手中にあることを知りショックを受けた。そして〈ヘイスタック〉に、コプコフはおそらくバート・ネンドルフの英軍占領地帯のＭＩ５の収容所にいるだろうと話した。もし〈ヘイスタック〉が実際に調査をしたとすれば、彼らは慇懃に門前払いを喰ったことだろう。

実のところ、コプコフが英国に捕らわれていることは、何も特別の秘密ではなかった。一九四五年十月、英国ライン軍団の防諜局は隔週のニュースレターを発行したが、その中で、「コプコフその他の将校から」の情報が、「第Ⅳ局」の「詳しい実態」を英国が知るのを助けていると書いてあった。第Ⅳ局とはコプコフの課が属している局だった。そのニュースシートは「秘密」扱いになっていたが——多くの文書同様「極秘」ではなかった——かなり広く配布されていた。一九四五年七月、英軍の軍事刑務所《アレストアンシュタルト》は、コプコフが逮捕された際に持っていた金の額さえドイツ管理委員会に電報で報告した。その報告はどんな秘密扱いにもなっていなかった。ついに一九四六年三月十五日、防諜局は英国戦争犯罪調査団の軍主任法務官の事務所に対し、コプコフは目下バート・ネンドルフに拘留されていて、「しばらくのあいだ、当地にいるであろう」と告げた。それは控え目な言い方だった。その手紙には、アメリカがコプコフと話すことに関心を示していること、また、防諜局はコプコフが移送される時は連絡することを軍主任法務官の事務所に約束したことも書いてあった。この手紙はアトキンズが〈ヘイスタック〉に前述の要請をする五ヵ月前に書かれたので、彼女が軍主任法務官の事務所の同僚から状況に関して十分に知らされなかったのは明らかである。それが偶然なのか故意なのかは、よくわからない。またもや、知ったかぶりの冷笑的な態度をとりたくなるが、この場合にはそれは正しいだろう。というのも、英国の情報将校と英国の戦争犯罪調査官たちのあいだには巨大な溝があったからだ。後者は終わったばかりの戦争に依然として深く関わっていて、前者は次の戦争の準備をしていたからである。それは、情報機関に素晴らしい先見の明があったことを意味しないし、戦争犯罪調査団の面々が絶望的なほどに後ろ向きだったことも意味しないが、物の見方が違っていたのは確かである。正義感は誰もが持っていたが、情報将校にとっては、コプコフのような人間は絞首台のロープにぶら下がっているよりも生きているほうが、遥かに価値があったのである。戦争犯罪人を追う比較的ぱっとしない努力と、非常に数多くの者が釈放された〈蚤梳き取り作戦〉の二つを考えてみれば、確かな話、共産主義に対して立派に闘うのに役立てるために一人か二人のナチの大量殺人者を裁判にかけずに済ませてもいいではないか？　もしそれが論理的ならば、乱暴ではあっても理解できた。

コプコフは一九四七年までバート・ネンドルフに拘禁されていた。妻のゲルダによると、彼は比較的寛大に扱われていて、二人は私的に会うことさえ許された。「あの人たちは大変親切でした」とゲルダは回想している。「ある日、あの人たちは彼を私に会いに連れてきて、彼を連れて行くのを忘れました。私たちは長いあいだ一緒にいました」。一九四六年、そうやって会っていた初めの頃、コプコフは妻に、国家社会主義を信じるのはやめなければいけないと言った。「私はその頃でさえ、依然としてナチでした」と彼女は言った。「でも彼は、駄目だ、駄目だ、あれはもう、大して重要じゃない、と言いました」。ゲルダはコプコフがあまりに早く信念を変えたのに驚いたが、変えなければ死刑になったので、元ゲシュタポ将校はほかにどうしようもなかったのだ。妻と会うのは楽しかったかもしれないが、戦争犯罪調査官と会うのはそうではなかった。コプコフは三度尋問された。二度は英国人によって、一度はノルウェー人によって。英国人に尋問されていた時、彼はシャミア少佐の運命について訊かれた。その名前が出ると、コプコフは気絶しそうになり、こう供述したと言われている。「それについては何も知らない」。そしてコップ一杯の水を貰った。コプコフはMI6の諜報員の尋問に関わったことは否定しなかったが、シャミアは空襲で死んだとあくまで言い張った。戦争犯罪調査官は信じなかったが、彼はMI6に保護されていたので、彼らにできることはほとんどなかった。ヴェラ・アトキンズもコプコフを尋問し、彼女の諜報員の何人かが「消えた」のは彼のせいだと確信した。コプコフは一九四七年の中頃にロンドンに移送されたにもかかわらず、依然として戦争犯罪調査団に追及されていた。コプコフは利用され尽くしたあと起訴されるだろうと、戦争犯罪調査団は考えていた。

その年の終わりには、MI6はコプコフの裁判要求にうんざりしていた。彼を埋葬する時が来た。一九四八年六月、ペイタソン中佐という人物が、悪い知らせがあると戦争犯罪調査団に告げた。コプコフは「特別尋問」のためにロンドンに送られたが、ロンドンに着くと「高熱を発し、二日後に病院に送られたが、残念ながら、彼から情報を得る前に気管支肺炎で死亡した」とペイタソンは報告した。ペイタソンは死亡診断書の写しを同封し、コプコフはほかのドイツ人捕虜と一緒に軍人墓地に葬られたと付け加えた。

二年後、「ペーター・コルデス」がドイツのゲルゼンキルヒェンに住むコプコフの「未亡人」の家に現われた。「ペーター伯父さん」(コプコフの子供たちは、いまや父をそう呼ばねばならなかった)は英軍占領地帯の繊維工場で働き始めた。彼の本当の仕事はMI6の諜報員としての仕事だったが。正体を隠し続けるため、コプコフと妻は別々のベッドで寝なくてはならなかった。コプコフは工場長になったが、一人で外国に何度も旅行をした。彼が英国のために具体的にどんな仕事をしたのかははっきりしていないが、鉄のカーテンの背後の組織網を作っていたことは大いにありうる。また、「ペーター・コルデス」がどのくらいの期間、英国の諜報員を務めたのかもわかっていないが、彼が一九五六年に名前を「ホルスト・コプコフ=コルデス」に変えたという事実は、その頃諜報員ではなくなったことを示唆している。コプコフは一九九六年に実に皮肉なことに肺炎で実際に死ぬまで、調査官やジャーナリストにほとんど煩わされることなく生活した。しかし一九八六年、ロバート・マーシャルというテレビドキュメンタリーのプロデューサーに発見された。コプトフはオフレコならマーシャルに話すことに同意した。マーシャルは、「彼が喚き散らし、英国は刑務所の中の人間の屑を探し出し、強制的にフランスにパラシュートで降下させたのだから、そういう連中を殺すのは基本的に英国に奉仕したことになる」と言ったのを回想している。その言葉は、コプコフがおのが罪の途方もなさを常に否定していた人間だったのを示している。しかし、コプコフの犯罪は、規模においても邪悪さにおいても、英国情報機関が「言い寄った」、次に取り上げる戦争犯罪人ヴィクトルス・アラーイスの行為に比べると取るに足りないと言いたい気持ちになる。

一九四一年十一月三十日、日曜日の午前四時、ドイツ軍部隊とラトヴィアの警察官がリガのユダヤ人ゲットーに入った。ラトヴィア人はアラーイス特務班《ゾンダーコマンド》の者だった。それは、ナチがその年の夏にラトヴィアに侵攻して以来数々のユダヤ人虐殺に携わってきた保安課報部である。その三百人から成る部隊は、三十一歳のＳＳ大隊指導者《シュトゥルムバンフューラー》ヴィクトルス・アラーイスの名を取って命名された。アラーイスは弁護士の資格を持つ警察官で、リガがロシアに占領されているあいだは公然とソヴィエトに迎合した。しかしアラーイスは、共産主義の実態を目にすると、共産主義に対する忠誠心が衰えてしまった。そして、ドイツがリガに侵入した時までには、都合のよいことに、彼らが持ち込んだ新しい政治理念を受け入れる用意が出来ていた。七月一日、アラーイスは特別行動隊《アインザッツグルッペ》Ａ《アー》の司令官、フランツ・シュターレッカーのところに、自分が指揮する学生、警官、友愛会の会員、兵士の寄せ集めと一緒に行き、協力を申し出た。彼らの中にラトヴィアの国民的英雄ヘルベルツ・ツクルスがいた。彼は一九三〇年代に、ガンビアと東京に長距離単独飛行をして同胞を感激させた。ラインハルト・ハイドリヒは地元の殺人部隊を創設するのは望まなかったが——彼は「その代わりに、いつものポグロムをするほうが機能的」だと助言した——アラーイスとその一味は間もなく、残虐な特別行動隊の積極的な協力者になった。特別行動隊の任務はユダヤ人とその他の「好ましからざる人間」を殲滅することだった。ラトヴィア南東のビケルニェキで、一九四一年七月と九月にかけてアラーイス特務班は四千人のユダヤ人と千人の共産主義者を殺戮した。殺害は二十人一組のグループによって行われ、一度に十人殺された。犠牲者は背中と頭部を同時に撃たれた。アラーイス自身、即死しなかった者に「慈悲」の一発を撃った。その日曜日の朝にリガのゲットーに入ったのは、そうした男たちだった。彼らはドアを叩き破り、なんであれ不服従の徴候を残忍極まる手口で打ち砕いた。アラーイス特務班の指導者の一人はヘルベルツ・ツクルスで、多くの者は残忍無比な人間として彼を覚えていた。彼は目的地不明の行進について行けなかったユダヤ人を殴り、射殺した。ユダヤ人の工学部の学生イーサーク・クラムは、ツクルスの近くにいたことを回想している。

娘が一緒にトラックに乗せてもらえなかったので、一人のユダヤ人の老婆が泣き叫んでいた。ツクルスは拳銃を腰から引き抜き、老婆を射殺した。私はその光景を目撃した。また、母親が見つからないので泣いていた赤ん坊に拳銃を向けるのをこの目で見た。ツクルスはその赤ん坊を射殺した。

クラムはツクルスが嬰児殺しをするのを目撃した唯一の人物ではなかった。もう一人は二十歳のダヴィド・フィシキンだった。「多くのユダヤ人がついて行けなかった。常に一番後ろにいたツクルスは、説明もせず理由も言わず、そうした人々を射殺した。子供が泣くと、彼は子供を母親から引き離し、その場で射殺した。私は彼が十人の子供を射殺するのをこの目で見た」

正午までには、アラーイス特務班とドイツ軍はゲットーのあらかたを始末した。あとに残ったのは陰惨な光景だった。「いまや通りは静まり返っていた」とフリダ・ミヘルソンは回想している。「何も動かなかった。死体が散乱し、死体から血が依然として流れ出ていた。彼らはほとんどが老人、妊婦、子供、体の不自由な者だった――彼らはみな、行進の非人間的な速さについて行けなかったのだ」

ユダヤ人はルムブラの鉄道駅近くの牧場に向かって西に行進させられた。そこに着くと、アラーイス特務班のメンバーを含む、ドイツ人とラトヴィア人が縦に二列に並んでいた。ユダヤ人はそのあいだを歩いた。そして貴重品を差し出すように命じられ、衣服と靴を脱がされた。ユダヤ人の旅の最後の段階は、三つの大きな穴に横たわることだった。彼らは子供や愛する者を抱き締めた。そして後頭部に銃弾を受けた。その日が経つにつれ、後続の犠牲者たちは、死者と、断末魔の苦しみでまだもがいている者の上に腹這いにさせられた。穴は糞と脳味噌の臭いが立ち込めていた。したたかに酒を飲んだせいと、闇が濃くなったせいでSSの隊員の射撃の正確さは減り、多くのユダヤ人は上に落ちてきた死体で窒息して死んだ。その日の終わりには、約一万三千人が殺害された。十二月八日、前日と同じことが繰り返され、さらに一万二千人の命が奪われた。信じられないようなことだが、三人のユダヤ人が二日目の殺戮を生き延びた。三人の証言のおかげで、アラーイス特務班の行為が知られているのである。

その大虐殺のあとも、アラーイス特務班は一九四四年まで野蛮な仕事を続けた。その特務班は対パルチザン作戦に参加しただけではなく、ロシアにも国境を越えて入り、ドイツに命じられた大量虐殺を行った。ラトヴィアだけでも、アラーイスとその部下は約二万六千人を殺害した。それには、ルムブラで殺害した者の数も、ロシアでの作戦で殺害した者の数も入っていない。アラーイス特務班は一九四二年のミンスクにおける作戦でも約五万人を殺害したとされている。もしそれが真実なら、アラーイス特務班は殺人あるいは殺人幇助で約十万人を殺害したことになる。証明されてはいないが、一九四四年の終わり頃には、アラーイスはバート・テルツにある陸軍訓練学校に送られ、その後、第一九ラトヴィアSS師団に勤務した。翌年、彼は様々な司令部のあいだを往復したが、いずれの場合も不適格と見なされた。最後の任務は、五百人のラトヴィア人の回復期患者から成る大隊を指揮することだった。彼は彼らを「半片輪」と呼んだ。そして彼らと一緒に、ロストックの西約二十マイルのギュストローでロシア軍と戦った。戦争は負けだと悟ったアラーイスは私服に着替え、アボルスというありふれたラトヴィア人の名を名乗った。

アラーイスは自由を長くは享受しなかった。英軍に捕らえられ、シュレースヴィヒの捕虜収容所に拘禁された。その収容所で彼の正体が英軍にばれ、SSの一時滞在収容所に送られた。ある時点でアラーイスは脱走し、祖国解放のグループを結成しようとしていたラトヴィア人の兵士たちに偽名を使って加わろうとしたらしい。しかし、またもや捕らわれ、英軍が管理する捕虜収容所に送られた。一九四五年十二月三十一日、アラーイスは「二瓶のビール」で裏切られて尋問され、アラーイスによると英軍に虐待された。その後半年、アラーイスは「目撃者と徹底した調査との対決」となった。その結果英軍は、自分たちが主要な戦争犯罪人を拘留していることがわかっただろう。「リガ・ゲットー」事件の調査は英国戦争犯罪調査団の責任だったので、多くの証拠が恐ろしい事件を生き延びた者から得られた。一九四八年一月二十四日、チャールズ・カイザー少佐はリガの犯罪に責任のある少なくとも二十七人のラトヴィア人とドイツ人のリストを作成した。その中にアラーイスもツクルスも入っていた。「すべてこれらの人物は、これまで我々が見つけた、どの証人も何度も何度も口にした」とカイザーは書いている。「そして彼らは獣的行為と犯罪の廉で特に非難されている」。カイザー少佐は、この男たちは全員、「大量殺人、悪質な虐待、強奪」の廉で裁かれるべきであると述べた。カイザーの手紙の付記には、アラーイスが第二戦争犯罪拘置センターに拘禁されていることが記されている。一九四七年十一月十三日、彼はそこに入れられていた。

一九四六年中頃から四七年十一月までアラーイスがどこにいたのかは、謎である。アラーイス自身によると、彼は英国情報機関から一緒に働くようにもちかけられた。彼はラトヴィアにパラシュートで降下し、ラトヴィアとソ連での任務を引き受ける気はないかと問われた。五千ドルの鼻薬で。アラーイスは断った。逮捕されるのを怖れたからばかりではなく、ロシア語が全然話せなかったからでもある。もし、そんな申し出がなされたのなら——それが否定されたことはなかった——英国は最悪の戦争犯罪人を、そうと知りつつ雇おうとしたのである。すでに見たように、アラーイスは単なる普通の協力者ではなく、非戦闘員と子供を殺戮することに加わりたくてうずうずしていた男だった。コプコフの「机上殺人者」としての手段は、ほかのどんな違法な殺人に劣らず非難さるべきであるが、MI6の将校が、コプコフがある意味で尊敬に値すると自分を納得させることができ、そのゲシュタポの戦時の活動は、英米も敵のスパイや連絡員を射殺したので酌量の余地があるとさえ考えたのは、容易に理解できる。だが、アラーイスはコプコフとは大違いの人間だった。彼の両手は「慈悲」の行為として撃った者の血と脳味噌に文字通り塗《まみ》れていた。アラーイスはユダヤ教会堂を焼き払い、強制収容所の看守をし、大量虐殺をした。アラーイスは凶悪であっただけではなく、英国の忠実で有能なスパイになる資質を欠いてもいた。彼はラトヴィアにパラシュートで落とされたなら、傘体が開かぬうちに忠誠心の対象を変えていただろう。

アラーイスがスパイとして不適格だったことは、英国がスパイになる話をもちかけたことは嘘だということを示唆しているかもしれないが、アラーイスの言葉のほうが、英国側の言葉より真実を含んでいるように思われる。取引があったという証拠は、数回保釈審問会が開かれたあと、一九四九年二月一日にアラーイスが釈放された事実にある。のちにアラーイスは、自分は裁判にかけられ無罪放免になったと言っているが、そのような裁判の記録はない。アラーイスを裁判にかけるのはおろか、有罪にするに十分な証拠もなかったのではないかと考えるのは馬鹿げている。証拠はたっぷりあったからである。アラーイスの名前はリガのゲットーを生き延びた者の証言に何度となく出てきた。もし彼が裁判にかけられたら、絞首刑になっただろう。そうはならずにアラーイスは、「ヴィクトルス・ザイボツ」という名前で妻と一緒にオルデンブルクに落ち着き、デルムホルストの英軍政府の運転手の仕事に就いた。ハンブルクの裁判所がザイボツを逮捕しようとすると彼は姿を消したが、間もなくフランクフルトに再び姿を現わした。そして、一九七五年に逮捕されるまでそこで暮らし、仕事をした。彼は一九七九年についに裁判にかけられ、終身刑を宣告された。そして一九八八年、七十八歳で獄死した。アラーイスの最も忠実な腹心のヘルベルツ・ツクルスも、戦後だいぶ経ってから裁判にかけられたが、これから見るように、遥かに厳しく罰せられることになった。

アラーイス特務班に殺人の命令を出した特別行動隊《アインザッツグルッペ》は特別行動隊Ａ《アー》で、同隊は東プロイセンからレニングラードに向かってバルト海諸国を横切る形で大虐殺を行った。さらに南では特別行動隊Ｂ《ベー》がミンスクを経由してワルシャワからモスクワ郊外まで恐るべき蛮行を重ねた。特別行動隊Ｂは構成は常に流動的だったが、六つの分遣隊に分かれていて、その一つはモスクワ分遣隊《フォーアコマンド・モスカウ》と名付けられていた。その任務は、ロシアの首都が陥落した場合、そこで活動することだった。最初はＳＳ旅団指導者《ブリガーデフューラー》フランツ・ジックス博士——英国を占領した場合に特別行動隊を指揮することになっていた——に率いられていたモスクワ分遣隊は、スモレンスクの中とその周辺で殺人の大半を行った。さらに二回指導者が変わったあと、一九四一年十二月、フリードリヒ・ブヒャルト博士というＳＳ大隊指導者が隊長に任命された。一九〇九年三月十七日にラトヴィアで生まれたブヒャルトはバルト系ドイツ人で、リガのドイツのギムナジウムで学び、その後ベルリンとイェーナの大学で法律を専攻した。ブヒャルトはドイツにいた時にナチズムに惹かれ、一九三三年十月に突撃隊《シュトゥルムアプタイルング》、略称SAに入った。だが、SAは知的なブヒャルトにとってあまりに庶民的だったので、翌年、脱退した。ドイツにいるあいだにブヒャルトはバルト諸国問題に非常に関心を惹かれた。彼の論文「ラトヴィアにおける国民少数派の権利と、ラトヴィアの国際的重要性と行政」は、彼の運命を決するものになる。彼は学業を終えたあとリガに戻り、エアハルト・クレーガー博士の指導のもとに、国家的ドイツ・バルト運動を起こそうとした。ブヒャルトは新聞『リガ展望』に定期的に寄稿し、その財政を援助した。その新聞は一九三四年五月、あまりに数多くのナチと繋がりあるので、ラトヴィア政府によって廃刊にされた。

その新聞が廃刊になったことはブヒャルトにとっては大きな財政的損失だったので、彼はドイツに戻り、マーケティング会社で弁護士として働き、その後、バルト研究所の経済学主任になった。また、ケーニヒスベルク大学でも教え、そこでフランツ・ジックス博士に出会った。ブヒャルトは保安諜報部に打ってつけだと、ジックスは思った。悪名高い生活圏《レーベンスラウム》〔ドイツ拡張主義のスローガン〕を東に拡張しようとしていたナチは、東欧に詳しい者を是非とも雇いたいと思っていた。ブヒャルトは一九三六年に保安諜報部に入り、ジックス博士のもとで働き、ソヴィエトの経済と地勢を研究した。そして、さらに不吉なことには、ソヴィエトにおけるユダヤ人の分布を研究した。一九三〇年代末までには、ブヒャルトはヴァンゼー研究所で重要な存在になっていた。そこでは、数多くの東欧専門家《オストシュペツィアリステン》がソ連を研究していた。ナチにとっては、それは敵を知ることになり、占領軍と官吏に重要な情報を提供するのを手伝ったのは、ブヒャルトのような協力的な学者だった。

ドイツがポーランドに侵攻した時には、ブヒャルトは上級中隊指導者《オーバーシュトゥルムフューラー》（中尉）で、グディニア港に、そこの公文書館、博物館、図書館から略奪するために配備された、ドイツの占領下のバルト諸国に駐留するSS将校たちから成る小隊の隊長だった。三十歳のブヒャルトが上官を感心させたのは明らかである。なぜなら、翌年彼は、ポズナニの「ポーランド人・ユダヤ人再定住事務局」で働いていたからである。その際彼は、ポーランド人の様々な階層の「ドイツ的」レベルを、一から五に分類した。一九四〇年、ブヒャルトはルブリンの保安諜報部の部長に任命された。そこで彼はSS旅団指導者オーディロ・グロボクニックのもとで働いた。ブヒャルトが単なる「人種の格付け」から実際の殲滅に移る一線を越えたのは、そこでであった。一九五〇年の防諜部隊の報告書によると、ブヒャルトは「その地域の強制収容所で処刑された者の多くの死に責任」があった。一九四一年二月、ブヒャルトはウーチで似たような仕事をした。彼はウーチで国家保安本部に直接報告した。ドイツがロシアに侵攻する前夜、彼は移動させられた。誰もが言うところでは、彼は大きな成功を収めた。彼は人民統制に関する学問的理論を、恐るべき形で実行するのに積極的だった。管理と法律に関する彼の知識が急進的な政治思想と結びつき、彼を完璧なナチ官僚にした。そして彼は、さらに出世する人物として、間もなくハイドリヒに認められた。

　しかし、もしブヒャルトが国家保安本部でハイドリヒの期待に添いたいのなら、「血の経験」が必要だった。ヒムラーは部下が単なる「机上の学者」ではなく、イデオロギーと実践とを結びつけた者であることを要求した。したがってブヒャルトのような立場の者が特別行動隊Bのモスクワ先遣隊に移されたのは当然だった。ロシア遠征の最初の三ヶ月間、ブヒャルトはかつての恩師フランツ・ジックス博士と、特別行動隊Bの隊長、SS集団指導者《グルッペンフューラー》アルトゥル・ネーベ将軍のあいだの連絡将校を務めた。そういう役割を担ったブヒャルトは、「共産主義の媒介人としてのユダヤ人」に用いられる「集合的手段」を実行するのに手を貸した。そうした官僚的な言葉を使ったものの、モスクワ先遺隊の仕事は特別行動隊のほかの班の仕事と変わらなかった――それは、殺人だった。一九四一年十月にモスクワ侵攻が始まると、ブヒャルトはドイツ軍がモスクワに近づくにつれ、先遣隊の中で重要な役割を演じた。そして、一九四一年十一月、その褒美としてSS大隊指導者《シュトゥルムバンフューラー》（少佐）に昇進した。翌月、先遣隊隊長に任ぜられたが、モスクワ攻撃が失敗すると、一月、ウーチに戻され、そこで保安諜報部部長の仕事を続けた。またしてもブヒャルトは上官たちを感心させたので、九月には、約八万人のユダヤ人とジプシーをヘルムノ殲滅収容所に移送する際の監督になった。一九四二年二月、ブヒャルトはさらに「血の経験」を積む機会に恵まれた。特別行動隊Bの特別出動隊《アインザッツコマンド》の隊長に任ぜられたのだ。ヴィテプスクを本拠にしたブヒャルトは、ユダヤ人と共産主義者に対する、婉曲な表現の「集合的行動」を実行するとともに、「対パルチザン作戦」をも実行した。ブヒャルトの特別出動隊が何人を殺害したのかは正確にはわからないが、数万人は殺害しただろう。その殺人でブヒャルトはいっそう名を挙げ、一級鉄十字章、剣付き一級戦功十字章、銀武勇章を授与された。一九四四年六月、SS上級大隊指導者《オーバーシュトゥルムバンフューラー》（中佐）に昇進した。それは、アドルフ・アイヒマンと同じ階級だった。

「血の経験」をしたブヒャルトはベルリンに配置され、国家保安本部の、人種と民族の問題を専門にする第Ⅲ局B2課の課長になった。一九四四年十二月、ブヒャルトは東部特務班の班長の任務も委ねられた。それは、ドイツの領土に住むロシア人から情報を収集する班だった。その中には、アンドレイ・ウラソフ将軍の対独協力者のロシア解放軍の部下が入っていた。第Ⅲ局の局長でブヒャルトの上司は、SS集団指導者オットー・オーレンドルフだった。彼は特務班D《デー》を指揮し、九万人のユダヤ人を殺害した。一九四五年四月、オーレンドルフは戦後の世界のために計画を立て始め、〈ブントシュー〔くるぶしの上で紐を結ぶ中世の農民靴。農民一揆の旗印〕〉という国家保安本部の地下運動組織を作るのに手を貸した。それは十六世紀のドイツの一連の農民一揆にちなんで名付けられた。敗北後、〈ブントシュー〉は破壊活動とテロリストの組織が連合国軍にゲリラ戦を仕掛ける時に使える、ヨーロッパ全域に及ぶ「高度」のスパイの情報網として活動することになっていた。オーレンドルフは組織網の南東部の責任者にブヒャルトを選んだ。ブヒャルトはベルリンからカールスバートに派遣された。だが、事態は陰謀者たちにとってあまりに速く動いた。ブヒャルトたちの班は墺独の国境のヒュッセンに向かって南東二百マイル退却した。ヒュッセンもブヒャルトの東部特務班の中心だったので、彼が町に数多くの連絡員を持っていたのは疑いない。四月末頃、ブヒャルトの姿はインスブルック近くで最後に見かけられた。インスブルックにはウラソフの軍隊の兵士が隠れているという報告もあった。

ブヒャルトは戦後間もなく米軍に捕らえられ、英軍に引き渡された。英軍はリミニの広大な捕虜収容所に彼を拘禁した。ブヒャルトが自分の命を救った文書を作成したのは、そこに拘禁されていた時である。「ドイツにおけるナチ体制期間中のロシア問題の処理」と題するブヒャルトの文書は、東欧における自分のスパイ活動の完全な報告で、SSの作戦における地元民の協力の重要性を強調していた。その文書は東欧におけるMI6の活動の青写真のようなものになり、ブヒャルトは裁判にかけられることがなかったのみならず、英国に雇われさえしたのである。ブヒャルトがMI6のためにどんな仕事をしたのかは正確にはわかっていないが、バルト諸国、ポーランド、ロシアについての知識と、彼のもとの厖大な数の反共産主義者のロシアの連絡員がきわめて有用だったのは、まず疑いない。ところが、MI6は一九四七年にブヒャルトを解雇した。そこで彼は、アメリカのために働こうと申し出た。アメリカがそれを受け入れたかどうかははっきりしないが、受け入れたように思える。一九五〇年三月、防諜部隊はバイエルン土地補償事務局がブヒャルトを裁判にかけることのできる証拠を集めていることを知り、アメリカ欧州軍に警告した。アメリカ欧州軍はブヒャルトが「近々アメリカ情報機関に雇われるかもしれない」と思っていたからだ。問題の機関はたぶんCIAだったろう。別の報告書によると、「その部隊［CIA］はドイツのある機関によるそうした捜査について知らされるべきである」と防諜部隊は言っている。もしブヒャルトが実際にCIAに雇われたのなら、CIAはその警告に注意を払ったのだ。なぜなら、元特務班の班長は己が犯罪を裁かれることがなかったからである。彼はハイデルベルクで生涯の大半を過ごし、一九八二年十二月二十日、ヌスバッハで死んだ。

本書を執筆していた時点でブヒャルトは、戦後連合国に雇われた最も凶悪なナチと見なしうる。バルビー、コプトフ、アラーイス――決してけちな犯罪者ではなかったが――はブヒャルトほどの犯罪者ではなかった。ブヒャルトは殺人を監督しただけではなく、欠陥だらけの「学問的イーゼル」を作り、それを使ってナチが、自分たちは人種的に優れているという絵を描きもしたのである。その結果が集団殺戮《ジェノサイド》になったのだ。したがってブヒャルトの犯罪行為は例外的なもので、彼を雇った連合国の情報機関の内部で誰も疚しさを感じなかったというのは信じ難い。残念ながら、ブヒャルトを利用したことに関するこれ以上の文書は手に入らないので、MI6とCIAはきわめて不道徳的にも、大喜びでブヒャルトを雇ったと考えたくもなる。そうした文書が発表されて初めて、ブヒャルトのような人間を雇うということが道徳的文脈において理解できるのであり、彼らの「有用性」のレベルがはっきりとし、彼らの犯罪のおぞましさと比較できるのである。ブヒャルトがいかにMI6のために見事な仕事をしようと、そのことは特務班のメンバーとして積極的に働いたことを償いはしないが、少なくとも、彼を雇うに至った決断を吟味することが、連合国の情報機関の道徳観を明らかにするだろう。

そのような道徳観が欠如していたことは、一九四五年二月に、MI5のH・J・バクスター中佐がMI6のある将校に送った手紙に垣間見ることができる。その中でバクスターは、諜報員にしていいかどうか考える際、「性格」は無視すべきだと述べている。

ご存じのように、これまで私は安全という理由以外の理由で、諜報員として雇う際に外国人の適性を云々《うんぬん》しないように言ってきました。時折、検査官はある人間の性格について意見を述べるのを十分に承知していますが。もし戦略事務局が将来、我々は意見を表明すべきだと望むなら、我々は性格判断の専門家でもないし、義務の通常の範囲においては意見を述べないということが十分に理解されているという条件で、私は尋問者がそうするように手配する完全な用意があります。

米、英、仏だけがナチの戦争犯罪人と元SSを雇った連合国ではなかった。ソヴィエト・ブロックはそうしたやり方を『褐色の本』のような出版物の中で図々しくも非難しているが、似たような手段をとっていたのである。ハインツ・フェルフェ事件は、やはりソヴィエトも、かつての敵を雇うことに道徳的な疚しさを感じていなかったらしいことを示している。一九一八年にドレスデンで生まれたフェルフェは十七歳でSSに入り、一九四三年にSSの将校になった。そして保安課報部に入った。彼は国家保安本部の第Ⅵ局のスイスの部局に配属された。そして才能が認められ、オランダに送られ、〈北極作戦〉で補助的な役割を果たした。戦争が終わる頃には、彼は上級中隊指導者《オーバーシュトゥルムフューラー》（中尉）に昇進していたが、オランダでカナダ軍に捕らえられた。フェルフェは英軍とオランダ軍に非常に適正なやり方で尋問されたことを、のちに回想している。「彼らはいささか同情さえ示し始めた」とフェルフェは書いている。「それは英国紳士の騎士的振る舞いだった」。英国情報将校の一人はドイツに着いたら手紙を投函してやるとさえ言った。当時は、オランダからドイツに手紙を出すのは不可能だったからだ。その将校はおそらく意識的に親切にしていたのだろう。一九四六年十月、フェルフェはケルンの第六地域情報局のＭＩ６で働くために釈放されたのだから。彼はそこで共産党をスパイした。英国は二年後に彼を解雇した。彼が情報をソヴィエトに渡しているのではないかと疑ったのだ。それには、いくらかの理由があった。

一九五一年までには、フェルフェはゲーレン機関のために働き始めた。それは、元ドイツの陸軍将校ラインハルト・ゲーレンが率いる西ドイツの情報機関だった。フェルフェは間もなく、二十世紀の諜報活動において、キム・フィルビーに劣らぬ重要な存在になった。一九五三年、フェルフェは同僚に向かい、自分はモスクワにスパイ網を作った、その指導者は赤軍の大佐だと語った。当然ながら、そのスパイ網はＫＧＢのダミーにほかならず、本物の情報と偽情報とを混ぜたものを西ドイツに送った。その間、「クルト」という暗号名のフェルフェは、ゲーレン機関に関する驚くべき量の情報を渡した。そのいくつかはベビーフードの缶に隠されていた。一九五五年、フェルフェはソヴィエトを相手の対情報活動の責任者になった。それは、ソヴィエトの情報活動を妨害する任務を帯びた男が、自らソヴィエトのために働くことを意味した。それはフィルビーが十一年前、ＭＩ６の第Ⅸ課、対ソヴィエト課の課長になった時にうまく用いたのと同じ策略だった。アメリカはフェルフェが同僚に比べて比較的高い生活水準を享受しているのに気づき、疑念を抱いた。「彼は暮らしにおいて数多くの物を持っている」と、一九五九年七月、ＣＩＡのある報告書に記されている。「すなわち、ミュンヘンの高級住宅地に素敵なアパートを持ち、クフシュタインに建築中の家があり、タウヌスの最新モデルの４ドアのセダンを所有し、立派な服を着、外貨でしか買えないものは最小限の要求しかしない。彼のほかの仲間はきわめて頻繁に要求するのだが」

ゲーレン機関――それは連邦情報機関《ブンデスナハリヒテンディーンスト》、略称ＢＮＤに形を変えた――はアメリカからの警告を無視したが、一九六一年までには西ドイツはフェルフェがソヴィエトのスパイであることをほぼ確信していた。その年の十月二十七日、BNDの暗号解読係は、明らかにフェルフェに言及しているKGBの暗号を解読した。十一月六日、フェルフェは逮捕された。彼がBNDに与えた打撃は甚大だった。「BNDの損害報告は数万頁に及んだに違いない」と、かつてのCIA将校は言った。九十四人の情報提供者の正体が、暗号名と情報伝達経路と共にばれた。そのすべてはフェルフェによって一万五千六百六十一枚の写真に撮られ、ソヴィエト側に渡されていた。フェルフェは裁判で、英国は捕虜を「残虐」に扱い、殴り、拷問したと「暴露」することによって忠実なソヴィエト人を演じた。また、アメリカを深く憎んでいると言った。彼の弁護士はそのことを、自分の依頼人の判断力が「曇って」いることを示すのに使った。フェルフェは十四年の刑を受けたが、一九六九年、東ドイツからの二十一人の政治犯と交換に釈放された。

フェルフェ事件が明かしているのは、ロシアが西欧の情報機関に驚くほどに潜入しているということだけではなく、彼らが元ナチを積極的に使ってそうさせてもいるということである。ゲーレン機関は、ボンにではなく新たにモスクワに忠誠を誓ったSSと保安課報部の男たちで群れていた。ある時点でフェルフェは、対情報活動からほかの部門に移してもらえとKGBに言われたと話した。その部門にはソヴィエトの諜報員が十分過ぎるほどいるので。フェルフェは嘘をついていたのかもしれないが、CIAは信じる気持ちになっていた。アメリカに亡命したソヴィエト人は、ロシアがスパイとして使うのに、特に元SSを目標にしていたことを暴露した。「論旨は単純である」と一九六九年のある報告書は記している。「これらの者の何人かはソヴィエトに全面的に共鳴しているので、ソヴィエト側から働きかけられると応じたかもしれない。ほかの者［SSや保安課報部にいた者］の多くはいまや戦争犯罪人で、かつてエリートだった過去を隠さないと生きられないので、脅迫には弱かったであろう」。ところでハインツ・フェルフェは、最上の逃亡手段は故国にとどまることだと悟った、もう一人のSS将校だった。南米と中東に移住した者たちの生活は、快適とはまったく言えなかった。

第8章 隠れる

一九四九年六月中旬、アロイス・フーダル司教はトリエステに住むマリア・ファブリスという悩める女から一通の手紙を受け取った。「一九四八年九月、パウル・シュタングルから、エジプトにすぐに発つという知らせがありました」と彼女は書いていた。「あの人はそこに半年ほど滞在し、その後、さらに知らせがあることになっておりましたが、その期間が過ぎてしまいました。お祈りをしているにもかかわらず、あの人の運命の覚束なさについて目下心配しております。あの人がまだ生きているのかどうか、間接的にであれ、援助司教委員会から知らせて頂ければと思っております」。フーダルは六月十六日にファブリスに返事を書いた。元トレブリンカ収容所長の運命について司教が話したかどうかはわかっていないが、シュタングルは実はダマスカスに逃げたということを司教は彼女に告げたかもしれない。シュタングルは手元不如意だったが、その年の五月に家族に再会したことを喜んでいた。一九一六年三月に生まれたマリア・ファブリスとは一体誰だったのか、あるいは誰なのかはわかっていない。シュタングルの従妹だったということは考えられるが。彼が戦時中にトリエステに配属されていた時の愛人だったかもしれない。

シュタングルは妻のテレーザと娘たちが来てから間もなく、繊維工場での職を失った。工場の持ち主が死んだからである。「とても辛かった」とシュタングルの妻は回想している。「彼はなんとかして仕事に就きたいと思っていましたが、見つかるまでに長い時間がかかりました」。テレーザは夫が仕事を探しているあいだマッサージ師として働き、「太った女」の体にマッサージを施した。彼らの暮らしは理想から程遠かった。彼らは実際にはナチのための下宿屋にいたからである。彼らは同宿の者の大半がドイツ人だったことを回想している。彼らは決して本名を使わないようだった。十二月に一家の運命は変わった。シュタングルが帝国編み物会社に技師としての仕事を見つけたからである。月に五百シリア・ポンドの収入があるようになった一家は、旧市街の広いフラットに移ることができた。そこに多くのドイツ人の友人が訪ねてきた。一年のほとんど万事つつがなかったが、ある新しい問題が持ち上がった。隣人が彼らの十四歳の娘レナーテに惚れたのである。運悪く、その隣人は警察署長だったので、彼が娘をハーレムに加えたいと思ったなら、どうしようもないのをシュタングル夫妻は悟った。

シュタングルはそこを立ち去るほかはないと決心し、テレーザをベイルートにやって、南米の領事館をいくつか訪れさせた。ブラジルがシュタングルの技師の資格に最も強い関心を示し、ひと月も経たぬうちに彼はビザを発行してもらった。二ヵ月後、一家は本名で航海し、ジェノヴァ経由でブラジルのサントスに向かった。旅費は貯金から出したので、サンパウロの下宿屋に落ち着いた時には、シュタングル一家はまたもや文無し同然だった。しかし早速シュタングルはステマという繊維会社に仕事口を見つけ、もっと給料のよい職場に移るまで、そこで二年間働いた。一九五〇年代の中頃には、シュタングル一家は八千クルゼイロというよい賃金で暮らすことができた。またも一家にとって万事順調になった。シュタングルはサンパウロの南の郊外、サンベルナルド・ド・カンポに独力で一家の家を建てさえした。シュタングル一家はブラジルが非常に快適で安全に感じたので、一九五四年八月、本名でオーストリア領事館に登録した。登録は完全に自発的なものだったが、シュタングル一家はそれが「正しく適切」だと感じたのである。信じられないような話だが、領事館はシュタングル一家についてなんの調査もしなかった。それには三つの理由が考えられる。最も有力な理由は、外交官たちがシュタングルという名を聞いたことがなかったということである。というのも当時、彼は広く知られた犯罪者ではなかったからだ。第二の理由は、シュタングルというのはオーストリアではありふれた名前で、仮にそれがトレブリンカと結びついていたとしても、必ずしも領事館員に警戒心を抱かせることにはならなかったということである。第三の理由は、領事館が戦争犯罪人を匿うことに関わっていたということである。それはありうることではあるが、裏付ける証拠はない。

一九五五年の末、一家はまたしても不幸に見舞われた。シュタングルが重病になったのである。「医者には原因不明の病気でした」とテレーザは言っている。長期間シュタングルは謎の病気ですっかり衰弱し、歩くことも立つこともできなかった。テレーザはメルセデス＝ベンツで事務の仕事を見つけた。そしてシュタングルは、回復し始めると小さな作業場を作って包帯を製造し、病院に売った。その間、シュタングル一家にはちょっとした明るい出来事があった。一九五七年、娘のレナートがオーストリア人と結婚したのである。翌年、長女のギッタも結婚した。五〇年代の後半、シュタングルの健康は徐々に回復し、新しい家も完成した。一九五九年十月、シュタングルはついにフルタイムの仕事に戻ることができた。テレーザが自動車産業のコネを通し、フォルクスワーゲンの工場に夫の勤め先を見つけたのである。彼はそこで本名で働いた。シュタングルはまたもや一介の職工として一番下から働き始めたが、やがて工場の事故防止係の係長になり、二万五千クルゼイロという相当な給料を貰うようになった。シュタングル夫妻は二人の給料で、サンパウロの高級住宅地ブルックリン地区に移ることができた。二人は次の数年間にそこに第二の家を建てた。シュタングルは自分たちにはそんな余裕はないと思っていたが、テレーザは頑として譲らなかった。建築費の大部分は彼女の給料から出た。家は一九六五年に完成し、一家はそこに移った。レナーテは離婚していたが、シュタングル一家はまたも安泰に感じた。「誰もがよい仕事に就いていました」とテレーザ・シュタングルは回想している。「そしてかなりの金を稼ぎ、私は家族の面倒を見、それを愛していました」

今になってみると、前世紀最悪の殺人者が、それほど公然と生活できたというのは驚くべきことのように思える。シュタングルは自分が捕まることは宿命だと思っていて、ある時妻に、その運命は「避けがたい」と語った。「もしそういうことになれば」と彼は言った。「私は自首したい——逃げたくはない」。その結果、シュタングル夫妻は自分たちの正体を隠すようなことはせず、テレーザはオーストリアの友人たちと定期的に文通し、サンパウロの自分たちの住所を教えた。シュタングルは、一九六四年二月にレナーテの元夫がやってきて、ジーモン・ヴィーゼンタールがシュタングルを捜しているという記事を載せたウィーンの新聞を振りかざした時も、隠れようともしなかった。三月、元義理の息子はシュタングルの居所をヴィーゼンタールに教えると脅した。「彼は私がレナーテに戻るようにと言わなければ、私たち全員を破滅させてやると言った」とシュタングルは回想している。シュタングル本人は知らなかったが、彼の名前は指名手配犯のオーストリアの公式リストに載り、一九六〇年代の初め、すべてのオーストリア大使館と領事館に送られた。彼の名前はまた、一九六四年十月から六五年八月にかけてデュッセルドルフで行われたトレブリンカ裁判で、きわめて公然と口にされた。その裁判でトレブリンカ殲滅収容所にいた元八人の所員が有罪になり、四年から終身までの刑に処された。その事件は全世界に報道された。ところが、それにもかかわらず、オーストリアにいるシュタングルの友人の誰一人、あるいはフォルクスワーゲンの工場の同僚の労働者の誰一人、さらにはオーストリア領事館の外交官や館員の誰一人、彼の居場所を明かさなかった。シュタングルの義理の息子が脅迫通りにしたことを示すどんな証拠もない。シュタングルがそれほどに運命論者でいられたのも不思議ではない。だが、シュタングルが高を括っていた、まさにその時、絶頂からどん底へという彼の人生のパターンが、破滅的結果を伴って繰り返されようとしていた。

ヨーゼフ・メンゲレは一九四九年八月二十六日にブエノスアイレスに着いた。彼は移民局で、仕事のためにアルゼンチンに来た三十八歳のドイツの職工、「ヘルムート・グレゴール」と名乗った。彼は役人に自分が読み書きできること、健康が優れていること、なんの疾病もないことを告げた。彼が経験した唯一の問題は、税関吏が彼のスースケースを調べ、「生物学ノート」を見つけた時だった。港の医師が呼ばれそれを調べたが、医師はドイツ語が読めなかったので、役人は頷いてメンゲレを通した。そこで彼は、次の三十年間自分の住処となる大陸で新しい人生を始めることになったのである。

メンゲレは広大な灰色の移民局のホールから歩み出るや否や、ひどく孤独に感じたに違いない。知っている者は一人もいない、地球の反対側の都市にいたのだ。金はほとんどなく、持っていたわずかな金はアルゼンチンのペソに替えていなかった。したがってタクシーにも乗れなかった。そこで彼はノース・キング号で出会った二人のイタリア人とヒッチハイクをした。彼らはパレルモといういかがわしいホテルの前でメンゲレを降ろした。数日後ヘルムート・グレゴールは大工の職を見つけ、そのおかげでビセンテ・ロペスの上級の地区に住むことができた。だが、一人の技師と相部屋にならざるを得なかった。ある時、その男はメンゲレの持ち物の中に医療器具を見つけ、あんたは医者なのだから、熱のある自分の娘を診てくれと言い張った。メンゲレはしぶったが、結局、秘密を守るという条件で、娘の治療をした。数週間後、メンゲレはアレナーレス通り二四六〇番地に新しい下宿先を見つけた。そこはヘラルド・マルブランクという親ナチの家だった。フロリダ郊外の高級住宅地に今でも建っているその家が、メンゲレのきわめて強い自負心にふさわしかったのだろう。それは、柱に支えられた湾曲したポルチコを持ち、葉の茂った庭のある家だ。グレゴールは理想的な店子で、間もなくメンゲレは、ドイツの移民社会の大物や、さほど善良ではない者と付き合い始めた。

　その中に、ドイツ空軍の撃墜王ハンス＝ウルリヒ・ルーデルがいた。彼は仕事で何度もアルゼンチンとパラグアイに旅をし、かつ、〈仲間のための仕事《カメラーデンヴェルク》〉という、ナチの逃亡を助ける機関を運営していた。その機関は元ナチに公然と金銭と援助を与えていた。メンゲレの親族がギュンツブルクで製造している農機具をパラグアイで売るようにとメンゲレに勧めたのは、ルーデルだった。メンゲレは一九五〇年代の初め、販売代理人として成功した。メンゲレにとってパラグアイへの旅は金儲けになったばかりではなく、後年、彼にとって非常に役に立った、影響力のある数多くの人物と知り合う機会にもなった。メンゲレは首都のアスンシオンで好感を持たれた人物になったが、彼の知り合いの一人は、彼が何か隠していると常に疑っていた。戦争のことを絶対に口にしなかったからである。「メンゲレは戦争のことを決して話題にしなかった」と、ドイツの国籍離脱者の実業家でファシストのヴェルナー・ユングは回想している。「南米に来たドイツ人は新しい人生を歩み始めていて、我々が知る必要のあるのは、それ以外に何もないのを誰もが知っていた」

　一九五三年の初め、メンゲレはフロリダからブエノスアイレスの下町に移った。そして、タクアーリ通り四三一番地の二階のアパートを借りた。フロリダの家同様、四三一番地の家は今でも建っている。四十二歳のメンゲレが、なぜ品のよいアレナーレス通りから、遥かにみすぼらしいタクアーリ通りに移りたいと思ったのかは不思議である。建物はいくつか建築的に優れたところはあるが、ずっと地味で、通りは狭く喧しい。おそらくメンゲレは、人から煩わされるのが嫌だったのか、あるいは事実上独り者だったので、都市の中心にいれば異性に出会う機会が増えると考えたのかもしれない。七ヵ月も経たないうちにメンゲレは郊外に戻り、ビセンテ・ロペスのオリボス地区のサルミエント通り一八七五番地のアパートの半分を借りた。その家はがっしりしていて、なんの変哲もなく、逃亡者には打ってつけの隠れ家だった。一九五四年、メンゲレの妻イレーネはデュッセルドルフの裁判所から離婚を認められた。その結果、メンゲレは実際に独身になった。メンゲレの生活のロマンティックな面は満たされなかったようだが、職業人生はうまくいき、その頃彼は木工の事業を始めた。それからの収入と一族の会社からの収入で、メンゲレは間もなく生活が楽になり、一台の車を買い、外で定期的に食事ができるようになった。

ドイツではメンゲレの一族が、遠くにいる息子の再婚の計画を立てていた。一九四九年十二月、メンゲレの弟カールがわずか三十七歳で亡くなり、未亡人のマルタと五歳の息子のカール・ハインツが残った。メンゲレの父は、もしマルタが再婚すれば、会社の役員会での彼女の議決権が新しい夫によって影響されるのではないかと心配した。そんなことになるのは、一族の長にとっては耐え難かった。論理的解決はマルタをヨーゼフと結婚させることだった。そうすれば会社は余所者に汚されることはない。ただ一つの問題は、二人が実際に会うことだった。そうするにはメンゲレはヨーロッパに行かなければならなかった。一九五五年四月、メンゲレはヘルムート・グレゴールの名で旅券を申請した。旅券はその年の終わりに発行された。

事務手続きがそれほど遅れた理由の一つは、ペロンが九月にクーデターで追放されたことだった。ペロンは一九五二年六月に始まった二期目に、教会と軍の支持を失った。そして、経済がひどく弱体化し、彼の権力は次第に弱まった。ペロンのイメージも、一九四七年にクルト・タンクと一緒に「北欧ルート」でアルゼンチンに逃亡したロナルド・リヒターが取り仕切った〈ウエルム計画〉という愚行によって大きく傷ついてもいた。リヒターは一九四八年八月にペロンに会い、自分は核融合の秘密を明かせると納得させた。そして、アルゼンチンのエネルギー問題をすべて解決し、アルゼンチンを大統領がいつも思い描いている強国にすることができると請け合った。ペロンがそのドイツ人科学者を信頼したのはまったくの間違いだったことが、やがて判明した。要するに、リヒターは口先ばかりの男だったのだ。英国が戦後、彼を尋問してそのことを知ったように。最初英国はペロン同様、触媒製造に関するリヒターの話に興奮した。英国は、それは「原子力の分野できわめて重要なものかもしれない」と思ったのだ。ところが、彼らが一九四六年八月にベルリンで尋問すると、リヒターは「山師ではない」にしても「熱心な楽天家」に過ぎないことがわかった。「私は、彼の仕事の実際的価値に感銘を受けなかった」と、化学捜査部門のB・K・ブラウント大佐は報告した。「この問題はさらに追及する価値がほとんどないと思う。管理局からの最初の問い合わせに応じ、実際私は夥しい時間を無駄にした」

リヒターはアルゼンチンでは大きな関心をもって迎えられた。一九四九年の初めまでには、リヒターは大統領から白地式小切手を貰い、パタゴニアのバリローチェの中心から四マイル離れたナウエル・ウアピ湖の真ん中にあるウエムル島に一連の巨大な実験所を建てた。建築資材を運ぶ平台型トラックが、危険なほどお粗末な艀で、しばしば波立つ湖面を運ばれた。リヒターは工事が間違いなく迅速に行われるよう、小暴君のように監督した。一九五〇年四月八日、ペロンと妻のエバはその複合建築物を訪れ、主要な「原子炉」を入れる建物の大きさに感嘆した。高さ十二メートル、直径十二メートルのその建物は実際、堂々としていた。翌月、原子炉自体が鉄を使わずコンクリートだけで作られた。リヒターはそれを作るのに約二万袋のセメントを使った。その年の終わり頃、彼は原子力実験を始めることができた。ある時、アルゼンチン原子力委員会の委員長、エンリケ・ゴンサレス大佐がリヒターを訪ねた。リヒターは大喜びで進行中の自分の仕事を見せ、ある実験をしたが、その結果、実験所のドアが吹き飛んだ。リヒターは自分に付着した埃を払ったあと、器具を点検し、誇らしげに告げた。「原子力!」。ついに一九五一年二月十六日、自分が画期的成功を収めたことを、リヒターは手紙でペロンに伝えた。三月二十四日、大統領は世界の新聞記者を集め、リヒターと一緒に、「制御された状態のもとにおける熱核反応が技術的規模で行われた」ことを明かした。それは、アルゼンチンが間もなく、牛乳瓶の大きさの容器で厖大な量のエネルギーを供給できるようになることを意味した。あとリヒターがすべきことは、その過程を工業的規模に増大することだったが、科学界はリヒターの能力にきわめて懐疑的だった。翌年までには、リヒターがこれまで何をしたにせよ、核融合を作り出してはいないことが明らかになりつつあった。ペロンは技術委員会を島に派遣した。彼らは、温度が核融合を引き起こすのに十分なほど高くないことを、一九五二年九月に報告した。リヒターは水素を電弧《アーク》の中で爆発させたに過ぎないことが、のちに判明した。その結果ペロンは、巨額の損失を悔いることになった。無駄になった費用は六千二百万ドル、二〇〇七年ならば四億八千四百万ドルだった。その建物は無謀な試みの愚かさの証しとして今もウエムルにある。アルゼンチン海軍の一握りの孤独な水兵が島を警護しているが、その廃墟は今ではほとんど顧みられていない。

リヒターはペロンが過信したナチの唯一の「技術者」ではない。ハンス＝ウルリヒ・ルーデルもペロンにうまく取り入って気に入られた男だった。ペロンは彼をテストパイロットと航空機検査官として雇い、多額の給料を与えた。ところが、ルーデルの無謀な操縦の結果、三台のジェット機がたちまち失われた。それは予算の厳しい空軍には痛手だった。ルーデルは飛行機に乗ることを禁じられた。

そして、テストすべき新しい飛行機がなかったので何もしなかったが、依然として俸給を受け取っていたので、アルゼンチン空軍の軍人の大方の怒りを買った。ペロンに雇われたもう一人のナチの飛行士は、ヴェルナー・バウムバッハだった。彼は元ドイツ空軍のパイロットで、飛行隊《カムプフゲシュヴァーダー》200の隊長だった。同隊は戦時中、新しい飛行機のテストをし、特殊作戦を実行した。依然としてナチズムを信奉していたバウムバッハは、テストパイロットおよび技術顧問として雇われた。そして、アルゼンチンの誘導ミサイルの開発に携わった。一九五三年十月二十日、テスト飛行中のランカスターのエンジンが火を噴いて飛行機はラプラタ川に墜落し、バウムバッハと数人の乗組員が死亡した。

一応成功したドイツ人技師はリヒターの友人、クルト・タンクだった。彼はアルゼンチン空軍のためにプルキⅡジェット戦闘機を設計した。しかし、その飛行機は順調にいきそうだったが信頼性に欠け、試作品の段階以上には進まなかった。そして、ペロンの二期目に経済危機が悪化したので、その計画は中止になった。たとえプルキⅡが製造されたとしても、アルゼンチンはそれを有効には使わなかったろう。一九五一年、ブエノスアイレスの英国大使館の航空武官は、アルゼンチン空軍の実態について手厳しい報告書を作成した。空軍准将W・E・オウルトンは、アルゼンチン空軍が無能である主な理由の一つは、「パイロットが、自分たちの義務は昼食をとりにAに快適に飛んでBに戻ってくる以上のことであるのを理解していないこと」だと言った。オウルトンはまた、年間の訓練の目的は「七月九日の大統領の閲兵の際、最大の数の飛行機を飛ばすこと以外の何物でもない」という事実を強調した。空軍准将はその報告書を皮肉な調子で締め括った。「アルゼンチン空軍は大衆啓発のためにショーをするという第一の役目を十分に果たし続けている」。もし、ルーデルやバウムバッハのようなナチが軍を向上させるためにアルゼンチンに連れてこられたとしても、失敗したのはほぼ間違いない。連れてこられた、もう一人のドイツ空軍の撃墜王はアドルフ・ガラントだが、彼もアルゼンチンにいるあいだに多くのことを成し遂げたようには見えない。彼は一九五四年にドイツに戻り、コンサルタントの事業を始めた。

ペロンが二期目の終わり頃に、ナチの移民に対する態度を変え始めたのがはっきりしてきた。彼はアルゼンチンと西独、アメリカ、英国との関係を改善させようとしていたので、あまりに多くのナチが自国にいることに当惑するようになった。一九五四年六月、ハンス＝ウルリヒ・ルーデルはアルゼンチンから西独を訪れるための出国ビザを申請したが、ペロンは拒否した。その申請を認めれば二国の関係を損なう、という理由で。ペロンの行動を知ったサー・オズワルド・モーズリーは手紙を書き、その決断を再考するように懇願した。一九五五年一月二日、モーズリーは次のように書いた。

我々の何人かは、彼［ルーデル］がヨーロッパにいることは、いまや迫っている脅威に対して、ドイツと全ヨーロッパの立場を維持するのに最大の価値があるという印象を持っております。閣下のお仕事によって非常に高められた文明の真価を、能力と精力によって彼が維持するということには疑念の余地がありません。

この英国のファシストの訴えはペロンの決心を変えはしなかったが、実のところ多くの西側諸国は、大統領の「客人」にそれほど関心を持っているようには見えなかった。一九四六年十月、米英はペロンの体制が国内の枢軸国の資産を清算して一掃し、「望ましからざる人物」を迎えることをやめることによって「正しく振る舞う」までは、両国がアルゼンチンに武器を売るのを禁じるという紳士協定を結んだ。しかしその協定は、アルゼンチンのポンドの準備金をどうしても獲得したかった英国によって、たちまち破られた。一九四七年初頭、英国は三千万ポンドのヴィカーズ社製の武器を売る契約に同意した。英国はそのことを、武器取引が「自らを養う」必要があるからという理由で正当化した。二月に英国はアメリカに対し、二国に関する限り、アルゼンチンは二国の要求に応ずるのに必要なだけのことはしたと告げた。アメリカはそれをまったく否定せず、同月の下旬、ワシントンのアルゼンチン代表に対し次のように伝えた。「米政府は、いかなるアメリカ国民も、亡命者の問題を自分の利益に最もふさわしいと信じる形で解決する、完全な行動の自由と独立を持つべきだと考える」。それは白紙委任状以外の何物でもなかった。そのことは、一九四七年十月にワシントン駐在英国大使館が、アメリカはアルゼンチンに対し、「望ましからざる人物」を退去させるよう圧力をかけるつもりはないと報告した時に、いっそう裏付けられた。「米政府は、失敗するのがほぼ確実で、しかも自分たちの汚点になるような手段を講ずる危険は冒さないだろう」。したがって両国は、南米において戦争犯罪人を追う意欲を、まったくと言っていいくらい持っていなかった。そんなことしても成果はほとんど挙がらないだろうし、アルゼンチンは将来貴重な商売相手になるという理由で。その態度は、空軍准将オウルトンの、アルゼンチン空軍に関する一九五一年のショッキングな報告書に記憶すべき形で明確にされている。「しかし英国側の観点からすると、英国の航空産業の製品をアルゼンチン空軍が購入する能力があるということが非常に重要なのである。少し面倒を見てやれば、その能力は維持されうる」

もしペロンと英米との関係が相互に冷たいものであったなら、西ドイツとの関係は非常に和気藹々としたものだった。一九五三年七月、ペロンはボンとの貿易協定に署名した。それはどちらにとっても一億三千六百万ドルの価値になるもので、それには、約五千万ドル相当の工業用機械の輸入が含まれていた。しかし、輸入品の多くは信用貸しで、十月までにはアルゼンチンは西ドイツに三千五百万ドルの借りが出来た。西ドイツもアルゼンチンから輸入したいものがほとんどないことに気づき始めた。そうした懸念にもかかわらず、十一月二十六日、西ドイツはペロンに大十字特別功労賞を贈った。それは西ドイツが彼に与えうる最高の栄誉だった。ブエノスアイレス駐在の英国外交官たちはそうした成り行きを皮肉な関心をもって見守っていた。彼らにとってもっと不安だったのは、西ドイツ大使館が『連合国の戦争犯罪と人類に対する犯罪』という本を数百部注文したという知らせだった。それは、雑誌『デア・ヴェーク』の版元が出版したものだった。「我々はその出版社についてもっと詳しく知りたい」と英国大使館館員リチャード・アレンは、一九五三年十月三日、外務省に手紙で伝えた。「そして、当地で西ドイツ大使館の承認を得て依然と活動しているナチの中心勢力を、彼らがどの程度代表しているのかについても」。アレンは十一月、「西ドイツ大使館の承認を得て」という文句は実際には、西ドイツが「我々に——表面上は非難の気持ちを込めて——アルゼンチンにはナチの中心勢力が存在していると語った」ことを意味するとはっきり述べ、自分の言葉を明確にした。

ある意味で、西ドイツ大使館がナチを承認したか否かはどうでもよかった。というのも、ヨーゼフ・メンゲレがのちに気づくように、祖国の外交官は彼のような人間の存在にまったく関心を持っていなかったからだ。一九五六年春のメンゲレの欧州旅行はつつがなかった。マルタ・メンゲレに会う件もうまくいった——父が望んだ通りになったのだ。メンゲレは息子のロルフにも会った。ロルフは当時十二歳で、「フリッツ伯父さん」と会ったことをのちに懐かしそうに回想している。「彼は私たちに戦争の話をしてくれた」とロルフは言った。「当時、大人は戦争について話さなかった。私は彼が好きだった——伯父として」。メンゲレはブエノスアイレスに戻ると、本名で西ドイツ大使館に登録するほど大胆になっていた。製薬会社の共同経営者になるためには、そうせざるを得なかったのだ。

彼の「ヘルムート・グレゴール」の書類では不十分だった。メンゲレはまた、自分の人生をどうしても尋常なものにしたかった。一九五六年中頃、ヨーゼフ・メンゲレは西ドイツ大使館に、名前、住所、生年月日、離婚した日付を提出した。一九五六年九月十一日、大使館は、彼がヨーゼフ・メンゲレであり、出生地がギュンツブルクであることを証明する身分証明書を発行した。その証明書のおかげで、アルゼンチンの身分証明書が貰えた。メンゲレはそれを持って大使館に戻り、旅券を申請し、数週間後、番号３４１５５７４の西ドイツの旅券の持ち主になった。数十年後、当時ドイツ大使館で働いていた者は、メンゲレのことは聞いたこともなかったと言った。たとえそれが本当だとしても、メンゲレの申請を調べる、戦争犯罪人の名簿がなかったというのは驚くべきことである。リチャード・アレンの三年前の曖昧な言葉は予言的であり、適切だった。西ドイツが調査しなかったというのは、ナチを援助するのに等しい怠慢だった。

十月に、マルタ・ハインツとその息子のカールがやってきてメンゲレと一緒になった。二人は一九五八年七月までは結婚しなかったが、三人は、裕福な階級の住む郊外のオリボスにメンゲレが買った、ビレイ・ベルティィース九七〇番地の新しい家に住んだ。マルタはブエノスアイレスの電話帳に「メンゲレ」という名を載せさえした。

その後の二年間、メンゲレはヨーロッパの国外居住者として快適な生活を送り、製薬会社に投資したため、収益のみならず社会的地位も得た。万事順調に見えたが、一九五八年末のある日、彼はブエノスアイレス警察に逮捕された。一人の少女が裏町の堕胎専門の個人病院で死亡し、メンゲレはほかの医師と共に尋問に呼ばれた。メンゲレは自分が犯罪に関わっていることを否定したが、「無実を証明」し自由の身になる最短の方法は五百ドルの賄賂だということに気づいた。三日後、起訴されることなく釈放されたが、その経験で動揺したのは確かである。しかしその事件は、メンゲレが逃亡中の歳月に多くの堕胎手術をしたという無数の噂話の根拠になった。メンゲレが堕胎手術を行ったというのは医者だからありうることだが、そうする必要があったということはあり得ない。彼は財政的に恵まれていたし、自分の新しい地位がもたらしたまっとうな世間体を享受してもいたからだ。メンゲレが嗜虐的な血まみれの手術をし続けたという考えは、一般の人間が抱いているイメージに合うが、一九五〇年代末のブエノスアイレスの状況は、一九四〇年代のポーランドの状況とは非常に違っていた。アウシュヴィッツは究極の人体実験所を提供した。そこでは、道徳の枠組みを外れた実験を行うことができた。強制収容所では死と残虐行為は当たり前だったが、いまやメンゲレは妻と義理の息子のいるブルジョワ生活を送っていた。少女を「惨殺」するスリルを味わうためにすべてを危険に晒すことなど必要はなかったし、そんな行為によっては、なんの新しい医学的知識も得られなかったろう。彼はアウシュヴィッツで人の命を奪うことにフェティッシュな嗜好を身につけたかもしれないが、メンゲレが新鮮な肉を求めてブエノスアイレスの暖かい夜の路地を徘徊したという考えを裏付けるものは何もない。もしメンゲレが実際に裏町で堕胎手術を行ったのなら、彼はそれを見事に行うことに誇りを抱いたであろうし、皮肉な話だが、その少女は一流の医師に手術をしてもらうことになっただろう。

一九四八年十一月六日、アンテ・パヴェリチがブエノスアイレスに上陸した時に最初にしたのは、滑稽なほどもじゃもじゃの頰ひげと口ひげを剃り落とすことだった。元国家指導者《ポグラヴニク》という身分だった五十九歳のパヴェリチは到着した時、VIP待遇で迎えられ、上陸許可証を見せる必要さえなかった。パヴェリチはペロンの代理人によって「船から速やかに降ろされた」ということが示唆されているが、適切な公的書類がないという事実がそれを裏付けているようである。パヴェリチは元駐ベルリン大使、ブランコ・ベンソンに公式に歓迎された。ベンソンはアルゼンチン政府の名において彼に挨拶した。アルゼンチン政府はパヴェリチに十分な援助と協力をするとベンソンは言った。その後数日間、パヴェリチはウスタシャの仲間と何度も会い、「クロアチア独立国」のために闘いを続けるようにと促した。それから内陸に向かい、ブエノスアイレスの南約二百マイルの町、タンディルに潜んだと、一人のCIAは信じた。パヴェリチは亡命クロアチア社会を政治の面で指導するだけではなく、資金を持ち込もうともしたが、財貨の大部分は一九五一年末か五二年初めまでは到着しなかった。その年、CIAはパヴェリチが二百キロの金をブエノスアイレスの市場に売ろうと画策しているのを察知した。一純良金属オンスにつき三十五ドルの金を持っていたパヴェリチは、それを二十五万ドルで売ったかもしれない。それは六百二十万ペソに相当し、一九五〇年代初めのアルゼンチンでは厖大な額だったろう。工場労働者としてのラインハルト・コップスの一時間の賃金は一・六ペソだった。それは年に約三千五百ペソだった。もしコップスがそのままその立場にいれば、パヴェリチの金に相当する額を稼ぎ出すには千七百七十一年かかったろう。

パヴェリチはアルゼンチンに滞在中、返り咲きを図り、一九四九年十月、ウスタシャの元政府の役人四十名と会合を開いた。その間彼は、ヨーロッパでの戦争は間近いと彼らに告げた。そして、すべてのライバル意識は捨て、近づいてくる闘争にそなえるのが必要だと説いた。彼は仲間の同国人と交わるだけではなく、アドルフ・ガラントと、その頃ブエノスアイレスを訪れたとされるオットー・スコルツェニーとも会ったと噂された・パヴェリチが尽力したにもかかわらず、彼のウスタシャは内部抗争を続け、一九五〇年の中頃には二つのグループに分裂した。一つはパヴェリチに忠誠を誓い、もう一つは英国に住んでいたブラニミル・イェリチ博士と手を結んだ。支持者の中にドラガノヴィチ神父が含まれていたイェリチは、戦前、ウスタシャのプロパガンダの指導者として働いた医師だった。彼は一九三四年と三九年のあいだに、アメリカに二度長期にわたって滞在し、パヴェリチの代理を務め、親ファシストのプロパガンダを鼓吹した。その結果、やがて彼は国外追放になった。だが、戦争が始まるまでユーゴスラヴィアに戻ることはできなかった。ジブラルタルで英軍に逮捕され、一九四五年までマン島に拘留されていたからである。だが、平和主義者の労働党議員リース・ディヴィスと、ユディト・デ・マルフィ＝マントゥアノとして生まれた、ハンガリー人の反共産主義者でジャーナリストのリストウエル伯爵夫人に援助されたイェリチは、戦後、ロンドンを本拠にすることを許された。ロンドンではダリッジ・コモンのトクソウワ・ホテルに泊まった。彼はそこに泊まりながら資金を集め、パヴェリチ体制が行使した暴力を認めない穏健なウスタシャに見えるよう務めた。また、ウィンストン・チャーチルと文通し、クロアチア国民を無視しないように懇願した。イェリチによると、チャーチルはクロアチアの現状を憂い、さらに多くの情報を歓迎すると返事をした。

一九五〇年の中頃には、パヴェリチはウスタシャを再統合するには敵対する者を殺すと脅すしかないと思い定めた。その年の七月、ヴィエコスラフ・「マクス」・ルブリチがローマに現われたというのは、パヴェリチの意図の真剣さを裏付けていると考えられる。パヴェリチの下のすべての兇徒の中で、彼が最悪だった。元小悪党だったルブリチはウスタシャの将軍およびヤセノヴァッ強制収容所の所長に任命された。彼は月に二、三度自ら収容所の周囲をパトロールし、恣意的に殺人を犯した。一九四二年十月、彼は収容所内で宴会を開き、オスマン帝国が権力の絶頂期にヨーロッパにおいて殺害した人間の数より多くを、部下が一年間で殺害したことを祝った。ルブリチの噂に高いサディズムは限りを知らなかった。一九四四年十二月、彼とほかの四人は十九歳の女をテーブルの上で磔《はりつけ》にし、性器を煙草の火で焼いた。そうした話は戦後のユーゴスラヴィアの反ウスタシャのプロパガンダから生まれたのかもしれないが、ルブリチは恐るべき評判と共にイタリアの首都に到着した。一九五〇年八月、彼はおのが権力を誇示するために、シカゴのクロアチア語の新聞に、ヨーロッパに住むすべてのクロアチア国民は外国の軍隊に入ることは許されない、という布告を出した。ルブリチは無差別な殺人を続けたようには見えないが、彼が現われたことで、反パヴェリチの派閥の数が減ったことは確かである。彼はスペインに戻ったが、翌年姿を現わしハンブルクに旅をした。同地で彼は、パヴェリチの勢力を増やすための新人募集センターを作る計画を立てた。ブエノスアイレスにいたＣＩＡの情報員によると、ルブリチの計画は英国当局から祝福さえされた。

ウスタシャの中の手に負えぬメンバーに対処する以外のパヴェリチの懸念は、妻のマリヤの健康だった。彼女は一九四九年の後半、ブエノスアイレスの病院に入院した。だが数年後、パヴェリチ自身、重体になって入院した。一九五七年四月十日、水曜日の晩の九時十分過ぎ、ブエノスアイレスの郊外カセロスにある自宅の近くで、殺し屋が元独裁者に向け拳銃を六回発射した。三二口径の四発は当たらなかったが、一発は骨盤の上の第二脊椎に当たり、もう一発は右の肩甲骨付近に当たった。暗殺者が逃げて行くあいだ、パヴェリチはよろめきながら家に帰り、アルゼンチン人の医者に応急手当をしてもらった。次にミリヴォイ・マルシチというクロアチア人の医者が呼ばれた。パヴェリチは病院に送られ、弾丸を取り除く手術を受けた。翌日パヴェリチは記者に、暗殺未遂の背後に「共産主義者のユーゴスラヴィア人の代理人がいる」と明言した。「もちろん直接じゃなく、間接的にだ」。そうした傷は、とりわけ六十七歳の男にとっては深刻なものだが、パヴェリチは病院にとどまるつもりはなく、撃たれた翌朝早く、勝手に退院してしまった。

もし暗殺未遂の背後にユーゴスラヴィア人たちがいたとすれば、彼らはもっと合法的な手段でパヴェリチを捕らえようとするほどに図太かった。その月の下旬、チトーの政府は戦争犯罪人のパヴェリチを引き渡すよう要求した。格段に民主主義的になったアルゼンチン新政府は引き渡しの許可を出すのに異存はないように見えた。そして、自宅にいるパヴェリチを監視下に置いた。十中八九、パヴェリチはその要求について密かに知らされたのに違いなく、四月二十六日、アルゼンチン内務省はパヴェリチが姿を消し、今は逃亡者になっていると思われると報じた。次の三ヵ月間、パヴェリチがどこに隠れたのかははっきりしないが、「公式ウスタシャ・ニュース」によると、彼は七月二十四日、プント・アレナスチリに入った。そしてサンチャゴに四ヵ月滞在してからマドリッドに向け旅をし、十一月二十九日にマドリッドに着いた。次の二年、パヴェリチは傷に苦しみ、一九五九年の十一月と十二月に、マドリッドのドイツ病院で一連の手術を受けざるを得なかった。七十歳の彼は術後がはかばかしくなく、十二月十八日、パヴェリチは最後の告白となるものをし、聖体を拝領した。十二月二十七日、法王ヨハネ二十三世から特別の祝福を受け、その晩八時に最後の秘蹟を授かった。翌朝三時五十五分、睡眠中に死亡した。一九四一年に法王ピウス十二世から貰ったロザリオを握り締めていた。パヴェリチの葬式は大晦日に行われ、彼はマドリッドのサンイシドロ墓地に葬られた。パヴェリチ付きの司祭だったラファエル・メディチ師は、パヴェリチは「よきカトリック教徒」であり、「クロアチア国民のために専制政治から自由を奪い取ろうと一生闘った者」と述べた。

　パヴェリチ暗殺を実行した可能性の最も高いユーゴスラヴィアの機関は、〈国家安全理事会〉、略称UDBAである。〈国家安全理事会〉は西欧の情報機関と違い、犯罪者であるだけではなく公然とチトー体制に反対する者と戦争犯罪人を追い詰めて殺害する意欲に燃えていた。もちろん、パヴェリチが主な「獲物」で、同機関は一九八九年まで多くのそのような殺害を行った。

　一九六〇年代末、「マクス」・ルブリチは教子《きょうし》のイリヤ・スタニチを、スペインのバレンシア近郊の自分の出版社に雇った。スタニチの父のヴィンコは戦時中ルブリチと一緒に兵役に就いたが、同志と異なりヴィンコはユーゴスラヴィアによって投獄され、一九五一年に死んだ。たぶんルブリチは、若いイリヤを雇うことで自分は正しいことをしていると思ったのだろうが、彼が知らなかったのは、イリヤが実はチトー体制に共鳴していたということだった。当時ルブリチは〈クロアチア国民レジスタンス〉の指導者で、そのため〈国家安全理事会〉が第一に狙った相手だった。一九六九年四月二十日あるいはその前に、「マクス」・ルブリチは、彼が非常に多くの者に与えた苛烈な運命に、自ら陥ることになった。その陰惨な詳細について、彼を襲った者がのちに語っている。

即座に私はハンマーを摑み、彼の額を打つ。バシッ！　マクスは蠟燭のように倒れる。彼は二度と立ち上がらないだろうと思った。驚いたことに、彼は動物じみた眼で私をじっと見る。私がハンマーをまた振り上げると、彼は身を守るために両腕を上げる。私は叫ぶ。「ウスタシャの馬鹿野郎！　こうやっておまえはヤセノヴァッで子供たちを殺したんだ！　自分がどんな目に遭うのか見ていろ！」。ハンマーが彼の指のあいだから額に打ちつけられる。彼の頭蓋骨が割れる。私はハンマーを彼の頭から引き抜き、後ろを向く。ドアのところに戻り、錠をしっかりかけたかどうか確認する。台所に戻ると、マクスは立っていて、動物のように喘いでいる。彼は体重が百キロある。私はバールを手に取り、彼の額を打つ。頭が西瓜のようにパックリ割れる。血が台所中に噴き出る。マクスは少なくとも百メートル上から落ちたように地面にどさっと倒れる。私はまた彼を打つ。彼は静かになる。

暗殺者は、もちろんスタニチだった。彼は殺人を犯したのち、無事にユーゴスラヴィアに逃げ戻った。そして、そこで褒美としてBMWと仕事と、ベオグラードとサラエヴォにアパートを貰った。

そうした冷血の処罰を讃美したであろう一人の逃亡者は、クラウス・バルビーだった。彼は一九五一年四月十日、家族と一緒にブエノスアイレスに到着した。バルビー一家は通過旅客だったので、アルゼンチンには長く滞在しなかった。そして二週間のうちに、ボリビアの都市ラパスの鉄道駅のプラットフォームに降り立った。最初の数日はほかの多くのヨーロッパの観光客同様、高山病に罹った。その症状は、彼らがみすぼらしいホテル・イタリアに止宿したため、ほとんどよくはならなかった。バルビーは仲間の多くのナチの逃亡者同様、ほとんど金を持っていなかった。そのことは、依頼人を助ける全能の逃亡援助組織網などほとんど存在しなかったことを物語っている。元「リヨンの虐殺者」は、一家を養うために仲間のドイツ人から金をせびって「借りる」ほどに零落した。そして、半端仕事をして、さらに数ボリビアーノ〔ボリビアの貨幣単位〕稼いだ。「最初に頼まれた仕事は」とバルビーは回想している。「十二個のブンゼンバーナーの修理だった。私はそれができたことが心《しん》から誇らしかった」。やがてバルビーは、アンデスの東の斜面にある湿気の多いユンガスの森で山林管理と製材所の、もっと実入りのよい仕事を見つけた。持ち主はユダヤ人だったが、バルビーは彼のために良心的に働き、その私有地で働く八十人のインディオの樵の管理を手伝った。「私はスペイン語ができなかったので、彼らをプロイセン風に怒鳴るべきか、何も言うべきではないのか決めなくてはならなかった」と彼は言っている。バルビーは何も言わないことに決め、労働者と一緒に汗を流し、彼らの傷の手当をしてやって、彼らを感心させた。バルビーが言うところでは、それは単に「我々のよき国家社会主義の理念のいくつか」を適用しているだけだった。

バルビーは間もなく事業の共同経営者になり、一九五六年、「クラウス・アルトマン」はラパスに戻り、そこで自分の木工場を開いた。バルビーは事業がうまくいくにつれ、メンゲレ同様、自分の境遇をまともなものにするのが一番よいと考えた。一九五七年十月、彼は「アルトマン」という名でボリビアの市民権を得た。一九五〇年代末から六〇年代初めにかけ、バルビーはドイツ人社会で人気者になった。ただ、元ゲシュタポ将校は酩酊するたびにナチの歌を歌って仲間の同国人を驚かせたが。

一九六四年十一月、バルビーにとって大転換の機会が訪れた。その年、ルネ・バリエントス将軍がクーデターを起こし、大統領になったのである。カリスマ的指導者のバリエントスは、権力を保持するために独裁制の機関を依然として必要とした。そこでバルビーは「対政府転覆」の顧問として奉仕したいと申し出た。彼は間もなく内務省に入り込み、ゲリラの対処法、さらに不気味なことに、尋問法について軍に助言した。バルビーは新政府と繋がりを持つことによって懐が暖かくなった。一九六六年、バルビーは「海軍技師」と名乗り、自分と投資家グループに、「ボリビア海運会社」の四九パーセントの株を所有することを認めるように政府を説得した。その会社はボリビアの海運業を盛んにすることを目的にしていた。バルビーは統括管理者になり、それと共に外交官旅券を貰った。そのおかげで、ヨーロッパ全土とラテンアメリカを広く旅することができるようになった。マドリッドで彼はオットー・スコルツェニーを訪ねたと言われた。ある時点で英国はバルビーと取引をし、彼に数隻の船を売ろうとしたが、バルビーは「今英国の船を買うために、英国の船を沈めようとして戦時を過ごしたわけではない」と言って断った。合法的な海運会社としてはボリビア海運会社は失敗だった。バルビーは数隻の船を貸し出し、それをボリビア国旗の色に塗る以外のことはほとんどしなかった。同社のもっと利益があった事業は武器の密輸出だった。バルビーは同社が一九七二年に潰れるまで、違法の武器の船積みで私腹を肥やした。多くの武器商人同様、彼は船荷がどこに行こうと頓着しなかった。一九六八年三月、反ユダヤ主義のバルビーは武器の船荷がイスラエルに行く手配さえした。

一九六九年四月二十七日、バリエントス将軍はヘリコプターの墜落事故で死亡した。新体制もやはり軍国主義的で右翼だったけれども、バルビーは自分の地位がそれほど安泰なものではなくなったのを知った。そして、ペルーの首都リマで時間を過ごすことが多くなり始め、結局、翌年リマに落ち着いた。バルビーがフリードリヒ・シュヴェントと一緒に事業を始めたのはペルーにおいてである。シュヴェントは何百万ポンドの英国の紙幣を偽造した、ナチの〈ベルンハルト作戦〉の首謀者だった。シュヴェントは高度に洗練された詐欺師で、戦争末期にはＳＳ大隊指導者《シュトゥルムバンフューラー》（少佐）を詐称し、貴重品の入った夥しい数の梱包用の箱をメラーノの郊外のラメッツ城に隠したと噂された。町の中心では、シュヴェントはヴィンケルヴェークの別荘に少なくとも二人の妻を住まわせたとも噂された。一九四六年の末までには、彼と妻の一人がベネズエラに現われ、一九五〇年代初めには、二人はリマで公然と暮らしていた。シュヴェントは武器取引、強奪、脅迫、国家秘密漏洩で生計を立てていた。要するに、彼はバルビーの打ってつけの商売の相棒で、二人で協力し、実入りのいい武器取引をし、盗んだボリビア政府の証書を売った。バルビーとシュヴェントはまた、破壊活動に関する偽情報を警察に売り、ヘルベルト・ヨーンという若いドイツのジャーナリストを、マルティン・ボルマンと会わせると約束しておびき寄せさえした。バルビーとシュヴェントはヨーンから数千ドル引き出してから、ヨーンという若者はコカインの売人だとペルーの警察に通報した。ヨーンは逮捕される前に逃げざるを得なかった。一九七〇年、バルビーは調子に乗って詐欺を働き過ぎ、それが十年後に仇となった。九月に、ボリビア鉱山公社、略称ＣＯＭＩＢＯＬが鉱石を船で運んでもらうため、ボリビア海運会社に一万ドル支払った。だが、バルビーは運ばなかった。十中八九、バルビーはその金を着服してしまったのである。バルビーがその金で買ったものは、身の破滅になる原因だった。彼は堕落した黄昏のラテンアメリカでしばらくのあいだは浮かれていたが。しかし、彼の行動は多くの敵を作り、敵は間もなく復讐するのである。

一九五〇年七月十四日、アドルフ・アイヒマンはジョヴァンニC号から降り、新しい人生を歩み始めた。「それまで影であった私は、いまや再び人間になった」と彼は書いた。「そして四つの幽霊をあとに残した。オーストリアに残したアイヒマン。バイエルンで失くしたバルト。ライン地方に残したアイヒマン。ヘニンガーはイタリアにとどまった」。いまやリカルド・クレメントになったアイヒマンは四百八十五ペソ、約三十ドルしか持っていなかった。船中で出会った元SSの男にその半分を与える約束をしていた。だが、税関の建物を出るや否や、家屋塗装業者を探していたドイツ人から仕事を提供された。「私は同国人の親切さに感謝した」とアイヒマンは回想している。「しかし彼は、こき使うことのできる、うぶな外人を探していただけだった。私は彼と別れた。私にはほかの計画があった」

アイヒマンの「ほかの計画」とは、実はカルロス・フルトナーに立ててもらったものだった。フルトナーは逃亡者のためにフロリダ郊外に住まいを用意しただけではなく、有効な身分証明書と、カプリが経営する水力発電会社での働き口も用意した。その会社はアルゼンチンとドイツの合弁会社で、ドイツ人の移民を積極的に使うので、地元では大いに冗談の種になった。フルトナーはまた、社交生活と思えるものをアイヒマンに提供した。「私はブエノスアイレスの数多くの立派な家族のディナーに招かれた」とアイヒマンはのちに書いている。「ほどなく私は自分が余所者《よそもの》だという気がもはやしなくなった」。そうした言葉が本当かどうかは疑問の余地があるが、アイヒマンがブエノスアイレスの上流社会に突如現われたというのは誤りである。アイヒマンは時たまディナーに招かれたかもしれないが、怒りっぽく無骨な彼がアルゼンチンの洗練された階層の人々に気に入られたというのは考えられない。実のところ彼は首都には長くいなかった。仕事場がブエノスアイレスの北西約五百マイルのトゥクマンの近くだったからだ。アイヒマンの役割は水力発電所の労働者たちを指導することだった。彼は勤勉に義務を果たし、昇進するほどに懸命に働いたようである。余暇には馬に乗り、故郷を強く思い出させる山容を楽しむことができた。彼はスペイン語を学んだが、リラックスする方法も学んだ。「狩り立てられた動物としての私の日々は、遥か昔のことのように思えた」と彼は回想している。「依然としてアイヒマンの跡を追っている犬がいるとは考えられなかったのは確かだ」。一九五一年、彼はトゥクマンの南五十マイルのグラネロス村に一軒の家を借り、ほとんど近代的設備のない質素な暮らしをした。そうした辺鄙な場所に住んだということは、アイヒマンがそれ以上うまく隠れることはできなかったのを意味した。

翌年には、アイヒマンは家族が自分と一緒になっても大丈夫だと考え、彼が「機関」と呼んだものを通して妻に連絡した。その年の後半、ブエノスアイレスの「ナチ本部」が彼の妻の南米までの旅費を工面した。そうした秘密の団体は、十中八九、フルトナーの組織網とカプリが一緒になったものだろう。アルトアウスゼーではヴェーラ・アイヒマンが自分の旅の手配をし、息子のクラウス、ホルスト、ディーターに、大きな白い馬を持っている「リカルド伯父さん」を訪ねるためにアルゼンチンに行くと話した。それからフラウ・アイヒマンは旧姓でドイツの旅券を申請して取得した。息子たちはアイヒマンという名で旅をすることになったが。彼女はウィーンでアルゼンチン領事館からビザを受け取り、一九五二年六月、一家は列車でブレンナー峠を越え、ジェノヴァに下り、汽船サルト号に乗船した。一家は翌月ブエノスアイレスに着き、クラウス・アイヒマンによると、「埠頭で数人の紳士が待っていた」。彼らは「私たちに非常に親切だった」。「再会は嬉しかった」とアイヒマンは書いている。「しかしその時でさえ、私は偽りの人生を送らねばならなかった。私は自分の息子の父にはなれなかったのだ。〝リカルド伯父さん〟でなければならなかった」。ヴェーラ・アイヒマンも五年ぶりに夫を目にした瞬間を思い出している。「アドルフが一人で立っていました。年をとったようでした。私は嬉し泣きをしました」。アイヒマンは数日ブエノスアイレスに滞在してから家族をグラネロスに連れて戻り、そこで比較的牧歌的な暮らしをしたようである。子供たちは田園を探検し、乗馬を習った。アイヒマンは間もなく、自分が本当は彼らの父であることを明かした。子供たちは、彼が一九四五年五月にアルトアウスゼーで自分たちと別れた時と同じように厳しいのに気づいた。「私たちの父は非常に厳格だった」とクラウス・アイヒマンはのちに語った。「何事も正確でなければならず、きちんとしていなければならなかった」。アイヒマンは息子たちに、一日に百の単語を覚えさせるというひどく厳格なやり方でスペイン語を教えた。「それ以上でも、それ以下でもなく」

フランツ・シュタングルとヨーゼフ・メンゲレの場合同様、アドルフ・アイヒマンの安泰な新生活は長くは続かなかった。一九五三年の初め、アルゼンチンのほかの多くの会社と同様、水力発電会社は倒産した。四月にアイヒマンは一家と共にブエノスアイレスに移り、オリボス地区のチャカブコ通り四二六一番地の平屋の家を借りた。一家がその後六年住むことになるその家はつつましく、一帯はみすぼらしかった。ヨーゼフ・メンゲレはわずか数ブロック離れた所に住むことになるが、メンゲレの住んだオリボスのその辺りはずっとまともだった。社会的には二人の男を分けているものはさらに大きかった。洗練されたメンゲレは一流カフェやナイトクラブの常連の一歩手前だったが、アイヒマンは生まれがずっと卑しく、常に中産階級の下の「管理者」と目されていた。だが二人の男は、ブエノスアイレスの中心のラバレ通り五四五番地のドイツ風レストラン〈ABC〉で実際に何度か会った。誰から聞いても、二人は親密ではなく、メンゲレはアイヒマンが恐怖のオーラを発していると思い、彼は打ちひしがれた人間だと感じた。アイヒマンものちに、メンゲレに「一、二度」会ったことを認めているが、「ああいうタイプの人間とは付き合いたくはなかった、なぜなら、私にとってよくなかったからだ」と言っている。レストラン〈ABC〉は今でも営業している。あの最も悪名高い二人の戦争犯罪人が、伝統的なドイツ風の内装の店の中で何食わぬ顔でコーヒーを飲んでいるところを想像すると異様である。そうした二人に出くわすというのは、ナチ狩りをしている者にとっては快挙だったろうが、一九五〇年代には、アルゼンチンにはナチ狩りをしている者は一人もいなかった。

アイヒマンは一九五〇年代の後半、正規の仕事に就けなかった。洗濯屋を開いたが、織物店同様、失敗した。その結果、資本が底をついてしまった。そこで、また兎を扱うことにし、数年、アンゴラ兎の飼育場を経営したが、それも倒産した。一九五九年三月、最後の仕事に就いた。ブエノスアイレスの真北にあるメルセデス＝ベンツの工場の機械工になったのである。アイヒマンの人生の記憶すべき出来事の一つは、四番目の息子、リカルドが一九五三年に生まれたことだった。「それは私にとっては、誇らしい父親の単なる喜び以上のことを意味した」とアイヒマンは大袈裟に言っている。「それは自由の象徴、私を破滅させようとする力に勝った人生の象徴だった」。だがアイヒマンの象徴は、嬰児のリカルドが母の旧姓リーブルで登録されねばならなかった事実によって汚された。「そうするのは苦痛だった」とアイヒマンは書いている。「しかし、感情が慎重さと便益に干渉してはならなかった」。もう一つの記憶すべき出来事は、アイヒマンが一九六〇年初めに、間もなく有名になる家に移ったことだった。ガリバルディ通り一四番地の家に。壁に下塗りのしていない、醜くわびしいその家は平屋で、水道も電気もなかった。その家は、一九五八年にアイヒマンが六万五千ペソ（八百ドル）かけて、息子に手伝わせて作ったものだった。サン・フェルナンド北部の交通量の多いルート202の近くのガリバルディ通りは、湿地の真ん中の泥土の道に過ぎなかった。しかしアイヒマンにとっては、それは新しい始まりを表わしていた。

自分の家を持ち、メルセデスで正規の仕事に就いた五十三歳のアイヒマンは、またもや自分は安全だと感じ始めた。ほかの非常に多くの低賃金労働者と一緒に、「ホロコーストの立案者」は二〇三番のバスで通勤した。彼が自分は安全だと感じていたことを示す一つのことは、いつも決まった道程で通勤していた事実だ。彼は毎晩七時四十分過ぎに会社を出、ルート202の小さなキオスクの近くでバスを降り、百メートル歩いて帰宅した。家の中に入る前に、菜園を調べるのが常だった。陽光が薄れた時は、よく懐中電灯を使った。それから家の周りを一周したあと、家族と一緒に夕食をとるのだった。

一九六〇年五月十一日、水曜日の晩はアイヒマンにとって初めは別に変わったことはなかった。彼はいつもよりやや遅いバスに乗ったが、それは例外的なことではなかった。二〇三番のバスから降りると、キオスクの煙草売りといつものように互いに親しげに頷き合った。それからルート202を、ガリバルディ通りと交わるところに向かってゆっくりと歩いた。ひどく寒くはなかったものの、アイヒマンは冬の訪れを感じることができた。満月が家路を照らしていた。左に曲がって自分の家のある通りに入り、菜園を調べるまであとわずか三十メートルのところに来ると、アイヒマンは一台のビュイックが家から約二十メートルの場所に停まっているのに気づいた。ボンネットが開いていて、数人の男がそれをいじっているように見えた。アイヒマンが近づくと、男たちはうまくいったらしく、エンジンが不意に咳き込むような音を立てて動き出した。彼は車の横に来た。好奇心を掻き立てられたが、疑念は抱かなかった。男たちの一人が彼のほうを向き、やや下手なスペイン語で言った。「ほんのちょっと《ウン・モメンテイト》、セニョール」。アイヒマンは棒立ちになり、我知らず、言われた通り「ほんのちょっと」の時間を与えてしまった。その瞬間、男はアイヒマンの両腕を掴んだ。アイヒマンは本能的に後ずさりした。そのため二人の男は溝に転がり落ちてしまった。アイヒマンはもがきながら、自分は強盗に襲われているのだと咄嗟に思った。眼鏡が外れた。叫びたかったが、義歯が外れて喉の奥に入ってしまったので叫べなかった。間もなく、もっと多くの腕が自分を掴んでいるのを感じた。そして、厚い麻袋が頭にかぶせられた。アイヒマンはビュイックの後部座席に押し込まれた。車は轟音を立てて走り出した。数秒後、彼はユダヤ人によって下された最初の命令を受けた。「動くんじゃない、誰もおまえを傷つけはしない。抵抗すれば撃ち殺す!」。アイヒマンは車の中に横たわり、ドイツ系ユダヤ人の発音に気づくと、自分を捕らえた者がありふれた悪漢ではないのを悟った。男は質問を続けたが、アイヒマンはショックのあまり返事ができなかった。「聞こえるのか?」と、声が訊き続けた。最初はドイツ語で、次はスペイン語で。「私の言っていることがわかるか?」。やがてアイヒマンは麻袋の中からドイツ語で答えた。「Ich habe bereits mein Schicksal angenommen」——「私はすでに自分の運命を受け入れた」

第9章 アイヒマン

アドルフ・アイヒマンがモサド〔イスラエルの秘密諜報機関〕の諜報員によって、わびしいアルゼンチンの荒れ地の真ん中で車に押し込められた話は何度も語られてきたが、正確ではない場合が多い。成功譚には数多くの主役が登場するが、それはこの場合も当て嵌まる。アイヒマン拉致の話は、そうした主役で満ちている。最大の主役はジーモン・ヴィーゼンタールだが、これから見るように、ヴィーゼンタールの役割はごく小さく、彼はアイヒマンの居所を突き止めるのに直接には関わっていなかったし、もちろん、彼を捕まえるのにも関わっていなかった。ヴィーゼンタールの最大の役割は、アイヒマン拉致の手柄を不当にも自分のものにしたことである。彼はそれを厚顔無恥に行った。ヴィーゼンタールの語る話には、例によって非常に多くの歪曲、誇張、嘘があり、真実が彼の欺瞞の重みでほとんど埋もれてしまっている。ヴィーゼンタールの語る話は確かにスリルに満ちているが、本当の話もそれに劣らずスリルに満ちている。その両方を検証してみるのは有益だろう。というのも、アドルフ・アイヒマン逮捕の話は、ヴィーゼンタール伝説の誕生の基盤だったからだ。彼が自分で作ったその伝説は、一匹狼のユダヤ人がナチに立ち向かったという英雄譚に飢えているメディアによって非常に誇張された。ヴィーゼンタールはプラハの学生だった頃、短期間、独演コメディアンの役をしたことでは、観客の望むものを与えることを学んだ。そして何年かのち、新聞記者に対する際、彼は同じやり方をすることになった。

アイヒマン逮捕の本当の話は、クラウスとシルヴィアという二十代初めの若いカップルから始まる。二人は一九五六年の中頃、ブエノスアイレスでデートをし始めた。シルヴィアは魅力的だと誰もが言った。二人の関係は真剣なもののようには見えなかったが、クラウスはシルヴィアの家を数回訪れた。クラウス同様、シルヴィアはドイツ人だった。そして、一九三八年以来、アルゼンチンで両親と一緒に暮らしていた。彼女の父、ロータル・ヘルマンは政治犯として一九三五年から三六年までダッハウに監禁された。釈放されたあと、水晶の夜事件《クリスタルナハト》〔一九三八年十一月、ナチはドイツ各地でユダヤ人襲撃を行った〕が起こり、半分ユダヤ人だったヘルマンは、ナチ・ドイツは一家を養う場所ではないと思った。ヘルマン一家はほかの多くのドイツ人同様ブエノスアイレスに移り、郊外のオリボスに住んだ。そして周囲に溶け込むため、先祖がユダヤ人であるのを隠した。シルヴィアのボーイフレンドはヘルマン一家を何度か訪ねているうちに次第に寛いできて、間もなく、一連の驚くべき意見を述べるようになった。「一度、話が第二次世界大戦におけるユダヤ人の運命のことになった」とヘルマンは回想している。「彼はドイツ人がユダヤ人殲滅の仕事をし終えたほうがよかっただろうと言った」。クラウスはまた、自分の父は戦時中将校で、「祖国のために義務」を果たしたと誇らしげに言った。ある時、ヘルマンの妻が、クラウスのドイツ語のアクセントが非常に多くの方言の混合のように思えるのはなぜかと訊いた。クラウスは、父の軍務の都合で一家が各地を転々としたので、自分の声がそれを反映していると説明した。シルヴィアとクラウスの関係は終わった。クラウスの不快な意見のせいか、ヘルマン一家がブエノスアイレスの南西約三百マイルの町コロネル・スアーレスに引っ越したせいかで。翌年ヘルマンは、フランクフルトで行われたナチ戦争犯罪人の裁判についての報告を聞いた。その際、アドルフ・アイヒマンという名がユダヤ人虐殺の手先として出てきた。その名字を聞いてヘルマンはぎくりとした。それはシルヴィアの前のボーイフレンドの名字と同じだったからだ。父は祖国のために愛国的義務を果たしたと自慢した、反ユダヤ主義者の若いクラウスの名字と。「ためらうことなく」とヘルマンは回想している。「私はフランクフルトの検察官に手紙を書き、疑念を伝えた」

ヘルマンの手紙はフランクフルトの検事総長フリッツ・バウアー博士の机の上に置かれた。ヘルマンにとって幸いなことに、手紙は最もふさわしい人物に届けられたのである。前年にその官職に就いたバウアーは、社会主義者として活動した廉で一九三三年にゲシュタポによって逮捕されて投獄されたが、一九三六年、コペンハーゲンに逃亡した。デンマークがナチに侵略された際、ユダヤ人のバウアーはスウェーデンに身を隠すことができた。そしてスウェーデンで、ヴィリー・ブラントと一緒に『社会主義の演壇《ゾツィアリスティシェ・トリビューネ》』という新聞を創刊した。戦後バウアーはデンマークに戻り、ドイツ人亡命者のためのニュース雑誌の編集をした。バウアーは一九四九年にドイツに戻ると、地方裁判所の所長に任命され、続いてブルンスヴィックの検事総長に任命された。一九五六年、五十三歳でフランクフルトの検事総長になった。ナチの戦争犯罪人に対する彼の非妥協的な態度ゆえに、彼を誹謗する者が多かった。ナチズムに汚されることのなかった喧嘩腰のバウアーは「悪の巣窟を一掃する」ことを目指し、多くの低い階級のナチの「上官の命令という言い訳」の嘘を見抜いた。「命令にもとづいてのみ行動したのではなく、自分のしていることは正しいという真の確信ゆえに行動した者が大勢いるということには疑問の余地がない。少なくとも私や、ドイツ連邦共和国の検事にとっては」。バウアーの体躯も、彼の堂々とした意見を支えていた。顔はがっしりして幅が広く、目は黒の枠の眼鏡越しに相手を見据えたバウアーは、往年の偉大な拳闘家の風貌だった。

バウアーはヘルマンに返事を書き、もっと情報を送るように求めた。とりわけアイヒマンかもしれない男の住所を。バウアーが知らなかったであろうのは、ヘルマンは調査を始めるには、アルゼンチンで最も適した人物とは言えないということだった。彼は貧しくはなかったが、欠けていたのは一対の目だった。一九三〇年代中頃にダッハウで殴打されて盲目になったのだ。だがヘルマンは意を決し、シルヴィアに伴われてブエノスアイレスに戻った。クラウスは自分が正確にどこに住んでいるのか彼女に絶対に言わなかったので、シルヴィアはオリボスで調べなければならなかった。やがて彼女はチャカブコ通り四二六一番地という住所を教えられた。ある日曜日の午後、彼女は平屋の家に行き、ドアをノックした。一人の男が窓のところにちょっと顔を出し、彼女を眺めてからいなくなった。一分かそこらのち、大柄の中年の女がドアを開けた。一人の男児が女の腰に抱きついていた。シルヴィアは、自分はクラウスの同僚なのだが、彼は家にいるかどうか尋ねた。女はヴェーラ・アイヒマンだった。クラウスは外出中だが、フロイライン・ヘルマンにコーヒーとケーキを出したいと彼女は言った。シルヴィアは承諾した。間もなく二人の女のところにアイヒマン本人が来た。彼はシルヴィアに向かい、ちょっと頷いた。シルヴィアは立ち上がり、片手を差し出した。彼はその手をとって言った。「お会いできて嬉しいですよ、お嬢さん」

シルヴィアは本能的に、あなたはクラウスのお父様かと男に尋ねた。その状況でのその質問は、もちろん完全に自然なものだったが、アイヒマンは用心した。彼は間を置いてから言った。「いや、私は伯父だ」。数分、彼らは世間話をした。するとクラウスが帰ってきた。クラウスはシルヴィアを見て驚いた。そして、「誰に住所を教えてもらったんだ?」と訊いた。「招待もされないのにおれを訪ねる許可を誰に貰ったんだ?」。シルヴィアは詫び、友達から住所を教えてもらったので、ただ、あなたの様子を知りたかっただけだとクラウスに言った。「何か悪いことでもしたかしら?」と彼女は尋ねた。クラウスの父は、もちろんあなたは悪いことなどしていないとすぐに言い、約束通りコーヒーを淹れるようにと妻に言った。だが、不愉快だったクラウスは、帰るようにとシルヴィアに言い、アイヒマンは彼女とクラウスのあとから玄関まで一緒に行った。するとクラウスはシルヴィアをバス停まで送って行くと「伯父」に言ったが、アイヒマンはクラウスがシルヴィアを家まで送るほうがもっと紳士的だといった。クラウスの答えがアイヒマンの運命を決めた。「ありがとう、父さん」とクラウスは言った。「シルヴィアが無事に家に帰れるように面倒を見る」

その後ほどなく、ヘルマンはバウアーに手紙を書き、アドルフ・アイヒマンがチャカブコ通り四二六一番地に住んでいることを知らせた。その情報を受け取ったバウアーは、それを西ドイツの刑事司法制度を通して広めることはとてもできないのを知っていた。その関係者にはあまりに多くの元ナチがいたからである。その代わりバウアーは一九五七年九月十九日木曜日、西ドイツにある〈イスラエル賠償使節団〉の団長フェリックス・シナー博士に、ケルンとフランクフルトのあいだの幹線道路に面した旅館で会った。「アイヒマンの居所を突き止めたんだ」とバウアーは、無駄話は一切せずに言った。興奮したシャイナーは、バウアーはどうするつもりかと訊いた。するとバウアーは、自分は行動を起こしてもらうよう、この情報をイスラエルに伝える、同国人は信用できないからと答えた。シャイナーはバウアーに大いに感謝した。彼はバウアーに会ったあと、すぐさまその情報をイスラエル外務省に伝え、外務省はそれをイスラエルの諜報部の部長、イサル・ハルエルに伝えた。

一九一二年にロシアのヴィテブスクにイサル・ハルペリンとして生まれたハルエルは、ソヴィエトに一家のヴィネガー工場を没収されたあと、一九二二年、一家と一緒にラトヴィアに移住した。熱烈なシオニストのハルエルは、自分の将来はパレスチナのユダヤ人居留地にあると思い定めた。そして一九三〇年、ジェノヴァに行き、一斤の食パンの中に一挺のピストルを隠し、船に乗った。ハルエルは準軍事組織のハガナーに入って手柄を立てたあと、外国で諜報活動をしたモサドと、国内の保安活動をしたシャバック《イスラエルの保安機関》の両方の指導者に任命された。最初ハルエルは、アイヒマンについて、彼の「主な役目がユダヤ人殲滅だった」という以外、ほとんど知らなかった。また、アイヒマン発見の情報について用心深かった。イスラエルはアイヒマンの居所に関して数多くの情報を受け取ったが、そのすべてがなんの成果も挙げなかったからである。だがハルエルは、アイヒマンに関するモサドのファイルを一晩読んだあと、「いかなる障碍があろうと」アイヒマンを捕らえる決心を固めた。バウアーの情報にもとづいて行動しようとする気にハルエルをさせたのは何かは、はっきりしない。ハルエルはのちに、自分にその情報を伝えた外務省の局長の熱意に動かされたからだろうと推測しているが。ハルエルは一九五八年一月まで諜報員をブエノスアイレスに送らなかったので——バウアーがシナーに会ってから約四ヵ月後まで——ハルエルはその情報を、のちに言っているようには重要視しなかったのかもしれない。

ハルエルの諜報員は、スペイン語について限られた知識しか持っていなかったヨエル・ゴーレンだった。ゴーレンはその弱点を補うため、アルゼンチンのユダヤ人社会の研究をしていた学者、エフライム・イラニを連れて行った。二人の男は一緒にチャカブコ通りを偵察し、アイヒマンの平屋の家の写真を撮ることができた。ゴーレンが戻ると、ハルエルは直ちに懐疑的になった。「オリボスの貧しい郊外、舗装されていない通り、みじめな小さい家は、我々の思っているようなアイヒマンの階級のSS将校の暮らしとは相容れなかった」とハルエルは書いている。ハルエルはその件を取り上げるのをやめたが、バウアーに、彼の情報源を明かしてくれなければ、ほとんど何もできないと言った。フランクフルトの検事総長はヘルマンをなんとか守りたかったが、しぶしぶヘルマンの名前と住所を明かした。だがハルエルは、エフライム・ホフシュテッターという高位の警察官が三月に国際刑事警察機構の会議で南米に行くのを知るまで、ヘルマンとその娘から話を聞く手配をしなかったということも、ハルエルが疑念を抱いていた事実を示している。ハルエルはその警察官に、フリッツ・バウアーの代理で来たと言うように指示した。ハルエルはその手掛かりを追うのにモサドが関わっていることを宣伝したくなかったのだ。

ハルエルが無関心のようだったのは、あとから考えると驚くべきことに思える。彼はあとになって、自分は非常に興奮したと言っているのは信じ難い。実のところ、ハルエルが疑ったのも理由がないわけではない。その情報は怪しく思えただけではなく、そうした噂は日常茶飯事だったからだ。もしモサドが、あらゆる手掛かりを追ったなら（例えば新聞に出たマルティン・ボルマンに関する手掛かりを）、逃亡中のナチよりももっと差し迫った脅威に感じられること、つまりアラブ諸国に関することを扱う人手が足りなくなってしまっただろう。その結果イスラエルは、ナチ狩りを優先することはなかったのである。トゥフィア・フリートマンは一度、ウィーン駐在のイスラエル第一領事から、「我が国はナチの犯罪人を捜すことには関心がなく、自分はオーストリアにおけるその仕事を援助するつもりはない」と言われた。それに加え、モサドはとりわけ資金が豊かというわけではなく、世界中の民主主義国家の責任ある官吏と同じように、ハルエルは自分の部が予算内で活動するようにしなければならなかった。老いた盲目の老人から得た手掛かりを追って部下を南米に派遣するというのは、費用がかかり時間を喰う仕事で、金を投入するのに値しないように見えた。さらに、ハルエルはアイヒマンを捕らえることの価値を最初十分に理解していなかったと、これまで非難されてきているが、それは不当な批判かもしれない。今日ではアイヒマンの悪名は世界中に鳴り響いているが、一九五〇年代末には、彼の名を知っていた者は比較的少なかった。ホロコーストも、ドイツの敗北後、ニュース映画で見ることができたものの、あまりよく研究されていず、その陰惨なメカニズムと、それに関わった人間たちは十分に検証されていなかった。国家保安本部、保安諜報部、特別行動隊、ゲシュタポ、親衛隊髑髏部隊《トーテンコルプフフェアベンデ》についてはまだよくわかっていず、今日でさえ、こうした機関の役割は一般人にも専門家にも混乱をもたらすことがある。ハルエルは法的問題も考えねばならなかった。外国で外国人を拉致するというのは軽々しく扱われるべきことではない。殊にイスラエルのような若い民主主義国家の場合は。それに加え、ヴィーゼンタールとフリートマンのようなユダヤ人指導者とナチ・ハンターのあいだには、犯罪者をイスラエルに送らずドイツに連れ帰って裁くという一般的な取り決めが出来ていた。ナチ戦争犯罪人を扱うための然るべき手続きは、ドイツ連邦共和国で確立していた。イスラエルではそうではなかったのは、ほぼ確かである。もしアイヒマンが実際にユダヤ国家に連れてこられれば、彼に対する法的に正しい有罪判決が下されるかどうかの保証はなかった。ハルエルの逡巡を、彼のだらしなさとか意志の欠如とかとして片付けるのはあまりに容易だが、それはアイヒマン狩りを、善対悪という単純な文脈に置くことになり、より広い政治的、法的、実際的問題、予算の問題を無視することになる。

　だが、モサドもフリッツ・バウアーも知らなかったのだが、一九五八年には、アイヒマンがアルゼンチンで暮らしているのではないかと思った者がいた。エフライム・ホフシュテッターが南半球に旅をする計画を立てていた時、ミュンヘンを本拠にするＣＩＡ将校が、西ドイツの連邦情報機関の同じ地位の者に会った。二人が話しているあいだにアメリカの将校は、連邦情報機関の中近東における活動に関する、いくつかの「一般的事柄」をうまく聞き出した。そうした情報の一つは、アイヒマンが「一九五二年以来アルゼンチンでCLEMENSという名で」暮らしているという報告だった。アイヒマンの偽名は、もちろんKLEMENTだったが、それはクレメンスに非常に近く、その報告には――あとになってみると――いくらかの信憑性があることを示していた。だが、連邦情報機関の男は、アイヒマンがエルサレムで暮らしているという噂もあるとも言った。CIA将校は連邦情報機関の男と会ったあと、その情報を自分の部署の責任者に伝えた。その責任者はそれを三月十九日、CIA本部に伝えた。多くの者は驚いたのだが、CIAはその情報にもとづいて行動を起こすことはしなかったし、それを広く伝えることもしなかったことがわかっている。

二〇〇六年六月にそのことが明らかになった時、CIAは怠慢だったか、アメリカの情報機関がクラウス・バルビーのような人物を雇ったことが示す道徳的曖昧さをまたしても暴露したかだと、よく言われている。CIAがアイヒマンを匿ったのではないかとさえ言った者がいた。それは明らかに本当ではない。そうした非難にはすべて根拠がなかった。CIAはアイヒマンがどこに隠れているのかまったく知らなかったのだから。CIAはアイヒマンが隠れていそうな二つの場所を教えられただけではなく――その一つは、もう一つより可能性が高かったのは明らかだが――その情報は非公式に伝えられたものでもあり、連邦情報機関からCIAに公式に伝達されたわけでもなかった。CIAはアイヒマンの居所を知っていた、なぜなら、CIAに伝えられた情報の半分は正しかったことがいまやわかっているので、という推測は、誤った帰納的思考の最悪のものであり、詭弁に近いからだ。同様に、CIAは「それについて何かできたはず」だという非難も根拠がない。一九五〇年代の終わりでは、ナチ戦争犯罪人を狩るのがCIAの仕事ではなかったのだ。その方針が間違っていたと考えられるなら――そう考えるのは理に適っている――非難さるべきなのはCIAの上に立つ政府の役人たちである。当時はどんな政府もナチ狩り政策など持っていなかったというのが真実で、CIAが行動を起こさなかったのは、CIAの罪ではない。CIAはまた、イスラエルに情報を伝えなかったと非難されてきたが、その非難も単純極まる。すでに見たように、イスラエルはアイヒマンを追っていなかったことがわかっているし、一九五八年にはCIAは、モサドが何を計画しているのか知らなかった。最も重要なのは、連邦情報機関がアイヒマンの居所に関する手掛かりを持っていたという事実は、それ自体、CIAが何もしなかった理由であろう。というのも、そうした男たちを裁くのは西ドイツの仕事だと広く考えられていたからである。もし行動を起こさなかったとして誰かを非難するとすれば、西ドイツを非難すべきであるが、フリッツ・バウアーのような人間がよく知っていたように、ドイツにはナチ狩りに対する意欲がほとんど、あるいはまったくなかったのである。

イスラエルが「クレメンス」について知っていたなら、アイヒマンが一九五八年に裁かれたかもしれないということは考えられる。残念ながら、ホフシュテッターはその年の三月にコロネル・スアーレスにヘルマン一家を訪ねたあと、ハルエル同様に疑念を抱いた。彼は一家に、ヴェーラ・アイヒマンが再婚し、子供たちは依然としてアイヒマンの姓を名乗っている可能性があることを指摘した。ヘルマンに欠けていたのは決定的な証拠だった。そして、彼がバウアーに伝えたのは——また、彼は知らなかったが、イスラエルに——強い疑念でしかなかった。ヘルマンはひどく苛立ったが、ホフシュテッターは彼に、具体的な証拠を貰えれば強い関心を寄せるだろうと言った。ヘルマンはこうしたことで金が相当かかると苦情を言った。するとホフシュテッターは、あとで返済すると約束した。彼は立ち去る前に、連絡先を教えた。したがってバウアーには情報が伝わらなくなってしまった。ホフシュテッターもブエノスアイレスを発つ前にチャカブコ通りを偵察し、やはり、アイヒマンのような地位にあったナチがそこに住んでいることは、まずあり得ないと感じた。ホフシュテッターはイスラエルに戻ると、ハルエルと自分たちが抱いている疑念について語り合った。ハルエルは問題をヘルマンに委ね、事実上調査を打ち切った。アイヒマン拉致のメンバーの一人はのちに言った。「偉大なイサル・ハルエルと、世界で最良の諜報機関の一つと思われているモサドは、ブエノスアイレスから二百五十マイル以上は離れた所に住んでいる盲人の年金生活者に仕事を任せた」。そうした皮肉は今になってみると理解できるが、前述した理由により、ヘルマンが提供した手掛かりを追わない完全に妥当な理由があったのである。

ヘルマンは調査を打ち切る気はなかった。一九五八年の四月と五月に、チャカブコ通りの家に関する一連の調査を行った。その結果、その家はフランシスコ・シュミットという人物の所有物なのがわかった。電気は「クレメンツ」という男に供給されていたが。だが、「クレメンツ」という名はヘルマンにはなんの意味もなかったので、彼は、アイヒマンは実際にはシュミットのふりをし、大がかりな形成外科手術を受けたのではないかと思った。ハルエルはそれは空想的だと思ったが、彼をもっと驚かせたのは、ヘルマンが、金はかかるが、シュミットの過去を調べにアルゼンチンの内陸に行く必要があると言い張ったことだった。「それはすべて、ひどく奇異に響いた」とハルエルは言った。ヘルマンはなぜアイヒマンの足跡を追う必要があるのか、彼は四二六一番地にいるというのに。ハルエルはエフライム・イラニからさらに情報が届くと、ついに我慢できなくなった。イラニはシュミットがその家に住んでさえいないということ、シュミットに関するどんなことも、イスラエルが知っているアイヒマンとは符合しないということを伝えたのである。ヘルマンは妥協しなかったが、ハルエルはそれ以上聞きたくはなかった。一九五八年八月、彼はそっとその問題の調査を打ち切った。しばらくのあいだ、アドルフ・アイヒマンはイスラエルからは安全だった。

ヘルマンがアイヒマンを見つけ出そうという意欲に燃えていたのは、単なる正義感からではなく、トゥフィア・フリートマンのたっての頼みで〈世界ユダヤ人会議〉が、アイヒマンを見つけた者に一万ドルの賞金を出したからでもある。しかし、ヘルマンが単に金銭欲からアイヒマンを見つけようとしたとするのは公正ではなかろう。ナチに復讐しようという彼の動機は明白だった。

一九五九年二月、もう一つの手掛かりが得られた。その年、アドルフ・アイヒマンの継母が死んだ。その直後、『オーバーエースターライヒェ報知《ナハリヒテン》』に載った、ある死亡通知にジーモン・ヴィーゼンタールが気づいた。その通知の遺族の中に、アイヒマンの妻と息子たちの名があるのをヴィーゼンタールは知った。ヴィーゼンタールは調べてみようと思い、「私的人物」を送り、アイヒマン一家からヴェーラ・アイヒマンの居所を知ろうとした。残念ながら一家は口が固く、ヴィーゼンタールの代理人に何も明かさなかった。ヴィーゼンタールに関する限り、それはアイヒマンがオーストリアに住んでいることを強く示唆した。その年しばらくしてから、彼はウィーン駐在のイスラエル大使とその考えを分かち合った。

ヴェーラ・アイヒマンの現在の居場所に関して一家が口を閉ざしているということは、捜索中のアドルフ・アイヒマンが彼らの近くにいることを示しているのかもしれない。もし彼が実際に一家と一緒に暮らしていないなら。さもなければ、この点に関し、我々が戸惑うくらいに一家が慎重だということは、少々不可解である。

ヴィーゼンタールはアイヒマンが依然としてヨーロッパにいると確信していた。一九五九年九月、彼はアイヒマンの居所を警察が捜査していることについて長文の手紙を大使に書き送った。手掛かりの一つは、アイヒマンの子供たちの学校友達のあいだの噂話だった。アイヒマンの息子たちは「僕らはとても広い土地のある所に行くんだ、馬にも乗れるんだ」と級友たちに話した。さらにヴィーゼンタールは、「ほかの表現の仕方から推して、彼らは北ドイツについて話しているのかもしれないという印象を受けた」とも書いた。

十一月十日、大使は協力に感謝する旨の手紙をヴィーゼンタールに書いた。彼はヴィーゼンタールに、自分はアイヒマンについて「仲間」——彼はたぶん、モサドを意味したのであろう——と話し合ったが、彼らはヴィーゼンタールの努力に感謝していると述べた。そして驚くほど不用意にも、アイヒマンがいると自分たちが思っている場所についてヴィーゼンタールに告げた。「彼らが持っている最新情報によると、アイヒマン一家はアルゼンチンにいる。妻はまるでアイヒマンがもう生きていないように振る舞っている。彼女はドイツ市民と再婚さえした。だが、その結婚は〝敵を欺く〟ための偽りのものであるということを示す証拠が揃っている」

ヴィーゼンタールは十二月一日、大使に返事を書き、その中では貰った情報についてはなんの言及もせず、アイヒマンの弟と、別の戦争犯罪人の弁護士に関する曖昧な手掛かりについて詳述した。ヴィーゼンタールはイスラエル当局との文通で、アイヒマンがアルゼンチンにいるかもしれないということに関しては何も言っていない。また、アイヒマンの偽名「クレメント」についても何も知っていなかった。ヴィーゼンタールが渡した情報は——わずかなものだった——アイヒマンがドイツかオーストリアにいることを示唆したものでしかなかった。大使の明かした事実に反応しなかったということは、ヴィーゼンタールがそれをあまり信用しなかったことを物語っている。

ヴィーゼンタールの回顧録では、そうした彼の反応について、非常に違った説明をしている。実際、それはあまりに嘘臭いので、彼の生前、その真偽が問われることがなかったのに驚かされる。ヴィーゼンタールは一九六七年の回顧録『我らのあいだの殺人者』の中で書いている。「……私は部下の一人をフラウ・アイヒマンの母親に会わせにやった。フラウ・マリーア・リーブルは訪問者にあまり好意的ではなかったが、娘が事実、南米で〝クレムス〟または〝クレムト〟という名の男と結婚したのは認めた。私はこのちょっとした情報をイスラエルに伝えた」。一九八九年の『復讐ではなく正義』でも、ヴィーゼンタールは似たような話をしている。「私は部下の一人をフラウ・アイヒマンの母親のところにやった。母親は真実を半分語ることが物事を隠す最上の方法だと見なしているようだった。彼女は娘が南米で〝クレムス〟または〝クレムト〟という男と結婚したと言った。私はこのわずかな情報をイスラエルに送った。イスラエルはそれを確認することができた」

それは真っ赤な嘘だった。なぜなら、すでに見たようにヴィーゼンタールは、アイヒマン一家との会話はなんの成果もなかったとイスラエルに認めているし、アイヒマン一家は彼に「クレムス」または「クレムト」についても、ヴェーラ・アイヒマンが南米に住んでいるという事実についても話さなかったのは確かだからだ。事実ヴィーゼンタールは、その「わずかな情報」を、駐オーストリアのイスラエル大使を通してイスラエルから知ったに過ぎないのだ。ヴィーゼンタールの嘘は一つ一つ取り上げると小さなものに見えるが、回顧録に纏められて多様な形をとると、ヴィーゼンタールはアイヒマン狩りのまさに中心にいたという誤った印象を与える。

イスラエル側の捜査を復活させたのは、ジーモン・ヴィーゼンタールではなく、フリッツ・バウアーの不屈の意地である。その年の十二月、バウアーは公務でイスラエルを訪れたが、滞在中、この機会を無駄にしないようにとイスラエル当局に伝えた。おまけに彼は、イスラエル側と分かち合いたい貴重な新しい情報を持っていた。それは連邦諜報機関かオーストリア警察によって得られた情報だった。出所がどこであろうと、その情報には信憑性があった。バウアーは、アイヒマンがヨーロッパから逃亡してアルゼンチンで暮らすに至った正確な経緯と、彼が今リカルド・クレメントと名乗っていると語った。バウアーは情報源を明かそうとしなかったが、ヘルマンからのものではなかったので、ハルエルは大いにほっとした。「私はいま安心した」とハルエルはのちに書いている。「新しい情報を評価する手段は持っていなかったが、一つの事実が目に飛び込んできた。それはすべての謎を解く鍵を提供するように見えた。リカルド・クレメントという名である」。無理もないことだが、ヘルマンは家の持ち主のフランシスコ・シュミットが当然ながらその家に住んでいて、したがってアドルフ・アイヒマンだと誤って思い込んだのだった。

ハルエルは次に、イスラエルの首相ダヴィド・ベン゠グリオンに会った。ベン゠グリオンは、アイヒマンの引き渡しをアルゼンチンに要求するのは意味がなく、逃亡者に隠れる機会を与えるだけだと考えた。彼はハルエルに、アイヒマンを拉致し、密かにイスラエルに連れてきて裁判にかけるように命じた。「もし彼がそこにいることがわかれば」とベン゠グリオンは日記の十二月六日の項に書いた。「我々は彼を捕らえ、ここに連れてくる。イサルがそれをするだろう」。ハルエルは首相の信頼を裏切らなかった。早速彼は、複雑になりそうな作戦の計画を立て始めた。「私にとってアルゼンチンは未知の国だった」とハルエルは回想している。「そして、イスラエルから九千五百マイル離れていた」。彼にとっての最大の問題は、どうやってアルゼンチンから連れ出すかだった。イスラエルから飛行機は南米に飛んでいなかった。そして、ブエノスアイレスまでの大西洋横断の特別チャーター便を使えば怪しまれるだろう。彼はエル・アル航空に相談した。すると同社は、ブリストル・ブリタニア機で「試験飛行」ができると回答した。ハルエルは当座は満足した。一方、ハルエルはアルゼンチンの地上に信頼できる人物を確保する必要があった。その人物にツヴィ・アハロニを選んだ。アハロニは独立戦争で戦い、一九四八年以来、イスラエル情報機関で働いた。戦時中アハロニは英国陸軍に勤務し、ドイツの捕虜を尋問する専門的技術を身につけた。アハロニは現場での専門家ではなかったが、「いったん任務を引き受けたらどこまでも喰い下がる」粘り強い男であるとハルエルは判断した。アハロニは数週間準備をしたあと、一九六〇年二月二十六日に、外交官旅券を持ってイスラエルを発った。彼の「作り話」は、自分は南米の反ユダヤ主義事件を捜査している外務省の役人だというものだった。本当の任務は、チャカブコ通り四二六一番地に住んでいる男が間違いなくアイヒマンかどうかを確認することだったが。もしアハロニが「運転手は黒だった」という電報をテルアヴィヴに打てば、拉致計画は続行されることになっていた。

イスラエル人が計画を立てているあいだ、苛立ったロータル・ヘルマンはトゥフィア・フリートマンに連絡した。フリートマンはいまや、ハイファにある〈ナチ戦争犯罪証拠書類イスラエル研究所〉の所長だった。一九五九年十月十七日、ヘルマンはフリートマンに手紙を書き、アイヒマンがクウェートに住んでいるという最近のニュースは間違いで、彼は実際には「ブエノスアイレス近郊」に住んでいると告げた。「万全を期するため正確な日付と材料を喜んであなたの研究所に提供致します」とヘルマンは自信たっぷりに書いた。それに対する返事の中でフリートマンは、アイヒマンの「現在の住まい」の写真と、ある種の証拠を提示してほしいと書いた。その返事の行間を読むと、フリートマンがヘルマンを、投機的な賞金狙いに変わらぬ者と見なしていたのは明らかだ。だがヘルマンは十一月五日、手紙の中で、「住まい、通りの名と番地、家族構成、名前、アルゼンチン身分証明書からの正確な詳細、土地の販売契約書、公式登録書、アイヒマン一家が一九四五年から四八年のあいだに到着した際の詳細、彼の際立った特徴――言語障碍」を含む数々の証拠品があると述べた。残念ながらヘルマンの材料には、彼がハルエルに与えたのと同じ誤解を招く証拠があった。ヘルマンは依然としてアイヒマンは「フランシスコ・シュミット」だと頑なに信じていたのである。ヘルマンは自分一人では対処できないと書き加え、フリートマンか代理が訪ねてきてもらえまいかと訊いた。また、彼の手紙には不安が滲んでいた。「アドルフ・アイヒマンには至る所に協力者やスパイがいて、彼に警告を与えて守ることができるのです」。フリートマンはその手紙を、エルサレムの〈世界ユダヤ人会議〉のタルタコワ教授のところに持って行った。教授はその問題を調べるのにふさわしい人物を見つけようと言った。十一月二十八日、フリートマンはヘルマンに手紙を送り、「そのうちアルゼンチンにいる一人の男があなたを訪れるでしょう」と言った。ヘルマンはその「男」が来るまで、十二月二十六日まで苛々しながら待たねばならなかった。その男は実は、アルゼンチンの最も有力なユダヤ人の機関〈アルゼンチン・イスラエル協会代表団〉、略称DAIAの指導者だった。またも、ヘルマンは話をしたが、次第に苦い気持ちになりながら、そのまま放って置かれた。

一九六〇年の初めに、やはり苛立っていた、もう一人のアイヒマン・ハンターはジーモン・ヴィーゼンタールだった。一月十一日、リンツにあるヴィーゼンタールの事務所にモサドの工作員二人が訪ねてきた。その二人はアイヒマンに関するオーストリア側の捜査の進行状況を知りたがった。ヴィーゼンタールとモサドの関係ははっきりしないが、彼が一九五〇年代を通してモサドの諜報員だったのは十中八九確かである。ヴィーゼンタールがヘットルを情報提供者として雇ったことを明かした一九五〇年一月十六日のCIAの報告書は、ヴィーゼンタールが「イスラエル情報局のオーストリアの主要諜報員」であることにも言及している。ヴィーゼンタールはオーストリア国家保安機関の諜報員を使っていたらしい。その諜報員はアイヒマンのようなナチの捜査の進行状況を彼に報告した。したがってヴィーゼンタールは、オーストリアの捜査はやや不十分だとモサドの諜報員に話すことができたが、オーストリアは、ヴェーラ・アイヒマンが一九四〇年代中頃に夫の死亡宣言をしてもらうために作った宣誓供述書を発見していた。ヴィーゼンタールはのちに、その申請が却下されたのは自分が尽力したからで、それは、「アイヒマン捜査における最も重要な貢献」だと言った。ところが、ヴィーゼンタールは一九六〇年一月にモサドの諜報員に会った際、その事実については何も言及しなかった。また、一九四五年にアイヒマンの死を目撃し、ヴェーラの主張を裏付けることになっていた、プラハにいるヴェーラ・アイヒマンの義弟の名を、イスラエルに告げることもできなかった。

それは奇妙である。というのも、彼は回顧録『我らのあいだの殺人者』の中で、一九四七年、その義弟の名――カール・ルーカス――を発見したと書いているからである。ところが、ヴィーゼンタールは一九六〇年一月十三日、自分はヴェーラ・アイヒマンの申請を妨害したことはない、自分がルーカスのことを知ったのは、その月になってだと文書で認めてさえいる。アイヒマンが死亡したと宣言されなかったのはジーモン・ヴィーゼンタールのためではなく、「当局の捜査」のためである。それは、ヴィーゼンタールが回顧録に書くことになることとまったく矛盾する。したがって、自分の「最も重要な貢献」とヴィーゼンタールが主張していることは、フィクション以外の何物でもない。

一九六〇年一月にヴィーゼンタールに会ったモサドの諜報員は、アイヒマンに関するファイルをまだ持っているかどうかヴィーゼンタールに訊いた。ヴィーゼンタールは持っていないと答えた。それはエルサレムにあったからだ。「ヴィーゼンタールは、アイヒマン本人の手書きの書類、写真、さらに指紋、それに加え大量のほかの資料、なかんずく彼の手書きの履歴書と署名を含む、アイヒマンに関する一切の文書を、ヤド・ヴァシェムに渡したと自分で言った」

ヴィーゼンタールがアイヒマンに関する資料をヤド・ヴァシェム公文書館に送ったのは疑いない。彼は一九六一年の回顧録『私はアイヒマンを追った』の中でそう認めているだけではなく、一九六〇年五月、ロンドンの『ザ・タイムズ』のウィーン特派員にも同じことを言っているので。実は、ヴィーゼンタールがその手配をするのを手伝ったのはトゥフィア・フリートマンだった。「一九五五年、「ヴィーゼンタールは」文書をヤド・ヴァシェムに売るのを手伝ってもらいたいと私に言った。私はヤド・ヴァシェム公文書館の館長ケルミッシュ博士に働きかけた結果、ヴィーゼンタールは梱包用の数個の箱に入れた文書をエルサレムに送り、数千ドルを受け取った」

だが、ヴィーゼンタールは一九六七年の回顧録『我らのあいだの殺人者』と、一九八九年の『復讐ではなく正義』の中で、自分をアイヒマン狩りの中心に置いた、別の主張をしている。一九六七年の回顧録では、彼は半トンほどの書類の箱をヤド・ヴァシェムに送ったが、「一箱だけは取って置いた。アイヒマンに関するファイルである」と書いている。一九八九年、彼は次のように言っている。「私が取って置いた唯一のファイルはアイヒマン・ファイルだった。正直な話、どうしてかはわからない。なぜなら、私は事実、諦めてしまっていたからである」。すでに見たように、本当の事実は、ヴィーゼンタールの「事実」とは非常に違っていた。

一九六〇年二月十八日、モサドの諜報員はヴィーゼンタールに再び会った。ヴィーゼンタールは、アイヒマンの父が二月五日に死亡し、葬式が四日後にリンツで行われたことを報告した。その際のモサドの諜報員の報告書は、ヴィーゼンタールがその知らせにどう反応したのかを明かしている。

　ヴィーゼンタールは葬儀の参列者の写真を撮るよう地元の情報機関に頼んだ。しかし彼の考えでは、その写真は何も明かさなかった。彼はアイヒマンの特徴がわかる一連の写真を送ると我々に約束した。彼はその写真を撮るには六百シリングかかると言ったが、我々がその費用を出すと言うと、過去におけるいくつかの場合のように、断った。

悲しいことながら現在ではよく知られるようになってきているが、ヴィーゼンタールの回顧録には違った話が書いてある。『我らのあいだの殺人者』の中でヴィーゼンタールは、二人のモサドの諜報員が——彼はその二人をマイケル、マイアーと呼んでいる——アイヒマンの写真が是非欲しいと言ったと書いている。その時自分は葬儀で一族の写真を撮る案を考えついたと、ヴィーゼンタールは言っている。アイヒマンの弟たちの顔が、彼らの逃亡中の兄を確認するのに役に立つのではないかと思ったのだ。それからヴィーゼンタールは、葬儀の写真を密かに撮るよう、二人の新聞記者のカメラマンに依頼した。そして、写真を受け取ると、アイヒマンの四人の弟の顔を切り抜き、アイヒマンの写真の隣に置いた。「もしブエノスアイレスにいる〝リカルド・クレメント〟がアドルフ・アイヒマンならば、彼の顔は四人の弟と同じ具合に老けたに違いない。［……］私はそれらの顔を混ぜてトランプのように切り、テーブルの上に投げ出した。すると、ともかくも合成された顔が浮かび上がってきた——たぶん、アドルフ・アイヒマンの」

ヴィーゼンタールは、次に「アイヒマン・トランプ切り」をマイケルとマイアーに見せたと言っている。「マイケルは首を横に振った」とヴィーゼンタールは書いている。「そして写真を見つめ、『素晴らしい！』と言った」。「合成された顔」の話は明らかに途方もないものだが、ヴィーゼンタールは一九八〇年代終わりに『復讐ではなく正義』を書いた時には「トランプ切り」は削除し、その代わり、モサドの諜報員はオットー・アイヒマンとアドルフ・アイヒマンが似ているかもしれないことに興奮したと言っている。「誰であれオットー・アイヒマンの写真を持っていれば」とヴィーゼンタールは書いた。「アドルフ・アイヒマンを見つけることができるだろう——彼が今、リカルド・クレメントと名乗っていようと」。そして二つの回顧録では、話は直ちにアイヒマンをうまく拉致することができたという件《くだり》になるので、ヴィーゼンタールは、拉致という任務が達成された際に写真がきわめて重要な役割を果たしたという印象を与える。奇妙なことに、アルゼンチンにおいてアイヒマン拉致作戦に加わった者の誰一人、写真には言及していない。

皮肉な話だが、ヴィーゼンタールはアイヒマン狩りで「不可欠の主役」だったと、ある伝記作者は書いているにもかかわらず、一九六〇年二月の末、作戦全体を台無しにするところだった。その月、オーストリアの国家保安機関にいるヴィーゼンタールの連絡員が、アイヒマンの弟ロベルトの二十二歳の秘書と親しくなることに成功した。その連絡員は彼女を仲間に引き入れようと、イスラエルがアイヒマンを捜していて、協力してくれれば、かかっている多額の賞金の正当な分け前を貰うことができる、と女に話した。すると秘書は、アイヒマンの妻はドイツに住んでいると思うと言った。二月二十九日、ヴィーゼンタールはイスラエル大使に会い、その情報を伝えた。三月二日、大使はその情報をモサドの諜報員に伝えた。諜報員は、イスラエルがアイヒマンを追っていることをヴィーゼンタールがオーストリア人に話したことを聞き、当然ながら不愉快になった。諜報員の一人は、「ヴィーゼンタールに対し、イスラエル国家がアイヒマンを捜していることを口外しないよう、何度も念を押した」と報告した。翌日、モサドの諜報員は大使を訪ねた。すると、ヴィーゼンタールがすでに大使と話をしていた。間違いはすべて自分の責任で、秘書は賞金についての話を聞いただけだと大使は言った。諜報員は納得せず、「実際には秘書は、賞金がイスラエル国家から出ていることをはっきりと教えられた」という印象を得た。諜報員はさらに、ヴェーラ・アイヒマンがドイツにいるという秘書の話を、もっと詳しく言えるかとヴィーゼンタールに訊いたが、ヴィーゼンタールは答えなかった。モサドがヴィーゼンタールとの関係を断ったらしいのは、その時である。

再び我々は、ヴィーゼンタールが十分に誠実に協力するのを避けているのに気づいた。彼は大使に一般的なわずかな情報を時折伝える用意はあるが。しかし同時に、彼は詳細について説明するのを拒む。我々は前もって決めたように、彼にどんな任務も負わせなかった。我々はただ、アドルフ・アイヒマンの弟も妹も結婚した子供を持っていないことを彼から聞き出しただけだった。

モサドの報告書は次の言葉で終わっている。「我々はヴィーゼンタールと非常に冷たく別れた」アイヒマン狩りにおけるヴィーゼンタールの役割に関するすべての文書から基本的にはっきりわかるのは、一九五〇年代末では、アイヒマンがドイツかオーストリアにいるとヴィーゼンタールは信じていたということである。ヴィーゼンタールは、イスラエル大使に手紙を書いた際にもモサドの二人の諜報員と会った際にも、アイヒマンが南半球にいるかもしれないということに、ましてや、彼が「クレメント」呼ばれていたことに気づいていた様子はない。ヴィーゼンタールにとっての最大の悲劇は、アイヒマンがアルゼンチンにいることを一九五〇年代初めに実際に聞いたにもかかわらず、その情報にもとづいて正しく行動しなかったという事実である。ヴィーゼンタールは自分の知ったことを、イスラエルにアイヒマンの居所を自分が直接教えたと仄めかすのに使っているが、今から見るように、その主張には価値がない。

一九五三年の秋、ヴィーゼンタールはインスブルック近郊のチロルに住む、ハインリヒ・「ハリー」・マスト男爵という人物に会った。マストはヴィーゼンタールがアイヒマンに関心を持っているのを知っていて、元ドイツ軍将校がアルゼンチンから送ってきた手紙を取り出した。一九五三年五月の日付のあるその手紙には、大スクープが書かれていた。筆者はどんな具合に最近ブエノスアイレスでアイヒマンに出会ったのか、また、アイヒマンが首都から約百キロ離れた発電所で働いていることについて書いていた。その情報はきわめて貴重で、ヴィーゼンタールもそのことに気づいた。七月に彼はそれをオーストリアの閣僚のパメル博士に確認してもらった。博士は、アイヒマンが「だいぶ長いあいだ」オーストリアにはいず、現在アルゼンチンに住んでいることをヴィーゼンタールに話した。ヴィーゼンタールは回顧録の中でマスト男爵の名前を出していず、単に称号のみで彼に言及している。そして、二人が出会ったのは互いに切手蒐集が趣味だったからで、アイヒマンに関心があったからではないと説明している。ヴィーゼンタールはまた、男爵が手紙を取り出したのは、非常に多くのナチがまだ権力の座にあることについて、たまたま二人が論じ合い、男爵は最悪の犯罪者がまんまと逃げおおせた証拠を見せたかったからに過ぎないとも書いている。

ヴィーゼンタールが男爵について、または二人が会った状況についてあまり話したがらないのも理由がなくもなかった。マスト男爵は単なる切手蒐集家などではなかったのである。一八九七年十二月二十六日に南ドイツで生まれたマストは、オーストリアがドイツに併合される前、オーストリアにいた国防軍諜報部《アプヴェーア》の一員だったのである。そして、スパイの廉で逮捕された。一九三九年三月にドイツがオーストリアを占領すると、彼は釈放された。そして戦時中、アプヴェーアにそのまま勤務した。彼はナチズムに懐疑的だったため、「ヒトラーの祖国を守る意志に対する破壊分子」という疑いをかけられたが。一九四七年マストは、エメリヒ・オフクツァレク博士の率いるゲーレン機関に雇われ、一九五二年に解雇されるまでそこで働いた。ゲーレン機関は、彼が情報を捏造しているばかりではなく、アメリカのために働いてもいるのではないかと疑ったのだ。そのうえ彼らは、マストがほかならぬヴィルヘルム・ヘットルと「仲がいい」という事実も気に喰わなかった。マストは確かにヘットルとぐるだった。なぜなら、ヘットルはマストが馘《くび》になるや否や、マストをリンツにある彼の出版社の主任助手として雇ったからである。マストの仕事は、ヘットルの情報提供者からの報告を纏める役の隠れ蓑に過ぎなかった。彼の上司はそれに自分の「ハイレベルの加筆」をし、ドイツ・キリスト教民主同盟の政治家、テオドール・ブランクの事務所に送った。ブランクはコンラート・アデナウアーの許可を得て、ボンに自分の諜報機関——ブランク部——を設立した。ヘットルはマストに、住宅手当のほかに月五千オーストリア・シリングという比較的安い給料を払った。ヘットルはある種の義務感からマストを雇ったように思える。たぶん、マストがゲーレン機関で働いていた時、情報を忠実に彼に伝えていたからだろう。ヘットルはまた、マストに払う金を工面するのに苦労したと言っている。
しかし、ヘットルのさほど緊密ではない、諜報員と元諜報員の組織網の内部に緊張感が漂っていた。彼らのすべてがヘットルの活動を是としていたわけではない。不満を抱いていた者の一人は、エーリヒ・ケルンマイヤーだった。彼はヘットルの防諜部隊が後ろ楯になっていた組織網、暗号名「モントゴメリー」で、カーロイ・ネイと一緒に働き、ネイが解雇されると、その作戦責任者になった。ケルンマイヤーは元オーストリアのナチの宣伝係を務めたSS大隊指導者《シュトゥルムバンフューラー》（少佐）で、ブダペストにいた時はオットー・スコルツェニーの助手だった。そして、戦後も確信的ナチだった。彼はヘットルが日和見主義で、かつてのナチの上官に対する忠誠心が欠けていることに嫌悪感を抱いていた。というのも、一九五二年三月までにはヘットルと仲違いし、同月、自分がCIAの情報提供者であるのを、我知らず暴露してしまったからだ。

ケルンマイヤーは興奮してヘットルを次のように非難した。

a——ニュルンベルクの戦争犯罪裁判で証人になった際、元同僚の何人か（例えば、今は逃亡者で、ヘットルを殺すと誓っているアドルフ・アイヒマン）を不実にも裏切った。

b——ナチに殺されたユダヤ人は六百万という数字を故意にでっち上げ、世界のユダヤ人が保護されることになった。

c——アメリカの指導的ユダヤ人と密接な関係にあり、ユダヤ人の情報機関のために働いている〔ヘットル関連の公文書〕。

ケルンマイヤーの指摘のいくつかは正しかった。ヘットルはニュルンベルクで証言した際、実際にアイヒマンを裏切った。証言中、ブダペストでアイヒマンと交わした会話について話しているが、その会話の中で、酔っ払ったアイヒマンは六百万という数字を明かした。また、ケルンマイヤーが、「ユダヤ人の情報機関」のために働いているとヘットルを非難したのも間違いではなかった。すでに見たように、ヘットルはジーモン・ヴィーゼンタールのために働いていた。ヴィーゼンタールは一九五〇年一月十六日の防諜部隊の報告書によれば、オーストリアのイスラエル情報部の部長だった。彼がその地位にあったことは、彼がモサドの「マイケル」と「マイアー」と会った際の記録が裏付けている。

ヴィーゼンタールとマストとヘットルの繋がりは、ヴィーゼンタールが一九五三年秋にマストに会ったのは偶然ではなかったことを示唆している。マストはヘットルの主任助手だったので——そして実際、彼から給料と住まいを貰っていた——マストがアイヒマンの居所に関する情報を、雇い主の命令で渡していたことはあり得ないことではない。その可能性は、ヘットルが過去において情報をヴィーゼンタールに渡していたという事実によって強められているし、金になる限りは、ヘットルは情報を誰にでも売ったであろう。ヘットルはアイヒマンが捕まることを願う、もう一つの動機を持っていた。それは、ケルンマイヤーの最初の非難に含まれている。アイヒマンが脅迫をしたという記録はないし、仮に脅迫をしたとしても、それを実現する機会がなかったのは明らかだが、ヘットルがアイヒマンを裁判にかけ、不可避的に死刑にすることによって始末したいと、ひたすら願ったことは考えうる。ヴィーゼンタールが一九五三年七月にパメルに会ったことが明かしているように、アイヒマンの居所は何人かの者には知られていた。ヘットルがその一人ではなかったと考えるのは難しい。

ヴィーゼンタールはマストとパメルから受け取った情報に興奮したとしても、それについてほとんど何もしなかったように見える。彼は一九六七年、『我らのあいだの殺人者』の中で、「世界の半分離れている一介の市民の私に何ができたろう?」と言っている。それも、もっともだった。ヴィーゼンタールは、遥か彼方の大陸で金のかかる捜査をするための資金もなければ連絡員もいなかったのだから。だがヴィーゼンタールは自分の得た情報を、一九五三年秋にマストに会ってからほぼ半年後の翌年三月末まで誰にも伝えなかった。ヴィーゼンタールとしては、ナチが屯《たむろ》しているドイツとオーストリアの当局に話したくはなかっただろうが、イスラエル当局にすぐさま連絡しなかったのは理解に苦しむ。考えてみれば、彼はイスラエル当局の諜報員として活動していたのだから。ヴィーゼンタールが一九五四年三月三十日にその情報を記録する気になったのは、ウィーンのイスラエル領事アリエ・エシェルの訪問を受けたからである。もしイスラエルに正確な情報が提供されれば、「アドルフ・アイヒマンを捕まえる」いくらかのチャンスがあると、エシェルは彼に言った。領事はヴィーゼンタールに、アイヒマンに関する完全な報告書を、自分とニューヨークの〈世界ユダヤ人会議〉に送ってくれと言った。

　ヴィーゼンタールはその日、〈世界ユダヤ人会議〉のナフム・ゴールドマン博士に手紙を書き、手紙の最初の三枚を使い、アイヒマンに関する背景の情報を数多く提供した。それには、アイヒマンの家族、経歴、莫大な量のナチの金《きん》を手にしている可能性が含まれていた。アイヒマンはその金《きん》を、〈エーデルヴァイス〉、〈六星座《ゼックスゲシュテイルン》〉、〈蜘蛛《デイー・シュピネ》〉のようなナチの地下組織網の資金として使った。ヴィーゼンタールによると、アイヒマンは形成外科手術も受け、一九五〇年春までオーストリアに住んでいた。彼はアイヒマンがエジプトにいたという説を退け、アイヒマン一家は一九五二年にオーストリアを去って南米に向かったと書いた。それからヴィーゼンタールはマストとパメルに会ったこと、元陸軍将校がマストに送った手紙の内容について説明し、最後の頁でこう締め括っている。「もちろん私はここに述べた資料にもとづき、アイヒマンが実際に一九五三年にアルゼンチンにいる、またはいたとは保証できない。しかしながら、前述のすべての徴候から、アイヒマンがアルゼンチンにいるという可能性はきわめて高いと確信する」

ヴィーゼンタールはその手紙に、アイヒマンの自筆の履歴書とアイヒマンと妻の写真を同封した。要するに、もし誰かが「ホロコーストの立案者」を見つけたいと思うなら、ヴィーゼンタールの文書は優れた出発点を提供しただろう。不正確な部分は許されうるが——おそらく、それはヘットルの想像力の産物だろう——ブエノスアイレスと発電所に対する言及は、有力な手掛かりだった。

その後六週間、ヴィーゼンタールにはなんの連絡もなかった。苛立った彼は、一九五四年五月十三日にエシェルに手紙を書き、アイヒマンの文書の運命について問い合わせた。領事は翌日返事を書き、「アイヒマンに関する情報は我々によって伝えられた」とヴィーゼンタールに告げた。たぶん、イスラエルの情報機関に。エシェルはさらに、ゴールドマン博士は確かに材料を受け取ったともヴィーゼンタールに伝えた。「私は自分を人から借りた羽毛で飾りたくはなかったのです」とエシェルは書いた。「私はこの機会に、あなたの特に有益な活動に彼の注意を惹きました」。ヴィーゼンタールは間もなく〈世界ユダヤ人会議〉から返事を貰うが、イスラエルからは返事を貰わなかった。「イスラエルはもはや、アイヒマンにはなんの関心も抱いていなかった」とヴィーゼンタールはのちに書いた。「彼らはナセルに対して命懸けの戦いをしなければならなかった」。ヴィーゼンタールのその言葉は公正なものだった。イスラエルは実際、もっと緊急の問題を抱えていたのである。イスラエルは国家を建設し、厖大な数の入植者に対処し、アラブの敵意に対抗しなければならなかった。アラブの敵意は、一九五四年二月にナセルがエジプトの首相に任命されるといっそう強まった。

やがてヴィーゼンタールは、〈世界ユダヤ人会議〉のラビ、アブラハム・カルマノヴィッツから返事を貰った。カルマノヴィッツもアイヒマンを見つけたがっていた。カルマノヴィッツはナチが占領していたソヴィエト連邦からの逃亡者で、北米に本拠を置く機関、〈ヴァアド・ハハツァラ〉の指導的人物だった。同機関はヨーロッパの苦しんでいるユダヤ人を援助することを目指していた。一九四四年九月、彼は連合国軍にアウシュヴィッツまでの線路を爆破するよう懇願したが、無駄だった。戦時中、彼はブルックリンに本拠を置く、ユダヤの学問の中心、ミレル・イェシヴァを設立した。一九五三年、カルマノヴィッツと、国務省の高官、アドルフ・A・バール・ジュニアーはCIA長官ダレスに、アイヒマンの捜索を始めるよう依頼したが、そうした活動はCIAの権限外だと言ってダレスは断った。バールとカルマノヴィッツはねばった。ダレスはついに折れ、アラブ諸国でアイヒマンを広範囲に捜す許可を与えた。カルマノヴィッツはアイヒマンがそこに隠れていると信じていたのだ。ところがアイヒマンはアルゼンチンにいたので、その捜索はもちろん、なんの成果も挙げなかった。

ヴィーゼンタールの手紙は、カルマノヴィッツがアイヒマンを捜してくれとCIAに依頼した数週間前に届いていた。ラビはアイヒマンが中東にいると信じ込んでいたので、アイヒマンはブエノスアイレスにいるというヴィーゼンタールの主張を完全に無視した。彼はヴィーゼンタールに対し、自分は「アドルフ・アイヒマンの居場所についての明確な証拠」のみに関心がある、なぜなら「そうした情報にもとづいてだけ、我が政府は行動するので」と答えた。さらに、アイヒマンはおそらく中東にいて、「自由世界に対する悪魔的所業」に耽っているだろうと仄めかした。「私は雲の上から墜ちた」と、のちにヴィーゼンタールは書いた。「私は非常に期待しながらその手紙をふた月待ったのだ！」。ヴィーゼンタールはカルマノヴィッツに返事を書き、もし〈世界ユダヤ人会議〉が旅費として五百ドルほど出してくれれば、喜んで一人の諜報員を送ると伝えた。カルマノヴィッツは自分たちには金がないと答え、二人の文通は事実上そこで終わった。「諦めるべき時だった」とヴィーゼンタールは無念そうに書いている。「明らかに、誰もアイヒマンのことを気にかけていなかった」

ヴィーゼンタールが気づかなかったのは――そして、告げられなかったのは――カルマノヴィッツが彼の手紙をCIAに渡したことだった。一九五四年五月六日、ラビはヴィーゼンタールの手紙とそれに同封してあったものをアレン・ダレスに送ったが、カルマノヴィッツは添え状で、CIA長官に誤った考えを抱かせるようなことを書いた。「アイヒマンに関してこれまであなたに転送されたすべての事実と報告が裏付けられたことに、直ちに同意なさるでしょう」と彼は書いたのだ。実のところカルマノヴィッツは、アルゼンチンに関するヴィーゼンタールの主張を明記せず、ダレスはヴィーゼンタールがドイツ語で書いた五十六頁に及ぶ文書を骨を折って読む時間も気もなかった。とりわけその段階では、アイヒマン狩りに同意していなかったので。もし読んだなら、ヴィーゼンタールが実際に書いたことは、ヴィーゼンタールが書いたとカルマノヴィッツが言っていることとまったく違うことが明白になっただろう。数日後ダレスは、ヴィーゼンタールの文書を国務省に送り、本件は「この局の管轄には入らない」とカルマノヴィッツに告げた。国務省内の誰かがヴィーゼンタールの文書を読んだ形跡はない。それは、依然として国務省内に埋もれているだろう。

この出来事は、歴史は些細な過ちで変わるという説の典型的な実例である。カルマノヴィッツはヴィーゼンタールの文書全部を最初から最後まで読んだわけではないのか、ヴィーゼンタールの結論を自分の結論と合わないという理由で無視したかである。たとえCIAがヴィーゼンタールの得た情報を知らされたとしても、ダレスはそれを国務省の文書ファイルに回し、文書はやはりそのまま埋もれてしまったということもありうる。ヴィーゼンタールの文書が正しく読まれたなら、CIAのその後の捜査地域が変わったろうと推測するのは賢明ではない。アイヒマンは中東にいるというカルマノヴィッツの主張のほうが、中部ヨーロッパの奥にいる無名の人間から送られたとりとめのない文書よりダレスにとっては説得力があったはずだ。ヴィーゼンタールは生涯、ゴールドマン宛の自分の手紙を、「自分が先だ」（ある意味で、その通りだった）という証拠として提出した。残念ながら彼の得た手掛かりは埋もれてしまい、アイヒマン狩りが再び本格的に始まった時には、すでに見た通り、アイヒマンはヨーロッパにいるという考えをヴィーゼンタールは持っていた。

ヴィーゼンタールは一九五〇年代終わりから六〇年代の初めにかけてのモサドとのやりとりで、ハリー・マストとの会話については一度も触れず、また、アイヒマンがアルゼンチンにいるという可能性を再び持ち出してもいない。なぜヴィーゼンタールが、一九五四年に発見したことはアイヒマン狩りに役立ったとのちに言ったのかは理解できるが、彼にとっては残念なことに――また、もっと早い正義の執行にとっても残念なことに――それはまったく事実ではなかった。さらにイサル・ハルエルも、モサドの彼の同僚たちも、ヴィーゼンタールの一九五四年の手紙を見なかった。一九七〇年代中頃になって、初めて見たのである。

要するにその残念な出来事は、こんな風に要約できる。一九五四年、ヴィーゼンタールはアイヒマンはアルゼンチンにいると正しいことを言ったが、無視された。一九五九年、アイヒマンはエジプトにいると間違ったことを言った。そして、またもや無視された。イスラエルはアイヒマンがアルゼンチンにいることを知っていたからだ。一九六一年、ヴィーゼンタールは『私はアイヒマンを追った』を公刊し、自分はアイヒマンがアルゼンチンにいるのではないかと、ずっと前から思っていたと言って、二度と無視されまいとした。もしヴィーゼンタールが一九五九年に、自分の知識と活動について正直に認めたとしても、やはり賞讃に値する人間に見えただろう。ヴィーゼンタールはひどく傲慢だったので、自分の誤りを認めるのに耐えられなかった。おまけに公衆が欲しがるものを与えるのが好きだった。彼はその役割を生涯演じ続けることになる。

一九六〇年三月三日、ツヴィ・アハロニは初めてチャカブコ通りに足を踏み入れた。「チャカブコはタールは塗ってないが素敵な通りだった」と彼は回想している。「樹木があり、舗道は広かった。わずか数百メートルで、建物は綺麗で優雅な邸宅から、荒廃した二階建てのアパートに変わった」。アイヒマンの住んでいた平屋は通りの貧しい側にあったが、アハロニと彼の助っ人「ロベルト」が、そこの住人について慎重に調べると、住人はすでに引っ越したことがわかった。四二六一番地の住人は数人の塗装職人だけだった。その日の遅く、アハロニはもう一人の協力者「ファン」に、その家に誕生日祝いを届けてもらうことにした。それはアイヒマンの息子クラウスに宛てたもので、彼に憧れている女からのものにした。塗装職人がアイヒマン一家の新しい住所を教えてくれるのではないかとアハロニたちは期待したが、残念ながら、塗装職人が知っていたのは、アイヒマン一家が都市の北に移ったということだけだった。だが塗装職人は、アイヒマンの息子の一人が近くの自動車修理工場の工員として働いていることを教えてくれ、ファンをそこに連れて行ってくれた。ファンは「ディト」と呼ばれているらしい青年に紹介された。青年は自分たち一家は確かに引っ越したが住所は言えない、けれども、祝いの小包は受け取ると言った。ファンはそこを去る前に、ディトのシャンブレッタ500、スポート・モーペッドを記憶に焼きつけた。アハロニがあとでファンに話した時、ディトはアイヒマンの息子ディーターに間違いないことに気づいた。翌日、アハロニはもう一人の助っ人を四二六一番地に送った。その助っ人は保険勧誘員のふりをし、「リカルド・クレメント」はいるかと尋ねた。一家は引っ越したと、またも塗装職人は言ったが、クレメントというのが、この家に住んでいた男の名前だと確言した。それはアハロニにとって重要な飛躍的前進だった。「クレメント」が実際にアイヒマンであることが事実上裏付けられたからである。その晩、アハロニはテルアヴィヴにあるモサドの本部に、暗号のメッセージを送った。その中で彼は、クレメントとアイヒマンが同一人物であるのは、ほぼ確実だと伝えた。イサル・ハルエルは喜んだ。「私はそれ以上遅れることなく」と彼は書いている。「リカルド・クレメントがアドルフ・アイヒマンだという我々の推測が確認され次第、直ちにとるべき作戦計画を綿密なものにした」

それを確認し、アイヒマンの新住所を知るというのは難しかった。なすべき最上のことは、ディーターが工場を出た時に彼のモーペッドのあとを追うことだったが、彼のあとをつけるのは簡単なことではなかった。というのも、モーペッドは簡単に――知らずにだが――アハロニのレンタカーを撒くことができたからだ。ある時は葬列に行く手を阻まれ、またある時はレンタカーが故障した。その結果アハロニは別のやり方を試みた。三月十一日、ファンを四二六一番地に再びやり、自分の贈った誕生日祝いが着いていないと、クラウスに惚れている女が苦情を言っていると言わせた。今度は塗装職人の一人は前より愛想がよさそうで、ガリバルディ通りの家までの正確な道順を教えてくれた。「それは絶対に確かなのかと、私はその男に訊いた」とファンはアハロニに報告した。「彼はそうだと言った。なぜなら、彼はその新しい家で仕事をし、そこのドイツ人はまだ自分にいくらか借金があるから」。翌日の午後、アハロニはファンが教わった道順を辿った。車でルート２０２を車で下って行くと、間もなくガリバルディ通りの家を見つけた。「その家は、その一帯の家同様、貧弱でみすぼらしかった」とアハロニは言っている。その家の前を通りかかると、五十代のがっしりした女が小さな金髪の男児と一緒にテラスに立っているのが見えた。それはアイヒマンの妻と、四人目の息子だろうとアハロニは推測したが、それは正しかった。

アハロニは翌週ずっとその家の監視を続け、地元のユダヤ人の建築家を通し、その建物の持ち主について調べた。サン・フェルナンドの地元当局は彼を助けることはできなかった。その家のある一帯は公式に規制されていない一種の無人地帯だったからだ。建築家はゲオフィンク社に当たってみたらどうかと言った。同社がその一帯の土地の多くを買い占めたからだ——たぶん同社は土地をその一家に売っただろう。三月十八日、建築家は大使館でアハロニに報告した。「大当たりだ！」と彼は言って、紙片をモサドの諜報員アハロニに渡した。その紙片には、一四番地の家の持ち主は、それまでチャカブコ四二五一番地に住んでいた「ヴェローニカ・カタリナ・リーブル・ド・ファイヒマン」であるのを明かしていた。「私は興奮している様子を見せないよう苦労した」とアハロニは回想している。なぜかは容易にわかる。家の持ち主の名はアイヒマンの妻の旧姓と同じであるだけではなく、「Fichmann」というのはEichmannの綴りの間違いなのは確かだからだ。さらに、チャカブコ通りの家の番地が違っているのも、書記の書き誤りだと考えられた。

三月十九日、土曜日、アハロニはやってきてからわずか十六日後、アイヒマンを初めて見る機会に恵まれた。その日の午後、彼が車でルート２０２を下って行くと、一人の男が家の前で洗濯物を取り入れているのを見た。男は中背で、額が高く、やや禿げていた。五十代に違いないと、アハロニは推測した。彼はその男がアイヒマンだと確信したが、男の写真を撮らなければならなかった。一週間、ほかの手掛かりを追い、アルゼンチンにおける反ユダヤ主義の公式調査という見せかけの仕事を続けたあと、アハロニは四月三日、日曜日、ピックアップトラックでガリバルディ通りに行った。彼と一緒に、さらに二人の助っ人「レンディ」と「ロベルト」がいた。何度となくその一帯を通ったので気づかれてしまうのを恐れ、アハロニはレンディに、ブリーフケース・カメラを使ってアイヒマンの写真を撮る方法を教えた。その日の午前十時半、ピックアップトラックを家から約二百五十ヤード離れたところに停めた。アハロニは車の奥に横になり望遠鏡で屋敷を観察し、レンディとロベルトはエンジンをいじった。十五分後、アハロニはアイヒマンが庭に出てくるのを見、その家に歩いて行って会話を始めるようにとレンディに指示した。次の数分、アハロニとロベルトは、レンディがアイヒマンと妻とディーターに話しかけるのを見ていた。アハロニは、しばらくしてからアイヒマンが会話を打ち切る様をじっと見ていた。レンディは疑わしいほどアイヒマンに関心があると思われないよう、ディーターと会話を続けた。やがてレンディはその場を去り、指示された通りサンフェルナンド駅に向かって戻って行き、アハロニの車に乗った。

アハロニがイスラエル大使館内にフィルムの現像設備を持っていなかったというのは、彼の装備がいかに貧弱だったかを示している。その結果彼は、ブエノスアイレスの繁華街の大きな写真店にそれを持って行った。そして、すぐに町を離れるのでネガだけが欲しいと言った。店員は翌朝までには出来ていると約束したが、翌朝店に行くと、プリントはまだ出来ていないと言われた。「なんのプリントだね？」とアハロニは詰問した。「誰がプリントなど頼んだかね？ ネガが欲しいんだ、今すぐ！」。当然ながら誇大妄想的になっていた諜報員のアハロニは、「アイヒマンの友人」がどうやってかフィルムを横取りしたのではないかと疑い始めたが、三十分後、ネガ——および数枚のプリント——が出来ていた。「写真を見た時、私の恐怖は消えていた」とアハロニは回想している。なぜならレンディは、自宅の庭に立っているアイヒマンの見事な四枚の写真を撮っていたからだ。四月八日、アハロニは飛行機でパリ経由でテルアヴィヴに戻った。パリからイスラエルに飛ぶ時、彼は偶然ハルエルに会った。ほんの少し雑談をしてから、ハルエルは尋ねた。「奴が我々の求めている男っていうのは確かかね？」。アハロニは写真の一枚をポケットから取り出し、「疑問の余地はまったくない」と答えた。

二週間後、アハロニはドイツ人実業家になりすましてブエノスアイレスに飛行機で戻った。彼に同行していたのは三人のほかのモサドの諜報員で、彼らは一緒に尖兵を務めていた。数日後、任務部隊の残りの者が加わった。五月一日にハルエル自身が到着した。モサドの主任としてハルエルは、その作戦に参加した最も高位の将校だったが、任務部隊の実際の隊長はラフィ・エイタンだった。彼はカルメル山の英国のレーダー施設を破壊する任務に参加しただけではなく、独立戦争でも戦った。その際に負傷したが、戦い続けた。〈ハガナー〉とその精鋭部隊、パルマッチの三十三歳の古参兵だった。彼はハルエルは彼を「傑出した作戦行動能力」の持ち主と見なしていた。ハルエルのグループはそうした人物を必要としていた。諜報員たちは故郷から数千マイル離れていて、彼らのほとんどの者が知らぬ土地で行動していた。もし捕まれば、全員長期の刑に服することが考えられた。

四月の最後の週と五月の最初の週、ハルエルのグループはアイヒマンの監視を続け、彼の日常の決まった行動を確認した。九日間ぶっ続けで監視した者たちは、アイヒマンが毎晩二〇三番のバスから七時四十分に降り、週末以外、庭仕事をするのを見た。その間、さらに多くの車を借り、隠れ家を借りた。実際の拉致の詳細も決めた。五月十日火曜日の晩に二台の車で出発し、その一台をアイヒマンの家の近くに停める。車にはアハロニ、エイタン、ゼエヴ・ケレン、ペーター・マルキンが乗る。マルキンが初めにアイヒマンを捕まえる。アイヒマンを車に押し込んでから、四人の男は隠れ家まで車で行き、そこにアイヒマンを三日間閉じ込める。五月十三日にアイヒマンをブエノスアイレス空港に連れて行き、そこからエル・アルの飛行機でイスラエルに運ぶ。その飛行機があるというのは幸運だった。五月十二日に到着することになっていた飛行機には、アルゼンチンがスペインからの独立を勝ち取った五月革命の百五十周年を祝う行事に参加するためブエノスアイレスを訪れる、イスラエル高官のグループが乗ることになっていた。高官たちは数日アルゼンチンにいる手筈になっていたが、飛行機は乗組員を休ませるために二十四時間空港にとどまってからイスラエルに戻る予定だった。ハルエルにとっては、それはアイヒマンと任務部隊全員をアルゼンチンから出すための素晴らしい機会だった。

だが五月三日、ハルエルに悪い知らせが届いた。残念なことに、アルゼンチンは五月十九日の午後までイスラエルの高官を迎え入れられないことになった。それは、特別便が一週間遅れることを意味した。ハルエルはジレンマに直面した。もしイスラエル大使館がアルゼンチンに日取りを変えてくれと頼んだなら、特別便に注意を惹くことになるだけだろう。だが、部下をもう一週間待たせるというのはまずかった。「我々の隊員は肉体的、精神的能力の限界に近づきつつあった」と彼は記している。「そんな凄まじい緊張にさらに一週間耐えるのは辛かった」。ハルエルはまた、アイヒマンの一見変わらぬ日常の行動がいつまでも続くことはないのではないかと怖れた。そこで、最初に決めた日で事を運ぶことにした。だが、五月九日の朝、ハルエルはラフィ、アハロニ、もう一人のチームのメンバーに会い、土壇場の準備について話し合った。三人ともいくつかのことがまだ決まっていないので少し延ばしたがっているのが、はっきりわかった。ハルエルは渋った。少しでも遅らせると任務の遂行が危うくなると感じたのだ。それにもかかわらずチームは、とりわけみんなが短い休息を必要としているので、休止が必要だということをハルエルに納得させた。モサドの指導者は二十四時間遅らせることにしぶしぶ同意した。

五月十一日の晩の七時十五分に、拉致チームは隠れ家から出て、サン・フェルナンドに向かった。「私たちは黙って運転した」とペーター・マルキンは回想している。「まず、都市のひどくわびしい郊外を抜け、車の往来の激しい幹線道路に出た」。天候が悪くなり始めた。遠くで雷が鳴り、稲妻が走った。もし雨が降れば拉致は延期すべきだが、しばらくのあいだは雨が降らなかった。七時半少し過ぎに、チームは目的地に着き、アイヒマンの家の数ヤード前でビュイックを停めた。支援の車はずっと後ろの、鉄橋で半ば隠れたところに停めた。チームの面々は位置についた。マルキンとケレンは車から降り、ボンネットを開け、中をいじり始めた。アハロニは運転席にいた。エイタンは後部座席に横になっていた。

男たちは不安な思いで待っていた。彼らが到着してから数分後、一人の十代の少年が自転車で通りかかり、手を貸そうかと言った。アハロニは丁寧に少年を追いやった。七時四十分をちょっと過ぎた時、アイヒマンがいつも乗るバスが小さなキオスクに近づいてきた。男たちはバスが停まらずに走って行くのを見て挫折感を覚えた。その晩は、アイヒマンは遅いのか、家に帰ってこないかだった。彼が八時までに現われなければ、拉致チームは立ち去る計画だった。それ以上そこにいると怪しまれるからだ。その時間が過ぎると、アハロニはエイタンに向かい、どうすべきか訊いた。「我々は待つ」とエイタンは手短に命じた。拉致チームのほかの者は知らなかったが、エイタンは八時半まで待つ決心をしていた。

八時五分過ぎに、もう一台のバスがキオスクの前で停まった。アハロニは一人の男が降りるのをじっと見ていたが、それが誰だかわからなかった。不意に、支援の車がライトを点けた――それは、降りた乗客がアイヒマンだという合図だった。アハロニは拉致班のほかのメンバーに、自分たちのほうに歩いてくる男から目を離さないようにと警告した。すると、アイヒマンが左手をポケットに入れるのが見えた。「奴の手に気をつけろ！」と彼はマルキンに向かって囁くように言った。「奴は拳銃を持っているようだ！」。アイヒマンが武装しているかもしれないということを聞くとマルキンは、彼を捕らえる方法を急遽変えねばならなかった。マルキンはアイヒマンを羽交い絞めにして後ろに引きずる代わりに、アイヒマンを正面から襲うことに決めた。

すぐにアイヒマンは十五ヤードしか離れていないところに来た。「彼の足音を聞くことができた」とマルキンは回想している。「時計のチクタクという音のように規則的な」。さらに数秒経ってからマルキンは、自分の知っているわずかなスペイン語で相手に話しかけた。「ウン・モメンティト、セニョール」。アイヒマンは立ち止まった。そして、黒縁の眼鏡の奥からマルキンを凝視し、一歩下がった。マルキンは飛びかかった。二人の男は地面に倒れ、溝に転がり落ちた。二インチの深さの泥の中に仰向けになったマルキンはアイヒマンと取っ組み合った。アイヒマンは義歯が外れたので、ゴロゴロという音を立て始めた。マルキンは彼を引っ張り上げようとした時、アイヒマンの喉を摑んでいる手の力を抜かねばならなかった。すると五十四歳の男は凄まじい悲鳴を上げた。アハロニがその音を消そうとエンジンを吹かしているあいだに、エイタンは車から飛び出し、マルキンがアイヒマンを後部座席に押し込むのを、ケレンと一緒に手伝った。「すべてのことは永遠に続いているように思えた」とアハロニはのちに書いている。拉致自体はものの一分しかかからなかったはずだが。

アイヒマンは隠れ家に連行され、そこに八日間閉じ込められた。食事の時間中でさえ、または便所に行く時も、アイヒマンはゴーグルをかけさせられ（それは顔にテープで留めてあった）、大部分の時間をベッドに縛りつけられていた。それにもかかわらず彼はのちに、自分は穏当に扱われたと認めている。ある時、「最初に私を殴り倒した大きな筋骨逞しい男」が一瓶の赤ワインさえ持ってきてくれた。それはペーター・マルキンであろう。マルキンはのちに、アイヒマンと何度も省察に満ちた会話をしたと言っている。二人には共通の言語がなかったにもかかわらず。マルキンはアイヒマンにワインを与えたのみならず、一箱のタバコも与え、レコードをかけてやりもした。そのためマルキンは仲間の諜報員から非難された。「一体、何をやってるんだ?」とその一人は部屋に入るなり言った。「この人殺しのためにパーティーを開いてるのか?　気でも狂ったのか?」。アイヒマンは目隠しをされていたにもかかわらず、自分を捕らえた者たちのあいだに緊張感が漂っているのをよく知っていた。彼らは間もなく、隠れ家に長いあいだ待たされるのがひどく苦痛になったのだ。「私は自分がなぜそんなに長くそこに置かれているのか理解できなかった」とアイヒマンは書いている。「しかし、私を拉致した者たちの計画に支障が生じたようだった。そのあいだ、彼らは私より恐怖を覚えているようだった」。仮にアイヒマンの虚勢があとからでっち上げたものにせよ、隠れ家には不穏な空気が漂っていると彼が感じたのは正しい。イサル・ハルエルが書いているように、その建物は監視する者にとっても監獄になり、自分たちの家族の何人かを殺害することを命じた男のごく私的な世話をするのが次第におぞましくなった。

アイヒマンの家族は、夫であり父である彼を必死になって捜した。五月十二日の朝、ディーターはクラウスがエレベーター制御盤の仕事をしている建物に駆け込んだ。「親父がいなくなった！」とディーターは息を切らしながら言った。クラウスは最初、イスラエルが父を捕らえたと思った。彼はドライバーを投げ捨て、兄弟は急いで家に戻った。その途中、元SS将校にそのことを告げた。その男は、落ち着いて合理的に考えるようにと二人に言った。父の「親友」とクラウスが述べている将校は、ほぼ間違いなくカルロス・フルトナーだろう。フルトナーは何が起こったのかの可能性を数え上げた。アイヒマンは警察と悶着を起こして留置場にいるのかもしれないし、事故で病院か死体保管所にいるのかもしれない。そのどちらの場合でもなかったら、父が消えたのはイスラエルの仕業と兄弟は考えてもよい。その後の二日間、兄弟と、ペロン派の青年運動に携わっている数人のボランティアの青年が、あらゆる警察署、死体保管所、病院を調べたが成果はなかった。「私たちの悲痛な気持ちは強まった」とクラウスは言った。「途方もない計画について話し合われた」。グループの一人は、イスラエル大使を拉致して拷問したらどうかと言い、もう一人は大使館を爆破することを提案した。どちらの案も否決された。ある時点でクラウスは、約三百人の男がオートバイに乗って都市の方々を調べていて、あらゆる港、鉄道駅、空港、主な道路の交叉点には「われわれの仲間の一人がいる」と言った。アイヒマン兄弟は警察を呼ぶことはしなかったようだ。

アイヒマン兄弟が父を捜し、イスラエルが待っているあいだ、イサル・ハルエルは自分のチームがもう一人のナチを拉致することができるかどうかについて調べていた――ヨーゼフ・メンゲレを。「メンゲレが我々から程遠くない所に隠れているかもしれないと考えると、私は落ち着かなかった」とハルエルは書いている。だが、チームのほかのメンバーは、そんな企ては危険過ぎると考えた。その中にラフィ・エイタンがいた。エイタンは上官と大声で論じ合い、ヘブライの古い諺を引用した。「たくさん捕ろうとすると、何も捕れない」。ハルエルは一歩も譲らなかった。そして、メンゲレの居場所についてアイヒマンに訊くようアハロニに命じた。アイヒマンはのちに、アハロニの尋問について回想している。

もし私が言うことを聞かなければ即座に射殺すると、彼は繰り返し言った。彼は南米に住むほかのドイツ人について私に多くの質問をした。出し抜けに彼は言った。「ヨーゼフ・メンゲレ博士はどこにいる?」。すぐさま私は返事をした。「知らない。知っていても話しはしませんよ。話せば最後のドイツ帝国の一人を裏切ることになりますからね」

アイヒマンはそんな反抗的な姿勢を見せたものの、アハロニはアイヒマンを徐々に参らせた。アイヒマンは、ユルマン夫人という女が経営する、ビセンテ・ロペスにある下宿屋にメンゲレが泊まっていると聞いたことがあるのを認めた。

ハルエルはイスラエルに二つの「戦利品」を持って帰ろうと決心していた。問題は部下の数の不足だった。彼はそれから二十四時間で、スペイン語が話せる連絡員の寄せ集めチームを編成し、その下宿屋を見張らせたが、彼らが目にしたのは、下宿屋から学校に行く子供たちだけだった。じっとしていられなくなった一人の諜報員が通りを二時間ほど歩き回り、一人の郵便配達員に出くわした。彼はその郵便配達員に「ドクター・メネル」は近くに住んでいるかと訊いた。郵便配達員によれば、その名前の男はひと月前まで実際に下宿屋に住んでいたが、転送先の住所は残さなかったという。「その郵便配達員は本当のことを言っていたと思う」とハルエルは書いている。「私は殺人医師の新しい手掛かりを発見したことを非常に重要視した」。翌日、ハルエルはその諜報員を郵便局にやり、「ドクター・メンゲレ」の居場所について訊かせた。局員は郵便配達員が言ったことを裏付けた。メンゲレはひと月ほど前に下宿屋を出て、彼のところに来る郵便物は差出人にすべて返送された。ハルエルはこうした挫折があったものの、粘りを見せた。五月二十日、〈アイヒマン作戦〉の最後の日、諜報員の一人が下宿屋に電話し、そこに前に住んでいた者について尋ねた。しかし、電話に出た女は明らかに新しく来た者で、何も知らなかった。その後、二人目の諜報員がボイラー修理人のふりをして玄関口に現われたが、その女は、あんたに用はない、前の下宿人が問題を抱えていたのだろうが、今は問題はないと言い放った。「彼らが発見したことに、私は失望落胆した」とハルエルは回想している。

「殺人鬼の医師をわずか二週間の差で捕らえる機会を逃した事実は受け入れ難かった」

ハルエルは正しかったのだろうか？　モサドはメンゲレをあわやというところで逃したのだろうか？　これから見るように、アイヒマンが閉じ込められているあいだメンゲレは、ブエノスアイレスはおろか、アルゼンチンにさえいなかったのである。だが、マルタ・メンゲレはブエノスアイレスにいた。もしハルエルが彼女を見つけようと思ったなら、電話帳を調べさえすればよかったのである。

その日ずっと、アイヒマンはイスラエルまで長旅をする覚悟でいた。前日の午後十七時五十二分に、エル・アルのブリストル・ブリタニア航空機がブエノスアイレス空港に着陸した。そして、イスラエルの乗務員が五月二十日の大部分を休養することに使っているあいだ、モサドの彼らの同胞はいつになく忙しかった。アイヒマンは体を洗われ、ひげを剃られ、エル・アルのキャビン・アテンダントの空色の制服を着せられた。それからテーブルに寝かされた。「副木が私の腕の一本に結ばれた」ことを、彼はぼんやりと覚えていた。「そして皮下注射を打たれた。私は意識を失った」。その晩九時に彼は引き起こされた。薬物を注入された状態の彼は、ブエノスアイレスのナイトクラブで度を過ごした乗組員の一人という、モサドが望んだ印象を与えた。アイヒマンは車の中で意識を回復したのを覚えていた。彼は意識を回復すると、隣にいた諜報員が鎮静剤の量を増した。アハロニが運転していた車は十時半に空港に着いた。車には外交官ナンバーが付いていたので、守衛は手を振って車を通した。数分後、アハロニはエル・アルの乗組員のバスの隣で車をいったん停めた。二台の車は一緒に飛行機のところまで行った。機長と二人の乗組員は機内に入った。一分後、彼らはほかの乗組員に機内に入るよう合図をした。アイヒマンは非常に慎重に車の外に出された。彼がもう一度意識を回復したのは、その時だった。

次にわかったのは、我々が飛行場にいるということだった。私は両側の男と背後の男に導かれてステップを昇り、機内に入った。私は助けてくれと叫びたい衝動を覚えた。大変だ《ヒメル》！　それは私にとって最後のチャンスだった。しかし、喉からはなんの音も出てこなかった。口が利けなくなったかのようだった。

それからアイヒマンはファーストクラスのキャビンの通路側の席に坐らされた。彼は何が起こっているのかに気づいていたが、話すことができなかった。次の一時間、出国検査官が機内に入ってきて彼らの旅券を調べるのを待つのは落ち着かなかった。アイヒマンはいまや、「ジョージ・ドロン」という名のイスラエルの旅券の誇らしい所有者だった。アルゼンチンの役人は早く家に帰りたいらしく、ほとんど一瞥もくれずに乗組員全員の旅券にスタンプを捺した。ついに、真夜中を四分過ぎた時、機長は飛行機を離陸させ、アドルフ・アイヒマンは、彼が根絶しようとした人々の祖国に、ついに向かった。五月二十二日の午前七時三十五分、彼はロド空港に到着した。「私がイスラエルに着いた時は美しい春の日だった」とアイヒマンはのちに言っている。まるで観光客のように。

翌日の午後四時、イスラエルの首相ダヴィド・ベン＝グリオンはイスラエル議会で演説した。「私はクネセト〔イスラエル国会〕に対し、少し前、イスラエル保安軍が最悪のナチ戦争犯罪人の一人、アドルフ・アイヒマンを見つけたことをお伝えします」。そして首相は、「アドルフ・アイヒマンはすでに我が国において逮捕されていて、一九五〇年のナチおよびナチ協力者処罰法によってイスラエルにおいて間もなく裁かれるでありましょう」と発表して世界を驚かせた。

当然のことながら、そのニュースは世界中の新聞の見出しになったが、ベン＝グリオンの素っ気ない声明以外、イスラエルはアイヒマン逮捕の詳細を明かさなかった。二十四日、ハルエルは記者会見を行い、アイヒマンは自分の諜報員の努力によってのみ、その所在が突き止められたと声明した。その声明はフリッツ・バウアーに対する感謝の念に欠けているように見えるだろうが、ハルエルはすでに個人的にバウアーに謝意を表していた。世界中の新聞は英雄を必死になって知ろうとし始め、五月二十五日、ロンドンの『ザ・タイムズ』のウィーン特派員は、ジーモン・ヴィンゼンタールにこの件に関わっているのかどうか尋ねた。ヴィーゼンタールはまったく正しいのだが、「アイヒマン逮捕に個人的に関与したのかという質問に否定の答えをした」。ヴィーゼンタールはアイヒマンに関する自分の資料はすべてヤド・ファシェムにあると記者に話したあと、六年前にイスラエルに移住した友人が、その資料についてすべて知っている、その友人がアイヒマンの「逮捕に何か決定的な」貢献をしたかどうかは、はっきりしていないが、と言った。アイヒマンの逮捕に自分は何も関与していないとヴィーゼンタールが認めたことは、彼が自分の役割について真実を語った最後の時であろう。モサドがアイヒマン逮捕について詳細を発表しようとしないので、ヴィーゼンタールは間もなく、埋めるべき情報のギャップがあるのに気づき、すでに見たように、大喜びで偽の手柄話でそのギャップを埋めた。

その「友人」とはトゥヴィア・フリートマンで、その後の数週間、新聞は彼が英雄だと思い込んだ。ヴィーゼンタールが『ザ・タイムズ』のインタヴューを受ける日の前日、フリートマンは、ブナイ・ブリス名誉毀損防止連盟全米委員会会長のベンジャミン・エプスタインによって、「アイヒマンを捕らえた者」と名指された。エプスタインが主張するには、フリートマンはアイヒマンを追跡してクウェートに行った。アイヒマンはそこで英国の石油会社で働いていた。それからイスラエルに身を隠した。そして、イスラエル警察が彼の居場所を突きとめ、彼を逮捕するのに数日しかかからなかった。ほかの報告のほうが、少しばかり正確だった。五月三十日、『ワシントン・ポスト』は、一九四六年にアシェル・ベン＝ナタンがフリートマンに最初にアイヒマン狩りに向かわせたと書いたが、それ以上の情報を提供することはできなかった。フリートマンのもとに記者が殺到した。「イスラエル全土から記者が私のところに押しかけてきた」と彼は回想している。「そして、外国から電報で私を撮ることを依頼されたカメラマンが来た。彼らは事務室にいる私を撮り、家にいる私を撮った。彼らのカメラのシャッター音は止まらなかった」。一人のカメラマンがフリートマンの息子が幼児用便器にまたがっているところを撮った時、フリートマンは当然ながら「ややヒステリック」になったことを認めている。フリートマンは私生活が侵害されたにもかかわらず、記者たちが欲しがるものを与え始めた。彼は六月にニューヨークで、アイヒマンを追ってついにアルゼンチンで発見したのは自分だと、ある記者に語った。それは我々がすでに見たように、本当ではない――そうしたのは、ロータル・ヘルマンとフリッツ・バウアーの二人なのである。その記者はまた、インタヴューの相手に英雄的性格を付与し始めた。「フリートマンは……口調の柔らかな、真摯なポーランド系ユダヤ人で、ダヴィド・ベン゠グリオンの若い頃を思い出させる」とドルー・ピアソンは書いた。「彼の決意を秘めた目は、非常に多くの危機を経て、敵に包囲された小さな国を導いた首相の目のように輝く」

フリートマンがもてはやされている間、彼と以前文通したロータル・ヘルマンは彼に手紙を書き、自分が当然貰えるものと思う一万ドルの報酬を要求した。ヘルマンは自分がフリートマンとバウアーに渡したすべての情報を丹念にリストにした。その多くは依然として「フランシスコ・シュミット」に関するもので、ハルエルはそれが正しくないのを知っていたが。それにもかかわらず、ヘルマンが最初にバウアーに連絡しなければアイヒマンは見つからなかったろうし、ヘルマンは誤りを犯したにせよ、ヘルマンに報酬を与えるのは道義的に当然のことだった。フリートマンは〈世界ユダヤ人会議〉に話し、ヘルマンに報酬を与えるように求めたが、彼らは拒否した。ハルエルが自分の諜報員のみがアイヒマンの所在を発見したと言っていることを引用して。次に、ヘルマンに報酬を与えるようモサドに話すと、モサドも拒否した。モサドは報酬を出すという約束をしていないという単純な理由で。ヘルマンは粘り強かった。彼は報酬を出すと言ったのはフリートマンなのだから、フリートマンが報酬を払うよう要求した。フリートマンはヘルマンの手紙を無視しようとしたが、老いた盲人はさらに十年以上粘った。一九七一年十一月十日、彼はイスラエルの首相ゴルダ・メイアに手紙を書き、金を払ってくれるよう要求した。とりわけ、イサル・ハルエルがその年の四月に書いた一連の文でヘルマンの名前に言及しているので。彼はまた、その手紙の写しをフリートマンに送った。フリートマンはメイアに手紙を書き、ヘルマンに報酬を与えるべきだと言った。ヘルマンがさらに何度か訴えたあと、ついにイスラエル政府は一九七二年四月に、ヘルマンに一万ドル払った。彼は報酬を手にするのに十二年かかったのである。もしハルエルが介入していれば、その期間は相当に短縮されたであろう。

アイヒマン逮捕を自分の手柄にしようとしたのはフリートマンのほうが早かったが、最終的にそれを自分の手柄にしたのはヴィーゼンタールだった。ヴィーゼンタールのほうが魅力も図太さも持っていたし、メディアと講演をうまくこなした。フリートマンはのちに、元同僚のヴィーゼンタールが自分の役割について、いくつかの途轍もない主張をしたのを回想している。「ヴィーゼンタールは著書と講演の中で、自分はアルゼンチンでアイヒマンを捕らえた時、その場にいて、彼と争っているうちに溝の中に実際に落ちたと言っている」。ヴィーゼンタールはアイヒマンの拉致に自分も加わったとは書いていないが、ヴィーゼンタールは自分も加わったとよく言っていたとフリートマンは主張している。ある時フリートマンは、なぜそんなことを言ったのかとヴィーゼンタールに訊くと、ヴィーゼンタールはこう答えたとされている。「ジャーナリストはセンセーションを欲しがる。だから、そう話したんだ。私は〈アイヒマン作戦〉について訊かれると、スピーチの中でそれを繰り返したのさ。生活と名声のためなら、私はなんでもする」

一九六〇年代を通しフリートマンは、旧友の名声が上がるのを見て、次第に苦々しく思うようになった。彼はトロントでのヴィーゼンタールの講演を聴きに行き、ヴィーゼンタールが溝の中で格闘した話をするのを、じっと見ていた。「聴衆はヴィーゼンタールに盛んに拍手をした」ことをフリートマンは覚えていた。「すると、年季の入った役者のように、彼は何度も何度もお辞儀をした」。憤激したフリートマンは講演が終わるとヴィーゼンタールのところに行き、なんでそんな話ができるのかと詰問した。ヴィーゼンタールの答えは――フリートマンによると――きわめて図々しいものだった。

こうした薄馬鹿共は、入場料に見合うだけの英雄が欲しいんだ。アイヒマンを自分の手で捕らえた誰かが。シン・ベット［イスラエル国家保安機関］の諜報員は、一九四五年から五五年にかけて、私らのようにひもじい思いはしなかった。彼らはイサル・ハルエルと一緒に、イスラエル国家の費用で最上のホテルに泊まった。私は今、女房子供のために数千ドル稼がなくちゃいけない。もし宣伝と私の講演料のためなら、私はアイヒマンと一緒に溝に落ちなくちゃいけないのさ、そういうわけだ。もしそうしなければ、私はアイヒマンの住所をあんたに渡した、あの盲目のロータル・ヘルマン老人のようになってしまう。あんた自身、イスラエルではみんなに笑われるだけだ。そういうことだ。これで、私がイスラエルに移住したくない理由がわかるだろう。私は人が何年もあんたのことを笑い、もしあんたがアイヒマン拉致での自分の役割について口にすると、いまだにシン・ベットがあんたに嫌がらせをするという話を聞いたよ。お願いだから、タデック［フリートマンの愛称］、私の講演会には来ないでくれ。あんたは腹を立て、私が嘘八百を並べていると叫び始めるだろうから。そうなると私はスーツケースを摑んで立ち去り、二度とナチの時代とアイヒマンについての講演は出来なくなる。人は英雄と立て役者が欲しいんであって、エキストラが欲しいんじゃない。

もちろん、フリートマンの回想はきわめて慎重に扱わねばならない。たとえ彼が、ヴィーゼンタールの言ったどの言葉も本当ではないと主張しても、それは二人の男のあいだにあった敵意の程度を示しているに過ぎない。アイヒマンが捕まった翌年、二人ともアイヒマン追跡に関する本を出版したが、ヴィーゼンタールの『私はアイヒマンを追跡した』は、彼が追跡者たちの中心にいるという印象を与える。フリートマンの『追跡者』では——たくさんの粉飾がないわけではないが——フリートマンは脇役である。フリートマンはまた、読者にはあまり魅力的な人物に思われない。くよくよし、恨みがましく、絶えず己が運命について託《かこ》つ人物。それに反してヴィーゼンタールは魅力的で、相当なものに見える己が成果については一見控え目だ。

　ヴィーゼンタールとフリートマンだけが、アイヒマン逮捕を自己宣伝の機会と見なした人物ではない。一九六〇年八月、二人のイスラエルのジャーナリスト、ズヴィ・アルドゥビーとエフライム・カッツは、アイヒマンと彼の拉致について、雑誌『ルック』に二つの記事を書いた。二人はその記事に対して五千五百ドル貰ったが——本書の執筆時点では約三万五千ドル——アルドゥビーはアイヒマンの話ではもっとずっと多くせしめることができると考えた。それは正しかった。その後間もなく二人はヴァイキング社と本を書く契約を結び、二人は各自五千ドル、実際に執筆する老練なジャーナリスト、クウェンティン・レナルズは一万ドル貰うことになった。出来上がった本、『死の代理人』は九月二十九日に出版された。レナルズはそれを「特別な一日二十四時間スケジュール」で書き上げたのだ。材料の大部分はアルドゥビーが内密にドイツの雑誌『シュテルン』から手に入れたものだった。『シュテルン』は、アイヒマンがブエノスアイレスにいたあいだにオランダ人の元SS将校ヴィレム・サッセンに口述した、自己弁明的回顧録を出版することを考えていた。『死の代理人』の多くの部分は嘆かわしいほど不正確で、一九五八年、アイヒマンがユーフラテス川の東で石油を求めて発掘していたことにさえなっている。レナルズは序文で二人の共著者に敬意を表している。二人の共著者は、彼が言うには「ヨーロッパ全土で外国特派員として」働き、〈ハガナー〉ではゲリラ隊員で、イスラエル国防軍の将校だった。

そうした讃辞は、二人の共著者をペンと剣の古強者《ふるつわもの》のように思わせた。ところが、アイヒマンが拉致された時には、二十八歳のアルドゥビーは実はニューヨークのコロンビア大学のジャーナリズム専攻の学生で、アイヒマンについては新聞の平均的読者以上には知らなかった。戦争の末期にパレスチナに移住したルーマニア系ユダヤ人の家に生まれたアルドゥビーは、〈ハガナー〉で働くには若過ぎた。もっとも独立戦争のあいだ、ネゲヴ旅団の第八歩兵大隊の機甲部隊に属する十六歳の斥候だったが。学校を出たあとアルドゥビーは、イスラエルの情報機関の一つで働いたと言われていたが、四年後に解雇された。アルドゥビーは綿摘み人にまで身を落とし、若い妻はテルアヴィヴの北東数マイルにあるペターティクヴァの地方議会に勤めていたが、野心は抱いていた。ある時点で、大興行主になり、ダニー・ケイのショーの切符を売った。アルドゥビーは彼をペターティクヴァに呼び寄せようとし、大評判になった。残念ながらアルドゥビーはケイに自分の計画を話さなかったので、スキャンダルになったあと、金を返さねばならなかった。その後、アルドゥビーは全シオニスト党に入り、若いオルガナイザーになった。また、党の新聞のための町の通信員になった。シナイ戦争中、アルドゥビーは党の新聞に、自分が部隊の先頭に立ち大胆不敵な行動をしたとか、ガザに密かに入って諜報活動をしたとかいう、でっち上げの記事を盛んに書いた。アルドゥビーは妻と離婚してから、すぐに十九歳のフォーク・ダンサーと結婚し、彼女と一緒にイスラエルを離れアメリカに移住した。どうやってかアルドゥビーはイスラエル軍の新聞の信任を得、米軍の刊行物の焼き直しの記事に過ぎないものを送った。

アルドゥビーは、アイヒマン拉致で新たに活気づいたナチ狩りを利用するのに必要なダイナミズムと売らんかな主義が完全に混ざった人物だった。『死の代理人』が出版される二週間前、アルドゥビーはヴァイキング社の社長トマス・H・ギンズバーグに、自分はマルティン・ボルマンの所在を知っていて、〈クリーム・パフ〉と自ら名付けた作戦で彼を捕らえたいと思っていることを信じさせた。ギンズバーグはアルドゥビーの言うことを完全に信じた。なぜなら、アルドゥビーがボルマンの逃亡経路の地図を持ち、その詳細を知っていて、そのうえボルマンが南米に逃げた際に乗ったUボートの名前さえ知っていたからだ。アルドゥビーはギンズバーグに、自分はボルマンの日常の行動を知っているし、アイヒマン拉致に加わったモサドの諜報員の多くを個人的に知っているとも言って、信憑性を裏付けた。一九六〇年九月十二日、ヴァイキング社はアルドゥビーに二千五百ドルの前金を払い、さらに捜査費用として千ドル払った。ギンズバーグはその若いイスラエル人に、マルティン・ボルマンに関する原稿を受け取ったら四千ドル払うとも約束した。アルドゥビーはそれから雑誌『ルック』に行き、ボルマンに関する記事を書くということで二千ドルの前金をせしめた。そして原稿を渡したらば、さらに六千ドル受け取ることになった。

一九六〇年十月か十一月にアルドゥビーは、四週間から六週間以内に連絡するとギンズバーグに約束してから、マルティン・ボルマン大追跡の第一段階としてヨーロッパに渡った。アルドゥビーはイスラエルに戻り、『ルック』に最初の記事が載って以来稼いだ一万一千ドルを使い始めた。彼は秘書と速記者を一人ずつ、ジャーナリストを数人雇い、自分の獲物に関する話を調べさせた。その間、アルドゥビーはそばに妻がいなかったので収入を全部使ったが、その大半は洒落たバーに夜毎に通い、高いレストランに行き、結婚すると約束して女に言い寄ることに費やした。一九六〇年一月八日、彼はギンズバーグに手紙を送り、資金は比較的少ないにもかかわらず、〈クリーム・パフ作戦〉は順調に進んでいると書いた。そして、事実、世界各国の情報機関と驚くほど密接な関係を結んだと言った。

我々が英国陸軍省（MI－5）、英国外務省、ロンドン警視庁の特別政治国際部、国際刑事警察機構、第二局《ドゥージエーム・ビュロー》、イタリアとユーゴスラヴィアの情報機関、ドイツ戦争犯罪捜査局から得たファイルと、ボランティア・グループからの報告の助けを借り、彼の逃亡と追跡に関する最も完璧な話を知りました。これらの資料には［……］あの男が生きているという最初の（活字の）証拠を含んでいます。

もしギンズバーグがアルドゥビーについていささかでも疑念を抱いたなら、それを裏付けるのに、ほとんど努力は要らなかったろう。そうした機関からファイルを入手するのはまったく不可能だったのだから、アルドゥビーが情報機関の世界について疎《うと》かったのは明らかである。英国陸軍省とMI5（情報局保安部）はまったく異なり、ロンドン警視庁に「特別政治国際部」などはなかった。

アルドゥビーはボルマンを「調査」していただけではなく、イスラエルの新聞にでっち上げの記事も書いた。最も野心的な企ては、イスラエルのビートニックに関する写真入りの五万語の記事だった。ところが、一九六一年初めのイスラエルでは、そんな自由な精神はなかったので、アルドゥビーは作り話を書き、カップルが浴槽の中でセックスをしているふりをしている写真を、金を払ってカメラマンに撮ってもらった。春までには、アルドゥビーがそれまでのライフスタイルを維持することができなくなったのがはっきりした。彼はダイナーズ・クラブの利用限度額を超過し、ニューヨークの銀行の小切手は不払いになり始めた。マルティン・ボルマンは本当に生きていたとしても、自分を追跡する者のことを、そう心配することはなかったろう。

春までには、アルドゥビーは彼の「狩り」を押し進めることがなんとしてでも必要になった。マルティン・ボルマンに関するなんの証拠もなく――結局、見つけうる証拠は何もなかった――現金もなくなったので、アルドゥビーはもっと現実的な標的を狙うことにした。彼はニューヨークに戻り、ギンズバーグに向かい、レオン・ドグレルは「ボルマンの話の不可欠の一部」なので、今度はドグレルを拉致することにする、と告げた。訳がわからなかったギンズバーグは、ドグレルについて聞いたことがないのを認めた。ドグレルはベルギーの親枢軸国のレックス党の指導者だった。ピエール・デイが「不思議な光輝《ミステリユーズ・イルラディヤーション》」を持つと評したカリスマ的ドグレルは、SS突撃旅団「ヴァロニェン」に加わり東部戦線に勤務し、柏葉付き騎士鉄十字勲章を授与され、武装SSの外国人のうちで最も位の高い勲章を貰った人物になった。ヒトラーが、もし自分に息子があれば、SS上級大隊指導者《シュトゥルムバンフューラー》ドグレルのようであってもらいたいと言ったのは有名である。一九四四年十二月二十九日、ベルギー戦争犯罪評議会によって死刑を宣告されたドグレルは、一九四五年五月七日の早朝、オスロからスペインのサンセバスティアンに飛行機で逃げたが、彼の乗ったハインケルⅢは着陸した時に地面に衝突し、彼は何箇所も骨折した。ドグレルは一九四六年八月まで軍隊の病院で療養生活を送った。その間、スペインは彼が国内にいることを否定した。やがてドグレルはスペインで公然と暮らすようになり、ヨーロッパの極右の指導的人物になった。彼の友人にはオットー・スコルツェニーとハンス＝ウルリヒ・ルーデルがいる。そして彼は結婚によってヴェルナー・ナウマンの情婦にも縁が出来た。アルドゥビーはギンズバーグに、ドグレルは〈カプリ〉と呼ばれる秘密ファシスト機関を取り仕切っていて、マルティン・ボルマンがその指導者だと話した。この場合も、もしギンズバーグがアルドゥビーの言うことを確認しようとしたなら、本当の〈カプリ〉はもちろん、アルゼンチンのカプリ社で、アドルフ・アイヒマンがそこで働いていたことを、そう苦労せずに知ったことだろう。

アルドゥビーはいまや、ヴァイキング社からもっと金をふんだくろうと必死になったので、ギンズバーグに途方もない嘘をついた。ドグレルはすでに自分が捕らえていて、フランスのさる私有地に拘禁してある、と彼は言った。ドグレル拉致の話は一応センセーショナルだった。スイスの銀行家たちが超低空でマドリッドに飛び、魅力的な女がリヴィエラの沖のヨットの上で何人かのナチを誘惑し、英国の一流の精神科医が尋問する。ギンズバーグからすれば前払い金を払ったマルティン・ボルマンの話とはやや違うので、苦情を言ったが、アルドゥビーはギンズバーグからさらに二千五百ドルせしめた。アルドゥビーは『ルック』に同じ話をした。しかし彼らは、ギンズバーグとは違って簡単には騙されず、ボルマンの話だけを要求した。アルドゥビーはもう一人の犠牲者を見つけた。それはハーヴィー・ブライトという文学ジャーナリストで、ブロードウェイのプロデューサーだった。彼はアルドゥビーに三千ドル提供した。

再び懐の暖かくなったアルドゥビーは、一九六一年五月二十七日、ニューヨークから汽船リベルテ号に乗り、ルアーヴルに出航した。船上でアルドゥビーは、イギリスに演劇の勉強をしに行く途中で、マンハッタンのアッパー・ウェストサイドから来た二十二歳のキャロル・クラインと、大西洋の真ん中でロマンスに耽った。船がルアーヴルに着くと、恋の病に罹ったクラインは演劇の勉強を捨て、アルドゥビーについてパリに行く決心をした。パリでアルドゥビーはドグレルを拉致する計画を練った。アルドゥビーは三人の共謀者と作戦について論じ合って時間の多くを過ごした。クラインとの情事は続けたけれども。彼は八月にニューヨークで彼女と結婚することを約束した。アルドゥビーは相変わらず資金が足りなかった。クラインと大いに飲み食いするのに、クラインから五十ドル借りる羽目になった。クラインはのちに、アルドゥビーがポケットサイズのピストルを常に携行し、フランスの秘密警察にあとをつけられていると言ったことを思い出している。ある時彼は、蚤の市で飛び出しナイフを買った。クラインの感じたところでは、それは襲撃してくる者に対して使うためよりは、彼女を感心させるために買ったものだった。

六月一日、アルドゥビーはクラインにキスをして別れ、室内装飾家で大望を抱いたジャーナリストであるジャック・フェインソンと一緒に車でスペインに向かった。車の後部座席に八挺のリボルバー、弾薬、セビリアの北約五十マイルのコンスタンティナにあるドグレルの家の間取りと見取り図を置いた。計画は簡単なものだった。アルドゥビーとフェインソンは「バルバラ」というフランス系モロッコ人の少女を使っておびき出して拉致し、薬で眠らせ、ベニドルムの近くのカルペ港に向かって四百マイル車で走る。そこでドグレルをヨットに乗せ、フランスに送る。七月三日、二人の男はラ・ジュンケラの真北を通っているフランスとスペインの国境に近づいた。国境検問所で一人の守衛が彼らの旅券を取り上げ、事務所に入って行った。すこし待っていると警官が一人出てきて、車を脇に寄せてほかの車を通すようにとフェインソンに言った。彼がそうすると、二人のナチ・ハンターは武装警官に囲まれた。二人は手を挙げて車から出るよう命じられ、逮捕され、百マイル南のバルセロナに尋問を受けるために連行された。「スペインの警官は我々に平手打ちを食わし、続けざまに殴った」とフェインソンはのちに回想している。「彼らは矢継ぎ早に質問した。誰の命令で来たのか？　ドグレルがスペインにいることを、どうして知ったのか？」

翌日、キャロル・クラインがマドリッドのパレス・ホテルに到着した。彼女はそこでアルドゥビーに会うことになっていた。二日後、彼女は両親からニューヨークに帰るよう電報を受け取った。クラインの両親は戻った娘に、アルドゥビーはフォーク・ダンサーとすでに結婚しているということを教えた。七月十四日、クラインは恋人と話し合って決着をつけるために飛行機でスペインに戻った。マドリッドで彼女はアルドゥビーの逮捕を間もなく聞いた。そしてアメリカ大使館から、アルドゥビーの共犯者として彼女も直ちに逮捕されるおそれがあるのでスペインを離れるよう忠告された。彼女はロンドンに飛び、自分は見知らぬ男につけられていると言い張り、七月十七日にニューヨークに逃げ帰った。十日後、クラインはその事件についてFBIから訊かれたが、彼女はアルドゥビーを「病的嘘つき」だと答えた。それは、正しい評価のように思える。クラインが逮捕され有罪にならなかったのは幸運だった。彼女のかつての恋人は九年の刑を言い渡されたが、三年後に釈放された。追跡者が牢獄で衰弱しているあいだ、一九六二年八月、ドグレルはSSの制服を着用し、騎士十字勲章をきちんと付け、娘の結婚式に出席した。アルドゥビーはそんな食わせ者だったけれども、彼が成功しなかったのは残念なことだ。なぜなら、ドグレルはマラガにおいて、悔悟しないナチとして八十七歳まで生きるからである。

アルドゥビーが刑務所にいて目撃できなかった事件は、アドルフ・アイヒマンの裁判である。その裁判は一九六一年四月十一日に始まり、十二月十五日に終わった。被告は死刑の判決を受けた。裁判を傍聴した多くの者には、アイヒマンが驚くほど惨めな人物に見えた。「私はガラスの独房の中に、イスラエルの警官を両脇に固められ、虚弱な、なんの特徴もない、みすぼらしい人物を見た」とジーモン・ヴィーゼンタールは書いている。「警官のほうが彼よりも明るく興味深い人物に見えた」。ジャーナリストのマーサ・ゲルホーンは、アイヒマンが無表情に椅子の背にもたれ、「彼が拷問した男女の証言を聞いている」様子を眺め、書類が渡されたり、メモをとったりした時にのみ、アイヒマンは活気づくと思った。そうした行動は、「好きな仕事をしている組織人間」特有のものだとゲルホーンは思った。アイヒマンの振る舞いは、ハンナ・アーレントのような者が、彼を「全体主義的人間」の権化、紙鋏をAからBに移すのと同じ非良心的な良心をもって人間をガス室に移送することが取り仕切れる平凡な役人だとするのを容易にした。これは、アイヒマンの性格を根本的に読み誤ったものである。彼は優秀なオルガナイザーだったが、決して凡庸ではなかった。彼は自慢屋だった。彼のナチズムは苛烈なものだった。頻繁に情事に耽った。大酒を飲んだ。実戦に参加したがった。エルサレムの被告席に現われた、わざとらしいまでの穏やかな人物では、とてもなかった。

一九六二年五月三十一日の晩、アイヒマンは最後の食事を与えられた。彼は一瓶のワインを所望し、与えられた。司祭が十一時半頃やってきた時には、彼は少し酔っていた。司祭は、悔悛したいかと尋ねたが、アイヒマンは拒んだ。その代わり、家族への数通の手紙を託し、司祭に向かい、そんな陰気な顔をするなと言った。「なんでそんなに悲しそうなんです?」と彼は訊いた。「私は悲しくない」。真夜中少し前、アイヒマンは手枷《かせ》足枷をかけられ、独房から出された。死刑執行場に向かう途中、彼は垂れた洟を拭いてくれと守衛に頼んだ。しばらく間があってから、アイヒマンは絞首刑台に導かれ、ロープが二重に首に巻きつけられた。ボタンが押される前に、彼は言い残すことはないかと尋ねられた。「ドイツ万歳」と彼は言った。「アルゼンチン万歳。オーストリア万歳。その三国が、私と最も強い繋がりを持っている国だ、私は決して忘れない。私の妻と、家族と、友人に挨拶する。私の用意は出来た。私たちは間もなく、また会う。それがすべての人間の運命だ。私は神を信じて死ぬ」。カチッと言って落とし戸が開くと、アイヒマンは十フィート下に落ち、絶命した。六月一日の午前一時には彼の死体は焼かれ、四時にバケツに入った遺灰は汽艇《ランチ》で国際水域に運ばれた。遺灰が地中海に撒かれたあと、バケツは洗われ、ランチは戻った。

第10章 荒っぽい裁き

ズヴィ・アルドゥビーのような者が素人っぽい探偵ごっこをやり、ヴィーゼンタールとフリートマンがアイヒマン逮捕の功名争いをしているあいだに、もっと地味で慎ましい人々がナチ戦争犯罪人を裁こうと一心に努力していた。西ドイツは一九五八年十二月、シュトゥットガルトの北十マイルのルートヴィッヒスブルクに、ラント国家社会主義者犯罪捜査司法局の本部《ツエントラール・シユテレ》、略称ＺＳ《ツエット・エス》を設立した。本部が作られたのは、あまりに多くのナチの犯罪人が殺人を犯して逃げおおせている事実に、連邦共和国内部の人々が気づくようになったからである。加えて、戦争犯罪人とされる者が裁判にかけられると、犯人というよりは犯罪の共犯者として扱われることが多かった。裁判手続きは、殺人者を殺人者と見なすのに乗り気ではないという態度を温存していたし、虐殺に責任のあるのはヒトラー、ヒムラー、ハイドリヒだけに思われることが、あまりに多かった。エルヴィーン・シューレ博士の指導のもとにＺＳはナチの犯罪の捜査を始め、戦争犯罪者を特定するための情報を集めた。ひとたび犯罪人が特定されると、あとは適切な訴追者に任された。最初、情報の多くはニュルンベルク裁判のために集められた文書から得られた。公衆がＺＳの存在に次第に気づくようになるにつれ、間もなく新たな証拠や証言が事務所に大量に届くようになった。一九五九年、ZSは特別行動隊《アインザッツグルッペン》と強制収容所の看守が犯した罪の四百件以上の捜査を始めた。膨大な仕事量に加え、ZSが直面した最大の問題は、適任の人材を見つけることだった。シューレ博士は間もなく、自分のところに送られてきた警察官の何人かは、警察署の厄介者で、不適任で無能力な場合が多いのに気づいた。それに加え、有能な警察官はシューレのチームに入りたがらなかった。フレデリック・フォーサイスはスリラー『オデッサ・ファイル』の資料を集めていた時、ZSを扱ったが、次のように回想している。

もしそこで働けば、出世の見込みがなくなることだとドイツの警察から聞いた。古巣に戻れることはなく、決して昇進できなかった。ルートヴィヒスブルクにいたあとでバイエルン警察に入りたいと思っても、望みは叶わなかった。そのことから、既成の権力組織が相も変わらず親ナチであることがわかった。

ZSに情報を提供した一人は、ヘルマン・ラングバインだった。彼は一九五二年に作られた国際アウシュヴィッツ委員会の事務局長だった。一九一二年にオーストリアに生まれたラングバインは共産主義者で、スペイン内戦の時にフランコに対して戦った国際旅団の古参兵だった。戦後フランスに抑留されたラングバインは、政治思想ゆえにナチによって間もなく拘禁され、一九四二年、ダッハウからアウシュヴィッツに移送された。そして、収容所の医師、エドゥアルト・ヴィルツの秘書になった。ラングバインは収容所での地位ゆえ、医学の名のもので行われた蛮行を詳しく知った。彼の事務室は死体焼却炉一号の入口を見下ろしていたので、囚人がガス室に生きたまま連行され、それから死体となって特務班《ゾンダーコマンド》によって運び出されるのを見ることができた。

一九六一年の初めまでには、ZSは七百五十件の調査をしたが、そのうちの一件が際立っていた。アウシュヴィッツの件である。ZSは収容所で働いていた約九百人の容疑者を確定したが、そのうちわずか二十八人を捕まえ、裁判にかけることができただけだった。フリッツ・バウアーが努力したおかげで、これらの男をフランクフルト地方裁判所で連続して一連の裁判にかけることができた。一九六一年の夏、ハインツ・デュックスがバウアーによって事実審理前の判事に任命された。デュックスの役割は、五十巻の訴追文書を吟味し、被告を尋問し、証人に質問することを含む予備審問を開始することだった。デュックスは八月に仕事を始めてから間もなく、フランクフルト裁判所の二人の判事が、しきりに彼の仕事の進行を阻もうとしているのに気づいた。

> 彼らは被告の数があまりに多いので、そのうちの少なくとも数人に対する、フランクフルト地方裁判所の裁判権を私が拒否すれば、私の仕事量は減るだろうと考えた。その助言に従うなら、私は裁判所の行政部門が支援してくれるのを当てにすることができた。彼らの提案の真意を見抜くのは容易だった。その提案は私の仕事量の軽減を狙ったものではなく、第二次世界大戦が終わってから十五年以上経って、ドイツの殲滅収容所の仕組みが、ついに記録されることになる審理の妨害を狙ったものだった。

デュックスはこうした妨害とは別の企みにも遭遇した。ある時、彼はボンのソヴィエト大使館に重要な手紙を送る必要があったが、ヘッセンの司法省はそれを送るのを拒んだ。理由は、その手紙にSBZ（ソヴィエト・ゾーン）ではなくロシアが嫌うGDR〔ドイツ民主共和国〕という名称が使われていたことだった。不運なことにデュックスの敵は、その後のアウシュヴィッツの所員の裁判で、彼が公判前手続きの際の判事になるのを邪魔することができた。裁判に必要な事実を確かめる際の調査で、被告側の弁護士は、「不公平」という理由でデュックスの資格を剝奪することを要求した。「私をこの地位から追い払うのに十行で足りた」とデュックスは回想している。「一九八九年に引退するまでの自分の職業経験、とりわけファシストの不法行為に対する償いの分野で、最終的バランスはあまり満足のいくものではない」

フランクフルト・アウシュヴィッツ裁判は一九六三年十二月に始まった。数週間のうちにドイツ国民は徐々に義憤に駆られるようになった。一月にフランクフルトの英国領事は、裁判が「心ある公衆に一種の衝撃を与えている」と報告した。多くの者はそれを話題にしようとしなかったが、話題にのぼると、すぐに恐怖心をあらわにした。さらに、自分たちはガス室について何も知らないと被告たちが言うと、「嫌悪感を表わした」。一九六五年八月に裁判が終わる頃には、世界中の人間は、これまでよりもさらに詳細なアウシュヴィッツの実態を知り、ドイツ国民はその名においてなされた恐るべき行為を、しぶしぶながら認めることができるようになった。被告のうち六人が終身刑を宣告され、五人が釈放され、残りの十一人が三年から十四年の刑を宣告された。

裁判中に最も頻繁に言及された名前は、ヨーゼフ・メンゲレの名前だった。彼を最も熱心に追跡したのはヘルマン・ラングバインだった。彼は数年間、メンゲレに関する文書を集めていた。ラングバインの収めた最大の成功は、メンゲレが一九五四年の離婚手続きを、多くのナチ戦争犯罪人の弁護に当たったフリッツ・シュタイナッカーに依頼するため、あるブエノスアイレスの弁護士に代理委任状を渡したのを知ったことだった。一九五八年九月、ラングバインは逮捕状を出させるため、ボンの州検察官の事務所に書類を送ったが、ハインツ・デュックスの場合同様、親ナチと疑われる官僚の壁にぶち当たった。役人はそんな逮捕状は出せない、西ドイツの十一の州《ラント》の一つから出してもらわねばならない、とラングバインに言った。メンゲレはどの州に住んでいるのか、と役人は訊いた。知らない、とラングバインは答えた。「それなら」と役人は応じた。「あんたが見つけるまで、私には何もできない」。激怒したラングバインはファイルをテーブルに叩きつけ、メンゲレを追跡するのはドイツ政府の責任だと役人に言った。ボンが直ちに行動する意志を持っているなら、西ドイツ大使館に電報を打ち、メンゲレが同大使館に登録したかどうか調べてもらうだけでいい。メンゲレは一九五六年九月に登録したので、彼を追跡し、逮捕状と犯人引渡しを申請するのは簡単なことだったろう。しかし、ボンにはそんな意志はなかった。そして実際メンゲレは、一九五九年三月にはパラグアイに移住したのである。

結婚したばかりのメンゲレが、世界で最も貧しい国の一つにどうして移住する気になったのかは、はっきりしない。西ドイツの誰かが、ラングバインがメンゲレを捜していることを彼にこっそり教えたのではないかと言われてきている。メンゲレが、貧民街での堕胎手術で少女が死んだことで誤って逮捕されたために動揺したということも考えられる。彼はドイツを去る前、製薬会社の従業員の一人に、自分は「政治的理由で」国を出る、君には二度と会えないだろうと告げた。理由はなんであれ、メンゲレの移住はきわめて時宜を得たものだった。

メンゲレが次の十五ヵ月住んだのは、パラグアイ南東のアルト・パラナ地区にあるオイナワ郊外の農家だった。メンゲレのような犯罪者が隠れたすべての場所の中で、この小さなドイツ風の町ほど、ナチの南米の隠れ家の一般のイメージに近い場所はない。一九〇〇年八月に造られたその町は、パラグアイのなんの変哲もない大草原の真ん中にあり、通りはオレンジ色の土の埃だらけだ。町の住民は大方が、キャッサバ、米、メイズ、蔗糖、豆、コーヒーを栽培する農夫だった。生活は楽ではなかったが、町民は自分たちの地区を誇りにし、彼らの野心は一九三八年に書かれた讃美歌で、そこは「パラグアイの新しいアクロポリス」と讃えられていた。その地区は決して豊かではなかったが、辛うじて生計を立てるというほどでもなかった。ブエノスアイレスから来た余所者《よそもの》には、オイナワは片田舎に見えただろうが。メンゲレは比較的裕福なアルバン・クルークの一家に滞在していたが、クルーク一家を田舎者と見なしていて、彼らが五時に起きるという習慣に、間もなくひどく腹を立てるようになった。「彼らの健康と生産力のためには、もう一時間か二時間眠ったなら、当然ずっとよかっただろう」とメンゲレは辛辣に書いている。「無益で精神的に低いレベルのお喋りに無駄な時間を費やすよりは」。メンゲレにとってはオイナワは「ホーム」というよりは「足場」だった。彼は時間の多くを、パラグアイ中を広く旅し、家族の作った農業用機械を売ることに費やした。

　ドイツではヘルマン・ラングバインの努力が認められ始めた。一九五九年六月五日、フライブルクの裁判所はメンゲレに対する起訴状を作成した。彼の数々の犯罪の中でも、彼がある時、十四歳の少女を「短剣で頭部を裂いて殺した」ことがその起訴状に特記されていた。メンゲレをアルゼンチンから送還させる手続きを始めるため、逮捕状がボンに送られた。ロルフ・メンゲレによると、ギュンツブルクの警察はそうした動きについてドイツのメンゲレ一家に密かに伝えた。その頃には、メンゲレはもちろんオイナワに住んでいて、パラグアイの市民権という「素晴らしい物」を手にしようとしていた。市民権を手にすれば、送還されることはなくなる。メンゲレは「ホセ・メンゲレ」という名前で帰化証明書を受け取った。それからの数ヵ月、彼は自分は安全だと感じただろうが、その安心感は、アドルフ・アイヒマンが拉致されたことを聞いて、決定的に打ち砕かれた。マルタはメンゲレにブエノスアイレスに戻るよう懇願したが、彼はもはや自分が安全ではないのを知っていた。「事態は切迫し、抜本的に解決されるかもしれない」と彼は日記に書いた。「［……］それにもかかわらず気が滅入るのは、状況のすべてが手に負えぬものになったからだ」。彼は「元気で楽天的」だと言ったものの、それは長くは続かなかった。

六月七日、ブエノスアイレスの西ドイツ大使館は、メンゲレに関する情報を要求するボンからの電報を受け取ったが、外交官たちはほとんど何もしなかったようだ。戦時のユーゴスラヴィアでフォン・リッベントロップの全権大使だった大使は、二十六年後のインタヴューで、自分はメンゲレに関することは何も知らなかったし、思い出すことができないと語った。驚くべきことに――あるいは、たぶん予期されたように――メンゲレの送還手続きがアルゼンチンで実際に始まったのは、一年以上経った一九六〇年六月三十日なのである。三日後、一人の判事がメンゲレ逮捕を正式に命じた。もちろん、警察は捜査したが成果はなかった。ジーモン・ヴィーゼンタールが西ドイツ大使館に伝えたメンゲレの住所は余りに不正確だった。また、警察の上層部にはメンゲレを実際に捜す意志がなかった。連邦警察の長官は、アルゼンチンでなんの罪も犯していない外国人を追跡することに部下の時間を無駄に使わせたくないと、判事に話した。アルゼンチンがおざなりの追跡をしているあいだ、メンゲレは自分の戦時中の残虐行為に関する雑誌の記事に、信じ難いという偽りの反応を示した。「雑誌は、そうした自己汚辱的行為を許す現在のドイツ政府の気骨の欠如と、正しい態度の欠如を如実に反映している」

その年の後半、逮捕を怖れたメンゲレはオイナワを去る決心をし、国境を越えてブラジルに入った。彼の人生はこれまで以上に逃亡者そのものとなった。彼はマルタとカール＝ハインツと別れ、クリスマスを一人で祝った。「これまでの人生で経験したこともないほどのわびしいクリスマスだった」とメンゲレは書いている。「その詳細はあまりに物悲しいので、話したくない」

ブラジルでメンゲレを助けたのは、オーストリアの元ヒトラーユーゲントの指導者ヴォルフガング・ゲルハルトだった。彼は一九四八年に南米に移住し、極右のプロパガンダ紙『帝国通信《ライヒスブリーフ》』を編集した。狂信的なナチだったゲルハルトは、自宅のクリスマスツリーを鉤十字で飾り、息子を「アドルフ」と名付けた。ハンス＝ウルリヒ・ルーデルにメンゲレを紹介されたゲルハルトは、メンゲレを保護するのを名誉に思い、ハンガリー人の夫婦、ゲーザ・シタメルと妻のギタの所有する農場に働き口と宿泊所を見つけてやった。農場はサンパウロ北西二百マイルにあるノバ・エウロパにあった。ゲルハルトはシタメル夫婦に、メンゲレは「ペーター・ホッホビヒラー」というスイスの牧畜業者で、ブラジルの農場に投資したいと思っていると話した。シタメル夫妻にとっては、メンゲレは天の賜物だった。夫婦はもう一人の働き手と資金が欲しかったところだからだ。そのうえ、メンゲレは給料を断り、その代わり食べ物と宿だけを要求した。

シタメル夫妻はのちに、「ペーター」には別に変わったところはなかったと言ったが、農夫の中には、彼が哲学と歴史とモーツァルトを愛しているのは、ブラジル僻地の農場労働者としてはやや似つかわしくないと思った者もいた。また、彼は一度、仔牛のヘルニアを手術で見事に治した。そのことは、彼がたんなる牧畜業者でないことをほぼ裏付けた。本名を隠してはいたが、メンゲレは見つかるまいと必死だった。彼は帽子をかぶり、真夏でもレインコートを羽織った。「農場であんな格好をしている人を見たことがない」と一人の女中は回想している。メンゲレは農場で働くことを嫌悪し、沽券にかかわると思っていた。しかし一九六二年、シタメル夫妻とメンゲレはサンパウロの北九十マイルにあるセラネグラの新しい私有地に移った。彼はそこが気に入り、「ここは快適だ」と日記に書いた。それは彼にとってはよいことだった。なぜなら、その農場は六〇年代が終わるまで彼の住処《すみか》になるからである。

アルゼンチンとドイツが誤った国でメンゲレを捜していたとしても、少なくとも大陸については正しかった。一九六一年四月、ヴィーゼンタールによれば、「ヨハン・T」という元ナチがやってきて、メンゲレはカイロにいると告げたという。ヴィーゼンタールは最初懐疑的だったが、メンゲレはアイヒマンが拉致されたあとエジプトに逃げたとヨハンが言ったというのだ。しかしナセルは、もし「死の天使」が自分の国で発見されれば、その結果として悪い評判が立つのを心配した。そこでメンゲレは、アレクサンドリアを根城にする数人の同情的なナチの世話で、ギリシャのキスノス島に一時的な隠れ家を見つけた。「ドイツは手配が出来次第、彼と妻を島から出すことを約束した」とヨハンは警告した。「君にはあまり時間がない、ヴィーゼンタール。早く手を打てば、奴をキスノス島で捕まえられるかもしれない」

ギリシャ当局に話を持ち込むと時間がかかるだけだと思ったヴィーゼンタールは、戦時中、メンゲレの医学助手の一人として働かされた「有名な科学者」でアテネ在住のクエンカ博士に連絡をとった。ヴィーゼンタールはクエンカに、自分は記者をキスノス島に送るつもりだ、そしてもし彼がメンゲレを見つけたら、あなたがキスノス島に行って本人かどうか確認し、警察に通報してもらいたいと依頼した。二日後、記者はキスノス島に着いたが、島には一つの修道院と港近くの一軒の小さな旅館のほか、大きな建物は二つしかなかった。記者は旅館の主人に、最近客が来たかどうか尋ねた。「ドイツ人一人とその妻」という返事が返ってきた。「きのう二人は発ちましたよ」。旅館の主人は記者に、一隻の白いヨットが港に入ってきて、夫婦を乗せて西に向かったと言った。記者は幾人かの人物の写真を旅館の主人に見せた。旅館の主人はメンゲレの写真を見て、彼が客だったと言った。たまたま旅館に入ってきた二人の修道士も、前日に発った男として、やはりその写真を選んだ。「我々はまたしても負けた」とヴィーゼンタールは無念そうに回想している。

この話はドラマティックであるが、またもやヴィーゼンタールの作り話なのである。ヴィーゼンタールがキスノス島に派遣した記者はオトマル・カッツで、ヴィーゼンタールは一九五二年、ナチの隠し持っている金《きん》と逃亡組織網について長文の手紙をカッツに送った。カッツによると、ヴィーゼンタールが書いていることは、どれも本当ではなかった。

私はキスノス島で四日か五日過ごした。メンゲレは明らかにそこにはいなかった。修道院などもなかった。私は地元の治安判事と一緒に二日過ごした。彼は心《しん》からの反ナチだった。私たちは唯一の旅館の宿泊者名簿を調べたが、調査に値する唯一の名前は、ミュンヘンの学校教師の名前だった。私はすべては間違いだったとヴィーゼンタールに説明したが、七年後に彼の本を読むと、私たちが数時間の差でメンゲレを逃がしたことになっていた。

カッツはまた、修道士の存在さえ否定している。ヴィーゼンタールは想像力を働かせてもっともらしい地方色を出そうと、魅力的な小道具として修道士を登場させたのである。「キスノス島では修道士は発見できなかった」とカッツは言った。「キスノス島には修道士はいなかった」。言うまでもなく、メンゲレもいなかった。その話にいささかの真実があるなら、「ヨハン・T」はほぼ間違いなくヴィーゼンタールに偽情報を与えていた、ナチの同調者だったろうということである。

その後の数年、メンゲレを見かけたという情報は急増した。それにつれ、ある種の卑劣な超人としてのメンゲレの評判も高まった。誰かが不審な死に方をするたびに、なぜかメンゲレがその背後にいた。一九六一年三月二十三日、警察は何人目かわからない「メンゲレ」を逮捕した。しかし、今度はまさしく間違った人物を逮捕したのだ。容疑者はほかならぬロタール・ヘルマンだったのである。アイヒマンの所在についてフリッツ・バウアーに手紙を書いた、老いた盲目のドイツ系ユダヤ人。二日後に釈放されたヘルマンは激怒し、彼を二ヵ月以上悩ませた「煽情的新聞《イエロー・プレス》」を激しく非難した。

メンゲレをほんの少しのところで捕らえ損なったのは、実際はモサドだった。〈アイヒマン作戦〉の成功で勢いづいたハルエルは、一九六一年の初め、ツヴィ・アハロニを長とするナチ狩りチームをパリに作った。「突如、この仕事は大変な流行になった」とアハロニは素っ気ない口調で言っている。ハルエルは、メンゲレの所在を突き止める最上の方法は、ハンス＝ウルリヒ・ルーデルのあとを追うと同時に、メンゲレの家族を密かに監視することだと考えた。アハロニ自身はその年の多くの時間をパラグアイで過ごした。そして、メンゲレがオイナワ郊外のクルーク家の農場で暮らしている――あるいは暮らしていた――ことを突き止めたようだが、「我々はパラグアイから何一つ得なかった」ことを認めている。一九六二年、アハロニはメンゲレ捜査を手伝わせようと、元オランダのＳＳ将校ヴィレム・ザッセンを雇った。ザッセンはアイヒマンが口述した回顧録を書き取って以来、ホロコーストは単なる連合国のプロパガンダではないことを悟り、月五千ドルでモサドを助けることに同意した。ザッセンは間もなく、メンゲレはサンパウロ近郊に住み、ヴォルフガング・ゲルハルトに保護されているとイスラエルに報告した。

　アハロニはゲルハルトを監視することにした。ある日彼は、サンパウロの南西に車を走らせるゲルハルトのあとをつけた。ゲルハルトは二十五マイル走ったあと、数軒の農家が固まっている場所に通ずる未舗装の道路に入った。その後の数週間、アハロニはそれらの農家を監視するのに全力を尽くした。「望遠鏡を持って一日中そこに坐っているわけにはいかなかった」とアハロニは回想している。「そこで我々は何か別の方法を考えねばならなかったが、選択の幅は限られていた」。アハロニはピクニックが最上の偽装だと決めた。ある日曜日の午後、アハロニとほかの二人がサンドイッチを食べながら、数軒の農家を見下ろしていた。サンドイッチを食べていると、一軒の農家から三人の男が現われた。二人のブラジル人と一人のヨーロッパ人だった。アハロニが密かに写真を撮る暇もなく、男たちは近づいてきて、アハロニたちと会話を始めた。アハロニはヨーロッパ人の顔をしげしげと眺め、この男がメンゲレだとすぐに確信した。「彼は口ひげを生やしていた」とアハロニはのちに言った。「背の高さも合っていた。我々の持っていた写真に驚くほど似ていた」。その男がメンゲレであるのを心《しん》から確信したアハロニは、拉致計画を立てるためにヨーロッパに戻った。彼がパリの事務所に戻ると、イサル・ハルエルがすでにそこにいて、ほかの仕事をするためにメンゲレ捜査は打ち切るように命じた。「イサルは議論をする気がなかった」とアハロニは言っている。

一九六三年四月までには、ハルエルはベン＝グリオンと仲が悪くなり、〈メンゲレ作戦〉を再開しなかったことを悔いながら辞任せざるを得なかった。指導者が新しくなったモサドは、ナチ狩りにあまり時間も金もかけなくなった。まさに一九五〇年代中頃には、イスラエルは数十年前の敵を追跡して地球をあちこち歩き回るよりは、当面の近くの敵に対処せざるを得なかったのだ。アハロニが見た人物が実際にメンゲレであったかどうかは、はっきりしない。アハロニは確信していたが。仮にメンゲレでなかったとしても、アハロニがヴォルフガング・ゲルハルトの所在を知ったことは、彼が獲物にきわめて近かったことを意味した。残念ながら、彼はメンゲレのほかのハンターと同じくらい獲物に近かっただけだった。

アイヒマン拉致のあと、小物のネオ・ナチが世界中に急増した。ロンドンでは、ハイゲート墓地のカール・マルクスの墓の上の記念碑に二つの黄色の鉤十字と、アドルフ・アイヒマンを愛していることを示すスローガンがペンキで書かれていた。ワシントンDCでは、アメリカ・ナチ党の創設者ジョージ・リンカン・ロックウェルを指導者とする八人の男が、カーキ色の制服を着、鉤十字の腕章を巻いていた。彼らのプラカードの一枚には、「アイク――アイヒマン解放に協力せよ」と書いてあった。その要求は現実的なものというより、うけを狙ったものだった。しかし、抗議をしていたのは極右のメンバーだけではなかった。一九六〇年七月二十七日、ニューヨークのイディッシュの新聞『デア・トーク・モルゲン』は、リガのゲットーの生存者モシュ・ベイリンソンからの手紙を掲載した。「リガの無辜のユダヤ人の血は、ラトヴィアのアイヒマン、SS大尉《ハウプトマン》ヘルベルツ・ツクルスを裁判にかけることを、悲痛な叫びを上げて要求している」とベイリンソンは書いた。「彼が姿を消す前に逮捕すべきである。逮捕する場所がブラジルであれ、イスラエルであれ、ほかのいかなる場所であれ」

「リガの絞首人」でアラーイス特務班《コマンド》の一員は、たまたまブラジルに住んでいた。ツクルスは一九四六年にそこに逃亡したのだ。その前はドイツのカッセルの森とマルセイユに隠れていた。マルセイユでは貸しボート屋さえ始めていた。命知らずの元パイロットでラトヴィアの英雄だった彼は、リオデジャネイロに住み、またもや貸しボート屋を始めようとした。しかし、彼はリガの何人かの生き残りに姿を見られ、それ以来、ブラジルのユダヤ人グループは彼を裁判にかけよと絶えず当局に迫った。

その努力は水泡に帰することはなかった。なぜなら、一九五一年九月、ブラジルは米国務省にツクルスに関する情報を求めたからである。国務省は即座に行動を起こし、駐ドイツ米高等弁務団に電報を打ち、ブラジルに協力することを正式に認可した。米高等弁務官団が何をしたのかははっきりしないが、一九五二年二月、ロンドンのブラジル大使館は外務省に、ツクルスに関してゲットーの生存者たちによって作られた様々な宣誓供述書は本当に信頼できるものなのかどうか問い合わせた。英国は七月まで返事をせず、ブラジルの質問を躱す意図の手紙を送っただけだった。その作戦は一九五三年十月まではうまくいった。その月、ブラジルは文書の真偽を確認することができるかどうか、またも尋ねたのだ。十月二十日、外務省はドイツの米高等弁務団の法律顧問事務局に手紙を書き、ブラジルの要求に応えることができるかどうか問い合わせた。応えることはできないという、短い返事があった。というのも、たとえ証人の所在がわかったとしても、彼らがツクルスについて言うことが真実だとは限らないからだ。その年の十一月、英国外務省の役人たちは一連の覚書をやりとりしたが、それには、「ブラジルはこの件で見当違いをしている」という、ある上級官吏の意見が含まれていた。「ツクルスは戦争犯罪に問われたことはない」とH・W・エヴァンズは書いた。「この段階では、彼が灰になっているかを見るために、灰を掻き回すなどできない」。ツクルスのような男を裁こうという意志が英国の官僚の世界にまったく欠けていたことを、その言葉ほど皮肉にも明確にしているものはない。もしエヴァンズが調べたなら、ツクルスは拘留されたことがないのだから、起訴されたこともないことがわかっただろう。さらに、文書の真偽を確認するという問題は、戦争犯罪調査団のファイルに目を通せば簡単に解決しただろう。すでに見たように、そのファイルはツクルスとその上官アラーイスに対する証言の数多くの頁を含んでいた。エヴァンズの同僚の一人の言葉を借りれば、英国に関する限り、ツクルスは「去る者は日々に疎《うと》し」だったのである。ある役人は何かができるのではないかと言ったが、P・F・ハンコックという人物によって撥ねつけられた。

私はこのことについてはそう満足していない。この件を追求する用意が我々には出来ていないというのが事実だ。我々にその用意が出来ているという印象をブラジルに与えてはならない［……］私はまったく何もしないのが正しいことだと考えたいし、ブラジルがこの件を忘れるのを望みたい。ブラジルはそうした作戦に馴染んでいないわけではないと思う。

ブラジルにとっては名誉なことだが、彼らは粘った。三年近く経った頃、ブラジルの大使はツクルスについて再び英国に尋ねた。英国がツクルスに対してなんの行動も起こさなかったというのは、外務省が沈黙「作戦」を再度試みて成功したことを示唆している。

外交官と役人が曖昧な態度をとっているあいだに、直接行動に出た者もいた。ある晩、十数人のユダヤ人がツクルスの艇庫を破壊した。そのため、ツクルスはリオデジャネイロを離れざるを得なかった。ツクルスは数年間各地を転々としたあと、六十歳になった一九六〇年までには、いくつもの事業に失敗したが、サンパウロの人工湖の岸で始めた水上飛行機での短い遊覧飛行の事業は、ついにある程度成功したようだ。だが、アイヒマンが拉致されたあと、ツクルスは身の危険を感じ、警察の保護と拳銃の携行を申請して許可された。

その年の十一月、ツクルスは雑誌『パレード』の有名な特派員ジャック・アンダソンにインタヴューされた。二人の警官に護衛され、腰にピストルを吊したツクルスは、自分に対する非難はすべて無関係で、アラーイスとの関わりは、何台かのトラックを修理したことだけだ、とアンダソンに答えた。そして、「私は忙し過ぎて政治やユダヤ人殺害に関わる暇がなかった」とも言った。それは、彼にいくらかの余暇があったら、どうやって時間を使っただろうかという言わずもがなの疑問を抱かせる。「ヘルベルツ・ツクルスはひどく怯えた人間だった」とアンダソンは記している。

翌年の五月、殺人者ツクルスには怯える理由が増えた。彼の名前がエルサレムにおけるアドルフ・アイヒマン裁判で挙がったのである。法廷ではエリエーザー・カシャトという人物の証言が行われていた。彼はリガ・ゲットーの生き残りで、どのようにラトヴィア人が特別行動隊《アインザッツグルッペン》に協力していたかについて話した。「その一人、ヘルベルツ・ツクルスは現在、アルゼンチンに住んでいる」と彼は証言した。「私はツクルスが女と子供を殺すのを見た。もちろん今では、彼は非常に多くの者同様、自分はユダヤ人を助けたと言い張っている」。カシャトはツクルスの所在については間違っていたが、盛んに喧伝された裁判に自分の名前が出るというのは、ツクルスが朝刊で読みたくなかったであろうことだ。しかし、そうやって名前が出たにもかかわらず、その後数年間、ツクルスは水上飛行機の事業を邪魔されることなく伸ばすことができた。

一九六四年九月十九日、土曜日、昼飯時をちょっと過ぎた頃、恰幅のいい、禿げかかった中年の男が、ツクルスが水上飛行機を置いている貯水池の脇にあるキオスクに向かって、ゆっくり歩いていた。アントン・キュンツレというオーストリアの実業家だと称するその男は、一ダースの牡蠣の食事を満喫したところで、キオスクの若い女に、自分は観光事業に投資する機会を探しているのだと話した。「あの背の高い白髪の人が見えるでしょ?」と女は言った。「あの人はそういうことに、あたしより詳しいわ」。キュンツレはその男に近づき自己紹介をしたが、その男が自分を上から下までしげしげと見るのに気づいた。男は感心したようには見えなかったが、キュンツレが水上飛行機に料金を払って乗りたいと言うと、口調が変わった。「いいですとも」と男は言った。「私の名前はツクルスです。どうぞ飛行機にお乗り下さい」。そのあと二十分、ツクルスは五ヵ月後に自分を殺すことになる男と一緒にサンパウロの上空を飛んだ。

「アントン・キュンツレ」はモサドの諜報員にほかならず、パリで前年の八月、ツクルスに接触し、親しくなるという任務を与えられた。「犠牲者を拷問するのを実際に楽しみ、無辜の人々を殺害した唾棄すべきサディストを相手にしているのだ」と、彼に指示を与えた諜報員は言った。その諜報員はツヴィ・アハロニだったかもしれない。「そして、このツクルスは厚顔無恥にもブラジルの新聞記者のインタヴューに応じ、自分は無実であり、誰かが自分から知りたいことがあるなどとは思ってもいない、と言っている」。キュンツレはその仕事に打ってつけだった。一九一九年にドイツで生まれた四十五歳の彼は、北部ヨーロッパのどこにでもいる実業家の風貌をしていた。十五の時にナチ・ドイツを逃れてパレスチナに行き、戦争が勃発すると英国陸軍に加わった。一九四八年、独立戦争のあいだ砲兵隊将校として勤務し、イスラエル防衛軍に七年いたあと、イスラエルの情報機関のために秘密任務を引き受け始めた。容貌が平凡で多くの言語に堪能だったキュンツレは、理想的なスパイだった。翌月、彼は正体を偽る準備を急いで始めた。ロッテルダムに行き、私書箱の用意をし銀行口座を開き、ブラジルに行くためのビザを申請し、口ひげを生やし、文房具をいくらか買い、数着のスーツを誂え、太枠の眼鏡を買った。次に向かった先はチューリヒだった。キュンツレは飛行機を待っているあいだ、贔屓のエンターテイナーの一人であるダニー・ケイを見つけ、サインをしてもらった。スイスでキュンツレはクレディ・スイス銀行に口座を開き、六千ドル預金し、ブラジル、ウルグアイ、アルゼンチンで金が引き出せるよう、信用状を作ってもらった。それからキュンツレはロッテルダムに戻り、スーツ、文房具、ビザを持ち、一九六四年九月十一日、エールフランスのジェット機に乗り、リオデジャネイロに向かった。

キュンツレはツクルスの操縦する水上飛行機に乗ったあと、自分のボートの上でブランデーを飲もうとツクルスに誘われた。二人の男は戦時中の経験について少し話し合った。二人とも口数が少なかった。キュンツレはロシア戦線でドイツ軍に勤務していたと仄めかした。キュンツレが本当に話したかったのは、その一帯で観光事業がうまくいく見込みがあるかどうかということだった。その話題は間違いなくツクルスの関心を惹いた。彼の水上飛行機業はどうにか続いている程度だった。キュンツレは、六十四歳の男がなんとかいくらか儲けたいと必死になっているのがわかった。「オーストリア人」は一週間後にツクルスの家に戻ると、その家がごく質素な家具しかない慎ましいもので、家族は「貧困線」すれすれの暮らしをしているのに気づいた。ツクルスはキュンツレに自分の恐るべき

「兵器庫」と勲章を見せただけではなく、作業場にも案内した。そこには立派な古いキャデラックが一台あり、ツクルスはそれを修理したいと思っていた。またもや話は事業のことになり、ツクルスはキュンツレに、車で方々案内し、興味のありそうな場所を喜んで見せようと言った。

九月二十九日、火曜日、ツクルスはキュンツレを、ピエダーデの近くのサンパウロの西約六十マイルの、彼が「農園《プランタシオン》」と呼んだ所に連れて行った。キュンツレは、絶えず用心しているツクルスが自分を罠に掛けようとしているのではないかと思い、道路脇で立小便をしている際に、自分が割礼を施されているのをツクルスに見られるのを心配し始めた。「戦時中、自分はロシア戦線で軍の売春宿に行って淋病に罹ったと言うつもりだった」とキュンツレは回想している。「そして、抗生物質が生まれる前の時代には、性病の治療の際、ある場合には包皮の切除が行われたということを彼に話すつもりだった」。キュンツレの心配は無用のものだった。というのも六十四歳のツクルスは、二人が頻繁に立小便をした際、自分の尿生殖器の状態のほうばかりを気にしていたからである。二人が農園に着くと、武器を持っていなかったキュンツレは、ツクルスが半自動ライフルを取り出したのを見て驚いた。

「射撃の腕比べをしましょう」とツクルスは言った。モサドの諜報員は、「キュンツレ」が軍隊にいたことがあるかどうかを知るための一種のテストではないかと、すぐさま疑った。ツクルスは約五十メートル先の金属板に素早く正確に当てた。それは「恐怖でこわばった裸のユダヤ人の頭部を撃った」経験で得た技倆だと、キュンツレは暗然として思った。ツクルスの撃った弾はどれも的の五センチ以内だった。なかなかの腕前だった。「あんたの番だ」とツクルスはキュンツレにライフルを渡しながら言った。「私はなんの恐怖心もなく、震えなかった」とキュンツレは回想している。「私は任務を引き受けた瞬間から、アントン・キュンツレは私の不可分の一部になった」。彼は軍隊の経験から射撃がうまく、ツクルスよりもうまかった――彼の撃った弾はどれも的から三センチ以内だった。「でかした、ヘル・アントン！」とツクルスは叫び、その瞬間から、ツクルスがもっと気を許すようになったのにキュンツレは気づいた。

狙う相手に数週間にわたって酒食のもてなしをしたあとキュンツレは、隣国のウルグアイでの事業の見込みについて一緒に調べてみようと提案した。反ユダヤ感情が噴出するのを最小限にするため、キュンツレはユダヤ人が大勢住むブラジルの外でツクルスを暗殺したかったので、殺害に最も都合のよい場所として、モンテビデオを選んだのだ。ツクルスは国から出ないようブラジル警察に忠告されていたが、富が自分を待っていると心底信じ込んだので、いつもの用心深さを捨て、十月十六日、金曜日、ウルグアイの首都でキュンツレと一緒になった。二人の男はキュンツレが事務所として借りるのにふさわしい物件を探し回った。どれも借りられなかったが。そこにいたあいだ、ツクルスがいつになく緊張しているのにキュンツレは気づいた。ツクルスは四人のユダヤ人の一団にあとをつけられていると思ったことが、あとでわかった。「私の考えでは」とキュンツレは回想している。「その頃にはツクルスは強度の妄想症に罹っていて、そのためいっそう警戒心が強くなっていたと思う」

キュンツレは、これから万事非常にいいことになるのをツクルスに約束してからパリに戻り、仲間のモサドの工作員たちと計画を練った。そのチームは毒殺あるいは遠方からの狙撃を考えたが、ツクルスを罠に嵌め、動けぬようにして殺害することにした。一九六四年の大晦日、キュンツレはツクルスに手紙を書き、自分は間もなく南米に戻るが、一緒にチリとウルグアイに行けるよう、ビザを取得できないかと尋ねた。ツクルスは三週間後、ビザを取得して、「一緒のビジネス旅行」を楽しみにしているという手紙を書いた。

一九六五年一月二十八日、キュンツレがサンパウロ空港で飛行機から降りると、ツクルスがステップの一番下で待っているのを見て驚いた。さらに悪いことに、ツクルスが8ミリカメラで自分を撮影しているのに気づいた。ツクルスが「オーストリアの実業家」をまだ警戒しているのは明らかだった。その警戒心は彼の妻によって裏付けられた。「夫は近い将来自分の身に何か悪いことが起こったら、そのことに直接責任のある唯一の人物は、とても陽気そうに手を振っているこの男、キュンツレだ、とはっきりと言っていました」と彼女はのちに語った。ツクルスは旅のための文書がまだ揃っていないと白状した。キュンツレはまるで相手が部下であるかのようにツクルスを叱った。作戦を糊塗するために、キュンツレはそこからブエノスアイレスに飛び、二月五日、そこでツクルスから、万事ついに用意が整ったという電報を受け取った。キュンツレが次の文面の電報をパリに送ったのは、その時である。「交渉終了、取引が始まるところ。この交渉をうまく纏めるよう専門家チームを至急送れ。アントン」

その後の数日のうちに、モサドの諜報員たちはブエノスアイレスに飛んだ。いずれも経験豊富な現場で働く者たちで、空手の達人だった。キュンツレは彼らに、ツクルスは間もなく六十五歳だが強靭で「野獣のようだ」と警告した。二月十日、キュンツレは同様にオーストリア人のふりをした諜報員の一人「オスヴァルト」とモンテビデオに行った。二人は数日かけて暗殺をするのに適当な家をやっと見つけた。カサ・クベルティーニは海から約百メートル離れたカルタヘナ通りにある小さな家だった。家具のないみすぼらしいその家はきわめて人目につき、近くで働いている建築業者たちに丸見えだった。それにもかかわらず最上の家に違いはなく、諜報員たちは二ヵ月分の家賃を払った。キュンツレは二十三日に来るようツクルスに電報を打った。するとツクルスは二十四時間以内に返事の電報を打ち、エールフランスの〇八三便に乗って二十三日の午前九時半に到着すると言ってきた。それが、優秀な飛行士の最後の飛行だった。

ツクルスの飛行機はその日の朝、予定の時間に到着し、空港にはキュンツレが出迎えに来ていた。ツクルスはスーツを着てネクタイを締め、「立派な実業家」だった。キュンツレはツクルスをまず自分の泊まっているホテルに連れて行き、数分休ませてから、サンティアゴまでのフライトの予約をするためにルフトハンザの事務所に車で行った。それからツクルスは、事務所にしようと考えている家を見るために、午前をキュンツレと一緒に過ごした。キュンツレは自分が借りた家は本当には適当ではないが、ツクルスに見てもらいたいと言った。十二時半近くになると、キュンツレは黒のVWビートルのレンタカーをカサ・クベルティーニの前に停め、エンジンを切り、家の玄関まで歩いて行った。ツクルスがあとからついてくることを願いながら。車のドアがバタンと閉まった音で、ツクルスがあとから来るのがわかった。キュンツレはドアの鍵を開けた。ツクルスは数メートル後ろにいた。

キュンツレは家に入ると、モサドのチームのメンバーが壁を背に立っているのが見えた。彼らは下着のパンツしか身につけていなかった。ツクルスの血で衣服を汚したくなかったからだ。ツクルスは開いているドアに近づき、部屋の中に歩み行った。キュンツレがドアを閉めた。その途端、諜報員たちがツクルスに飛びかかった。ツクルスは齢に似合わず素早く、激しく抵抗し、相手をふりほどこうとした。彼は空いている手で必死にドアの取っ手に手を伸ばしたが、諜報員たちはドアを押さえた。ツクルスは部屋の中央に引きずられながら、取っ手を捥《も》ぎ取った。「話させてくれ!」とツクルスは叫んだが、彼の要求は無視され、激しい争いが続いた。その間に彼は拳銃を引き抜きかけたが、阻まれた。不意にハンマーがツクルスの頭に振り下ろされ、血が四方に飛び散った。男たちは後ろに下がった。その一人が消音器付きの拳銃を引き抜き──誰かはわかっていない──ツクルスの頭蓋に二発撃ち込んだ。彼は即死した。「建築業者の声が窓越しに聞こえた」とキュンツレは回想している。「彼らは三十メートル足らずしか離れていない所で起こった争いにはまったく気づかずに、隣の建物の改装を続けた」

死体は大きなトランクの上に載せられ、胸には次のような文句の書かれた紙片が置かれた。

判決

ヘルベルツ・ツクルスが犯した罪の重大さ、特に三万人の男女と子供を殺害した個人的責任と恐るべき残酷さに鑑み、我々は当該**ツクルス**を死刑に処する。

彼は一九六五年二月二十三日に処刑された、

「決して忘れぬ者たち」によって

部屋をざっと綺麗にしてから、チームは服を着、二台のVWビートルに分乗し、別々の飛行機の便でブエノスアイレスに戻った。そこに着いて初めて彼らは一瓶のシャンパンで祝ったが、大西洋の向こう側に着くまでは寛ぐことはできなかった。

三月の初め、モサドはツクルス暗殺の詳細をデュッセルドルフ、フランクフルト、ボンの通信社に送った。小包は「決して忘れぬ者たち」から来たけれども。三月六日、モンテビデオ警察のファン・ホセ・ブラガ警部は窓を割ってカサ・クベルティィーニに入ったが、ひどい腐臭に怯んだ。彼は血痕を辿って寝室に行くと、乾いた大量の血が溜まっているところにトランクが置いてあるのを発見した。蓋を開けると、中にツクルスの腐敗し膨れ上がった死体があった。二発の銃弾による孔が頭部の右側にはっきりと見えた。ツクルスの死体が発見されたことは広く報じられ、十分予想されたことだが、モンテビデオのユダヤ教会堂が爆破された。サンパウロでは、ユダヤ系放送局のラジオ・コメンテーターの家の壁に、鉤十字と「ビバ・ツクルス」という言葉が落書きされていた。数週間にわたって「決して忘れぬ者」の正体がうんざりするほど論議された。ツクルスの家族は「アントン・キュンツレ」が彼の死の背後の男だということを疑わなかったが。キュンツレの写真が世界中の新聞に載り、咎めるように人差し指でその写真を指しているツクルスの未亡人が写真に撮られた。「これが人殺し！」と彼女は記者に向かって叫んだ。新聞社も国際刑事警察機構もアントン・キュンツレを発見することはなかった。彼と彼が指揮した作戦は、今日ではアドルフ・アイヒマン拉致の影に隠れてほとんど忘れられている。一方、ヘルベルツ・ツクルスはラトヴィアの一部では、いまだに英雄である。二〇〇五年五月、「ヘルベルツ・ツクルス――推定無罪」という大がかりな展覧会がリエパヤで開かれた。皮肉なことに、ツクルスを支持する者は、裁判手続きにもとづかない処刑の仕方を、彼を弁護する手段として用いている。それはモサドが望んだ結果ではないであろう。

一九六一年秋、ヴィーゼンタールは妻のツィラと十四歳の娘のパウリンカと一緒にリンツからウィーンに移った。同地で彼は、〈イスラエル宗教共同体〉の事務所の中に新しいユダヤ文書センターを作った。同センターは三つの目的を持っていて、彼は一九六二年四月二日に発行された最初の会報で、その概略を説明している。反ユダヤ主義と戦うオーストリアのユダヤ人を代表する。戦争犯罪人の問題を解決するため、オーストリアとドイツの当局、ユダヤ人の諸機関と協力する。歴史的研究を行う。ヴィーゼンタールが最初に扱った「件」は、チェコスロヴァキア、ポーランド、ベルリンでアドルフ・アイヒマンの代理を務め、オランダのユダヤ人の強制移送の指揮に手を貸したエーリヒ・ラヤコヴィチ博士の件だった。ラヤコヴィチは東部戦線で死んだと広く信じられていたが、アイヒマン裁判のあいだに、耳の鋭いヴィーゼンタールは、アイヒマンが一九五五年にラヤコヴィチと話したと語るのを聞いた。一九六一年の最後の数ヵ月、ヴィーゼンタールはラヤコヴィチの戦後の活動を調べ、彼がナチお定まりの「休暇」を南米で過ごしてから一九五〇年代初めにヨーロッパに戻り、トリエステを本拠にした輸出入事業を始めて成功したことを知った。ラヤコヴィチの顧客の多くは東欧圏にいて、彼は間もなく、戦時中は敵と見なしたであろう者と取引をして裕福になった。一九六二年三月には、ヴィーゼンタールはラヤコヴィチの活動に関する文書や彼の住所（ルガーノ近郊のメリデ、ヴィラ・アニータ）をウィーンの検察官に提出した。

ヴィーゼンタールが知らなかったのは、ラヤコヴィチは戦争が終わって以来、アメリカに「言い寄られて」いたことだった。一九四五年一月、防諜部隊はラヤコヴィチを「いっそう利用するため、ウィーンの防諜部隊本部に送る」目的で逮捕しようとしていた。一九五八年十二月、ラヤコヴィチは上海にいる仕事上の連絡員に手紙を書いたが、CIAがその手紙を途中で没収した。その結果、ラヤコヴィチは中共に関する情報の適切な提供者になるかもしれないとCIAは考えた。ラヤコヴィチはオーストリア国家警察の指名手配者名簿に載っていたにもかかわらず、経歴調査では何も彼の名誉を傷つけるようなことは見つからなかった。そこで、CIAのイタリア支局長は「直接に接触する」ことを命じられた。一九五九年六月、局長はミラノで彼に会った。ラヤコヴィチは一九五八年に広東フェアに行った際の旅については喜んで話したが、その年のフェアでCIAのためには働きたがらなかった。また会おうという曖昧な計画は立てられたものの、当座はなんの結果も生まれなかった。

ヴィーゼンタールは、ラヤコヴィチの件が自分の文書センターとオーストリア当局のあいだに生産的なよい関係の基礎を築くだろうと願っていたとしたら、失望することになった。彼は自分の「件」を検察官に提出してからなんの連絡も受けなかった。そして一九六二年三月にイタリアに行き、その件についてミラノの警察署長と話し合った。残念ながらイタリアはラヤコヴィチを逮捕できるなんの理由も持っていなかったので、ヴィーゼンタールは空手でウィーンに戻った。またもや彼は「オーストリアの官僚制度の暗い迷路」に入ってしまい、捜査が「まだ未定」なのを知った。「その袋小路から抜け出す唯一の手段があった」とヴィーゼンタールは書いている。「その件を、できるだけ広い公開の場に持ち出すことである」

四月八日の午後、ミラノの『コッリエーレ・デッラ・セーラ』の記者がヴィラ・アニータに現われ、ラヤコヴィチの息子が玄関に出た。息子は記者に待ってくれと言ってから家の奥に行き、数分後に戻ってきて、父はあなたに翌朝喜んで会うと言った。当然ながら、ラヤコヴィチはそんなことはしなかった。翌日、自分の顔が新聞の一面に出たラヤコヴィチは一億リラを銀行から引き出し、赤いフィアットのスポーツカーに乗って走り去った。彼が逃亡しているあいだ、CIAのウィーン支局は事の成り行きを慎重に見守っていた。同支局への情報提供者の一人はラヤコヴィチと繋がりがあったが、新聞で彼のことが伝えられるや否や、その情報提供者は逃亡者と「手を切る」よう指示された。それに加え、その情報提供者——実業家らしかった——はまた、「投資目的」でラヤコヴィチが渡した三万スイスフランを返却した。その実業家が自分の評判を気にかけていたのは明らかである。なぜなら、彼はCIAに、自分が態度を変えたことの「文書の証明」が必要になった場合にそなえ、二人が関係を断ったことを告げる手紙をラヤコヴィチに送るべきかどうか訊いているからである。CIAのウィーン支局は、急ぐことはない、我々は「それについて考えておこう」と答えた。四月十日、ラヤコヴィチは東ベルリンにいるという噂が流れた。CIAはその話を自分たちに得になるように利用しようとした。ウィーン支局はラヤコヴィチを利用したにもかかわらず、彼がソヴィエト・ブロックと繋がりがあることに関して新聞が「社説で論ずるように仕向け」、「西ドイツが証拠さえ手に入れば裁判を起こすと言っているのに、東ドイツは戦争犯罪人を故意に使っているという見方」を今後は強めるようにするつもりだと本部に伝えた。

CIAの偽善的態度は純粋のマキアヴェリズムだが、CIAが新聞に影響を与えようと努力したにもかかわらず、エーリヒ・ラヤコヴィチを巡るプロパガンダ戦争で勝ったのは東ドイツだった。ラヤコヴィチが四月二十三日にウィーンで自首する頃には、オランダで彼の上官の一人だったSS集団指導者《グルッペンフューラー》ヴィルヘルム・ハルスターが、実はミュンヘンのバイエルン内務省の上級官吏であることが明るみに出た。愚かな話だが、ハルスターはラヤコヴィチをおおやけに弁護して世の注目を集めた。かつての部下はオランダからユダヤ人を強制移送したことに関わりはなく、ユダヤ人財産の管理に責任があるだけだとハルスターは言った。ハルスターは戦時中の犯罪で短期の刑に服しただけだったが、ドイツの新聞は、そうした人物が新生ドイツで比較的高い地位に就いているのは胸が悪くなると論じた。彼は直ちに解雇され、一九六七年、再度裁かれ、有罪になった。

ラヤコヴィチの裁判は一九六五年四月にウィーンで行われた。彼は法廷では傲慢で、自分はあんたたちより十倍も稼いでいると言って、自分の弁護士や裁判長だけではなく陪審員も怒らせたようだ。「悪意のある事前の計画によって人々の生命の危険をもたらし、人々を死に至らしめた状況を作り出した」廉で有罪になったラヤコヴィチは、わずか二年半の軽い刑に処されただけで、裁判以前に務めた刑期が差引かれて一九六五年十月に釈放された。彼が有罪になったからといって、彼を利用しようというCIAの意思は弱まらなかった。もっとも、ラヤコヴィチはその反米主義のために「偽旗作戦」〔敵になりすまして行動すること〕によって雇われ、自分の情報を最終的に利用するのが誰なのか知らなかったが。一九六六年三月、ラヤコヴィチは、鉄のカーテンの背後で取引をした者の名前の完全なリストを、自分に指示を与える諜報員に渡すと約束した。それに加え彼は、そのリストにある、「おおやけには共産主義者と見なされているが、実は親西側」の数多くの者の名前をも明かすことも約束した。したがって、CIAがラヤコヴィチをしきりに利用したがったのも不思議はない。情報機関の世界の「大ない。
　物たち」にとっては、ジーモン・ヴィーゼンタールの活動は迷惑以外の何物にも見えなかったに違いない。

　エーリヒ・ラヤコヴィチのケースは、ヴィーゼンタールのナチ狩りが初めて成功したケースだと言っても不当ではない。実際のヴィーゼンタールは、公衆の目に映る彼のイメージに、ついに追いつき始めたのである。その後の数十年、彼はあといくつかの成功を収めることになる。通常、千百から千二百のケースで成功した（なんの裏付けもなく）と言われているのは間違いだが。おそらく実際の数字はわずか十数件だろう。これから見るように、ヴィーゼンタールのよく使った作戦は、泥のいくつかが、やがてどこかにくっつくまで泥を投げまくるというものだった。それは、無実の老人の名誉を傷つけただけではなく、世界中の法の執行機関と政府の多大な時間を無駄にした。ヴーゼンタールの成果は、特に優れた探偵としての役割にではなく、表看板、象徴としての役割にある。たぶん、ナチ・ハンターとしてのヴィーゼンタールの収めた最大の成功は、フランツ・シュタングル逮捕における役割だが、その場合でさえ、話はきわめて曖昧である。

　非常に多くのナチ逃亡者同様、シュタングルは当然ながらアイヒマン裁判に縮み上がった。彼の妻テレーザは、彼が肱掛椅子に坐り、アイヒマン裁判に関するブラジルとドイツの新聞を貪るように読んでいる姿を回想している。裁判については一言も口にしなかったが、その後彼は裁判に関する本を何冊も読んだ。「それはタブーでした」とテレーザは回想している。メンゲレとは異なりシュタングルは、今自分のいるところにそのままとどまるほどにつむじ曲がりだった。「あの利口な男、ヴィーゼンタールが私を探しているなら」と彼は言った。「彼は警察かオーストリア領事館に頼みさえすればいい――奴はすぐに私を見つけることができるだろう――私は一歩も譲らない」。シュタングルの言うのももっともだった。一家は一九五四年以来、サンパウロのオーストリア領事館に登録していて、オーストリアにいる数多くの友人や親戚は一家の住所を知っていた。シュタングルは自分の居場所を宣伝はしなかったが、ヨーゼフ・メンゲレやアドルフ・アイヒマンと異なり、隠れはしなかったのは確かだ。

ヴィーゼンタールはシュタングルの所在に関する最初の鍵を、一九六四年二月二十一日に手にした。その前日、彼は記者会見を行った。その際ヴィーゼンタールは、「安楽死計画」、アクツィオーンT－4と、ハルトハイム城のような場所での殺人センターについて話した。話の中でヴィーゼンタールは、シュタングルがアクツィオーンT－4に関わっていたことを話した。すると翌日、彼のもとに「興奮した」オーストリア人の女が訪ねてきて、自分はシュタングルの妻のいとこだと言った。「ヘル・ヴィーゼンタール、あたしのいとこのテレーザがあんな恐ろしい男と結婚したとは、まったく知りませんでした」と女は言って泣いた。「大量殺人者！　なんて恐ろしい。一晩中眠れませんでしたわ」。ヴィーゼンタールはすぐさま、彼女のいとこが今、どこに住んでいるのかと訊いた。「そう――もちろん、ブラジルですわ」と女は答えたが、自分が喋り過ぎたことに気づいて不意に口をつぐんだ。翌日、ヴィーゼンタールのもとに、元ゲシュタポの一員だったと自ら名のり、安酒の飲み過ぎでアルコール依存症になった男が訪ねてきて、こう言った。「あんたの記者会見の新聞記事を読んだが、二万五千ドルくれればシュタングルの居所を教える」。ヴィーゼンタールは「君が二百万と言ってもおんなじさ」と答え、「私はそんな金は持ってない」として、結局、金額は七千ドルに値切られた。シュタングルの犠牲者一人につき一セントだった。「私は彼を放り出したかった」とヴィーゼンタールは回想しているが、もし男の情報で、今度の戦争の最悪の犯罪者の一人が逮捕されるなら、それだけの額の金を払う価値があると思い、ヴィーゼンタールはその額の金を払うことを約束したが、男は保証を欲しがった。「誰も保証なんかしない」とヴィーゼンタールは言った。「気に入らなければ、出て行け！」。男は落ち着くようにとヴィーゼンタールに言ってから、自分の秘密を洩らした。「シュタングルはブラジルのサンパウロにあるフォルクスワーゲンの工場で機械工として働いている」

ヴィーゼンタールは一九八〇年代末に二冊目の回顧録『復讐ではなく正義』を書いている時、テレーザ・シュタングルのいとこの話は省いた。その理由は簡単だ。そのエピソードは疑いなく作り話なのだ。本当らしいところはほとんどない。とりわけ、自分が喋り過ぎたことに不意に気づいたという、安手の探偵映画のような場面は。もしそれが本当なら、なぜその女はそもそもヴィーゼンタールを訪ねたのだろう？　話して心を軽くするためだろうか？　そのいとこは正体不明で、シュタングル一家さえ知らなかったので、想像の産物なのは間違いない。アルコール依存症の元ゲシュタポ将校の話も奇妙である。というのも、ヴィーゼンタールは『復讐ではなく正義』の中で、その男に文書で保証し「名誉にかけて」約束したと特に書いているからである。ヴィーゼンタールが将来の情報提供者に、自分は約束を守る男だということを見せるために、「保証」という言葉をあとで書き入れたということはありうるが、もしそうならば、なぜ『我らのあいだの殺人者』を書いた一九六七年にそうしなかったのだろう？　シュタングルを裏切った可能性の最も高い男は、シュタングルの元の義理の息子、ヘルベルト・ハーフェルである。彼はヴィーゼンタールの記者会見の記事を読んだあと、一九六四年二月、ヴィーゼンタールのもとに行くと言ってシュタングルを脅した。テレーザ・シュタングルは、「自分はユダヤ人のおじをヴィーゼンタールに会わせにやった」とハーフェルが彼女たちに言ったのを思い起こしている。そして一九六四年三月、ハーフェルはシュタングルを電話で呼びつけ、あんたこそヴィーゼンタールが追跡している者に疑いないと言った。数年後ヴィーゼンタールは、ハーフェルが実際の情報提供者だという印象を、文筆家のギッタ・セレニーに与えた。そして、数多くの新聞は同じことを報道した。一九七〇年十二月、『デイリー・エクスプレス』は、一九六七年、ヴィーゼンタールはハーフェルに報奨金を払ったと断言した。ヴィーゼンタールは訴訟を起こすとハーフェルに脅かされ、『我らのあいだの殺人者』の中で一九六七年に書いた話に戻らざるを得なかったが。

ヴィーゼンタールにシュタングルの居場所を教えた者が誰であれ、シュタングルが裁判にかけられるまで、あと三年あった。一九六七年二月二十八日、火曜日の夜、シュタングルは娘のイゾルデとバーで会ってビールを飲んだ。それから一緒に車で家に帰り、夕食をとった。シュタングルが家の前に車を停めるや否や、車は警官に囲まれた。テレーザ・シュタングルは騒ぎを聞きつけ、窓辺に走った。彼女は夫が車から引きずり出され、手錠をかけられ、警察の車に押し込まれるのを見て仰天した。イゾルデは道路に転がり、両親を大声で呼んでいた。テレーザが家の外に出るまでには、警察の数台の車は猛スピードで走り去った。奇怪なことに、ヴィーゼンタールが約二十二年後に『復讐ではなく正義』の中で書いている、その際の逮捕の話は非常に多くの証言と完全に食い違う。ヴィーゼンタールによると、シュタングルは娘が車の衝突事故で怪我をしたという偽の知らせで、サンパウロの病院に呼び出された。心配した父親は病院の前に着くや否や逮捕された。ヴィーゼンタールが事件についてそんな風に書くとは異常なことに思える。それは、彼が信用できない語り手だという評判を強めることになるだけなのだから。同書でヴィーゼンタールは、シュタングルが逮捕されてから間もなくニューヨークに行き、ほかならぬロバート・ケネディに、ブラジル大使に電話をして、ブラジルはシュタングルを西ドイツに送還するように言えと説得したと書いている。ケネディが電話をかけた結果かそうでないかはわからないが、シュタングルは六月二十二日に送還された。

ヴィーゼンタールが『復讐ではなく正義』の中で説明していないのは、シュタングルを逮捕する手配が、なぜ三年もかかったのかということである。一九六七年三月四日、ヴィーゼンタールはニューヨークに向かう途中アムステルダムにいたあいだ、記者たちに向かい、〈オデッサ〉のような機関に自分の行動を知られないために慎重さが求められており、「いったん何かの情報が洩れると、シュタングルが逃亡する危険が大いにあった」と話した。また、もし正式に送還申請をすると、約四十人の人間がその過程で関係し、その一人がシュタングルに警告するのに決まっていたということも指摘している。自分は最初、信頼できると思ったブラジルの役人に接触したが、残念ながらその役人は免職になってしまったとも、ヴィーゼンタールは言っている。ヴィーゼンタールは一九六六年十二月になって初めて、その件を慎重に扱うことを約束した、別の役人に接触できた。一九六七年一月十二日、ヴィーゼンタールはシュタングルの逮捕は可能だという情報を得たが、そのためには正式な要請が必要だった。オーストリアの外交官たちのあいだにナチが大勢いるのを怖れたヴィーゼンタールは、オーストリア法務省と話をつけ、書類を密かにブラジルに届けてもらった。書類は二月二十七日、月曜日の午前にオーストリア大使の机の上に届いた。ヴィーゼンタールが接触したブラジルの役人はその日に大使を訪れ、書類を受け取ると逮捕の手続きをした。

シュタングルが逮捕されたことで、ナチ狩りが再び新聞の第一面に載るようになり、ヴィーゼンタールの有利に働いた。シュタングルが逮捕されてからわずか四週間後、ヴィーゼンタールの英語で書かれた最初の回顧録『我らのあいだの殺人者』が出版された。ヴィーゼンタールはその本を執筆している時、シュタングルが逮捕されるのを知っていたに違いない。同書の中でシュタングルの勤務先や住所さえ知っていると書いているからである。「もしこの男が裁判にかけられたなら」と彼は書いた。「元ゲシュタポの一員に七千ドル払うのにやぶさかではない」。ヴィーゼンタールはシュタングルが逮捕されることを知らなかったら、シュタングルを警戒させてしまうのを恐れて慎重になり、自分の知っていることを書かなかったであろう。ヴィーゼンタールが一九六六年十二月になって初めてシュタングルに関しブラジルに連絡したのは、本の華々しい宣伝を狙ったためと推測するのは、あまりにも皮肉な見方かもしれない。事実はどうであれ、ヴィーゼンタールの出版社は喜び、ヴィーゼンタールの最新の大手柄を大いに利用した一面広告を新聞に出した。いくつかの広告には、ヴィーゼンタールはすでに八百人から八百五十人のナチの「居所を突き止めた」と書いてあった。それは根拠のない驚くべき主張である。書評のいくつかも広告同様、激賞した。『ニューヨーク・タイムズ』のロバート・カーシュは、ヴィーゼンタールは約九百人のナチ犯罪者を有罪にするのに尽力し、「話はほとんど聖書的な性格を帯びている——彼の探求の話は人間の経験の記録において匹敵するものがない」と書いた。ヴィーゼンタールが救世主《メシア》の地位に高められたのも偶然ではなかった。ヴィーゼンタールが何らかのより高い力によって救われたという考えが、その本全体に行き渡っているからだ。新聞記者にとっては、彼は大いに必要とされていた英雄、ナチの秘密大組織に対して闘った粘り強い小柄な男だった。ヴィーゼンタールはそれが新聞のいい種になるのを悟るほどに犀利で、新聞を失望させなかった。その後の何年か彼は、「六百万人の顧客を持つ探偵」、「ナチの悪人の個人的メネシス」、「決して忘れぬ男」、「手練《てだれ》のナチ・ハンター」というレッテルを貼られた。ジャーナリストが熱心に彼をそうした人物に仕立て上げたことにヴィーゼンタールは責任はないけれども、そのペルソナは確かに彼にふさわしかった。

　ヴィーゼンタールが賞讃を博しているあいだ、フランツ・シュタングルは一九七〇年五月、裁判にかけられた。十二月二十二日、デュッセルドルフの裁判所は彼を有罪とし、終身刑を科した。「シュタングルの事件は西ドイツにとって今世紀で最も重要な刑事事件になった」とヴィーゼンタールは言った。「仮に私がこの邪悪な男を捕らえる以外の何もしなかったとしても、私は無駄に生きたことにはならなかったろう」。シュタングルは刑務所でわずか一年半しか過ごさなかった。というのも、一九七一年六月二十八日の正午少し過ぎに死亡したからである。そのほんの数時間前、彼はギッタ・セレニーの最後のインタヴューに応じていた。その際彼はトレブリンカでの自分の責任をついに認めかけた。「事実、私は罪を共有している」と彼は覚束ない口調で認めた。「なぜなら私の罪は……私の罪は……今初めてこうした話の中で……それについて初めてすっかり話したので……」。やがてシュタングルはセレニーに、自分の罪はまだ生きているということであり、「私は死ぬべきだった」と彼は言った。「それが私の罪だった」。自殺の疑いがあったにもかかわらず、検屍の結果、心臓麻痺であることがわかった。彼はまだ六十三歳だった。セレニーが書いているように、シュタングルの死は、「彼が本来あるべき人間になった、あの束の間の一瞬〔セレニーに対し己が罪を認めた一瞬〕に到達しようとする途方もない努力」によってもたらされたのである。

第11章 「このナチ狩りというもののすべて」

一九七二年十一月の末、英国のタブロイド新聞『デイリー・エクスプレス』の読者は、マルティン・ボルマンの「実話」を読んで興奮した。ハンガリーで生まれたアメリカ人の文筆家ラディスラス・ファラーゴーは一連の記事で、一九四五年、マルティン・ボルマンが総統掩蔽壕《フューラーブンカー》からの脱出に成功し、その後の二十七年の大部分を南米で裕福な隠遁者として暮らしていることを暴露した。同年の十月に撮った「ボルマン」の写真の付いたその記事は、ボルマンがまだ生きている「議論の余地のない証拠」として書かれた。その一連の記事は『ニューヨーク・デイリー・ニュース』と『シカゴ・トリビューン』の両紙に配信され、「彼の運命に関するあらゆる臆測は、世界の最も凶悪なお尋ね者、最も捕まえ難い男ボルマンを追跡した、九ヵ月にも及ぶ、劇的で危険な南米六ヵ国での捜査によって一蹴されてしまう」と自慢していた。ファラーゴーの記事は、いかにももっともらしい数多くのディテールを提供しているので、きわめて信憑性に富んでいるように思える。ボルマンには「ホルヘ・オーヒギンズ」と呼ばれるボディーガード兼お抱え運転手が四六時中付き添い、その元全国指導者《ライヒスライター》は指紋を残さぬよう常にビニールの手袋を嵌めている。そうした資料は新しいものにも見えた。そしてほんの数週間前、ボルマンが有名なクルップ一族の子孫アーント・フォン・ボーレン・ウント・ハルバッハの所有するアルゼンチンの大農園《エスタンシア》に滞在していたという。ファラーゴーにとって残念なことに、彼の記事の大部分は二週間のうちにくさされた。しかしそれにもめげず、彼は自分の話に固執した。すでに見たように、彼は一九七四年に『戦争直後』を出版し、その中で自分は「ボルマンの大きな謎」を解いたと主張したが、実際はアルゼンチンの堕落したスパイと警官に騙されたことがわかると、たちまち嘲笑された。

ボルマンが戦争を生き延びたと信じたのは、ファラーゴーだけではなかった。「マルティン生存」派（そのメンバーは実際、種々雑多だった）の唯一の唱道者としてファラーゴーを挙げるのはフェアではない。一九六一年二月、アイヒマンの息子のホルストは、ブエノスアイレスとバリローチェでボルマンと「数多くの会話」をしたと主張し、五年後ホルストの弟のディーターは、ミュンヘンを本拠とする雑誌『クヴィック』にボルマンへの公開状を掲載し、「私はあなたが自首をするのを待っている」と書いた。「あなたが犯し、そのために私の父がイスラエルでの裁判であなたの身代わりになった、あの罪を認めるのを待っている」。こうした主張はエルサレムでの裁判の際の兄弟の父アイヒマンの弁護人によって裏付けられたように見えた。裁判中に弁護人のロベルト・セルヴァティウスは法廷に向かい、アイヒマンはボルマンの生存を信じていると話した。

フリッツ・バウアーもそう信じていた。一九六一年四月、ボルマンは死んでいるどころではない、「秘密の国際的機関」によって密かに南米に移されたと確信していることを認めた。七月までには、バウアーはファーンドゥング、すなわち一種の捜索令状を取る法的手続きを始めた。そして一九六二年、ボルマンが死んだ場所だとアックスマンが証言した所を発掘する許可を取った。なんの骨も出てこなかったので、ボルマン神話は生き続けた。一九六四年七月、バウアーによれば、ボルマンはパラグアイに暮らしていて、ほかならぬヨーゼフ・メンゲレとアスンシオンで食事をしているところがよく見かけられたということを聞いたという。ボルマン生存説が寄せられ、死体が発見されなかったため、西ドイツ政府がボルマン逮捕に二万五千ドルの賞金を出すと発表したため、ボルマンは生きているという考えがいっそう強まった。一九六五年七月、ベルリンを本拠とする海運会社の裏庭が掘り返されたが、またもやどんな骨も見つからなかった。バウアーは一九六五年七月に亡くなるまで、ボルマンを捜し続けた。それにもかかわらずバウアーは、ボルマンの捜査にかまけてほかのナチを起訴する使命をなおざりにはしなかった。「我々はこれからも大変な仕事をしなければならない」と、亡くなるわずか七週間前に言った。「裁判があるたびに我々は言う――『雪つぶてから雪崩れが生まれる』と」。当然ながら、六十四歳のチェーンスモーカーのバウアーが浴槽の中で心臓麻痺で死んだというのは怪しいと思った者がいた。ある陰謀論者によると、不死身に見えるもう一人のナチ高官で元ゲシュタポ長官、卑劣なハインリヒ・ミュラーの命令で、シアン化物のスプレーによってバウアーは殺された。

ジーモン・ヴィーゼンタールもボルマンはラテンアメリカに潜んでいると固く思い込んでいて、自分が全国指導者《ライヒスライター》を今すぐにも見つけるところだという劇的な声明をしなかった月はほとんどなかった。一九六四年三月、ヴィーゼンタールはボルマンが戦後西ドイツの捕虜収容所から脱走したという「証拠」を持っていると言った。また、ボルマンがパラグアイにいるとバウアーに伝えたのもヴィーゼンタールだった。翌年ヴィーゼンタールは、パラグアイ国境近くのマレシャル・カンディド・ロンドンというブラジルの町に私立探偵を派遣した。彼はその近辺に三日ほどしかいなかったが、町の大部分を占めるドイツ人は、疑いなく第四帝国の復活を目指している者だと報告した。のちにそのせいで、ボルマンに驚くほど似ている、フリードリヒ・ザイボートという地元の医者が迷惑を蒙ることになった。彼とボルマンのあいだには二十歳の年齢差があったが、ザイボートは一九七五年六月、拉致チームから逃げる羽目になった。さらに、その町でボルマンに似ていたのはその医者だけではなく、ハンス・ヨアヒム・ガザという男は、若いザイボートに取って代わられるまでは町の「公式の〝ボルマン〟」だったと記者に語った。

シュタングルが捕まったあと、ヴィーゼンタールは一九六七年の春、米国で『我らのあいだの殺人者』のブックツアーをした際、自著を宣伝しただけではなく、ボルマンについての自説も宣伝した。ボルマンは「六つの名前を使っている」と彼は言った。「彼は多くの友人と金を持っている。私は彼に関する情報を二つの場所から同時に得るのだが、たった一人の人間がほぼ同時に存在するにしては互いに離れ過ぎている」。ヴィーゼンタールが暗に言わんとしているのは、ボルマンは替え玉を使っているということである。ヴィーゼンタールにとってそれは、自分が偽情報の犠牲者であるとか、自分の情報提供者がボルマンにそっくりの人物を見ただけであるという可能性より、ずっとありうることに思えたのである。ナチ・ハンターのヴィーゼンタールは、ボルマンを見かけたという多くが滑稽な情報の詳細を、騙されやすいジャーナリストと楽しげに共有しているように見える。ヴィーゼンタールは、ある女がサンパウロのバスの中でボルマンに偶然出会ったことについて語っている。「私は乗客の中にあの人を見つけ、ドイツ語で呼びかけました。『あら、ヘル・ボルマン、またお会いできて嬉しいですわ』。ボルマンは私をじっと見てから向きを変え、バスから飛び降りました」。たとえその男が元ナチの大物でなかったとしても、女に対する彼の反応振りは理解できる。ヴィーゼンタールは別のジャーナリストに、自分はボルマンがアスンシオンの通りで犬を散歩させている写真を持っていると話した。だが残念ながら、「我々は今は何もできない」とヴィーゼンタールは言った。ヴィーゼンタールはインタヴューを受けるたびに次第にセンセーショナルな主張をするようになった。そうした主張は、彼がさほど前にではなくジャーナリストたちに語ったことと、しばしば矛盾した。彼はその年の夏にフランスに行った際、自分はボルマンの医者と、ボルマンが使った偽名のいくつかを知っていると放送で話した。「危険になると」とヴィーゼンタールは語った。「ボルマンはパラナ川を渡ってパラグアイに入りました。そこには多くのドイツ人居留地があるのです」。一九七〇年代の初めまでには、手掛かりはほとんどなくなってしまった。ヴィーゼンタールが「信頼できる」情報を最後に受け取ったのは一九六九年で、それはボルマンがイビルバというブラジルの町にいるというものだったと、あるジャーナリストに話した。そこは、またしてもパラグアイ国境に近かった。

皮肉なことに、ラスディスラス・ファラーゴーの主張の信憑性を懸命に否定したのは、ヴィーゼンタールだった。自分の「領分」に他人が強引に割り込んできたことに腹を立てたヴィーゼンタールは、ファラーゴーの話はファン・ペロンの信用を失墜させる目的以外の何物でもないと主張した。「または、話全体が徹頭徹尾、嘘である」と彼は断言した。「どちらの場合も嘘であろう。私は非常に懐疑的だ」。ヴィーゼンタールはファラーゴーに強力な証拠を提出するよう求めた。「もしアルゼンチンの諜報機関と接触しているなら、ボルマンの指紋も入手したはずである。私はボルマンの指紋を持っているが、西ドイツ当局も持っている。我々はあなたの言う男がボルマンかどうか四十八時間以内に立証できるだろう」。ヴィーゼンタールはファラーゴーの話を、ボルマン発見という立証されていない数多くの話の一つだと一蹴する厚かましさを持っていた。「私は非常に、非常に懐疑的だ。戦後、二十五人から三十人の偽のボルマンがいたので」と彼は、その多くが自分が作り出したものだという事実を都合よく無視して言った。「これまで非常に多くの虚偽の報告があった。なぜなら、その男はきわめて平凡な顔をしているからである……ミュンヘンあるいはフランクフルトでは、彼の顔を持った十人の男を通りで見かけるだろう」。数日後、ヴィーゼンタールは高飛車に出た。「その話ははったりである。何度となくナチの地下組織は……数多くのジャーナリストに偽情報を与えた」。ヴィーゼンタールは自分がジャーナリストとは異なり、どうやってそうした策略にひっかからずに済んだか、また、本当のボルマンを見かけたという情報と、偽のボルマンを見かけたという情報をどうやって確認できたのかを決して明かさなかった。

自称ボルマン研究家が口論しているあいだ、理性的な発言をしたのは、フランクフルト州検事ヨアヒム・リヒターだった。ファラーゴーの記事についてコメントを求められると、リヒターは溜め息をつき、「またかね」と言ってから新顔のインタヴューアに向かい、ボルマンに関するファイルはすでに三十五巻に達していると言うのだった。「我々が調べたどの話も本当ではないことがわかった」と彼は言った。「または、単なる話にとどまった――未確認の」。リヒターはボルマンのケースを未解決としておいたが、かつて「悪霊の首領《ベルゼブル》」と呼ばれた男は一九四五年以来、ベルリンの通りの下に横たわっているのではないかと、強く疑っていた。リヒターの疑念の正しさは、彼が思っていたよりも早く裏付けられた。一九七二年十二月七日、ベルリンの労働者がレールター駅の近くで二体の骸骨を掘り出した。それはボルマンと、ヒトラーの主治医ルートヴィヒ・シュトゥムプフェッガーのものではないかと思われた。一九七三年二月九日、西ベルリン法医学研究所の所長ハインツ・シュペングラー博士は、二体の骸骨のうち小さいほうは間違いなくボルマンのものであると言明した。「我々はそれを一点の疑念もなく立証した」と彼は言った。シュペングラーの説明によると、歯は一九四六年にボルマンの歯科医ヒューゴ・ブラシュケが描いたスケッチと符合した。また、一九三九年に落馬事故で折れた肩甲骨の箇所も確認できた。

リヒターは四月十一日にフランクフルトでの記者会見で、ボルマンの死を正式に発表した。しかしその前日、雑誌『シュテルン』はその発表をリークした記事を載せた。それは正式発表のあいだ、非常な悪感情を掻き立てた。ジーモン・ヴィーゼンタールはその発表が洩れた背後にリヒターがいるのではないかと言い、雑誌と共謀したとして彼を非難した。フランクフルトの検事は立ち上がり、世界各国から来たジャーナリストが群がっている部屋でそのナチ・ハンターに怒りをぶつけた。

あなたは具体的な名前も、住所も、日付もない曖昧な情報しか我々にくれなかった——それは実のところ、我々の捜査において役に立たなかった情報だった。それに反し、雑誌『シュテルン』のヘル・ヨッヘン・フォン・ラングは我々と密接に協力し、我々がこの件に結論を出す際に非常に貴重な事実に関するデータで助けてくれた。

当然ながら、その怒りの言葉は報道されなかった。なぜなら、その日の話はボルマンの死であって、ヴィーゼンタールの名声の死ではなかったからだ。また、ヴィーゼンタールに質問をしたジャーナリストの誰も、ボルマンを見かけたという、彼が報じた数々の情報については訊かず、それまでの数年の彼の報告はナンセンスであるのがいまや明らかになったにもかかわらず、彼を一種の権威として受け入れ続けた。それに対してヴィーゼンタールは、慇懃無礼な度量の広さを示し、自分の意見を表明した。まるで自分の意見のほうが西ドイツの全法律制度より重要かのような態度で。彼は捜査の「非常な熱心さ」を讃え、自分は「ドイツ的完璧さで集められた証拠を受け入れなければならないが、純粋に個人的な感情にもとづいた疑念を抱いている」と言った。

ボルマンが死んだのは明らかだったが——一九九八年に行われたDNAテストの結果、ヴィーゼンタールの疑念さえ払拭されることになる——彼は通俗小説において死後に復活した。ボルマンの骨が発掘される以前でさえ、ボルマンは多くの三文小説に材料を提供した。一九五四年に出たバジル・

ヒーターの『暴力行為』の中でボルマンは、主人公——ニューイングランドのスキー・インストラクターになった、オーストリアの強制収容所の被収容者——が「知り過ぎて」いる男として、背景に潜んでいる。ボルマンは姿を現わさないが、巨大な猿との迫力のある格闘シーンがある。一九六五年、『ブルー・マックス』の作者ジャック・D・ハンターは『使い捨てのスパイ』を出版した。それはナチの一味に潜入しようとするアメリカ人の諜報員を主人公にし、最後はマルティン・ボルマンの財宝を追い求める戦時下のスリラーである。もしハンターの小説に現実味があるとすれば、それは作者が防諜部隊にいたことがあり、一九四五年から四六年まで十ヵ月に及ぶ、〈温床《ナーサリー》〉と呼ばれた潜入作戦を指揮していたからである。一種のナチズムを再確立しようと共謀していた約千人のナチがその作戦で一斉検挙された。一九六六年、ボルマンはジェフ・テイラーの『名誉会議』で、もっと中心的な役割を演じた。その小説では、卑劣な全国指導者《ライヒスライター》ボルマンはロシアとアメリカに第三次世界大戦を始めさせる計画を練る。また、なぜかドイツの老将軍とその色情症の妻も登場し、妻はボルマンの嗜虐的な副官の一人に強姦されるのを避けようと、最上階の窓から飛び降りる。『ニューヨーク・タイムズ』のエリオット・フレモント＝スミスは辛辣で、「ボルマンの計画が忘れっぽい読者のために要約されているが、ボルマンがまだ生きているという前提は、そもそも間違っている」と書いた。一九七七年、遅蒔きながらハリー・パタソン——ジャック・ヒギンズとしてのほうが知られている——は、ボルマンの人気に便乗し『ヴァルハラ最終指令』を書いた。その中で、狡猾極まるボルマンは自分の逃亡と連合国の重要な五人の捕虜とを交換しようとする。その捕虜には将軍が一人、老女性ピアニストが一人含まれている。パタソンは一九七〇年代中頃の戦時スリラーにとって必要な、ほとんどすべての要素を付け加え、『ニューヨーク・タイムズ』が「ヴィンテージ・ブーケ」と呼んだものを作り出した——美人スパイ、ドイツ人撃墜王とアメリカ人のライバル、自由フランス、フィンランドのスキー部隊、際限のない数のドイツ人の護衛、不気味なオーストリアの城を「死体安置所」に変える、末尾の戦闘。

もし、そうした小説が滑稽なほど馬鹿らしいとすれば、歴史物と言われているボルマンに関する本も同然である。その中で最もセンセーショナルなのは、一九七三年にバンタムブックスから出版されたウィリアム・スティーヴンソンの『ボルマン共同体』である。ペーパーバックで百五十万部売れた。同書は、ボルマンによって統率された、緊密な組織の第四帝国の話で、新聞の全面広告によれば、それは「入念に調査され、正確に記録されたものである」。「驚異的なほどに暗示に富む『ボルマン共同体』は」と広告の文は続いている。『『オデッサ・ファイル』を思い起こさせるであろう、ただし、本書は身の毛もよだつ事実であって、フィクションではない」

最終的に、一九七〇年代初めに氾濫した逃亡ナチの小説で生き残っているのは、フレデリック・フォーサイスのスリラーのみである。ジョン・ヴォイト主演の映画にもなった『オデッサ・ファイル』は、ペーター・ミラーというジャーナリストが始めた「リガの虐殺者」エドゥアルト・ロシュマン狩りを扱ったものである。ロシュマンはリガ・ゲットーの副司令官で、ジーモン・ヴィーゼンタールの言葉を借りると、「約三万五千人の人々に疚しさを感じていた」。その小説の構想は、一九七〇年の夏にフォーサイスが『ジャッカルの日』の原稿をハッチンソン社に渡して出版の承諾を得たあとで浮かんだ。同社はその小説にたいそう興奮したので、フォーサイスと三冊の出版契約を結びたがった。出版社はもっと構想を持っているかと彼に訊ねた。「そう、もちろん、誰でも『持っていない』とは答えたくない」とフォーサイスは回想している。「そこで私は『持っていますとも』と言った」。フォーサイスは各構想をそれぞれA４の一枚の紙に纏め、一週間後に持ってくるように言われた。「私は思いをめぐらせながらグレート・ポートランド通りに歩み出た。『一体、おれはどうすればいいのだ？』」。フォーサイスはドイツでジャーナリストだった頃を振り返り、〈オデッサ〉についての話を思い出した。当初彼はそれを共産主義者のプロパンガンダに過ぎないと思っていた。（一九五一年にパリにいたスタンリー・モスの経験から判断すると、おそらくそうだったが。）フォーサイスはその小説の誕生を次のように書いている。

『ジャッカルの日』を分析してみよう、そう、それはマンハントの話だ。実際には、二重のマンハントの話だ、大統領を追う殺人者がいて、その殺人者を追うすべての保安部隊がいる。マンハントを考えてみよう……ナチ……マンハント……アイヒマン……それはすでにうんざりするほど書かれている。十年前のアイヒマンは小説にならない、何か別のものにしよう。そういうわけで、私はこのA４の紙に、悪名高い、狂暴で残忍なナチの収容所長の話を書いた。その男は一九四五年に姿を消したが、追跡は続けられている。ユダヤ人や西ドイツ当局によってではなく、たった一人の記者、探究心に燃えた記者によって。その記者は非ユダヤ系ドイツ人なのであまり疑われないだろうが、自分の祖先がしたことに心底《しんそこ》から怖気《おぞけ》をふるい、その男を自分で追跡する決意を固める。

フォーサイスはアフリカの傭兵についての話の筋を書いた二枚目のA４の紙と一緒に、自分の構想をハッチンソン社に持って行った。編集者はその二枚を一目見て言った。「ナチが先、傭兵はあと」。その言葉は、一九七〇年代の出版界が第三帝国を愛していたことを完璧に要約している。

フォーサイスは自分の調査に役立てようと、リヴァプールのラッセル卿を訪ねた。ラッセル卿は軍主任法務官の事務所の主任検事で、一九四六年から五〇年まで、数多くの軍事法廷で活動した。

一九五四年、彼は『鉤十字の災い』を出版した。それはナチの戦争犯罪を暴いたもので、約二十五万部売れた。ラッセル卿はヴィーゼンタールに会うことをフォーサイスに勧め、紹介状を書いた。その後間もなく、フォーサイスはウィーンの狭い路地にあるヴィーゼンタールの事務所の前に立った。

私はドアをノックした。すると、外来者確認用覗き孔《スパイ・ホール》があるのに気づいた。私は言った。「私はフォーサイスという者で、リヴァプールのラッセル卿からヴィーゼンタール氏に宛てた紹介状を持っております。ヴィーゼンタール氏に持って行って頂けませんか」。私は紹介状を郵便受に入れたが、それでもドアは開かなかった。少々秘密めいているが、あの男は脅迫されることがあり、彼に死んでもらいたいと思っている種々雑多な連中もいる。ともかく、二、三分が過ぎ、スパイ・ホールが再び開き、声がした。「ヘル・ヴィーゼンタールは二十分お会いします」。ドアが開き、私は中に入った。後ろでドアが閉まった。信じ難いほど狭く、散らかった部屋に通された。ジーモンが机の向こうに坐っていた。彼は言った。「どうぞお坐り下さい。私の友人のラッセルはどんな具合です?」。私は言った。「この前お会いした時は元気でした」。すると彼は言った。「どんなご用です?」。そこで私は言った。「何かの情報をお持ちしたほうがよかったのでしょうが、実は逆なのです。私は本を書こうとしているのです。小説ですのでフィクションなのですが、このナチ狩りというもののすべてのイメージを良くするのに役に立つのではないかと考えているのです。そういうことなので、これが完全に無駄になった二十分とお考えにならないことを願っています」。すると彼は言った。「あなたがなさりたいことを、ごくざっと話して下さい」。それは、狂暴なほど残酷で、人非人で、怪物で、第二次世界大戦後「姿を消した」、架空の強制収容所の所長か司令官についてのものだと、私は言った。すると彼は尋ねた。「なんであなたはその人物を創ろうとしているのです?」。私は言った。「そう、そんな人間を知らないからですよ!」。すると彼は初めて嬉しそうな顔をした。彼は実際、ごく陽気な老人だった。そして振り向いて言った。「好きなのを選びたまえ!」

ヴィーゼンタールはロシュマンがフォーサイスにとって完璧なナチになるだろうと言って、自分のSSのファイルのコピーを差し出した。「それは画期的成功だと私は思った」とフォーサイスは言った。「なぜなら、この男は私を名誉毀損で最高裁判所に訴えるなどということは金輪際しないのだから」。事実、その男はそんなことはしなかったろう。というのも、ロシュマンは仲間のSS将校の多くの者同様、アルゼンチンに隠れていたからである。ヴィーゼンタールにとっては、フォーサイスに協力することは、自分の扱ったケースの一つを実際に宣伝する機会だった。フォーサイスはヴィーゼンタールに、「スリラーのレベル」に身を落としたと自分を非難する者もいるだろうが、その結果、本物のロシュマンが捕まることになれば、そんなことは構わないと言った。ヴィーゼンタールは『オデッサ・ファイル』のための厖大な量の資料をフォーサイスに渡した。そして彼は、その本の初めから終わりまで姿を現わし、オデッサと、西ドイツでいまだに権力の座にある元ナチについてすべてをペーター・ミラーに話す。その本の中でペーター・ミラーは、そうした人物の多くに会うが、そのうちのいくつかの出会いは、フォーサイス自身の経験にもとづいている。最も注目すべきなのは、ハンブルクの検事総長の事務所の役人にインタヴューした時である。その間、その官僚はきわめて非協力的で、ひどく曖昧な返事をした。

「私の部署に責任のある領域に関する一切の事柄は絶えず調査されているのです。繰り返しますが、絶えず調査されている。で、思うのですが、ヘル・ミラー、あなたのお役に立てるようなことは、これ以上何もありません」

彼は立ち上がった。ミラーもそうした。

「あまり張り切らないように」と彼は言って、出て行った。


「それがまさに、私に対する対応だった」とフォーサイスは回想している。「私はミラー同様、ドイツを抜けてウィーンに戻った。ウィーンに着くと、ひどく嬉しそうな顔をしているジーモン・ヴィーゼンタールに会った。彼は言った。「どうでした？」。私は言った。「恐るべきものです、奇怪千万です」。ヴィーゼンタールは答えた。「ええ、私はそれを相手に闘っているのですよ、一日中、毎日」」

『ジャッカルの日』同様、『オデッサ・ファイル』は大成功だった。そして、ほかのどの作品にも増して、「オデッサ」という機関についての考えを広めた。フォーサイスは「まえがき」で、オデッサは存在し、ナチの犯罪者が「もっと歓迎してくれる地方」に逃げるのを助けるために作られた、と自信たっぷりに断言した。それは、「安全で快適な異郷生活を送りながら、その機関を操るために外国にとどまる、最高の地位にある少数の者」によって動かされている、と書いた。つまるところは、ヴィーゼンタールのおかげで、その後、それが一般的な見解になったが、最近フォーサイスは、もうすこし慎重になっている。「彼らがネッツヴェルク、ネット、レゾーと呼んだであろう機関があったのは疑いないが」と彼は言った。「それはＯＢ網、同窓会のようなものである。それは存在しないと言うのは正しくない。それは、苦境に陥っている旧友を助けるというものである」

ジーモン・ヴィーゼンタールは、フォーサイスが助言を求めることができた唯一のナチ・ハンターではなかった。彼は調査で――あるいはペーター・ミラーが調査で――パリに行ったならば、セルジュ・クラルスフェルトと妻のベアーテに会うことができたろう。一九三五年に生まれたセルジュ・クラルスフェルトは、ルーマニア系ユダヤ人の両親、アルノとレイッサによってパリで育てられた。両親は学生の時にパリに移ったのである。一九三九年、アルノは外人部隊に入った。そして、フランスが敗北したあと捕らえられたがなんとか逃げ出し、一九四〇年六月、ヴィシー・フランスのもとにあったニースに若い家族を連れて行き、そこに住んだ。ニースは一九四三年九月まではイタリア軍に占領されていてユダヤ人は保護されていたが、イタリア軍が撤退すると、ドイツ軍が入ってきた。二十日から二十一日にかけての真夜中を少し過ぎた頃、レイッサ・クラルスフェルトはトラックが家の前に停まる音を聞いた。「いよいよだ」と思ったことを彼女は回想している。「私は素早く夫を起こし、私たちは子供たちの腕を摑んで隠れ場所に入れた」。アルノとレイッサは、八歳のセルジュと十一歳の姉のターニャと一緒に、ゲシュタポが隣のユダヤ人を罵るのを聞いていた。しばらくすると、アルノはもはや我慢できなくなり、隠れ場所から這い出した。「おまえたちを救うつもりだ」と彼は言った。「私は強制収容所に耐えられる。私は丈夫だ」。ノックの音がして玄関に出たアルノはゲシュタポに向かい、このアパートは消毒中なので家族は田舎に行っていると言った。ナチはともかく捜索し、衣裳簞笥の裏の隠れ場所の数インチのところまで来たが、アルノの家族は見つからなかった。その後間もなく、アルノは汽車でアウシュヴィッツに運ばれ、ガスで殺された。父が逮捕されたあと、セルジュは児童養護施設に匿われ、母と姉はレジスタンスに庇護された。三人は戦争を生き延び、セルジュはやがてソルボンヌ大学で歴史を学び、弁護士になった。

セルジュは一九六〇年五月の昼食時に、地下鉄のポルト・ド・サン＝クルー駅で、一人の魅力的な若い女を見かけた。彼は歩み寄って、イギリス人かどうか訊いた。「いいえ」と彼女は答えた。「私はドイツ人」。セルジュはセーヴル＝バビロン駅で降りるまでにはベアーテ・クンツェルの電話番号を知った。彼女はベルリンから来た二十一歳のドイツ人のオーペア〔外国の家庭に住み込み、寝食の代わりに家事を手伝う若い外国人女性〕で、父は一九四〇年の夏にフランスに派遣された歩兵連隊に勤務した。二人はデートをし始めたが、二人が決して話しやめなかったことを、ベアーテは回想している。「彼は私の人生に、歴史、美術、思想の全世界を持ち込んだ。私が自国の歴史に無知であるのを知ると、セルジュは［……］私に教えてくれた。そうやって私はナチズムの恐るべき現実を知るようになった」。一九六三年、二人は結婚し、セルジュはフランスの国営放送局ＲＴＦで働き始めた。一方、ベアーテは青年仏独同盟に加わった。それはドゴールとアデナウアーによって作られた友好機関だった。

一九六六年、息子のアルノが生まれた年、ベアーテは『コンバ』〔第二次世界大戦中にレジスタンスの地下新聞として創刊されたフランスの新聞〕に短い文を書き、その中で彼女は、西ドイツの新しい首相クルト・キージンガーはナチの高官だったが、その事実は連邦共和国の政治体制によって無視されたと主張した。一九六八年までに、彼女はキージンガーを攻撃する激しい政治運動を始めたが、それは十一月のキリスト教民主同盟の年次党大会でクライマックスに達した。記者のふりをしたベアーテは、キージンガーがほかの様々な党首と一緒に坐っている演壇に近づいた。護衛の一人に追従《ついしょう》を言って演壇の後ろに通してもらったベアーテは、政治的行動主義にもとづく、その十年間で最も際立った挙に出た。「私はお偉方の後ろにすっと入った。キージンガーは私が後ろに行くと、私がいることに感づき、半ば振り返った。私は苦しいほど緊張した。私は勝った。私は声を振り絞って『ナチ！　ナチ！』と叫びながら、彼に平手打ちを喰わせた。私は彼の表情を見さえしなかった」

「キージンガー平手打ち」でベアーテは、まさにその晩、一年の刑を宣告されたが、その刑は執行猶予になり、彼女はキージンガーが一九六九年に総選挙の結果首相の座を降りるまで、彼に対する抗議を続けた。

　クラルスフェルト夫妻はヨーロッパ中の反ユダヤ主義と闘うだけではなく、戦時中の活動に対する罰を怖れることなく、ドイツで公然と暮らしているナチにも注意を向けた。一九七一年の初め、夫妻は元ＳＳ上級大隊指導者《オーバーシュトゥルムバンフューラー》クルト・リシュカの捜査を始めた。リシュカは戦時中フランスにおけるユダヤ人問題を担当したゲシュタポの幹部で、ユダヤ人をアウシュヴィッツに強制移送した責任者の一人だった。戦後リシュカはチェコに捕らえられた。だがフランスは、彼を裁判にかけるため送還させる努力は何もしなかった。一九五〇年八月二十二日、リシュカはドイツに戻ることを許され、ケルンに落ち着いた。それからちょうどひと月後、フランスは彼を欠席裁判で終身刑に処し、彼を引き渡すようチェコについに要求した時は手遅れだった。ベアーテ・クラルスフェルトは書いている。「運命の女神は死刑執行人の無数の犠牲者に対してよりも、死刑執行人のほうに微笑んだ」

　クラルスフェルト夫妻は頑強に抵抗する役人たちに請願して数ヵ月――あるいは数年――費やすのはやめ、もっと思い切った手段をとることに決めた。二人はリシュカを彼の家から拉致し、彼を裁判にかけることのできるフランスに密かに送る計画を立てた。夫婦は早速、「引抜き逮捕班」を編成した。それは、セルジュの大学時代の友人マルコ、医師のデイヴィッド、写真家のイーライから成っていた。一九七一年三月二十二日、月曜日、四人の男はマリーア・ヒンメルファーアト通りの路面電車の停留所のところで車を停めた。彼らはリシュカが一時半少し前にそこで降りるのを知っていた。彼らはエンジンをかけたままのベンツの周りに立ち、そわそわと待っていた。「近所の者たちは窓のカーテン越しに我々を覗き見していた」とマルコは回想している。「そして子供たちがあちこち走り回っていた」。やがてリシュカが姿を現わし、通りのどこからも見えるところで、マルコとセルジュ・クラルスフェルトが彼のところに駆け寄り、両腕を摑まえて叫んだ。「一緒に来い！　一緒に来い！」。

最初リシュカは言われた通りにしたが、背が高く、がっしりした体格のリシュカは動こうとしなくなった。デイヴィッドとイーライがすぐに助けに来たが、元ゲシュタポ将校を動かすのは思っていたより難しかった。するとイーライがリシュカの帽子をひったくり、錘《おもり》を入れた棍棒で彼の頭を殴ったが、ほとんど効果がないようだった。「助けてくれ！　助けてくれ！」とリシュカは恐怖に駆られて叫んだ。顔は紫色に変わっていた。イーライは再び殴った。リシュカは地面に倒れた。まだ意識はあったが。

その頃には群衆が彼らを囲んでいて、その中から警官の身分証を振りかざしながら一人の小柄な男が出てきた。「幸い、彼は武装していなかった」とマルコは言った。「我々はフランス語で、あっちに行けと彼に言った」。万事失敗したことに気づいたセルジュは、車に乗れとチームに向かって叫んだ。四人の男は駆け出した。イーライはまだリシュカの帽子を掴んでいた。警官が追い駆けてきたが、その間ずっと、「帽子を返してくれ！　帽子！」と叫んでいた。イーライはドイツ語が話せなかったので、警官が何を欲しがっているのかわからなかった。彼は立ち止まり、追ってくる警官を怪訝な顔で見た。警官は帽子を指差した。イーライは了解し、帽子を渡した。「ありがとう」と警官は言った。するとイーライは向きを変え、駆け出した。四人の男は車に乗り、数分のうちに森に着いた。そして車を変えた。四人は主要道路に向かっている最中に、リシュカに使うはずだった注射器とクロロフォルムを投げ捨てた。「我々は高速道路の入口でベアーテに会うことになっていた」とマルコは回想している。「しかし、警察のサイレンが聞こえてきたので、彼女を待たなかった」。一行はうっかりケルンのほうに戻ったけれども、やがて国境に辿り着くことができ、なんの問題もなく国境を越えた。

数週間後、ベアーテ・クラルスフェルトはケルンに戻り、そこでリシュカと、彼の上官でアドルフ・アイヒマンの仲間ヘルベルト・ハーゲンを弾劾する運動を続けた。ところが、彼女がドイツの治安判事に書類を渡そうとすると、彼女自身の名前が書かれた逮捕状を見せられた。オッセンドルフ刑務所に連行されたベアーテは、リシュカ拉致未遂事件に加わった廉で告発され、相当の刑を科せられるおそれがあった。しかし、セルジュが始めた「活潑な運動」のおかげで、三週間後に釈放された。釈放された際、刑務所の中年の看守が近づいてきて言った。「あんたが釈放されないんじゃないかと心配してましたよ。あんたはよくやった、実によくやった。いつか、リシュカがあんたの入っていた独房にいるのを見たいものですよ」。看守はリシュカとハーゲンが投獄された頃には退職していただろう。二人は一九八〇年二月になって、やっと投獄された。二人の男はわずか五年刑期を務めたのち釈放された。リシュカは一九八七年に死んだが、ハーゲンは一九九九年まで生きた。

一九七一年夏、クラルスフェルト夫妻は、二人の名前が結びつくことは永遠にないであろう一人の男を裁判にかける仕事を始めた。七月二十五日、ベアーテは六月にミュンヘン検察官が下した決定の文書の写真複写を調べていた。それには、バルビーに対する捜査は正式に終了したと書かれていた。「私はその件の審理を終了したことで生じる衝撃的な結果を感じ取った」とベアーテは書いている。「無味乾燥な、衒学的な文体で書かれたその十頁は、フランスで行動したすべてのナチの犯罪者を復権させるのに役立った」

ベアーテはその文書を読むとすぐ、セルジュと一緒にバルビーの犯罪に関する文書を集め、数日後、それを新聞社に提供した。怒りが渦巻いた。九月にベアーテはミュンヘンで活動を開始した。バルビーが一九四四年四月にイジューにある孤児院の子供をすべて強制収容所に送った際に三人の息子を失ったマダム・ベンギギという女が、ベアーテの活動に参加した。ベンギギは一九四三年五月にアウシュヴィッツに収容されたが、イジューにいる息子たちは安全だと思っていた。ところがある日、最近ガスで殺された一群の囚人のものだった衣服の山の中に、十三歳の息子ジャックのセーターを見つけた。二人の女はミュンヘンの裁判所の前に終日立った。ベンギギはこう書いたプラカードを頭の上に翳していた。「私の子供たちを殺したクラウス・バルビーの捜査が終了となっている限り、私はハンガーストライキをします」。その晩六時頃、ついにマンフレート・ルドルフという検事がやってきて二人に会い、ベアーテに説得され、バルビーがユダヤ人の運命について、「射殺されようが強制移送されようが違いはない」と言うのを聞いた証人を見つけられれば、審理を再開することを約束した。数日のうちにセルジュは、電話帳の中にその証人を見つけた。その人物はパリを本拠とする弁護士だった。弁護士は直ちに宣誓供述書を秘書に書き取らせた。十月一日、ルドルフは審理を再開した。彼はまた、クラルスフェルト夫妻にバルビーの二枚の顔写真と、テーブルを囲んで坐っている実業家グループの写真を渡した。その実業家の一人が、元ゲシュタポ将校バルビーに似ていた。「このグループの写真は一九六八年にボリビアのラパスで撮ったものなんです」と検事は言った。「今言えるのはそれだけです。あなたはきわめて有能なことを証明したのですから、私がその男を特定するのを手伝ってもらえませんか？」

　クラルスフェルト夫妻は写真を『フランス＝ソワール』に送ったが、同紙はその掲載を拒否した。その男がバルビーでない場合の法的影響を怖れたのだ。そこでベアーテはフランス政府の「人体測定学課」に写真を持って行った。課長はかつてのレジスタンスのメンバーだった。三十分ほど課長は写真を調べてから、その男がバルビーである「可能性は非常に高い」と言った。耳朶《みみたぶ》が外側に曲がっていて、口の両端の襞がそっくりで、前頭骨の形が似ている。『ローロール』紙にとっては、それで十分だった。一九七一年、同紙は「ジャン・ムーランを殺した男」というキャプションを付けて、その写真を掲載した。やがてそのことは、マルティン・ボルマンを追っている時にバルビーとシュヴェントに騙されたジャーナリスト、ヘルベルト・ヨーンの耳に入った。とうとうヨーンは復讐の機会に恵まれたのだ。彼は仲介者を通し、写真の男はバルビーではないが、自分はリマにいるバルビーの住所と偽名――クラウス・アルトマン――だけでなく、彼の最近の写真も提供できるとクラルスフェルト夫妻に話した。

一月二十七日、木曜日の早朝、ベアーテはロンドンのヒースロー空港からリマ行きの飛行機に乗った。彼女は前日ドイツでルドルフ検事と一緒に準備した書類を持っていた。それはクラウス・アルトマンとバルビーが同一人物であることをペルー政府に見せるためのものだった。それに加えベアーテは、一八八八年と一九二四年にペルーとフランスのあいだで結ばれた二つの逃亡犯人引渡し協定に関する書類も持っていた。しかし、彼女は至急任務を遂行する必要があった。その日の朝四時に、セルジュは彼女を起こし、バルビーがボリビアに向かっているとラジオが報じたと言った。「彼は金曜日前には国境に達することはできない、その時までには私はリマにいて、必要なら、ラパスまで彼を追って行くことができる、と私たちは考えた」とベアーテは回想している。彼女はその夜十時に着いたが、疲労困憊し、頭が混乱していた。「蒸し暑かった」と彼女は回想している。「私は冬のコートを着ていた。記者は一人もいなかった。というのも、私は間違えてリマ時間ではなくグリニッジ時間を電報で伝えてしまったからだ」。彼女がホテルにチェックインした時までには、記者たちはやってきた。彼女は午前二時まで記者たちに手短に説明した。そして、バルビーが国境を越えたはずがないと聞いて、ほっとした。ペルーが彼を逮捕するチャンスがまだあるからだ。

翌日の正午、ヘルベルト・ヨーンはベアーテを憲兵隊本部に連れて行った。そこで彼女は、バルビーの件の概要を一人の将軍に説明し、バルビーが国境を越える前に捕まえてくれと依頼した。将軍は情報を関連する大臣に伝えようと言っただけだった。その日の午後ずっと、ベアーテは大勢の「関連する」役人に会ったが、誰一人バルビーの逃亡を阻止しようとはしなかった。そのあと彼女はフランス大使を訪ねた。二人が話している時に、バルビーが正午に国境を越えたという電話が大使にかかってきた。バルビーは二人のペルーの警官に伴われ、ボリビアの二人の警官に引き渡されたとのことだった。ベアーテは直ちにラパスに向かった。到着するや否や、記者がやってきた。ベアーテは標高のせいでひどい頭痛に悩まされていたにもかかわらず、数十人のジャーナリストに向かって話した。「記者はまた現われて、一人、また一人と私の部屋にやってきた。ほかの記者は廊下で待っていた」とベアーテはのちに書いている。「ドアの外に公娼宿の赤ランプを出していたようなものだった」

ベアーテはバルビーがラパスで手厚く保護されているのを知った。彼女の会った役人の多くは、ボリビアの新聞にすでに載り始めた記事に苛立っていて、ベアーテは二日間、役人から役人のところに回されたあと、国外退去を命ずると脅かされた。フランス大使はベアーテを歓迎することによってボリビアを怒らせたくはなかったが、大使館員の一人が密かに彼女に会い、彼女の持ってきた文書を写真複写した。同日の午後、フランスは公式にバルビーの送還要請を発表した。その結果、ベアーテは何度も脅かされた通り、国外退去になった。彼女が飛行機に乗るために一晩待っているあいだ、ボリビアは彼女を警官に警護させることを主張した。「我々はあなたの身の安全を図るためにここにいるんです」と彼らは言った。「あなたはリマのナチの機関に殺されかねない危険を冒している、連中はあなたが南米で始めた運動に憤激している」

警官は間違ってはいなかった。ヘルベルト・ヨーンは電話で彼女に、もしあなたがペルーに戻ったら「始末する」とフリードリヒ・シュヴェントが宣言したと伝えた。そうした脅迫にもめげず、ベアーテは警護を断った。「リボルバーを下さい」と彼女は警察に言った。「あなた方が私の身に何かが起こると、とても心配しているようね。でも、私は自分の身は自分で守れます」。警察は彼女の護衛をすると言い張ったので、彼女は翌朝出発するまで、警察署で一夜を過ごさねばならなかった。皮肉なことに、ベアーテがボリビアに保護されていたあいだ、彼女の追跡していた相手も同様だった。バルビーはラパスに着くと同時に、警察に保護された。警察はバルビーがアイヒマンのような形で拉致されるのを怖れたので、バルビーは偽名でホテルに泊まらされた。当局はバルビーを「すべての権利を有する名誉あるボリビア市民」と見なしていた。

ベアーテは家に戻ると、セルジュも六歳のアルノも、着るべきなんの綺麗な服も持っていないのに気づいた。「私はアパートの中を蜂のように忙しく走り回った」とベアーテは回想している。「男たちの服をいつも綺麗にしておくという問題が、旅をしているあいだ頭の隅にあった。男たちは生来だらしないので……そうしたことすべてを片付けることができたので、嬉しくて仕方がなかった」。しかしベアーテは、家事に紛れてバルビーを追うのを忘れはしなかった。二月二十日、彼女は六十八歳のイッタ・ハラウンブレナーを伴ってラパスに戻った。ハラウンブレナーの夫と息子と二人の娘は、みなバルビーの命令で殺されたのだ。またもやベアーテの旅はあわただしい記者会見と役人との実りのない面会の連続だった。だが、三月六日、月曜日の朝、ベアーテとハラウンブレナーは、バルビーの会社、ボリビア海運の事務所の前の手摺りに自分たちの体を鎖で結びつけた。二人はスペイン語で書いた二つのプラカードを持っていた。イッタ・ハラウンブレナーのプラカードには、自分の家族の写真が貼られ、次のような文句が書かれていた。「聞いて下さい、ボリビアの皆さん！　私は母として正義だけを求めます。私はバルビー＝アルトマンが裁かれることを求めます。彼は私の夫と三人の子供を殺したのです」。何時間も二人の女は、雨が降っても、そこに坐っていた。群衆が集まってきた。「あんたたちがしていることは、何も達成しない」と一人のフランス大使館員は言ったが、たとえその男の言うことが正しくとも、ベアーテは抗議には価値があると考え、頑として譲らなかった。あるボリビアの女はもっと同情的で、二人にこう助言をした。「ボリビアには正義なんていうものはないのよ。あいつを拉致して殺しなさい」。六時間後、二人は鎖を外し、飛行機でフランスに戻った。「私たちは手荷物の中にバルビーを入れていなかった」とベアーテは無念そうに回想している。「けれども、しばらくのあいだ、私たちは正義の永遠の探求を代表していた」

当座はクラルスフェルト夫妻にとって、フランスとボリビアの法律制度と官僚制度の機構が自分たちの有利になるように働くのを期待する以外、ほとんど何もできなかった。だが、そうした一見受身の立場さえ、危険がなくはなかった。五月十日、門番が一家のアパートに小包を持ってきた。ベアーテと息子のアルノはカンヌにいた。ベアーテはそこで〈人種差別と反ユダヤ主義に反対する国際連盟〉（ＬＩＣＲＡ）に対して講演をすることになっていた。小包を受け取ったのはセルジュの母だった。それをテーブルに置いたレイッサ・クラルスフェルトは、消印と差出人の住所が合っていない事実に気づいたが、もっと怪しかったのは、一家の猫が小包の包み紙になんの興味も示さなかったことだった。その晩仕事から六時半に帰ってきたセルジュは、小包を開け始め、包み紙を取ると、中からボール紙の箱が出てきた。その中には薄葉紙ですっぽりと包まれた赤い箱があり、菓子店の名前が書いてあった。セルジュは薄葉紙を取り除けると、黒い砂糖のような粒があるのに気づいた。「彼はそのいくらかを摘み上げ、擦ったマッチを近づけた。すると小さな炎が上がった」とベアーテは回想している。「それから彼は買い物袋を取り出し、小包の全部を中に入れ、警察署に持って行った。彼は途中で友人に会った。友人が何をしているのかと尋ねると、セルジュは『買い物袋に爆弾が入ってるのさ』と答えて、笑った」。警察署で小包が爆弾処理班によって調べられると、そうした陽気さは衝撃に変わった。「菓子」のその箱には、五百グラムのダイナマイトと、三百グラムの釘が入っていたのである。「誰がその爆弾を送って寄越したのか、私たちはわからなかった」とベアーテは言った。「警察もわからなかった」。脅迫はさらに続いた。しばしば中傷的手紙あるいは罵倒の電話という形で。

そのいくつかは、アルノの命を奪うという脅迫だった。

爆弾と脅迫をバルビーと結びつけるなんの証拠もなかったが、それがバルビーの認めたであろうような行動だったのは疑いない。一九七〇年代を通し、バルビーの拷問者としての技倆はボリビアの独裁体制が大いに必要としたものだった。「ボリビア人はそれまで人を単にひどく殴るだけだった」と、ある内務省の役人は思い起こしている。「バルビーのもとで、ボリビア人は電気を使う技術、容疑者を用なしになるまで生かしておく医学的処置を学んだ。バルビーは収容所を回って講義したものだった」。バルビーにとっては、バンセル体制〔バンセルは二〇〇二年に没したボリビアの軍人、独裁者〕のもとで暮らし、働くのは、第三帝国の一員であるのと同じくらい生き甲斐のあることだった。その十年間、バルビーはボリビアにおいて得になることなら、ほとんどなんでもした。彼はラパス空港の出入国管理の仕事もした。バルビーはまた、麻薬王ロベルト・スアレスの「保安コンサルタント」も務めた。一九七八年、スアレスは〈死の婚約者〉というネオ・ナチの傭兵の一団を彼のために作った。その指導者は、バルビーを敬慕していたヨアヒム・フィーベルコルンという、西ドイツのポン引き、殺人者、麻薬密売人、根っからの悪党だった。「奴はバルビーがやったことができるチャンスがあったらいいのだが、と年中言っていた」と、元麻薬取引人は回想している。「ほとんど毎日、奴がバルビーに電話をするか、バルビーが奴に電話をするかだった」

バルビーの絶頂期は一九八〇年七月に訪れた。その年、ルイス・ガルシア・メサ・テハダが、バルビーとイタリアのネオ・ファシストのテロリスト、ステファノ・デッレ・キアイエの二人に支援された、悪名高い「コカイン・クーデター」で権力の座に就いた。いまやボリビア陸軍の名誉大佐になったバルビーの新しい役割は、内務省で働き、国内諜報活動を監督するのに手を貸すことだった。バルビーのおぞましい「才能」に、それほどふさわしい機関を考えるのは難しい。またもや彼は、事実上ゲシュタポ将校になったのである。そしてフィーベルコルンと一緒に、自分の望みを実現するために、自分自身の兇徒のチームを結成した。〈特別奇襲班〉と名付けられたフィーベルコルンのグループは、「失踪」を実行するのを助けたばかりではなく、政府が麻薬取引を麻薬王の手からもぎとり、政府の手に渡すのに協力した。バルビーはフィーベルコルンと残忍な内務大臣ルイス・アルセ・ゴメス大佐との仲介者になった。「アルセ・ゴメスが命令を下すたびに、フィーベルコルンはバルビーに電話し、彼と話し合い、助言を求めるのだった」と元麻薬取引人は言っている。「バルビーは起こっていることの一切を知っていて、ヨアヒムはいつも彼の助言に従った」

ボリビアの多くの独裁者同様、ガルシア・メサの支配は数ヵ月しか続かなかった。一九八一年の中頃、体制に対する武装抗議が始まり、それは間もなく、サンタクルツ地方の反乱へと発展した。ガルシア・メサは八月三日、テレビの生放送で辞意を表明した。バルビーの立場は弱くなったものの、暫定政権でなおも働いた。それにもかかわらず、彼の栄光の日々は終わり、一九八二年十月十日に新しい民政が樹立したため、彼の「特別奉仕」に対する依頼はなくなった。二週間後にバルビーは六十九歳になった。七十代に近づくにつれ、いささかの平安を欲したが、それを得ることはなかった。なぜなら、バルビーの落ち着かぬ人生において次の五年間が最も波瀾に富んだものになるからである。

一九七〇年代を通し、ジーモン・ヴィーゼンタールはいくつかの成功を収めた。最も注目すべきなのは、ヘルミーネ・ブラウンシュタイナーをアメリカから送還させたことである。彼女はオーストリアの強制収容所の女看守で、自ら女と子供を殺した。ブラウンシュタイナーは人を蹴殺すのが好きだったので「雌馬」と綽名されたが、マイダネク強制収容所のガス室に送るユダヤ人の選定にも加わった。彼女はそれを残忍酷薄に行った。「母親たちは子供に抱きついていたかった」と生き残った一人はヴィーゼンタールに語った。「けれども彼女はそうさせなかった。母親と子供を引き離した。そして女たちはトラックに自ら乗らなければならなかった。ブラウンシュタイナーは子供たちをまるで手荷物のように、女たち目掛けて投げた」。ある時、ブラウンシュタイナーは男のリュックサックに子供が隠れているのを見つけ、それを開けるように命じた。子供は中から這い出し、逃げた。ブラウンシュタイナーは追いかけ、子供を捕まえると、顔を撃ち抜いた。グラーツにあるオーストリアの裁判所は、そうした犯罪に対し、彼女をたった三年の刑に処しただけだった。彼女は一九四八年から五〇年まで刑に服した。一九五〇年代の末、彼女はオーストリアに観光に来ていたラッセル・ライアンというアメリカ人の建設労働者に出会った。二人は恋に落ち、ノヴァスコシアに移住した。二人は一九五八年十月に結婚したあと、一九五九年にニューヨーク市のクイーンズ区のマスペス界隈に移った。そして一九六三年、アメリカの市民権を得た。隣人たちにとってはライアン夫人は「自分たちの知っている限りでは最も素敵な女性の一人」だった。夫はのちに、妻の過去は知らなかったと言い、「世界一の女性」、「蝿一匹殺さない」女性だと彼女を見なしていた。

ヴィーゼンタールは一九六四年一月にイスラエルに行った時、ブラウンシュタイナーのことを初めて知った。ヴィーゼンタールは「リヒャルト」という人物に手伝ってもらい、オーストリアのケルンテンにいるブラウンシュタイナーの家族の親戚のふりをしてもらった。ヴィーゼンタールはすぐにクイーンズ区の元女看守の住所を知ることができた。「それでブラウンシュタイナーの件は終わったと人は思ったかもしれない」とヴィーゼンタールはのちに書いた。「実際には、それは始まりに過ぎなかった」。アメリカ政府に話を持って行くと官僚制度の泥沼に嵌まるだけだと思ったヴィーゼンタールは、七二番街五二一一番地に住んでいる女についての情報を『ニューヨーク・タイムズ』に密かに知らせた。一九六四年六月の初め、同紙のジョーゼフ・レリヴェルドがその家のドアをノックすると、四十四歳の「ライアン夫人」が狭い居間を藤色と黄色にペンキで塗っていた。ピンクと白のショーツを穿き、半袖のトップを着ていたブラウンシュタイナーは、レリヴェルトの微妙な表現を使えば、「厳しい口元の、髪がブロンドから灰色に変わりかけている骨太の女」で、強いドイツ語訛りの英語を喋った。レリヴェルトが訪問の理由を話すと、彼女はこう応じた。「あたしはたっぷり苦しんだ。あんたたちはラジオで平和のことを話し続けている。あたしも平和にしておいてもらう権利がある。こんなことはどうしても終わらないの？」。ブラウンシュタイナーは過去に看守だったことは否定せず、泣き崩れた。「これは終わりよ。あたしにとって、すべての終わり」

終わりは、多くの者が期待していたのとは違い、はるか先のことだった。ブラウンシュタイナーはオーストリアで有罪判決を受けていたことを明かさなかった、すなわち入国審査用紙に嘘の記載をしたわけなので、彼女を国外退去にするのは比較的簡単なはずだった。ところが、その後の四年間、この件は移民帰化局と司法省とオーストリア当局のあいだを行ったり来たりした。オーストリア当局はブラウンシュタイナーの有罪判決を調べるのに、たっぷり一年かかった。ジーモン・ヴィーゼンタールは事を迅速に進めようとし、ブロークン・イングリッシュでアメリカの何人かの上院議員に手紙を書いたにもかかわらず、ほとんど何も起こらないように見えた。ついに、一九六八年八月二十二日、アメリカ政府は彼女が欺瞞によって市民権を取得したとする告訴を提出した。それから三年後、ブラウンシュタイナーは帰化証明書を返却することに同意した。だが、市民権を失ったことは、直ちにアメリカから追放されることを意味しなかった。そして、一九七三年になって、ドイツ政府は彼女の送還を求めたのである。ブラウンシュタイナーの弁護士は新しい作戦を試し、彼女が自分の帰化取り消しに同意したことをひっくり返そうとした。もしそれがうまくいけば、ブラウンシュタイナーはまたもやアメリカ市民になり、米独送還協定にもとづき、送還されることはなくなることを意味した。だが、その試みは失敗し、さらに法的にごたごたしたあと、そしてヴィーゼンタールが『ニューヨーク・タイムズ』に秘密情報を洩らしてから九年と少しあと、ブラウンシュタイナーは一九七三年八月七日、ドイツに送還された。一九七五年から八一年にかけて行われたマイダネク訴訟の一部として裁かれたブラウンシュタイナーは終身刑を宣告された。一九九六年、病気を理由に釈放されたが。彼女は三年後に死んだ。

ブランシュタイナーのような、有罪が証明されている犯罪者を扱うのに馬鹿げて長い時間がかかったということは、アメリカの制度の弱点にいくらかの光を当てた。その弱点は、ジーモン・ヴィーゼンタールの最大の失敗の一つに歴然と露呈された。驚くには当たらないが、フランク・ヴァルスという名前は『復讐ではなく正義』にも、二つのヴィーゼンタールの好意的な伝記にも出てこない。それは残念なことである。というのもこのケースは、ヴィーゼンタールがある人物を戦争犯罪人だと告発する際の無責任なやり方について、多くのことを語っているからである。

一九七四年、ヴィーゼンタールは、フランク・ヴァルスという五十二歳のポーランド人の移民で、シカゴの南西側に住んでいる引退した工場労働者が、戦時中、ゲシュタポに協力してポーランドのユダヤ人を殺害したという情報を得た。ヴィーゼンタールは一九七五年一月の自分のニュースレターで、ヴァルスは「チェンストホヴァとキェルツェのゲットーでゲシュタポと一緒に働き、大勢のユダヤ人をゲシュタポに引き渡した」と主張した。さらにヴィーゼンタールは、ゲットーからユダヤ人が一掃されたあとヴァルスは、「ドイツにあるポーランド人のための強制収容所に移され、そこでゲシュタポの秘密警察のスパイとして活動した」とも主張した。それは明らかに重大な告発で、移民帰化局はヴィーゼンタールの地位を尊敬していて、戦争犯罪人に厳しいというところを見せようと、ヴィーゼンタールの主張が正しいことを証明する、二つのゲットーの生存者が見つけられるかどうか、イスラエル警察に訊ねた。移民帰化局はヴィーゼンタールの申し立てと一緒に、ヴァルスのアメリカへの入国ビザの写真を大きく引き伸ばしたものをイスラエルに送った。イスラエルは二つのゲットー生存者からの申し出を募る広告を出した。合計四十四人が申し出た。生存者たちは八枚の写真――その一枚がヴァルスの写真だった――を見せられた。七人がヴァルスの不鮮明な写真を、ゲシュタポの協力者であっただけではなく、実際にゲシュタポ将校だった人物の写真だと証言した。

一九七七年一月、移民帰化局は市民権剝奪の手続きが始まることをヴァルスに通告した。彼が一九五九年にアメリカに入国申請をした際に、自分の戦争犯罪を隠した廉で。ヴァルスは移民帰化局の書類に書かれている、自分に対するすべての非難を否定した。そのいずれも本当ではないという単純明快な理由で。ヴァルスは確かにキェルツェ出身だが、戦時中は南ドイツの農場の労働者だった。彼の弁護士、ボブ・コレンキェヴィチはベルリン文書センターまで行き、一九四〇年から四五年までのドイツ国家健康保険の記録が、ヴァルスが実際に農場労働者だったことを示しているのを発見した。しかし、ヴァルスがゲシュタポだったという主張を裏付ける文書をただの一つも発見できなかった。コレンキェヴィチはまた、ヴァラスと一緒に働いた何人かの証人も見つけた。そして、キェルツェの教区牧師さえ、ヴァルスはゲシュタポの隊員ではなかったと断言した。さらに、ヴァルスはゲシュタポ将校ではあり得なかった。第一に、身長が五フィート四インチで、ゲシュタポに入るには背が低過ぎた。第二に、一九三九年には彼は十七歳で、したがって若過ぎた。第三に、彼はポーランド人だった。ジーモン・ヴィーゼンタールはヴァルスを告発する前に、コレンキェヴィチが集めた資料を、自分でも容易に集めることができたはずだった。

弁護士の苦労は、ほとんど実を結ばなかった。というのも、その頃には移民帰化局、新聞、ヴィーゼンタールは、彼が有罪だとこぞって信じていたからである。ヴァルスにとっては、人生はたちまち

「悪夢」になった。「隣人たちは私にひどい仕打ちをした」と彼は回想している。「誰もが私をナチ、ゲシュタポと呼んだ。私に石を投げた」。裁判は一九七八年三月に始まった。ヴァルスにとって不運なことに、裁判官はきわめて偏狭なジュリアス・ホフマンだった。ホフマンは七〇年代初めに「シカゴ・セブン」を党派根性丸出しにして扱い、悪名を轟かせた。その裁判で彼は、一九六八年、シカゴで開かれた民主党全国大会でジョンソン大統領のヴェトナム政策に抗議した罪で起訴された七人の被告たちに対する嫌悪感を、あからさまに表明した。八十一歳のホフマンに関する限りはヴァルスは有罪で、ホフマンはコレンキェヴィチが被告の弁護を開始する前に、そう法廷で述べさえした。「証拠は明白かつ納得できるもので、疑う余地がない」とホフマンは四月四日に言った。「そして、被告が戦争犯罪を行い、SSの一員であり、ゲシュタポとSSに加わっていたことを隠したという事実は、当法廷において一点の疑念もなく証明された」

ヴァルスの訴訟事件は、ヴィゼンタール自身がシカゴに来たことによって、被告にいっそう不利になった。ヴィーゼンタールは自分の最新の「戦利品」に対する栄誉を大喜びで受け取るためにやってきたのだ。彼は『シカゴ・サン＝タイムズ』の記者に、「自分は相手の正体を見誤ったことは一度もない」と語った。そして、「私が間違うのを待っている者が数千人いることも承知している」と付け加えた。ヴィーゼンタールは「風の町」〔シカゴの俗称〕で名士扱いされ、四月十六日、日曜日の晩、ユダヤ人弁護士のグループ、十戒協会主催の晩餐会に主賓として招かれた。ヴィーゼンタールは同協会の年次功労賞を授与された。彼は受賞スピーチで、その年の六月にミシガン州ナイルズ市の郊外で催されることになっているナチの行進に反対して、ユダヤ人社会が立ち上がるよう促した。ヴィーゼンタールは参会者たちに、その行進に抗議するのは「あなた方の権利であり、義務であります……そして、未来の世代に対する義務であります」と語った。

ヴィーゼンタールが賞を貰い、立派なことを言っているあいだ、なんとも薄弱な証拠にもとづいてナチだと糾弾された男は、筆舌に尽くし難い苦しみを味わっていた。「私たちはひどい気分でした」と、のちにヴァルスは拙い英語で語った。「私たちは本当に傷つきました。悪い評判が立ちましたよ。あのことが始まると、人は腐った卵を家の壁にぶつけました――歩道に鉤十字をたくさんペンキで描きました――ガレージにまだ鉤十字が残っています」。彼は法廷でもやはり罵倒された。証人の証言は被告の有罪を完全に証明するものに思われた。ザーラ・ライヒターという証人は、ヴァルスが一九四三年五月に、キェルツェで一団の幼い子供を射殺するのを見たのは確かだと言った。しかし、誰もがそれほど確信を持っているわけではなかった。「フランク」はもっと背が高く、がっしりしていたと思うと言う者もいた。裁判官はそうした疑念もコレンキェヴィチの集めたどの証拠も一蹴し、人は制服を着ると大きく見えることが多いという事実にもとづいて、体の大きさの違いを説明した。ヴァルスの無実を裏付ける新しい証人が現われ、新しい文書が明るみに出てさえ、ホフマンは一蹴した。ホフマンはヴァルスを有罪と認定し、市民権を剝奪した。コレンキェヴィチは控訴しようとしたが、ジーモン・ヴィーゼンタールも同様だった。彼はのちに自分のニュースレターで、そうした証人――元捕虜と強制労働者が含まれていた――は嘘つきだと非難した。

ヴァルスは一九八〇年十一月に、やっと嫌疑が晴れた。そして、ヴィーゼンタールがどうやってヴァルスを「突き止めた」かが明るみに出た。その時にはもう誰もあまり関心を示さなかったようだが。ヴィーゼンタールはヴァルスに関する情報を、ミハウ・アルペルという三十代半ばのポーランド人から得たのである。アルペルは一九七一年と七二年に数ヵ月ヴァルス一家と一緒に住んだ。ところが、アルペルとヴァルスは悶着を起こし、ヴァルスはアルペルを「ペテン師」と呼んで非難した。アルペルは報復しようと、ヴァルスがポーランドでユダヤ人を殺した話を盛んに自分にしたものだという噂を広め始めた。ヴィーゼンタールがどうやってその情報を手にしたのかははっきりしない。しかし驚くには当たらないが、アルペルがその情報をヴィーゼンタールに売ったのではないかと、憤慨したヴァルスは疑った。もう一つ考えられるのは、ヴィーゼンタールがシカゴのユダヤ人難民支援団体から出た話を聞いたということである。たぶん、そのほうがありうることだろう。事実はなんであるかは、ヴァルスにとってはどうでもよかった。彼は名誉を十分に回復することなく、一九九六年に亡くなった。彼はアメリカ政府から三万四千ドルの小切手と謝罪の言葉を貰ったが、「決して忘れぬ男」からは一セントも、詫びのひとことも貰わなかった。

ヴァルス事件は、ヴィーゼンタールの無謀で無責任なやり方を暴露しただけではなく、公然と生活しているナチを効果的に始末する新しい機関の必要性を、アメリカ政府の何人かの者に証明した。そうした団体を作ろうと最も熱心にロビー活動をした者の一人は、ニューヨークの女性下院議員エリザベス・ホルツマンだった。彼女は一九七二年十一月、三十一歳で下院議員に選出された。ロシアとウクライナの移民の孫で、ハーヴァード・ロースクールを出、市民的自由の熱烈な擁護者のユダヤ人のホルツマンは、彼女が生まれる十八年前に下院に選出されたエマニュエル・セラーを予備選挙で破り、ニューヨークの民主党の主流派に衝撃を与えた。キャピトル・ヒルに行く最年少の女性議員だったホルツマンは、自分がやや歓迎されていないのを感じざるを得なかった。「当時、女性は議員の約二パーセントしか占めていなかった」と彼女は回想している。「そして、男性が享受している恩恵のすべてを享受はしなかった。ジムは……例えば、女性は使えなかった。私はジムで取引とワークアウトが一緒に行われるらしいということに気づくまで、それは大したことではないと思っていた」。ホルツマンはまた、反ユダヤ主義にも遭遇することにもなった。彼女はそれがかなり蔓延しているのに気づいた。しかし女性で、ユダヤ人で、若いという「ハンディキャップ」にもかかわらず、彼女は下院司法委員会の一員になった。同委員会は一九七四年にニクソン弾劾聴聞会を開いた。「私の投票する番が来た時、驚いたことに、深い悲しみが私を襲った」と、のちにホルツマンは書いている。「私は判断しなければならなかった。それから逃げることはできなかった。リチャード・ニクソンは軽蔑すべき人物だが、弾劾決議に賛成の票を投ずるのはやはり苦痛だった」。最終的にホルツマンは五つのすべての決議に賛成票を投じた。

ホルツマンはまた、移民小委員会の委員にもなった。一九七三年、彼女は同委員会に選出されてからわずか数ヵ月後、移民帰化局の中位の役人の訪問を受けた。「非常に心配なことがあるんです」と役人は言った。「移民局にはアメリカに住むナチ戦争犯罪人のリストがあるんですが、移民局は彼らに対して何もしていないんです」。最初ホルツマンは懐疑的だったが、「ナチ戦争犯罪人がここで暮らすのを政府が許しているのは、まったく意味がない」と考えた。しかし数ヵ月後ホルツマンは、移民帰化局の長官と一緒に定例の小委員会の聴聞会に出た際、同局にはアメリカに住んでいるナチ戦争犯罪人のリストがあるのかどうか訊ねた。

元海軍大佐の長官は躊躇せずに、歯切れよく答えた。「あります」

私はその返事を予期していなかった。驚きを押し隠そうとしながら続けた。「そのリストには何人の名前があるのです?」

「五十三」と彼は言った。

私はまさにその時、できるだけ多くの情報を得なければならないのを知った。「移民局はそのリストにある、ナチ戦争犯罪人と言われている五十三人について何をしているのです?」

長官が曖昧な返事をし始めたのはその時だったが、彼はやがて、ファイルを見せてもらいたいというホルツマンの要求に応じた。数日後、ホルツマンはマンハッタンの事務所の金属のテーブルの前に坐り、文書を調べた。そのいずれも、記載されている人物が残虐な行為をしたのに、まだなんの調査も行われていないことを示していた。「私はファイルを押しやりながら、吐き気を覚えた」とホルツマンは回想している。「ホロコーストの残虐行為は、非常に多くの人間が傍観し、何もしなかったからなされたのではないのか？」

移民帰化局がナチの戦争犯罪人に対してほとんど何もしないのを知っていたホルツマンは、記者会見をして事をおおやけにしようと決心した。彼女はその会見の中で、ナチ戦争犯罪人に対する対処の概略を説明した。その時のことをこう思い出している。

その仕事に専念する特別班が必要であり、それをすべて偶然には委ねられない、と私は主張した。ナチ戦争犯罪人を追跡し、彼らを相手に訴訟を起こすには、豊かな専門知識と職業意識が必要だった。私はまた、アメリカ政府はこれまで以上に広範囲に文書と証人を捜すべきだとも指摘した。

次の数年間、ホルツマンは「ナチとの闘い」に時間の多くを捧げた。そして一九七八年、テッド・ケネディ上院議員を後ろ楯に、アメリカがナチとナチ協力者を国外退去させるだけではなく、彼らの入国を拒否できるようにする、新しい法律を通過させることに成功した。「ホルツマン修正条項」として知られるその法令は、アメリカに入国する際に、I‐95査証免除書式の裏側の質問Cに答えたことのある者なら誰でもよく知っている。あなたはナチによる迫害に関係しましたかという質問は、しばしば冗談の種になったが、何人かの者は「はい」という囲みに印を付け、直ちに飛行機でアメリカから追い出される羽目になる。

しかし一九七九年、ホルツマンは移民小委員会の委員長になると、ついに政府に専門の「対ナチ戦闘隊」を作らせることができた。特別捜査部の創設を発表できた。司法長官のグリフィン・ベルはいくらか抵抗したが、三月二十八日、特別捜査部は司法省の刑事部に属し、二百三十万ドルの予算が配分された。ホルツマンは言った。「司法省と米政府は人類史上最悪の犯罪を行った者に対し、合衆国における避難所を拒否するよう、明確に、精力的に行動することに、なんらの疑念もあってはならない」。ホルツマンの言葉を単なる政治的な美辞麗句以上のものにするのは、特別捜査部に雇われた者たちの責任だった。のちに見るように、特別捜査部はその存在意義を疑う者が非常に多かったにもかかわらず、ホルツマンの期待以上の成果を挙げることになった。

一九七〇年代で、マルティン・ボルマンに次ぐ最重要指名手配者の犯罪者はヨーゼフ・メンゲレだった。メンゲレのイメージは年ごとにいっそう悪鬼的になり、予想されたことだが、彼の暗い魅力は間もなく、安っぽいスリラーと映画の題材になった。一九七四年、ウィリアム・ゴールドマンは『マラソン・マン』を発表したが、それはメンゲレをモデルにした邪悪なSSの歯科医、クリスチャン・ゼルを主人公にしていた。一九七六年に同小説を映画化したものの中で、ローレンス・オリヴィエが演じたゼルは一九七〇年代の映画で最も偶像的悪漢になっていて、彼は主人公の歯と歯茎に麻酔薬を使わずドリルを差し込んで拷問する時、決まり文句の「安全か？」を口にする。しかし、こうしたフィクションのメンゲレの中で最も色褪せないのは、アイラ・レヴィンが一九七六年に発表した小説『ブラジルから来た少年』である。それは一九七八年に映画化された。レヴィンのメンゲレは人当たりがよく、白のスーツを着、髪を撫でつけたハンサムで禁欲的な医師で、超自然的なほどの威圧感を漂わせていた。グレゴリー・ペックによって見事なほどに大袈裟に演じられたメンゲレは、亡命中の頑固なナチが所有する一切のもの――南米の密林の真ん中に広大な農園と実験室――を享受している。その実験室の中で彼は、九十四人のヒトラーのクローンを作るという悪魔的な計画を立てている。そして、必須のヒトラー総統の胸像があり、トップレスの地元の少女たち、馬、使用人がいる。背景の音楽はワーグナーだ。その効果はチロルのミスター・クルツ〔コンラッドの『闇の奥』の人物〕だ。一般に流布している神話の第四帝国も描かれている。ブロンドの妻を連れた不気味なドイツ人たちが、鉤十字の旗が飾られた舞踏室で正式な舞踏に参加する。メンゲレは自分の計画について仲間のナチに話しにやってきて、ほかならぬ「アーリア人種の希望と運命」が危殆に瀕していると言う――「聖なる使命だ、諸君」。この小説にはジーモン・ヴィーゼンタールも登場する。レヴィンは彼の名前をヤーコフ・リーバマンとしているが。そして映画では、彼を演じているのはほかならぬローレンス・オリヴィエだ。この場合も、ヴィーゼンタールは一般に流布しているイメージを戯画化した人物になっている。リーバマンは魅力的なほどうっかり屋で、やや狷介《けんかい》で、よたよた歩き、事務所は文書が山積みになっていて、水が天井から盛んに漏る。映画の中でリーバマンは、メンゲレがまさに何をしているのかを聞くと、皮肉――意図的なのは確かだ――に満ちた台詞を口にする。「誰がそんな途方もない話を信じるかね?」。メンゲレも、「人はナチに魅了されている」と言って、似たような異化効果《フエアフレムドウングスエフエクト》の一瞬を楽しむ。

「ヨーゼフ・メンゲレ」は、劣悪で観るに耐えない別の映画にも主役で登場する。一九八七年の『コマンド・メンゲレ』（『死の天使』としても知られている）は、そのアウシュヴィッツの医師の紋切り型のイメージを強めるのに一役買っている。この映画ではメンゲレは『ブラジルから来た少年』においてよりも力強く、パラグアイに城を構え、第四帝国の略「4R」というロゴの付いたヘリコプターと、赤と白の4Rの腕章を巻き、ぴっちりしたズボンを穿いたボディーガードの一隊を持ち、人間と猿を交雑するという、ほとんど説明のない計画を抱いている。「私の実験は新しい民族を作ることを目指している」と、ずっこけ俳優ハワード・ヴァーノンの演じるメンゲレはゲラゲラ笑って言う。「いつの日か世界を支配することを総統が願った、支配者民族を！」。メンゲレの実験には女性の体内にチンパンジーの胎児を入れることも入っていた。その結果は、女性が信じ難いほど眉が大きくなるだけの結果に終わるようだが、そうしたことは阻止しなければならない。またしてもヴィーゼンタール風の人物が登場する。彼は「オーメイ・フェルスブルク」という名で、演じているのはルイス・ブニュエル映画のベテラン、フェルナンド・レイである。ヴィーゼンタールの事務所は雨が漏るどころではなく、音声パソコンのあるものだ。もっとも、ヴィーゼンタール同様、メンゲレは単に「始末」されるだけではなく裁判にもかけられるべきだとフェルスブルクは思っているが。たくさんの安っぽい台詞が続くが、観客は最後に、一九七〇年代と八〇年代における本物のメンゲレ狩り全体を要約するように思える台詞を聞くことができる。「おまえら、馬鹿なユダヤ人ども！」と、邪悪な医師の相棒は叫ぶ。「メンゲレは死にはしない！　彼は神話だ！　彼は永遠に生きる！」。最後のまずい演出の暴力シーンのあと、フェルスベルクが最後の台詞を言う。「なぜだ？　おお、神よ。これは終わることがないのか？」

　ありがたいことに、それは終わるのだ。密林に棲む気違い医者という神話は生き続けるけれども。二〇〇九年の初め、ホルヘ・カマラーサというアルゼンチンの文筆家は、『メンゲレ——南米の死の天使』と題する本を出版した。同書はカンディド・ゴドイというブラジルの町で双子の誕生が異常に多いのは、メンゲレの責任だと主張した。カマラーサによると、メンゲレはヴァイスという親切な巡回医師のふりをした。一九六〇年代に町の多くの妊婦の手当てをしたあと、五人の妊婦のうち一人が双子を産むようにした。カマラーサの説は二〇〇九年一月、何千という新聞記事になった。その説は科学者と歴史家によって直ちにそのまやかしが暴かれたが。

一九六〇年代と七〇年代の本物のメンゲレにとって、人生はそうした本や映画に描かれたものとは大きく違っていた。メンゲレは新しい民族を作り出す計画を持った、人当たりのよい邪悪な医者どころではなく、恨みがましい、精神の不安定な人間になった。彼が住んでいた農場を所有していたシタメル夫妻は、自分たちの客人で仕事上のパートナーが次第に怒りっぽくなるのに気づいた。彼は気分が激しく変わりやすく、労働者を酷使した。アイヒマンが拉致され裁判にかけられたあと、メンゲレは友人や知人が来るたびにあからさまに疑い深く、用心深くなり、振る舞いが卑しくなった。やがてシタメル夫妻は、新聞で彼の若い頃の写真を見、メンゲレの正体を知った。夫婦は自分たちと一緒にいる犯罪者を取り除きたいと思ったが、ハンス・ゼドルマイヤーが口止め料として二千ドルを夫婦に払った。いまや正体を暴かれたメンゲレは、次第に気難しくなった。彼は自伝を書き始めたが、自分の誕生についてだけで四十頁使い、自分の胎盤について一頁半使うという、ナルシシズムの記念碑的著作だった。

メンゲレは身の安全に次第に取り憑かれるようになり、十八フィートの監視塔さえ自分で監督して作らせた。彼はそこから何時間も田園を見渡した。散歩に行く時はいつであれ、護衛用に何匹もの野良犬を連れて歩いた。メンゲレはそんなに心配する必要はなかったのである――世間の大方の者は、彼はパラグアイにいると信じていて、時折、西ドイツはパラグアイの大統領ストロエスネルに、元「死の天使」を引き渡すよう圧力をかけたのである。メンゲレはシタメル夫妻と険悪な関係にあったが、一九六〇年代ずっと二人と一緒に暮らした。一九六〇年代に故国がリベラリズムを取り入れていたあいだ、メンゲレも、シタメル夫妻の農場のほとんど全部の女性と束の間の情事に耽って、自由恋愛を少し楽しんだ。ある時メンゲレは、黒人女性と浮気をしたと冗談交じりに非難されると、「人種科学者」である自分は「有色女」と浮気をするなどということは絶対にないと激怒して言い張った。明らかに、かつてのナチの人種観が残っていたのである。

一九七〇年代の初め、メンゲレは四六時中不安に苛《さいな》まれていたので、特異な病気に罹った。数年間にわたり彼は口ひげの両端を齧り、毛を飲み込むという習慣を身につけてしまった。一九七二年七月には、そうやって腸に溜まってしまった毛球のせいで激痛に苦しみ、除去手術を受けなければばらなかった。猫とは違い、人間は毛球（メンゲレのような医者なら、それを毛髪胃石と呼んだだろうが）を吐き出すことがうまくないのだ。メンゲレは手術が不安だった。体にメスが入るからというより、彼を治療する医師が彼の身分証明書を見るからだ。その身分証明書は、彼の庇護者ヴォルフガング・ゲールハルトが持っていたものを改竄したものだった。ゲールハルトは彼より十四歳若かった。事実、医者は六十一歳の患者と身分証明書の違いに気づいたが、メンゲレは役所の手違いだと説明した。

一九七四年、メンゲレはついにシタメル夫妻と喧嘩別れをした。シタメル夫妻は厄介な老人に愛想を尽かしたのだ。メンゲレは、サンパウロの貧しい郊外エルドラドのアルバレンガ街道五五五五番地のみすぼらしい平屋に移った。そこに移ると、彼の気分はいっそう暗くなった。「そんな風にひどく隔絶している所でたった一人でいると」と彼は書いている。「気分が滅入った」。メンゲレはドイツにいる家族がしきりに恋しかった。もっとも、時折息子のロルフとやりとりする手紙の中で、息子の過ちと思えるものを叱り、息子が自分の要求したほどには学業で成功していないことに苛立ちはしたが。「九月と十二月におまえは法律試験に合格し、〝満足の行くもの《ベフリーディゲント》〟〔「良」に相当〕という点を取った」と彼は書いた。自分は誇らしいが、ハンス・ゼドルマイヤーの息子は、次のような具合だったと書いている。

……上位四分の一に入ったが、それでも博士号を取得するにはあと一割点が足りなかった。おまえの成績は、考えてみると、博士号が取得できるようなものではない［……］。遠からず、それを克服したという知らせをおまえから聞くのを期待している。

一九七七年、ロルフは父に会うため密かにブラジルを訪れた。父は気難しい男になっていた。二人がその前に会ったのは、二十一年前、スイスでだった。そして、過去二十年のあいだに、ロルフはアウシュヴィッツにおける父の活動について知った。ロルフは当然ながら、いくつかの重要な質問をした。「私は父のアウシュヴィッツ時代について聞きたいと言った」とロルフは言った。「父の解釈では、アウシュヴィッツはどんなものだったか？　父はそこで何をしたのか？　父は非難されている行為に実際に荷担したのか」。メンゲレは息子にまともに答えることはなく、擬似科学とでっち上げの歴史をまくし立てることが多かった。メンゲレはそうした偽の博識のひけらかしの後ろにもはや隠れられなくなると、すべてのナチ同様の、手垢で汚れた言い訳をしただけだった——自分は義務を果たしていただけだ。

誰であれ、生き残るためにはそうせざるを得なかった、それが自己保存の本能だと父は言った。それについて考えることはできなかった、とも言った。父の観点からすると、父は収容所で起こったことに対して個人的責任はなかった。自分がアウシュヴィッツを「作り出した」のではない、と父は言った。それは、すでに存在していたのだ。

メンゲレはまた、鉄道の終点でユダヤ人を選別したのは殺人などではまったくなく、野戦病院の外科医が、負傷者の誰が手術に値するかを決めねばならないのと同じだと、ロルフに言った。そんな風に話してメンゲレは、自分は本当は多くの命を救ったのだと、息子に信じ込ませようとした。ロルフは納得せず、大量虐殺の組織の一部になるかどうか、選択する機会があったはずだと父に言った。そう言われるとメンゲレは怒った。「私のただ一人の息子よ、奴らが私について書き立てることを信じているなどと言うんじゃないだろうな？」と彼は怒鳴った。「誓って私は誰も傷つけたことはない」。ロルフはそんな議論を続けても意味がないのを悟った。そして、二週間の滞在の終わり頃には、雰囲気はよくなった。メンゲレはロルフの婚約者のために五百ドルの婚約指環を買いさえした。二人がサンパウロ空港で別れた時、メンゲレはまた会うことを約束した。ロルフはドイツに戻ってから数週間後、彼の結婚を祝い、ブラジルまで来てくれたことに感謝する手紙を父から貰った。「いまや私は安らかに死ねる」とメンゲレは書いた。

メンゲレが恨みがましく孤独な暮らしをしているあいだに、ナチ・ハンターたちは彼を捜し続けた。時折、彼らの報告はアイラ・レヴィンの想像力くらいに途轍もないものだったが。一九六七年、ジーモン・ヴィーゼンタールは『我らのあいだの殺人者』の中で、ギリシャのキスノス島でメンゲレと「ニアミス」をしたと報告したあと、「プエルト・サン・ビセンテと……パラナ川沿いのカルロス・アントニオ・ロペスの国境の森のあいだの、立入禁止の軍事区域」にある密林の開拓地に建つ「小さな白い物置」にメンゲレは住んでいると、自信たっぷりに語った。メンゲレはまた、すべての乗り物を停め、侵入者の射殺を命じられているパラグアイ兵士の分隊に護られているが、それに加え、身の安全に気を遣うメンゲレは、四人の重装備のボディーガードの兵士を自前で雇っている、ともヴィーゼンタールは言った。一九七一年二月までには、ヴィーゼンタールはこう言っていた。メンゲレはプエルト・サン・ビセンテにまだいるが、今では「ブラジルとアルゼンチン国境近くの、人が近づけぬ密林地帯で二つの工場を経営している」。人が近づけぬ場所になんで工場を建てるのかは、はっきり説明されなかった。メンゲレはいまや麻薬王だというのが、言外の意味だったろう。ところがヴィーゼンタールによると、メンゲレは盛んに世界各国を飛び回る男だった。一九七一年三月、ヴィーゼンタールはメンゲレがスペインの観光都市トレモリーノスで車を運転しているところを見たという「信頼できる情報」を受け取った。「残念ながら、メンゲレに対するどんな行動も起こすことができなかった」とヴィーゼンタールは、翌年一月の年次会報に書いている。「というのも、我々がその情報を受け取った時には、彼はすでに立ち去っていたからである」。ヴィーゼンタールは一九七七年、メンゲレはパラグアイに戻ったと断言し、運転手付きで黒のベンツ、280SLを乗り回し、アスンシオンのドイツ人クラブにしょっちゅう出入りし、その際は正体を隠すためにいつも黒っぽい眼鏡をかけていると報告した。

メンゲレを見かけたという情報がやたらに多いので、ヴィーゼンタールの報告に疑惑を抱く者がいたのも避けられなかった。その一人は一九六八年から七二年まで駐パラグアイのイスラエル大使、ベンノー・ヴィーザー・ヴァロンだった。「七〇年代のある時」とヴァロンは回想している。「ヴィーゼンタールはボストンで、ウィーンの事務所を維持するのは容易ではないと私に打ち明けた」。ヴァロンはこう疑った。ヴィーゼンタールは「メンゲレをもう少しで捕まえるところだと何度も言うが、おそらくそれは、ヴィーゼンタールが自分の活動のために資金を調達しなければならないし、メンゲレという名がいつもいい宣伝になるからではないか」。ヴァロンの見解では、ヴィーゼンタールは常に「ナチ・ハンターであって、ナチ・キャッチャーではなかった」。

ヴィーゼンタールが「宣伝」をしているあいだ、一九七七年、エーリヒ・エルトシュタインというウィーン生まれの元警察官が、自分もメンゲレを追っていると主張したが、彼の競争相手たちと異なり、彼はブラジルの町、マレシャル・カンディドの近くでメンゲレを発見しただけではなく、一九六八年九月、彼が逃げようとしたところを射殺したという。英米のための「貴重な秘密捜査員」だと自称するエルトシュタインは、どうやら「実物のジェームズ・ボンド」で、ほとんど超人間的な狡知を働かせて第四帝国に潜入し、ほんの少しのところでマルティン・ボルマンを捕らえ損ねた。メンゲレの死に様は、彼にふさわしく凄まじいもので、パラグアイの汽艇《ランチ》に一杯の兵士がエルトシュタインの艀を攻撃しようとした時に絶命する。

私は銃を構え、メンゲレに向かって四発撃った。弾は彼の胸と脇腹に当たった。彼は私のほうに振り向き、驚いたような表情でじっと見た。私はまた撃った。今度は弾は彼の喉に命中した。彼の体は激しく痙攣し、艀の脇に倒れ、頭から水中に落ちた。彼の足は甲板にあったロープにひっかかった。そのため彼の体は沈まず、顔は水中に浸かったたままだった。

そうした回顧録には昔からあることだが、エルトシュタインはその本を、くだらない哲学じみた文句で締め括っている。その文句は――『コマンド・メンゲレ』の文句のように――「死の天使」の捜索の性格を要約している――「一人のナチが死んだ。だが、それは重要なことだったろうか？　ナチは決して死なない」。

一九八一年一月、ヴィーゼンタールは会報を使い、メンゲレの最新の動向を彼の追随者たちに伝えた。「我々はメンゲレがチリの孤立したドイツ人居留地、コロニア・ディグニダッドに短期間いるのを突き止めた」と彼は報告した。「しかし我々は、コロニア・ディグニダッドの評判を落としたいと思っている者たちに迷わされたようだ」。コロニア・ディグニダッドは評判を落とすいわれがないと言っているのは、奇妙である。というのも、そのドイツ人居留地は、パウル・シェーファーという元ドイツ空軍の伍長によって作られたからだ。彼は二人の子供を性的に虐待した廉で起訴されたあと、ドイツから逃亡した。一九六六年、十八歳の少年がその居留地から逃げ出し、シェーファーに性的に悪戯されたと申し立てた。そして一九七九年、国際アムネスティが同地での人権侵害について捜査したことが広く報じられた。チリの秘密警察がそこを尋問センターとして使っている疑いがあったからである。メンゲレはその居留地にいないことをチリ政府が請け合うと、ヴィーゼンタールはメンゲレがボリビアのサンタクルツにいることを「突き止める」ことができた。同地でメンゲレは医者の友人と一緒に暮らしていた、とヴィーゼンタールは言った。「残念ながら、彼は我々が行動を起こす前にまたも立ち去った」とヴィーゼンタールは書いている。しかし彼によれば、まだ希望があった。なぜなら、メンゲレはウルグアイのリオ・ネグロに一九八〇年十月にいたという「重大な情報」を受け取ったからだ。「聞いたところでは、彼の健康状態はまったくよくない」

それはやや劇的なほど控え目な言い方だった。というのも、ヴィーゼンタールがそう書いている時には、ヨーゼフ・メンゲレは実は二年近く前に死んでいたからである。一九七九年二月五日、メンゲレは二時間バスに乗ってベルティオガ海岸に行った。そして、そこで一番新しい庇護者、ヴォルフラム・ボッセルトとその妻リーゼロッテの家に泊まった。次の二日間、怒りっぽいメンゲレはほとんど家の中にいた。しかし二月七日、水曜日の午後三時頃、説得され、新鮮な空気を吸うために、とうとう外に出ることにした。六十七歳のメンゲレはヴォルフラム・ボッセルトと並んで海岸を歩きながら、ドイツに対する郷愁を口にした。「あの向こうに私の祖国がある」と彼は海を見渡しながら言った。「自分の人生の最後の日々を、生まれた町のギュンツブルクで送りたい。山の頂上のどこかの小さな家で、私の生まれた町の歴史を書きながら」。四時半にメンゲレは体を冷やそうと海に入ったが、十分も経たないうちに何か問題が起こったように見えた。ヴォルフラムの息子が、戻ってくるようにと大声でメンゲレに向かって叫んだが、彼は答えなかった。ボッセルトはできるだけ速く沖に向かって泳ぎ出したが、メンゲレに近づくと、彼は麻痺状態だった。ボッセルトは片方の腕でメンゲレを支え、もう片方の手で泳ごうとしながら強い潮の流れと闘った。「私はもはやメンゲレを支えていられない段階に達した」とボッセルトは言っている。「しかしその時、潜在意識のどこかで、波の力を利用すべきではないのかと考えた」。二人が海岸線に近づくと、不意にメンゲレは泳ごうとし始めた。発作は治まったように見えた。しかし数秒後、彼の両腕は動かなくなり、ボッセルトは、自力では動けない人間を支えているのに気づいた。彼は疲労困憊し、やっと海岸に戻ることができた。海岸を通りかかった医者が、心臓マッサージと口式蘇生法でメンゲレを生き返らせようとした。その努力は無駄だった。「死の天使」は、広範囲に及ぶ血栓症で死んだ。

第12章

ナチ狩り、その後

一九七九年七月五日から六日にかけての真夜中頃、564 AKX 75 のナンバープレートを付けた赤いルノー5が、パリ南東のヴェルサイユ通り二三〇番地のアパートの地下駐車場で爆発した。爆弾は非常に強力だったので、原型をとどめぬ金属の山にその車を変えてしまったばかりではなく、さらに二十台の車を破壊し、火災も起こした。三日後の七月九日、車の持ち主は十サンティームの切手を鉤十字の形に封筒に貼った手紙を受け取った。セルジュ・クラルスフェルト宛のタイプしたその手紙は、「O・D・E・S・S・A」という機関から来たことになっていた。同機関は爆弾を仕掛けたことを認め、それが警告であると言っていた。

我々が今欲するもの——ユダヤ人が我々の仲間を迫害するのをやめること。必要となれば、状況が要求すれば、我々はさらに極端な解決を図るであろう。モサドによる報復のおそれも、我々の行動を妨げることはない。我々狂信者は死を嘲ることを、おまえたちは知るべきである。我々はこの警告でおまえたちに一考を促す。

爆弾を「警告」と言っているのは不正直だった。実際は、その装置は翌朝、セルジュが五歳の娘リダを学校に連れて行く時間に爆発するようにセットされていたのだ。

その手紙にははっきりと書かれていなかったが、そこに記されている「迫害」は、十月にケルンで行われる予定の、クルト・リシュカ、ヘルベルト・ハーゲン、リシュカの副官エルンスト・ハインリヒゾーンの裁判でセルジュが出廷することを指していた。九月一日、自称〈オデッサ〉はセルジュに、もう一通の手紙を送った。それには、もし彼がケルンの法廷で証人に立てば殺すという「血の誓い」を同機関のメンバーは立てたと書いてあった。その手紙の結びの一節は、一九七九年の〈オデッサ〉がどんなものかをよく説明している。

> 最初〈オデッサ〉は、解放〔連合国軍によるナチからのヨーロッパ解放〕の瞬間、ナチの国外逃亡を取り仕切るために作られた。その後、同機関はもう一つの任務を担った――ドイツの社会にナチの元指導者を再び入れ、重要な地位に就いて仕事をしてもらうこと。現在、同機関は変わることなく活動している。今は休止しているが。高い地位にいる一人のナチが黒幕になっている。我々はその人物により、〈オデッサ〉と言う機関の名において話し、行動する権利を与えられている。しかし、我々が〈オデッサ〉と一体なのは、単にイデオロギー上のことではない。我々は〈オデッサ〉の真の闘士なのである。しかし、我々は仲間内では、同機関について話す時、〈オデッサ〉という言葉は決して使わない。我々はただ、「友人」あるいは「同志」と言うだけである。

これは、オデッサ神話が現実のものになる一例だった。殺人未遂に責任のある機関は、一九七〇年代のヨーロッパで活動した邪悪なネオ・ナチの無数のグループの一つで、虚構であろうと、大きなファシストのグループの名を名乗るのは、彼らの尊大さにふさわしかった。しかし、そうした男たちはナチのウォルター・ミッティーであろうとなかろうと、危険なのは明らかだった。クラルスフェルト夫妻は直ちに警察に護衛されることになった。

それにもかかわらず手紙はその後も届き、その年の終わり頃、今度はベアーテ・クラルスフェルトが嫌がらせの手紙を受け取った。今度は架空の〈オデッサ〉からではなく、〈戦闘団ヨアヒム・パイパー〉と名乗るグループからのものだった。その名は数々の勲章を授けられたSS連隊指導者《シュタンダルテンフューラー》パイパーから採ったものだった。パイパーの戦闘団は一九四四年十二月、ベルギーでマルメディ虐殺事件を起こした。その際、約九十人の米軍捕虜が虐殺された。パイパーは十一年七ヵ月の刑に服したのち、一九五七年、シュトゥッツガルトでポルシェ社に勤め始めた。もっとも、戦争の英雄であると同時に戦争犯罪人であるという二極の評判から逃れることができなかったが。一九七二年四月、パイパーはフランス東部のオート＝ソーヌ県の小村トラヴェスに落ち着き、フリーランスの翻訳家として働き、小さな土地の世話をした。ところが一九七六年六月二十一日、六十一歳のパイパーは共産主義の新聞『リュマニテ』の記事を読んで心が乱れた。それにはパイパーの牧場と道路脇の郵便受けの写真が載っていた。「これまでフランスでギロチンにかけられたどんな犯罪者よりも罪深く、現在刑務所にいるどんな犯罪者よりも罪深い犯罪者は赦免され、自由の身になっている」と新聞は報じていた。次の数日、パイパーは新聞記者に囲まれ、一般に知られているより多くの戦争犯罪の責任を問われた。彼は殺害の脅迫を受けた。そしてついに七月十四日の深更、自宅に火炎瓶が投げ込まれた。夜明けに警察は、彼の炭化した死骸を発見した。胸に孔が一つ明いていた。遺体の下に一挺のコルト38スペシャルのリボルバーがあった。そして二階のバルコニーに一挺のレミントンの散弾銃があった。

それはパイパーが抵抗したのかもしれないことを示していた。パイパーは殺害された結果――たぶん共産主義者かレジスタンスのメンバーの手によって――そのネオ・ナチの看板男としての地位は、すぐさま神聖なものになった。大変な男前だったパイパーは、なぜ彼を崇拝するのかわからないが、ネオ・ナチの連中によって今でも擁護されている。パイパーが死んでから数日のうちに、〈ヨアヒム・パイパー戦闘団〉は、パイパー襲撃犯はマルセイユのユダヤ人の社交クラブだと主張した。そして、同市の教会堂に時限爆弾を仕掛けたのは彼らである可能性がきわめて高い。そのグループは、ベアーテ・クラルスフェルトに宛てた手紙の中で、パイパーを殺害したのは彼女と〈人種差別と反ユダヤ主義に反対する国際連盟〉だと非難し、彼女がクルト・リシュカに対する「迫害」やめるようにと要求した。同グループは、リシュカは「生きる権利」を持っていると主張し、ベアーテに対し、ドイツへの入国禁止と、三十万ドイツマルク（五十五万ドル）をパイパーの遺族に献金せよと訴えた。命令が実行されなければ、彼女を「トラヴェス事件」の共犯者と見なし、彼女の家で「片付ける」だろうと脅迫した。不気味なことに同グループは、彼女がいつも訪れる場所を知っていると付け加えた。たぶん、それははったりだったろうが。

クラルスフェルト夫妻はそれ以上命を狙われることはなかったが、ほかのナチ・ハンターたちはそうではなかった。一九八二年六月十一日、一発の大きな爆弾がジーモン・ヴィーゼンタールの事務所のある建物の玄関で爆発した。その爆発で建物はかなり損傷したが、ガスの本管が破裂しなかったのは幸いだった。それは、その年の夏、ザルツブルクとウィーンのユダヤ人所有の建物に対して行われたいくつかの似たような爆破計画の一つだった。一九八二年八月五日、西ドイツの病院の三十三歳の雑役夫エッケハルト・ヴァイルが逮捕された。一九八三年十月一日、彼と八人のネオ・ナチの男が襲撃の廉で裁判にかけられ、一九八四年四月、ヴァイルとほかの三人は二十ヵ月から五年の刑に処された。ヴァイルはヴィーゼンタールの事務所のある建物に対する襲撃では無罪だったが、のちにヴィーゼンタールは、ヴァイルが自分に対する憎しみを公然と表明したことを回想している――「彼の攻撃的態度は法廷でも変わることなくひどく露骨で、彼は私に飛びかかろうとして、警察官に制止された」。実際にはヴァイルが爆弾を仕掛けたとヴィーゼンタールが信じたのも驚くには当たらない。

ボリビアにいたクラウス・バルビーは、ガルシア・メサの独裁体制が崩壊したあと、もっと落ち着いた生活を送ろうとしていた。しかし一九八二年十月、エルナン・シレス・スアソが民主的に大統領に選ばれると、この国での彼の立場は脅かされた。新大統領は雑誌『ニューズウィーク』に、自分は「バルビー問題を解決する」つもりだと語った。そして、前年五月の西ドイツからのバルビー引渡し要求に応えることは、シレス・スアソにとって、ボリビアはもはや犯罪者の安息所ではないということを世界に示す機会だった。バルビーの私生活も幸福どころではなかった。一九八一年、彼は息子のクラウスがハンググライダーで死亡する事故を目のあたりにした。そして一九八二年十二月には、妻のレギーネが癌で亡くなった。そうした悲劇がバルビーの健康にも影響したようで、ヘルニアが悪化し、不可解な脚の痛みに苦しんだ。同月の末、バルビーはもう一つの悪いニュースを受け取った。最初、それは一見些細なことのようだった。十二月三十日、副会計検査官は、ボリビア海運会社が一九七〇年九月にボリビア鉱山公社から事実上盗んだ一万ドルの返却命令を出した。もし五日以内にその借金を払わなければ、バルビーの逮捕状が出ることになった。

最初バルビーはなんの行動も起こさなかったが、ついに一九八三年一月二十五日、金を返済するために会計検査官の事務所を訪ねた。その借金は法律上ペソで返せると信じていたバルビーは、交換レートについて役人たちと押し問答を始めた。自分は闇市のレートで払うことが許されるはずだと彼は言い張ったが、役人たちは公式のレートが適用されるべきだと主張した。いくらかの金を節約しようとしたバルビーの傲慢な試みは、非常に高くつくことになった。不意に二人の人物が彼の横に現われ、彼を逮捕してサンペドロ刑務所に連行した。そこで彼は詐欺罪に問われた。バルビーが逮捕された翌日、ボリビア内閣はバルビーを国外退去させることに衆議一決したが、問題が一つあった。彼をフランスに送るべきか、ドイツに送るべきか。次の九日間、その二つのヨーロッパの国の外交官は、非公式にだが必死になって相談し合った。フランスと異なりドイツは、逃亡犯罪人の引渡しを要請していた。もっともボンでは、実際にバルビーを引き受けるのに乗り気ではなかったが。ドイツの役人たちは、裁判が誰もが当惑するものになるだろうと考えていた。とりわけ、バルビーが犯した罪に対して比較的軽い刑を受けることになるなら。数日間あれこれ言い逃れをしたあと、西ドイツはバルビーを引き受けるのを拒否した。そうなるとフランスがバルビーを引き受けることになるが、逃亡犯罪人の引渡しを要請していないので、フランスの官僚が、元ゲシュタポ将校を自由の身にしたがっているボリビア右翼の政治家を出し抜くほど素早く動く保証は何もなかった。さらに厄介なのは、バルビーをどこに追放すべきかということだった。ボリビアから最も近いフランスの領土はギアナだったが、ボリビアはフランスの飛行機がラパスに着陸するのを（国威が理由で）認めたがらなかった。二月四日に予定されていたバルビーの国外退去は、ボリビアの飛行機で行われねばならなかったが、ちょうどその時、ボリビアのパイロットは無期限ストに突入していた。「我々はバルビーを失うのではないかと急に心配になった」と、交渉に当たったあるフランス人は言った。「なぜなら、ボリビアの情勢は突如、非常に緊迫したものになったからだ」

バルビーは刑務所の中で、彼に対してなされているすべての申し立ては虚偽だと言い張った。彼は独房の中でテレビの撮影班に、自分は「野蛮に」扱われていると抗議した。「私は肉体的にも政治的にも、準軍事的グループとはなんの繋がりもない」と彼は嘘をついた。「ここに住んで三十年になるが、その間、ボリビアの政治には関わるまいと常に誓ってきた」。二月三日、ついにバルビーはボリビア鉱山公社への借金を払った。友人に頼み、一万ドルを公式レートで払ってもらう手配をしたのである。借金を払い終えたバルビーは、釈放されるものと信じ込んだ。払った額は百五十万ペソ弱だったが、スーツケースに五十ペソの紙幣が一杯になった。「私はそこに坐らせられ、それを全部数えさせられた」と、バルビーの仲間の一人、アルバロ・デ・カストロは回想している。「それから、再び数えさせられた。とうとう支払いは済んだが、それでは十分ではない、利子が要る、と彼らは言った」。それは異例だった。通常、そうした借金の利子はあとで支払われるからだ。当局がバルビーの釈放を遅らせようとしているのは明らかだった。デ・カストロはその晩遅く、バルビーが翌日飛行機に乗る時、テレビ撮影班が同行すると聞かされ、びっくりした。借金を払おうと払うまいと、バルビーが国外追放になるのは、次第にはっきりしてきた。翌朝、デ・カストロはバルビーを訪ねた。バルビーは落ち着いた様子でボード・ゲームをしていた。バルビーはデ・カストロが飛行機とテレビ撮影班の話をしても動じないようで、借金の利子を払えば事はそれでお仕舞いだとデ・カストロに言っただけだった。デ・カストロは会計検査官の事務所に戻ったが、利子の額を彼に教えてくれる者を見つけられなかった。彼はその日の午後四時半近くになって、ようやく額を知ったが、その時には銀行は閉まっていた。「私は必死だった」とデ・カストロは回想している。「私は両替屋に電話し、銀行を開けさせてもらえまいかと頼んだ」。デ・カストロは利子が払える友人をやっと見つけ、借金を完済した。

一九八三年二月四日、金曜日の午後、クラウス・バルビーは頭に毛布をかぶせられて刑務所から連れ出された。バルビーは彼の国外追放を強く働きかけてきた国務省次官のグスタボ・サンチェスに伴われ、長く曲がりくねった道を車で運ばれた。

「死についてどう思うかね」とサンチェスは訊ねた。

「死は残酷だ」とバルビーは答えた。

「あんたがリヨンで死に追いやった者にとっても、やはり死は残酷だ」とサンチェスは返した。

車は間もなくラパスの軍用空港に着き、バルビーはドイツに送られると告げられた。それを聞いて彼は嬉しそうだった。「なんの持ち物も許されなかったので寒い、とだけ彼は不平を言った」と、ある役人は回想している。「私は近くにいる警官にアノラックを渡すよう命じた」。ボリビアのC130輸送機にボリビアのテレビ撮影班と一緒に乗せられたバルビーは、快活に見せようと全力を尽くした。ドイツでは剃刀の刃はいくらかと陽気に訊ねさえした。なんの持ち物も許されなかったので。

　飛行機は七時間後に目的地に到着した。パイロットは飛行機がタクシングをして止まるや否や、明かりをすべて消した。バルビーとテレビ撮影班は完全な闇の中に置かれた。数分の遅れがあった。その間、ボリビアのパイロットはいくらかの金を要求し、貰うことができた。飛行機のドアがついに開き、バルビーとテレビ撮影班は用心しながら暗い滑走路に歩み出た。人の声が聞こえたが、それがドイツ語ではないのは、ほぼ確かだった。フランス語だった。飛行機はバルビーの祖国にではなく、フランス領ギアナの首都カイエンヌに着陸したのだ。バルビーは空港の格納庫に連行され、そこで判事が彼に対する起訴内容を読み上げた。あまたの者を逮捕し殺害した男は、いまや茫然自失した。目に涙を浮かべさえした。彼はいつもの傲岸不遜の男ではまったくなくなり、挫け、意気沮喪していた。彼は間もなくフランス行きの飛行機に乗せられた。その間、ボリビアのテレビ撮影班の一人、カルロス・ソリアのインタヴューを受けた。

「フランス、ヨーロッパ、世界のその他は、そうした犯罪を忘れるべきだと思いますか?」とソリアは訊ねた。

「その通り」とバルビーは答えた。「最近、非常に多くの犯罪がある。第二次世界大戦後、百以上の戦争があった。そうしてすべての最近の犯罪は、一般大衆に知られている」

「しかし、ヨーロッパ諸国、とりわけフランスは忘れてはいないのを知っていますか?」

「そう、私は忘れたよ。彼らが忘れていないとしても、それは別問題だ」

二月五日、土曜日の晩、バルビーの乗った飛行機はオランジュ軍用空港に着陸し、青い犯人護送車に乗せられて百二十五マイル先のリヨンに連行された。彼はフォール・モンリュク刑務所に収容された。そこは彼が四十年前に、夥しい数の人間を拷問し、殺害した場所だった。


まさにその晩、ミシガン州グロス・ポイントでは、エアハルト・ダブリングハウスがNBCの「ナイトリー・ニュース」の週末版を椅子に坐って観ていた。その日の午後、ダブリングハウスは同局のインタヴューを受け、その時、バルビーが一九四〇年代末に防諜部隊のために働いていたことを明かした。最初記者たちは、ダブリングハウスは変人ではないかと疑ったが、ダブリングハウスが、自分も実は防諜部隊に勤務したという証拠を見せると、記者たちは彼の言うことを非常に真剣に受け取った。その番組が放送されたあとの日曜日の朝、ダブリングハウスが目を覚ますと、家の前に記者たちが長い列を作っていた。次の数週間、六十五歳の男の言ったことが世界中の新聞の第一面のトップ記事になった。「連中は自分たちが聞いたことが信じられなかった」とダブリングハウスは言った。

アメリカは素早く反応し、二月十一日、司法次官補D・ローエル・ジェンセンは特別調査部（OSI）の部長アラン・A・ライアンに、ダブリングハウスの発言の真偽を予備調査をするよう命じた。その調査を開始させたのはライアンだった。なぜなら彼は、その問題は無視できないし、「自然消滅を期待」することもできないのを知っていたからだ。ライアンはまた、メディアからの無数の質問をうまく捌かねばならなかった。質問の多くは、バルビーの過去についてどんなことを知っているのか、というものだった。「私はまったく何も知らなかった」とライアンは回想している。「だから、そう言った。特別調査部は三年間、アメリカにいるナチについて捜査してきたが、ボリビアにいるナチ――その点になれば、フランスにいるナチ――には、我々の司法権は及ばなかった」。ライアンはジェンセンから指示を受けるとすぐにペンタゴンを訪れた。そして、そこで「秘密」と記された、三インチの厚さのファイルを渡された。彼はそれを開けてから数分のうちに、ダブリングハウスが非難したことが本当であるのを知った。そして二週間近く調べてから、徹底的な調査が必要だと決心した。「もし我々がこの件の全貌をはっきりさせなかったら、あらゆるネットワーク、新聞、自称ナチ・ハンターが我々に代わってそうしようとしただろう」とライアンはのちに書いた。「それからどんな歴史の寄せ集め《パッチワーク》が生まれるのか、わかったものではなかった」。司法長官ウィリアム・フレンチ・スミスはしばらく逡巡したが、ライアンは結局、徹底的な調査をする許可を貰った。

わずか四ヵ月半後、ライアンはスミスに報告書を提出した。その序文でライアンは自分が発見したことを要約し、アメリカ政府がとるべき行動を示唆した。ライアンは事件に関係した防諜部隊の将校が「彼らの公務の範囲内で行動していた」と書き、したがって政府は「彼らの行動に対する責任を逃れることはできない」と論じた。アメリカはバルビーとの関わりを隠すことによって、「リヨンにおける正義」を遅らせた、とライアンは書いた。

> したがって私は、アメリカ政府がフランス政府に対し、クラウス・バルビー事件において然るべき法の手続きを遅らせた責任があることを遺憾に思う旨を表明するのは妥当であり、そうする

ことを勧めます。我々はまた、フランスで裁かれるであろうバルビーの犯罪のいっそうの捜査において、適切なやり方で協力することを約束すべきです。これは人道上の問題であり、名誉ある行動の問題であります。それは、この事件において、アメリカによる最終章であるべきだと私は信じます。

「ライアン報告」は、八月十五日に公表された時、おおむね好意的に受け入れられた。ライアンが示唆した通りに、フランスは正式な遺憾の意の表明を受け取り、フランスの法務大臣は、同報告書は「真実の探求に対する関心を表わしていて、それは貴国の名誉になる」と書いた。『ニューヨーク・タイムズ』は、誇り高い強国が卑劣な振る舞いをしたことを認めるのはなんと稀有なことか」と報じた。そしてドイツでは、『シュトゥッツガルト・ツァイトゥング』が、アメリカは「民主的な自己浄化に対する強力で感銘深い能力を示した」と伝えた。ほかの新聞はもっとシニカルだった。ロンドンの『ザ・タイムズ』で著述家のトム・バウアーは、同報告書が非難している対象はあまりに狭い、とりわけ、ドイツにおけるアメリカ高等弁務団には責任がないとしているので、と批判した。「ライアンは、当時は全般的な責任をほとんど負っていず、今は重要な存在ではなくなった者に罪を着せるため、現存する証拠を特異なやり方で解釈した」。バウアーは、ライアンが罪を高等弁務団に帰するのに乗り気でないのは、「今もまだ生きている多くの強力な政治家との激しい対立を避けるための乗り気のなさ」に根差していると論じた。仮にそれが正しくとも、残念ながらバウアーはその非難を裏付ける証拠を持っていなかった。バウアーは、ドイツのアメリカ高等弁務団がひどく不適切な行動をした事実を示唆する文書をライアンが発見するに到らなかったことを疑い、そうした文書は「失われた」のではないかと言った。だがライアンは、フランスの公文書の中にドイツのアメリカ高等弁務団に非があることを記した文書も発見できなかったのである。したがって、一種の隠蔽工作が行われたという可能性は考えられない。「フランスは実際、ドイツのアメリカ高等弁務団の知識［バルビーに関する］の欠如が理解できなかった」とライアンは書いた。「しかし、ドイツのアメリカ高等弁務団が誠実に行動していなかったということを示唆するものは、文書にまったくない」。別の証拠が明るみに出ない限り、ライアン報告はアメリカとクラウス・バルビーとの繋がりを解釈した最も信頼できる、最も権威のあるものである。ほかのすべての説は推測と見るべきである。アメリカの役人の行動を強い不信感を持って見るのがいかに誘惑的で流行であろうと。

ライアンにとっては、バルビーに関する報告は、特別調査部の部長としての三年の歳月の結実だった。彼の在任中、アメリカに隠れていた二十人を十分に越える戦争犯罪人を国外追放にする手段がとられた。そしてその後、さらに多くの戦争犯罪人が追放された。ライアンは一九八〇年一月に初めて特別調査部に来た時、同部は何年くらい存続すると思うかと訊かれた。「四年か五年、たぶん」というのが彼の答えだった。ライアンの予想は少々狂った。というのも二〇〇九年、特別調査部は創設三十周年を祝ったからだ。その三十年間に、同部は百七人に対する訴訟に勝ち、そのうちの八十六人は市民権を剥奪され、六十六人はアメリカから追放された。それに加え、百七十八人が入国を拒否された。合計、千五百人以上の者に対する調査が行われ、二〇〇九年現在、五十三人に対する調査が行われている。そうした被告の中に次のような者が含まれていた。パヴェリチのもとで法務大臣および内務大臣を務めたアンドリア・アルトゥコヴィチ。ダッハウのSS看守コンラート・シェロング。ドーラ＝ノルトハウゼンのV2ミサイル工場の作業監督として、強制労働者を非人間的な条件のもとで働かせた責任者アルトゥル・ルードルフ。ポーランドのトラヴニキの近くでユダヤ人の大量銃殺に加わったヤーコプ・ライマー。アドルフ・アイヒマンの同僚で、アメリカの情報部に貢献したという理由で市民権を与えられたオットー・アルブレヒト・フォン・ボルシュヴィング。アメリカは海外で行われた犯罪に対して司法権を持っていないので、すべてのそうした被告たちに対する訴訟は民事裁判所に持ち込まねばならなかった。そして、「国外退去させられる者は事実、戦争犯罪を行ったということを一点の疑問の余地なく明確で、決定的で、納得のいく証拠」を示すのが、特別調査部の仕事だった。そうした証拠を見つけるのは従来の探偵のしたような仕事ではないのは明らかで、特別調査部は世界中から集めた歴史文書を順序正しく纏め、分析する専門の歴史家のチームを持っている。

　特別調査部は先を見越して行動し、その実行班は誰から市民権を剥奪すべきかを積極的に調べる。そのため、それに嫌悪感を抱くも者も出てきた。特別調査部を最も激しく批判する者の中に、保守主義的なコメンテイター、パット・ブキャナンがいた。彼は一九八〇年代中頃に、「四十年前に終わった戦争において残虐行為を許した、または行った六十五歳から七十五歳の中欧からの移民」に公金を使うことに怒りを表明した。ブキャナンにとっては、特別調査部の最も重大な過ちの一つは、情報をソヴィエト連邦から貰ったことだった。それは議会で調査するに値することだと彼は考えた。だが特別調査部が、ライアンの言うところの「物静かな隣人たち」〔アメリカでひっそり暮らしているナチ犯罪人〕を狩らなければ、どうやってその任務を果たすことができたのか、わからない。ナチ・ハンターと一般市民から寄せられた内報は、どれも信頼できないか、訴訟の理由にならないかだった。事実、特別調査部が受け取った内報のうち、訴訟に持ち込めた唯一のものは、元ゲルリッツ強制収容所の囚人が、残忍なカポ（ナチのためにほかの囚人を取り締まったユダヤ人の囚人）をブルックリンで見かけたという内報だった。「内報」の手紙は特別調査部に毎週来たが、ライアンは間もなく、そうした手紙を「私の隣人はナチ」手紙と呼ぶようになった。頭をクルーカットにしてジャーマンシェパードを連れているだけで、徹底的な調査をするに値すると思った者もいた。ジーモン・ヴィーゼンタールから寄せられた情報も、やはり役に立たないことが多かった。特別調査部は公的な立場からはジーモン・ヴィーゼンタールを賞讃したが、特別調査部の部員たちは、個人的には遥かに慎重だった。一九九〇年四月、特別調査部のライアンの後継者、ニール・シャーはヴィーゼンタールに手紙を書き、彼が送ってくる手掛かりの質について警告した。

総じて私は、あなたの申し立てのいくつかにもとづき、積極的な調査をしてきたと言えます。しかし大部分の申し立ては、ほとんど価値のないものです。多くの「容疑者」はとっくの昔に死んでいます。多くの場合、あなたは基本的な身元確認のデータを渡してくれませんでした。したがって、あなたの申し立ては事実上役に立ちませんでした。アメリカへの入国記録がない場合さえありました。人違いをしているケースもあります。また、「申し立て」と正しく言えるようなものさえ提供してくれない場合もありました。そして多くの場合、我々は相手が有罪であることを示す証拠を発見することができませんでした。この点においてあなたは、あなたの手紙に名前が記されている人物の有罪を証明する具体的な証拠を特別調査部に渡してくれませんでした。さらに、そうした証拠を求める依頼に、あなたは返事をなさいませんでした。「……」結論は、私の知る限り、少なくとも私が部長として勤務したあいだ、あなたの事務所から来たどんな申し立ても、特別調査部によって告訴するに至りませんでした。

ニール・シャーはジーモン・ヴィーゼンタールを痛罵した特別調査部の唯一の一員ではなかった。事実、ヴィーゼンタールを最も痛烈に批判した一人は、ほかならぬ特別調査部の部長イーライ・M・

ローゼンバウムだった。彼は一九九三年にクルト・ヴァルトハイム事件について書いたものを公刊し、その中で、オーストリア大統領を弁護したヴィーゼンタールを痛烈に批判した。一九七二年から八二年にかけて国連の事務総長を務めたヴァルトハイムは、一九八六年初め、大統領になるための運動をしていた。その時、彼が戦時中、ドイツ陸軍に勤務したことについてひどく曖昧だったことが明るみに出た。ヴァルトハイムは一九七七年の自伝で、自分は一九四一年十二月に負傷してから現役を退き、戦争の残りの期間を法学の研究者として過ごしたと書いた。しかし一九八六年三月、〈世界ユダヤ人会議〉はヴァルトハイムが嘘をついていることを暴いた。そしてさらに、ヴァルトハイムが戦争犯罪に荷担していたことも明るみに出た。元国連事務総長の罪を証明する証拠を纏めて整理する責任を負っていたのが、当時、〈世界ユダヤ人会議〉の法律顧問だったローゼンバウムだった。彼にはその資格が十分にあった。ハーヴァードのロースクールを出たローゼンバウムは、訴訟専門弁護士として一九八〇年から八四年まで特別調査部で働き、マンハッタンで法人訴訟専門弁護士として短期間働いたあと、〈世界ユダヤ人会議〉に加わった。特別調査部時代、ローゼンバウムはニール・シャーと一緒にアルトゥル・ルドルフを尋問し、元ナチから「有罪を証明する一連の自白」を引き出した。

一九四三年五月、ユーゴスラヴィアで撮ったいまや有名なヴァルトハイムの写真を手に入れたのは、ローゼンバウムだった。その写真のヴァルトハイムは、陸軍中佐の制服を着、悪名高い第七SS義勇山岳師団プリンツ・オイゲンのSS集団指導者《グルッペンフューラー》アルトゥル・フレプスの隣に立っている。ヴァルトハイムは法律を研究していたどころではなく、一九四二年四月、実は現役に戻りボスニアのパルチザンを残忍冷酷に弾圧し、ウスタシャ体制から、「砲火のもとでの勇敢な行為」の功績で柏葉付きツヴォニミール王勲章を授与された。一九四三年の春、ヴァルトハイムは作戦将校としてサロニカで軍務についた。その間、同市の五万四千人のセファルディ系ユダヤ人のほとんど全員が強制移送させられ、殲滅された。そして一九四四年、ヴァルトハイムの軍集団E情報班も、一九四四年に捕虜になった特殊舟艇部隊の七人のイギリス兵を殺害した。要するに、ヴァルトハイムは良心的な研究者などではまったくなく、ある歴史家の言葉を借りれば、「ジェノサイドという機械の能率のよい有効な歯車」だったのである。ヴァルトハイムが嘘をついたというニュースが広まると、オーストリアの多くの者は、それをユダヤ人による組織的中傷と見なし、余所者がオーストリアの選挙に介入しようとすることに腹を立てた。「我々オーストリア人は我々の欲する者を選ぶ！」と、ヴァルトハイム支持のポスターは宣言した。一九八六年六月八日、オーストリア人は実際にヴァルトハイムを選んだ。一九八七年、オーストリアの新大統領は、ホルツマン修正条項によって特別調査部の作った、アメリカには入国できない者のブラックリストに自分の名が載っているのを知ったが。

一国の大統領になろうというヴァルトハイムの企てをとめることのできたであろう一人の人物は、ジーモン・ヴィーゼンタールだった。ヴィーゼンタールは一九七九年に、国連事務総長はアラブ諸国をあからさまに贔屓しているので、その過去を調べてもらいたい、という依頼をイスラエルから受けたことが、間もなく明るみに出た。ヴィーゼンタールはその後、その依頼は非公式なもので、決してイスラエル政府からのものではないと、彼の伝記の著者に語ったが、『ニューヨーク・タイムズ』に語ったところでは、政府がその申し出をしたという印象を読者に与えている。ヴィーゼンタールの言うところでは、その依頼があった時、友人に頼んで公文書を調べてもらったが、その結果、ヴァルトハイムは「研究」については嘘をついてはいたが、見たところ戦争犯罪人ではないという。ローゼンバウムにとっては、なぜヴィーゼンタールが大統領選挙の期間中にヴァルトハイムを断罪するのに乗り気ではなかったのかの説明が、それでついた。ヴィーゼンタールは、ヴァルトハイムの当選の機会を失わせ、その結果、社会党に大統領選挙で勝利を収めさせる望みを持っていなかっただけではなく、一九八六年に同国人のオーストリア人に、ヴァルトハイムの過去を調べてみたが、彼が戦争犯罪に関与した証拠を見つけられなかったと話しもしたことは、偉大なナチ・ハンターとしてのヴィーゼンタールの名声を、取り返しのつかぬほど傷つけたであろう。彼に好意的な伝記作者たちでさえ、ヴィーゼンタールは一九七九年にもっと好奇心を働かせるべきだったと示唆している。だがヴィーゼンタールはその後、釈明はせず、ヴァルトハイムの属していた軍集団E《エー》は大部隊だったので、「同軍団の三千人の将校の一人一人を調査するのは不可能」だったろうと言ったのみだった。しかし誰も、数千人の調査をしてくれとヴィーゼンタールに頼んだわけではなかったのだ。一人だけ調べてくれと頼んだのだ。実はヴィーゼンタールは、ヴァルトハイムの過去についてローゼンバウムと〈世界ユダヤ人会議〉がのちに発見したのと同一の報告書を見ていた。そして、アメリカはそこに犯罪性の証拠を見出したのに、ヴィーゼンタールは見出さなかったというのは驚くべきことである。ローゼンバウムの見る限り、ヴィーゼンタールは政治的に、しかも不適切に行動した。一方ヴィーゼンタールは、ヴァルトハイム事件に関するローゼンバウムのその後の説明は「憎悪に支配され、推定と嫌疑に満ちている」と見なした。

ローゼンバウムはヴァルトハイム事件の二十年後もヴィーゼンタールに敵意を抱き続けていて、戦争犯罪人を裁判にかけるうえで助けになるより邪魔になると見なしている。それに加えローゼンバウムは、自分が正しいかどうか確かめる前に人を告発するヴィーゼンタールのやり方を強く批判している。「ヴァルトハイムのようなナチ戦争犯罪人を擁護するのは、ひどい話だ」とローゼンバウムは言った。「メンゲレの件、アイヒマンの件、ボルマンの件でキーストーンのどじなお巡り〔キーストーン社がサイレント映画時代に製作したドタバタ喜劇に登場する警官〕のような間違いをするのはよくない。しかし、無実の人間を告発するのは許し難い」。一九八八年五月に特別調査部に戻ったローゼンバウムは、ヴィーゼンタールが『フィラデルフィア・インクワイアラー』の記者から入手した情報をもとに、フィラデルフィアに住むあるウクライナ移民をナチの協力者だと弾劾した例を引いている。記者はその人物の家系を調べるためにウクライナに行き、戦時中に、自分の生まれた町でウクライナ警察に勤務した者のリストを手に入れた。記者はアメリカに戻ると、リストの名前と、フィラデルフィアの電話帳の名前とを照合した。すると、符合する名前があった。たまたまヴィーゼンタールはフィラデルフィアにいたので、記者はヴィーゼンタールが講演を終えたあと、彼に近づいて、その名前を伝えた。ヴィーゼンタールはその人物の名前と住所を特別調査部に伝えると同時に、そのことを彼の次の年次報告に書き、その人物は殺人者だと訴えた。ローゼンバウムは次のように回想している。

調査には時間がかかったが、その人物が別人であると、我々はほぼ確実に断定した。しかしヴィーゼンタールは納得せず、司法長官に働きかけ、我々にこの件の調査を続けさせた。私はついにその人物に会いに行った。そして、甚だ遺憾に思った。彼がナチの協力者だったということはまずあり得ないと私は思ったが、我々はヴィーゼンタールのために調査をしなければならなかったのだ。そのウクライナ人はヴィーゼンタールが自分を年次報告書に載せたことを知っていて、怯えていた。老いたその男は我々を見て驚きはしなかったが、怯えていた。我々は彼が別人であることを、ほかのすべての証拠に加え、彼の発言から確信した。しかし、それでもヴィーゼンタールにとっては十分ではなかった。そこで、我々のスタッフの歴史家の一人がウクライナで調査をすると、その小さな町の警察の雇用記録を見つけた。すると、誕生日、両親の名前など詳細な個人情報が、フィラデルフィアにいる人物と合わなかった。そして、それだけでは足りないかのように、その記録は、当の男がソヴィエト軍に捕まり裁判にかけられたことを示していた。

ソヴィエト軍がその男を捕らえていたのだ。

当然ながらヴィーゼンタールは、自分は証拠なしに人を告発したことはないと、いつも自慢した。彼はヴァルトハイム事件のあいだ、告発を裏付けるどんな材料もないのにヴァルトハイムを戦争犯罪人と決めつけることはできない、と言って自分の行動を正当化した。「四十年間仕事をしてきたが、私は証拠もなしに人を告発したことはない」とヴィーゼンタールは、アメリカの知人への手紙に書いた。「この態度のゆえに、私はユダヤ人のあいだでだけでなく、多くの国の歴史家、判事、検事と一般大衆のあいだでも名声を確保しているのである」。ヴィーゼンタールは、もし自分がそうした普遍的な尊敬の念を勝ち得ていると本気で考えていたなら、それは間違いだった。無批判に彼を高く評価していたのは、大衆だけだった。ヴィーゼンタールと仕事のうえで付き合った者なら誰でも、彼がナチ・ハンターの役を演じているショーマンに過ぎないのを知った。すでに見たように、ヨアヒム・リヒターやフリッツ・バウアーのようなドイツのナチ告発者は彼を軽視していて、ニール・シャーやイーライ・ローゼンバウムのような、大西洋の向こう側に住む者も似たような意見を抱くに至った。それにもかかわらずヴィーゼンタールの名声は、彼の存命中は大衆のあいだでは不動で、もし彼を攻撃すれば、反ユダヤ主義者であるとか、ヴィーゼンタールの神聖とも言える使命を貶めているとか非難される危険を冒すことになった。その結果、ヴィーゼンタールを最も公然と攻撃したのはもっぱら一部の頭のおかしい異端の人間だったが、ジーモン・ヴィーゼンタールを批判したのはネオ・ナチ、修正主義者、ホロコースト否定者その他の変人だけだったと思うのは間違いである。

ローゼンバウムのような批判者の目には、ヴィーゼンタールの手法の滑稽とも言えるほどの無能ぶりを最も良く現わすのは、ヨーゼフ・メンゲレ「追跡」と、メンゲレの骨が発見されたことに対する反応である。ヴィーゼンタールが一九七九年二月にメンゲレがベルティオガ海岸で死んだことを知らなかったのは責められないが、メンゲレの死後に、彼の居場所を知っているとヴィーゼンタールが主張したのは、やはり異常である。一九七九年四月、ヴィーゼンタールはウルグアイとパラグアイ、および「大農場から大農場」を往復しているメンゲレのすべての足跡を知っていると明かした。「彼は二週間、同じベッドで寝ていない」とヴィーゼンタールは言った。翌年の十二月、ヴィーゼンタールはメンゲレがウルグアイにいるのは確実だとし、メンゲレは「自殺を考えているか、西ドイツ大使館に自首することに決めたか」であると言った。一九八二年八月、ヴィーゼンタールはカリフォルニア州ニューポート・ビーチでユダヤ人の一団の指導者にスピーチをしたが、その際、メンゲレは今、ボリビアとパラグアイとウルグアイのあいだを移動していて、「二人の南米人に彼のあとをつけさせている」こと、彼を捕まえる可能性はこれまで以上に高いということを話した。ヴィーゼンタールは八月にもボンで同じことを繰り返し、賞金を十万ドルに増額した結果、メンゲレについての「情報がどっと入ってくる」ようになったと言った。一九八三年一月の初め、ヴィーゼンタールはメンゲレがパラグアイの町フィラデルフィアで見かけられたという知らせを受け、南米にいる彼の連絡員に、パラグアイの警察に通報するように頼んだ。一月五日、ヴィーゼンタールの二人の連絡員とパラグアイの警察官がフィラデルフィアに行ったが、残念ながら遅過ぎた、というのも「メンゲレ」は大晦日にそこを離れてしまったからだ。長年ヴィーゼンタールの言動に注目してきた者にとっては、ニアミスと、犯人の目撃はお馴染みのものだったが、それはその後も何度も繰り返された。一九八三年一月、ヴィーゼンタールはメンゲレをパラグアイでもう少しのところで捕らえ損なってから、メンゲレは今、「南米の平和主義者のキリスト教共同体」に住んでいると『ニューズウィーク』に語った。一九八四年六月、ヴィーゼンタールはメンゲレがパラグアイで見かけられたと報告し、一九八五年一月、メンゲレが今でもそこにいるのはまず確実だと言った。

しかし、メンゲレがパラグアイに住んでいると思い込んでいたのは、ジーモン・ヴィーゼンタールだけではなかった。一九七九年六月、五十七人の米下院議員が連名でアルフレド・ストロエスネル大統領に手紙を書き、アウシュヴィッツの医者を引き渡すよう要求した。そして、上院議員ジェシー・ヘルムズは、メンゲレに対してパラグアイが法的行動を起こすよう要求する決議を提出した。議会はまた、鼻薬としてストロエスネルに、四百万ドルの経済援助をすることを匂わせた。それは実際、メンゲレ逮捕に出された最大の賞金だった。間もなくパラグアイは繰り返される要求にひどく腹を立て、メンゲレは二年近く自国にいないということを単純な形で証明しようと、彼が二年間自国にいなかったという理由で、彼の市民権を取り消した。「私はメンゲレがパラグアイにいるということを明確に否定する」と、内務省のある役人は言った。「それはまったくの偽りであり、我が国に対する中傷である」。その役人は本当のことを言っていたのだが、パラグアイの言うことをほとんどの者が信じなかったのは当然だった。考えてみれば、パラグアイはメンゲレが同国にいた時に嘘をついたのだから。

パラグアイの言うことを真に受けなかったもう一人の人物は、ベアーテ・クラルスフェルトだった。彼女はパラグアイが依然としてメンゲレを匿っていると信じ、一九八四年の初め、それに抗議しようとアスンシオンに行った。クラルスフェルトは最高裁判所の石段に立ち、パラグアイで十七年間行われたことのない非公認デモを行った。彼女は横断幕を取り出した。「ストロエスネル大統領、あなたはSSメンゲレの居場所を知らないと言っているが、それは嘘だ」。警官に追われて自分のホテルに戻ったクラルスフェルトは、「大統領を侮辱したことは国民を侮辱したことになる」として国外退去を命じられた。クラルスフェルトは国外退去になったことで、メンゲレがパラグアイに隠れていることを、いっそう強く確信するようになった。「論理的に考えれば、彼のいる場所はほかにはない」と彼女は言った。十一月にクラルスフェルトは再びパラグアイを訪れたが、今度は、エリザベス・ホルツマン、母がアウシュヴィッツに入れられた弁護士メナヒェム・Z・ローゼンザフト、ブルックリン大主教管区のルネ・ヴァレロ主教を伴っていた。三日間、一行はパラグアイの様々な役人に会った。彼らはいずれもメンゲレの居場所を知らないと言ったが、彼の逮捕に役立つ情報に対し二万五千ドルの賞金を提供するという新聞広告を出すことを考えてみようと提案した。ホルツマンはその申し出の真摯さを疑った。とりわけ、パラグアイは「極めてひどい所」だと感じていたからだ。「私たちはユダヤ人社会の何人かに会いに行きました」と彼女は回想している。「彼らはひどく怯えていたので、私がソヴィエト連邦を訪れた時に人々はどんなだったかを思い出しました。誰も私たちに話したがりませんでした」

クラルスフェルトにとっては、そうした旅はすぐには成果を挙げなかったが、ナチ狩りのほかの手法より多くのことを達成したと感じられた。「ほかにやり方はありませんでした」と彼女は言った。「私たちは、犯罪者のいる場所に行かずに記者会見を開くだけのヴィーゼンタールとは違っていたのです」。確かに、ヴィーゼンタールとクラルスフェルト夫妻のとった手段の違いがもとで、両者は次第に痛烈に相手を批判するようになった。ヴィーゼンタールはベアーテを「宣伝ハンター」だと批判し、彼女の手法は逆効果だと考えた。クラルスフェルト夫妻はヴィーゼンタールを、他人が自分の「領域」に入るのを好まぬ病的に自己中心的人物に過ぎないと見なした。ヴァルトハイム事件の最中、クラルスフェルト夫妻は、「ヴィーゼンタールがウィーンにいたことが、ヴァルトハイムが国連の事務総長になった時に彼の過去についてなんの調査も行われなかった理由の一つだ」と言った。ヴィーゼンタールは五年後、一九九一年七月に『デア・シュピーゲル』に載った記事に飛びつき、クラルスフェルト夫妻を盛んに誹謗した。それはクラルスフェルト夫妻がシュタージ〔東ドイツの国家公安局〕に利用されるままになったと非難したものだった。その非難には証拠がなかった。

一九八五年の初めには、ヨーゼフ・メンゲレの捜査は臨界質量〔特定の結果を得るために十分な量〕に達し始めていた。一月の末、メンゲレの模擬審理がアウシュヴィッツで行われた。それは非常な評判になった。同じ頃、イスラエルはメンゲレが生まれた町、ギュンツブルクで抗議活動をし、二月六日、米司法長官は戦後アメリカ軍がメンゲレを利用したらしいという噂について調査するよう、特別調査部に指示した。同時に米連邦保安局は、実際にメンゲレを追跡する任務を負わされた。その決定に特別調査部の面々は眉を上げた。連邦保安官はそうした複雑なマンハントをするには少々無骨だと見なしていたのだ。三月までには、ほかのアメリカの機関が捜査に加わるようになった。それには麻薬取締局、FBI、国務省、軍隊、そして、刑事局担当の司法次官補スティーヴン・S・トロットの言葉を借りれば「全情報機関」が含まれていた。トロットはまた、連邦保安官を使うことを擁護した。トロットによれば、一九八〇年以来、連邦保管官は七千人の逃亡者を捜査し逮捕したという。連邦保安官がパラグアイは言うまでもなくラテンアメリカで何人の逃亡者の居所を突き止めたのかははっきりしないが、明らかになってきたのは、四十年間で初めて、メンゲレ追跡に必要な条件がついに整ったということである。それに加え、西ドイツもイスラエルも独自の捜査を始め、クラルスフェルト夫妻、トゥフィア・フリートマン、ジーモン・ヴィーゼンタールのような「私的」ナチ・ハンターも、それぞれの努力を続けた。そうした個人のうち、クラルスフェルト夫妻が最も精力的な捜査を行った。一九八五年の初め、セルジュとベアーテはベルリンにいる女性の友人に連絡した。その友人はロルフ・メンゲレのアパートに侵入し、彼が一九七七年にブラジルに行った際に使った偽の旅券を見つけた。

一九八五年五月、アメリカ、西ドイツ、イスラエルの捜査担当官は、メンゲレに関する自分たちの調査を互いに調整するためにフランクフルトで会った。その際西ドイツ捜査担当官は、メンゲレが一九四九年にヨーロッパから逃げ出して以来彼を忠実に保護してきた、ハンス・ゼドルマイヤーがメンゲレの家宅捜索状を受け取ることになっていると言った。ゼドルマイヤーがメンゲレを見つけるうえの鍵ではないかと、ずっと思っていた一人はジーモン・ヴィーゼンタールだった。彼は早くも一九六四年に、メンゲレおよびゼドルマイヤーとハンス＝ウルリヒ・ルーデルとのあいだにある繋がりについて、フリッツ・バウアーに伝えていた。「あのハンス・ゼドルマイヤーが過去においてメンゲレに数回会っているという情報を摑んでいる」とバウアーは答えた。「それが六週間前に起こったというのは初耳だ。ヘル・ゼードルマイヤーはこの問題に関して検察庁に尋問された。たぶん、我々は何かまたやってみるだろう」。残念ながら、時折捜査が開始されるたびに、ゼドルマイヤーは地元警察内部の情報提供者から連絡を受け、メンゲレとのやりとりを示す証拠を隠すことができた。だが一九八五年五月三十一日、警察がギュンツブルクのノルト通り三番地の彼の家に着くと、ゼドルマイヤーは心《しん》から驚いた。ドイツの捜査員は用心して地元以外の警察を使ったのだ。そして徹底的に捜査した結果、メンゲレのいくつかの住所、電話番号、さらにはメンゲレと交わした手紙の写真複写まで発見した。

最も見込みのありそうな住所はサンパウロの住所のように思えた。捜査が開始されて数時間後、ブラジルはメンゲレ狩りに協力を要請された。市の警察署長ロメウ・トゥマ自身に指揮されたブラジルの捜査員は、ボッセルトとシュタメルの家を監視した。四日後、捜査員はその二軒に踏み込むと、メンゲレに関する大量の物的証拠が見つかった。その中には、彼が書いたもの、写真、二年前にロルフ・メンゲレが送ったクリスマスカードさえあった。そうしたものが発見されるや、ドイツ連邦刑事局の二人のメンバーがボッセルト夫妻を尋問するためにブラジルに飛んだ。ボッセルト夫妻は二時間尋問されると参ってしまい、メンゲレがボッセルト家の西約十五マイルのエンブの墓地に埋葬されていることを認めた。「あんた方がこんなに早く私らを見つけるとは思わなかった」とヴォルフラム・ボッセルトは言った。そのニュースはすぐに新聞社に洩れた。アメリカとイスラエルには、ドイツが手柄を独り占めにしようとしているように見えた。「ドイツは我々に何も言わずにブラジルにすっ飛んで行った」と、特別調査部のメンゲレ班の一人、デイヴィッド・マーウェルは回想している。「我々はそのことをCNNで知った」。ニール・シャーもやはり感心しなかった。「もし我々が事件解明の鍵を手に入れたのなら」と彼は言った。「それをおおやけにする前に、ほかの国と分け合っただろう」

六月六日、三人の墓掘人が「ヴォルフガング・ゲルハルト」の墓を掘り起こすのを見ようと、数百人の警察官と記者から成る群衆がエンブの小さな墓地に集まった。墓掘人が四フィート近く掘ると柩が出てきた。だが、それを動かすことはできなかった。墓掘人は蓋を砕くよう命じられ、骨と衣服の不気味な塊を取り出し始めた。それらはサンパウロの死体保管所に運ぶ大きな金属のトレイに移された。その間、死体保管所の所長、ホセ・アントニオ・デ・メロが頭蓋骨を拾い上げ、カメラマンに向かって高く掲げた。「私らはそう苦労もせずに、人種、身長、肌の色を確定できるはずです」と彼は告げた。

その後二週間、世間は待ち、推測した。骨は「死の天使」の骨ではないと多くの者は思っていた。「これはメンゲレの七度目の死だ」とジーモン・ヴィーゼンタールは言った。「パラグアイだけで彼は三度死に、そのたびに、それは彼だと言った証人がいた。そのうち一度は女の死体だった」。メンゲレ一族は信じ難い悪ふざけをしていると、ヴィーゼンタールは頑なに信じていた。「その死体がメンゲレ医師のものではないのが証明されれば」と彼は言った。「そのことはメンゲレ医師が生きていること、それは一族の陰謀だったことを示す」。ヴィーゼンタールはまた一九六四年、西ドイツの首相コンラート・アデナウアーが、ストロエスネルに千六百万マルク提供するのでメンゲレを国外退去にしてくれと言ったが、その要求は拒絶されたとも主張した。ヴィーゼンタールはその金銭提供の話をフリッツ・バウアーから聞いたのを覚えていると言った。「メンゲレについてはあと数ヵ月黙っていてくれと、彼は私に頼んだ」とヴィーゼンタールは回想している。西ドイツは直ちにその話を一笑に付した。当時の駐パラグアイ西ドイツ大使は、それはまったくの作り話だと言ったが、ボンの役人たちはすぐさま、アデナウアーは一九六三年十月に引退しているのだから、その話は本当ではあり得ないと指摘した。ヴィーゼンタールは、日付については間違えた、一九六三年のつもりだったと素直に認めた。しかし、ヴィーゼンタールが一九六三年にメンゲレの件についてバウアーと話し合っていたことを示唆するなんの証拠もないので、その主張もまたヴィーゼンタールの作り話かもしれない。少なくとも、ヴィーゼンタールのように懐疑的だった者は大勢いた。というのも、「ヴォルフガング・ゲルハルト」の骨が実はメンゲレの骨だとは信じなかった者が多かったからだ。クラルスフェルト夫妻、イスラエル、特別調査部、トゥフィア・フリートマンは皆、メンゲレが死んだことを疑っていた。六月十一日に、ロルフ・メンゲレが父は死んだと言っても、疑念は薄らがなかった。「西ドイツ人とアメリカ人を含めた国際的病理学者のチームに樽が渡され」とイサル・ハルエルは言った。「彼らがそれはメンゲレだという結論を出すまで、その話は真実に根差していない」。メンゲレ一族もやはり懐疑論者を一蹴していた。「唯一の偽の手掛かりは、ヴィーゼンタールやクラルスフェルトのようなナチ・ハンターが提供したものだ」と、メンゲレの三十四歳の甥、ディーターは言った。その言葉には一抹の真実があるが、数十年にわたりヨーゼフ・メンゲレの居所について嘘をついてきたメンゲレ一族には、ヴィーゼンタールやクラルスフェルトのような人物を非難する資格はない。

一九八五年六月二十一日、六人のアメリカの科学者から成る法医学チームは、「頭蓋骨は相当の科学的正確さでヨーゼフ・メンゲレのものだと断定できる」と報告した。メンゲレ同様、エンブで発掘された人物は男で、白色人種で、年齢も身長もメンゲレと似ていて、際立って額が高く、ほぼ確実に前歯に大きな隙間があった。キール大学のリヒャルト・ヘルマー博士が付加的な証拠を提出した。彼は比較的新しい「エレクトロニック・シュープラポジション」という方法を用いた。それはメンゲレの顔写真をエンブで発掘した頭蓋骨と重ね合わせるという方法だった。その結果得られた像はひどく不気味で、頭蓋骨がアウシュヴィッツの医師のものであるのを多くの者に納得させるのに役立った。だが、証拠は説得力があったにもかかわらず、依然として疑問の余地があったのは確かだった。特別調査部のデイヴィッド・マーウェルは言った。

相当の科学的正確さというのは、法律的基準ではなかった。事実、科学的基準でさえなかった。「相当の科学的正確さ」とは何を意味するのか？　保険の場合ならそれでいいかもしれないが、捜査員を騙そうという強力な動機があるこの状況においては、また、医学に精通しており、自分の体にそっくりの死体を見つけることのできる悪の天才――一般の人間の想像力においては――を相手にしている状況においては、「相当の科学的正確さ」以上のものが必要なのである。

マーウェルは、もっと多くの証拠が発見されなければならないことを上司のニール・シャーに納得させることができた。シャーは調査を継続することに同意した。法医学検査の結果にやはり疑問を抱き続けていた者の中に、イーライ・ローゼンバウムがいた。彼は一九八六年十一月に〈世界ユダヤ人会議〉に加わった。ローゼンバウムはメンゲレの死亡は大いにありうることだと思ってはいたが、〈世界ユダヤ人会議〉の法律顧問として最初にしたことは、同機関の指導者たちに私的調査をするよう説得することだった。〈世界ユダヤ人会議〉から流出した文書は、メンゲレ一族が実際に世間を欺こうとした可能性があることを示していた。「メンゲレは科学的、財政的、兵站的観点から見て、かなり複雑な詐術を弄することのできる立場にあった」

メンゲレが死んだことを信じたのは（少なくともしばらくのあいだは）、ジーモン・ヴィーゼンタールだった。彼は一九八六年一月の終わりの彼の年次報告で、「我々にとっては、この件はかくして終わった」と書いた。その間、特別調査部のチームは新しい証拠を集めることにある程度成功した。同チームはドイツでメンゲレの自伝的文書を発見した。それはシュタメル夫妻とボッセル夫妻による証言の多くを裏付けていた。しかし、本当の劇的な成果が得られたのは三月だった。駐サンパウロの米国領事、スティーヴン・デイチが自分で調査してみようと思い立った。デイチは外交団に加わる前は歯科医で口腔病理学者だった。メンゲレの自伝的文書のいくつかを特別調査部が英訳したものに魅了されたデイチは、メンゲレが歯根管の治療を受けに「サマのガマ医師」のもとを訪れたことに注目した。警察は最初ガマ医師の所在を確認できなかったが、デイチは、「サマ」という町は実際にはサンパウロの郊外、サント・アマロではないかと当てずっぽうに推測した。デイチは副領事のフレッド・キャプランと一緒に電話帳を調べ、「医師エルシー・ゴンザーガ・ガマ・アンジェロ」を見つけた。デイチはその医師を訪ね、その医師が歯根管の治療を専門にしているだけでなく、一九七八年に「ペドロ・ホッホビヒラー」という患者を治療してもいたことも発見した。その男の住所はアルバレンガ通り五五五五番地になっていた。その住所はメンゲレの最後の隠れ家の住所と一致し、偽名は彼が使ったものの一つで、ガマ医師が治療したのは誰なのかは疑問の余地がなかった。ガマは二人のアメリカ人に、その患者を専門医の自分のところに回した歯科医はカズマサ・ツチヤ医師だと言った。デイチはツチヤを訪ねた。すると、ツチヤがその患者のX線写真を保管しているのを知って喜んだ。「彼がX線写真をテーブルの上に置いた時、宝籤に当たったようなものだった」とデイチは言った。「四十年間、誰もメンゲレのX線写真のただの一枚も見つけられなかった。私たちはその八枚を持っている男を見つけたのだ」。一九八六年十一月、法医学チームは新しい報告書を書いた。それは、メンゲレが死んだことを確信をもって宣言していた。

それにもかかわらず、メンゲレが司直の手から逃れたと考えるのに耐えられない者もいた。一九八九年の初めには、ジーモン・ヴィーゼンタールはまたも懐疑的になり、メンゲレが実際に死んだことに「深い疑念」を表明した。一九九二年四月に、アレック・ジェフリーズ博士の率いる英国の科学者チームが、エンブで発掘した頭蓋骨のDNAとロルフ・メンゲレのDNAが一致したことを発見した時でさえ、ヴィーゼンタールはなおも疑念を抱き続けた。メンゲレが生き続けたのは、ヴィーゼンタールの想像力の中と、大衆文化の中だった。フランクフルトの検察官がジェフリーズ医師の発見をおおやけにした、わずか一ヵ月後、マンハッタンにあるアメリカ・ユダヤ・シアターは、チャーリー・シュルマンの『死の天使』を上演した。それは、ヨーゼフ・メンゲレがパラグアイの「クラブ総統《フューラー》」でキャバレー・シンガーになるというブラック・コメディーである。ダニエル・フォン・バーゲンが演じたメンゲレは、シナトラの「マイ・ウェイ」とプレスリーの「イン・ザ・ゲットー」の実にドイツ的なヴァージョンを歌う。その劇はブラック・コメディーで馬鹿げてはいるが、メンゲレの実際の話もそれに劣らずブラック・コメディーで馬鹿げていたのだ。

一九八七年五月十一日の午後、クラウス・バルビーはリヨンの裁判所のホールに入った時、微笑んでいるように見えた。濃紺のスーツと空色のワイシャツを着、濃紺のネクタイを締めた粋な姿は、手錠があることで損なわれていた。爆発物がないかどうか、特に入念に調べられた椅子に彼が坐った時、手錠は外された。千人以上の者が壮麗なホールに詰めかけた。そのホールは公衆の強い関心に対処するために、一時的に法廷として使われたものだった。「リヨンの虐殺者」が席に着くと、数百人が首を伸ばし、四十年以上前にリヨンを恐怖に陥れた男を見ようとした。バルビーが坐ると、六十二歳の弁護士ジャック・ヴェルジェスが近づいてきた。二人は何やら言葉を交わしたが、二人ともニヤリとした。フランスのすべての弁護士の中でヴェルジェスは、裁判を自分の政治的見解を宣伝する手段として使う手練《てだれ》として際立っていた。毛沢東主義者、事実上の無政府主義者で、テロリストの噂のある人物、ポル・ポトや、カルロス・ザ・ジャッカルのような数多くの悪魔的人物の知り合いだったヴェルジェスは、アルジェリアのテロリストの弁護をし、法廷によって与えられた演壇を、フランスの植民地政策の偽善性（彼の解釈では）を攻撃するために使って悪名を高めた。ヴェルジェスの考えの基盤になっているのは、犯罪と暴力は正統的な政治的道具であるという哲学だった。「犯罪は社会を前進させる」と彼は言った。「私がパリの通りで犯罪を行ったアルジェリア人を弁護した際、彼らは殺人犯、放火犯と考えられた。しかし今日、アルジェリア政府の代表がフランスに来ると、彼らは赤絨毯のもてなしを受ける」。ヴェルジェスにとっては、リヨンの法廷は世界で一番公的なステージだった。ヴェルジェスは、そうした大観衆が提供してくれる機会を最大限に利用しようと決心していた。ヴェルジェスにとっては、バルビーが有罪か無罪かは問題ではなかった。というのも、ヴェルジェスの戦法は従来のようなありふれた弁護をするのではなく、どの国にもクラウス・バルビーのような人物がいることを世界に明かすことだったからだ。したがって、ただ一人のクラウス・バルビーを起訴するのは偽善的なのだ。ヴェルジェスは回想している。「私は彼に言った。『私はあんたが無実だとは思っていない。あんたが人の言うような怪物だとも思っていない。あんたは現代の悲劇的人物なんだ。あんたはヴェトナムで市民をナパーム弾で殺傷したアメリカ軍将校より良くも悪くもない。あんたはカブールのロシア軍将校や、アルジェリアのフランス軍将校と変わりはない』」

ヴェルジェスに対したのは、ゲシュタポの犠牲者たちを代表した、三十九人の法律家チームだった。その中にはセルジュ・クラルスフェルトがいた。彼は裁判で、バルビーがイジューの孤児院からユダヤ人の子供たちを強制移送したことに個人的に関わっていたことを示す、一九四四年四月にバルビーが送ったテレックスを提出した。裁判中、ヴェルジェスが実際にその脆いテレックスを摑んだ時、クラルスフェルトは冷静さを失い、席から飛び上がり、判事たちに向かい、バルビーの弁護士がそれを手にするのを許してはならない、バルビーがなんらかの手段でテレックスを破るかもしれないし改竄するかもしれない、と訴えた。ヴェルジェスは、テレックスは偽物だと一蹴した。彼は裁判全体をも、そう見ていたのだ。「この裁判は大ペテンだ」と彼は言った。ヴェルジェスはまた、イジューの孤児院の子供を強制移送したのはナチの政策のせいではないと言って、フランスの大多数の者を憤激させた。「フランスに住んでいるフランス人であれば」と彼は言った。「ユダヤ人の子供の運命は事実、フランス政府当局の関心事だったのを知っている。なぜなら、陪審員の諸君も知っているように、ユダヤ人の子供たちを強制輸送するという計画は、フランスの計画だったからだ」。ヴェルジェスは裁判をそのように軽んじていたが、証人の陳述を妨げる真似はしないだけには賢明だった。最も感動的な証言をした一人はシモーヌ・ラグランジュだった。彼女はバルビーに拷問され、家族と一緒にアウシュヴィッツに送られ、のちに、父が銃殺されるところを無理矢理見せられた。ラグランジュは顔を涙で濡らしながら法廷に向かって言った。「バルビーは父の頭を撃ちはしませんでしたが、バルビーが私たちをあそこに送ったのです」。ラグランジュは事実審理前審理で、バルビーに実際に顔を突き合せて対決し、自分に見覚えがあるかどうか訊いた。「刑務所に七年いると」とバルビーは答えた。「好ましい女を見るのは、いつも気分がいいからね」。ラグランジュはかつての拷問者に、その言葉は侮辱的だと言ったが、バルビーの無神経ぶりは底知れなかった。「あんたの困った点は」と彼は言った。「冗談がわからないことさ」。ヴェルジェスは最終弁論で、そうした話は「幻影の結果」だと一蹴した。また、ホロコースト自体も疑った。「この世と同じくらい古く、ローマ帝国と同じくらい古い、あの反ユダヤ主義が大量虐殺を招くに至ったという考えは滑稽である」。ヴェルジェスにとっては、その裁判は西欧の罪の「償い」をしようという試みに過ぎなかった。彼は法廷に向かい、「この偽善的な見せかけ」をやめるように請うた。

裁判の最終日、バルビーは弁明として何か言うことがあるかと訊ねられた。依然として同じスーツを着、同じネクタイを締めていたバルビーは立ち上がり、あると言った。憔悴し、かすかな薄笑いをまたもや浮かべながら法廷に向かい、自分はイジューでの孤児院襲撃には責任がないと言った。「私には誰を収容所に送るのかを決める権限はなかった」と彼はフランス語で言った。「私は尊敬するレジスタンスと激しく闘ったが、それは戦争だった。いまや戦争は終わった。ありがたいことに」。ヴェルジェスが弁護したにもかかわらず、バルビーは終身刑に処された。陪審員の評決は多数決によったが。判決が読み上げられると拍手が起こった。裁判長は「品位」のために拍手をやめるように求めた。セルジュ・クラルスフェルトにとっては、その瞬間は長いあいだ待ち望んだものだった。「異例の犯罪が行われた、そして、これは異例の裁判だった」と彼は記者に語った。「そして、記憶は正義と結びついているので、それはイジューの子供たちが記憶から消えないことを意味している。子供たちが忘れられることはない」。ジャック・ヴェルジェスにとっては、その刑はフランスの司法制度とナチズムが同じであることを示す、もう一つの例だった。彼はデーニッツやシーラッハのようなナチの高官がニュルンベルクでもっと軽い刑で済んだことを引き合いに出し、バルビーに終身刑を宣告することによってフランスは、「この分野で我々の師〔ナチ〕を越えた」と言った。バルビーは武装した護衛に付き添われ、車でリヨン刑務所に連行された。そこで四年過ごしたあと、一九九一年、七十七歳で白血病で死んだ。

正義が行われるのがフランスでは時機を逸しなかったとすれば、英国ではしばしば手遅れだった。一九八六年十月二十二日、駐ロサンゼルスの英国領事は、ジーモン・ヴィーゼンタール・センターから来た二人のラビ、マーヴィン・ハイアーとエイブラハム・クーパーに会った。一九七七年十一月に設立された同センターは、名前の使用料としてヴィーゼンタールに年、約七万五千ドル払っていると言われていた。同センターはヴィーゼンタールからは独立して活動することがほとんどだったが。ハイアーとクーパーは戦後英国に移住した十七人のナチ戦争犯罪容疑者のリストを手渡した。そのうちの十一人がラトヴィア人で、六人がリトアニア人だった。彼らの境遇は様々だが、市民迫害と殺人に加わった全員に容疑がかけられていた。証拠はもっぱらソヴィエトから得られた。もっとも、そのいくつかはアメリカ、イスラエル、さらには英国の公文書から得られたものだが。二人のラビはリストのほかに、英国の首相マーガレット・サッチャーに宛てた手紙を領事に渡した。その中で二人は、彼らに対する告発の内容を調査し、「必要ならば新たに法的機関を設置する」ことを要請した。

リストが渡されてから数日のうちに、その中の一つの名前が新聞に洩れた。それはエディンバラに住む、七十一歳の引退した炭坑技師アンタナス・ゲツァスで、リトアニアの警察大隊の小隊長を務めているあいだに反パルチザン作戦と市民大虐殺に加わった。ジーモン・ヴィーゼンタール・センターの調査員たちは何も言わなかったが、ゲツァスに関する情報源は実は特別調査部だった。特別調査部は一九八一年、ゲツァスについて英国政府に内報し、一九八二年、スコットランド警察の警察官の面前で、犯罪の一部をゲツァス自白させた。おおやけの場ではゲツァスは、自分が厳格なカトリック教徒なので殺人行為などできないという理由で、どんな殺人にも関与していないと言った。そして、自分に対する告発は実は「KGBの陰謀」だと言い張った。翌年一月と二月に放映された、イーライ・ローゼンバウムとニール・シャーが中心の英国のテレビ番組では、ゲッァスが最もおぞましい犯罪者であるのを立証していたが。ある目撃者は、次の事実を明かしている。「死ぬべく運命づけられた者は裸にされ、穴のところに連行され、ゲッァスの号令で銃殺された」

そうした事実が明るみに出たにもかかわらず、英国政府はヴィーゼンタール・センターのリストに対してほとんど何もしなかったようだ。一九八六年十一月二十四日、政府に行動を起こさせるための全政党議員戦争犯罪調査団が結成された。議長は元内務大臣マーリン・リースで、同団の幹事はグレヴィル・ジャナー議員だった。上等砲兵だったジャナーは、一九四八年、英国戦争犯罪調査団に勤務した。一九四〇年代末に同調査団が解散したことに激怒していたジャナーは、「未完の仕事」に取り組む機会が生まれたと思った。「私はかねがね、ああした連中が起訴を免れただけではなく、英国にやってきて住んでもいるというのはなんとも許し難いことだと思っていた。彼らは炭坑で働くために何百人も、ひょっとすると何千人もやってきた。私は議員になるまで、それについて何もできなかった」とジャナーは言った。英国の炭坑はナチ戦争犯罪人で満ちているとジャナーが言うのはやや誇張だが、彼の言葉の要旨は正しい。事実、何千人ものウクライナ人とバルト人が、ヨーロッパ志願労働者計画によって戦後、英国に連れてこられた。その計画は、家事労働、農業、織物産業、そして事実炭坑における労働力不足を補うことを意図したものだった。そうした移民たちの適格審査は嘆かわしいほど不十分だったので、ヴィーゼンタール・センターのリストにあるような数多くの戦争犯罪人が、戦時中に行われたきわめて残忍な犯罪に関わっていたにもかかわらず、英国に入国することができた。

全政党議員戦争犯罪調査団は、設立当初、内務大臣のダグラス・ハードに会った。「彼は礼儀正しかったが、なんの行動も起こさなかった」とジャナーはのちに書いた。「彼は我々の関心事を調査することを約束したが、何ヵ月も何も起こらなかった。彼の下の官吏が、何人かの市民の不名誉な過去を暴くことになる、その起爆性を秘めた問題を闇に葬ってしまったのではないかと我々は疑った」。一九八七年三月、マーヴィン・ハイアーを団長とするヴィーゼンタール・センターの代表団もハードに会ったが、やはり彼はなんの言質も与えなかった。その席にいた一人はエフレイム・ズーロフだった。彼は内務大臣が代表団に向かい、英国政府はもっと文書を必要としているし、政府自体は独自の調査を始めるつもりはないと告げたことを、のちに思い起こしている。ラビのハイアーは、厖大な資力のある政府はそうした調査をするのに、自分たちより遥かに適した立場にあるのではないかと言ったが、ハードは拒否した。「我々は英国政府から、政府の仕事の代行を依頼されているという、奇妙な立場に立たされた」とズーロフは言った。ハードは記者会見で政府の立場の概略を述べたが、その際、ヴィーゼンタール・センターの材料は「不十分」であるということ、さらに、英国の裁判所は四十年以上前に外国で行われた犯罪に対する裁判権を持っていないということを指摘した。ズーロフが、政府はリストにある人物に対処すべきある種の義務があると言ったのは、法律の観点からは正確ではなかったが、何かすべきだという声が、議会の内外から起こってきた。全政党議員戦争犯罪調査団は事を推し進めようと、そうした犯罪者がいかに簡単に英国に入国できたかを暴露する歴史的報告書を作成するため、歴史家のデイヴィッド・シゼラーニの助けを借りた。

翌年、全政党議員戦争犯罪調査団とヴィーゼンタール・センターは政府に圧力をかけ続けた。そして、ついに一九八八年二月八日、ダグラス・ハードは、サー・トマス・ヘザリントンとウィリアム・チャーマーズによる調査が行われることを発表した。そのニュースは下院では広く歓迎されたが、それに反対する大きな声もいくつかあがった。オーピントン選出の保守党議員アイヴァー・スタンブルックは、それは「悪い決定」で、ハードが「憎悪と復讐が主たる動機である圧力団体に屈したのではないのか」と訊ねた。ノーサンプトン・ノース選出の保守党議員トニー・マーローはもっと辛辣だった。政府は遡及立法を制定しようとしているのではないかと問うたマーローは、こう尋ねた。「例えば我々は、十五歳のパレスチナの少年を残酷に叩き殺したイスラエルの兵士が、この国に移住してきたなら、告発するだろうか?」。ハードはマーローの言うことを即座に否定したが、それは「おぞましい質問」だとしてマーローを痛罵したのはグレヴィル・ジャナーだった。

全政党議員戦争犯罪調査団はヘザリントン゠チャーマーズ報告には大して期待していなかった。そして、同調査団は設立されてから最初の数週間に盛んに誹謗された。同調査団は三月末、「戦争犯罪人の証拠を求む」という見出しの一連の広告をいくつかの全国紙に出した。それは魔女狩りを想わせる手段だった。四月に、ヘザリントンとチャーマーがまだホロコーストについての「基本的文献」を読んでいて、調査員は報告書を書いた二人と、一人の秘書だけだったことがわかった。けれども、ジャナーは大いに驚いたのだが、一九八九年七月二十四日に公表された報告書は、政府は実際、新しい法律を提出すべきだと勧告していた。「行われた犯罪は極悪非道のものなので、赦すことはできない」と報告書には書かれていた。「なんの行動も起こさなければ、英国は戦争犯罪人にとっての安息所だと非難され、その名誉が傷つけられるであろう」。報告書にはまた、政府に提出した三百一件のうちの七件を調査し、四件の場合、「もし英国の裁判所の裁判権が拡大されれば、現存の証拠にもとづいて殺人で有罪にできる見込みがある」のではないかと書かれていた。報告書には、ほかの七十五件がさらに調査されるべきであるとも記されていた。「その瞬間まで」とグレヴィル・ジャナーは書いた。「我々は将来行動を起こすことができるのではないかという淡い希望を抱いて、過去を調べていた。その瞬間から、我々の運動は現実的なものになった」

一九八九年十一月、院内総務ジェフリー・ハウは、同報告書の勧告は来月、まず上院で、次に下院で論議されるであろうと告げた。上院では議員の過半数がヘザリントン＝チャーマーズ案に反対した。その一人は一九四〇年代末に外務省の外務次官だったメイヒュー卿だった。彼はナチ狩りと戦争犯罪裁判をやめるに至った政策を推進するのに一役買った。一九四八年七月六日、メイヒューは戦争犯罪の容疑をかけられたソヴィエト市民の本国送還に関して、外務大臣にメモで知らせた。「我々はまた、できるだけ早くその問題にけりをつける方法を考えるべきだと思います」とメイヒューは書いた。「［そして］一定の期間が過ぎたあと、我々はロシア側が送還を求めた人物の捜索を中止し、もし適切ならば、今後我々が引き渡しを考えている人物の〝精選リスト〟を送るとロシア側に伝えるのです」。メイヒューはそうした「精選リスト」を他の国に関しても作成することを提唱したが、戦争犯罪者の「包括的大赦」は実際的ではないのではないかと考えていた。とりわけ、「東欧と西欧での意見」はそれに反対だろうから。メイヒューが論じなかったのは、そうした大赦は望ましくないのかどうかということだった。一九八九年十二月の上院での論議の際、メイヒューには錚々たる仲間がいた。そして、戦争犯罪法案を提出しようとする動きに反対した時、ヘイルシャム卿、ホウム卿、キャラハン卿のような重要人物がメイヒューに同調した。グレヴィル・ジャナーは、メイヒューが報告書に反対する原因は、四十年前の自分の行動を弁護しようということにあるだけではないのかもしれないと思った。「クリストファー・メイヒューはユダヤ人社会から反イスラエルの男と見られていた」とジャナーはのちに言っている。「彼はユダヤ人国家の建設に反対していた。彼は生粋の反ユダヤ主義者ではなかったかもしれないが、ユダヤ人の友ではなかった」

反ユダヤ主義は十二月十二日の下院での討論の際、暗に感じ取れた。社会自由民主党議員ロバート・マクレナンは、新しい法案の司法権は「現代イスラエルの指導者」にも及ぶのかと尋ねた。「現代イスラエルの指導者の何人かは英国人を冷酷に虐殺した責任があるが、今、英国に来ると温かく歓待されている」。ある者にとっては、マクレナンのような議員が特にイスラエルを、復権した敵の例にしているという事実は、暗号化された反ユダヤ主義に過ぎなかった。何人かの議員は、戦争犯罪法案を提出せよという圧力はジャナーやラビのハイアーのような人間によって画策されている、あるユダヤ人の秘密結社の仕業にほかならない、と個人的には思っていた。だが、新しい英国の内務大臣デイヴィッド・ウォディントンは報告書にきわめて好意的で、「その頁に明かされている恐るべき話と、そこに書かれている忌まわしい行為は看過も無視もできない」と言った。三時間討論したあと、下院は次のような法案の必要を支持するかどうかの投票を行った。「第二次世界大戦中にドイツあるいはドイツ占領下の地域において行われた殺人、有責殺人行為に対し、現在ここで英国市民あるいは居住者になっている者の起訴をこの国において許す」。投票の結果、法案はほぼ三対一で通過した。そのことは広く新聞に歓迎された。「ナチ戦争犯罪人を狩り、罰せよ」と『サン』は書いた。「英国はヒトラーの共犯者にとって、さほど快適な安息の地ではなくなる」と『エコノミスト』は書いた。

一九九〇年四月二十五日までには、戦争犯罪法案はやはり同じような過半数で下院を通過した。

一九九〇年三月の論議の際、グレヴィル・ジャナーは、その法案は「遡及立法」ではないことを指摘した。


遡及立法は新しい犯罪を創ることになる。しかし当法案は、これまで常に裁判所の裁判権のもとに、常に人類に対する犯罪であった古くからの犯罪が、今まで我が国の裁判所の裁判権が及ばなかった者〔ナチ戦争犯罪人〕にも適用するとするものである。当法案に最も激しく反対している者さえ、極悪の罪が犯されることはなかった〔ナチ・ドイツにおいて〕などとは言い出さなかった。誰も、我々が新しい罪を思いついたなどとは言い出さなかった。殺人は、聖書以前の時代に遡る。

その法案の立法化を妨げるものは上院だけだったが、上院は立法化に強く反対した。同月、前法務長官でニュルンベルクで英国側の首席検察官を務めたショークロス卿は国務大臣ジョン・パッテンに手紙を送り、「いかなる優れた法律家も政府の今回の提案に賛成していない」と書いた。そして、「ウィンストン・チャーチルは草葉の陰で、その法案を嘆いているだろう」と付け加えた。パッテンは賛成せず、「現代の状況は戦争直後とは非常に違っていて、今日の我々の義務は、今正しいと思える行動の方向を決めることである」とショークロスに言った。同法案がその年の後半に上院で論議された際、大勢の影響力のある人物が反対した。「アンチ派」には、一人の元首相、二人の元大法官、一人の記録長官、一人の元イギリス軍参謀総長、二人の元外務大臣、さらに歴史家のブレイク卿とデイカー卿が含まれていた。驚くには当たらないが、その法案は下院で通過した時の過半数と同じような過半数で上院では否決された。サッチャーは激怒したと言われている。そして、上院の言いなりになるまいと決意した彼女は、法案を一九九一年三月に再び下院に提出されるようにし、法案はまたも通過した。法案は四月に上院に再び送られ、否決された。いまや法案が通る唯一の道は、政府が一九四九年の議院法を行使することだった。議院法とは、民主的に選ばれた下院は、選挙によって選ばれたのではない上院の決議を無視することを認める法だった。一九九一年五月十日、政府はまさにそれをし、女王はその法案を裁可した。「我々は類を見ないほどの大きくて困難な闘いに勝った」とグレヴィル・ジャナーは回想している。

新しい法律が成立した結果、直ちに公訴局とロンドン警視庁に戦争犯罪調査班が作られた。警視庁の戦争犯罪調査班は三百七十六件を捜査したあと、二十五万頁に及ぶ証拠を公訴局に提出した。公訴局はそのうちわずか十件だけがさらに調査をするのに値すると決定した。一九九六年、ジーモン・ヴィーゼンタール・センターが最初のリストを提出してから十年近く経って、政府は新法のもとで最初の告発をした。容疑者はサリー州バンステッドに住む、八十五歳の引退した大工シモン・セラフィノヴィチだった。彼は一九八〇年代初めから特別調査部にその所在を捜査されていた。一九八二年、アメリカはベルラーシの活動家がイギリスで会合を開いたことを示す移住者たちの刊行物を発見した。彼らの中にセラフィノヴィチがいた。彼はベラルーシの戦時の警察署長だった。イーライ・ローゼンバウムは英国当局に電報を打ち、セラフィノヴィチが英国に在住しているかどうかの調査を依頼した。「ロンドン警視庁は返事の電報で、『いない、ここには彼のいた形跡はない』と伝えてきた」ことをローゼンバウムは回想している。「彼らは調査をした際、名前の綴りを間違えたことが判明した」。一九九五年、事実審理前審理で、セラフィノヴィチがミンスク周辺で三千人のユダヤ人の殲滅に加わったこと、また、自ら少なくとも三人のユダヤ人を射殺したことが明るみに出た。セラフィノヴィチは起訴内容のすべてを否定したが、痴呆症だったので、法廷で自分の無実を証明する機会がなかった。そして一九九七年八月七日に死んだ。家族は彼の無実を主張し続けた。「祖父は申し立てを完全に論駁した」とセラフィノヴィチの孫でコメディアンのピーター・セラフィノヴィチは言い、祖父に対する申し立ては、恨みを持った友人が書いた本でなされたものだと主張した。「残念ながら、祖父は退行性の病気のせいで、申し立ては真実ではないと述べる機会を奪われた」

警察と公訴局は、アントニー・サヴォニュクの場合はもっと運がよかった。七十六歳の彼は一九九七年九月二十六日に逮捕された。サヴォニュクはロンドン南部のバーモンジーに住む、引退した英国鉄道の検札係だった。彼は一九四二年にウクライナの補助警官隊に勤務していた時、三人のユダヤ人女性と二人のユダヤ人男性を殺害した罪に問われた。英国の警察は、一九八〇年代末にソヴィエト連邦から、KGBによって作成された戦争犯罪容疑者のリストを渡された時、サヴォニュクの過去に注目した。サヴォニュクは一九五〇年代初め、ポーランドにいる腹違いの兄弟の一人に手紙を出し、自分が英国にいることをうっかりロシアに知らせてしまった。サヴォニュクは知らなかったが、その手紙は西側からのほかのすべての郵便物同様、KGBによって調べられていたのである。一九九九年初めに開始された裁判で、アレクサンデル・バグライという証人は、サヴォニュクがかつて、口を開けている墓の前で、三人のユダヤ人に服を脱ぐよう命じたことを思い起こしている。

ユダヤ人の女はパンツを脱ぎたがらなかった。女は二十八か二十九歳だった。女が拒否すると、彼は警棒で脅した。女が脱ぐと、ユダヤ人たちは一列に並ばされ、射殺された。彼は一人一人の後頭部をピストルで撃った。彼は一人一人の後ろに立ち、片膝でぐいと押して彼女たちを穴の中に突き落とした。

もう一人の証人フェドル・ザンは、サヴォニュクがポーランドとベラルーシのあいだの国境にあるドマチェヴォの近くの穴の脇に十五人の女を裸で立たせ、機関銃で撃ったことを証言した。四月にサヴォニュクは有罪になり、終身刑の二倍の刑に処された。控訴は棄却された。彼はノリッジ刑務所に収監されているあいだに、二〇〇五年十一月に死んだ。

サヴォニュクが有罪になったあと、ロンドン警視庁の戦争犯罪調査班は解散した。それ以後、一九九一年に成立した法律で裁かれた者はいない。その法律に反対した者にとっては、その法律は金のかかる形式的意思表示に過ぎない。グレヴィル・ジャナーのようなその法律の擁護者は、それが形式的意思表示であることを否定はしないが、重要なものだと考えている。「告発がどんなものであろうと、ひどい誤りによって我々のまっとうな国に避難所を与えられた、あの昔のナチたちは、ベッドでよくは眠らなかったかもしれない」とジャナーは書いた。「少なくとも、かつてヒトラーとその同盟国に敢然と独りで立ち向かった国は、いかに遅かろうと、意思表示をしたのである」

二〇〇五年九月二十日の夜、ジーモン・ヴィーゼンタールは自宅で眠りながら九十六歳で亡くなった。ジーモン・ヴィーゼンタール・センターのマーヴィン・ハイアーは、ヴィーゼンタールを「ホロコーストの良心」と呼んだが、ラビはまた、「史上最大の犯罪を行った者をなんとしても裁判にかけようと決心していた、犠牲者の永劫の代表」になったと、ヴィーゼンタールを讃えた。ウィーンの中央墓地で式が行われたあと、ヴィーゼンタールの遺体はイスラエルに飛行機で運ばれ、テルアヴィヴの北十マイルの町ヘルツリーヤに埋葬された。讃辞と称徳の言葉は数多く、惜しみないものだった。当時、ヴィーゼンタールが演じた役割の多くの積極的な面を割り引こうとしたなら、それはつむじ曲がりというものだったろう。ホロコーストが人の記憶に残り正しく記録されているのは、一部はヴィーゼンタールのおかげである。そして、それがたぶん、彼の最大の遺産だろう。それに加え、ヴィーゼンタールがまさしく何人かのナチを裁判にかけたというのは厳然たる事実である。彼が言っているような人数ではないが。そして、アドルフ・アイヒマンがその中に入っていないのは確かである。すでに述べたように、ヴィーゼンタールは本質的にショーマンだった。そして彼はアイヒマンの拉致のあと、世界の最高のナチ・ハンターとしての役割を見つけると、それを巧みに演じた。彼がやがてそれを過剰に演じたとしても、それはほとんど問題ではなかった。というのも、彼の聴衆は拍手喝采し続けるだろうからだ。非常に多くの人気のある演技者の場合同様、批評家は大衆に、「大ヴィーゼンタール・ショー」はイリュージョンとほとんど変わらないとは言えなかった。しかし、それは偉大なイリュージョンで、最終的には、大義のために演じられたイリュージョンなのだ。ヴィーゼンタールはどんな欠点を持っていようと少なくとも天使の側にあり、戦時中に実際に何をしていたにせよ、彼が追跡しようとしていた者たちより、犯した「違反」を贖うのに多くのことをしたのである。

今日、彼の仕事はその名前を冠した機関によって専門的に行われている。アメリカの特別調査部は一九四八年以降設立された最も効果的なナチ狩り班だと考えるべきだが、ジーモン・ヴィーゼンタール・センターの大きな功績は、生き延びているナチ戦争犯罪人を裁判にかけるよう世界中の政府に圧力をかけていることである。同センターの目下の運動は〈最後の機会作戦〉と呼ばれていて、それを指揮しているのはエフレイム・ズーロフである。彼はヴィーゼンタールと同じような、風変わりな面を時折見せる。二〇〇八年七月、ズーロフは、ヴィーゼンタール・センターが作成した最重要指名手配者のナチのリストの先頭に来る、マウトハウゼンのSS医師、アリベルト・ハイム博士を捕らえようとアルゼンチンとチリに行った。メンゲレと同類のハイムは、人間モルモットがどのくらいの苦痛に耐えられるのか、一連の恐るべき「実験」をした。彼は悪名高いある「手術」で若いスポーツ選手を去勢し、頭部を切断し、煮沸して頭蓋から肉を削ぎ、それを陳列物として使った。「この数日、私たちは二つの場所から情報を得ました。共にチリに関係していました。それは非常に見込みのあるものと思っています」とズーロフは記者たちに語った。またズーロフはメディアに、同センターは「彼の隠れ場所を二週間以内に暴く準備をしている」とも語った。ズーロフはヴィーゼンタールがしなかったこと――南米に行くということ――を実行し、ヴィーゼンタールがメンゲレを捕まえようとした時のように、彼の言葉は邪悪なナチの医師をほんのもう少しで捕まえることができるという印象を与えた。そのうえ、逃亡者を追跡するには秘密裏に慎重にやらねばならないのだが、ズーロフは彼が歓迎したらしい一群のジャーナリストを従えて、バリローチェやプエルトモントのような町に行ったので、静かに事を運ぶ気はあまりなかった。驚くには当たらないが、ズーロフは空手で大西洋の向こう側から飛行機で帰って来た。ズーロフが信じたようにハイムがパタゴニアにいたならば、正面玄関から騒々しく誇らかに入って行くズーロフのやり方は、ハイムに裏窓から飛び出して逃げる時間をたっぷり与えただろう。ある者にとっては(批判的な目を持った者にとっては)、そうした旅全体が、反ユダヤ主義と闘い、イスラエルを守るというのを主な活動とするヴィーゼンタール・センターの宣伝活動に疑わしいほど似ていると思えた。ナチ狩りは同センターにとっては活動のわずかな部分だが、「ブランド構築」には有用である。

ズーロフが旅をしていた頃、アリベルト・ハイムは実は南米の近くのどこにもいなかった。彼は一九九二年になんの印もないカイロの墓の下に横たわっていたのだ。二〇〇九年二月にハイムが死んだという信憑性のある証拠が『ニューヨーク・タイムズ』によって提出された時、それを疑ったのはズーロフ一人だった。「半ばもっともらしい説明をしているからといって、我々はこんな話で捜査をやめるわけにはいかない」と彼は言った。「こうした連中は、死亡宣告されることに既得権益を持っているのだということを心に留めて置くように――それは完全に作り話だ。それが問題なのだ、あまりに完璧なのだ」。ズーロフはまた、書類と口頭の証言以外になんの証拠もないことに疑いを抱いていた。「遺体も死体もDNAも墓もない」と彼は言って、ハイムが死んだという報告は、「答えよりももっと多くの疑問」を生むと主張した。ズーロフが認識できなかったのは――ジーモン・ヴィーゼンタール同様――ハイムを生かしておくことに自分が既得権益を持っているということだった。ズーロフにとっては残念なことに、死んだナチはもはや狩ることができず、追うべきものが何かなければ、ナチ・ハンターは間もなく仕事がなくなる。

だが、狩るのに値する戦争犯罪人はナチだけではなかった。アメリカ政府は二〇〇四年十二月、特別調査部に対し、ほかの戦闘で戦争犯罪人になってアメリカの国境に隠れている者を狩れという詳細な指示を出し、その事実を認めた。捜査員たちはナチ狩りでお馴染みになった多くのことを見つけるであろう。皮肉なことに、ジーモン・ヴィーゼンタールが亡くなったその日、国連旧ユーゴスラヴィア国際戦犯法廷の主任検事カルラ・デル・ポンテは、クロアチアの戦争犯罪容疑者、アンテ・ゴトヴィナ将軍をカトリック教会が匿っていると非難した。ゴトヴィナ将軍はクロアチアのセルビア人に対して行った犯罪で起訴されていた。「私は彼がフランシスコ会の修道院に隠れているという情報を得た。したがってカトリック教会が彼を保護しているのである」と彼女は言った。「私はこの問題についてヴァチカンと話したが、ヴァチカンは我々にまったく協力しようとしない」。犯罪は同じである——名前だけが変わるのだ。

エピローグ

私は本書を執筆するための調査をしているあいだに、二人のナチ戦争犯罪人に会った。二人に会った時の状況はそれぞれ大きく違うが、そのどちらも、彼らと同類の者が戦後に置かれた立場を表わしていた。最初に会ったのはSS主幹中隊指導者《ハウプトシュトゥルムフューラー》エーリヒ・プリープケだった。彼はアルデアティーネ洞窟の大虐殺に加わった。一九九六年、彼はアルゼンチンからイタリアに強制移送されたが、その前に、バリローチェの通りでABCニュースのサム・ドナルドソンにインタヴューされた。その際、大虐殺に加わったことに悔悟の念を表わさなかったように見えた。プリープケはその年の夏、ローマで裁判にかけられ、三名の判事から成る軍事合議体《パネル》により、殺人で有罪になった。ところが、判事たちは彼が命令に従っていたことを知ったので、彼の場合は三十年出訴期限法の範疇に入るケースになり、八月初め、プリープケは釈放されてセンセーションを巻き起こした。裁判所はデモの群衆に囲まれ、プリープケはすぐさま再逮捕され、翌年四月に再び裁判にかけられた。一九九七年三月、激しい法律上の論争があったあと、プリープケは結局、八十三歳で終身刑を宣告された。プリープケは刑務所に送るにはあまりに年を取っていたので、自宅監禁という処分になり、私が二〇〇七年六月に訪れた時には、彼はローマ西部のなんの変哲もないボッケア地区のアウレリア街道近くの、かなり粋なアパートに住んでいた。

近くの街区にある落書きからすると、元ゲシュタポ将校がその界隈に住むことはまったく歓迎されていなかった。もっとも、プリープケは週に二時間しか外出を認められていないので、そうした落書きに気を遣うことはあまりなかったろうが。私は一階にいた警官に旅券を渡したあと、別の警官に伴われて何階か階段を登り、警官が玄関の呼び鈴を押した。数秒後、比較的敏捷な九十代の男がドアを開け、警官とイタリア語で冗談を交わした。警官は私たち二人を残して去った。握手をしたあとプリープケは私をアパートの部屋に案内した。それは広くて設備が整っていた。重くて黒っぽい家具と壁に掛かった中世の武器類が、圧倒的ではないが直接的なチュートン的な雰囲気を醸し出していた。プリープケは私を狭い居間に案内し、ソファーに坐るようにと身振りで示した。彼の挙措は非の打ち所がなく、顔の表情は好意的で、英語は上手だった。まだ午前十時半だったが、彼は一瓶の赤ワインを一緒に飲もうと言った。私は承諾し、もし自分が九十三歳で自宅監禁の身なら、やはりその時間に酒を飲み始めるだろうと思った。私はそうした歓待を受けるのはある意味で自分の信用を落とすことになるのではないかと恐れ、断ろうかと思ったが、寛いだ様子を見せれば、インタヴューがうまくいく一助になるのではないかと感じた。

私たちは二時間半近く話したが、その間プリープケは、自分が逃亡した時の話を詳しく、一見包み隠さずにした。私たちが話題にしなかったのは、大虐殺自体だった。そのことを訊けば、彼は黙り込むか、前もって用意した答えをするはずだと思ったからだ。そのうえ私は、前もって彼に言ってあったように、彼の犯罪ではなく逃亡について話すことになっていた。話題を変えれば彼を怒らせることになっただけかもしれない。インタヴューの終わりになって初めてプリープケは、自分が現在置かれている立場について語り出した。彼の言ったことは、メンゲレやアイヒマン同様、自分が数十年前に抱いていた世界観を必死になって維持しようとしている者の考え方を暴露していた。「多くの者が私について新しい法王に手紙を書いたんだが」と彼は、当時選出されたばかりのベネディクトゥス十六世に言及して言った。「誰もメモさえ貰わなかった。何も。法王たちはユダヤ人が怖いんだ」。ドイツ人法王は有罪になったナチの戦争犯罪人を助けるべきだとプリーブケが思っているのは、プリーブケの無知を露呈している。ラッツィンガー〔ベネディクトゥス十六世の本名〕が沈黙しているのはユダヤ人のせいだとプリーブケがしているのは、理解力の完全な欠如と、生来の頑迷さを示している。

インタヴューを始めて少し経った時、プリーブケは反ユダヤ主義者が「伝統的敵」と呼ぶユダヤ人について再び話した。「ヴィーゼンタールはパッチェリに刃向かった」と彼は、戦時中の法王ピウス十二世のことについて話しながら言った。「彼はユダヤ人のために十分なことをしなかったと、みんな言っている。しかし、それは本当ではない。教会全部、ユダヤ人だらけだった。我々はユダヤ人を実際的理由から弾圧などしなかった。我々は鉄道の車輛がほかのことに必要だった」。またもやプリーブケは、親切そうな外見の下に、下手に隠されているナチを暴露した。彼はカトリック教会がともかくもユダヤ人に支配されていたことを示唆しただけではなく、ホロコーストの存在自体を否定しようとしてもいた。彼の言葉をいっそう不気味なものにしたのは、まったくの嘘だが鉄道車輛がユダヤ人の強制輸送に使われなかった唯一の理由は、実際上の理由だったと彼が暗に主張していることだった。それはもちろん、もし鉄道車輛が物資の輸送等でほかで必要でなかったなら、ユダヤ人迫害は事実、強まったろうということを示唆している。彼と議論をしても意味がないように思えたので、私はただ赤ワインを飲み干し、彼が時間を割いてくれたことに礼を言い、立ち去った。これを書いている時点で、エーリヒ・プリーブケはまだ存命だ。

私は数ヵ月後、あるヨーロッパの首都の別のアパートの前に立っていた。記者を伴った私は、ヴィーゼンタール・センターのリストの最重要手配者の七番目のナチ戦争犯罪人にインタヴューをする決心をしていた。私が訪れた時には八十五歳のエルナ・ヴァリッシュは、ラーフェンスブリュック強制収容所とマイダネク強制収容所のSS看守で、ガス室に連行される女と子供を殴った。彼女は一人の男児を撲殺したとも言われた。そうした告発にもかかわらず、オーストリアは出訴期限法を援用して彼女を保護し、彼女がウィーンに平和に暮らすことを認めた。ヴァリッシュの居所を突き止めるには、探偵めいた作業は必要がなかった。私はただ、オンラインのオーストリアの電話帳で彼女の住所を知った。数日のうちに私はウィーンに飛び、十月十七日の朝八時半に、記者と私は彼女のアパートの前に立った。

ずらりと並んだブザーには「ヴァリッシュ」という名前が確かにあったが、私たちはそれを押したくはなかった。彼女が私たちを中に入れないのを知っていたからだ。その代わり、何人かの近所の人と話をした。彼らはヴァリッシュが誰なのかまったく知らない、また、「それはすべて昔のことで、人は赦すことを学ばねばならない」と言った。三十分ほど経つと郵便配達員がやってきて、彼は事情を知らずに私たちをアパートの建物の中に入れてくれた。少し世間話をしてから彼は私たちをヴァリッシュの部屋の前の廊下に残して去った。記者は私に大きなニコンを渡してから、彼女の玄関の呼び鈴を押した。私はカメラを構えて立っていた。タブロイド新聞の記者にそっくりの気持ちで。とうとうドアが開き、薄暗い光の中から、みすぼらしい青い部屋着を羽織った、ほとんど半透明の人物がよろめきながら出てきた。記者が私たちの来訪の理由を話し始めると、女はすぐさまドアを閉めようとした。私は即座にシャッターボタンを押し、素早く二枚の写真を撮った。一秒も経たぬうちにドアは閉まった。私たちはそこにいても意味がないのを悟った。私たちは外に出る時、別の近所の者に話しかけた。「忘れなさいよ」と女は私たちに言った。「昔のこと。今、そんなことについて考える暇はないわ、あたしはエアロビクス教室に行くところ」

数紙が束の間のわずかな関心を示しただけで、世間はほとんどエルナ・ヴァリッシュのことを忘れた。ポーランドが彼女を送還させる努力をいくらかしたが、それはあまりにわずかで、あまりに遅かった。二〇〇八年二月十六日、ヴァリッシュは病院のベッドで死んだ。彼女以前の何万というナチ戦争犯罪人のように、彼女は人生の最後の障碍柵《フェンス》を無事に飛び越えることができた。

訳者あとがき

本書『ナチ戦争犯罪人を追え』（原題 *Hunting Evil — The Nazi War Criminals Who Escaped and The Quest to Bring Them to Justice*, 2009）は、一九四五年のドイツ敗北の直前直後に、主にユダヤ人虐殺の廉で連合国から指名手配されながら、ヴァチカンを含むいくつかの逃亡援助組織網の助けを借りて、主に南米に姿を消したナチを、連合国の捜査官、イスラエルの秘密諜報機関モサド、正義感に燃えた個人などが追跡する経緯を、綿密な調査をもとに詳細に再現した、感動的でスリリングなノンフィクションである。

著者ガイ・ウォルターズは一九七一年、ロンドンのケンジントンに生まれた。先祖には聖職者で高名な詩人のリチャード・ハリス・バラム（一八四五年没）がいる。ウォルターズはイートン校で教育を受け、ロンドン大学で歴史を学んだ。現在、歴史の博士号を取得するためにニューカースル大学の博士課程に籍を置いている。一九九二年から二〇〇〇年まで『ザ・タイムズ』に勤務したのち、歴史小説家になった。処女作は二〇〇一年に発表した『裏切り者』（*The Traitor*）で、武装ＳＳの英国自由部隊（ドイツ軍の捕虜になった英国人から成る部隊で、ドイツ軍と一緒にソヴィエトと戦った）を扱ったものである。一年後の第二作の『指導者』（*The Leader*）は、英国のファシストのオズワルド・モーズリーによって統治されることになった英国を描いている。二〇〇四年に発表された第三作の『占領』（*The Occupation*）は、ドイツ軍がチャンネル諸島を占領しているあいだの事件を扱っている。翌年上梓された『コルディッツ城の遺産』（*The Colditz Legacy*）は戦時中と一九七〇年代のコルディッツ城（第二次世界大戦中に捕虜の収容施設として使われたドイツの城）を舞台にしている。二〇〇六年にウォルターズは『ベルリン競技《ゲームズ》』（*Berlin Games*）を発表した。これは一九三六年のベルリン・オリンピックの歴史を書いたノンフィクションで、二〇〇六年、年間最優秀ウィリアム・ヒル・スポーツ書の最終候補になり、二〇〇七年、スポーツ社会学北米協会の年間優秀作品に選ばれた。また二〇〇四年に、ジェイムズ・オーエンと一緒に、第二次世界大戦の回顧録『戦争の声』(*The Voice of War*)を編集した。

ウォルターズは『ナチ戦争犯罪人を追え』において、序で述べているように、すべてのナチ戦争犯罪人を網羅することはもちろん不可能なので、代表的な一握りの者を選んで、彼らが捕らわれ、法の裁きを受けるまで、あるいは「復讐者」に殺されるまで、あるいは逃げおおせるまでの経緯を詳述している。彼らの中には、ユダヤ人殲滅作戦の「最終的解決」の実行者で、あまりにも悪名高いナチ、アドルフ・アイヒマン、ユダヤ人に冷酷な生体実験をした「死の天使」と呼ばれたヨーゼフ・メンゲレ、ソビボルとトレブリンカ殲滅《せんめつ》収容所の所長で、約八十万人のユダヤ人を虐殺したフランツ・シュタングル、約三万人のユダヤ人を処刑した「リガの絞首人」、ベルベルト・ツクルスなどが含まれる。小説家でもある著者によって、いずれのケースも緊迫感に満ちた、戦慄すべき「物語」になっていて、ジェイムズ・ホーランドは『テレグラフ』紙(二〇〇九年八月二日付)で、「一九六〇年にアドルフ・アイヒマンがモサドの諜報員に捕らえられる件《くだり》は、頁を繰るのももどかしいくらいに見事に再構成されている」と言っている。

また、驚くべきことに、第二次世界大戦終結後、英国とアメリカがソヴィエトとの冷戦が始まり、凶悪な戦争犯罪人が何人も密かに英米の情報機関に雇われていた事実も、ウォルターズは確かな証拠にもとづき証明している。「英国、フランス、ロシアはすべて、本来は拘禁されるべき人物を利用したが、当時の冷戦の緊急事態が、〝正義〟といった微妙な問題を脇に押しやることを必要としたのである」とウォルターズは言っている。

さらに注目すべきなのは、ナチ・ハンターの代名詞にもなっていて半ば神格化されているジーモン(英語読みではサイモン)・ヴィーゼンタールの「神話」を徹底的に検証し、彼の功績が本人の虚言癖とショーマンシップによってひどく誇大なものになっているのを証明していることである。その事実は、本書の一年後に上梓された、ヴィーゼンタール伝の決定版と言っていい、イスラエルの歴史家トム・セゲフの『ジーモン・ヴィーゼンタール——生涯と伝説』(セゲフのヘブライ語を英訳したもの)によっても裏付けられている。ウォルターズとセゲフの著書によって、ヴィーゼンタールの実像が初めて鮮明になったと言えよう。

ナチ戦争犯罪人の裁判は第二次世界大戦が終結してから六十年ほど経った今も行われている。本書の「序」で言及されているジョン（元はイヴァン）・デミャニュクは、一九二〇年にウクライナに生まれ、ソ連赤軍に入りドイツ軍の捕虜となったが、のちソビボル強制収容所の看守を務め、戦後はアメリカに移住し自動車修理工になった。一九九三年に戦争犯罪人としてイスラエルに引き渡されたが、人違いという理由で無罪になった。しかし新しい証拠が出て、二〇〇九年、ドイツに移送され、ミュンヘン地方裁判所で裁判にかけられた結果、約二万八千人のユダヤ人殺害の廉で禁固五年の有罪判決が下った。

また、ナチ戦争犯罪人の裁判としては最後のものと言われている裁判が、二〇一一年五月にハンガリーで行われた。被告はウクライナ出身のシャーンドル・ケピロという元憲兵隊将校で、一九四二年にセルビアのノビ・サドでユダヤ人を大量殺戮した廉で起訴された。アルゼンチンに逃亡していた彼は二〇〇六年に帰国したが、ジーモン・ヴィーゼンタール・センターによって居場所を発見されたのである。しかし、二〇一一年八月、ブダペスト裁判所は証拠不十分で無罪の判決を言い渡した。検察は控訴したが、ケピロは同年九月に九十七歳で病院で死亡した。

さらに、信じ難いことだが、いまだに世界各地にネオ・ナチが根強く残っていて、新聞の報ずるところでは、「国家社会主義地下運動」と名乗るドイツのネオ・ナチの三人組が、二〇〇〇年から二〇〇七年にかけて北部ハンブルクや南部ミュンヘンで少なくとも外国人九人と警察官一人を射殺した疑いがあると今年ドイツ連邦検察庁は発表した。ナチズムは、いまだに不吉な影を濃く落としているのである。

翻訳に際し大変お世話になった、早稲田大学教授アントニー・ニューエル氏、ロシアおよび東欧文化・言語研究家長與進氏、ラテンアメリカ現代詩翻訳家細野豊氏、白水社編集部藤波健氏に心から厚く御礼申し上げたい。

二〇一二年一月

高儀進

■ロバート・M・エドゼル　高儀 進訳

ナチ略奪美術品を救え

◉特殊部隊「モニュメンツ・メン」の戦争

ヒトラーの魔手から、フェルメールの名画を奪還せよ！　戦時中、歴史的建造物、美術品、文化財はどのように保護され、救われたのか？「モニュメンツ・メン」の奮闘に迫る戦記。

■リン・H・ニコラス　高橋早苗訳

ヨーロッパの略奪

◉ナチス・ドイツ占領下における美術品の運命

第二次大戦中のナチス・ドイツによる大規模な美術品略奪計画と各国の防衛対策、さらに連合軍将官による献身的な奪還作戦を綿密な調査によって明るみに出す。全米批評家協会賞受賞の労作。

■ベン・マッキンタイアー　高儀 進訳

ナチが愛した二重スパイ

◉英国諜報員「ジグザグ」の戦争

第二次大戦末期、ロンドン暗黒街の悪党チャップマンは、ナチのスパイとなるも、実は「二重スパイ」として、ベルリンに偽情報を送っていた……戦史に秘められた、手に汗握る活劇！

■ベン・マッキンタイアー　藤川芳朗訳

エリーザベト・ニーチェ

◉ニーチェをナチに売り渡した女

南米パラグアイのジャングルに純粋アーリア人の「新しき村」を建設、さらに兄ニーチェの著作を改竄してヒトラーに接近し、ナチの思想的バックボーンを打ちたてた女性の驚くべき生涯。

訳者略歴
一九三五年生
早稲田大学大学院修士課程修了
翻訳家
日本文藝家協会会員

主要訳書
D・ロッジ「大英博物館が倒れる」

「交換教授」

「どこまで行けるか」

「小さな世界」

「楽園ニュース」

「恋愛療法」

「胸にこたえる真実」

「考える…」

「作者を出せ！」

「ベイツ教授の受難」

R・ムーアハウス「ヒトラー暗殺」

D・C・ラージ「ベルリン・オリンピック　1936」

B・マッキンタイアー「ナチが愛した二重スパイ」

R・M・エドゼル「ナチ略奪美術品を救え」

G・オーウェル「ジョージ・オーウェル日記」

「ジョージ・オーウェル書簡集」

ナチ戦争犯罪人を追え

二〇一二年三月五日　印刷
二〇一二年三月三〇日　発行

著者　ガイ・ウォルターズ
訳者　©　高《たか》儀《ぎ》　進《すすむ》
装丁者　日下充典
発行者　及川直志
印刷所　株式会社三陽社
発行所　株式会社白水社

東京都千代田区神田小川町三の二四
電話　営業部〇三（三二九一）七八一一
編集部〇三（三二九一）七八二一
振替　〇〇一九〇‐五‐三三二二八
郵便番号　一〇一‐〇〇五二
http://www.hakusuisha.co.jp
乱丁・落丁本は、送料小社負担にてお取り替えいたします。

誠製本株式会社

ISBN978-4-560-08199-0

Printed in Japan

参考文献

未公刊資料

(a) インタヴューをした相手

Bone, Brian, interviewed by author, Broadstone, UK, 29 March 2007
Draper, Gerald, interviewed at a war crimes conference in Geneva, April 1975
Draper, Julia, interviewed by author, London, UK, 11 April 2007
Ferencz, Benjamin B., interviewed telephonically by author, 8 May 2007
Fiegel, Gideon, interviewed telephonically by author, 25 April 2007
Forsyth, Frederick, interviewed by author, Hertingfordbury, UK, 23 May 2007
Harris, Morris, interviewed telephonically by author, 24 April 2007
Hodge, John, interviewed by author, Chirton, UK, 5 April, 2007
Hofer, Andrea, interviewed by author, Bad Aussee, June 2008
Holtzman, Elizabeth, interviewed by author, New York City, 12 February 2008
Howard, Harry, interviewed by author, Minehead, UK, 12 June 2007
Janner, Greville, interviewed by author, House of Lords, London, UK, 10 May 2007
Klarsfeld, Beate, interviewed by author, Paris, France, 31 January 2008
Lachmann, Benjamin, interviewed telephonically by author, 24 April 2007
Levy, Alfred, interviewed by author, Kenley, UK, 17 April 2007
Marwell, David, interviewed by author, New York City, USA, 19 April 2007
Miete, Augusto, interviewed by Tim Phillips and author, Hohenau, Paraguay, March 2008
Neilson, Ian, interviewed by author, Marlborough, UK, 29 April 2009
Priebke, Erich, interviewed by author, Rome, Italy, 5 June 2007
Pucher, Hans, interviewed by author, Altaussee, Austria, 25 June 2008
Pundick, Cyril, interviewed by author, Manchester, UK, 2 May 2007
Rosenbaum, Eli M., interviewed by author, Washington, DC, USA, 20 April 2007 and 20 February 2008
West, Richard, interviewed by author, Deal, UK, 1 May 2007
Whittington, Jere, interviewed telephonically by author, February 2008

(b) 公文書館および図書館

British Library Newspaper Archive, Colindale, London, UK

Liddell Hart Centre for Military Archives, King's College, London, UK (LHC)
London Library, UK
National Archives, Kew, London, UK (UKNA)
National Archives and Records Administration, College Park, MD, USA (NARA)
Santa Maria dell'Anima, Rome, Italy (ASMA)
United Nations War Crimes Commission Archive, New York City, USA
Wiener Library, London, UK

(C) ペーパー、スピーチ、講演

Draper, Gerald, *Refections on Nazi Atrocities: The Holocaust* (Recording in collection of Julia Draper, *c*. early 1970s)

Düx, Heinz, *The Auschwitz Trial at the Landgericht Frankfurt and Its Importance for the Prevention of Genocide* (presented at the Genocide Convention, 4-6 December 2008, Haus Gallus, Frankfurt)

Ickx, Johan, *Bischof Alois Hudal als Fluchthelfer: ein Mythos?*

Ickx, Johan, *The Roman 'non possumus' and the attitude of Bishop Alois Hudal towards the National Socialist ideological aberrations* (Paper presented at the Workshop of the European Science Foundation in Ljubljana, Slovenia, 6-8 June 2002)

Kelleher, Mary Cate, *The Life of Simon Wiesenthal as Told by the* New York Times (Salve Regina University, Pells Scholars Honors Thesis, 2006)

Rosenbaum, Eli M., *An Appraisal of 'Volume 4' of the CIA's Records on Adolf Eichmann* (US Department of Justice, Criminal Division, Washington DC, 24 March 2007)

Rosenbaum, Eli M., *Nazi War Crimes Investigations l Prosecutions Abroad: Canada, Australia, the United Kingdom* (Presentation made to the Washington DC Bar's Third Annual Legal History Seminar, 20 December 1995)

Rosenbaum, Eli M., *Reflections on OSI's Quarter-Century of Operations: Achievements and Disappointments* (Remarks made at a panel discussion entitled 'Hunting Nazis' at the United States Holocaust Memorial Museum, Washington DC, 25 October 2004)

Rosenbaum, Eli M., *Pursuing Human Rights Violators in America: The Office of Special Investigations at 25* (Lecture given at the Klatsky Annual Seminar in Human Rights at the Frederick K. Cox International Law Center, Case Law School, Cleveland, Ohio, 22 February 2006)

Rosenbaum, Eli M., R*emarks Made at OSI 25th Reunion Luncheon Banquet* (Marriott Crystal Gateway Hotel, Arlington, Virginia, 24 October 2004)

(d) 日記および手紙

Brian Bone's memoirs (from the late Brian Bone)

(e) 本

Harel, Isser, *Simon Wiesenthal and the Capture of Eichmann*

公刊された資料

(a) 印刷されたもの

(1) 伝記および回顧録

Agte, Patrick, *Jochen Peiper: Commander Panzerregiment Leibstandarte* (Winnipeg: J. J. Fedorowicz Publishing Inc., 2000)

Aharoni, Zvi and Dietl, Wilhelm, *Operation Eichmann* (London: Cassell, 1996)

Annan, Noel, *Changing Enemies: The Defeat and Regeneration of Germany* (Cornell University Press, 1997)

Astor, Gerald, *The Last Nazi* (New York: Donald I. Fine, 1985)

Baumbach, Werner, *Broken Swastika* (Maidstone: George Mann, 1974)

Bower, Tom, *Klaus Barbie: The Butcher of Lyons* (New York: Pantheon, 1984)

Camarasa, Jorge, *Mengele: El Ángel de la Muerte en Sudamérica* (Norma, 2009)

Cesarani, David, *Eichmann: His Life and Crimes* (London: William Heinemann, 2004)

Christie, Stuart, *Stefano della Chiaie: Portrait of a Black Terrorist* (London: Anarchy Magazine / Refract Publications, 1994)

Critchfield, James H., *Partners at the Creation: The Men Behind Postwar Germany*'s *Defense and Intelligence Establishments* (Annapolis, MD: Naval Institute Press, 2003)

Dabringhaus, Erhard, *Klaus Barbie* (Washington, DC: Acropolis Books, 1984)

Dorril, Stephen, *Black Shirt: Sir Oswald Mosley & British Fascism* (London: Penguin Books, 2007)

Epelbaum, Didier, *Alois Brunner* (Paris: Calmann-Lévy; 1990)

Felfe, Heinz, *Im Dienst des Gegners* (Berlin: Verlag der Nation, 1988)

Foley, Charles, *Commando Extraordinary: Otto Skorzeny* (London: Weidenfeld & Nicolson, 1998)

Friedman, Tuviah, *The Hunter* (New York: Doubleday, 1961)

Freytag von Loringhoven, Bernd, *In the Bunker with Hitler* (London: Weidenfeld & Nicolson, 2006)

Gehlen, Reinhard, *The Gehlen Memoirs* (London: Collins, 1972)
Gimlette, John, *At the Tomb of the Inflatable Pig* (London: Arrow, 2004)
Harel, Isser, *The House on Garibaldi Street* (Abingdon, UK: Frank Cass, 1997)
Holtzman, Elizabeth, *Who Said It Would Be Easy?* (New York: Arcade Publishing, 1996)
Höss, Rudolf, *Commandant of Auschwitz* (London: Phoenix Press, 2000)〔ルドルフ・ヘス、片岡啓治訳『アウシュヴィッツ収容所』サイマル出版会、2000〕
Hudal, Alois, *Romische Tagebücher: Lebenberichte eines alten Bischofs* (Graz-Stuttgart: Leopold Stocker, 1976)
Infield, Glenn B., *Skorzeny: Hitler's Commando* (New York: Military Heritage Press, 1981)
Janner, Greville, *To Life!* (Stroud: Sutton Publishing, 2006)
Junge, Traudl, *Until the Final Hour* (London: Weidenfeld & Nicolson, 2003)
Keller, Sven. *Günzburg und der Fall Josef Mengele* (Munich: R. Oldenbourg Verlag, 2003)
Klarsfeld, Beate, *Wherever They May Be!* (New York: Vanguard Press, 1975)
Kuenzle, Anton and Shimron, Gad, *The Execution of the Hangman of Riga* (London: Vallentine Mitchell, 2004)
Leese, Arnold, *Out of Step: Events in the Two Lives of an Anti-Jewish Camel Doctor* (1951)
Levy, Alan, *Nazi Hunter: The Wiesenthal File* (London: Robinson, 2002)
Linklater, Magnus, Hilton, Isabel and Ascherson, Neal, *The Nazi Legacy: Klaus Barbie and the International Fascist Connection* (New York: Holt, Rinehart and Winston, 1984)
Malaparte, Curzio, *Kaputt* (New York: E. P. Dutton & Co., 1946)
Malkin, Peter Z. and Stein, Harry, *Eichmann in My Hands* (London: Muller, 1990)
Manning, Paul, *Martin Bormann: Nazi in Exile* (New Jersey: Lyle Stuart, 1981)
Michelson, Frida, *I Survived Rumbuli* (New York: Holocaust Library, 1979)
Mtiller-Tupath, Karla, *Verschollen in Deutschland* (Hamburg: Konkret Literatur Verlag, 1994)
Naumann, Werner, *Nau Nau: gefährdet das Empire?* (Göttingen: Plesse Verlag, 1953)
Nyiszli, Miklos, *Auschwitz: A Doctor's Eyewitness Account* (London: Little, Brown, 1993)
Pick, Hella, *Simon Wiesenthal: A Life in Search of Justice* (London: Weidenfeld & Nicolson, 1996)
Posner, Gerald L. and Ware, John. *Mengele: The Complete Story* (New York: Cooper Square Press, 2000)
Priebke, Erich and Giachini, Paolo, *Autobiografia: "Vae Victis"* (Rome: Associazione

Uomo e Libertà, 2003)
Reynolds, Quentin, Katz, Ephraim and Aldouby, Zwy, *Minister of Death* (New York: Viking Press, 1960)
Schellenberg, Walter, *The Schellenberg Memoirs* (London: André Deutsch, 1956)
Skorzeny, Otto, *Skorzeny's Special Missions* (London & Mechanicsburg: Greenhill Books, 1997)
Speer, Albert, *Inside the Third Reich* (London: Phoenix, 1995)〔アルベルト・シュペーア、品田豊治訳『第三帝国の神殿にて』中央公論社、2001〕
Trevor-Roper, Hugh (ed.), *The Bormann Letters* (London: Weidenfeld & Nicolson, 1954)
Valmont, Frédéric, *Un criminal nommé Klaus Barbie* (Editions Justine, 1987)
Vergès, Jacques, *Que mes guerres étaient belles!* (Monaco: Editions du Rocher, 2007)
Whiting, Charles, *Skorzeny* (London: Leo Cooper, 1998)
Wiernik, Yankel, *A Year in Treblinka* (New York: American Representation of the General Jewish Workers Union of Poiand, 1945)
Wiesenthal, Simon, *Ich Jagte Eichmann* (Bertelsmann, 1961)
Wiesenthal, Simon, *Justice Not Vengeance* (London: Weidenfeld & Nicolson, 1989)〔ジーモン・ヴィーゼンタール、下村由一、山本達夫訳『ナチ犯罪人を追う』時事通信社、1988〕
Wiesenthal, Simon, *The Murderers Among Us* (London: William Heinemann, 1967)〔ジーモン・ヴィーゼンタール、中島博訳『殺人者はそこにいる』朝日新聞社、1968〕
Zuroff, Efraim, *Occupation: Nazi Hunter, The Continuing Search for the Perpetrators of the Holocaust* (Hoboken, NJ: KTAV Publishing House, 1994)

(2)歴史書

Aarons, Mark and Lofrus, John, *Unholy Trinity* (New York: St Martin's Press, 1991)
Akademie der Künste, *Rifugio Precario: Artisti e Intelletuali Tedeschi in Italia 1933-1945* (Milan & Berlin: Mazzotta, 1995)
Alford, Kenneth D. and Savas, Theodore P., *Nazi Millionaires: The Allied Search for Hidden SS Gold* (Havertown: Casemate, 2002)
Allen, E. and John B., *The Culture and Sport of Skiing: From Antiquity to World War II* (Universiry of Massachusetts Press, 2007)
Andrew, Christopher and Mitrokhin, Vasili, *The Mitrokhin Archive: The KGB in Europe and the West* (London: Allen Lane, 1999)

Arendt, Hannah, *Eichmann in Jerusalem: A Report on the Banality of Evil* (Penguin, 1994)〔ハンナ・アーレント、大久保和郎訳『イェルサレムのアイヒマン』みすず書房、1994〕

Art, David, *The Politics of the Nazi Past in Germany and Austria* (Cambridge University Press, 2006)

Artucio, Hugo Fernández, *The Nazi Underground in South America* (New York: Farrar & Rinehart, 1942)

Ashman, Charles and Wagman, Robert J., *The Nazi Hunters* (New York: Warner Books, 1988)〔チャールズ・アッシュマン、ロバート・J・ワグマン、大田民雄訳『ナチ・ハンターズ』時事通信社、1992〕

Bar-Zohar, Michael, *The Avengers* (London: Arthur Barker, 1968)

Bayarri, Francesc, *Cita a Sarajevo* (Valencia: l'Eixam, Col. El Tàvec, 2006)

Beckman, Morris, *The Jewish Brigade: An Army with Two Masters 1944-45* (Staplehurst, UK: Spellmount, 1998)

Biddiscombe, Perry, *The Denazification of Germany: A History 1945-1948* (NPI Media Group, 2007)

Biddiscombe, Perry, *Werwolf! The History of the National Socialist Guerrilla Movement, 1944-1946* (University of Toronto Press, 1998)

Black, Ian and Morris, Benny, *Israel's Secret Wars* (London: Futura, 1992)

Blum, Howard, *The Brigade: An Epic Story of Vengeance, Salvation and World War II* (New York: Perennial, 2002)〔ハワード・ブラム、大久保寛訳『ナチス狩り』新潮文庫、2003〕

Blum, Howard, *Wanted! The Search for Nazis in America* (New York: Touchstone, 1977)

Botting, Douglas: *From the Ruins of the Reich: Germany 1945-1949* (New York: Crown, 1985)

Bowen, Wayne H., *Spaniards and Nazi Germany: Collaboration in the New Order* (University of Missouri Press, 2000)

Bower, Tom, *Blind Eye to Murder* (London: Warner Books, 1997)

Bower, Tom, *The Paperclip Conspiracy: The Battle for the Spoils and Secrets of Nazi Germany* (London: Grafton, 1988)

Breitman:, Richard, Goda, Norman J. W., Naftali, Timothy and Wolfe, Robert, *US Intelligence and the Nazis* (Cambridge University Press, 2005)

Brockdorff, Werner, *Flucht vor Nürnberg* (Munich: Verlag Welsermühl, 1969)

Brown Book: War and Nazi Criminals in West Germany (National Council of the National Front of Democratic Germany, Documentation Centre of the State Archives

Administration of the German Democratic Republic, 1966)
Burleigh, Michael, *Germany Turns Eastwards* (London: Pan, 2002)
Burleigh, Michael, *The Third Reich* (London: Pan, 2001)
Cesarani, David, *Justice Delayed* (London: William Heinemann, 1992)
Chamberlain, Brewster and Feldman, Marcia, *The Liberation of the Nazi Concentration Camps 1945* (Washington, DC: United States Holocaust Memorial Council, 1987)
Cohen, Maynard M., *A Stand Against Tyranny: Norway's Physicians and the Nazis* (Wayne State University Press, 2000)
Cohen, Rich, *The Avengers: A Jewish War Story* (New York: Vintage Books, 2001)
Dedijer, Vladimir, *The Yugoslav Auschwitz and the Vatican* (Amherst, NY: Prometheus Books, 1992)
Dorril, Stephen, *MI6* (New York: Touchstone, 2002)
Drechsler, Robert, *Simon Wiesenthal: Dokumentation* (Vienna: Dokumente zur Zeitgeshichte, 1982)
Eisterer, Klaus and Bischof, Günter (eds), *Transatlantic Relations: Austria and Latin America in the 19th and 20th Centuries* (Innsbruck: StudienVerlag, 2006)
Elkins, Michael, *Forged in Fury* (Piatkus, 1981)
Ezergailis, Andrew, *The Holocaust in Latvia 1941-1944: The Missing Center* (Riga: The Historical Institute of Latvia in association with the United States Holocaust Memorial Museum, 1996)
Farago, Ladislas, *Aftermath* (New York: Simon & Schuster, 1974)
Fest, Joachim, *Inside Hitler's Bunker* (London: Pan, 2005)〔ヨアヒム・フェスト、鈴木直訳『ヒトラーの最期の 12 日間』岩波書店、2005〕
Frank, Michael, *Die letzte Bastion: Nazis in Argentinien* (Hamburg: Rütten & Loening, 1962)
Friedman, Max Paul, *Nazis and Good Neighbors* (Cambridge University Press, 2003)
Ganser, Daniel, *Nato's Secret Armies: Operation Gladio and Terrorism in Western Europe* (Abingdon, UK: Frank Cass, 2005)
Gilbert, Martin, *The Holocaust* (London: Fontana Press, 1987)
Goñi, Uki, *The Real Odessa* (London: Granta Books, 2002)
Goodrick-Clarke, Nicholas, *Hitler's Priestess: Savitri Devi, the Hindu-Aryan Myth, and Neo-Nazism* (NYU Press, 2000)
Hagen, Louis, *The Secret War for Europe: A Dossier of Espionage* (London: Macdonald, 1968)
Hagen, Walter, *Die Geheime Front* (Linz & Vienna: Nibelungen Verlag, 1950)

Herf, Jeffrey, *Divided Memory: The Nazi Past in the Two Germanys* (Harvard University Press, 1997)

Höhne, Heinz and Zolling, Hermann, *Network: The Truth About General Gehlen and His Spy Ring* (London: Secker & Warburg, 1972)

Holland, James, *Italy's Sorrow: A Year of War, 1944-1945* (London: HarperPress, 2008)

Irujo, José Maria, *La Lista Negra: Los Espías Nazis Protegidos por Franco y la Iglesia* (Madrid: Aguilar, 2003)

Kilzer, Louis, *Hitler's Traitor* (California: Presidio Press, 2000)

Klarsfeld, Serge, *The Children of Izieu: A Human Tragedy* (New York: Harry N. Abrams, 1984)

Klee, Ernst, *Auschwitz, die NS-Medizin und ihre Opfer* (Frankfurt am Main: S. Fischer, 1997)

Klee, Ernst, *Persilscheine und falsche Pässe* (Frankfurt am Main: Fischer Taschenbuch, 2005)

Kochavi, Arieh J., *Prelude to Nuremberg* (University of North Carolina Press, 1998)

Krueger, Joaquín and Krueger, Erna Graf de, *Hohenau: De la Selva a la Floreciente Colonia* (Obligado, Paraguay: 1993)

Lee, Martin A., *The Beast Reawakens* (London: Warner Books, 1997)

Leese, Arnold, *The Jewish War of Survival* (London: The IFL Printing & Publishing Co., 1945)

Levenda, Peter, *Unholy Alliance: A History of the Nazi Involvement with the Occult* (New York: Continuum, 2002)

Liebreich, Fritz, *Britain's Naval and Political Reaction to the Illegal Immigration of Jews to Palestine, 1945-1948* (Routledge, 2005)

Lifton, Robert J., *The Nazi Doctors: Medical Killing and the Psychology of Genocide* (Basic Books, 1986)

Littlejohn, David, *The Patriotic Traitors: A History of Collaboration in German Occupied Europe 1940-1945* (London: Heinemann, 1972)

Liverpool, Lord Russell of, *The Trial of Adolf Eichmann* (London: Pimlico, 2002)

Liverpool, Lord Russell of, *The Scourge of the Swastika: A Short History of Nazi War Crimes* (Greenhill Books, 2005)

Lozowick, Yaacov, *Hitler's Bureaucrats: The Nazi Security Police and the Banality of Evil* (New York: Continuum, 2005)

MacDonogh, Giles, *After the Reich* (London: John Murray, 2007)

Macklin, Graham, *Very Deeply Dyed in Black: Sir Oswald Mosley and the Resurrection of*

British Fascism after 1945 (London: I.B. Tauris, 2007)
Mariscotti, Mario A. J., *El Secreto Atómico de Huemul* (Buenos Aires: Estudio Sigma, 2004)
Meding, Holger M., *Flucht vor Nürnberg? Deutsche und Österreichische Einwanderung in Argentinien, 1945-1955* (Cologne: Böhlau Verlag, 1992)
Milano, James V. and Brogan, Patrick, *Soldiers, Spies, and the Rat Line: America's Undeclared War Against the Soviets* (Washington, DC: Brassey's, 2000)
Moorehead, Alan, *Eclipse* (Harper & Row, 1968)
Naimark, Norman M., *The Russians in Germany: A History of the Soviet Zone of Occupation, 1945-1949* (Cambridge, MA: Belknap Press / Harvard University Press, 1997)
Newton, Ronald C. *The 'Nazi Menace' in Argentina, 1931-1947* (Stanford University Press, 1992)
Owen, James, *Nuremberg: Evil on Trial* (London: Headline Review, 2006)
Paris, Erna, *Unhealed Wounds: France and the Klaus Barbie Affair* (New York: Grove Press, 1986)
Pocock, Tom, *The Dawn Came up like Thunder* (Collins, 1983)
Pomorin, Junge and Biemann, Bordien, *Blutige Spuren: Der zweite Aufstieg der SS* (Dortmund: Weltkreis-Verlag, 1980)
Preston, Paul, *Doves of War* (Dartmouth, NH: University Press of New England, 2003)
Reese, Mary Ellen, *General Reinhard Gehlen: The CIA Connection* (Fairfax, VA: George Mason University Press, 1990)
Reiss, Curt, *The Nazis Go Underground* (New York: Doubleday, Doran and Co., 1944)
Rosenbaum, Alan S., *Prosecuting Nazi War Criminals* (Boulder, CO: Westview Press, 1993)
Rosenbaum, Eli M. with Hoffer, William, *Betrayal* (New York: St Martin's Press, 1993)
Ryan Jr. Auan A., *Quiet Neighbors: Prosecuting Nazi War Criminals in America* (New York: Harcourt Brace Jovanovich, 1984)
Saidel, Rochelle G., *The Outraged Conscience: Seekers of Justice for Nazi War Criminals in America* (Albany: State University of New York Press, 1984)
Šakić, Dinko, *S Poglavnikom U Alpama* (Split: Naklada Bošković, 2002)
Sayer, Ian and Botting, Douglas, *Nazi Gold* (Edinburgh: Mainstream Publishing, 1998)
Schimpf, Eckhard, *Heilig: Die Flucht des Braunschweiger Naziführers auf der Vatikan-Route*

nach Südamerika (Appelhans Verlag, 2005)
Schneppen, Heinz, *Odessa und das Vierte Reich: Mythen der Zeitgeschichte* (Berlin: Metropol Verlag, 2007)
Schröder; Matthias, *Deutschbaltische SS-Führer und Andrej Vlasov 1942-1945* (Paderborn: Ferdinand Schöningh, 2001)
Schröm, Oliver and Röpke, Andrea, *Still Hilfe für braune Kameraden: Die geheime Netzwerk der Alt- und Neonazis* (Berlin: Autbau Taschenbuch, 2006)
Scotland, A. P., *The London Cage* (London: Evans Brothers, 1957)
Seidel, Carlos Collado, *Angst vor dem 'Vierten Reich': Die Allierten und die Ausschaltung deutschen Einfiusses in Spanien 1944-1958* (Paderborn: Ferdinand Schöningh, 2001)
Sereny, Gitta, *Into that Darkness* (London: Pimlico, 1995)〔ギッタ・セレニー『人間の暗闇』岩波書店、小俣 和一郎、2005〕
Simpson, Christopher, *Blowback* (New York: Collier Books, 1988)
Stauffet, Clarita, *Sección Femenina de Falange Española Tradicionalista y de las JONS* (Madrid: 1940)
Steinacher, Gerald, *Nazis auf der Flucht* (Studio Verlag, 2008)
Stoltzfus, Nathan and Friedlander, Henry (eds), *Nazi Crimes and the Law* (German Historical Institute and Cambridge University Press, 2008)
Sullivan, Matthew Barry, *Thresholds of Peace: Four Hundred Thousand German Prisoners and the People of Britain 1944-1948* (London: Hamish Hamilton, 1979)
Tasca, Angelo, Peschanski, Denis and Fondazione Giangiacomo Feltrinelli, *Vichy 1940-1944* (Feltrinelli Editore, 1985)
Tauber, Kurt P., *Beyond Eagle and Swastika: German Nationalism since 1945* (Middletown, CN: Wesleyan University Press, 1967)
Tetens, T. H., *Germany Plots with the Kremlin* (New York: Henry Schuman, 1953)
Thomas, Hugh, *Doppelgängers* (London: Fourth Estate, 1995)
Tobias, Jim G. and Zinke, Peter, *Nakam* (Berlin: Aufbau Taschenbuch Verlag, 2003)
Trevor-Roper, Hugh, *The Last Days of Hitler* (London: Papermac, 1995)〔トレヴァー=ローパー、橋本福夫訳『ヒトラー最後の日』筑摩書房、1975〕
Troper, Harold and Weinfeld, Morton, *Old Wounds: Jews, Ukrainians and the Hunt for Nazi War Criminals in Canada* (Markham, Ontario: Viking, 1988)
United Nations War Crimes Commission, *History of the United Nations War Crimes Commission and the Development of the Laws of War* (London: His Majesty's Stationery Office, 1948)
Villemarest, Pierre de, *Untouchable: Who Protected Bormann and Gestapo Müller after*

1945? (Slough, UK: Aquilion, 200S)
Watt, Donald Cameron, *Britain Looks to Germany* (London: Oswald Wolf, 1965)
West, Richard, *Tito and the Rise and Fall of Yugoslavia* (London: Sinclair-Stevenson, 1996)
Wittmann, Rebecca, *Beyond Justice: The Auschwitz Trial* (Cambridge, MA: Harvard University Press, 2005)

(3) 参考書および案内書

Basti, Abel, *Bariloche Nazi: Sitios Históricos Relacionados al Nacionalsocialismo* (Bariloche: 2007)
Cointet, Michèle and Jean-Paul (eds), *Dictionnaire historique de la France sous L'Occupation* (Paris: Tallandier, 2000)
Rees, Philip, *Biographical Dictionary of the Extreme Right Since 1890* (New York: Simon & Schuster, 1990)
Snyder, Louis L., *Encyclopedia of the Third Reich* (London: Robert Hale, 1995)
Taylor, James and Shaw, Warren, *Dictionary of the Third Reich* (Penguin, 1997)〔ジェームズ・テーラー、ウォーレン・ショー、吉田八岑監訳『ナチス第三帝国事典』三交社、1993〕
Topf, Christian, *Auf den Spuren der Partisanen* (Grunbach: Buchverlag Franz Steinmassl, 2006)
Wistrich, Robert S., *Who's Who in Nazi Germany* (Routledge, 2001)

(4) 公報、定期刊行物、新聞、雑誌

Chicago (Daily) Tribune
The Daily Express
The Daily Mail
The Daily Mirror
The Daily Telegraph
The Evening Star
The Guardian
The Historian
History Today
The Listener
The Los Angeles Times
New Scientist

The New York Times
The News Chronicle
The People
Physics Today
Reynolds News
Der Spiegel
The Sun
The Sunday Times
Time
The Times (London)
United States Attorney's USA Bulletin
The Washington Post
The Yad Vashem Bulletin

(5)報告書

年代順

The Central Registry of War Criminals and Security Suspects, *Consolidated Wanted Lists, March and September 1947* (Facsimile edition by The Naval and Military Press, 2005)

Newsletters of the Dokumentationszentrum des Bundes Jüdischer Verfolgter des Nazisregimes, 1962-1998 (The Wiener Library)

Klaus Barbie and the United States Government. A Report to the Attorney General of the United States, by Allan A. Ryan Jr, August 1983

Robert Jan Verbelen and the United States Government, A Report to the Assistant Attorney General, Criminal Division, US Department of Justice by Neal M. Sher et al. of the Office of Special Investigations, 16 June 1988

In the Matter of Josef Mengele: A Report to the Attorney General of the United States (US Department of Justice, October 1992)

(6)小説

最初の２つのものは歴史と回顧録を混ぜたものとなっているがフィクションと見なすべきである。

Baz, Danny, *Ni Oubli Ni Pardon* (Paris: Bernard Grasset, 2007)

Erdstein, Erich, with Bean, Barbara, *Inside the Fourth Reich* (New York: St Martin's Press, 1977)

Forsyth, Frederick, *The Odessa File* (London: Hutchinson, 1972)〔フレデリック・フォーサイス、篠原慎訳『オデッサ・ファイル』角川文庫、1980〕
Goldman, William, *Marathon Man* (London: Pan, 1976)〔ウィリアム・ゴールドマン、沢川進訳『マラソン・マン』早川書房、1983〕
Hunter, Jack, *The Expendable Spy* (Replica Books, 2001)
Levin, Ira, *The Boys from Brazil* (London: Pan, 1976)〔アイラ・レヴィン、小倉多加志訳『ブラジルから来た少年』早川書房、1976〕
Patterson, Harry; *The Valballa Exchange* (London: Hutchinson, 1977)〔ハリー・パターソン、井坂清訳『ヴァルハラ最終指令』早川書房、1979〕
Taylor, Geoff, *Court of Honour* (London: Mayflower, 1966)

(b) テレビおよび映画

The Boys from Brazil (1978), directed by Franklin J. Schaffuer
Commando Mengele / Angel of Death (1987), directed by Andrea Bianchi
Four Corners: Home Free (1997), presented by David Hardaker, ABC
The Hunter and the Hunted (1981), written by William Bemister, ABC
Hotel Terminus (1988), directed by Marcel Ophüls
Marathon Man (1976), directed by John Schlesinger
Martin Bormann: In the Führer's Shadow (1998), directed by Chanoch Zeevi, Biography Productions
My Enemy's Enemy (2007), directed by Kevin Macdonald
Nazi-Jager Simon Wiesenthal — Das Ende Einer Legende (1996), ARD-TV
Rogues' Regiment (1948), directed by Robert Florey

図版クレジット

次の写真以外、著者提供

Franz Stangl on the day of his arrest, 28 February 1967: akg-images/ullstein bild; SS officers socialize in their retreat at Solahütte outside Auschwitz. From left to right are Richard Baer, Josef Mengele, Josef Kramer, Rudolf Hess, and Anton Thumann: USHMM, courtesy of Anonymous Donor.

Ante Pavelić and Benito Mussolini, Rome, 18 May 1941; Klaus Barbie in Nazi uniform: both Associated Press; Ernst Kaltenbrunner, Nürnberg, 11 April 1946: ullstein bild.

Bishop Alois Hudal, from the frontispiece to his book, *Die Grundlagen des Nationalsozialismus*, 1936: photo DÖW; Juan Perón, Buenos Aires, 1946: Getty Images.

Sir Robert Vansittart and Sir John Simon; Press Association Images/Topham.

Rimini POW Camp courtesy of the Estate of Derek G. Cole.

Serge and Beate Klarsfeld, 31 December 1969: ullstein bild/Roger Viollet; Herberts Cukurs's body, Montevideo, 6 March 1965: Jack Simon/Associated Press.

Isser Harel: Time & Life Pictures/Getty Images; Hermann Langbein photo: Dokumentationsarchiv des Oesterreichischen Widerstandes (DOEW).

Klaus Barbie at his trial, in the foreground is his lawyer, Jacques Vergès, 11 May 1987: Getty Images; Martin Bormann's skull and photograph, 1972: Associated Press; Erich Priebke at his trial in Rome, 16 July 1996: ullstein/AP.